Die Autoren

Dr. Wolfgang Karrer, geb. 1941 in Potsdam, ist seit 1976 Professor für Amerikanistik an der Universität Osnabrück. 1968/69 war er Lektor an der Universität Leicester, 1974 bis 1976 Associate Professor an der St. Louis University. Veröffentlichungen u. a.: ›Die Metaphorik in den Collected Poems von Dylan Thomas‹ (1971); ›Parodie, Travestie, Pastiche‹ (1977); ›The Afro-American Novel since 1960‹ (Hg., 1982).

Dr. Eberhard Kreutzer, geb. 1937 in Fürth, ist Professor am Englischen Seminar der Universität Bonn. Veröffentlichungen u. a.: ›Sprache und Spiel im Ulysses von James Joyce‹ (1969); ›Lewis Carroll: Alice in Wonderland und Through the Looking-Glass‹ (1984); ›New York in der zeitgenössischen amerikanischen Erzählliteratur‹ (1985).

Werke der englischen und amerikanischen Literatur von 1890 bis zur Gegenwart

von Wolfgang Karrer und Eberhard Kreutzer

Deutscher
Taschenbuch
Verlag

Originalausgabe
1. Auflage April 1973 unter dem Titel ›Daten der englischen und amerikanischen Literatur von 1890 bis zur Gegenwart‹
4., überarbeitete und erweiterte Auflage
September 1989: 33. bis 40. Tausend

Umschlaggestaltung: Celestino Piatti
Gesamtherstellung: C. H. Beck'sche Buchdruckerei, Nördlingen
Printed in Germany · ISBN 3-423-03290-1

Inhalt

Vorwort zur 4. Auflage

Unser Buch will ein Maximum an sachlicher, präziser Information in komprimierter Form vermitteln; es kann der ersten Einführung, dem Nachschlagen oder Repetieren dienen. Der Erfolg des Bandes hat uns anläßlich der Neuauflage zu einer aktualisierenden Überarbeitung und erheblichen Erweiterung bewogen. Das gilt vor allem – aber nicht nur – für die Literatur der letzten 30 Jahre. Wie in den vorangegangenen Auflagen wird unter »englischer Literatur« die Literatur Großbritanniens und Irlands, unter »amerikanischer Literatur« die Literatur der USA – jeweils in englischer Sprache – verstanden. Ausgeklammert bleiben anderssprachige Literaturen dieser Kulturräume wie die neuirische Literatur in Irland und die spanische Literatur in den USA. Die Autoren der »angloirischen Literatur«, die sich mit einigem Recht auch gesondert betrachten läßt, werden aus Gründen der teilweise schwierigen Zuordnung (auch der Zeiträume vor und nach der Unabhängigkeit) und wegen ihrer großen Bedeutung für die Entwicklung der englischen Literatur dieser zugeordnet.

Außerdem wird nun noch eine Reihe von Werken der »Commonwealth-Literatur« hinzugenommen, also der englischsprachigen Literatur Kanadas, der Karibik, Afrikas, Indiens, Australiens und Neuseelands, die mit diesem Begriff nicht ganz zutreffend, aber herkömmlicherweise erfaßt wird. Diese Literatur hat in den letzten Jahrzehnten erheblich an Bedeutung gewonnen, auch beim englischen und amerikanischen Lesepublikum und zumal dort, wo sie sich mit den einheimischen Minoritätenliteraturen berührt. Aus diesem Grunde darf sie in einem repräsentativen Überblick der hier erstrebten Art nicht fehlen. Allerdings machen der damit gegebene Titelzuwachs und die nationalliterarische Vielseitigkeit eine auch nur annähernd umfassende Einbeziehung unmöglich. Wenn wir uns hier auf eine Reihe exemplarischer Werke von internationaler Wirkung konzentrieren, so geschieht dies im Bewußtsein der grundsätzlichen Problematik einer Auswahl, die schon aufgrund der Rezeptionskriterien der jeweiligen Literatur kaum ganz gerecht werden kann.

Die englische Sprache in ihrer weltweiten Verbreitung bildet in diesem Zusammenhang das wichtigste Verbindungselement. Zwar unterscheiden sich schon das »britische Englisch« und das »amerikanische Englisch« unübersehbar, und nimmt man die anderen Varietäten des Englischen hinzu, wird das Bild noch uneinheitlicher. Doch so wie die Gemeinsamkeiten der Sprache in England und den USA überwiegen und die damit verknüpfte angelsächsische Kulturtradition – zumal die englische Literatur – eine starke Klammer bildet, gibt es auch bei den Literaturen der Commonwealth-Nationen untereinander wie im Verhältnis zu England oder den USA bei gewiß markanteren Unterschieden sehr viel Verbindendes. Maßgebliche Autoren wie H. James, T. S. Eliot, W. H. Auden oder V. S. Naipaul stehen geradezu für eine Tradition des Wanderns zwi-

schen den Ländern der englischsprachigen Welt und entziehen sich einer strikten nationalliterarischen Zuordnung.
Eine Gemeinsamkeit der englischsprachigen Welt ist auch der – im Vergleich zu Deutschland etwa – weiter gefaßte Literaturbegriff: dies lehrt ein Blick in die Standard-Literaturgeschichten *(The Cambridge History of English Literature, Literary History of the United States)* und Literaturzeitschriften *(The Times Literary Supplement, The New York Review of Books)*. Geht man gar von den quantitativen Daten des realen Literaturkonsums aus, wird der Begriff der Literatur noch entschiedener relativiert, wie die Bestseller-Listen zeigen. Dieser Aspekt wurde bei der Auswahl der Werke für unser Buch zumindest teilweise berücksichtigt. Ausgangspunkt blieb der Kanon der »hohen Literatur«, der nach wie vor den größten Teil ausmacht. Zugleich wurden aber neue Akzente gesetzt, einmal im Hinblick auf Aktualität und Innovation, zum anderen durch die exemplarische Miteinbeziehung von Bestsellern, Detektivromanen, Kinderbüchern, Science Fiction usw. in den Artikeln sowie die Berücksichtigung des Literaturmarktes in den Überblicken.
Wie die Abgrenzung von »Literatur« ist auch die von Perioden problematisch. Der Beginn mit dem Jahre 1890 soll deshalb keinen tiefen Einschnitt in der englischen und amerikanischen Literatur markieren, sondern dient eher als geeigneter Einstieg, für dessen Wahl einige unten näher beschriebene Veränderungen in den literarischen Strömungen, auf dem Literaturmarkt und im allgemeinen Bewußtsein der Zeit sprechen. Aus dem gleichen Grund wurde auch auf eine Periodisierung innerhalb des 20. Jahrhunderts verzichtet und eine Darstellung nach Dekaden gewählt, die den Vergleich von Zeiträumen innerhalb und zwischen der englischen und amerikanischen Literatur ermöglicht und zudem die verschiedenen literarischen Strömungen, Schulen und Ismen berücksichtigt. Auch die einzelnen Artikel sind so angelegt, daß sie verschiedene synchrone und diachrone Vergleiche nahelegen, wie z.B., welche Autoren, Themen, Techniken, Gattungen, Einflüsse und Rezeptionsformen während eines Jahres oder einer Dekade dominieren oder wie diese sich innerhalb eines Zeitraums entwickeln. Zusätzliche Vergleichsmöglichkeiten werden durch Querverweise (→), durch das Register, das auch Kurzbiographien der Autoren enthält, und die nach Dekaden gegliederten Überblicke gegeben.
Der einzelne Artikel baut sich im allgemeinen wie folgt auf:
1. Erscheinungsjahr, Name des Autors, Hinweis auf Nationalität und Gattung, Titel (halbfett), gegebenenfalls Untertitel. Die Jahresangabe bezieht sich auf die Erstveröffentlichung, bei Dramen auf die Uraufführung, wenn sie vor der Buchausgabe liegt (Bühnenmanuskripte wurden im allgemeinen nicht als Publikationen gewertet).
2. Speziellere Daten zu Gattung, Publikationsform und Entstehung (kleiner Schriftgrad). Die Gattung wird genauer bestimmt und die Zahl der Teile oder Akte angegeben (also R., 3 = Roman aus drei Teilen; Kom., 3 = Komödie in drei Akten, wenn nicht anders vermerkt). Zur Publikationsform finden sich Daten über Vorabdrucke und Aufführungen (wenn

nicht anders vermerkt, liegt bei Dramen die Buchausgabe im selben Jahr), zur Entstehung Angaben über Zeitraum, Anregungen, frühere Fassungen, Quellen usw.

3. Beschreibung des Werkes, meist in zwei Abschnitten (Hauptteil). Bei Erzählprosa und Dramen wird im ersten Abschnitt eine z. T. gegliederte Skizzierung der Handlung mit Angabe von Ort, Zeit und Figurennamen gegeben. Der zweite Abschnitt enthält knappe Kommentare zu Themen, Techniken, Intentionen und Einflüssen (letzteres nur beim ersten Auftreten dieses Einflusses bei einem Autor). Römische Ziffern bedeuten Teile bzw. Akte, arabische Ziffern Kapitel bzw. Szenen. Teiltitel werden wie Zitate in Anführungszeichen, Einzeltitel in Sammlungen kursiv wiedergegeben. Die Artikel zur Lyrik gliedern sich meist nach der Beschreibung von Themen und Techniken, Intentionen, Einflüssen.

4. Daten zur Nachwirkung (kleiner Schriftgrad): Bearbeitungen (Bühne, Film, Funk, Fernsehen, Musik), Literaturpreise, Übersetzungen ins Deutsche, Fortsetzungen, Umarbeitungen, Zensurmaßnahmen und Verkaufserfolg. Bei den Übersetzungen ist, soweit möglich, die erste ermittelt; weitere sind in Auswahl gegeben. Der Verkaufserfolg wird nur für Bestseller vermerkt, wobei »Bestseller«, wenn nicht anders angegeben, einen langfristigen Erfolg bezeichnet.

Wir danken allen bisherigen Benutzern des Bandes, die uns Hinweise für die Bearbeitung gegeben haben, und sind weiterhin für Anregungen offen.

Abkürzungsverzeichnis

am.	amerikanisch
Auff.	Uraufführung (wenn nicht anders angegeben)
Ausg.	Ausgabe
Autobiogr.	Autobiographie, autobiographisch
bes.	besonders
Dr.	Drama
engl.	englisch
entst.	entstanden
hist.	historisch
Hdlg.	Handlung
Hg.	Herausgeber
ir.	irisch
Kap.	Kapitel
Kom.	Komödie
polit.	politisch
R.	Roman
rev.	revidiert
Slg.	Sammlung
Tr.	Tragödie
Übs.	Übersetzung
zw.	zwischen

(Verdoppelung des Endbuchstaben = Plural)

Die halbfett gedruckten Buchstaben am Kopf der Artikel im Hauptteil (unter dem Erscheinungsjahr) bedeuten:

a	amerikanisch
e	englisch
D	Drama
E	Erzählprosa
L	Lyrik

Für die englischen Grafschaften und die amerikanischen Staaten wurden im Falle der Beiordnung zu Ortsangaben die landesüblichen Abkürzungen verwendet.

Erster Teil:
Grundzüge der englischen und amerikanischen Literatur von 1890 bis zur Gegenwart

1. Die englische Literatur

Die beherrschenden Aspekte der Entwicklung Großbritanniens seit dem 19. Jahrhundert sind die Abgabe der Führungsrolle als Industrienation und Weltmacht an die USA in nachviktorianischer Zeit, die allmähliche Auflösung des Kolonialreichs bzw. dessen Teilüberführung in das Commonwealth (zunächst der »weißen«, dann der »nicht-weißen« Länder), die Erschütterung durch die zwei Weltkriege und die Weltwirtschaftskrise, die Entwicklung zum modernen Wohlfahrtsstaat und zur Integration in Europa. Trotz dieser Umorientierung ist Großbritannien politisch und wirtschaftlich eine Nation von Weltrang geblieben. Das gilt nicht minder für seine kulturelle Bedeutung, die aufgrund seiner reichen Tradition und weltweiten Einflüsse kaum Einbußen erlitten hat, was nicht zuletzt die nach wie vor umfangreiche Literaturproduktion zeigt (über 48000 Einzeltitel, davon über 38000 Neutitel im Jahre 1982; Absatz fast zur Hälfte im Export).
Qualitativ treten in der englischen Literatur der letzten hundert Jahre die beiden Dekaden 1910–1930 als Epoche der Moderne in einem Maße hervor, daß man sie zu Recht mit den früheren großen Epochen 1590 bis 1612, 1710–1735 und 1798–1822 verglichen hat. Es handelt sich dabei um die Kulmination einer sich im ausgehenden 19. Jahrhundert verstärkenden Bewegung. →Woolf sah erste Anzeichen einer Wende zur neuen Zeit in Butlers →*The Way of All Flesh* (1903), einem postumen autobiographischen Künstlerroman, der einerseits auf das Frühwerk von →Lawrence und →Joyce vorausdeutete, andererseits aber in seiner Entstehung bis 1873 zurückreichte und somit exemplarisch deutlich macht, daß Ansätze einer Entwicklung zur Moderne sich bis in die 70er Jahre zurückverfolgen lassen. Ähnliches gilt für →Hopkins' technisch revolutionäre Lyrik der 70er und 80er Jahre, die erst 1918 in einer ersten Sammlung publiziert wurde. Auf breiterer Basis verstärkte sich die literarische Erneuerungsbewegung in den 90er Jahren, nicht zuletzt im Zusammenhang mit der Relativierung des Viktorianismus und der Konsolidierung des modernen Literaturbetriebs.

1890–1900

Hintergrund. Das prosperierende Großbritannien der viktorianischen Ära (1837–1901) besaß – bei aller Komplexität – weithin noch ein geschlossenes bürgerliches Weltbild (puritanischer Sittenkodex, »common sense« – und Fortschrittsglaube, Utilitarismus, »Laisser-faire«, Kapitalismus, Imperialismus). Dieser »Viktorianismus«, dessen Doppelbödigkeit

Strachey in →*Eminent Victorians* (1918) ironisch abrechnend aufdeckte, wurde schon den Viktorianern selbst zunehmend zum Problem. Was sich in Ch. Darwins biologischer Evolutionstheorie (*On the Origin of Species,* 1859), die bald auch auf andere Bereiche übertragen wurde (vgl. H. Spencer u. a.), oder J. Ruskins Sozialutopie (vgl. besonders die Essays der 60er Jahre) an Divergenz andeutete, verdichtete sich in den 90er Jahren zu allgemeinerer Skepsis gegenüber dem viktorianischen System. Diese Relativierungstendenz reflektierte die gleichzeitigen politischen und sozialen Veränderungen. Das von →Kipling glorifizierte Imperium stieß allmählich an seine Grenzen: andere Nationen (Deutschland, USA) traten in Konkurrenz, der Burenkrieg (1899–1902) mobilisierte Gegner des Imperialismus im eigenen Land, Irland drängte auf Unabhängigkeit (mit Ch. St. Parnell u. a.). Im Inneren hatten Landwirtschaftsdepression bzw. expansive Industrialisierung und Urbanisation soziale Umschichtungen und eine Konzentration auf die Metropole London zur Folge. Gegenüber dem tonangebenden Bürgertum machte die Arbeiterklasse (erstarkende Gewerkschaftsbewegung, Gründung der Labour Party 1893) ihre Rechte geltend und erzwang Reformen. Eine sich verselbständigende Intelligenzschicht distanzierte sich von ihrer bürgerlichen Herkunft, sei es in der Pose des morbiden Dandyismus und den Subkulturen der Londoner Bohème (→Wilde, →Dowson) oder im politischen Engagement (→Shaw und →Wells in der 1884 gegründeten, eine sozialistische Evolution vertretenden »Fabian Society«). Bei aller Unterschiedlichkeit reflektierten beide Haltungen den allgemeinen Trend zur Säkularisierung und Lockerung des viktorianischen Moralkodex sowie zur Neubestimmung der Rolle des Schriftstellers.

Literatur. In Verbindung mit den Veränderungen der Sozialstruktur brachten der Bevölkerungszuwachs (1837: 17,5 Mill., 1901: 38 Mill.) und die Analphabetenminderung (gefördert durch die allgemeine Schulpflicht seit W. E. Forsters »Education Act« von 1870) eine Erweiterung und Auffächerung des Lesepublikums (in »high-brow« – »middle-brow« – »low-brow«). Dieser Marktsituation entsprach eine sich erhöhende und spezialisierende Buchproduktion. Von 1850 bis 1901 stieg die Produktion von 2600 auf 6044 Titel im Jahr. Der Roman verdrängte in den 80er Jahren das bis dahin marktbeherrschende religiöse Schrifttum und eroberte sich den größten Marktanteil (1870: 381, 1899: 1825 neue Titel). Dabei spielte auch die Entwicklung vom dreibändigen »threedecker«, der seit 1894 von den Leihbüchereien nicht mehr abgenommen wurde, zum einbändigen 6-Shilling-Roman eine Rolle. Die sich differenzierenden Lesebedürfnisse wurden durch eine breite Streuung unterschiedlicher Literatur befriedigt, allerdings bei quantitativer Konzentration: zum wichtigsten literarischen Massenkonsumartikel avancierte der Unterhaltungsroman, wodurch sich die »hohe Literatur« und der (sich etablierende) populäre Bestseller mehr und mehr auseinanderentwickelten. Die Veränderungen des Marktes zwangen auch die Autoren, sich zu organisieren (Gründung der »Society of Authors«, 1883). Die dabei auftretenden Probleme von Literatur und Kommerz wurden erstmals von →Gissing thematisiert.

Die Entwicklung der »hohen Literatur« der letzten drei Dekaden des 19. Jahrhunderts ist gekennzeichnet durch eine Reihe von Erneuerungstendenzen unterschiedlicher Art und wechselnder Stärke bei Fortdauern alter Traditionen. Es handelt sich insofern um eine komplexe Übergangsphase, als die besonders hervortretenden Richtungen des Ästhetizismus (vorwiegend in der Lyrik, Maxime »l'art pour l'art«) und des Realismus (vorwiegend im Roman, mit naturalistischer Tendenz) ein Spannungsverhältnis erzeugten, das sich bis ins 20. Jahrhundert fortsetzte und entscheidenden Anteil an der Genese der Moderne hat (→Joyce). Zu dieser Situation trug die französische Literatur wesentlich bei. Hier ist vorab H. James (s. u. S. 44f.) zu nennen, der im Zuge der Spezialisierung und Dominanz des Romans sich auf subtilere Thematik und skrupulöse Konstruktion verlegen konnte: seit Mitte der 70er Jahre übernahm er G. Flauberts Konzeption des Romans als Kunstwerk und verschaffte ihr in der englischen Literatur nachhaltig Geltung (von →Conrad bis →Hartley). Seit den 80er Jahren gab →G. Moore der Tradition des realistischen Romans Züge des Zolaschen Naturalismus (Problem der genetischen und sozialen Determiniertheit), während →Wilde und →Dowson die Lyrik-Tradition der Präraffaeliten und A. Swinburnes unter dem Einfluß der französischen Symbolisten von Ch. Baudelaire bis St. Mallarmé (morbide, elegische Sprecherdispositionen, Suggestivität durch esoterische Bild-, Symbol- und Synästhesienkomplexe) in die Dekadenz des Fin de siècle überführten. Die Erneuerungstendenzen verdichteten sich in den 90er Jahren, in denen das Bewußtsein vom Beginn einer neuen Ära mit der Jahrhundertwende sich weit verbreitete. Das drückte sich einerseits in Dowsons Weltmüdigkeit, →Hardys Fatalismus und Resignation oder →Housmans Vergänglichkeitspessimismus aus, andererseits in einer Reihe durchaus heterogener Bewegungen mit den Etiketten »new« und »modern«: von »New Spirit«, »New Realism«, »New Drama«, »New Fiction«, »New Hedonism« war die Rede, die literarische Zeitschrift *The Yellow Book* (1894–1897) empfahl sich mit ihrem Mut zur »Modernität« usw. All dies blieb freilich bis zur zweiten Dekade des 20. Jahrhunderts noch weitgehend Programm und Ansatz.
Der ROMAN der 90er Jahre bot ein breites Spektrum an Regionen und Figuren: von Hardys »Wessex«-Dörfern über G. Moores Londoner Slum u. a. bis zu →Kiplings und Conrads asiatischen und afrikanischen Kolonien; von Wildes »leisure class«-Poseuren bis zu Conrads ausgebeuteten Kongo-Negern (→*Heart of Darkness,* 1899). Bei aller Unterschiedlichkeit zeigten die Autoren eine deutliche Problematisierungstendenz, besonders auch ein geschärftes Bewußtsein für die viktorianische Doppelmoral. Das äußerte sich in konkreter Kritik am Gesellschaftssystem (Gissing, G. Moore), die z. T. auf massiven Widerstand stieß, zumal wenn das Tabu der Sexualmoral verletzt wurde (Hardy). Im Gegensatz zur Alltagsmisere bei diesen Autoren ging es Wilde und Conrad um das Individuum, das in eine Extremsituation gerät, vom Irrationalen affiziert wird und eine Krise der Moral und Identität erleidet. Letzteres wird besonders sinnfällig im Doppelgängermotiv (→*The Picture of Dorian Gray,* 1891; →*Heart of*

Darkness, 1899), das die formalen Konsequenzen dominanter Thematik verdeutlicht. Ähnliches gilt für die durch soziale oder psychische Unbeständigkeit motivierten Aufstieg/Niedergang-Handlungsschemata bei Gissing, G. Moore, Conrad (→*Lord Jim,* 1900). Die Momente der Unsicherheit und Relativierung hatten bei Conrad noch fundamentalere technische Konsequenzen, wenn er sich verschiedener Erzähler bzw. wechselnder Perspektiven sowie einer komplizierten Tektonik (Auflösung der Chronologie usw.) bediente: Conrad hat am systematischsten die inhaltliche Problematik zugleich formalisiert und erweist sich nicht zuletzt darin als bedeutendster englischer Romancier der Jahrhundertwende und unmittelbarer Wegbereiter der Moderne.

Die LYRIK, die wie das Drama hinter dem spätviktorianischen Roman zurücktrat, folgte vorwiegend dem symbolistischen Trend (schwermütige Stimmungen, klangvoll-kunstfertige Verse). Das gilt auch für den jungen →Yeats, der darüber hinaus eine der Conradschen Perspektiventechnik vergleichbare Technik multipler Sprecherrollen (»masks«) entwickelte. Daneben gab es bei Kipling eine entpoetisierende Tendenz (Einbeziehung subliterarischer Stilelemente).

Das DRAMA unterschied sich grundsätzlich von den anderen Gattungen dadurch, daß es weit weniger von bestehenden Traditionen ausgehen konnte und geradezu eines Neuansatzes bedurfte. Das 19. Jahrhundert hatte außer den Lesedramen der Romantiker vor allem den Typ des effektvoll unterhaltsamen Melodramas französischer Provenienz bzw. Ausstattungsspektakel gepflegt. Es dominierte das kommerzielle Theater des Londoner West End mit Schauspieler-Regisseuren, Starkult, »long run«-System usw.; der »Theatres Act« von 1843 machte Aufführungen von der Zensur des Lord Chamberlain abhängig. Zwar zeigten sich seit den 60er Jahren im Drama erste Anzeichen einer Entwicklung realistischerer Züge, der entscheidende Erneuerungsanstoß kam jedoch von außen, durch H. Ibsen. Seit 1882 wurden Bearbeitungen seiner Stücke in London aufgeführt, *Ghosts* löste 1891 einen Skandal aus. W. Archer, Ibsens Übersetzer und führender Theaterkritiker, propagierte in seinen Schriften diesen neuen Typ des sozialkritischen »Problemdramas« ebenso wie →Shaw (*The Quintessence of Ibsenism,* 1891). Zugleich waren Archer, J. T. Grein u. a. in der »Repertoire-Theater-Bewegung« aktiv (Gründung von Club-Theatern usw.). Shaw ging es als Dramatiker primär um die Veranschaulichung seiner Gesellschaftskritik: insofern machte er die Bühne zur Plattform (Diskussionsszenen usw.). Zugleich kam er der Tradition des Unterhaltungstheaters entgegen, indem er seine Stücke als witzige Komödien konzipierte. Den dennoch anfänglich vorhandenen Rezeptionsschwierigkeiten im Theater, die bis zum Aufführungsverbot gingen (→*Mrs. Warren's Profession,* 1898), begegnete er durch die stärkere Berücksichtigung des Lesepublikums, sowohl in den Dramentexten selbst (Regieanweisungen) als auch in den beigefügten langen provokativen Vor- und Nachworten (seit →*Caesar and Cleopatra,* 1901). Die Übernahme bzw. geistreiche Erneuerung traditioneller Komödienformen verbindet ihn mit Wilde, die Wiedereinführung problemhaltiger Themen ins

Theater mit Yeats, der sich durch die strenge Stilisierung seines Dramas wiederum von ihm abhebt.

1900–1910

HINTERGRUND. In der sozialen wie in der kulturellen Entwicklung der edwardianischen Ära (1901–1910) setzten sich die spätviktorianischen Tendenzen meist verstärkt fort. Großbritannien suchte sich außenpolitisch in Bündnissystemen abzusichern und konzentrierte sich auf die Innenpolitik: die liberalen Regierungen (1905–1915) brachten eine Reihe von Sozialgesetzen durch. Die Unabhängigkeitsbewegung der irischen Nationalisten wurde massiver. Vor allem das zunehmende Sozialbewußtsein in England und das Nationalbewußtsein in Irland spiegeln sich in der Literatur wider.

LITERATUR. Die prominenten Autoren der Zeit waren →Bennett und →Wells. Wells war durch seine »scientific romances« der 90er Jahre bekannt geworden, vor allem aber kam beiden – wie auch →Shaw – ihr Journalistenruhm zugute: als Journalisten dominierten die drei in der Presse. Die Doppelrolle des Journalisten-Schriftstellers lag ihnen insofern nahe, als es ihnen mehr um die zu vermittelnden kritischen Vorstellungen ging als um die Form oder die Organe der Vermittlung. Zugleich bescherte die Gesellschaft den dreien nicht nur Popularität, sondern auch beispiellosen finanziellen Erfolg: Bennett z.B. hatte 1912 einen Jahresverdienst von £ 16000, nicht zuletzt aufgrund seiner enormen und – wie bei anderen Autoren – marktorientierten Produktivität.

Im ROMAN setzten Bennett, Wells, →Galsworthy sowie Maugham (→*Of Human Bondage,* zuerst 1898, s. 1915) die naturalistische Linie E. Zola – G. Moore mit einer Konzentration auf Stadtmilieus fort. Galsworthy ironisierte den gehobenen Mittelstand der spätviktorianischen Londoner Plutokratie, Bennett und Wells gingen – der eigenen Herkunft entsprechend – vom provinziellen Kleinbürgertum der industriellen nordenglischen »Potteries« bzw. des Südens aus und demonstrierten an den Aspirationen Einzelner die gesellschaftlichen Zwänge. Während Bennett sich weitgehend auf pessimistische Deskription beschränkte, dekuvrierten Galsworthy und Wells die Gesellschaft satirisch. Galsworthy und Wells wählten wie →Butler die Form der Familienchronik für ihre Viktorianismuskritik, wobei sowohl der Generationenkonflikt als der Künstler-Bürger-Gegensatz z.T. hervortrat. Statt einer historischen Entwicklung versuchte Wells ein zeitgenössisches Panorama mit utopischen Zügen, wobei er die Rolle der Naturwissenschaft problematisierte. Auch Conrad, ein Autor mit begrenztem Publikum, näherte sich – bei allen Unterschieden, zumal in der Form – diesen Gesellschaftskritikern, insofern er das Problem moralischer Korruption in die politische Dimension ausweitete (Staatspanorama in →*Nostromo,* 1904) und zudem das Geschehen aus den tropischen Zonen in Anarchistenkreise Londons (→*The Secret Agent,* 1907) bzw. Rußlands (→*Under Western Eyes,* 1911) verlegte. Das vielleicht vollständigste Panorama der edwardianischen Übergangszeit bot E. M. Forsters →*Howards End* (1910) mit der Problematisierung zentraler Gruppenkonflikte und Dualismen. Ist der Roman darin eine Art thematischer Zusammenfassung, so deutet er tektonisch (System von Symbolen, Leitmotiven usw.) auf die Folgezeit, darin Conrads *Nostromo* verwandt, dem motivisch und erzähltechnisch komplexesten Roman vor Joyces →*Ulysses* (1922).

Während die LYRIK im edwardianischen England konventionell blieb, gelang dem neuen DRAMA mit Shaw und Galsworthy der Durchbruch. Beträchtliche Verdienste daran hatten die 1899 gegründete »English Stage Society«, die sich für ein nicht kommerzielles, anspruchsvolles Repertoire einsetzte, der Dramatiker, Shakespeareforscher, Schauspieler und Regisseur H. Granville Barker, der 1904–1907 am Londoner Court Theatre neben H. Ibsen, Galsworthy u.a. elf Stücke von Shaw aufführte, und A. E. Horniman, die das Abbey Theatre in Dublin (1904) und das Gaiety Theatre in Manchester (1908) gründete. Shaw setzte seine Gesellschaftskritik in Komödienform fort, worin ihm →Barrie folgte, ging zugleich aber über zur Erörterung der Möglichkeiten gesellschaftlicher Veränderung angesichts der Machtverhältnisse (→*Major Barbara,* 1905) und zur Entwicklung seiner von F. Nietzsche beeinflußten Evolutionsutopie (→*Man and Superman,* 1903). Spezifischere und konkretere Sozialkritik betrieb Galsworthy in seinen (zugleich formbewußteren) Dramen über den Arbeitskampf (→*Strife,* 1909) und die Justizmaschinerie (→*Justice,* 1910), wobei das letztere den seltenen Fall reformerischer Auswirkung zeitigte.

Dem Drama gelang auch in Irland der Durchbruch. Die Bewegung des »irischen Dramas« war Teil der literarischen »Irischen Renaissance« (Bezeichnungsvarianten: »Celtic/Irish Literary Revival/Renaissance«) und einer darüber hinausgehenden nationalen Selbstbesinnung. Yeats gründete in London (1891) und Dublin (1892) irische Literaturgesellschaften, die »Gaelic League« (1893) betrieb die Erneuerung der irischen Sprache, das von Yeats mitbegründete »Irish Literary Theatre« (1899) bzw. die »Irish National Theatre Society« (1902) fand im Abbey Theatre eine Heimstätte. Die Bedeutung der Irischen Renaissance lag im Bereich des poetischen Dramas und der Lyrik, die Blütezeit in der ersten Dekade des 20. Jahrhunderts, die Hauptvertreter waren →Yeats und →Synge. Mit der politischen Unabhängigkeitsbewegung berührte sich am engsten Yeats' Einakter →*Cathleen ni Houlihan* (1902), in dem sich Engagement und poetische Stilisierung verbanden. In seiner Lyrik (zumal den Liebesgedichten über die Patriotin M. Gonne) vermischte er Privatsphäre und politischen Bereich, insgesamt begann er sich stärker an der Öffentlichkeit zu orientieren, was auch etwa im Kontrast zwischen poetischer Fiktion und Alltagsrealität eine Rolle spielte. Letzteres verbindet ihn mit Synge, in dessen späteren Stücken die Kollision von Realität und Illusion dominierte. Synge, der Hauptvertreter des irischen Dramas, zeigt einerseits am deutlichsten die zentralen Tendenzen der Irischen Renaissance: Wiederbelebung der mythisch-heroischen Vorzeit (→*Deirdre of the Sorrows,* 1910); Darstellung der traditionsverhafteten Alltagsgegenwart der irischen Bauern und Fischer (→*In the Shadow of the Glen,* 1903; →*Riders to the Sea,*

1904; →*The Playboy of the Western World,* 1907); durchweg Verwendung eines poetisch stilisierten anglo-irischen Idioms. Er ging andererseits, zumal in dem letztgenannten tragikomischen Stück, universalisierend über den folkloristischen Bereich der irischen Provinz hinaus, die auch ironisch beleuchtet erscheint, was zum Theaterskandal führte (wie ähnlich schon bei Yeats' →*The Countess Cathleen,* 1892). Eine dezidiert kritische Auseinandersetzung mit Irland gab es erst in den nächsten beiden Dekaden bei →Joyce und →O'Casey, die nicht zur »Irischen Renaissance« gehören.

1910–1920

Hintergrund. Kennzeichnend für die zweite Dekade war die politische Unstabilität mit der globalen Krise des Ersten Weltkriegs (1914–1918) und Unruhen und Umwälzungen vom Dubliner Osteraufstand (1916) bis zur Russischen Revolution (1917). Innenpolitisch erreichten die englischen Suffragetten die graduelle Einführung des Frauenwahlrechts (1918, 1928). Die radikalen Veränderungen in der Literatur der Zeit reflektierten aber nur z. T. diese politischen Ereignisse (vgl. etwa die Wirkung des Weltkriegs auf →Owen und andere »war poets« sowie →Lawrence oder die Entsprechung zwischen der Emanzipationsbewegung und →Richardsons Romankonzeption): wichtiger war – neben dem Weiterwirken der Tendenzen der edwardianischen Gesellschaft – das radikale Umdenken in der internationalen Wissenschaft und Kunst der Jahrhundertwende. H. Bergson schränkte in seinen Schriften (seit 1889) die Bedeutung der Ratio mit der Intuitionslehre vom Leben und Bewußtsein als »schöpferischer Bewegung« entschieden ein. W. James ersetzte die Vorstellung von der objektiv fixierten Realität durch die von der vielgestaltig-fließenden, im subjektiven Bewußtsein oder Gefühl erfaßten (*Principles of Psychology,* 1890). A. Einstein revolutionierte mit seiner Relativitätstheorie (seit 1905) die Vorstellungen von Raum und Zeit. B. Russell und A. N. Whitehead begründeten skeptisch-realistisch die mathematische Grundlagenforschung auf der Basis der formalen Logik (*Principia Mathematica,* 1910–1913), während G. E. Moore von der utilitaristischen wie metaphysischen Moralphilosophie abrückte und die intuitive Beurteilung des komplexen Individualverhaltens betonte (*Principia Ethica,* 1903). S. Freud wies in seinen psychoanalytischen Schriften (seit 1900) auf die Bedeutung des Unbewußten und der Libido im menschlichen Leben hin. H. H. Ellis versuchte mit seinen *Studies in the Psychology of Sex* (1897–1928) eine vorurteilslose Bestandsaufnahme aller Formen von Sexualität. E. A. Westermarck entwickelte aus seiner Ethnologie der Familienstrukturen (*The History of Human Marriage,* 1891 u. a.) einen ethischen Relativismus. J. G. Frazer untersuchte in *The Golden Bough* (1890–1915) die Entwicklungszusammenhänge zwischen Magie, Religion und Wissenschaft. Die allgemeine Tendenz zur Relativierung, zumal der menschlichen Rationalität und Ordnungssysteme, reflektiert eine Disposition der Zeit, die nicht minder fundamentale Konsequenzen für die Kunst hatte.

Literatur. In diese Dekade fallen die frühen Werke der Hauptvertreter

der »Moderne« (»Modern Movement«, »Modernism«), der »Modernisten«. Die Periodisierung der nachträglich etikettierten Moderne deutet sich bereits in den Orientierungsversuchen der Modernisten selbst an (Lawrence ließ 1915 »die alte Welt« enden, Woolf markierte das Jahr 1910 als Wende zur neuen Zeit). Die literarische Moderne Englands muß zugleich als Teil einer internationalen und alle Künste umfassenden Bewegung gesehen werden. Nicht nur in Frankreich (das die ersten Impulse gab), sondern auch etwa in Rußland, Deutschland, Italien und Spanien, nicht nur in der Literatur, sondern auch in der Malerei und Musik der Zeit trat eine Tendenz zu radikalen Innovationen hervor. Dabei profitierte England nicht zuletzt von der Entwicklung Londons zur offenen Kulturmetropole. 1910 führte R. Frys Ausstellung der »Post-Impressionisten« Maler wie V. van Gogh, P. Gauguin und P. Cézanne ein, 1911 gastierten S. Diaghilew und sein Ballett mit I. Strawinskys Musik. In Übersetzungen wurden A. Tschechows Erzählungen (1909) und F. Dostojewskis Romane (1912) einflußreich (→Conrad, →W. Lewis, →Shaw, →Mansfield). Es bildeten sich Zirkel von Autoren, Künstlern, Intellektuellen wie die »Georgians« (um H. Monros »Poetry Bookshop«), die »Bloomsbury Group« (seit etwa 1907) mit →E. M. Forster, →Strachey, →Woolf u. a., die auch nach außen wirkte (Veranstaltungen, Gründung der Hogarth Press, 1917, usw.), oder der Kreis um →Pound. Dieser hielt sich 1908 bis 1919 in England auf, trat mit →Ford, →Yeats, →Eliot und W. Lewis einflußreich in Verbindung, war Mitbegründer des »antipoetischen« Imagismus (s.u. S. 49), förderte die wechselseitige Anregung der Künste (W. Lewis) und bot Publikationshilfe (z.B. Eliot, →Joyce), nicht zuletzt durch seine Mitarbeit an Organen wie *Poetry, The Egoist, The Little Review*. Solche »Little Magazines« mit meist niedriger Auflage und begrenzter Dauer entstanden in dieser und der folgenden Dekade in den USA (s.u. S. 48, 51), England und Frankreich. Sie spezialisierten sich auf die Literatur der Avantgarde, die große Publikationsschwierigkeiten hatte, sowohl wegen der Thematisierung bisher tabuierter Bereiche, besonders der Sexualität (Lawrence, Joyce), als auch wegen der experimentaltechnischen Kompliziertheit (Eliot, Joyce), von der kriegsbedingten Beeinträchtigung der Literaturproduktion (Rückgang von 11537 Titeln im Jahre 1914 auf 7716 Titel im Jahre 1918) einmal abgesehen. Nach dem Ersten Weltkrieg gab London allmählich die Rolle einer Kulturmetropole wieder weitgehend an Paris zurück. Deutliche Anzeichen waren die Abwanderung vieler »Modernisten« (Ford, Pound, Lawrence, zuvor schon Joyce) und die Konzentration der anglo-amerikanischen Avantgarde auf Paris (s. u. S. 51), einschließlich von Publikationsorganen.
In diesem Zusammenhang fällt auf, wie viele Autoren der Moderne im weiteren Sinne Nicht-Engländer (Yeats) oder Emigranten (Lawrence) oder beides waren (die Amerikaner →H. James, Pound und Eliot, der Pole Conrad, die Iren Joyce, →O'Casey und →Beckett). Solche Dissoziationen gehören offenbar zu den Entstehungsbedingungen der Moderne (Problematisierung der eigenen Position, internationale Kontakte usw.). Man hat von daher aber auch versucht, den experimentierfreudigen

»modernism« als zeitweilige Überfremdung der »native tradition« zu deuten. Neben den Innovationen in der Lyrik und im Roman gab es nämlich auch weiterhin bzw. wiederum traditionsorientierte Lyrik (vgl. die z.T. reaktionäre Naturlyrik der »Georgians«), konventionell erzählte Romane (→Maugham) usw., ganz zu schweigen vom Drama, das trotz sporadischer Ansätze (Yeats' Tanzspiele oder später O'Casey, →Auden/Isherwood) formal weitgehend traditionell blieb. Die Überfremdungsthese muß allerdings eingeschränkt werden. Einmal gehörte etwa Lawrence als Lyriker zur (ohnehin heterogenen) Gruppe der »Georgians« und war auch als Erzähler weit vom Experiment entfernt, während etwa Woolf trotz fester Bindung an die Londoner »Bloomsbury Group« erzähltechnische Experimente betrieb. Sodann knüpften selbst die extremeren Modernisten in einer Umwertung der Vergangenheit z. T. an (älteren und untergründigen) englischen Traditionen an (vgl. Eliots Wendung gegen das 19. Jahrhundert und Rückgriff auf die Lyrik der »metaphysicals« oder Joyces Adaptation der Komik-Traditionen von W. Shakespeare bis zum Nonsense). Außerdem wurde das traditionell gebliebene Drama in den 50er Jahren revolutioniert, mit großer Verspätung zwar, doch um so nachhaltiger.

Bereits das Frühwerk der Modernisten, in dem Roman, Kurzgeschichte und Lyrik dominierten, reflektierte die angedeuteten Spannungen und Umorientierungen. Im ROMAN vollzog sich der entscheidende Durchbruch einmal in der thematischen Verlagerung: Konzentration auf das Innenleben der Romanfiguren bei Joyce, Lawrence, Richardson; Einbeziehung von Sexus und Psyche bei Lawrence und Joyce; Problematisierung der Künstlerexistenz bei Lawrence, Joyce, W. Lewis. Zum anderen wurden radikale formale Konsequenzen gezogen: die Konzentration auf das Figurenbewußtsein verband sich mit erhöhter Bewußtheit im Schaffensprozeß der Autoren, die ihre Kunst – wie selten zuvor – auf ihre Grundbedingungen hin reflektierten und formal revolutionierten. Davon zeugen sowohl die poetologischen Essays der 20er Jahre (von Eliot, Woolf u. a.) und die Integration von ästhetischer Theorie und Lyriker-Praxis in Joyces →*A Portrait of the Artist as a Young Man* (1916) als auch der Verzicht auf so lang etablierte Gattungsspezifika wie die Handlung im Roman (vgl. Richardsons Reihung von Impressionen und Assoziationen). Damit verband sich die Tendenz, als Autor hinter dem Werk zurückzutreten und es durch seine Komposition (z.B. Perspektivierung, Symbolik und Leitmotivik bei Joyce) oder demonstrative Aussparung (vgl. die Kurzgeschichten von Joyce und Mansfield und die offenen Schlüsse bei Joyce, Lawrence u. a.) wirken zu lassen. Solche Stilisierung war nicht zuletzt notwendiges Pendant zum konkreten Ausgangspunkt vieler Autoren: der Realität der eigenen (negativen) Alltagserfahrung. Lawrence konkretisierte die sozialen und psychischen Zwänge der Industriegesellschaft am Scheitern zwischenmenschlicher Beziehungen bei Intellektuellen aus dem Kohlenrevier der Midlands. Joyce demonstrierte die Isolation des Intellektuellen im paralysierten, lebens- und kunstfeindlichen Kleinbürgertum Dublins (die Heimatstadt blieb der mikrokosmische Schau-

platz aller seiner Werke). Der Realismus ging bis ins Detail (Milieu, Sprache) bei Autoren wie Lawrence, Joyce, Mansfield. Zur Relativierung bzw. Ausweitung der individuellen Problematik übernahm Lawrence die Form der Familienchronik, während Joyce ein Stufenmodell von Generationen und Gruppen (→*Dubliners,* 1914) bzw. ironisierten Stadien (→*A Portrait of the Artist as a Young Man,* 1916) als Struktur zugrunde legte.
In der Lyrik gab es ähnliche thematisch-technische Umorientierungen. Owen beschrieb die Greuel des Krieges, Eliot das frustrierte, triviale Londoner Intellektuellendasein. Beide verzichteten – ihren »unpoetischen« Themen gemäß – z.T. auf so etablierte Gattungsspezifika wie Reim und Vers und verwendeten Halbreime und Freiverse. Eliot war um Detailpräzision bemüht (Alltagssprache, »mot juste«, »objektives Korrelat«), experimentierte kombinatorisch mit Stilen und Metren (wie schon →Hopkins), bezog kryptische Anspielungen universalisierend mit ein und verwandte objektivierende Ironie und Sprecherrollen. Yeats entwickelte die für sein späteres Werk grundlegenden Theorien der menschlich-kosmischen Zyklen und des dialektischen Verhältnisses von Künstler und »Maske« (→*The Wild Swans at Coole,* 1919).
Im Drama wurden Problemstücke wieder mehr durch Unterhaltungsstükke abgelöst (vgl. auch Shaws →*Pygmalion,* 1913), was mit der veränderten Lage der Theater zusammenhing: seit 1910 dezimierte das Kino die Theater, zumal in der Provinz; die Vervierfachung der Produktionskosten während des Krieges erzwang rigorose Kalkulation; das anspruchsvolle Theater war so mehr und mehr auf Club- bzw. Repertoire-Theater angewiesen.

1920–1930

Hintergrund. Für die 20er Jahre waren zunächst die Auswirkungen des Ersten Weltkriegs bestimmend: hohe Verluste (ca. 800000 Tote), wirtschaftliche Schwächung (Kriegskosten, Inflation, die Zahl der Arbeitslosen stieg 1921 auf 2,5 Mill.), wirtschaftliche und militärische Überrundung durch die USA. Die wirtschaftliche Lage führte zu Streiks (Höhepunkt: der 1926 zum Generalstreik ausgeweitete Kohlenstreik) und verschlechterte sich zur Weltwirtschaftskrise von 1929 mit den Folgen der Massenarbeitslosigkeit. Die konservativen Regierungen (seit 1922) und die ersten Labour-Regierungen unter R. MacDonald von 1924 und 1929 bis 1931 (die Arbeiterpartei verdrängte damit die Liberalen als Volkspartei) konnten dieser Lage mit Gesetzen kaum beikommen. Zugleich waren die 20er Jahre für die Industriewirtschaft eine Übergangszeit zu neuen Produkten (besonders Elektrogeräte, Automobile, Kunststoffe) und Produktionsmethoden (Massenfabrikation), beides in Verbindung mit der fortschreitenden Technologie.
In der irischen Frage hatte das Home-Rule-Gesetz von 1920 die Absonderung der Ulster-Provinzen und einen Bürgerkrieg zur Folge, der aber die Trennung zwischen dem südirischen »Freistaat« mit Dominion-Status (1922, seit 1937 »Eire«, seit 1949 »Irish Republic«) und dem Großbritannien angegliederten Nord-Irland nicht verhindern konnte. Eine analo-

ge schottische Separatistenbewegung (Gründung der Scottish National Party, 1928) blieb erfolglos. In der Kolonialpolitik löste die Konzeption eines »Commonwealth of Nations«, d.h. eines Staatenverbandes mit dem Mutterland Großbritannien und gleichgestellten Dominions (seit 1926, Statut von Westminster, 1931), allmählich das imperiale System ab, was langwierige Unabhängigkeitsbewegungen nicht ausschloß (vgl. Indien, das erst 1947 die volle Unabhängigkeit erreichte).
Die 20er Jahre waren von einem besonderen Fluidum gekennzeichnet, das sein ambivalentes Gepräge hatte. Die unter dem Schock des Krieges stehende Generation wandte sich zum Teil forciert wieder der Normalität des Lebens zu. Gleichzeitig gab es eine größere soziale Beweglichkeit und moralische Freizügigkeit, die in der sich verbessernden Stellung der Frau sichtbar wurde, vielfach aber auch nur in den oberflächlichen Freiheiten der Frivolität, Vergnügungssucht und Moden.
LITERATUR. Die Umorientierung der Wirtschaft hatte auch für den kulturellen Bereich Konsequenzen. In den 20er Jahren begannen sich weitere Formen der modernen Unterhaltungsindustrie zu entwickeln: neben Literatur und Presse traten als neue Massenmedien Film und Funk. Eine Filmproduktion gab es in England zwar schon seit 1896, doch der entscheidende Durchbruch kam mit dem Tonfilm (1927). Die wechselseitigen Beziehungen zwischen Film und Literatur waren vielfältig: der Film beeinflußte Autoren wie Huxley (→*Point Counter Point,* 1928) über →Isherwood und →Greene bis in die Gegenwart; es gab Verfilmungen (vor allem von Romanen) und – schon in den 20er Jahren – die Rückwirkung des »Buchs zum Film«. Ein Hörfunkprogramm begann 1922 mit der Gründung der BBC (Fernsehprogramm 1936), 1930 bereits hatte etwa jeder zweite Haushalt ein Radio. Schon in der Frühphase entwickelten sich aus diesen Medien (auch für Autoren reizvolle) neue Formen wie das Hörspiel (R. Hughes' *Danger,* 1924, kann als das erste überhaupt gelten). Zugleich stieg aber auch der Literaturkonsum, zumindest im Bereich des Romans: die Produktion erhöhte sich hier in den 20er Jahren um fast 50% (1921–1925: 11914 Titel, 1926–1930: 17507 Titel), die Ausleihe der öffentlichen Bibliotheken stieg seit dem fördernden »Public Library Act« (1919) bis 1939 auf mehr als das Dreifache, wovon etwa 75% auf Romane entfielen.
Die Literatur, die im (teils bewußten) Gegensatz zum uniformen Massenkonsum auf Individualität und Qualität insistierte, zumal die sehr anspruchsvolle Moderne, war nach wie vor auf Unterstützung angewiesen. Eine Vermittlerfunktion in diesem Sinne übte seit den 20er Jahren Eliot aus. Als Kritiker (→*The Sacred Wood,* 1920) wirkte er geschmacksbildend und beeinflußte die sich etablierende moderne Literaturwissenschaft nachhaltig (I. A. Richards, W. Empson u.a.), als Herausgeber der führenden Literaturzeitschrift *Criterion* (1922–1939) und Direktor von Faber & Faber, einem bis heute in der Veröffentlichung moderner Literatur führenden Verlag, bot er Publikationshilfe. Eine Autorin wie Woolf entwickelte zugleich erstmals Ansätze einer feministischen Ästhetik (→*A Room of One's Own,* 1929).

Die 20er Jahre bilden die bislang ertragreichste Dekade der englischen Literatur in diesem Jahrhundert. Eine Reihe von Autoren, vorab die Modernisten, veröffentlichten ihre bedeutendsten Werke: Lawrence →*Women in Love* (1920), Joyce →*Ulysses,* Eliot →*The Waste Land* (1922), E. M. Forster →*A Passage to India* (1924), Woolf →*To the Lighthouse* (1927), Yeats →*The Tower* (1928) und →*The Winding Stair* (1929, s. 1933). Während Autoren wie →Ford und →MacDiarmid mit ihren bedeutendsten Werken ebenfalls dem Modernismus folgten, begannen Autoren wie →Huxley, →O'Casey und →Sitwell ihn in die Richtung der politisch-sozialen Satire zu modifizieren, die in den 30er Jahren hervortreten sollte. Außerdem profitierte das Werk nicht-modernistischer Autoren offenbar vom hohen Formbewußtsein der Zeit: Shaw schrieb sein (auch strukturell) wirkungsvollstes Stück (→*Saint Joan,* 1923), →Compton-Burnett begann ihre Serie stilisierter Romane. Die Tendenz reichte bis in die primär unterhaltsame Literatur: die »gut gebaute« Komödie (→Maugham, →Coward) und den komischen Roman (→Wodehouse). Es war zugleich eine Zeit von Prototypen, deren Erfolg zur Serienbildung führte: neben Coward und Wodehouse sind hier →Christie (Kriminalroman) und →Milne (Kinderbuch) zu nennen, vier Autoren, die zu englischen Institutionen geworden sind. Diese Komplexität der literarischen Szene und die simultane Qualität der hohen Literatur wie der gehobenen Unterhaltungsliteratur machen die besondere Bedeutung der Dekade aus. Die Modernisten mit nach wie vor dominanter Erzählprosa und Lyrik thematisierten unter Erweiterung des Personenkreises (neben Künstlern und Intellektuellen: Beamte, Geschäftsleute, Angestellte und häufiger auch Frauen) die Kommunikations- und Interaktionsprobleme bzw. die Isolation des Individuums (Lawrence, Joyce, Eliot, Forster, Ford, Huxley, Woolf). Häufig verband sich damit ein unter dem Eindruck des Ersten Weltkriegs entstandener Zivilisationspessimismus (Lawrence, Eliot, Ford, Huxley), ein Bewußtsein globaler Kulturkontraste (Indien – England bei Forster, Mexiko–Europa in Lawrence' →*The Plumed Serpent,* 1926) und der Versuch, den Menschen in den Zyklen von Natur, Geschichte usw. zu sehen (Yeats; Eliot; Woolf in →*The Waves,* 1931; Joyce in →*Finnegans Wake,* seit 1927, s. 1939; auch A. J. Toynbee, ein führender englischer Historiker, konzipierte – O. Spengler modifizierend – in *A Study of History* einen zyklischen Geschichtsverlauf, 1934–1961). Mit anderen Ordnungsschemata (vgl. die Mythen- und Symbolsysteme bei Yeats, Joyce, Eliot oder die Verarbeitung der europäischen Literaturtradition durch Zitate, Strukturanalogien usw. bei Joyce, Eliot) gehörte die Zyklik zugleich zu den universalisierenden Strukturprinzipien, während die durch die Subjektivierung bzw. den Zerfall des Wertesystems bedingte Kumulation von Details und Montage von Segmenten (Joyce, Eliot, Woolf u. a.) eine Relativierung signalisierte, eine Tendenz, die auch vor den Medien- und Gattungsgrenzen nicht haltmachte und in letzter Konsequenz das Material der Sprache erfaßte. Die positive Seite dieser Relativierung war eine außergewöhnliche, adaptive Flexibilität und Kombinatorik. Es bildeten sich Mischformen wie z. B. O'Caseys Tragikomödien,

Woolfs lyrischer Roman →*The Waves* (1931), Analogien zur Musik bei Joyce, Huxley (→*Point Counter Point,* 1928) und später Eliot (→*Four Quartets,* 1943). Am weitesten ging die Tendenz zum Gesamtkunstwerk bei Joyce, der eine parodistische Bestandsaufnahme traditioneller Formen und Stile bis ins Subliterarische implizierte und Drama, Lyrik, Musik integrierte bzw. imitierte. Seine relativierenden Effekte und mobilisierenden Experimente setzten bereits an der Sprache an, worin ihm MacDiarmid (Synthetisierung) und später →Beckett (Sprachspiel) folgten.
Im ROMAN entwickelte Lawrence Modelle anti- bzw. vorindustrieller Lebensformen, wobei er dem nicht-mentalen Bereich des Menschen erhöhte Bedeutung zumaß. In seiner Darstellung konzentrierte er sich auf Kontrastschemata (Natur – Technik usw.), Dialoge und Interaktionsbeschreibungen. In der Verwendung von Ortssymbolik stand er E. M. Forster und Woolf nahe, in der Vorliebe für Diskussionen Forster und Huxley und in der Einbeziehung mystischer Momente (für die Wiedergabe »dunkler«, überindividuell-psychischer Vorgänge) Forster und Woolf. Woolf konzentrierte sich am stärksten auf das Zeitlichkeitsproblem und das reagierende Bewußtsein des Individuums, das sie selektiv-subtil vor der Alltagsfolie (→*Mrs. Dalloway,* 1925; →*To the Lighthouse,* 1927) oder in montierten Monologsegmenten (→*The Waves,* 1931) darstellte. In der Verkehrung des Außen-Innen-Verhältnisses und der formalen Konsequenz näherte sie sich Joyce. Wie Woolf in *Mrs. Dalloway* zeichnete Joyce im →*Ulysses* (1922) das Verhalten und die inneren Regungen einiger Personen während eines Großstadtalltags nach. Mit seiner thematischen und technischen Komplexität setzte er sich jedoch von anderen Autoren ab: er stellte seine Figuren in ihrer körperlich-geistig-seelischen Totalität dar und entwickelte entsprechende Techniken (innere Monologe, Phantasien usw.), beschrieb die Kommunikationsprobleme des isolierten Individuums als Tragikomödie (ohne Hoffnung auf mystische Momente) und stattete das Geschehen zugleich mit mehr konkreten Details und umfassender Universalität aus. Die Kombination von Realität und Irrealität, Ernst und Komik, Tradition und Innovation und das tektonische und sprachliche Raffinement machten den Roman zum modernen Prosaklassiker, der in Einzelzügen viele nachfolgende Autoren beeinflußte.
In der LYRIK nahm Eliots →*The Waste Land* (1922) eine ähnliche Stellung ein, eine Sequenz, die die Sterilität des zeitgenössischen Lebens thematisierte und Szenen und Bilder von Personen in zeitlich und örtlich unterschiedlichen Situationen montierte, multiple Sprecherrollen verwandte, Realität und Irrealität, Tradition und Innovation kombinierte und den freirhythmischen Text fragmentarisierte. Die experimentelle Synthetik verband Eliot mit MacDiarmid, die pessimistische Einstellung mit Yeats' kontemplativ-nostalgischer Lyrik (→*The Tower,* 1928). Alle drei folgten – wie auch →Bridges – der Tendenz zur Strukturierung von Gedichtbänden (Sequenz, Zentralsymbolik). Sowohl Eliot als auch Yeats revidierten ihren Pessimismus mit der Hinwendung zur Religion (→*Ash-Wednesday,* 1930) bzw. zur Vitalität (→*The Winding Stair,* 1929, s. 1933). (Yeats erwies sich überhaupt als einer der wandlungsfähigsten Autoren.) Eine

Sonderstellung nahm MacDiarmid ein als Vertreter der »schottischen Renaissance«, einer der irischen (s. o. S. 16f.) analogen Bewegung, die vor allem mit Lyrik hervortrat und der er Züge des Modernismus aufprägte. Das DRAMA erreichte zwar nicht die Qualität von Roman und Lyrik, doch immerhin verfaßten →Shaw und der ihn gleichsam ablösende →O'Casey, die beiden wohl bedeutendsten Dramatiker Englands bzw. Irlands in der ersten Jahrhunderthälfte, in diesem Jahrzehnt ihre Hauptwerke. Gemeinsam war beiden ihr sozialkritisches Engagement, →*Saint Joan* (1923) näherte sich O'Casey zudem in der Tragik und Komik kombinierenden Struktur. Während Shaw jedoch das Geschehen dem Kontext seiner Geschichte und Zukunft deutenden Evolutionsidee einordnete, konkretisierte O'Casey die soziale Misere des Dubliner Arbeiter- und Kleinbürgermilieus vor dem aktuellen Hintergrund der irischen »troubles« und des Ersten Weltkriegs und generalisierte eher durch Typisierung der Personen und Verhaltensweisen im Spannungsfeld Illusion – Realität. In der erstmaligen Verwendung expressionistischer Schockeffekte und deren politischer Funktionalisierung (→*The Silver Tassie,* 1928) deutete er auf die 30er Jahre voraus.

1930–1940

HINTERGRUND. Die 30er Jahre standen wieder stärker im Zeichen globaler Krisen. Als Folge der Weltwirtschaftskrise stieg die Arbeitslosigkeit bis 1932 auf 23%. Die Koalition des gleichen Jahres sah sich zu dirigistischen Maßnahmen gezwungen, was eine Einschränkung des alten Freihandelsprinzips bedeutete. Zugleich begann sich die Expansion der neuen Industrien (s. o. S. 20) positiv auszuwirken, so daß sich die Wirtschaft bald wieder erholte. Politisch beherrschten in Europa die faschistischen und kommunistischen Bewegungen, totalitären Regime, der Spanische Bürgerkrieg (1936–1939) und der Ausbruch des Zweiten Weltkriegs (1939 bis 1945) die Szene. Die Wirtschaftskrisen, die neuen Ideologien und die totalitären Praktiken hatten eine politisierende Wirkung auf viele Intellektuelle. Davon zeugen Schriften wie J. M. Keynes' *The General Theory of Employment, Interest and Money* (1936), die einen reformierten Kapitalismus vertrat, zum anderen das sozialistische Engagement vieler einzelner, das bis zum spontanen Einsatz im Spanischen Bürgerkrieg ging (→Auden, →Spender, →Orwell).

LITERATUR. Der Anstieg der Buchproduktion nach dem Ersten Weltkrieg (von 7716 Titeln im Jahre 1918 auf 17137 im Spitzenjahr 1937) hing mit der Entwicklung neuer Produktions- und Vertriebsmethoden zusammen. Zum intensivierten Leihbibliothekswesen (s. o. S. 21) kamen seit 1937 die Buchklubs nach amerikanischem Vorbild (s. u. S. 51) hinzu, vor allem aber die »Paperback-Revolution«, die mit der Gründung von Penguin Books (1935) einsetzte und sich nach dem Zweiten Weltkrieg voll auswirkte: früh sich verbreiterndes, anspruchsvolles Angebot von Einzeltiteln zu Sixpence, Demokratisierung des Lesepublikums, Übernahme von Funktionen der literarischen Zeitschriften wie Vorstellung neuer Literatur (vgl. J. Lehmanns *Penguin New Writing,* 1940ff., mit einer Auflage von bis zu 50000, die andere wichtige Zeitschriften wie F. R. Leavis' *Scrutiny,* 1932–1950, und C. Connollys *Horizon,* 1939–1953, weit übertraf). Spezifische Publikationsformen konnten auch gruppenkonstituierend wirken: die Lyrikergruppe um →Auden (mit →Isherwood, →Spender u. a.) wurde mit den Anthologien *New Signatures* (1932) und *New Country* (1933) identifiziert.

Diese Autoren hielten an der Formkunst von Hopkins und Eliot fest, standen zugleich aber auch unter dem Einfluß von K. Marx und S. Freud und versuchten, politisches Engagement in Literatur umzusetzen, wobei ihre formale Komplexität freilich eine Wirkung über das »highbrow«-Publikum hinaus verhinderte. Diese Verbindung von Ästhetizismus und Sozialrealismus war charakteristisch für die Richtung, und ein Leitbegriff der Zeit war »responsibility«. Auch die Literaturwissenschaft zeigte mehr Engagement (vgl. z. B. den Traditionalisten und Moralisten F. R. Leavis oder den ersten marxistischen Kritiker Ch. Caudwell). Bei den Autoren traten zwei Richtungen des Engagements besonders hervor: die sozialkritische und die christliche. Während die Linksorientierten ihre Annäherung an den Marxismus aufgrund konkreter Erfahrungen im Spanischen Bürgerkrieg bzw. der Desillusionierung durch die stalinistische UdSSR (»Säuberungsaktionen«, Nichtangriffspakt mit Hitler) bald wieder aufgaben (Auden, Spender, →Orwell), waren die (der bisherigen Säkularisierungstendenz entgegengesetzten) christlichen Bindungen der Konvertiten →Eliot, →Greene (1927) und →Waugh (1930) dauerhafter, und auch Auden wandte sich in den 40er Jahren einer deutlich christlichen Einstellung zu.

Charakteristisch für die 30er Jahre war so die Ablösung bzw. Modifikation der Moderne. Von Eliot abgesehen, lief die Spätphase von Autoren wie →Yeats, →Joyce und →Woolf mit der Dekade aus, während →Beckett, der am ehesten als Fortführer der Moderne gelten kann, zwar gleichzeitig mit seinem parodistischen Frühwerk einsetzte, den entscheidenden Durchbruch jedoch erst in den 50er Jahren hatte (s. u. S. 30ff.). Ähnliches gilt – mit Einschränkung – für →D. Thomas (s. u. S. 31). Eliot wandte sich christlicher Thematik zu und bemühte sich um größere Publikumswirksamkeit, was auch seine stärkere Konzentration auf das Drama bezeugte, während Yeats (→*A Full Moon in March,* 1935) und Huxley (→*Eyeless in Gaza,* 1936) mystische Tendenzen zeigten. Gemeinsam war ihnen und den linksorientierten Autoren die Suche nach neuen Lösungen für die kritisch gesehene zeitgenössische Gesellschaft. Die Auden-Gruppe, Huxley, →Orwell, Waugh und →Cary übten die schärfste politische und soziale Kritik an Konservativismus, Kapitalismus, Totalitarismus (Auden, Isherwood, Orwell), Materialismus, Technokratie und Totalitarismus (Huxley), Kolonialismus (Auden, Isherwood, Cary), einer korrupt-morbiden Gesellschaft (Waugh). Eine Kombination der religiösen und politischen Thematik fand sich in der Problematisierung des Verhältnisses von Kirche und Staat bei Eliot (→*Murder in the Cathedral,* 1935) und Greene (→*The Power and the Glory,* 1940). Trotz der allgemeinen thematischen Umorientierung bezogen Eliot, Huxley, Auden, Isherwood

sowie →Priestley weiterhin komplizierte Techniken in ihre Darstellung mit ein. Eine besondere Vorliebe der Zeit galt zugleich den Formen der dokumentarischen Literatur (Orwell).
Im Roman trat die Wiederaufnahme bzw. Adaptation etablierter wirkungsspezifischer Darstellungsmethoden am deutlichsten hervor: Huxley demonstrierte die Gefahr des gewissenlosen Wissenschaftsmißbrauchs für die Entwicklung der Menschheit mit einer an Wells erinnernden Anti-Utopie (→*Brave New World,* 1932), Waugh attackierte die Londoner Oberschicht mit den Mitteln der Dickensschen Typensatire und Episodenstruktur, Greene bediente sich zur Illustration der Problematik von Randfiguren zwischen Gut und Böse der Konventionen der Kriminalgeschichte (→*Brighton Rock,* 1938) und der Allegorie (→*The Power and the Glory*). →L. G. Gibbon entwarf am exemplarischen Einzelschicksal ein sozialkritisches Bild der Zeitgeschichte Schottlands. Die Rückkehr zu einfacheren Erzählformen, die im krassen Gegensatz zu Joyces →*Finnegans Wake* oder O'Briens →*At-Swim-Two-Birds* (beide 1939) stand, setzte sich in den 40er Jahren fort.
In der Lyrik gab es die gegenläufigen Tendenzen zu größerer Einfachheit bei Autoren der Moderne wie Eliot und Yeats und zu noch größerer Virtuosität bei einem Nachfolger wie Auden, der den Bereich der verwendeten Stilmittel erweiterte (Experimente mit unterschiedlichsten Metren, Strophenformen, Sprechweisen usw.) und nach Schichtungs- und Mischungsprinzipien der Komplexität seiner psychologisch-sozialkritischen Argumentation dienstbar zu machen versuchte. Formbewußtsein und satirische Tendenz verbanden ihn mit →Graves.
Lyrik und Drama rückten in dieser Dekade besonders nahe aneinander: die hervortretenden Dramatiker waren Lyriker mit der Konzeption eines poetischen Dramas (Eliot, Auden). Eliot und Auden/Isherwood suchten durch die Kombination von Szene und chorischem Kommentar, realistischen und symbolischen Effekten, Vers und Prosa usw. das Publikum mit politischer bzw. psychologischer Problematik zu konfrontieren. Eliot verband diese Tendenz mit dem Rückgriff auf einen historischen Stoff und die Tradition des geistlichen Spiels (→*Murder in the Cathedral*) bzw. einer modernisierenden Adaptation der griechischen Tragödie (→*The Family Reunion,* 1939), während Auden/Isherwood mit Szenenmontage, surrealistischen Motiven und Schocktechniken arbeiteten. Experimente dieser Art kamen freilich nur in wenigen, kleinen Theatern (wie dem Londoner Mercury Theatre) zur Aufführung.

1940–1950

Hintergrund. Die 40er Jahre standen ganz im Zeichen des Zweiten Weltkriegs und seiner unmittelbaren Folgen: »Battle of Britain« (1940/41), Verluste, Zerstörung; Kriegskosten, Rationierung der Lebensmittel über das Kriegsende hinaus. Die W. Churchill ablösende Labour-Regierung C. Attlees (1945–1951) begegnete der Nachkriegssituation mit rigorosen Sanierungs- und Sozialisierungsmaßnahmen (Verstaatlichung einzelner Industrien und Dienstleistungen, »Enthaltsamkeitsprogramm«, So-

zialgesetze, Bildungsreform usw.) und vollzog so die entscheidende Wendung zum Wohlfahrtsstaat (nach dem Programm des Beveridge-Report von 1942). Der Statusverlust gegenüber den beiden Supermächten USA und UdSSR und die notwendige Konzentration auf die innenpolitische Lage drängten die Außenpolitik in den Hintergrund und beschleunigte die Desintegration des ehemaligen Kolonialreichs. Die weltpolitisch bedeutsamsten Ereignisse neben dem Kriegsende waren der Einsatz der Atombombe durch die USA in Hiroshima und Nagasaki (1945), der die Gefahr globaler Vernichtung signalisierte, und der beginnende »Kalte Krieg« im Ost-West-Konflikt.
LITERATUR. Kennzeichnend für den Literaturbetrieb der Dekade waren der kriegsbedingte Rückgang der Buchproduktion (von 14904 Titeln im Jahre 1939 auf 6781 Titel im Jahre 1944) und Verlust an Buchbeständen (über 20 Mill. Bände fielen der »Battle of Britain« zum Opfer). Zugleich stieg die Bedeutung des Rundfunks als Medium, sowohl für die Autoren (die BBC beschäftigte →Orwell, →D. Thomas u.a.) als auch das Publikum (die Institution des »theatre of the air« bot mit Funkbearbeitungen und Hörspielen z.T. Ersatz). Die zeitgenössische Literatur zeigte aber nicht nur einen entsprechenden Schwund, sondern auch eine auffällige Heterogenität der Tendenzen und Qualitäten. Der hervortretende Autor war Orwell. Er setzte am konsequentesten die politischen Erfahrungen der 30er und 40er Jahre in engagierte Literatur um und knüpfte damit am deutlichsten an den politisierten Autoren der 30er Jahre an. Wie →Huxley bediente er sich der Satire und Anti-Utopie sowie essayistischer und journalistischer Formen (→*The Collected Essays, Journalism and Letters,* 1968). Während die Weltkrise ihn die Gefahr globaler politischer Fehlentwicklung sehen ließ, konzentrierten sich andere Autoren mehr auf die existentielle Problematik des Individuums in einer sinnentleerten, bedrohlichen Welt (→Auden, →Lowry), seine religiöse Einstellung (→Eliot, →Greene, Waughs →*Brideshead Revisited,* 1945) und das Zeitlichkeitsproblem (Eliot, →*Four Quartets,* 1943). Zu diesem »Zeitalter der Angst« – wie Auden es nannte – gehörten pessimistische Haltungen (Lowry, Waugh) und mystische Ansätze (Auden, Eliot).
Formal traten – bei aller Unterschiedlichkeit – zwei Tendenzen hervor: der Rückgriff auf altbewährte Formen und die Bildung zyklischer Folgen. Beides kann mit der unstabilen Zeit in Verbindung gebracht werden: es gab ein Bedürfnis, dem Chaos »order and pattern« entgegenzusetzen (vgl. auch die englische Neigung zum Konservativismus in Krisenzeiten); zugleich ließ die Situation des Literaturbetriebs Experimenten keinen Spielraum und legte eher Absicherungsstrategien (Berücksichtigung der Publikumswirksamkeit) nahe. Von den (ohnehin bereits etablierten) Lyrikern Eliot und Auden und dem Außenseiter Lowry abgesehen, bevorzugte man einfachere Darstellungsweisen, die – zumal im Roman und im Drama – die (auch inhaltlich intendierte) Breitenwirkung erzielten. Die Tendenz zum Zyklus zeigte sich in Roman, Lyrik und Drama gleichermaßen.
Im ROMAN trat einmal die satirische Tendenz hervor. Orwell verwandte die satirische Fabel, um aktuelle totalitäre Ideologien und Praktiken zu

ironisieren (→*Animal Farm,* 1945), Waugh die parodistische Satire, um die amerikanische Gesellschaft zu attackieren (→*The Loved One,* 1948); beide adaptierten die Methode der Mensch-Tier-Parallelisierung. Der Satire nahe war auch Orwells →*Nineteen Eighty-Four* (1949), ein anti-utopisches Modell der weltpolitischen nahen Zukunft, das die Gefahr der totalen Manipulation des Menschen veranschaulichte. Ein Autor wie →Cary verband satirische und pikareske Züge mit abgeschwächten Themen und Techniken der Moderne (alternder Künstler, Erzählweise). Religiöse Thematik wurde von Greene fortgeführt und von Waugh aufgegriffen (→*Brideshead Revisited,* 1945). Existentielle Problematik brachte Lowry in einer erzähltechnischen und tektonischen Komplexität zum Ausdruck, die der Moderne noch am nächsten stand. Zu den Anfängen der Moderne bei →H. James ging →Hartley – wie zuvor schon Bowen (→*The Death of the Heart,* 1938) – zurück, während →Peake auf bizarre Weise die Tradition des Schauerromans abwandelte. Schließlich gab es die Tendenz zur Organisation von Romanen zu größeren Einheiten: von den Trilogien Carys, Hartleys und Peakes bis zu den während der 40er Jahre begonnenen und jahrzehntelang fortgesetzten vielbändigen Mittelstandspanoramen von →Snow und →Powell in der Tradition des »roman fleuve«.
In der Lyrik folgten Eliot (→*Four Quartets,* 1943) und Auden – ihrer globalen Thematik entsprechend – mit Sequenzen der Tendenz zur zyklischen Organisation. Eliot verband dabei seine religiöse Thematik der 30er Jahre mit der experimentaltechnischen Komplexität der 20er Jahre, während Auden die klassische Form der Ekloge kontrastiv umfunktionierte. Eliot bezog zudem autobiographische Momente ein, eine Tendenz, die auch D. Thomas verfolgte, der unter dem Eindruck des Zweiten Weltkriegs zu persönlicherer Sprechhaltung fand.
Auch im Drama gab es eine Neigung zu Traditionsbelebung und Zyklenbildung. Mit Eliot (→*The Cocktail Party,* 1949) und →Fry liefen die sporadischen Versuche der Erneuerung des Versdramas aus. Während Eliot sich durch die Kombination von christlich-psychischer Problematik und einer prosanahen Sittenkomödie um Publikumswirksamkeit bemühte, ging es Fry um die Verherrlichung des Lebens und die Virtuosität bildhafter, sprachspielerischer Rede. Eliot benutzte wieder das griechische Drama als Folie, Fry konzipierte einen mehrfach motivierten Dramenzyklus. Dominant war bei Eliot, Fry und →O'Casey die Komödie mit ernsthaften Momenten.

1950–1960

Hintergrund. In der Situation des Kalten Krieges sicherte sich Großbritannien im westlichen Bündnissystem ab (NATO, seit 1949). Die konservativen Regierungen (1951–1964) konnten mit ihrer Reprivatisierung einzelner Wirtschaftszweige und dem Rückfall in koloniale Machtpolitik in der Suezkrise (1956) den Prozeß außenpolitischer Machteinbuße und innenpolitischer Umstrukturierung nicht verhindern und hielten letztlich auch am Wohlfahrtsstaat fest. Nachdem Großbritannien sich von der unmittelbaren Nachkriegssituation erholt hatte, verstärkten sich die Vorkriegstendenzen der Technisierung und ihrer Konsequenzen (s.o. S. 20). Diese Entwicklung schuf einmal neue Probleme (z.B. Modernisierung der Betriebe/Kampf um den Arbeitsplatz), führte zum andern aber auch zu einer allgemeinen Verbesserung des Lebensstandards, einer zugleich durch größere soziale Gerechtigkeit ermöglichten »Bildungsexplosion« und einer Neigung, erworbenen Sachverstand höher einzuschätzen als überkommenen Status: es herrschte das Leistungsdenken der neuen »Meritokratie«.

Seit den ausgehenden 50er Jahren wurden in rascher Folge viele der englischen Kolonien unabhängig, formierten sich als neue Nationen in der Dritten Welt und verbanden sich mehrheitlich im Commonwealth. Die daraus resultierenden Einwanderungswellen hatten in England soziale Konflikte zur Folge: trotz offizieller Gleichberechtigung wurden die Immigranten diskriminiert, und sie bildeten ihrerseits ethnische Subkulturen (indische Stadtviertel, karibischer Karneval von Notting Hill usw.).

Literatur. Die veränderten sozialen Verhältnisse hatten unmittelbare Konsequenzen für den Literaturbetrieb. Denn der Zuwachs an Wohlstand, Freizeit und Bildung erweiterte den Produktions- und Rezeptionsbereich der Literatur. Kamen bislang die englischen Autoren vorwiegend aus dem »soliden« Mittelstand (mit akademischer Tradition), so traten nunmehr meritokratische Autoren aus den unteren Schichten und zunehmend auch Vertreter der diversen Minoritäten in den Vordergrund. Entsprechend weitete sich auch die Leserschaft aus. Von daher ist die enorme Expansion des Literaturmarktes zu verstehen. Denn während die Bevölkerung Englands in diesem Jahrhundert bisher um weniger als die Hälfte wuchs (1901: 38 Mill.; 1982: 56 Mill.), stieg die Buchproduktion allein in den 50er und 60er Jahren um nahezu das Doppelte (von 17072 Titeln im Jahre 1950 auf 31420 Titel im Jahre 1968), und dies trotz der verstärkten Medienkonkurrenz, zumal durch das Fernsehen (1959 lag die Einschaltquote bereits bei 2½ Stunden täglich) und der Verteuerung des Buches (durchschnittlicher Preisanstieg von 1955–1967 auf über das Doppelte). Bezeichnenderweise machten die Sparten Bildung, Wissenschaft, Technik den Großteil des Marktes aus, wobei die Leser sich zunehmend auf die Alternative des Taschenbuchkaufs oder der Bibliotheksbenutzung konzentrierten. Eine qualitative Förderung erfuhr die Literatur zudem durch die Lockerung der Zensur (»Obscene Publications Act«, 1959) einerseits und institutionalisiertes Mäzenatentum wie den im Ausland wirkenden British Council (seit 1943) und den inländischen Arts Council (seit 1946, hervorgegangen aus dem »Council for the Encouragement of Music and the Arts«, 1940) sowie die Rundfunkanstalten (als Auftraggeber) andererseits. Die neuen Medien zogen nun auch bedeutendere Autoren an. Ein besonders auffälliges Beispiel ist →Beckett, der nicht nur die verschiedenen Literaturgenres und die Pantomime, sondern auch Hörspiel, Film und Fernsehspiel erprobte.

Die Situation der Autoren aus den Einwanderergruppen bzw. dem Commonwealth hatte ihre prekären Besonderheiten, die mit Problemen des Standorts (als Exilant bzw. Randständiger), der Sprachwahl (einheimi-

sche Sprache oder Englisch), des Verhältnisses zum kolonialen Erbe, der Orientierung am nationalen oder internationalen Publikum und der Rücksichtnahme auf die Zentren des Literaturmarkts zusammenhängen.
Beckett galt vielen als der bedeutendste Autor der Zeit. Er verschaffte dem Roman konsequent Anschluß an die Moderne und gab der Erneuerung des Dramas einen entscheidenden Anstoß. Allerdings war er als vorwiegend französisch schreibender Ire wiederum ein relativ abseits stehender Autor und blieb eine singuläre Erscheinung. Die heimische Szene wurde vorerst stärker von Autoren wie →Wain, →K. Amis, →Osborne, →Braine bestimmt, die man als »Angry Young Men« etikettiert hat, weil sie als Vertreter der neuen Nachkriegsintelligenz eine kritische Außenseiterstellung gegenüber der etablierten Gesellschaft einnahmen, was sich freilich recht unterschiedlich äußern konnte (vgl. Amis' eher spielerische Skepsis mit Osbornes vehementen, wenn auch vagen Tiraden). Wie Beckett, traten die »zornigen jungen Männer« mit Roman und Drama hervor, im Gegensatz zu ihm blieben sie aber – bei allem Aufbegehren – formal durchweg traditionell. Ein ähnlicher Gegensatz bestand in der Lyrik zwischen dem Formkünstler →D. Thomas und der in R. Conquests Anthologie *New Lines* (1956) vorgestellten Autorengruppe (→Larkin u. a.), auch »The Movement« genannt, die skeptische Selbstbescheidung mit »angemessener Tradition« verband. Insgesamt läßt aber gerade die breite Streuung der unterschiedlichen Neuansätze bzw. Umorientierungen den enormen Auftrieb, den die englische Literatur seit Mitte der 50er Jahre bekam, hervortreten.
Das gilt nicht zuletzt auch für die Thematik. Das Problembewußtsein der Autoren richtete sich auf die Sinnlosigkeit der menschlichen Existenz (Beckett), das Verhalten des Individuums in Ausnahmesituationen (→Golding) und die diversen Erscheinungsformen der Gewalttätigkeit (→Lessing), bedrohlichen Konstellationen (→Pinter), einer verwirrenden fremden Umwelt (→Durrell) bzw. ambivalent gewordenen heimischen Welt (→A. Wilson), in der Pose der Halbdistanz (Wain, Amis) oder auf frustrierender Kontaktsuche (→Murdoch, →Delaney). Kritik konkretisierte sich an der Lage der Arbeiter (Braine, →Sillitoe) bzw. deren politischem Bewußtsein (→Wesker) oder staatlichen Institutionen wie der Justiz (→Behan). Darüber hinaus gab es eine auffällige Einbeziehung von Personen aus Randständigenmilieus bzw. in Regressionsstadien: Geistesgestörte und Land- und Stadtstreicher (Beckett, Pinter), Gefängnisinsassen (Behan), Farbige und Homosexuelle (Delaney), Zigeuner und Vagabunden (Arden, →*Live Like Pigs,* 1958), verwilderte Kinder (Golding, →*Lord of the Flies,* 1954). Mit der Ausnahme von Wesker waren die Autoren aber weniger durch politisches Engagement motiviert als durch eine allgemeine Haltung der Skepsis oder des Unmuts.
Die Literatur der Commonwealth-Autoren zeigte ein starkes Interesse für Identitätsfragen des Individuums wie der Nation, die Auswirkungen der Kolonialzeit, die Wiederbelebung bodenständiger Traditionen und die aufeinanderprallenden Gegensätze zwischen archaischen und modernen Lebensweisen.

Im ROMAN vertrat Beckett den bittersten Pessimismus und zog die radikalsten formalen Konsequenzen. Bei →Joyce anknüpfend (Suchemotiv, Monolog, Tragikomik, Parodie und Sprachspiel, Kompositionsschemata), vollzog er zugleich die Wendung in die Negativität und Abstraktion: zunehmend konzentrierte er sich auf Figuren in einer extrem reduzierten und permanent relativierten Welt, die sich nach dem Ende sehnen und doch zwanghaft weitermachen, eine Paradoxie, die er auf den Erzählvorgang selbst übertrug (nicht aufhörendes Bewußtsein, Erzählen als unmögliche Aufgabe, Unzulänglichkeit der Sprache, Durchspielen von Möglichkeiten). Das Moment der Sprachskepsis konkretisierte sich komisch-pikaresk in Murdochs →*Under the Net* (1954), das der Relativierung erschien als kompositionelles Grundprinzip in Durrells Tetralogie, die die Spielarten der »modernen Liebe« und ihre Verflechtung mit nicht-privaten Bereichen (Politik usw.) in je räumlich-zeitlichen Dimensionen perspektivierte. Während Murdoch sich später mehr symbolisch-allegorischer Darstellung zuwandte (→*The Bell,* 1958), blieb die pikareske Struktur das bevorzugte Vehikel der Gesellschaftssatire bei Autoren wie Wain und Amis. Während A. Wilson zur Darstellung seiner Charaktere viktorianische Erzählmethoden (Ch. Dickens, G. Eliot) adaptierte, modifizierte Golding (→*Lord of the Flies,* 1954) die Tradition der Anti-Utopie mit Totalitarismuskritik durch die Kontrastierung der moralischen Standhaftigkeit einzelner mit atavistischem Gruppenverhalten schon im Kindesalter.
Vor allem im Roman traten erstmals in auffälliger Dichte Autoren des Commonwealth hervor. →Lamming demonstrierte an einem exemplarischen Fall kolonialgeschichtliche Abhängigkeiten der Karibik von England. →White versinnbildlichte die Erkundung des australischen Inneren als archetypische Suche des Ichs nach sich selbst. →Narayan entwarf ein tragikomisches Bild des ländlichen Indiens zwischen Bodenständigkeit und Moderne. →Achebe dramatisierte den Prozeß der westafrikanischen Kolonisierung. Lessing spiegelte in ihrem Frühwerk den Übergang von einer Autorin Afrikas zur kosmopolitischen Autorin Englands.
Neben dem Roman wurde auch die Kurzgeschichte weiter gepflegt, traditionellerweise stärker in Irland als in England. In diesem Jahrzehnt erschienen größere Sammelwerke führender irischer Kurzgeschichten-Autoren wie →O'Faolain und →Frank O'Connor, die jeweils auch Gattungstheorien entworfen hatten.
Die LYRIK trat gegenüber Roman und Drama zurück, mit Ausnahme von D. Thomas, der einerseits – zumindest technisch – an der Moderne anknüpfte, indem er kontrastive Stile kombinierte, serielle Techniken (Parallelismen usw.), eine komplexe Metaphorik und suggestive Klangeffekte verwandte, andererseits auf Bewegungen der 60er Jahre vorausdeutete, indem er hymnische Sprechhaltungen einnahm und auch als öffentlicher Rezitator wirkungsvoll auftrat. Der einzige Berührungspunkt mit der »Movement«-Gruppe war die Konzentration auf den eigenen Lebenskreis. Davon abgesehen standen Autoren wie Larkin zugleich im Gegensatz zur »romantischen« Tendenz von D. Thomas, der politischen der

Auden-Gruppe und der experimentellen der Modernisten und knüpften eher bei den »Georgians« an: Ehrlichkeit, Gefühlskontrolle und Klarheit waren die Leitprinzipien, die alltägliche Erfahrung der Ausgangspunkt, regelmäßige Metrik und kolloquialer Stil die formale Entsprechung.
Im Drama dagegen vollzog sich eine entscheidende Erneuerung: die zweite Welle eines »New Drama«, der ersten der Jahrhundertwende kaum nachstehend, setzte in dieser Dekade ein. Verschiedene Faktoren waren daran beteiligt: die Richtung des in Frankreich beheimateten sog. »absurden Theaters« wurde durch Beckett eingeführt; die Einstellung der »zornigen jungen Männer« wurde von Osborne dramatisch artikuliert; beide Richtungen und Dramen der weiteren Entwicklung fanden Wirkungsstätten vor allem im Royal Court Theatre der »English Stage Company« seit 1956 sowie in J. Littlewoods »Theatre Workshop« auf kooperativer Basis (Textbearbeitungen usw.), der besonders 1956–1961 hervortrat; schließlich erhielten nunmehr einige anspruchsvolle Bühnen (z.B. Old Vic, Aldwych, Royal Court) Subventionen des Arts Council in einer Situation des Theaters, die durch erneute Produktionskostenerhöhung und Fernsehkonkurrenz, Monopolisierung und Rationalisierung gekennzeichnet war (vgl. das extremste Beispiel eines »long run« überhaupt: Christies *The Mousetrap,* das seit 1952 ununterbrochen im West End läuft).
Beckett übertrug das Existenzproblem auch auf seine Tragikomödien mit der entsprechenden Verlagerung auf die Figurenkonstellation (Abhängigkeiten, Kommunikationsverlust, zwanghaftes Weiterspielen usw. in einer auf Geschehnisrudimente reduzierten Situation) bzw. der Entwicklung des monologischen Einakters (→*Krapp's Last Tape,* 1958). Die Konzentration auf absurde Momente, Kommunikationsprobleme, Verhaltensrituale verband ihn mit Pinter, der dies allerdings durchweg von konkretrealen Alltagssituationen durch allmähliche Entfremdung entwickelte: seine »Bedrohungskomödien« demonstrierten punktuelle Einbrüche der Außenwelt in den Innenraum und sich daraus entwickelnde Positionskämpfe der Figuren. Pinter, von Beckett nachhaltig beeinflußt und wie dieser dem »absurden Theater« zugerechnet, verlegte sich gleichwohl stärker auf Verhaltenspsychologie und symbolische Motive. Trotz dieses Unterschieds verband Beckett und Pinter mehr als die übrigen realistischeren Dramatiker. Osborne schuf mit Jimmy Porter die wirkungsvollste Verkörperung des neuen »zornigen jungen Mannes«, bediente sich aber einer eher konventionellen Form. Behan schrieb ein Stück gegen die Todesstrafe, Arden eins gegen den Krieg (→*Serjeant Musgrave's Dance,* 1959), beide kombinierten einen bis in die Sprache gehenden Milieurealismus mit balladesker Stilisierung. Delaney war Behan und Arden (→*Live Like Pigs,* 1958) in der realistischen Darstellung der provinziellen Randständigenmisere und der Einbeziehung von Liedern vergleichbar, unterschied sich aber durch ihren illusionslosen Ernst von deren Komik. Wesker exemplifizierte an der Entwicklung einer jüdischen Sozialistenfamilie aus dem Londoner East End den Kontrast zwischen Resignation und politischer Beharrlichkeit vor zeitgeschichtlichem Hintergrund.
Dem Hörspiel verschafften D. Thomas und Beckett (→*Embers,* 1959, s.

1958) erstmals nachhaltig Geltung, indem sie wirkungsvoll seine Möglichkeiten demonstrierten. Thomas benutzte den Alltag einer Provinzidylle zur realistischen Typensatire mit poetischen Momenten und suggestiver Klangwirkung (breites Spektrum von Stimmen, Liedern, Geräuschen usw.). Beckett machte ein akustisches Phänomen (Seegeräusch) zum dramatischen Widerpart eines Monologisierenden und funktionalisierte die Ununterscheidbarkeit von Realem und Irrealem.

1960–1970

Hintergrund. Während sich das ehemalige Kolonialreich weiter auflöste (besonders eine Reihe afrikanischer Staaten erreichten seit Ende der 50er Jahre die Unabhängigkeit), bemühte Großbritannien sich verstärkt um eine Integration in Europa (Mitglied der EFTA, 1960; Beitritt zur EG, 1973). Während Europa mittelfristig wieder erstarken sollte (erweiterte EG als stärkste Wirtschaftsmacht der Welt, gleichzeitige Schwächung der USA durch innen- und außenpolitische Schwierigkeiten), war für die 60er Jahre der enorme Einfluß der USA als technisch avancierter und wirtschaftlich prosperierender westlicher Führungsmacht charakteristisch, was sich einerseits in dem in Großbritannien besonders starken »brain drain« (z.B. Abwanderungsquote bis zu 40% der Technologen 1966) äußerte, andererseits in der Amerikanisierung von Wirtschaft, Lebensstil, Sprache usw.

Literatur. In den 60er Jahren eroberte sich das Paperback etwa ein Drittel des Marktes (die Produktion versechsfachte sich 1960–1968 auf ca. 60 Mill. Bände). Beträchtlichen Anteil an dieser Expansion hatten als neu hinzutretende Käuferschicht die Jugendlichen, bei denen überhaupt der Kulturbetrieb (fortschreitende »Bildungsexplosion«) bzw. die Unterhaltungsindustrie (Pop-Mode usw.) ein neues Konsumpotential entdeckte. Nicht zuletzt waren Jugendliche auch an der Belebung der Londoner Szene beteiligt (vgl. das Image des »swinging London«). London lief Paris den Rang der europäischen Kulturmetropole (im weitesten Sinne) wieder ab. Es gab eine nie dagewesene Vielfalt kultureller Aktivitäten, von den etablierten Kulturstätten bis zu den »Arts Labs« des »Underground«. Man improvisierte und experimentierte (Entwicklung neuartiger Kunstformen, multimediale Produktionen, Gruppenarbeit usw.), fand neue Aufführungsstätten (Kirchen, Pubs, Lokomotivschuppen, Parks usw.) und -zeiten (Mittagspause); es gab eine breitere Streuung von Subventionen. Die Abschaffung der Theaterzensur im »Theatres Act« (1968) stellte Aufführungen mit Buchpublikationen gleich und erübrigte das Ausweichen auf Club-Theater.

Hier wie allenthalben wirkte sich die Verschiebung der Toleranzgrenze einer freizügiger werdenden Gesellschaft (»permissive society«) aus. Zugleich wandelte sich sowohl die Stellung der Künste allgemein in der Gesellschaft als auch der Stellenwert der Literatur innerhalb der Künste. So spielten etwa im Zuge wachsender Medienbewußtheit (vgl. M. McLuhans Schriften) Film, Funk und Fernsehen eine immer größere Rolle (Weiterentwicklung des Hörspiels durch →Beckett, Entwicklung eines anspruchsvollen Fernsehspiels durch →Mercer, Filmskripte von Pinter, Filmmotive bei →Quin usw.). Das zeigte auch der Trend von Lyrikern zur »performance«, d.h. zum mündlichen Vortrag, teils in Kombination mit Jazz usw., besonders wirkungsvoll auf Massenveranstaltungen wie der »International Poetry Incarnation« in der Royal Albert Hall (1965) und anderen Festivals dieser Art.

Auch wenn viele der radikaleren Neuansätze in der Folgezeit ohne große Wirkung blieben, war die kulturelle Szene Englands in den 60er Jahren wieder stark in Bewegung geraten und hatte literarischen Experimenten erneut einen Freiraum geschaffen. Es gab eine neue Avantgarde, die Roman und Lyrik einschloß, eine Vielzahl neuer Magazine und Kleinstverlage (z. B. Fulcrum Press) im ganzen Land, der Verlag Calder & Boyars trat mit seiner Spezialisierung auf die internationale Avantgarde neben renommierte Verlage zeitgenössischer englischer Literatur wie Faber & Faber, Methuen, Macmillan, Heinemann u. a.; Penguin-Anthologien und -Serien (z. B. M. Horovitz' *Children of Albion*, 1969; *Penguin Modern Poets*, seit 1962) machten neue Autoren einem breiteren Publikum bekannt.

Neben französische (Surrealismus, »absurdes Theater«, »nouveau roman«) traten erstmals seit Ende der 50er Jahre verstärkt amerikanische Einflüsse (→Durrell fand in →H. Miller, →Bunting in →Pound ein Vorbild), auch auf die Unterhaltungsliteratur (→Fleming) sowie die ganze »Underground«-Bewegung. Beide Einflußrichtungen standen ihrerseits in der modernistischen Tradition. Von daher hat man die erneut experimentierfreudige Bewegung in allen Künsten, zu der in der englischen Literatur Autoren wie etwa Quin, →MacBeth, →Lessing, →Fowles und →B. S. Johnson gerechnet werden können, als neo-modernistische Richtung angesehen, der sich auch traditionellere Autoren wie →A. Wilson öffneten. In der Einstellung der Autoren dominierte weiterhin eine allgemeine Skepsis (→Beckett, →Gunn, →Bond). Am häufigsten thematisiert wurden die Probleme der Existenz (Beckett, Gunn), Zivilisation (Mercer, Lessing), Kommunikation (→Pinter, →Osborne, Mercer, →H. Williams) bzw. Perzeption (Quin, Gunn), Sexualität (Quin, Fowles) und Aggressivität (→T. Hughes, Lessing, →Burgess) bzw. des Zusammenhangs zwischen beiden (Pinter, Bond), Probleme der minoritätenspezifischen Identität (→Naipaul) oder der Rolle der Frau (Lessing, →Drabble) bzw. beider Aspekte (→Rhys) und aktuelle geschichtliche Prozesse (A. Wilson, Fowles, Lessing). In der Wahl der Schauplätze gab es einmal die Tendenz zu noch größerer Abstraktheit (Beckett), andererseits die Tendenz, an einem Milieuausschnitt verzerrt die Gesamtgesellschaft zu spiegeln (→Wesker, Bond). In der Darstellungsweise zeigten die meisten Autoren wieder eine radikalere Formalisierung der jeweiligen Problematik. Beckett ließ sein Reduktionsprinzip noch systematischer in die Textgestalt selbst eingehen (Kurztexte, Fragmentarisierung, Zirkularstruktur, elliptischer Stil) und bezog stärker gattungsfremde Momente wie musikalische (→*Play*) oder lyrische (→*How It Is*) ein oder dialogisierte geradezu Sprache und Musik in seinen Hörspielen (s. 1964). Ähnlich orientierten sich Quin und B. S. Johnson mit ihren collageartigen oder aleatorischen Tex-

ten an Kunst und Film. Lockerung der Gattungsgrenzen und Montagetechnik gab es auch bei Lessing und Mercer, elliptischen Stil auch bei Gunn. Im Gegensatz zum späten Beckett erzielten Quin und MacBeth durch die systematische Verwendung von Anspielungen komplexe Effekte. Zugleich gab es wieder eine Tendenz zu Groteskkomik (Pinter, Mercer, MacBeth, H. Williams).
Im innovativen ROMAN dominierte die Tendenz zur Auflösung des Erzählvorgangs und der Romanform: in fragmentarisierten Prosatexten wurden weniger Vorgänge erzählt als Situationen beschrieben (Beckett, Quin) oder auch nur Momentbilder oder Materialpartikel montiert (Quin). Die Tendenz ging bis zur Auflösung der Syntax, so in den Lyrismen bei Beckett (→*How It Is,* 1964) oder den Wortkatalogen bei Quin, und des Buchs als Texteinheit (B. S. Johnson). Das Prinzip punktueller Addition entsprach dem Bild einer total relativierten Welt. Eine wichtige Entwicklung war in dem Zusammenhang auch die zum selbstreflexiven Roman, der den Leser aktivierte (Fowles) und ihn zur spielerischen Mitwirkung einlud (B. S. Johnson). Neben solchen formalen Experimenten zeichnete sich eine Weiterentwicklung der seit Jahrzehnten stark vertretenen Anti-Utopie ab: in sprachlicher (Burgess) wie in thematischer Hinsicht (→Ballard, Lessing).
In der LYRIK gab es neben abschließenden Sammlungen moderner Klassiker wie →Eliot und →Auden und der Abwandlung von Tendenzen der 50er Jahre durch die Londoner »Group« (um E. Lucie-Smith), zu der auch T. Hughes in Verbindung stand, Neuansätze bei Autoren wie MacBeth, der seine Gedichte auf audiovisuelle Effekte hin konzipierte, und Gunn, der sich von bewußtseinserweiternden Drogen inspirieren ließ.
Im DRAMA führten die neuen Autoren der 50er Jahre ihr Werk in gleicher Richtung (Beckett) oder in Modifikationen (Wesker, Pinter) fort oder erweiterten ihr thematisch-technisches Repertoire (Osborne). Andere Autoren traten hinzu wie Bond, der krassen Milieurealismus mit radikaler Kritik an der brutalen Gesellschaft verband, →Orton, der die Scheinheiligkeit der Gesellschaft mit farcenhaften Schockeffekten bloßstellte, →Stoppard, der einen Shakespeare-Klassiker im Gefolge des absurden Theaters grotesk-komisch umperspektivierte, →Soyinka, der realistisch oder phantastisch Afrika zwischen bodenständiger Vitalität wie Gewalttätigkeit und fragwürdig europäisierter Gegenwart zeigte, und H. Williams, der das Problem der »elektronischen« Bewußtseinsmanipulation in einer rhapsodischen Groteske anging. Allen Dramatikern gemeinsam war die Tendenz zur Stilisierung (durch Symbolik, Parabolik, Archetypik usw.).
Zum sich weiterentwickelnden Hörspiel (Beckett) trat nun auch das anspruchsvolle Fernsehspiel (Mercer). Die Entwicklung zum (originalen) Fernsehspiel war ähnlich verlaufen wie die zum Hörspiel: zunächst gab es vorwiegend Bearbeitungen, wobei die 1958 von S. Newman begründete Serie des »Armchair Theatre« eine geschmacksbildende Funktion ausübte und etwa Pinters Stücken beträchtlichen Erfolg verschaffte. Mercer versuchte erstmals, eine Vielzahl filmischer und literarischer Techniken zu primär farcenhaften Effekten in einem Fernsehspiel zu kombinieren.

1970–1980

HINTERGRUND. Weder die Tory- noch die Labour-Regierung der 70er Jahre konnten die Verschlechterung der Wirtschaftslage (Niedergang der Schwerindustrie) verhindern, die sich in der Inflation, Massenarbeitslosigkeit und in Streikwellen zeigte. Der Beitritt zur EG (1973) setzte eine verstärkte Öffnung nach Europa in Gang, die aber noch geraume Zeit kontrovers blieb. Unter dem Druck des gefährdeten Lebensstandards kamen die längst schwelenden Rassenvorurteile gegenüber den Minoritäten der »schwarzen« Einwanderer aus dem Commonwealth (besonders »Asiaten« = Inder, Pakistanis; »West-Inder« aus der Karibik) offen zum Ausdruck. Der Nordirland-Konflikt zwischen der probritischen protestantischen Mehrheit und der benachteiligten katholischen Minderheit verschärfte sich (»Bloody Sunday«, 1972) und trug den Terrorismus bis nach England hinein. In Schottland und Wales waren »revolutionäre« Bestrebungen um mehr Autonomie in Maßen erfolgreich. Auch anderswo kam es – mitgetragen vom aufkommenden ökologischen Bewußtsein – zu einer Belebung regionaler Interessen. Gegen Ende des Jahrzehnts gab es erste Anzeichen einer Erholung der Wirtschaft, die von der Erdölgewinnung in der Nordsee vor Schottland profitierte.

Der Liberalismus in der Gesellschaft der 60er Jahre erfaßte breitere Bevölkerungsschichten, setzte sich aber eher in der individualistischen Form der Persönlichkeitsentfaltung als dem Engagement für soziale Alternativen fort: »Do your own thing« war wie in den USA die Devise der »Me Decade«. Die Jugendkultur, von der die entscheidenden Impulse ausgegangen waren, entpolitisierte sich; sie konnte sich nur mehr durch spektakuläre Selbststilisierung abheben (Punk-Mode), während sie gleichzeitig einer düsteren Perspektivlosigkeit Ausdruck verlieh (*no future*-Generation).

LITERATUR. Die Buchproduktion stagnierte zur Zeit eines geschwächten Markts (Einbußen gegenüber den USA, Rückgang der Verkaufsziffern, sprunghafte Preiserhöhungen). Der Prozentsatz regelmäßiger Buchleser war im übrigen von 1950 bis 1980 von 55% auf 45% gesunken, was vor allem auch durch die verstärkte Medienkonkurrenz (erweitertes Fernsehprogramm, Videos) zu erklären ist. Andererseits war das Angebot anspruchsvoller belletristischer Titel reichhaltiger denn je. Positiv für die Vermittlung ans Publikum wirkten sich das kulturpolitisch engagierte Leihbibliothekswesen, die Förderung durch Literaturpreise wie den angesehenen Booker-Preis für Erzählprosa (seit 1968) oder die rückverweisenden Anreize der *tie-ins* (Literaturverfilmungen in Kino oder Fernsehen) aus.

Unter den Autoren – zumindest der Erzählliteratur – machten sich seit den 70er Jahren in merklich größerer Zahl Frauen und Minoritätenvertreter aus Commonwealth-Ländern bemerkbar. Allerdings ist diese Dekade mindestens so vielfältig im Drama und in der Lyrik produktiv geworden wie im Roman oder in der Kurzgeschichte. In allen Gattungen meldeten sich auch in zunehmendem Maße Autoren aus Irland und anderen »Regionen« wie Schottland zu Wort.

Das Theater erhielt neue Impulse. Neben dem kommerziellen Boulevardtheater des West End und den subventionierten zentralistischen Institutionen der English Stage Company (»Autorentheater«), der Royal Shakespeare Company (»Regietheater«) und des National Theatre (»Schauspielertheater«) gab es eine beträchtliche Zahl nunmehr subventionierter Civic Repertory Theatres und vor allem die aus dem Untergrund aufsteigenden Theater des *fringe,* die an umfunktionierten Spielstätten und in kooperativen Organisationsformen experimentierfreudiges Alternativtheater mit meist sozialistischem Engagement boten. Solche Theatergruppen, die aufs engste mit Dramatikern wie →Brenton, →C. Churchill, →Edgar, →Griffiths, →Hare oder →McGrath assoziiert waren, entwickelten sich ebensosehr in den Regionen wie in den etablierten Theaterzentren.

Gattungsübergreifende Tendenzen ergaben sich aus der Identitätsproblematik des exemplarischen Individuums im Zusammenhang mit der historisch bedingten sozialen Umwelt und existenzbedrohenden Erscheinungen der Zivilisation. Auffällig war eine vielfältige Öffnung der Literatur gegenüber dem Bereich des Irrationalen. Die elementare Überlebensfähigkeit des Menschen und der Welt wurde in kühnen Entwürfen kosmischen Ausmaßes von führenden Autoren wie →T. Hughes und →Lessing thematisiert. Die damit einhergehende, teils tiefenpsychologische, teils visionäre Mythenbildung berührte sich mit der ungewöhnlichen Wiederbelebung mythischer Traditionen und mystischer Erfahrungsweisen bei anderen Autoren wie →Gunn, →Atwood und →Shaffer. Das Spektrum der vermittelten Bilder reichte von der farcenhaften Apokalypse bei →Tennant bis zur Andeutung emanzipatorischer Alternativen bei →C. Churchill.

Trotz der globalthematischen Ausrichtung gingen diese – wie die Autoren der Zeit überhaupt – meist von den Gegebenheiten der eigenen Umwelt aus. Kritische Ansatzpunkte boten dabei die Selbstzerstörung des Menschen durch den Verlust an Ganzheitlichkeit (Lessing, Atwood, Shaffer); die desolate Situation des Individuums zwischen umweltbedrohter Persönlichkeitsentfaltung und sozialer Verantwortung (Lessing, →Hare, →Gordimer); kollektive Enttäuschungen im Klassenkampf (→McGrath, →Brenton) und in der Konfrontation mit den gewalttätigen Machthabern (→Bond, →Edgar); Geschlechterrollen-Zwänge (Lessing, C. Churchill, →Berger) und koloniale Erblast (→P. Scott, C. Churchill, →Banville). Von daher erklärt sich auch das häufige Strukturmuster der Plazierung des repräsentativen Helden oder der Gruppe in einem aktuellen historischen Prozeß.

Im Unterschied zu Lessings kosmopolitischer Warte war eine Reihe von Autoren ihrer begrenzten Herkunftsregion besonders verbunden: →Larkin und →Storey bezogen sich vor allem auf die englische Provinz, →MacBeth und McGrath auf Schottland, Banville, →Higgins und →Heaney auf Irland, wobei jeweils die Gegensätze zur Metropole bzw. zu England eine wichtige Rolle spielen. Die Autoren der Commonwealth-Literatur brachten häufig Wechselbezüge zwischen persönlicher und nationaler Identitätsentwicklung zur Geltung.

Im ROMAN dominierten Varianten vom Typ des Entwicklungsromans mit zeitgeschichtlichem Hintergrund: Künstlerromane im Gefolge von J. Joyce und D. H. Lawrence mit aktuellen oder lokalen Modifikationen (Higgins, Storey, →Munro); subtile Frauenporträts im Rahmen einer destruktiven soziopolitischen Umwelt (Lessing, Gordimer, Atwood); multiperspektivische Gruppenporträts im spannungsvollen Übergang vom Spätkolonialismus zum wenig fortschrittlicheren Nationalismus in der Dritten Welt (P. Scott, →Ngugi wa Thiong'o). Überwogen bei diesen Autoren die von der Moderne verfeinerten realistischen Erzählkonventionen, so war vor allem bei Lessing und neueren Autoren eine zukunftsweisende Öffnung zu nicht-realistischen Darstellungsmethoden bemerkenswert. Atwood wie auch →Davies legten ihren Werken die Struktur einer spirituellen Quest zugrunde und bedienten sich einer für die kanadische Literatur überhaupt charakteristischen Archetypik. Banville verfaßte einen Realität und Traum verwischenden, düster-poetischen Sucheroman, der zugleich die Tradition der irischen »Big House«-Literatur parodierte. Wie bei ihm spielte eine farcenhafte Groteskkomik auch in der Dystopie von der englischen Metropole bei Tennant eine prägende Rolle. Neben dem Roman gab es in der Kurzprosa entsprechende Erneuerungstendenzen. Zur realistischen Kurzgeschichte mit symbolischer Verdichtung, wie sie in Munros Sequenz weiter gepflegt wurde, trat die auf Abnormitäten fixierte Kurzgeschichte →McEwans, die in der Alltagsrealität eine abgründige Dimension sichtbar machte.
In der LYRIK veröffentlichten die seit den 50er Jahren am stärksten hervorgetretenen Dichter ihre Hauptwerke. Während T. Hughes in →*Crow* (1972) sein Thema der dualistischen Naturenergien und des archaischen Lebenskampfes in einem mythopoetisch-grotesken Phantasiewesen versinnbildlichte, das sich in einer katastrophenanfälligen Welt behaupten konnte, vermittelte Larkin in →*High Windows* (1974) präzise Bilder vom selbstgefälligen kleinstädtischen Alltag, die mit verhaltener Ironie Einbrüche einer beängstigenden Sinnleere enthüllten. Heaney brachte in →*Field Work* (1979) seine persönliche Sicht der irischen Umwelt zum Ausdruck, die mehr noch als durch die Bezugnahme auf die politischen Wirren in der Freilegung einer urtümlichen Landschaft deren Geschichtsträchtigkeit sichtbar machte. Andere Lyriker konzentrierten sich auf die Demonstration von Wahrnehmungsformen und -prozessen: In der Einbeziehung visionär befreiter Sehweisen (Gunn), der symbolistischen Erfassung einer phänomenologisch betrachteten Wirklichkeit (→Tomlinson) oder der fremdartigen Perspektivierung des Alltags (→Raine und die »Martians«).
Im DRAMA kam es nach der Erneuerungsphase der 50er–60er Jahre zu einer weiteren Welle des nunmehr stark politisierten Theaters. Gegenüber Dramatikern wie →Pinter und →Stoppard, die im Gefolge des absurden Theaters ihr komplex sprachbetontes Werk weiterentwickelten und zum Teil als »Wortschmiede« abgelehnt wurden, entwickelten neue Autoren in Anlehnung an B. Brecht ein sozialistisch engagiertes Theater, das die konkreten Probleme der unteren Bevölkerungsschichten aufgriff

und ein entsprechend erweitertes Publikum zu erreichen suchte. Systemimmanente Gewalt (Bond) und Rollenzwänge (C. Churchill), Neofaschismus (Edgar), Strategiekonflikte der Arbeiterbewegung (Brenton, McGrath) waren typische Themen, die vom direkten Appell des Agitprop-Stücks (McGrath) bis zur poetischen Shakespeare-Adaptation (Bond) in variationsreicher Form auf die Bühne gebracht wurden. Eine verbreitete Tendenz war die zur lockeren Struktur des epischen Theaters (Episodenfolge, Einbeziehung volkstümlicher Lieder, Mischung von Realitätsebenen, Illusionsdurchbrechung in Auftritten von Erzählerfiguren und schauspielerischer Distanzierung von den Rollen sowie animierende Einbeziehung des Publikums). Darüber hinaus bemühten sich die Dramatiker des politischen wie des nicht-politischen Theaters um ein breiteres Publikum, indem sie die Möglichkeiten der Massenmedien nutzten. Alle hier angeführten Dramatiker wirkten wiederholt, meist als Drehbuchautoren, an Kino- oder Fernsehfilmen mit.

1980

Hintergrund. Die Amtszeiten von Maggie Thatcher (seit 1979), des ersten weiblichen Premiers mit dem Image einer »eisernen Lady«, setzten einen rigoros marktwirtschaftlichen Kurs des Konservativismus durch, der sich angesichts einer gespaltenen Opposition (Gründung der SDP durch Labour-Abtrünnige als einer den Liberalen angenäherten Partei, 1981) ungehindert entfalten konnte und einen merklichen Wandel der sozialen Verhältnisse und Denkweisen einleitete. Die Durchsetzung eines strikten Monetarismus, Steuervergünstigungen für die Gutverdienenden, die Reprivatisierung von Schlüsselindustrien und die Stimulierung privater Initiative in vielen Bereichen des öffentlichen Lebens konnten die Wirtschaft wieder ankurbeln (Abschwächung der Inflation, Sanierung des Staatshaushalts, Steigerung der Produktivität, Ansteigen höherer Einkommen, neuer Konsum-Boom). Der Aufschwung ging jedoch auf Kosten der Ausgaben für Dienstleistungen und bedeutete praktisch eine Aushöhlung des Wohlfahrtsstaats (Wohnungsnot, Mängel im Gesundheits- und Schulwesen sowie der Altersversorgung). Die Regierung legte es auf eine Schwächung der Gewerkschaften an (erfolgloser Bergarbeiterstreik 1984/85) und ließ die Massenarbeitslosigkeit von 11% zum Dauerproblem werden, was Unruhen der besonders benachteiligten schwarzen Jugendlichen in den Gettos der Industriestädte zur Folge hatte. Die Gesellschaft polarisierte sich wieder stärker in Arm und Reich mit entsprechendem Nord-Süd-Gefälle des Landes und unterschiedlichen Chancen für Schwarz und Weiß. Innerhalb der Arbeiterschaft, die noch im vergangenen Jahrzehnt ein ausgeprägtes Zusammengehörigkeitsgefühl besaß, kam es zu Absonderungen von Arbeitern und Angestellten in Staatsbetrieben (mit stark gewerkschaftlicher Organisation) und solchen in Privatfirmen sowie der neuen Unterklasse der Langzeit-Arbeitslosen.
Der Aufschwung des Landes wurde durch einen neuen Typ des dynamischen Jungunternehmers, den »Yuppie« (= amerikanische Prägung für »young urban professional«), und das spektakulär modernisierte Londo-

ner Hafenviertel der Docklands versinnbildlicht. Im siegreichen Falkland-Krieg (1982) flackerte ein mehrheitlich begrüßtes spätkoloniales Nationalbewußtsein auf, während der näher liegende Nordirland-Konflikt ungelöst weiterschwelte. Auch im Inneren mehrten sich die Stimmen, die gegenüber dem offenen Liberalismus der 60er Jahre eine Rückkehr zu den strengeren Prinzipien von Recht und Ordnung befürworteten.

LITERATUR. Die Beschränkung kulturpolitischer Mittel erschwerte direkt oder indirekt (Abhängigkeit der die Künste fördernden Institutionen wie Arts Council, Leihbibliotheken und Repertoiretheater von Subventionen) auch die literarische Produktion und Rezeption. Dies wurde nur teilweise durch neue private Stiftungen (zusätzliche Literaturpreise nach Gattungsrubriken, Autorenherkunft usw.) oder Verlagsanreize (hohe Vorauszahlungen auch für anspruchsvolle Werke erfolgserprobter Autoren) aufgefangen. Verlagsfusionen führten in einem für England neuem Ausmaß zu Marktkonzentrationen, gegenüber denen Kleinverlage einen schweren Stand hatten.

Trends der 70er Jahre wie die Konkurrenz oder auch wechselseitige Förderung diverser Medien setzten sich fort, und die Literatur geriet unter den Einfluß einer zunehmenden Computerisierung jeglicher Textherstellung. Von den vornehmlich realistischen Konventionen der nicht-literarischen Medien und den Automatismen der Textproduktion setzte sich in der (Erzähl-)Literatur eine auffällige Öffnung zu nicht-realistischen Darstellungsweisen und einem spielerisch-experimentellen Aufbrechen von Strukturschemata ab, die in England seit langem besonders dauerhaft etabliert gewesen waren. Darüber hinaus stellte die vom Thatcherismus geschaffene neue Wirklichkeit eine Herausforderung dar, der viele Autoren wohl nur noch mit Mitteln einer – oft auch anti-utopischen – Phantastik begegnen zu können glaubten.

Gattungsübergreifende Tendenzen des vorausgegangenen Jahrzehnts setzten sich mit entsprechender formaler Differenzierung wie auch thematischen Modifikationen fort. Transzendente Existenzfragen wurden, wenngleich auf durchaus unterschiedliche Weise, verstärkt einbezogen (→Golding, →Hill, →Heaney) und mit der Gegenüberstellung von Gut und Böse verbunden (→Lessings Romanserie, 1979–83, →Burgess, →Brook, Rushdies →*The Satanic Verses,* 1988). Menschliche Gewalttätigkeit allgemein (Hill, →Hulme, →Chatwin), (post-)koloniale und rassistische Unterdrückung (→Rushdie, →Emecheta, →Friel, →Fugard, →Walcott, →Carey), die Ausbeutung der Frauen (→Weldon, →Carter) und andere Formen der sozialen Repression (Burgess, →M. Amis, →Gray, →Hare/Brenton, →Harrison, →McEwan, →Crace) wurden oft ins Zentrum gerückt und vorzugsweise mit satirischen, anti-utopischen Methoden dargestellt sowie an der Manipulation der Sprache (Friel, Harrison) und Medien (Hare/Brenton) demonstriert. Mehr denn je traten Autoren aus den Commonwealth-Ländern bzw. den ethnischen Minoritäten Englands hervor, die nach dem in dieser Literatur lange bevorzugten Roman inzwischen auch verstärkt die anderen Gattungen verwandten.

Im ROMAN war die auffälligste Entwicklung die Annäherung an nicht-realistische Darstellungsweisen, die sich gegenüber der Vorherrschaft realistischer Erzählkonventionen etablieren konnten. Zwar gab es weiterhin ein breites Angebot realistischer Romane (Golding, Burgess, Emecheta, →G. Swift, →Brookner, McEwan), doch daneben mindestens so bemerkenswerte Romane graduell unterschiedlich phantastischer Ausprägung. Die Bandbreite reichte hier von der großangelegten metaphysisch-utopischen Romanserie Lessings bis zu den realistischen Werken Weldons und Careys, die durch die Anhäufung farcenhafter Umkehreffekte bzw. traumatisierter Obsessionen den Bereich des Unwirklichen berühren. Besonders typisch war die Verschränkung von Realismus und Phantastik, wie sie etwa bei Rushdie, Amis, Gray und Carter auftrat, die das Geschehen jeweils in eine historische oder zeitgeschichtliche Alltäglichkeit rückten, andererseits aber das Verhältnis von Realität und Traum bis zur Unkenntlichkeit verwischten. Dies ging zugleich mit einer unorthodoxen Gattungsvermischung einher: Familienchronik, Nationalgeschichte und Tausendundeinenacht-Erzählung (Rushdies →*Midnight's Children,* 1981), Detektivroman und Mysteriengeschichte (Amis), Künstlerroman und Anti-Utopie (Gray), historischer Roman und magisch-mythische Erzählung (Carter). Die Autoren tendierten zur alinearen, fragmentarischen Erzählweise, zur parodistischen Inversion konventioneller Schemata und zur spielerischen Selbstreflexivität. Auch Autoren, die im Rahmen des realistischen Erzählens blieben, zeigten eine neue Offenheit in der metaliterarischen Selbstdarstellung (Burgess) oder gattungsmäßigen Zusammensetzung (Chatwins Reiseerzählung, anthropologische Studie und Zitaten-Sammlung; →J. Barnes' Kombination von Erzählung und Essay; Hulmes monologische Erzählung mit poetischen Sektionen). Das ungewöhnlichste Experiment aber unternahm →T. Phillips mit seiner Künste überschreitenden collageartigen »Behandlung« einer viktorianischen Textvorlage.

In der Lyrik machten Gedichtsammlungen ein beachtliches Spektrum sichtbar, das von der modernistisch komplexen Dichtung Hills über die postmodern experimentellen Texte →Fishers bis zur Erneuerung der »englischen Tradition« durch →Motion oder einer Neubelebung naturmystischer Dichtung durch →Redgrove reichte und mit Harrison erstmals einen Dichter der Arbeiterklasse hervortreten ließ. Eine erstarkende Gruppe bildeten die aus Nordirland stammenden »Ulster Poets«, zu denen neben →Heaney als Vertreter einer jüngeren Generation →Muldoon gehörte, der als extravaganter Sprachvirtuose irische mit internationalen Motiven verband. Auch die aus dem Commonwealth stammenden Lyriker verbanden oft einheimische mit internationalen Aspekten: →Porter brachte die Außenseiterwarte des Australiers gegenüber der englischen Gesellschaft und europäischen Tradition zur Geltung, während →Walcott versuchte, unter der Verarbeitung anglo-amerikanischer Einflüsse eine karibische Lyrik zu begründen.

Das Drama verlor gegenüber dem vorangegangenen Jahrzehnt wieder etwas an Bedeutung. Hauptvertreter des politischen Dramas wie Brenton und Hare setzten – zum Teil gemeinschaftlich – ihr Werk fort. Auch außerhalb Englands, zumal in Ländern mit notorischen Dauerproblemen, bemühten sich Dramatiker um eine angemessene Thematik: in Irland gab Friel dem Gegensatz zu England eine historische Dimension, in Südafrika veranschaulichte Fugard die Unmenschlichkeit des Apartheid-Systems. Harrison konnte in Adaptationen der europäischen Schauspieltradition erfolgreich das Versdrama wiederbeleben. Bezeichnenderweise aber mußte Brook, der wohl wichtigste englische Theatererneuerer, den Umweg über das Ausland gehen, um mit seiner spektakulären Bearbeitung des Sanskrit-Epos →*Mahabharata* (1987) auch den Weg nach England zu finden, das im Unterschied zur *performance*-Bewegung des amerikanischen Theaters ausschließlich das Texttheater gepflegt hatte. Allerdings gab es hier – ebenfalls im Unterschied zu den USA – eine Kontinuität des hochentwickelten Hörspiels und Fernsehspiels, wie sie durch →Pinter und →Potter vertreten wurde.

2. Die amerikanische Literatur

In der Zeit von 1890 bis 1960 holten die USA die wirtschaftliche und politische Entwicklung, die Großbritannien in der 2. Hälfte des 19. Jahrhunderts gemacht hatte, nicht nur nach, sondern entwickelten sich zur ersten Industrie- und Militärmacht der Welt. Die Bevölkerungszahl verdreifachte sich seit 1890 (1890: 62 Mill., 1930: 122 Mill., 1960: 179 Mill.), das Bruttosozialprodukt stieg trotz wiederholter Rückschläge von 73 Mrd. Dollar im Jahre 1919 auf 991 Mrd. im Jahre 1970, die Außenpolitik zeigte, abgesehen von einer isolationistischen Phase zwischen 1918 und 1939, eine immer stärker werdende Einflußnahme auf die internationale Politik. Mit diesen Entwicklungen gingen wachsende wirtschaftliche Monopolisierung, soziale Ungerechtigkeit sowie ein internationaler Widerstand gegen die Außenpolitik der USA einher. Die Literatur dieser Zeit – und insbesondere die in diesem Buch getroffene Auswahl – ist nicht nur ein Produkt dieser Entwicklung, sondern spiegelt sie auch weitgehend wider.

1890–1900

HINTERGRUND. Um 1890 waren der Wiederaufbau nach dem Bürgerkrieg, die Industrialisierungsphase und die wirtschaftliche Erschließung des Landes beendet. Der letzte Boden im Westen war vergeben, das Verlegen der Grenze (»frontier«) nach Westen, das Denken und Handeln im 19. Jahrhundert so weitgehend geprägt hatte, kam zum Stillstand. Die USA traten in die Phase des Monopolkapitalismus.
Die Regierungen der Dekade gerieten weitgehend unter den Druck der Wirtschaftsmonopole. Das äußerte sich innenpolitisch als »Laissez-faire« (die Anti-Trustgesetze von 1890 blieben ohne Wirkung) und außenpolitisch als imperialistische Expansion (Annexionen von Puerto Rico, Hawaii und den Philippinen) bei hohen Schutzzöllen für die einheimische

Industrie. In der Wirtschaft führte der scharfe Konkurrenzkampf zu Konzentration und Monopolbildung, vor allem in Öl (J. Rockefeller), Stahl (A. Carnegie), Finanzen (J. P. Morgan) und auch der Presse (W. R. Hearst, →Dirks). Zugleich nahm die Urbanisierung im Nordosten eine verheerende Entwicklung. Aus ganz Südosteuropa und der notleidenden Landwirtschaft strömten verarmte Bevölkerungsschichten in die sich rapide vergrößernden Slums der Großstädte. Verelendung und soziale Spannungen waren die Folge.

Das philosophische Weltbild der Zeit, das diesen politischen und ökonomischen Entwicklungen Rechnung trug, stellte der Sozialdarwinismus. Die Übertragung von Ch. Darwins Theorie der natürlichen Selektion (1859) auf die Gesellschaft, vor allem durch W. G. Sumner, implizierte die Determination des Individuums durch seine Umwelt und das Überleben des Stärksten im Kampf aller gegen alle. Ökonomisch entsprach dem letzteren die »Laissez-faire«-Politik. Der Puritanismus, der im 19. Jahrhundert das amerikanische Geistesleben so nachhaltig geprägt hatte, begann sich in der Auseinandersetzung mit dem Darwinismus und den sozialen Problemen der Urbanisierung zu säkularisieren.

Literatur. Die Autoren dieser Dekade, vorwiegend aus den städtischen Mittelschichten des Nordens, arbeiteten als nebenberufliche Schriftsteller. Das internationale Copyright-Gesetz (1891) verbesserte z. T. ihre wirtschaftliche Stellung: 1894 veröffentlichten die Verlage, die bisher billige Raubdrucke englischer Erfolgsromane vorgezogen hatten, zum erstenmal mehr amerikanische Autoren als ausländische. Die großen Presse-Trusts verschafften den Autoren nicht nur den Lebensunterhalt, sondern ersetzten auch vielen die Ausbildung als Schriftsteller (ein Universitätsstudium war eher eine Ausnahme). Bis 1930 blieb der Journalismus für viele Autoren der Hauptberuf, der das Bücherschreiben erst ermöglichte.

Verlage und Theater der Zeit bewegten sich wie andere Wirtschaftszweige auf Konzentration und Monopolisierung zu. Die Buchproduktion – in ihrer Bedeutung bereits von der neuen Massenpresse überholt – verlagerte sich zu dieser Zeit endgültig nach New York und konzentrierte sich dort in den größten Verlagen, die dem erhöhten Finanzierungsbedarf durch die Umwandlung traditioneller Familienunternehmen in Aktiengesellschaften entsprochen hatten. Diese Konzentrierung blieb für die literarische Produktion in den USA bis zur Gegenwart charakteristisch: über zwei Drittel aller hier beschriebenen Werke erschienen in neun New Yorker Buchverlagen, von denen vier auch in der seit 1890 erstarkenden Bestseller-Literatur dominierten. Einige der Verlage nutzten ihre Position zu einer puritanischen Zensur der naturalistischen Romane (→S. Crane, →Dreiser). Die amerikanischen Theaterbesitzer, die sich 1896 im »Theatre Syndicate« zusammenschlossen, kontrollierten in New York wie in der Provinz das Engagement wechselnder Schauspielertruppen und die Inszenierungen. Während jedoch die Provinztheater durch das aufkommende Kino langsam zurückgedrängt wurden, entwickelte sich der Broadway in New York zum kommerziellen Theaterzentrum der USA (lang

laufende Erfolgsstücke, aufwendige Ausstattung, Inszenierung nach kommerziellen Gesichtspunkten).
Die potentielle Leserschaft in den USA hatte sich seit dem Bürgerkrieg durch den Ausbau des Bildungssystems beträchtlich erweitert: die Zahl der höheren Schulen stieg zwischen 1878 und 1898 von 800 auf 5500, im gleichen Zeitraum entstanden zahlreiche neue Universitäten, die Zahl der Analphabeten wurde zwischen 1880 und 1900 von 17% auf 10% verringert. Die Erschließung dieser neuen Leserschichten blieb jedoch vor allem der Presse mit ihren neuen Massenblättern (→Dirks) vorbehalten. Die Buchproduktion richtete sich wie früher weitgehend an die städtischen Mittelschichten, von denen nur ein kleiner Teil auch das Theater besuchte. Noch 1905 wohnten nur etwa 3% der Bevölkerung in der Nähe einer Buchhandlung. Der Erweiterung des Buchvertriebs dienten deshalb Maßnahmen wie freie Buchzustellung auf dem Lande (ab 1897), die Carnegie-Stiftungen von öffentlichen Bibliotheken, das Organisieren von Lesezirkeln (1889 Zusammenschluß von 400 Frauenclubs) und der Haus-zu-Haus-Verkauf. Die systematische Erschließung des literarischen Marktes hatte begonnen.
In der Literatur trat neben die realistische Tradition des 19. Jahrhunderts die neue Bewegung des Naturalismus. Unter dem Einfluß E. Zolas und der neuen darwinistischen Strömungen begann vor allem der ROMAN sich in diese Richtung zu entwickeln. Während sich in den religiösen Bestsellern vorzugsweise das Problem der Säkularisierung zeigte (Sheldon, →*In His Steps,* 1897), erweiterten die Naturalisten zunächst durch ihre Stoffwahl und Thematik die Konventionen des realistischen Romans. Statt der bürgerlichen Mittelschichten wählten sie die verelendeten Unterschichten zum Gegenstand. Garlands →*Main-Travelled Roads* (1891) beschrieb die Auswirkungen der landwirtschaftlichen Depression auf verarmte Farmer im Mittelwesten, S. Cranes →*Maggie: A Girl of the Streets* (1893) analysierte die Effekte der Urbanisierung auf ein Arbeitermädchen, und Norris in →*McTeague* (1899) machte die verarmten Stadtteile von San Francisco zum Hintergrund seiner Studie eines durch seine finanzielle Not depravierten Kleinbürgers. Alle diese Autoren versuchten nachzuweisen, wie Milieu und ökonomische Verhältnisse die eher passiv gezeichneten Individuen ihrer Romane determinierten. Auch ein Autor wie Mark Twain, dessen Hauptwerk fest in der realistischen Tradition des 19. Jahrhunderts stand, begann in →*Pudd'nhead Wilson* (1894) sich mit der Determinationsthese auseinanderzusetzen. Wie stark diese Stoffe und Themen von den realistischen Konventionen abwichen, zeigten die Publikationsschwierigkeiten der Autoren und die z. T. erbitterten Reaktionen der Öffentlichkeit. Innerhalb der realistischen Erzählform arbeitete →Bierce, der wie S. Crane in →*The Red Badge of Courage* (1895) den Krieg als eine extreme Ausgangssituation wählte, an einer Verfeinerung von psychologischen Darstellungsmitteln und von z. T. irrealen Effekten. Auch die inhaltlichen Erneuerungen der Naturalisten ließen die Formen des realistischen Romans unangetastet. →H. James blieb es vorbehalten, diese Formen des realistischen Erzählens seit G. Flaubert zu vereinen und –

in den Vorworten zu seinen Romanen – nachhaltig bewußt zu machen: realistisches chronologisches Erzählen vorwiegend in dialogisierten Szenen, Perspektivierung des Erzählens in einer Figur (»single point of view«), sorgfältige Komposition in Handlungsblöcken, feste, häufig symmetrische Konstellation einiger Hauptfiguren. Diese Konventionen, vielfach vermittelt, bestimmten die Entwicklung des Romans in England (s. o. S. 13) und Amerika (→Baldwin) bis in die Gegenwart. Zugleich machten sich Anfänge eines neuen Bewußtseins von Frauen (→Chopin) und Schwarzen (→Chestnutt) bemerkbar.
Die Lyrik der Zeit verblieb noch weitgehend in den Konventionen des 19. Jahrhunderts. Die formalen Erneuerungen von Dickinsons →*Poems* (1890) standen ganz allein und wurden erst nach 1910 von einer größeren Gruppe von Dichtern aufgegriffen.
Auch das Drama mußte trotz »Copyright Act« (1891) und vereinzelter Bemühungen noch zwanzig Jahre auf seine Erneuerung warten.

1900–1910
Hintergrund. Bei seinem Regierungsantritt versprach Theodore Roosevelt (1901–1909) seinen Wählern einen »Square Deal« und Abschaffung der sozialen Mißstände. Doch seine Reformen mußten sich auf die Verwaltung beschränken: die Monopole wuchsen weiter, und die wirtschaftliche Expansion wurde fortgesetzt (Dollarimperialismus in Lateinamerika). Die Monopolisierung hatte in der Tat ein Stadium erreicht, das die amerikanische Regierung weitgehend hilflos machte. Um 1910 produzierte 1% der Gesellschaften etwa 44% aller Waren, und 1% der Bevölkerung besaß etwa 47% des nationalen Reichtums. Die verelendeten Bauern, Arbeiter und Immigranten in den Slums der Großstädte standen den Trusts fast schutzlos gegenüber und begannen sich zu organisieren: »American Socialist Party« (1901), »International Workers of the World« (1905) u. a. Streiks und Arbeitskämpfe waren zunehmend die Folge.
Das herrschende Weltbild des Sozialdarwinismus und die Politik des »Laissez-faire« gerieten angesichts dieser Entwicklung ins Blickfeld der Kritik. Hatte schon Th. Veblen in *The Theory of the Leisure Class* (1899) gezeigt, daß die neue Oberschicht durchaus nicht mit den »Geeignetsten« im Existenzkampf identisch war, so versuchte der aufkommende Pragmatismus (C. S. Peirce, *How to Make our Ideas Clear,* 1878; W. James, *The Principles of Psychology,* 1890, und *Pragmatism,* 1907) zu demonstrieren, daß das Individuum, um zu überleben, seine Umwelt denkend und handelnd verändern muß. Der Pragmatismus verlagerte den Akzent von der determinierenden Umwelt auf das aktive Individuum, stand aber weitgehend mit den darwinistischen Theorien im Einklang. Eine idealistische Gegenbewegung an den Universitäten Neuenglands (die Neuhumanisten I. Babbitt, P. E. More u. a) hatte weniger Einfluß auf die Literatur der Zeit.
Literatur. Die Lage der Autoren verbesserte sich seit 1900 weiterhin. Schriftsteller aus den unteren Schichten und aus dem Mittelwesten fanden in New York nicht nur Arbeit bei der Presse, sondern erfolgreiche unter ihnen wie Jack London konnten ausschließlich von dem Erlös ihrer Bü-

cher leben (Tantiemen bis zu 20% vom Ladenpreis, Zweitrechte bei Dramatisierung am Broadway, Fortsetzungsabdrucken in Zeitschriften, Übersetzungen). Die Verlage lockerten ihre Selbstzensur und forderten angesichts der hohen Profite ihre Autoren auf, weitere Werke im erfolgreichen Stil vorzulegen. →London, →Sinclair und →Wharton erzielten Bestseller-Erfolge mit ihren Büchern und setzten sie vielfach fort.
Verlage und Theater konnten ihre Monopolstellung in New York festigen und weiter ausbauen. Zwar legten die Universitäten durch Umwandlung von Druckereien zu Universitätsverlagen einen Grundstein für folgende Entwicklungen und Professor G. P. Baker in Harvard begann seinen »English 47 Workshop« (1905–1925), einen experimentellen Theaterkurs (Diskussion und Aufführung moderner europäischer Stücke), der zu einer Keimzelle des modernen amerikanischen Dramas werden sollte, aber die entscheidende Produktion von Büchern und Dramen verblieb in New York.
Neue Leserschichten und ein ausgebautes Vertriebssystem (Verstädterung der Bevölkerung, Vermehrung von Buchläden) ermöglichten es, die jährliche Titelproduktion zu verdoppeln von 6356 im Jahre 1900 auf 13470 im Jahre 1910. Bei den neuen Titeln bildete die Erzählliteratur mit 20% bis 27% den größten Anteil, eine Marktstellung, die sie bis in die Gegenwart behaupten konnte. Jahresauflagen von über 100000 Exemplaren waren keine Seltenheit mehr. (1901 überschritten fünfzehn Romane diese Grenze.) Das für die amerikanische Literatur der Gegenwart so charakteristische Bestseller-System hatte sich fest etabliert.
In der Literatur der Dekade liefen realistische und naturalistische Strömungen weiter. Die dominierende Gattung blieb der ROMAN. Während populäre Bestseller in verklärten ländlich-idyllischen und historischen Stoffen Fluchtmöglichkeiten vor den Problemen der Urbanisation und Monopolisierung anboten, gingen die Naturalisten direkt auf diese Probleme ein. Sozialdarwinistische Schriftsteller wie Dreiser (→*Sister Carrie,* 1900) und →London beschäftigten sich mit dem brutalen Existenzkampf in Stadt oder Wildnis. Dreisers Nichtbeachtung der poetischen Gerechtigkeit – bei ihm siegte der Stärkere über den moralisch Besseren – stieß auf Ablehnung, während London sich durch die Einhaltung dieser Konvention einen großen populären Erfolg sicherte. Die eher pragmatisch eingestellten Naturalisten enthüllten und kritisierten zusammen mit den »muckraker«-Journalisten die monopolistischen Praktiken ihrer Zeit. Norris in →*The Octopus* (1901) nahm sich die Eisenbahnkonzerne, Sinclair in →*The Jungle* (1906) die Chicagoer Fleischindustrie vor. In →*The Iron Heel* (1907) wies London auf die politischen Gefahren einer solchen Machtanhäufung hin. Allen Naturalisten gemeinsam war die sozialdarwinistische Analogie von Tier und Mensch, die sich in Titel, Handlung oder Vergleichen im Text niederschlug. Auch bei den realistischen Erzählern, die sich weiterhin mit den bürgerlichen Schichten beschäftigten, zeigten sich abgewandelt Einflüsse des Naturalismus: Whartons →*The House of Mirth* (1905) ging kritisch auf den Existenzkampf in der New Yorker Gesellschaft ein, H. James' →*The Ambassadors* (1903) analysierte an-

hand des »internationalen Themas« (Europa/USA) die psychologischen und moralischen Veränderungen von Personen unter dem Einfluß eines veränderten kulturellen Milieus, und Mark Twain in →*The Man That Corrupted Hadleyburg* (1900) schilderte pessimistisch die Korruption der städtischen Bourgeoisie. Blieben die Realisten auch ihren vorwiegend psychologischen und moralischen Fragestellungen treu – der Naturalismus hatte sich durchgesetzt und behauptete sich trotz aller Veränderungen des Romans als ein bestimmender Einfluß bis in die Gegenwart (→Selby). Eine wichtige Entwicklung bahnte sich in Steins →*Three Lives* (1909) an. Die Kurzgeschichte, die bisher in Amerika stark unter dem Einfluß von E. A. Poes Geschichten und der »Tall Tale« gestanden hatte (außergewöhnliche Begebenheit, pointierter Schluß; vgl. →O. Henry), wurde von Stein unter dem Einfluß von G. Flaubert und der Psychologie von W. James inhaltlich und stilistisch transformiert. Sie erzählte alltägliche Begebenheiten aus dem Leben dreier Frauen, verzichtete auf eine Pointe oder Moral, experimentierte mit einer trivialen, aus vielen Wiederholungen zusammengesetzten Sprache und bereitete so die moderne Short Story vom Typ Hemingways vor.
LYRIK und DRAMA verblieben trotz einiger Neuerungsversuche weiterhin in den Konventionen des 19. Jahrhunderts. Doch die Hinweise auf folkloristische Traditionen der Schwarzen (→DuBois) und der Indianer (→Curtis) sollten in der Folgezeit ihre Früchte tragen.

1910–1920

HINTERGRUND. Den Regierungen dieser Dekaden gelang es, endlich einen Teil der längst fälligen Reformen durchzusetzen. W. H. Taft (1909–1913) und W. Wilson (1913–1921) erzwangen die Entflechtung einiger Trusts, versuchten durch progressive Besteuerung die ungleiche Vermögensverteilung in den USA zu korrigieren und bauten die Schutzzölle ab. Wilsons Programm der »New Freedom« weckte einen Reformenthusiasmus, der sich bei Ausbruch des Ersten Weltkriegs auch auf Europa erstreckte: die ganze Welt sollte für die Demokratie gewonnen werden. Wirtschaftlich hatten die USA ihre Nachholperiode abgeschlossen und entwickelten sich nach dem Krieg vom Schuldner zum Gläubiger Europas. Die USA wurden zur stärksten Industriemacht der Welt.
Im Weltbild dieses Jahrzehnts dominierte eindeutig der Pragmatismus, der die politische Entwicklung mit vorbereitet hatte und jetzt aktiv unterstützte. Er rechtfertigte die Wirtschaftsregulierungen durch den Staat, legte im Instrumentalismus von J. Dewey (*Democracy and Education,* 1916) ein Reformkonzept vor, das das Bildungssystem auf die modernen industriellen Erfordernisse einstellte, und schuf schließlich im Behaviorismus (J. B. Watson, *Behaviourism. An Introduction to Comparative Psychology,* 1914) eine empirische, auf Verhaltensforschung gerichtete Psychologie, die das amerikanische Geistesleben nachhaltig beeinflussen sollte (Soziologie, Linguistik, Literatur). Auch die Literaturkritik ergriff das allgemeine Modernitäts- und Reformbewußtsein (V. W. Brooks, *America's Coming-of-Age,* 1915).

Literatur. Für die Autoren, besonders die Romanautoren, war ihre Tätigkeit häufig zum festen Beruf geworden. Die Verdienstmöglichkeiten blieben gut, die Ausbildungsmöglichkeiten wurden besser (neben die traditionelle Literaturdomäne der Harvard-Universität traten jetzt die neueren Universitäten), das erstarkende Chicago wurde für eine Zeit zweites Literaturzentrum neben New York. Eine Sonderstellung nahmen die Lyriker ein, die trotz einiger Erfolge einen festen Hauptberuf als finanzielle Basis benötigten: so der Anwalt →Masters, der Farmer →Frost, der Arzt →W. C. Williams, der Zollbeamte →Robinson u. a. Viele Autoren schlossen sich in dieser Zeit zu Gruppen um ein gemeinsames Medium (Zeitschrift, Theater) zusammen und propagierten Erneuerungen durch Manifeste oder eigene Praxis.
Die Einschränkung der Monopole wirkte sich auch auf Verlage und Theater aus. Einmal entstanden eine Reihe neuer Verlage wie A. Knopf (1915), Boni and Liveright (1917), Harcourt, Brace (1919), die sich z. T. dezidiert für die neue Literatur einsetzten. Traditionelle Verlage wie Scribner, Houghton Mifflin und Harper paßten sich der Entwicklung allmählich an. Zum anderen entstand in der »Little Magazine«-Bewegung (*Poetry,* 1912ff.; *The Masses,* 1911–1917; *The Little Review,* 1914–1929; *The Dial,* 1917–1929 u. a.) außerhalb der großen Verlage und traditionellen Literaturzeitschriften wie *Harper's Magazine, Scribner's Monthly, Atlantic Monthly* u. a. ein Sprachrohr für die neuen literarischen Bewegungen in den USA und Europa. Der Kampf gegen die Zensur, die sich gegen Autoren wie →Dreiser, →Cabell, →Joyce u. a. richtete, stand im engen Zusammenhang mit der veränderten Verlagssituation. Auch das New Yorker Theatermonopol lockerte sich. 1918 konnten sich die »Washington Square Players« mit einem eigenen Theater, aus dem weitere neue Theatergruppen entstehen sollten, am Broadway etablieren. Die inneren Reformen waren nicht ohne Auswirkungen auf die Literatur und die sie tragenden Medien geblieben.
Die Verbreiterung der Leserschichten setzte sich auch in dieser Dekade fort. Die pragmatische Reform des Bildungswesens erlaubte eine breite Öffnung der Institutionen: die Immatrikulationen an den Universitäten stiegen zwischen 1910 und 1940 um 540%, der Besuch der höheren Schulen um 321%, die Zahl der öffentlichen Bibliotheken erhöhte sich bis 1935 auf 6235, was 63% der Bevölkerung ihre Benutzung ermöglichte. Und bis Ende des Ersten Weltkriegs blieb für diese Schichten, von denen eine Minderheit sich auch den literarischen Erneuerungen aufgeschlossen zeigte, das Lesen eine der wichtigsten Freizeitbeschäftigungen.
Die Literatur dieser Dekade gilt allgemein als der Beginn der Moderne (s. o. S. 18ff.) in den USA. Das Aufbrechen von erstarrten Konventionen begann in der Lyrik (1912), ergriff dann das Drama (1915) und etwas später auch den Roman.
Im Roman führten Dreiser und Wharton die naturalistischen und realistischen Traditionen weiter, während in den populären Bestsellern das Kriegsthema allmählich die ländlichen Idyllen verdrängte. Dreiser begann mit →*The Financier* (1912) eine Trilogie, die die Monopolisierung in den

USA als einen Kampf aller gegen alle deutete, und Wharton zeigte in →*Ethan Frome* (1911) die Tragik eines kleinen Farmers, der vergeblich versucht, seinem Milieu zu entrinnen. In der Kurzgeschichte griff S. Anderson mit →*Winesburg, Ohio* (1919) die Erneuerungen von →Stein und Masters in der Lyrik auf: Schilderung in einfacher Sprache und Verknüpfung der Geschichten durch gemeinsame Figuren, Themen und den Ort. Dies übte einen starken Einfluß auf die weitere Entwicklung der Short Story und des Romans aus.
Die Konventionen der LYRIK, die seit dem Ende des 19. Jahrhunderts das Schreiben weitgehend bestimmten (dramatisches Rollengedicht oder Lied, kunstvolle Rhythmik aufgrund traditioneller Metren und Strophenformen, poetische Bildersprache und Reim, Tendenz zu längeren narrativen Texten und die Kodifizierung bestimmter Sujets als poetisch), wurden bis auf die erstgenannte sämtlich in Frage gestellt. →Pound, der als Organisator (Gruppenbildung, Manifeste, Herausgeber, Lehrmeister) der modernen Lyrik zum Durchbruch verhalf, forderte 1912 vor allem unter dem Einfluß orientalischer Lyrik direkte Behandlung des Gegenstandes, Konzentration und Reinigung der poetischen Sprache und Komposition in musikalischen Kadenzen frei von traditionellen Metren. Das wurde 1915 im Manifest der Imagisten (einer von Pound in London angeregten Gruppe von englischen und amerikanischen Lyrikern) um die Forderung nach der Nähe zur Alltagssprache, der »absolut freien Sujetwahl« und der präzisen Verwendung visualisierter Bilder erweitert. Diese Neuerungen, die durch die Zeitschrift *Poetry* (Chicago) in den USA Verbreitung fanden, wirkten auf →Sandburg, Masters u.a. (Chicago-Gruppe), die W. Whitmans Einfluß mit den imagistischen Techniken zu verbinden suchten, und vor allem auf W. C. Williams. Blieb dieser in einigen Gedichten noch der Naturlyrik treu, wählten Masters und Sandburg sich entschieden die amerikanische Kleinstadt und die moderne Industriegesellschaft Chicagos zum Gegenstand. Steins Prosagedichte, die radikal auf alle metrischen Regulierungen verzichteten, beschrieben detailliert und kubistischen Experimenten vergleichbar triviale Objekte aus dem häuslichen Bereich. Auch traditionelle Dichter wie Robinson und Frost konnten sich einigen der neuen Einflüsse (Alltagssprache, freie Sujetwahl) nicht verschließen. Wenn die Gruppe der Imagisten auch bald wieder zerfiel, ihre Innovationen hatten die moderne Lyrik in England (s.o. S. 20) und Amerika nachhaltig beeinflußt und wurden bald zu den Konventionen der Moderne.
Die Erneuerung des DRAMAS folgte auf die der Lyrik. Auch hier herrschten noch weitgehend Konventionen des 19. Jahrhunderts: die feste Figurenkonstellation des Familiendramas, einfache moralische Kontraste von Gut und Böse, melodramatische Effekte wie Verführung, Erpressung, Mord und kostspielige Ausstattung und Starsystem. Zwar hatte das Copyright-Gesetz (1891) die Adaptationen europäischer Melodramen eingeschränkt und die Originalstücke amerikanischer Autoren gefördert, doch war es den neuen Dramatikern nicht gelungen, innerhalb des kommerziellen Broadway-Theaters zu Erneuerungen zu kommen. Das moderne ame-

rikanische Drama, angeregt durch Initiativen wie G. P. Bakers »47 Workshop« in Harvard, entstand in kleinen Kammerspieltruppen wie den »Provincetown Players« (1915) und den »Washington Square Players« (1915), die unter dem Einfluß der europäischen Kammerspielbewegung (A. Strindberg, deutscher Expressionismus) von einer Erneuerung der Theaterpraxis ausgingen: Verzicht auf das Star- und Ausstattungsdrama, Erprobung neuer Figurenkonstellationen und Themen sowie Ersetzung der melodramatisch-illusionistischen durch z. T. kraß realistische Effekte. →O'Neill konzentrierte sich in seiner ersten, realistischen Phase auf kurze Einakter, die das ihm vertraute Seemannsmilieu schilderten. Der hier einsetzenden »Little Theatre«-Bewegung, die die gesamte Entwicklung des modernen amerikanischen Dramas so nachhaltig beeinflussen sollte, gelang ab 1920 der Durchbruch in New York.

1920–1930

Hintergrund. Der Regierungswechsel 1921 bedeutete in vieler Hinsicht einen Rückschritt. Die an die Macht gekommenen Republikaner kehrten zu einer monopolfreundlichen Politik des »Laissez-faire« und des Protektionismus zurück und leiteten außenpolitisch eine Phase des Isolationismus ein: Rückzug aus der Weltpolitik, Anti-Immigrations- und Anti-Kommunisten-Gesetze. Unter diesen Bedingungen erlebte das »Big Business« trotz einiger kurzer Krisen eine neue Blüte. Die Zeit der Massenproduktion und -konsumtion vor allem von Gebrauchsgütern war gekommen. Die Prohibition (Alkoholverbot 1920–1933) und das Nichteingreifen der Regierung förderten organisiertes Gangstertum und Korruption auf allen Ebenen.

Im Weltbild der Zeit machte der durch den Kriegsausgang (Versailler Vertrag, 1919) enttäuschte Reformenthusiasmus sich in verschiedenen Formen des Skeptizismus, Zynismus und Hedonismus bemerkbar. Die persönlichen Auswirkungen des Krieges erweckten andererseits ein allgemeines Interesse an der Psychologie. Man entdeckte, daß das Denken und Handeln nicht nur auf rationale Umweltbewältigung (Pragmatismus), sondern auch auf das kollektive oder individuelle Unbewußte im Menschen zurückzuführen war. Übersetzungen von C. G. Jung (*Psychology of the Unconscious,* 1916) und S. Freud (*General Introduction to Psychoanalysis,* 1920) fielen auf fruchtbaren Boden und riefen eine Generation amerikanischer Freudianer und Jungianer auf den Plan. Der Pragmatismus – durch diese Strömungen weitgehend zurückgedrängt – behauptete sich in der Geschichts- und Literaturgeschichtsschreibung mit einer Neuinterpretation der amerikanischen Vergangenheit, vor allem einer Abrechnung mit den puritanischen Traditionen (V. W. Brooks, H. L. Mencken), die den neuen Bewegungen wie Emanzipation der Frau, Enttabuierung des Sexuellen, Hedonismus nicht mehr entsprachen.

Literatur. Das Bohemienleben der Autoren dieser Dekade, ihre Entfremdung von den bürgerlichen Mittelschichten, spiegelte diese Entwicklung ziemlich getreu wider. Viele, die im Weltkrieg als Freiwillige gedient hatten, verließen jetzt die USA auf Zeit oder auf immer, gingen auf weite

Reisen oder wohnten dauerhaft im Ausland, vorzugsweise in Paris (»the lost generation«). Ihr Einkommen war trotz sinkender Honorare nicht schlecht. Stipendien, Mäzene oder auch Verlagsvorschüsse auf zu liefernde Arbeiten sprangen hilfreich ein. Außerdem gelang es neuen Autoren – jetzt häufig aus den Immigrantenschichten –, bereits sehr früh zu publizieren und bekannt zu werden. Wo sich Gruppen bildeten, wie die »Expatriates« in Paris oder das »New Playwrights Theatre« in New York, blieben diese lockerer und betonter individualistisch als frühere Versuche.
Die Verlage und Theater bekamen die Konkurrenz neuer Medien zu spüren. Der Film hatte sich zu einer beachtlichen Kunstform entwickelt, die einen großen Teil der Buchleser anzog, und auch der kommerziell betriebene Hörfunk (ab 1920) nahm einen rapiden Aufschwung. Einer anfänglichen Absatzschwäche konnte u. a. durch die Gründung von Buchklubs (»Book of the Month Club«, 1927; »Literary Guild«, 1927) mit postalischem Vertrieb, festen Mitgliedern und Absatzgarantien begegnet werden. So gelang es, zwischen 1920 und 1930 den Absatz insgesamt zu verdoppeln (1929: 70 Mill. durch den Handel, 2 Mill. durch die Buchklubs). Neben neuen populären Zeitschriften wie *Reader's Digest* (1922), *Time* (1923) und *The New Yorker* (1925) setzte sich die »Little Magazine«-Bewegung – z. T. in Europa – fort (*The Fugitive,* 1922–1925; *transition,* 1927–1938). Die Einschränkung der Monopole war auch dem Theater zugute gekommen. Die Zahl der New Yorker Theater war zwischen 1903 und 1927 von 20 auf 80 gestiegen, und im ganzen Lande gab es ca. 3000 kleine Theater. Der Besuch des *Moscow Art Theatre* (1923) und anderer europäischer Kammerspieltruppen stimulierte neue Praktiken des Schauspielerns und Inszenierens. Die Experimentierfreudigkeit zahlte sich aus: 1928 konnte die aus den »Washington Square Players« entstandene »Theatre Guild« ein Millionen-Dollar-Theater in New York eröffnen. Die Kammerspielbewegung begann vom Broadway akzeptiert und absorbiert zu werden.
Die Leser erfuhren nicht erst durch die Lektüre, daß sie in eine »Neue Ära« eintraten. Eine vorher nicht dagewesene Technisierung des Privatlebens setzte ein. Auto, Radio und Kino begannen die Freizeit stärker auszufüllen als das Lesen von Büchern. Der Verlust an Lesezeit wurde jedoch mehr als wettgemacht durch die Erweiterung des Leserkreises durch Buchklubs und verbesserte Distribution, und der allzu flüchtigen Lektüre wehrten die Autoren durch die Erschwerung des Verständnisses ihrer Texte.
Die Literatur griff im allgemeinen die neuen Ideen auf. Das dominierende Interesse am Innenleben des Individuums erforderte eine Vielzahl z. T. gegensätzlicher Darstellungstechniken. Die Zeit der vielfachen formalen Experimente, der Modernismus war gekommen. Im Roman und in der Lyrik waren es vor allem die Auflösung konventioneller Zusammenhänge und die Reintegrierung der Einzelteile in neue komplexere Gesamtstrukturen, die die Entwicklung im folgenden bestimmen sollten. Alle Gattungen übergreifende Themen bildeten einmal die Neuinterpretation der amerikanischen Vergangenheit (→Faulkner, →W. C. Williams, →H. Crane,

→O'Neill, →Cather), was sich auch in den Sammlungen der amerikanischen Folklore (→Sandburg, →*American Negro Folk Songs,* 1928) oder der Literaturkritik (D. H. Lawrences →*Studies in Classic American Literature,* 1923) äußerte, zum anderen die Auswirkungen von Krieg und modernem Großstadtleben auf das Individuum (→Hemingway, →Dos Passos, →M. Anderson; →Fitzgerald, H. Crane). In der sogenannten Harlem Renaissance legten →Hughes, →McKay und →Toomer die Grundsteine für eine modernistische schwarze Literatur.

Während populäre ROMANE wie auch die Fitzgeralds die oberflächliche, libertinistische Lebensweise der »Neuen Ära« (»Jazz Age«, »Roaring Twenties«) beschrieben, begannen Dos Passos, Hemingway und Faulkner dieses Verhalten in bezug auf das Kriegserlebnis psychologisch zu analysieren. Das erforderte in jedem Fall die Erneuerung der realistischen Konventionen des Romans. Dos Passos entwickelte in →*Manhattan Transfer* (1925) die Jamesche Kleingruppen-Perspektive zu einem multiperspektivischen Erzählen, das gleichzeitig die eng begrenzte Figurenkonstellation durch panoramische Darstellung ganzer Gesellschaftsschichten ersetzte. Die Chronologie des Erzählten wurde zwar beibehalten, aber in viele kleine Segmente zerlegt, die durch das Aussparen von Zusammenhängen und durch filmartige Montagetechniken neue komplexe Strukturen ermöglichten. Faulkner ging unter dem Einfluß von →Joyce in eine ähnliche Richtung: Auflösung von Zusammenhängen in kontrastierende Perspektiven (innere Monologe, Erzählstile), Aussparung, chronologische Verwürfelung und Neuverknüpfung der Teile durch Leitmotive, Figuren und thematische Bezüge. Ganze Romanserien traten bei Faulkner und S. Lewis zu fiktiven Welten wie dem »Yoknapatawpha County« oder der Stadt »Zenith« zusammen.

In der Entwicklung der Kurzgeschichte bildete sich ein neuer Typ heraus, der die amerikanische und europäische Erzählkunst nachhaltig prägen sollte. Hemingway wählte vorzugsweise alltägliche Stoffe und Figuren und erzählte sie so aussparend, daß Anfang und Ende häufig offenblieben. Er ersetzte weiter im szenischen Erzählen den differenzierten weitschweifenden Dialog, wie ihn →H. James entwickelt hatte, durch lakonischen, in trivialer Alltagssprache gehaltenen Wortabtausch. Diese Verkürzungen wie auch die Verknüpfungen der Stories zu Sequenzen gingen direkt (→Stein) wie indirekt (→S. Anderson, →Masters) auf ähnliche Experimente in der Lyrik zurück. Im Gegensatz zu Faulkner und auch Wolfe stellte Hemingway die unterdrückten seelischen Prozesse und Traumata seiner Figuren behaviouristisch durch ihr Verhalten dar. Andere Autoren wie S. Lewis setzten sich in den konventionellen Formen kritisch mit der amerikanischen Provinz auseinander.

In der LYRIK traten neben den großen Anreger →Pound neue, z. T. stärker vom französischen Symbolismus (s. o. S. 13) beeinflußte Autoren wie →Stevens, →Cummings und H. Crane, die ironische Klangspiele, Synästhesien, verschlüsselte Metaphorik und Symbolik, musikalische Kompositionsprinzipien, metrische und typographische Experimente in die amerikanische Lyrik einführten. Gemeinsam war den meisten auch hier der

Versuch, die vom Imagismus bevorzugten Kleinformen (→W. C. Williams) in neue, größere Zusammenhänge zu integrieren. Pound wählte das moderne Epos aus vielen heterogenen Elementen, das Weltgeschichte und Weltliteratur pragmatisch neu bewerten sollte. Eine Alternative, die vor allem die weitere Entwicklung bestimmen sollte, bildete die Integration von Gedichten zu Sequenzen (H. Crane) oder strukturierten Gedichtsammlungen (Cummings). Bedeutsam für die Zukunft war auch das Spiel mit dem Material der Sprache selbst, einschließlich Klang und Druckbild. →H. D. und →M. Moore entwickelten den Imagismus Pounds in klassizistische und objektivistische Richtungen weiter.
Für das Drama war die Zeit der großen inhaltlichen und formalen Erneuerungen gekommen. O'Neills Stücke der zweiten, expressionistischen Phase zeigten ein breites Spektrum von Themen: die Kritik an puritanischen Traditionen in →*Desire Under the Elms* (1924), der Verlust der Geborgenheit in der neuen Welt von →*The Hairy Ape* (1922), die Konfrontation des Individuums mit dem kollektiven oder dem eigenen Unbewußten in →*The Emperor Jones* (1920) und →*Strange Interlude* (1928), der Gegensatz von Bürger und Künstler in →*The Great God Brown* (1925), das Rassenproblem in →*All God's Chillun Got Wings* (1924) usw. →Glaspell, →Howard, →Rice und →M. Anderson griffen ähnliche Themen wie Frauenemanzipation, Psychoanalyse, Dehumanisierung in der neuen technisierten Zeit und Desillusionierung durch den Krieg auf. Der Vielfalt der Themen entsprach die Experimentierfreudigkeit vor allem mit nicht-realistischen Darstellungstechniken: Zerlegung des Dramas in Stationen mit leitmotivischer und symbolischer Verknüpfung, Erprobung neuer Figurenkonstellationen (Protagonist gegen Gruppen, Chor oder symbolischen Antagonisten), Verwendung von Masken, Monologen und Beiseitesprechen, was dem multiperspektivischen Erzählen im Roman und den Sprecherrollen in der Lyrik entsprach, usw. Ohne sich auf eine bestimmte Richtung festzulegen, stellten diese Dramatiker die Ausdrucksmittel bereit, die bis heute das amerikanische Drama bestimmen.

1930–1940

Hintergrund. Die weltweite Wirtschaftskrise, ausgelöst durch den Zusammenbruch des amerikanischen Kredit- und Aktienmarktes (1929), stellte die Regierung F. D. Roosevelts (1933–1945) vor ernste Probleme: das Bruttosozialprodukt fiel von 104 Mrd. (1929) auf 56 Mrd. Dollar (1933), die Arbeitslosigkeit stieg bis auf 23 Mill. (1933), fast ein Viertel der arbeitenden Bevölkerung. Roosevelts »New Deal«-Programm versuchte, in zwei Phasen der Krise Herr zu werden: einer dirigistischen Phase (Banken, Landwirtschaft, Industrie) und, als einige der Maßnahmen als verfassungswidrig rückgängig gemacht werden mußten, einer arbeitnehmerfreundlichen Phase (Sozialversicherungen, Schlichtungsstellen für Tarifkämpfe, Arbeitsbeschaffung durch Staatsprojekte). Die staatliche »Works Progress Administration« (WPA) sollte auch der Literatur zugute kommen.
Unter dem Eindruck dieser Entwicklung verdrängten soziale und wirt-

schaftliche Fragestellungen den vorherrschenden Einfluß der Psychologie. Die staatlichen Untersuchungsausschüsse hatten nicht nur Korruption und Praktiken des »Big Business«, sondern auch die sozialen Probleme vor allem des Südens aufgedeckt. Die Propagierung des »New Deal« rief so eine breite Reaktion in der Öffentlichkeit hervor, die vom Kommunismus über den Sozialismus bis zum sozialen Humanismus reichte (»the red decade«). Kollektivistische Ideen verdrängten den Individualismus von Pragmatismus und Psychoanalyse. Marxistische Literaturkritiker (E. Wilson, G. Hicks, M. Eastman) wie konservative (→*I'll Take My Stand,* 1930) argumentierten gleicherweise mit ökonomischen und sozialen Prämissen. Eine z. T. religiöse und irrationale Reaktion setzte sich erst allmählich gegen Ende des Jahrzehnts durch.

LITERATUR. Der literarische Markt war in verschiedener Hinsicht von der Depression betroffen. Besonders für Lyriker und jüngere Schriftsteller wurde es schwieriger, vom Schreiben zu leben. Viele organisierten sich in linksorientierten »John Reed Clubs« oder in Autorengewerkschaften wie der »Authors' League of America« (seit 1912) und der »League of American Writers« (1935) sowie in verschiedenen neuen Theatergruppen. Roosevelts WPA-Projekt unterstützte Schriftsteller und Dramatiker mit Stipendien (»Federal Writers Project«, 1935–1945; »Federal Theatre Project«, 1935–1939) und ermöglichte nicht-kommerziell ausgerichtete Experimente im Drama. Außerdem beschäftigte Hollywood, das seit 1929 den Tonfilm auf breiter Basis einsetzte, zeitweise eine ganze Generation von Dramatikern und Romanciers. Die daraus resultierende Verteilung der Autoren über die USA lenkte die Aufmerksamkeit vieler von der bis dahin dominierenden Großstadt New York auf die regionalen Unterschiede, vor allem den Gegensatz von Nord- und Südstaaten.

Auch Verlage und Theater bekamen die Depression zu spüren. 1929 waren 60% mehr neue Titel und 100% mehr neue Romane erschienen als 1920. Zwischen 1929 und 1933 fiel die Produktion von 214 auf 111 Mill. Exemplare, und auch der Verkauf von Romanen ging empfindlich zurück, was Autoren wie Faulkner zum Schreiben von Kurzgeschichten zwang. Einige kleinere Verlage gingen ein, und viele der »Little Magazines« mußten ihr Erscheinen einstellen. Noch härter waren die Theater betroffen, die unter der Krise und der Konkurrenz aus Hollywood auf wenige starke Unternehmen zusammenschrumpften. Als Reaktion erfolgten zahlreiche kollektive Neugründungen wie die des »Group Theatre« (1931), das aus der inzwischen etablierten »Theatre Guild« stammte, und der »Theatre Union« (1933). Ihre Zahl erweiterte sich ab 1935 durch die Unterstützung des »Federal Theatre Project«. Zum erstenmal gab es in den USA ein staatlich unterstütztes Theater, das sich von rein kommerziellen Gesichtspunkten befreien konnte. Zahlreiche Laiengruppen und Arbeitertheater (»League of Workers Theatres«) entstanden, die das Theater z. T. unter Einfluß von Emigranten aus dem faschistischen Europa zum Agitations- und Aufklärungsinstrument machten. Durch eine veränderte Aufführungspraxis (Straßen-, Café- und Betriebstheater, kabarettartige Formen, Verwendung von Plakaten, Liedern usw.) gelang es

zum erstenmal, breitere Bevölkerungsschichten für das Theater zu interessieren. Der Zweite Weltkrieg und das Auslaufen der Stipendien setzten jedoch dieser »Little Theatre«-Bewegung ein Ende.
Die Leser reagierten auf die Depression durch das Ausweichen auf andere Medien (Radio, Kino), auf die billiger anbietenden Buchklubs, deren Mitgliederzahl sich trotz Depression laufend erhöhte, und durch die verstärkte Benutzung von Bibliotheken. Die Erfahrung, daß die Leser weiter billige Bücher kauften, bewegte die Verlage zur Taschenbuch-Produktion, einer Revolution auf dem Buchmarkt, die sich allerdings erst voll nach dem Kriege auswirken sollte (s. u. S. 57).
Die Literatur der Zeit spiegelte diese Vorgänge vor allem im Roman und in der Lyrik durch eine verstärkte Hinwendung zu sozialen Fragen der Gegenwart wider. Nicht ein gegebenes, naturalistisch geschildertes Milieu, sondern sich verändernde und veränderbare gesellschaftliche Situationen standen im Vordergrund, und an die Stelle des passiven Individuums traten häufig Gruppen wie Familien, Kollektive, die solidarisch ihre Probleme zu lösen versuchten.
Der populäre ROMAN schaffte den Lesern Fluchtmöglichkeiten vor ihrer Situation in religiösen oder spiritualistischen Werken, in historischen Romanzen wie Mitchells →*Gone With the Wind* (1936), in den heroischen Comics wie Siegels →*Superman* (1938) und vor allem in dem typischen Depressionsprodukt, dem populären Detektivroman, der allerdings durch →Chandler eine zynisch-sozialkritische Färbung erhielt. Viele Romanautoren setzten sich nun direkt mit den Problemen der Zeit auseinander: Verarmung der »poor whites« in Georgia, Oklahoma, Kalifornien (→Caldwell und Steinbeck), arme Schwarze (→Hurston), Arbeits- und Klassenkämpfe im Norden (→Cantwell, →Dos Passos), Feudalismus und Rassismus im Süden (Faulkner, →*Light in August,* 1932, →*Absalom, Absalom!,* 1936), Verelendung in den Slums von Chicago (Farrell, →*Studs Lonigan,* 1932ff.), New York (→Roth) und ungleiche Vermögensverhältnisse (Hemingway, →*To Have and Have Not,* 1937). Die meisten dieser Autoren traten für eine kollektive Lösung der Probleme ein und plädierten für Solidarität (vgl. auch →*Of Mice and Men,* 1937, →*As I Lay Dying,* 1930, →*Pylon,* 1935). Individualistische Reaktionen, teils als rhapsodische Künstlerautobiographien (→H. Miller, →Th. Wolfe), teils als Zerrbilder von Vereinsamung (→D. Barnes, →West), brachten spontane und manchmal bereits phantastische Elemente in das Erzählen ein. Formal arbeitete vor allem Faulkner an der Entwicklung des Romans weiter. Er setzte folgerichtig die Auflösung des Erzählzusammenhangs in eine Sequenz von einzelnen, vielfach verknüpften Kurzgeschichten fort (→*The Unvanquished,* 1938, →*The Wild Palms,* 1939) und experimentierte wie auch Wolfe in →*Of Time and the River* (1935) mit der Unterlegung von mythischen oder biblischen Parallelen als Ordnungsschemata. Die Weiterentwicklung der Multiperspektive in →*Absalom, Absalom!* (1936) führte zum Infragestellen der Erzähler, was für die Entwicklung der Folgezeit wichtig werden sollte.
Die LYRIK trat aus ökonomischen und sozialen Gründen in dieser Dekade

zurück, doch Zukofsky begann vom »Objektivismus«, einer Weiterentwicklung der imagistischen Forderung nach direkter Behandlung der Dinge selbst (*Poetry*, 1931), angeregt, seine poetische Autobiographie →›*A*‹ (seit 1928, s. 1959), und andere Dichter setzten ihre modernistischen Arbeiten fort (vgl. →M. Moore, →Cummings, →Stevens, →Pound).
Das DRAMA, unterstützt vom »Federal Theatre Project«, erlebte eine neue Blüte. Die formalen Neuerungen O'Neills wurden vielfach in den Dienst eines sozialistischen Engagements gestellt. →Hellman nahm sich die zersetzenden Wirkungen des Kapitalismus in einer Südstaaten-Familie vor. Während O'Neill in →*Mourning Becomes Electra* (1931) die Psychoanalyse einer puritanischen Neuenglandfamilie mit Parallelen aus der griechischen Tragödie unterlegte, agitierten →Odets und →M. Anderson für Solidarität, Kampf und mehr soziale Gerechtigkeit. Beide benutzten verfremdende Mittel wie Einbeziehung des Zuschauers, Rahmenhandlung, Vers usw. Auch Wilder gab in →*Our Town* (1938), das allerdings eine eher neuhumanistische Tendenz hatte, der Bühnenpraxis (Spielleiter, Pantomime, Zuschauerbezug) stimulierende Funktion im Drama. Die Arbeit vieler Autoren in Hollywood bereicherte überdies das Drama um filmische Ausdrucksmittel wie Rückblende, Rückprojektion, Montage usw. G. Stein experimentierte in →*Four Saints in Three Acts* (1934) mit musikalischen und malerischen Innovationen des Dramas. Die »Living Newspapers« brachten politische und soziale Tageskonflikte als eine »lebende Zeitung« auf die Bühne oder Straße. Formal wie inhaltlich gehören die 20er wie 30er Jahre zu den fruchtbarsten der amerikanischen Literatur.

1940–1950
HINTERGRUND. Der immer bedrohlichere Ausmaße annehmende Nationalsozialismus und andere faschistische Bewegungen in Europa hatten die USA bereits in den 30er Jahren schrittweise zur Revision ihres isolationistischen Kurses in der Außenpolitik gezwungen, und als 1941 die Japaner Pearl Harbour überfielen, schlug auch die öffentliche Meinung vollends um: der Interventionismus sollte Amerikas Außenpolitik für die nächsten Jahrzehnte bestimmen. Kriegseintritt (1941), UNO-Gründung (1946), Truman-Doktrin (1947) und Beginn des Kalten Krieges markierten die Entwicklung in dieser Dekade. Die durch straffe Wirtschaftsplanung erreichte Hochkonjunktur, Aufrüstung und der alleinige Besitz der Atombombe sicherten den USA 1945 die Stellung als erste wirtschaftliche und militärische Macht der Welt.
Kriegsdienst, Entdeckung der nationalsozialistischen Massenmorde, der Einsatz der Atombombe und die persönlichen Nachwirkungen des Krieges lösten eine tiefgreifende Veränderung des Bewußtseins aus. Irrationale Strömungen wie Existentialismus, neue Religiosität und Lebensangst setzten sich durch. R. Niebuhrs *The Nature and Destiny of Man. A Christian Interpretation* (1941–1943) und eine breite Behandlung in verschiedenen Zeitschriften machten den europäischen Existentialismus einer größeren Öffentlichkeit bekannt. Das Bild des schwachen, abhängigen und begrenzten Individuums voller Lebensangst trat in bewußten Gegensatz

zu den rationalistischen und kollektivistischen Ideen von Pragmatismus und Sozialismus. Auch die Literaturkritik setzte sich in der Schule des »New Criticism« (J. C. Ransom, C. Brooks, R. Wellek u. a.) bewußt von den literatursoziologischen Betrachtungsweisen ihrer Vorgänger ab. Im Mittelpunkt des Interesses standen Ironie und Ambiguität von Texten, die allzu eindeutige Auslegung verboten.

Literatur. Der Krieg hatte zunächst direkte Folgen für die Autoren: Wegfall der staatlichen Stipendien, Kriegsdienst und verminderte Publikationsmöglichkeiten. Die Zeit nach 1945 brachte dann allerdings gute Verdienstchancen bei den Verlagen und in den Universitäten. Für die Generation der nach 1910 geborenen Autoren war ein Universitätsstudium eher die Regel, und die Universitäten, die seit ihrem Ausbau einen immer stärkeren Einfluß auf die Literatur nahmen, erfüllten nun eine doppelte Funktion: Ausbildung junger Autoren in »Creative Writing Classes« und finanzielle Sicherung von Autoren durch deren Einstellung als Professoren. Das hatte eine noch breitere Verteilung der Autoren über die USA zur Folge, die entweder zu ihrer Absorption in Institutionen und neuen Gruppen oder zu einer tiefgreifenden Entfremdung von ihrer Umwelt führte. Beide Tendenzen spiegelten sich in der Literatur wider. Die Institutionalisierung des Schreibens entwickelte sich weiter. Von den 13000 Autoren (1940) waren 1945 ungefähr 7000 in der »Authors' League of America« organisiert.

Die Verlage standen in einem Umwandlungsprozeß von Produktion und Distribution, den der Krieg nur vorübergehend aufhalten konnte. Technische Neuerungen, die Erfahrungen der Depressionszeit und das Vorbild der Presse, die seit langem die Buchproduktion überholt hatte, führten zur »Paperback-Revolution«. 1939 produzierte die neugegründete Pocket Books, Inc. 1,5 Mill. billige Exemplare von achtzehn Titeln und vertrieb sie nach dem Sättigungsprinzip der Presse über Kioske, Drugstores, Kaufhäuser usw. Während gebundene Bücher auf die etwa 500 Buchhandlungen im Land und die Buchklubs angewiesen blieben, verkaufte Pocket Books, Inc. über viele Tausende Verkaufsstellen Millionen von Exemplaren (1941: 10 Mill., 1942: 20 Mill.). Die Papierrationierung während des Krieges erlaubte keine volle Auswertung des Marktes, doch nach 1945 war der Aufstieg der Taschenbuchproduktion nicht mehr aufzuhalten. Bereits 1949 überholte sie die »Hardcover«-Produktion. Den entscheidenden Unterschied zu früheren billigen Massenausgaben, wie etwa der 90er Jahre, bildeten die Aufnahme der bekanntesten und erfolgreichsten Titel der amerikanischen Literatur sowie die neuartige Distribution. Neben den Tageserfolgen waren nun Werke von Dreiser, Dos Passos, Faulkner, Hemingway u. a. an fast allen Orten der USA zu Preisen von 25 bis 50 Cents erhältlich, was weitreichende Konsequenzen für die Rezeption der amerikanischen Literatur haben sollte. Weniger günstig verlief die Entwicklung für die Theater. Mit dem Fortfall der staatlichen Unterstützung kam die »Little Theatre«-Bewegung zu einem vorläufigen Ende. Aus dem eingegangenen »Group Theatre« gingen Autoren wie T. Williams und A. Miller hervor, die ihre Stücke nach einer experimentellen

Phase erfolgreich im kommerziellen Theater durchsetzen konnten. Der Broadway wurde für kurze Zeit wieder zum Zentrum des anspruchsvolleren amerikanischen Dramas.
Die potentielle Lesermenge wuchs weiter mit der Bevölkerungszahl und dem fortschreitenden Ausbau des Bildungssystems. Billigere Ausgaben (Buchklubs, Paperbacks und während des Krieges kostenlose Taschenbücher für Armeeangehörige) ermöglichten vielen, die bisher auf andere Medien angewiesen waren, die Lektüre von Büchern. Der Erweiterung des Leserkreises stand allerdings eine Verkürzung der aufgewandten Lesezeit gegenüber: 1948 las zwar die Hälfte der Bevölkerung wenigstens ein Buch pro Jahr, von diesen lasen aber 91% täglich eine oder mehrere Zeitungen, 69% hörten eine oder mehrere Stunden Radio täglich, 71% lasen eine oder mehrere Zeitschriften regelmäßig und 58% sahen zwei oder mehr Filme im Monat. Der Zurückdrängung der Buchlektüre in der Freizeit entsprach, daß ab 1945 im allgemeinen die Romane kürzer waren als vorher.
In der Literatur der Zeit setzten sich die irrationalen Strömungen vor allem in Roman und Drama durch. Die Beschreibung einer sich solidarisch verhaltenden Gruppe in schwierigen wirtschaftlichen Umständen wich einer Darstellung des isolierten Individuums in einer ihm entfremdeten und meist bedrohlichen Umwelt.
Sentimentalisierte Glaubensfragen verdrängten im Bestseller-ROMAN das zunächst vorherrschende Kriegsthema. Während die sozialkritische Tendenz vor allem durch Autoren aus den Südstaaten wie →Agee, →Faulkner, →Warren und →R. Wright fortgesetzt wurde, wandten sich weit mehr Autoren den Auswirkungen des Krieges auf das Individuum zu. In →*For Whom the Bell Tolls* (1940) modifizierte Hemingway seinen Solidaritätsappell in existentieller Weise, →McCullers zeigte die Vereinsamung von Individuen nach dem Zerfall einer Gruppe und →Mailer, →Hawkes, →Algren und →J. Jones analysierten auf unterschiedliche Weise die Auswirkungen des Krieges auf das isolierte, zur Ohnmacht verurteilte Individuum in zerfallenden zwischenmenschlichen Beziehungen. Der tragische Aspekt dominierte. Ein Ausweg, z. B. durch Religiosität, wurde nirgends angeboten (→Bowles). Formal blieben die Autoren meist innerhalb der realistischen oder naturalistischen Traditionen, doch in Hawkes' →*The Cannibal* (1949) deutete sich unter Einfluß von F. Kafka eine Weiterentwicklung zu phantastischen, alptraumartigen Darstellungsweisen an, die der fremd gewordenen Realität besser zu entsprechen schienen und die den modernen Roman nachhaltig verändern sollten.
Obwohl die LYRIK während dieser Zeit etwas zurücktrat, entwickelten einige Dichter wie →Lowell und →Roethke Formen der poetischen Selbstanalyse, die z. T. religiös gefärbt die Entfremdung von Individuum und Umwelt auch hier in den Mittelpunkt stellte. Diese sog. »confessional poetry« setzte sich aber erst in der folgenden Dekade durch.
Für das DRAMA blieb der Einfluß von O'Neill bestimmend. Im Mittelpunkt standen Individuen und Gruppen, die wie in →*The Iceman Cometh* (1946) und →*A Moon for the Misbegotten* (1947) den Glauben an sich

und ihre Welt verloren hatten und sich an eine Lebenslüge klammerten, die sie unfähig zu Kommunikation und Interaktion machte. T. Williams und A. Miller demonstrierten dieses Thema erfolgreich in →*The Glass Menagerie* (1944) und →*Death of a Salesman* (1949) an Modellfällen ihrer Umwelt entfremdeter Individuen. Realismus und Phantastik, die früher im amerikanischen Drama eine Einheit gebildet hatten, traten sich jetzt unvermittelt als illusionäre Traumwelt und Realität gegenüber. Der psychologischen bzw. sozialkritischen Orientierung bei T. Williams bzw. A. Miller setzte Wilder mit →*The Skin of Our Teeth* (1942) bei stärker universalisierender Tendenz eine letztlich zuversichtliche Haltung entgegen. Spezifisch soziologische Fragestellungen waren vielfach allgemein menschlichen Problemen gewichen.

1950–1960

Hintergrund. Prosperität in den USA und die Intensivierung des Kalten Krieges kennzeichneten die Regierungszeit D. D. Eisenhowers (1953 bis 1960). Das »Eindämmen« und »Zurückrollen« des Kommunismus führte zu den Paktsystemen NATO und SEATO, zum Koreakrieg und zu »Säuberungswellen« im eigenen Land unter Senator J. McCarthy. Die Prosperität und der Massenkonsum der Mittelschichten konnten aber nicht über die ungleiche Einkommensverteilung und die Macht der Wirtschaftsmonopole hinwegtäuschen: 1956 bezog z. B. 1% der Bevölkerung 26% alles versteuerten Einkommens. Unter den übergangenen Minoritäten machten sich vor allem die Schwarzen, die im Krieg einen großen Teil der Verantwortung an der Front und in der Industrie getragen hatten, vernehmbar. Das Gesetz zum Schutz des Wahlrechts der Schwarzen (1957) und die darauf folgenden Unruhen im Süden verdeutlichten vielen, daß die USA fern davon waren, ihre sozialen Probleme gelöst zu haben.
So machte sich neben den religiösen und irrationalen Strömungen bald eine entschiedene Kritik am allgemeinen Konformismus der Mittelschichten geltend. Ökonomen wie H. Galbraith (*The Affluent Society,* 1958), Soziologen wie D. Riesman (*The Lonely Crowd,* 1950) und Kommunikationswissenschaftler wie W. Schramm (*Mass Communications,* 1949) zeigten, wie Reklame und Massenkonsum, Anonymität des Arbeitsplatzes in Industrie und Dienstleistungsgewerben sowie der Einfluß der Massenmedien eine allgemeine Nivellierung des »außengelenkten« Bewußtseins herbeiführten. Nahm man noch den propagierten Antikommunismus als gemeinsame ideologische Position hinzu, ergab sich ein geradezu trostloses Bild des Konformismus.
Literatur. Vielen Autoren ging es trotz sinkender Honorare im allgemeinen nicht schlecht. Universitäten, Literaturpreise, Stipendien und zusätzliche Tätigkeiten wie Rezensionen, Vortragsreisen und Editions- und Lektoratstätigkeiten sorgten für ein wenn auch nicht übermäßiges, so doch hinreichendes Auskommen. Kamen bereits früher die Autoren aus allen Bevölkerungsschichten (Farmer, Arbeiter, Angestellte, akademische Berufe), traten jetzt besonders die ethnischen Minoritäten hervor, allen voran Juden und Schwarze, die häufig ihre eigene Außenseiterrolle

zum Thema machten. Die Verteilung der Autoren über die ganzen USA, z.T. durch ihre Berufssituation bedingt, führte zur Bildung betont nonkonformistischer Gruppen wie der »Black Mountain Group« und der »Beat Generation«, einer Zusammenfassung verschiedener Bohème-Gruppen in New York, San Francisco und Los Angeles.
Verlage und Theater werteten den zum Konformismus neigenden Markt voll aus. Die Taschenbuchproduktion war zu einem so einträglichen Geschäft geworden, daß um 1955 die Kapitalisierung durch Wall Street einsetzte (Fusionierung, Aufteilung des Marktes, Absatzforschung usw.). Auch für die inzwischen zurückgedrängten Leinenausgaben gab es gute Verkaufsziffern: 1954 wurden 70 Mill. durch den Handel und 50 Mill. durch die Buchklubs abgesetzt (Vergleichszahl: 190 Mill. Taschenbücher im selben Jahr). Die jungen Autoren fanden Publikationsmöglichkeiten in einer neuen »Little Magazine«-Bewegung, die z.T. von den Universitäten (*Black Mountain Review*, 1954–1957), z.T. von progressiven Verlagen (*Evergreen Review*, 1957ff.) ausging. Die entsprechende »Little Theatre«-Bewegung schlug sich im sogenannten »Off-Broadway«-Theater nieder (Café- und Kellertheater mit experimenteller Tendenz). Eine der radikalsten Theatergruppen, »The Living Theatre«, die u.a. Gelbers →*The Connection* (1959) aufführte, mußte 1963 die USA verlassen. Viele der kleinen Theater konnten sich nicht gegen den Broadway durchsetzen und kommerzialisierten sich in kurzer Zeit.
Für die Nivellierung des Lesergeschmacks sorgten nicht nur Taschenbücher, Buchklubs und das Bestseller-System. Bei einheitlichen Einkommen, Arbeitsplätzen, Vorstadtwohnungen und Konsum von Gebrauchsgütern mußte sich vielen Lesern aus städtischen Mittelschichten die Frage ihrer eigenen Identität stellen. Hinzu kam als wichtiger Faktor die schnelle Ausbreitung eines kommerziell betriebenen Fernsehnetzes, das tiefgreifende Veränderungen des amerikanischen Familienlebens nach sich zog. Nach Marktforschung auf den Publikumsgeschmack eingestellte Serien und eine pausenlos zum Konsum auffordernde Reklame ebneten auch regional und sozial unterschiedliche Einstellungen der Leser ein.
Die Literatur begegnete dem Konformismusproblem entweder durch einen betonten Nonkonformismus oder durch die Analyse des entfremdeten und in seiner Identität bedrohten Individuums. Die nonkonformistische »Beat-Generation« (»Beat« = geschlagen, glückselig; Rhythmus) bediente sich des Romans (→Kerouac) und der Lyrik (→Ginsberg) zum Ausdruck eines neuen Lebensgefühls, in dem antibürgerlicher Protest, Buddhismus, Jazz, Drogen, Sex und fieberhaftes Reisen eine Synthese eingingen. Unter dem Einfluß von →H. Miller und →Th. Wolfe bereicherten sie die Literatur der 50er Jahre um (z.T. durch Drogen stimulierte) dezidiert unkontrollierte, »spontane« Schreibweisen.
Der Bestseller-Roman der Zeit ging ganz auf den Geschmack seiner Leser ein und erreichte wie in →*Peyton Place* (1957) noch nie dagewesene Auflagenhöhen, die ihrerseits als Reklame für den weiteren Verkauf benutzt wurden. Der Wettlauf von Titeln um die Auflagenhöhe war wie in

der Presse längst gang und gäbe geworden. Zwar erreichten auch Autoren wie →Hemingway, →Salinger, Kerouac u.a. hohe Auflagen, aber ihre Werke unterschieden sich stofflich und thematisch von den anderen Bestsellern. Zum einen galt das Interesse gerade der eigenen Minoritätengruppe, die dem Wohlstand bzw. dem Konformismus fernstanden: den Schwarzen (→L. Hughes, →Baldwin, →Ellison), den Juden (→Bellow, →Malamud), den Intellektuellen (→Barth), den »Hipsters« (→Kerouac, →Burroughs), den Chicanos (→Villareal) usw. Gemeinsam war diesen Werken entweder die Zeichnung des entfremdeten Individuums in einer feindlichen oder gleichgültigen Umwelt wie in →*The Old Man and the Sea* (1952) und →*The Subterraneans* (1958) oder – und das trieb die Analyse der 40er Jahre weiter – die Beschreibung der Identitätskrise des Individuums, z.B. als Suche nach einem Selbst (→*The Adventures of Augie March,* 1953, →*Henderson the Rain King,* 1959), als Doppelgängertum (→*Lolita,* 1955), als Unsichtbarsein (→*Invisible Man,* 1952) oder als beliebige Vervielfältigung von Individuen (→*The Naked Lunch,* 1959). Häufig deutete man den Gegensatz von Konformismus und Nonkonformismus auch als Generationskonflikt. Nicht nur die protestierende »Beat Generation« wurde so interpretiert, auch Romane mit jugendlichen Protagonisten wie →*The Catcher in the Rye* (1951) oder →*Malcolm* (1959) griffen diese Deutung auf. Formal war ein weiteres Vordringen nichtrealistischer, z.T. offen parabolischer Erzählweisen (→Faulkner, Ellison, Hemingway, →Purdy) zu beobachten.

Die LYRIK nahm während dieser Dekade eine neue Entwicklung. Die seit den Tagen der Imagisten und Symbolisten entwickelten Großformen des epischen Langgedichts (Pound, →*The Cantos,* 1964; W.C. Williams, →*Paterson,* 1951) standen vor dem Abschluß. Weiter setzten gesammelte Gedichtausgaben von →Cummings, →Stevens, →M. Moore u.a. einen Schlußpunkt hinter eine fruchtbare Periode. Olson mit seiner Theorie des →*Projective Verse* (1950) und nach ihm die Beat-Lyriker Ginsberg (→*Howl,* 1956) und Ferlinghetti (→*A Coney Island of the Mind,* 1958) trieben nun die Entwicklung einen Schritt weiter. Die imagistische Forderung nach der Alltagssprache in der Lyrik war nur z.T. befolgt und zudem auf den Bereich der geschriebenen Sprache beschränkt worden. Die Lyrik von Pound, Cummings und W.C. Williams ließ sich nur schlecht rezitieren, und ein großer Teil ihrer Wirkung beruhte auf dem typographischen Arrangement. Olson forderte die Basierung des Verses auf dem Atemrhythmus des Autors, Ginsberg und Ferlinghetti gingen weiter, nahmen tabuierten Wortschatz und Gossensprache in die Lyrik auf und experimentierten mit neuen Vortragsformen (Jazz und Lyrik, Vortrag in Kneipen, Cafés oder vor Massenversammlungen). Die gedruckten Texte standen dazu oft in einem Verhältnis wie die Partitur zur Aufführung. Hinzu kam die Durchbrechung der letzten überkommenen Konvention (Entpersönlichung des Gedichtes durch eine gewählte Sprecherrolle), die auch Symbolisten und Imagisten noch gewahrt hatten. Die neue Lyrik – inhaltlich durch Zukofskys →›*A*‹ (1959) und Lowells →*Lord Weary's Castle* (1946) und →*Life Studies* (1959) vorbereitet –

wurde eminent persönlich (→Jarrell) und oft zum autobiographischen Geständnis wie in der sog. »confessional poetry«.

Das DRAMA dieser Zeit blieb fest in der Hand des Broadway. Autoren, die sich den Zwängen des kommerziellen Theaters beugten wie z. B. T. Williams in →*Cat on a Hot Tin Roof* (1955) erzielten z. T. große Publikumserfolge. Den Konformismus der Menge kritisierten →A. Miller und T. Williams (→*Orpheus Descending,* 1957) als Massenhysterie und provinzielle Intoleranz der amerikanischen Mittelschichten gegenüber dem Außenseiter. Doch das von →O'Neill fortgeführte Thema der Lebenslüge eines isolierten Individuums wurde selbst zur Konvention. Themen wie Einsamkeit, Rebellion gegen väterliche Autorität, Inzestverlangen, Jugendkriminalität usw. gehörten inzwischen – wie E. Rice bemerkte – zum festen Repertoire des Broadway.

1960–1970

HINTERGRUND. Die wechselnden Regierungen der Dekade setzten außenpolitisch den Kurs der antikommunistischen »Containment«-Politik fort und verwickelten die USA wiederholt in militärische Konflikte (Kuba-Krise, Nahost-Krise, Vietnamkrieg). Die Innenpolitik bestimmte vor allem die weiterwachsende ungleiche Vermögensverteilung in den USA. Den großen Wirtschaftsmonopolen und den wohlhabenden Mittelschichten standen ganze Bevölkerungskreise, besonders neue Immigranten, Landbewohner und Schwarze gegenüber, die von der allgemeinen Prosperität ausgeschlossen blieben. Als das »Civil Rights Movement« (Civil Right Acts 1960, 1964) und der von J. F. Kennedy eröffnete »War on Poverty« z. T. an den schmalen Mehrheitsverhältnissen und dem Widerstand des Südens scheiterten oder in Ansätzen stecken blieben, führten die sozialen Spannungen zu blutigen Unruhen in den Städten und an den Universitäten. Wirtschaftskrisen und die hohen Kriegskosten in Vietnam erschwerten auch weiter die längst fälligen sozialen Reformen.

Diese Entwicklung führte zu einer Phase allgemeiner Unsicherheit und Selbstkritik. Das demokratische Selbstverständnis der USA wurde durch die erneute Entdeckung von Armut und Ungerechtigkeit, Erkenntnis der Manipulation durch die Massenmedien einerseits sowie durch die internationale Kritik an der amerikanischen Vietnam-Intervention andererseits erschüttert. Hinzu kam eine schnell fortschreitende Entwicklung in Wissenschaft und Technologie (z. B. Raumfahrt), die es dem einzelnen immer schwerer machte, seine eigene Umwelt zu begreifen. So fanden radikale Analysen und globale Gesellschaftsmodelle eine große – wenn auch z. T. nur kurzlebige – Wirkung: z. B. H. Marcuse, *The One-Dimensional Man* (1964), M. McLuhan, *Understanding Media: The Extensions of Man* (1964) oder Cleaver, →*Soul on Ice* (1968). Parallel dazu entstand eine große Subkultur-Bewegung (»Underground«) in allen Künsten, die besonders der jungen Generation eine Fluchtmöglichkeit in eine zumeist apolitische Phantasiewelt eröffnete (Hippie-Kolonien, Drogen- und Musikkult, Psychedelische Kunst usw.).

LITERATUR. Für viele Autoren blieb trotz steigender Prosperität das

Schreiben von Büchern weiterhin beruflich eine Nebentätigkeit, die durch andere Beschäftigungen finanziell abgesichert werden mußte. Neben Universitätsberuf und Journalismus boten häufig auch Berufe wie Werbefachmann, Film-, Jazz- oder Kunstkritiker ein Einkommen. Zugehörigkeit zu Gruppen so verschiedener Art wie den »Black Muslims«, den »Black Panthers« oder den Künstlerzirkeln der »New York Group« war für viele Autoren charakteristisch. Die Schwarzen, deren Beitrag zur amerikanischen Literatur auch schon früher bedeutend war, beeinflußten in den 60er Jahren nachhaltig die Entwicklung in Drama und Roman.
Die Buchverlage hatten ihre Produktion Jahr um Jahr erhöht und setzten an, Großbritannien auch in der jährlichen Titelproduktion zu überholen: USA (GB) 1952: 11840 (18600), 1962: 21904 (25000), 1972: 39183 (33140). Ungefähr ein Drittel der jährlich publizierten Titel gehörte zur Literatur, größtenteils zur Erzählprosa. Von den über 1500 Verlagen publizierten etwa 300 90% und etwa 20 zwei Drittel der jährlichen Titel. Die Taschenbücher stellten den wichtigsten Teil der Produktion dar: 1970 waren 80000 Titel auf dem Markt, und jährlich wurden mehr als 400 Mill. Exemplare verkauft. Gegenüber den großen Verlagen, die nach einigen Fusionen den literarischen Markt beherrschten, entstand eine große Anzahl von kleinen Magazinen – besonders an den Universitäten des Landes (Untergrund-Presse, »Mimeograph Revolution«) –, die der jungen Generation als breites Experimentierfeld dienten. Einige Zensurprozesse lockerten die Schranken so, daß auch bisher tabuierte Themen wie Sexualität, Homosexualität, Drogen usw. nun offener behandelt werden konnten. Im Theater verlief die Entwicklung ähnlich. Neben den Broadway-Theatern und der inzwischen kommerzialisierten »Off-Broadway«-Bewegung konstituierten sich ein neues »Off-off-Broadway«-Theater und zahlreiche qualitativ hochstehende Laientheater an den Universitäten, die mit neuen Aufführungspraktiken (Happenings, multimediale Produktionen usw.) experimentierten. Die Wechselwirkung von Monopolisierung in den Literaturmedien, Entstehung von kleinen Gegenbewegungen, deren Absorption und die Entstehung neuer Gegenbewegungen bestimmten seit 20 Jahren die amerikanische Literatur.
Der Kreis der Leser konnte trotz der immer stärker werdenden Konkurrenz anderer Medien erweitert werden. Um 1965 verkauften sich jährlich über eine Milliarde Bücher. Dem Gewinn neuer Leserschichten stand wie schon früher ein Verlust aufgewendeter Lesezeit gegenüber: die Amerikaner verbrachten inzwischen fast sechs Stunden täglich vor dem Fernsehen. Dennoch erreichten Taschenbuch-Autoren wie Faulkner, Steinbeck, Hemingway Millionen-Auflagen ihrer Werke, und selbst schwierige moderne Romane wie die von Barth, Pynchon und Nabokov fanden – z.T. auch durch die Universitäten – ein breites Publikum. Die Trennung der Leser in »high brow« und »low brow«, zwischen »hoher Literatur« und »Trivialliteratur« war vor allem für den Roman lange nicht so ausgeprägt wie in anderen Ländern.
Die Hauptkennzeichen der Literatur des Jahrzehnts – hohe Reflexivität, neuer Realismus oder Anti-Realismus und radikale Experimentierfreu-

digkeit – standen mit den allgemeinen Strömungen im Einklang. Im Roman und in der Lyrik wurden sie zu bestimmenden Momenten.
Im ROMAN führte die verbreitete Tendenz zu Kritik und Reflexion zum Infragestellen des realistischen Erzählens selbst. Einmal war vielen der Zusammenhang zwischen den realistischen Konventionen und den durch die Massenmedien kontrollierten Bewußtseinsformen klargeworden (→Burroughs), zum anderen erschien die moderne technologisierte Gesellschaft vielen als zu komplex, um in den realistischen Konventionen z.B. von →Dos Passos analysiert zu werden. Nur wenige Autoren wie →Morris und →Oates hielten an verfeinerten Formen des Psychorealismus fest. Die Romanautoren schlugen dementsprechend zwei entgegengesetzte Richtungen ein: vorwiegend realistisches oder naturalistisches Beschreiben eines begrenzten gesellschaftlichen Ausschnitts, meist in der Form eines randständigen Milieus, das verzerrt als Modell der ganzen Gesellschaft diente, oder Infragestellen des Realismus selbst. Den ersten Weg wählten Selby (→*Last Exit to Brooklyn,* 1964) und Kesey (→*One Flew Over the Cuckoo's Nest,* 1962): Außenseiter in Brooklyn und ein Irrenhaus spiegelten verzerrt die amerikanische Gesellschaft wider. Die Aufhebung des realistischen Erzählens äußerte sich seinerseits auf zwei Arten, im Abbau von Fiktionalität durch die verstärkte Verwendung dokumentarischen Materials wie in Mailers →*The Armies of the Night* (1968), bei →Styron, in Capotes →*In Cold Blood* (1965) oder in der Thematisierung des Gegensatzes von Fiktion (als Kunstwerk, Dokument, Sprache) und Realität, so in Gaddis' →*The Recognitions* (1955), Barths →*The Sot-Weed Factor* (1960), Vonneguts →*Mother Night* (1961), Nabokovs →*Pale Fire* (1962), Pynchons →*V.* (1963), Hawkes' →*Second Skin* (1964), Brautigans →*Trout Fishing in America* (1967) und Malamuds →*Pictures of Fidelman* (1969). Andere zogen offen phantastische oder groteske Schreibweisen vor (→Mathews, →Reed) oder bezogen mythisch-rituelle Momente mit ein (→Momaday).
Das Thema des isolierten hilflosen Individuums blieb weiterhin dominant (→Updike, Mailers →*An American Dream,* 1965, →Purdy, →Bellow), wurde aber entschieden gesellschaftskritischer und – parallel zur Lyrik – autobiographischer behandelt (Cleavers →*Soul on Ice,* 1968; L. Jones' →*The System of Dante's Hell,* 1966). Minoritäten-Schriftsteller wie →Malcolm X und →P. Thomas schufen in ihren Autobiographien eine einflußreiche Verbindung von ethnischer Identitätssuche mit Sozialkritik. Roth parodierte diese inzwischen zur Konvention gewordene autobiographische Richtung in →*Portnoy's Complaint* (1969). Formal äußerten sich diese Veränderungen in der Sprache durch Parodie, Pastiche und Collage, in der Ironisierung des Erzählers, in der Mischung von Realismus und Phantastik sowie in ihrer radikalsten Ausprägung in der Zerstörung von Handlungs- und konventionellem Sprachzusammenhang, wie sie Burroughs seit →*The Naked Lunch* (1959), →L. Jones und Barth seit →*Lost in the Funhouse* (1968) betrieben. Die gleiche Entwicklung ergriff auch die Kurzgeschichte (→Barthelme, →Coover), die bisher stark unter dem Einfluß von Hemingway gestanden hatte.

Der Reflexion des Erzählens entsprach in der Lyrik die Weiterführung der »confessional poetry« als Selbstanalyse des Dichters. →Lowell setzte seine autobiographische Dichtung konsequent als lyrisches Tagebuch fort, und →Berryman, →Ginsberg, →Creeley, →Plath u. a. versuchten wie Lowell, das eigene isolierte Ich in seiner Entfremdung von der Gesellschaft zu bestimmen. Alle genannten Autoren näherten sich weitgehend der gesprochenen Alltagssprache. →Olson und unter seinem Einfluß →Duncan machten das Dichten selbst und die Sprache zum Gegenstand ihrer Texte. Kritische Züge und anti-objektivistische Modernität verband →R. Bly. Reimlosigkeit, Freier Vers, Nähe zur Alltagssprache, Auslassung und Montage von Segmenten waren zu Konventionen der modernistischen Lyrik geworden.

Auch das Drama der Dekade zeigte wiederum stärker gesellschaftskritische Tendenzen. Albee, der in →*Who's Afraid of Virginia Woolf?* (1962) Elemente des absurden Theaters (s. o. S. 32) einführte, setzte die Analyse des isolierten, sich in Illusionen flüchtenden Individuums mit deutlich gesellschaftskritischen Aspekten fort. Andere, vor allem schwarze Autoren, wählten direktere Formen der Auseinandersetzung mit den sozialen Problemen, besonders dem Minoritätenproblem. Stücke wie Baldwins →*Blues for Mister Charlie* (1964), →*Goin' a Buffalo* (1968) von Bullins, Hansberrys →*The Sign in Sidney Brustein's Window* (1964), Jones' →*The Slave* (1964) und Kopits →*Indians* (1969) leisteten in stilisierten Formen einen wesentlichen Beitrag zur Selbstkritik in den USA. Schließlich spiegelte das Untergrundtheater (van Itallies →*The Serpent*, 1968, oder die ekstatischen Aufführungen der →Performance Group, 1969) die amerikanische Gegenwart durch mythisch-phantastische Bühnenrituale, die auch formal die expressionistische Tradition im modernen amerikanischen Drama reflektieren und weiterentwickeln. Die hohe Reflexivität, die schon seit langem die europäische Moderne (s. o. S. 18ff.) bestimmte, hatte auch die amerikanische Literatur ergriffen.

1970–1980

Hintergrund. Das Ende des Vietnamkrieges (1975), der die USA außenpolitisch in eine zunehmende Isolation geführt hatte und eine Neuorientierung der wechselnden Regierungen (China, Demokraten, Trilateralismus) nach sich zog, ließ die innenpolitischen und wirtschaftlichen Schwierigkeiten nur noch deutlicher hervortreten (Ölembargo, Watergate-Skandal, Handelsdefizit). Die zahlreichen Sozial- und Reformprogramme der 60er Jahre kamen rasch ins Stocken und wurden teilweise wieder zurückgenommen. Der verlorene Krieg hinterließ ein tiefes Trauma. Die Zweihundert-Jahr-Feiern (1976) fanden die USA in einer tieferen ökonomischen und ideologischen Krise, als sie sich eingestehen wollten.

Die Journalisten trugen wesentlich dazu bei, den Vietnamkrieg und die politischen Skandale in das Bewußtsein vieler Amerikaner zu rücken (→Herr, 1977, →Caputo, 1977, Fernsehen, *Pentagon Papers*) und so eine allgemeine Wertkrise und Desillusion über die Rolle nationaler Politiker und Militärs herbeizuführen. Die herrschende nationale Ideologie des Amerikanismus, in dessen Namen der Vietnamkrieg geführt worden war, erfuhr eine Schwächung. Eine Rückbesinnung auf regionale, lokale und ethnische Wurzeln, auf das eigene Ich setzte ein. Die Subkultur der 60er Jahre klang teils aus, überlebte lokal oder wurde absorbiert. Dem Vorbild der schwarzen Politik waren andere Minoritäten gefolgt: das Recht auf Selbstbestimmung und Gleichberechtigung wurde vor allem von den Frauen (→Millett, 1970), Native Americans (»Indianer«) und den Chicanos (US-Einwohner mexikanischer Herkunft) eingefordert. Diese sozialen Bewegungen bestimmten für eine Zeit die innenpolitische Diskussion mit und schufen ein neues soziales Bewußtsein, das die Grundlage für weitergehende kulturpolitische Forderungen abgab. Auf der anderen Seite führte der Rückzug auf das eigene Selbst vielfach zu einer Selbstbespiegelung, die den politischen Aktivismus der 60er Jahre weitgehend ersetzte. Diese »Kultur des Narzißmus«, wie sie Ch. Lasch in einem einflußreichen Buch (1980) bezeichnete, reichte von Selbsterfahrungsgruppen über Jugendsekten bis hin zur Pflege des eigenen Körpers. Sowohl die kulturpolitische Regionalisierung/Ethnisierung als auch der neue Subjektivismus der »Me Generation« haben die amerikanische Literatur der 70er Jahre nachhaltig geprägt.

Literatur. Unter den Autoren traten Frauen, Native Americans und Chicanos stärker hervor. Obwohl einigen von ihnen auch die großen Verlage offenstanden, gelangten viele von ihnen erst durch die Minoritäten-Studienprogramme der Universitäten, Stipendien, Schriftsteller-Arbeitsgruppen und kleinere z. T. neu gegründete Zeitschriften und Buchverlage an die Öffentlichkeit. Viele von ihnen nahmen aktiv Anteil an den sozialen Bewegungen der 70er Jahre. Die Akademisierung und Professionalisierung der amerikanischen Schriftsteller setzte sich weiter fort.

Bei den Buchverlagen, die seit langem die Produktion der amerikanischen Literatur dominierten, vollzogen sich in den 70er Jahren z. T. dramatische Konzentrationsbewegungen. Vor allem die großen elektronischen Medienkonglomerate (Film, Fernsehen, Computer), die einen hohen, teils täglichen Bedarf an fiktionalen Stoffen haben, kauften führende Literaturverlage auf und unterwarfen deren Geschäftsführung, die oft noch nach alten Familien- oder Partnerschafts-Traditionen betrieben worden waren, einer strengeren Wirtschaftlichkeitskontrolle. Romane blieben neben Schulbüchern das Hauptgeschäft. Sie machten etwa 10% der Jahresproduktion an neuen Titeln aus. Ihre Verfilmung sowie die von Dramen nahmen ebenso zu wie die gezielte Vermarktung von Werken und Autoren in den Massenmedien wie Fernsehen, Schulbüchern und Zeitschriften. Die kleineren, z. T. alternativen Verlage gerieten mit der wirtschaftlichen Stagnation, die nach dem Vietnamkrieg einsetzte, unter zunehmenden Druck und überlebten nur zu einem Teil. Auch das »Off-off-Broadway«-Theater zeigte nach einer anfänglichen Phase voller Experimente eine Stagnation, die der sich verschärfenden Krise des Broadway nur wenig nachstand, wo fast nur noch das Musical erneuernde Impulse lieferte. Lediglich das subventionierte Theater in New York bot noch einige

Möglichkeiten, das amerikanische Sprechtheater zu fördern. Dagegen breitete sich in dieser Dekade ein neues regionales, z. T. lokal subventioniertes Theater vor allem an der Westküste, im Südwesten und im Mittelwesten aus, das den neuen amerikanischen Stückeschreibern seine Bühnen öffnete. Trotz schwieriger wirtschaftlicher Umstände überlebten – anders als die regionalen Theater der 30er Jahre – diese bis in das nächste Jahrzehnt. New York, das so lange Zentrum des amerikanischen Theaters gewesen war, geriet zunehmend zum »Schaufenster« für Stücke, die bereits anderswo in den USA erfolgreich als unabhängige Produktionen gelaufen waren.

Über 50% der amerikanischen Bevölkerung lassen zumindest einen Roman, etwas Lyrik oder ein Drama pro Jahr. Mit Einkommen und Ausbildung stieg der Anteil der Buchleser (zumeist allerdings von Sachbüchern) bis auf 78% der lesenden Bevölkerung. Durch das noch immer expandierende Bildungssystem fanden auch schwierigere Autoren noch häufig ein großes Publikum. (Im Theater hatten die alternativen und regionalen Bühnen z. T. ein völlig neues Publikum erschlossen.) Vor allem durch den Taschenbuchmarkt gelang es, die traditionell enge Versorgung der amerikanischen Gesellschaft mit Buchläden zu umgehen. Trotz teils besorgniserregender Entwicklungen bei der Lesefähigkeit im Ausbildungssystem, der Entdeckung eines neuen Analphabetismus in den USA und immer neuer Angebote im Freizeitbereich konnte das Buch seine Stellung unter den Kulturangeboten halten.

Dies gilt vor allem für den Roman. Hier konnten sich die realistischen Erzählweisen mit ihren klassischen sozialkritischen Funktionen bei einigen Autoren (→Cheever, →Villareal, →Doctorow, →Elkin, →Olsen) behaupten. Auch der dokumentarische Roman erfuhr in →*The Executioner's Song* (1979) eine Weiterentwicklung. Aber letztlich beherrschten Varianten wie ein »magischer Realismus« mit übernatürlichen oder phantastischen Elementen oder ausgesprochen anti-realistische modernistische oder postmodernistische Tendenzen weitgehend das Feld. Zum einen ging es um die Erweiterung realistischer Konventionen durch magisch-rituelle Erzählmomente, die auf mythische, teils mündliche Erzähltraditionen zurückgriffen. Vor allem Romane der neuen Minoritätenschriftsteller versuchten so, Tradition und Modernität zu verbinden (→Kingston, →Momaday, →Silko, →Morrison, →Walker). Andere brachten eine zunehmend heterogene Realität in phantastische, teilweise paranoisch anmutende Zusammenhänge, wobei sie die Grenze zwischen Realem und Phantastischem fast unkenntlich so überschritten, daß berechtigte Zweifel an dem für realistisch möglich Gehaltenen aufkommen mußten. In Pynchons →*Gravity's Rainbow* (1973) gingen Phantasien der Hauptfiguren und Realität auf ganz unterschiedliche Weise beinahe nahtlos ineinander über. Hier trat auch die Utopie (→Piercy, →Callenbach) erneut in ihr Recht. Wieder andere Autoren (→Barth, →Barthelme, →Federman, →Abish) dekonstruierten systematisch realistische Erzählverfahren durch Wiederholung, Schachtelung, Fragmentarisierung, Mechanisierung usw. Auch Romane über Schriftsteller wie →*The Ghost*

Writer (1979) oder →*The World According to Garp* (1978) trugen dazu bei, den Realismus in Frage zu stellen. Dabei ging das Thema der gefährdeten oder ausufernden Subjektivität (→Sontag, →Federman) durchaus eine Verbindung mit gesellschaftskritischen Aspekten wie den Ursachen dieser Gefährdung ein: Krieg, Sexismus oder Rassismus und eine durch Massenmedien verstellte Realitätssicht verhindern oder erschweren eine Identitätsbildung. Noch direkter gingen satirisch verzerrende Romane wie →*Jailbird* (1979), →*JR* (1975), →*Mumbo Jumbo* (1972) oder →*The Public Burning* (1977) auf die politischen und sozialen Veränderungen der 70er Jahre ein. Bei der Kurzgeschichte fand sich ebenfalls eine Trennung in Realisten – sei es traditioneller Art wie →Taylor, sei es feministischer Art wie →Paley und →Oates – und Postmoderne wie →Barthelme mit seinen Parabeln, Collagen und Parodien.
Ähnliches vollzog sich in der Lyrik. Die Selbstfindung des lyrischen Ichs in Gegenständen außerhalb seines Selbst, sei es an Gegenständen der Natur, sei es an solchen modernen städtischen Lebens oder an ausgewählten Elementen der eigenen oder kulturellen Vergangenheit – kurz die Verfahren von Imagismus, Objektivismus und Konfessionalismus – fand zwar weiter Anhänger wie →Ammons, →J. Wright und L. Zukofsky. Zukofskys poetische Autobiographie →*»A«* (1978) ist in vielem eine Summe und ein Abschluß der von Pound über W. C. Williams bis hin zu Ch. Olson reichenden Lyrik des Imagismus und Objektivismus. Aber auch hier findet sich wie im Roman eine magisch-mythische Erweiterung bei →Snyder und →Ginsberg oder eine selbstreflektierende, das lyrische Ich verzerrende und aufhebende Gegenbewegung in der Form von Ashberys →*Self Portrait in a Convex Mirror* (1975). Diese Gegenbewegung reichte bis in die Sprache hinein. Autorinnen wie →Rich waren auf die patriarchalischen Untertöne der amerikanischen Sprache aufmerksam geworden und begannen, diese durch einen neuen feministischen Diskurs zu ersetzen, in dem die feste Zuordnung von Laut und Bedeutung wie auch bei Ashbery ins Schwimmen gerät. Die politische Lyrik der Black Power-Bewegung hielt an jazzorientierten Agitationsversen fest (→Joans, 1971, →Giovanni, 1970). Eine Vielfalt experimenteller Schreibweisen beherrschte in den 70er Jahren das poetische Feld.
Im Drama traten neue Autoren wie Shepard und Mamet die Nachfolge von A. Miller, T. Williams und E. Albee an. Das realistische Familiendrama, das das amerikanische Theater so lange beherrscht hatte, mußte anderen mehr oder weniger realistischen Formen weichen. Hielt →Bullins an der naturalistischen Form des Dramas fest, wählte er doch soziale Formen und Beziehungen, die bis in die Sprache hinein dem bürgerlichen Drama entgegengesetzt waren. Dem entsprach der Versuch, mit diesen Stücken ein neues schwarzes Publikum zu erreichen. In Rabes Familiendrama →*Sticks and Bones* (1971) kamen die psycho-realistischen Verfahren an ihre Grenzen. Auch →Mamets Stücke hielten an der realistischen Wiedergabe von Dialogen in Alltagssituationen fest, trieben diese aber durch rituelle Wiederholung und obszöne Übersteigerung bis ins Absurde. Das Modell des absurden Theaters mit seinen tragikomischen und

existentiellen Aspekten unterlag weiterhin den Stücken von Shepard, der einerseits wie in →*Buried Child* (1979) die alten Konventionen des von Ibsen inspirierten Familiendramas ad absurdum führte, andererseits aber wie Mamet eine reine Männerwelt mit ihren tragikomischen Konkurrenz- und Bündnisritualen zum Gegenstand nahm. Stärker noch als bei Mamet oder Rabe geriet der realistische Vordergrund ins Wanken und machte den Blick auf die Konventionen des Realismus auch in seiner psychologischen Variante frei. Eine ganz andere Variante des nicht mehr illusionistischen Theaters fand die →San Francisco Mime Troup, die dem alternativen, nicht mehr auf New York zentrierten Theater zuzurechnen ist, im Rückgriff auf B. Brecht und die Commedia dell'arte. Wie auch im Roman bildeten Satire und Groteske einen Weg, eine neue Sicht der politischen und sozialen Wirklichkeit zu gewinnen. In allen drei Genres waren die klassischen realistischen und naturalistischen Konventionen, die die amerikanische Literatur seit fast hundert Jahren beherrschten, in Bewegung geraten.
Wie immer man die neuen Tendenzen nannte, »Postmodernismus« in den Künsten oder »Dekonstruktion« in der Kritik, wie immer man sie einordnete, als Bruch mit dem Modernismus oder als Fortsetzung und Wiederbelebung der Experimente seit dem Ersten Weltkrieg, sie hatten nachhaltig alle Gattungen der amerikanischen Literatur ergriffen.

1980

Hintergrund. Die Reagan-Ära (1980–88) machte vielen der Sozialprogramme der vorausgegangenen Regierungen ein Ende, setzte auf Steuerentlastung und gleichzeitige massive Rüstungsprogramme zur Ankurbelung der Wirtschaft, die seit Mitte der 70er Jahre in eine Krise geraten war. Der Strukturwandel von den traditionellen Schwerindustrien des Nordostens zu den chemischen und elektronischen Industrien des Südens und des Westens bedeutete höhere Arbeitslosigkeit und Mobilität der Bevölkerung zwischen den Regionen. Zum erstenmal in der Geschichte der USA zählten der Süden und der Westen mehr Einwohner (118 Mill.) als der Norden und der Osten (108 Mill.). Dabei setzten sich die Konzentrationserscheinungen in der amerikanischen Industrie hektisch fort. Die Rüstungsprogramme und eine Politik der Konfrontation führten zu einer Verschärfung der Beziehungen zur Sowjetunion, einer Belastung der Beziehungen mit Europa und einer Reihe von militärischen Verwicklungen in Nicaragua, Afghanistan, Grenada, Libyen und im Vorderen Orient. Während eine neue Schicht sogenannter »Yuppies« von diesen Entwicklungen profitierte, gerieten die Armen, die Arbeitslosen und die Minoritäten (letztere waren oft auch arm oder arbeitslos) weiter ins Abseits.
Die Widersprüche zwischen den Regionen – nach Carter, der den neuen Süden vertrat, kam der Kalifornier Reagan ins Weiße Haus – und den sozialen Gruppen drückte sich auch im gesellschaftlichen Bewußtsein der USA aus. Populäre Darstellungen wie A. Toflers *Third Wave* (1980) oder J. Naisbitts *Megatrends* (1982) versuchten, die neuen Entwicklungen und ihre gesellschaftlichen Folgen in einem rosigen Licht erscheinen zu lassen.

Andere wiederum wiesen auf die regionale Ungleichheit der USA (J. Garreau, *The Nine Nations of America,* 1981) oder die sozialen Konflikte in den einzelnen Staaten (N. R. Peirce und J. Hagstrom, *The Book of America,* 1984) hin. Konsumfreude, Patriotismus, dem aggressiven Evangelismus der neuen Rechten und einer gewissen Selbstgefälligkeit standen weiter der Protest der Minderheiten, Pazifismus und Kritik der Wirtschafts- und Außenpolitik entgegen.

Literatur. Bei den Autoren sind vor allem zwei neue Tendenzen bemerkenswert. Zum einen gelang es den Frauen und den Minoritäten-Autoren, ihren Platz in der Literaturproduktion zu halten und zu festigen. Einige von ihnen erzielten breite und wiederholte Erfolge auch außerhalb ihrer Gruppen. Zum anderen ergriff die fortlaufende Elektronisierung des Alltagslebens auch die literarische Produktion: Computer und Textverarbeitungsprogramme begannen, die althergebrachte Schreibmaschine zu ersetzen und neue literarische Möglichkeiten zu eröffnen (J. Barth, W. Abish).

Die Konzentration bei den Buchverlagen hielt unvermindert an. Zwar stiegen einige Elektronik-Konglomerate und Banken wieder aus dem Buchgeschäft aus, aber die marktbeherrschenden großen Zehn (Random House, Harper & Row, Grosset & Dunlap, Doubleday, Crown, Simon & Schuster, Houghton Mifflin, Little Brown, Macmillan, Putnam) gingen eher gestärkt aus den verschiedenen Krisen seit 1976 hervor. Unter den Büchern, die über den Buchhandel verkauft wurden, hatten sie einen Anteil von 62%. Zugleich war es den zahlreichen Neugründungen der 60er und 70er Jahre, den kleinen Zeitschriften und Verlagen, die sich z. T. auf kleinere Lesergruppen für Lyrik, Minoritätenliteratur, politische Literatur spezialisierten, gelungen, die schwierigeren Zeiten der 80er Jahre zu überleben. Im Niedergang der New Yorker Theater – weitere traditionelle Theater mußten schließen, Einnahmen und Zuschauerzahlen am Broadway blieben rückläufig – und im Fortbestehen der kleinen regionalen Theatergruppen konnte man eine parallele Entwicklung beobachten. Zum erstenmal seit der Großen Depression gab es in vielen Städten so etwas wie ein öffentlich gefördertes Theater, das auch nicht-kommerzielle Aufführungen wagen konnte. Die Entstehung neuer Verlage und Theater seit den 60er Jahren war in vielerlei Hinsicht mit ähnlichen Tendenzen der 20er Jahre zu vergleichen, aber in einem Punkte unterschieden sie sich doch: die Neugründungen überlebten – zumindest teilweise – die wirtschaftliche Krise der Folgejahre. Eine weitere Neuerung: zum erstenmal machten der Westen und Süden New York den Platz als Medienzentrum für die Literatur der USA streitig. Die Literaturindustrie folgte den Bevölkerungsumschichtungen zwischen den Regionen.

Videokassetten, Romane auf Audiokassetten und ein Stagnieren der in den letzten Jahrzehnten sprunghaft angewachsenen Studentenzahlen setzten der weiteren Expansion des Lesermarktes Grenzen. Die großen Verlage setzten entsprechend weiter auf schnelle Bestseller, Nebenrechte usw.; sie schickten ihre Autoren zunehmend auch ins Fernsehen, um sie einem breiten Publikum bekannt zu machen und für ihre Bücher zu werben. Die Zahl der Neuerscheinungen – gemessen an der Bevölkerungszahl (Pro-Kopf-Quote) – blieb weiter deutlich hinter den europäischen Ländern zurück, die Versorgung der ländlichen und kleinstädtischen Bevölkerung mit Buchläden trotz des Vordrängens von Buchhandelsketten war nach wie vor mangelhaft.

Im ROMAN setzten sich einerseits die anti-realistischen Tendenzen fort, andererseits läßt sich beobachten, wie ein um viele experimentelle Erzählverfahren bereicherter oder von allen Konventionen gereinigter Realismus deutlich auf die drängenden sozialen Probleme der 80er Jahre eingeht. Umweltverschmutzung in DeLillos →*White Noise* (1985), Arbeitslosigkeit in Carvers →*Cathedral* (1983) und Terkels →*American Dreams* (1980), Diskriminierung von Frauen in Piercys →*Braided Lives* (1980), Diskriminierung von Indianern in Erdrichs →*Love Medicine* (1984), die doppelte Diskriminierung von schwarzen Frauen in Walkers →*The Color Purple* (1983), die Emanzipation von Chicano-Frauen vom *machismo* mexikanisch-amerikanischer Männer in Castillos →*The Mixquiahuala Letters* (1986) und Anzaldúas →*The Borderland* (1987) deuten auf eine intensive Auseinandersetzung mit der zeitgenössischen Realität der USA. Die utopischen Ansätze der 70er Jahre traten zurück, doch Satirisches blieb aktuell (→Coover, →Updike). Andererseits gingen die Bemühungen um eine neue Sicht jüngster Geschichte in Werken wie J. A. Phillips' →*Machine Dreams* (1984) weiter. Morrison in →*Beloved* (1987) arbeitete ein Stück Frauengeschichte nach dem Bürgerkrieg auf. Eine spezifisch weibliche, oft feministische Sehweise macht das Gemeinsame eines großen Teils dieser Erzählliteratur aus, die vieles für selbstverständlich Gehaltene der Vergangenheit in Frage stellt. Gaddis registrierte die Bedrohung weiblicher Sensibilität durch grotesk satirische Verzerrung in →*Carpenter's Gothic* (1985) und konnte damit an ältere oder jüngere Traditionen des Grotesken in der Südstaaten-Literatur anknüpfen (→*Collected Stories* (1980) von Welty und →*A Confederacy of Dunces,* 1980 von Toole). Eine Erneuerung der Konventionen der Kurzgeschichte deutete sich in den extrem lakonisch oder kurz gehaltenen Erzählungen von →Carver (1983, 1988) und →Shepard (1982) an – in gewisser Weise der Minimal Art-Bewegung in den bildenden Künsten vergleichbar –, die beide auch die männliche Betroffenheit und Verunsicherung über ein neues Verhältnis der Geschlechter zueinander ans Licht bringen. Insgesamt gelang es den Autorinnen weitgehend, die Themen der Erzählliteratur der 80er Jahre zu bestimmen.

Die LYRIK dieser Dekade brachte einige preisgekrönte Sammlungen von Dichtern, deren Produktion weitgehend oder völlig in früheren Dekaden lag (→Kinnell, 1982; →Ashbery, 1985; Plath, 1981), und markierte so den vorläufigen Abschluß einer Phase. Die bekenntnishafte autobiographische Tradition und der Naturalismus fanden in →Glück und →Clampitt eine Fortsetzung und gewisse Weiterentwicklung. Auch →Coopers engagiert sozialkritische Lyrik geht bis auf Anfänge bei Lowell zurück. Die Chicano-Lyrik von →Alurista orientierte sich an den Vorbildern der »Beats«. Mit der Anthologie →*In the American Tree* (1986) trat eine jüngere postmoderne Generation, die sich einer nicht-referentiellen oder selbst-referentiellen Sprache bediente, programmatisch hervor. Die zahlreichen Minoritäten-Lyriker(innen) sind vor allem in Anthologien wie *Third Woman* (1980), *The Remembered Earth* (1981) oder *Black Sister* (1981) vertreten. Inwieweit sie sich nationales Gehör verschaffen können, ist noch nicht abzusehen.

Anders im DRAMA. Hier scheint sich der Bruch mit der realistischen Theatertradition des Familienstücks – sei es als Komödie oder Tragödie – zu vertiefen. L. Wilsons Familienzyklus um →*Talley & Son* (1985) reicht in seinen Konventionen bis zu Hellman und T. Williams zurück. Die Konventionen des absurden Theaters wirkten noch in den Stücken von Kopit (1984), Mamet (1983) und Shepard (1981) nach. Die Stücke der letzten beiden Dramatiker (→*Glengarry Glen Ross,* 1983 und →*True West,* 1981) beschäftigten sich wieder mit dem absurden Konkurrenz- oder Imponiergehabe von Männern ohne Frauen und stellten solche Rollen bloß. Sie sind aber gleichzeitig auch Meta-Dramen, die sich mit den dramatischen Traditionen der USA im 20. Jahrhundert auseinandersetzen, diese radikalisieren, auf die Spitze treiben und damit durchschaubar für das Publikum machen. Genau dies war auch der Weg des poststrukturellen oder formalistischen Dramas von →R. Wilson (1982) und R. Foreman u. a. Das »Performance Theater« und andere alternative Formen der 70er Jahre überlebten in den regionalen Theatern der USA, wurden aber nur selten gedruckt.

Zweiter Teil:
Werke der englischen und amerikanischen Literatur von 1890 bis zur Gegenwart

1890 Emily Dickinson:

aL Poems

116 Gedichte. Entst. 1858–84. Postum herausgegeben (z.T. geglättet) von T. W. Higginson und M. L. Todd.

Die Slg. konzentriert sich auf die frühen Gedichte. Themenkreise sind u. a. emotionale Reaktionen bei der Naturbetrachtung *(These are the days when birds come back, A something in a summer's day, The grass so little has to do),* auf Begegnungen und Personen *(I like a look of Agony, The Soul selects her own Society)* und Meditationen über Zeit und Ewigkeit, Leben und Tod *(Safe in their Alabaster Chambers, Because I could not stop for Death).* In den meist sehr kurzen Gedichten experimentiert Dickinson mit Bildlichkeit (dominante Metapher, concetti, paradoxer Vergleich), Syntax (Parallelismen, Ellipsen, Inversionen) und Vers (Kurzverse, optische Reime oder Reimlosigkeit). Der Satzbau – häufig durch Gedankenstriche aufgebrochen – zeichnet mit der Bildlichkeit zusammen oft die Bewegung (Fluß oder Stauung) des beschriebenen Gegenstands nach *(The Brain within its Groove, There's a certain Slant of Light).* Ironischer und z. T. humorvoller Effekt durch Kontrastierungen von Kleinem (Schlüsselwort »little«) und Großem (»Eternity«, »Soul«). Einfluß von R. W. Emerson. Dickinson nimmt einen großen Teil der technischen Innovationen der Moderne, auf die sie großen Einfluß hatte, vorweg.

Weitere Slgg. 1891, 1896, 1929, 1945. 1. vollständige Ausg. (1775 Gedichte) 1955. Nur 7 Gedichte wurden zu Lebzeiten von Dickinson veröffentlicht. Teilübss. *Der Engel in Grau* von M. Mathi (1956), *Gedichte* von L. Gruenthal (1959), G. Liepe (1970).

1891 George Gissing:

eE New Grub Street

R., 3 Bände (= »threedecker«).

London, Gegenwart. Der talentierte Romancier Edwin Reardon, der sich aus künstlerischer Verantwortung nicht auf den Literaturbetrieb einstellt und erfolglos bleibt, verfällt in Depressionen, wird von seiner frustrierten Frau Amy verlassen und stirbt im Elend, während der konformistische Journalist Jasper Milvain zum Erfolg kommt. Harold Biffen, Schriftsteller und Freund R.s, teilt dessen Schicksal: erfolglos und von der verwitweten Amy verschmäht, begeht er Selbstmord. M. heiratet Amy, nachdem sie geerbt hat.
Zentral die Kontraste Kunst – Kommerz (Literatur als Ware im »age of trade«), Idealismus (R., Biffen) – Materialismus (M., Amy). Titelbezug:

die Londoner »Grub Street« als Inbegriff der Tagesschriftstellerei (seit dem 18. Jh.). M. als opportunistischer neuer Berufsschriftsteller. Ironie der gegenläufigen Entwicklung (Niedergang/Aufstieg). Die Frustration wird dem System angelastet. Realismus unter Verarbeitung autobiogr. Erfahrung.

Übs. *Zeilengeld* von A. Berger (1986).

1891 Thomas Hardy:

eE Tess of the d'Urbervilles
A Pure Woman Faithfully Presented

R., 7 Phasen in 3 Bänden. Teilvorabdrucke in *The Graphic, Fortnightly Review, National Observer.*

»Wessex« (um Dorset), Gegenwart. I. Als der verarmte John Durbeyfield erfährt, daß er von den adligen d'Urbervilles abstammt, schickt er seine Tochter Tess, die durch Unachtsamkeit die Familie in Not gebracht hat, um Hilfe. Alec d'Urberville verführt T. II. Das Kind der verlassenen T. stirbt, sie verdingt sich als Melkerin auf der Farm Talbothays. III. Sie verliebt sich in den liberalen Pfarrerssohn Angel Clare. IV. C. will sie heiraten, sie will ihm ihre Vorgeschichte erzählen. V. In der Hochzeitsnacht endlich gesteht T. C. alles. C. verläßt sie und geht nach Brasilien. VI. Alec, inzwischen Prediger, nähert sich wiederum T., die verarmt (Tod des Vaters) und verlassen (keine Nachricht von C.) ihm folgt. VII. C. kehrt zu spät zurück. Er findet T. bei Alec. T. bringt Alec um und folgt C. Nach der Gefangennahme in Stonehenge wird T. hingerichtet.
Die Tragödie von T.s Mut und Ausdauer angesichts eines das Universum beherrschenden grausamen Schicksals. Determinismus in Handlungsketten und sozialer Umgebung. Die Indifferenz der Natur in symbolischen Landschaften (unfruchtbares Flintcomb-Ash, idyllisches Talbothays, mythisches Stonehenge). Breite Schilderung des ländlichen Alltags. Scharfe Kritik an viktorianischer Doppelmoral (Clare). Allwissender kommentierender Erzähler. Vordeutungen, Symbolisierungen (Pferd, Tanz, Jahreszeiten usw.), Bibel- und Shakespeare-Zitate. Melodramatisch-überhöhender Stil voller Abstrakta. Dialoge z. T. im Dialekt. Der R. und die Wahl seiner Heldin markieren Hardys Abwendung von Moralvorstellungen seiner Zeit. Einflüsse: Ch. Darwin, Shakespeare-Tragödien.

Schwierigkeiten bei der Publikation wegen Anstößigkeit, Streichungen. Endgültige Ausg. 1912. Dramatisierung 1897. Übs. *Tess von d'Urbervilles* von P. Baudisch (1925). 3 Filme, darunter *Tess* von R. Polanski (1979).

1891 Hamlin Garland:

aE Main-Travelled Roads
Six Mississippi Valley Stories

Geschichten über das triste harte Leben der armen Farmer im Mittelwesten: Existenzkampf gegen die Natur und die sozioökonomischen Verhältnisse. Die »Haupt-Reiseroute« wie der Lebensweg vorwiegend von »Armen und Müden« frequentiert. Bruch mit der traditionellen Romantisierung des Landlebens: desillusionierender »Veritismus« (= Spielart des Realismus). *Under the Lion's Paw* demonstriert den erfolglosen Kampf eines tüchtigen Farmers gegen eine feindliche Umwelt (Heuschreckenplage) und ein ausbeuterisches sozioökonomisches System (Pachtwucher des Großgrundbesitzers). Einfluß von W. D. Howells.

Erweiterte Ausgg. seit 1899. Weitere Slg. *Other Main-Travelled Roads* (1910).

1891 Oscar Wilde:

eE The Picture of Dorian Gray

R., 2. (endgültige) Fassung. 1. Fassung seriell in *Lippincott's Monthly Magazine* (1890).

London, Gegenwart. Der schöne Jüngling Dorian Gray wird durch den geistreich-diabolischen Lord Henry Wotton zu dem hedonistisch-ästhetizistischen Versuch, das Leben zum Kunstwerk zu stilisieren, verführt. Er setzt seine Seele dafür aufs Spiel, daß er auf seinem Porträt, nicht jedoch in Wirklichkeit altert. 20 Jahre lang lebt er sich aus und wird dabei immer hemmungsloser und schuldhafter: er treibt die Schauspielerin Sybil Vane in den Tod, ermordet den über seine Wandlung entsetzten Porträtmaler Basil Hallward, erpreßt seinen ehemaligen Freund Alan Campbell, verkehrt in Opiumhöhlen usw. Während er äußerlich unverändert bleibt, spiegelt das Porträt die physiognomischen Folgen seiner Ausschweifungen und als »Emblem seines Gewissens« seine moralische Korruption. Sein Gewissen läßt sich schließlich nicht mehr beschwichtigen und treibt ihn in die Verzweiflung; er sticht auf das Porträt ein und zerstört damit sich selbst: man findet seine entstellte Leiche bei dem wieder schönen Porträt. Zentral das Problem der Identität (Schein – Sein, Doppelgängermotiv) und der Spannungsverhältnisse Leben – Kunst, Körper – Seele, Jugend – Alter, Hedonismus – moralische Verantwortung. Typische Atmosphäre des Fin de siècle. Wechsel von Realismus und Symbolismus, Tendenz zu Pointen, Aphorismen, Aperçus usw. in den Dialogen. Einflüsse: W. Paters *Marius the Epicurean,* J. K. Huysmans' *À Rebours.*

Übss. *D. G.* von J. Gaulke (1901), *Das Bildnis des D. G.* von B. Oehlschlägel (1908), Ch. Koschel und I. Weidenbaum (1970), S. Schmitz (1972). 7 Filme, darunter von A. Asquith (1951).

1892 William Butler Yeats:

eD The Countess Kathleen and Various Legends and Lyrics

Enthält neben früher Lyrik die Erstausg. von *The Countess Cathleen:* Dr., 5 Szenen. Quelle: alte ir. Sage. Entst. seit 1889.

C. verkauft – gegen den anfänglichen Widerstand des träumerischen Dichterfreundes Aleel – ihre Seele an Dämonen (Pakt-Motiv), um ihr Volk aus der Hungersnot und der Gewalt des Teufels zu befreien. Von

Engeln wird sie vor der Verdammung gerettet. Zentralproblem: das Verhältnis von moralischem Motiv und verwerflicher Tat. Typisierung der Figuren. Strenge Stilisierung der Bühnenmittel. Lyrische Passagen. Vers.

Auff. 8. 5. 1899 Ancient Concert Rooms, Dublin. Publikumsproteste aus gekränktem Nationalstolz und Katholizismus. Häufige Überarbeitungen. Übss. *Gräfin Cathleen* von E. E. Stein (1925, rev. 1972), H. v. Heiseler (1933). Oper *Irische Legende* von W. Egk (1955).

1892 Rudyard Kipling:

eL Barrack-Room Ballads and other Verse

43 Gedichte. Entst. und z. T. einzeln veröffentlicht 1889–91.

Die Slg., dem engl. Soldaten (»Tommy Atkins«) gewidmet, verherrlicht den britischen Kolonialismus in Indien, Burma, Afghanistan und im Sudan. Die Gedichte sind meist als dramatische Monologe oder Dialoge verfaßt (*Mandalay, Fuzzy-Wuzzy*). Stilistisch eine Abwendung von der poetischen Diktion der Viktorianer: Einführung von Slang, Flüchen, Soldatensprache und einfachen balladesken Formen (Frage – Antwort, Ketten, Refrain, Wiederholungen usw.).

Die Slg. machte Kipling mit einem Schlage berühmt. Übs. *Balladen aus dem Biwak* von M. Möller (1911).

1892 Ambrose Bierce:

aE Tales of Soldiers and Civilians

Kurzgeschichten in 2 Teilen. Privatdruck mit Vordatierung 1891.

I. »Soldiers«: Geschichten aus dem Sezessionskrieg (Rahmen- und Leitmotiv: Konfrontation Verwandter als Reflex des Bruderkrieges; Assoziationen eines Pflanzers im Augenblick der Exekution in *An Occurrence at Owl Creek Bridge;* die Greuel einer Schlacht aus der Perspektive eines taubstummen Kindes in *Chickamauga*). II. »Civilians«: Geschichten um Liebe, Gier, Angst, Wahn und Tod in räumlicher und zeitlicher Ausweitung und Einbeziehung des Übernatürlichen (weniger geschlossene Gruppe).

Konzentration auf das innere Erleben des Individuums in Extremsituation. Kombination von realistischem Horror und pointierter Ironie zu desillusionierenden Schock-Effekten. Wiedergabe von Bewußtseinsvorgängen (bes. Kontrast Realität – Imagination, subjektive – objektive Zeit, Denken – Handeln). Erzähltechnik: Anordnung des Geschehens um einen »Angelpunkt« und Zuspitzung auf ein »surprise ending«; Aussparung, Andeutung, Implikation, Verwendung von Rückblenden und Träumen; straffe (auf Einheitlichkeit gerichtete) Komposition. Stil teils präzis-konzis, teils suggestiv. Einfluß E. A. Poes.

Erweiterte Ausgg. seit 1892 unter dem Titel *In the Midst of Life*. Übs. *Erzählungen von Soldaten und Zivilisten* von T. Noah und H. Poeschel (1920).

1892 **Arthur Conan Doyle:**

eE **The Adventures of Sherlock Holmes**

Slg. von 12 Detektivgeschichten nach serieller Publikation in *The Strand Magazine* 1891–92.

Der Londoner Privatdetektiv Sherlock Holmes löst, Scotland Yard überlegen, mit seinen außergewöhnlichen Eigenschaften und Fähigkeiten (minuziöse Beobachtung, scharfsinnige Deduktion, vielseitige Kenntnisse) die schwierigsten Kriminalfälle, mit denen sich eine internationale Klientel aller Schichten an ihn wendet. Von dem Arzt Dr. Watson begleitet, klärt er in unterschiedlichsten Milieus Mord, Raub, Erpressung usw. auf. Die Figur des brillanten Detektivs S. H. mit seinen Idiosynkrasien (Geigenspiel, Kokain, Kleidung usw.) und seiner ironischen Überlegenheit, die Kontrastfigur des behäbig-naiven W., der als Ich-Erzähler vermittelnd zw. dem Helden und dem Leser steht (das Paar zuerst in *A Study in Scarlet,* 1887), sowie die realistisch-spannende Erzählweise mit atmosphärischen Details verhalfen der Slg. zu enormem Erfolg. Selbst in der Tradition von E. A. Poe stehend, beeinflußte Doyle die Detektivliteratur des 20. Jh.

Bestseller. Doyle verfaßte zahlreiche weitere S. H.-Geschichten und Rr., z. T. unter dem Druck des Publikums. Übss. *Die Abenteuer des Dr. H.* von L. Ottmann und M. Jacobi (1895), *S. H.' Abenteuer* von H. Herlin (1960). Fernseh-Serie (London, 1983).

1893 **Stephen Crane:**

aE **Maggie: A Girl of the Streets**
A Story of New York

R. Entst. 1891–93; 1893 im Privatdruck unter dem Pseudonym Johnston Smith erschienen.

Maggie Johnson, Tochter eines brutalen Arbeiters und einer Trinkerin, wächst mit ihrem Bruder Jimmie in »Rum Alley«, einem New Yorker Slum, auf. M. wird Fabrikarbeiterin, J. Lastwagenfahrer. Ein Freund von J., der Barkeeper Pete, verführt die noch sehr kindliche M. und verläßt sie kurz darauf. M., von der Familie verstoßen, wird zur Prostituierten. In ihrer Verzweiflung begeht sie Selbstmord.
Demonstration der naturalistischen These, daß die Umgebung den Menschen determiniert, an 19 detaillierten Schilderungen von Verhalten und Umwelt: getreue Wiedergabe von Mietshaus, Straßen, Fabrik wie von Dialogen der Figuren. In die noch konventionelle melodramatische Fabel führt Crane naturalistische Beobachtungen ein, die er als Reporter in der Bowery gemacht hatte. Einfluß von E. Zola.

Die Auflage von 1896 mildert die melodramatischen Elemente der 1. Fassung. Übss. *Maggie, das Straßenkind* von D. Landé (1897), *Maggie* von E. Klein und K. Marschke (1965).

1894 **Rudyard Kipling:**

eE **The Jungle Book**

7 Geschichten.

Die für Kinder geschriebenen Geschichten behandeln Leben, abenteuerliche Kämpfe und Freundschaft von Tieren und Kindern. Dominant die Geschichten um den indischen Wolfsjungen Mowgli, der unter wilden Tieren nach dem »Gesetz des Dschungels« aufwächst, sich durch Mut, Ausdauer, Geschicklichkeit, Selbstkontrolle und Fairneß bewährt und Anerkennung findet, während umgekehrt Wolf, Panther, Tiger usw. teilweise menschliche Züge annehmen; M. entwickelt ein zwiespältiges Verhältnis zu den Menschen, kann seine Zugehörigkeit aber nicht verleugnen und kehrt zu ihnen zurück. Verbindung von Naturkunde, Fabulierlust, Spannungserzeugung, atmosphärischer Evokation und sprachlicher Exotik und Einbeziehung von Liedern, Gedichten und Illustrationen. Durchschlagender weltweiter Erfolg als Jugendbuch (mit maßgeblicher Beeinflussung der Boy-Scout-Bewegung).

Bestseller. Fortsetzung in *The Second Jungle Book* (1895). Die darin enthaltene Geschichte *The Miracle of Purun Bhagat* erzählt von einem Brahmanen, der indische Tradition mit britischem Fortschritt verbindet: Lebensstadien des rührigen Kleinstaaten-Premiers und des »wundertätigen« Himalaya-Eremiten. Kipling nähert sich hier der Kurzgeschichte, einer Gattung, die er – oft in der Form anekdotischer *exempla* – über Jahrzehnte kultivierte. Übs. *Im Dschungel* von C. Abel-Musgrave (1898), *Das Dschungelbuch* von B. Hauptmann (1927) und G. Haefs (1987) u.a. Filme von Z. Korda (1942) und W. Reitherman (1967).

1894 **Mark Twain:**

aE **Pudd'nhead Wilson**

A Tale

R. Entst. als Abspaltung aus der Erzählung *Those Extraordinary Twins*. Serieller Vorabdruck im *Century Magazine* 1893–94.

»Dawson's Landing« in Missouri, 1830–53. Die negerblütige Sklavin Roxy vertauscht ihr illegales Kind (Chambers) mit dem ihres Herrn Percy Driscoll (Tom). Während Ch. (= T.) als Sklave aufwächst, entwickelt T. (= Ch.) sich zum Snob und Spieler, der seine Mutter verkauft und vor Mord nicht zurückschreckt, aber von dem Rechtsanwalt David Wilson überführt wird. Die Vertauschung wird rückgängig gemacht.
Das Problem von Identität und Determination (Genetik, Umwelt) im Rahmen zweimaliger Positionsverkehrung und mit der Schlußironie, daß der echte Ch. zur Sklaverei verdammt wird, während der echte T. sich im Herren-Status unwohl fühlt. Der zugereiste, brillant-eigenwillige Wilson wird lange von seinen spöttischen Mitbürgern verkannt. Kombination von Realismus (z.B. Sprechweisen) und Tragikomik. Groteske Züge. Das bedeutendste Werk aus Twains pessimistischer Spätphase.

Publikation in London. Am. Ausg. im gleichen Jahr unter dem Titel *The Tragedy of Pudd'nhead Wilson and the Comedy of Those Extraordinary Twins*. Bühnenbearbeitung von F. Mayo (1895). Übs. Der *Querkopf W.* anonym (1898).

1894 **George Moore:**

eE **Esther Waters**

R.

1.–24. Esther Waters, Mädchen aus Londoner Slum, vom trunksüchtigen Stiefvater vertrieben, verdingt sich auf dem Landsitz der Barfields als Küchenmagd. Von dem Diener William Latch verführt und verlassen, muß sie nach London zurück, wo sie unter schwierigsten Umständen, dem Armenhaus nahe, sich und ihren Sohn Jackie durchbringt. 25.–47. Sie begegnet W. wieder und heiratet ihn. W. ruiniert sich als Buchmacher mit illegalen Geschäften und stirbt an Tuberkulose: wieder steht E. vor dem Nichts. Sie kehrt – nach 18 Jahren – zu Mrs. Barfield zurück, stolz auf J., der Soldat geworden ist.

Bei aller Milieudeterminiertheit und Härte des Existenzkampfs beweist E. Charakterstärke, Mut, Beherztheit, Menschlichkeit, die Frömmigkeit der »Plymouth Sister« und verwirklicht ihr Ziel der Erziehung J.s. Über E.s Schicksal hinaus ein naturalistisches Porträt der engl. Unter- und Mittelschicht (Reihe weiterer Figuren und Milieus). Aufbau: zweimaliger Niedergang und Bewährung mit Wiederkehr ähnlicher Situationen. Großer Einfluß der französischen Realisten und Naturalisten.

Der R. stieß auf breite Ablehnung (z.B. Boykott durch Buchhandel, Leihbüchereien) und vereinzelte Zustimmung (z.B. Lob der »Lebenswahrheit« durch Premier Gladstone). Bühnenversion 1913. Überarbeitung 1920. Übss. von A. Bock (1895), *Arbeite und bete* von A. Neumann-Hofer (1904). Film von I. Dalrymple und P. Proud (1948).

1895 **Oscar Wilde:**

eD **The Importance of Being Earnest**

A Trivial Comedy for Serious People

Kom., 3, Auff. 14. 2. St. James' Theatre, London.

Die beiden Londoner Freunde John Worthing und Algernon Moncrieff führen Doppelleben: J. fingiert einen Bruder »Ernest« als Alibi für seine amourösen Besuche bei Gwendolen Fairfax, A. einen Freund »Bunbury« für seine Landausflüge. Aus Laune gibt A. sich J.s Mündel Cecily Cardew gegenüber als Ernest aus und verlobt sich mit ihr. Die Konfusion erreicht ihren Höhepunkt, als Gwendolen und Cecily sich mit Ernest Worthing verlobt wähnen, während J. diesen für tot erklärt. Es folgen Beichte, Versöhnung, Doppelverlobung, wobei sich auch noch der Findling J. als A.s verloren geglaubter Bruder Ernest entpuppt und damit gesellschaftsfähig wird.

Der Titel (Wortspiel »earnest«/»Ernest«) führt sich im Stück selbst spielerisch ad absurdum: die von Unwahrscheinlichkeiten, Verwechslungen und Verwirrungen erfüllte Hdlg. läßt keine ernsten Konfliktsituationen aufkommen, sondern dient als Grundlage für die an Pointen, Aperçus, Paradoxien, Bonmots usw. reiche Konversation. Burleske Verwendung von Theaterkonventionen. Tradition der Sittenkom. Wildes witzigste und erfolgreichste Kom.

Buchausg. 1899. Übss. *Ernst sein* von I. L. Pavia und H. v. Teschenberg (1903), *Bunbury* von F. P. Greve (1908), *Ernst sein ist alles* von F. Blei (1920), *Bunbury oder Ernst muß man sein* von P. Baudisch (1970). Film von A. Asquith (1952).

1895 H. G. Wells:

eE The Time Machine
An Invention

R. Entst. seit 1887. Frühere Fassungen seit 1888 veröffentlicht.

Die phantastische Erfindung einer Zeitmaschine ermöglicht dem engl. Helden eine Reise in die ferne Zukunft, nur um dort bei allen Veränderungen ähnliche Klassengegensätze (Eloi/Morlocks) zu finden wie in seiner Gegenwart. Wells gilt mit J. Verne als Begründer des modernen »Science Fiction« -R.s, der den technologischen und wissenschaftlichen Fortschritt des 20. Jh.s als Anregung für den Entwurf einer phantastischen Zukunft benutzt.

Neben der Zeitreise entwickelt Wells in seinen folgenden Rr. und Erzählungen viele typische Motive der »Science Fiction«: *The War of the Worlds* (1898) (interplanetarischer Krieg), *The Island of Dr. Moreau* (1896) (der hybride Wissenschaftler), *The First Men in the Moon* (1901) (Weltraumreise) usw. Übs. *Die Zeitmaschine* von F. P. Greve (1904). Film von G. Pal (1960).

1895 Stephen Crane:

aE The Red Badge of Courage
An Episode of the American Civil War

R.

1.–12. Vor der Schlacht bei Chancellorsville im Mai 1863. Der junge Unions-Soldat Henry Fleming träumt vom Heldentum und hat gleichzeitig Angst vor dem Kampf. Die erste Feuertaufe übersteht H. fast mechanisch, bei der zweiten läuft er davon. Nach einer wirren Flucht stößt er auf einen Zug Verwundeter und erlebt den qualvollen Tod seines Freundes Jim Conklin. Beim Versuch, fliehende Soldaten aufzuhalten, wird H. verletzt (Kopfwunde = »the red badge of courage«) und zur Front zurückgeführt. 13.–24. Vor dem Einsatz am nächsten Tage erfährt H. die Aussichtslosigkeit des Kampfes. Das Regiment hält den ersten Angriff auf, muß dann selbst unter schweren Verlusten angreifen. H. übernimmt die Fahne von einem Gefallenen. Sie werden zurückgeschlagen. H. fühlt sich gereift.
Das Thema der Initiation und Bewährung wird psychologisch detailliert aus der Perspektive H.s beschrieben: Er-Erzähler, Fragmentarisierung von Sinneseindrücken, Namenlosigkeit der Soldaten (»the loud one«, »the tall one«), kurze Reflexionen. H.s idealistische Vorstellungen vom Krieg werden Schritt für Schritt widerlegt. Die realistische Schilderung der Kämpfe, Verwundeten und Toten wird erweitert durch symbolische Leitmotive wie Sonne, Nebel, Fahne usw. Die getreue Wiedergabe von Dialogen in Mundart kontrastiert mit einem gehobenen Stil der Beschrei-

bung. Cranes Realismus bricht mit der Tradition der romanzenhaften Darstellung des Bürgerkrieges. Einfluß auf E. Hemingway.

Ein Bestseller der Zeit. Film von J. Huston (1951). Übss. *Das Blutmal* von H. Umstätter (1954), *Die Flagge des Mutes* von M. Dor und E. Moltkau (1955), *Das rote Siegel* von E. Klein und K. Marschke (1962).

1895 Thomas Hardy:

eE Jude the Obscure

R., 6 Bücher. Entst. 1890–94. Gekürzt in *Harper's Magazine* (1894).

»North Wessex« (Gegend um Oxford), Gegenwart. Durch den Dorflehrer Richard Phillotson angeregt, will der verwaiste Bauernsohn Jude Fawley in »Christminster« (= Oxford) studieren, doch eine leichtsinnige Heirat mit der sinnlichen Arabella Donn, die ihn gleich danach verläßt, verhindert das. In »Christminster«, wo er als Steinmetz arbeitet, verliebt er sich in seine sensible Kusine Sue Bridehead, die jedoch mit P. verlobt ist und ihn heiratet. Kurz darauf verläßt sie P. wieder, weil sie J. liebt. Nach dem gewaltsamen Tod ihrer Kinder kehrt sie reuig zu P. zurück. J. läßt sich willenlos mit der zurückgekehrten A. wiederverheiraten, stirbt aber bald darauf, noch nicht 30, an Tuberkulose.
Der pessimistische Determinismus – J. ist unfähig, seinen genetischen, triebhaften und sozialen Bedingungen zu entrinnen – verbindet sich mit einer deutlichen Kritik der viktorianischen Eheauffassung (Scheidungsgesetze). J. im Konflikt Fleisch (A.) – Geist (S.). Neutraler Erzähler. Genaue Schilderung der Umwelt. Einfluß von A. Schopenhauer.

Nach der entrüsteten Reaktion der Öffentlichkeit wandte sich Hardy ganz der Lyrik und dem Drama zu. Übss. *Juda der Unberühmte* von A. Berger (1901), *Herzen im Aufruhr* von E. Schumann (1956).

1896 A. E. Housman:

eL A Shropshire Lad

63 Gedichte.

Motive aus dem ländlichen Shropshire (Liebeskummer, Tod, Untreue usw.) illustrieren die pessimistische Weltsicht Housmans. Kurze klangvolle Balladenstrophe (Kreuzreim). Lakonischer, z.T. regionale Sprechweisen verarbeitender Stil. Thematischer Aufbau der Slg.

Großer populärer Erfolg. Vertonung *Songs of Travel* von R. Vaughan Williams (1904). *Last Poems* (1922) und *More Poems* (postum 1936).

1896 Ernest Dowson:

eL Verses

46 Gedichte.

Die Themen des ästhetizistischen Fin de siècle – Weltmüdigkeit (*Nuns of the Perpetual Adoration*), Trauer über Vergänglichkeit und verlorene Liebe (*Non Sum Qualis Eram Bonae Sub Regno Cynarae*) – in klangvollen Versen und kunstvollen Strophen. Dowson gehört mit W. B. Yeats und L. Johnson zu den Hauptvertretern des dekadenten engl. Symbolismus. Einflüsse von A. Swinburne und P. Verlaine.

1896 Robert Louis Stevenson:

eE Weir of Hermiston

R.-Fragment. Serieller Vorabdruck in *Cosmopolis* (1896).

Edinburgh, Anfang 19. Jh. Archie wächst nach dem Tod seiner empfindsamen Mutter im gespannten Verhältnis zu seinem Vater Adam Weir auf, der das Amt des Lord Oberrichters unnachsichtig ausübt. Als der Vater bei einem Prozeß den Schuldigen nahezu sadistisch in die Enge treibt und an den Galgen bringt, lehnt A. sich öffentlich gegen ihn und die »mörderische« Todesstrafe auf. Der Vater verbannt den Jurastudenten auf das Landgut Hermiston in den Lowlands, das von der Familie Elliott bewirtschaftet wird. A. verliebt sich in Christina Elliott, doch seine andersartige Herkunft, seine Verwicklung mit dem intriganten Studienfreund Frank Innes und der ungelöste Vater-Komplex werfen ihre Schatten auf die Beziehung.
Zentral der Vater-Sohn-Konflikt, in dem nicht nur väterliche Strenge und jugendliche Sensibilität aufeinanderprallen, sondern auch die weltanschaulichen Gegensätze zw. dem zur Selbstgerechtigkeit verfestigten schottischen Kalvinismus und einem auf humanen Idealen gegründeten Rechtsbewußtsein. Handlungsführung mit Zuspitzung auf Konfrontationsszenen. Evokation der regionalen Atmosphäre im Stil der *border ballads*. Nachzeichnung engl. und schottischer Sprechweisen. Obwohl unvollendet, gilt der R. als Stevensons bedeutendstes Werk.

Übss. *Die Herren von Hermiston* von M. Thesing (1927) und *Weir von Hermiston* von R. Mummendey (1962).

1896 Sarah Orne Jewett:

aE The Country of the Pointed Firs

Sequenz von 21 Prosaskizzen. Serieller Vorabdruck im *Atlantic Monthly* (1896).

»Dunnet Landing«, Me., Gegenwart. Eine junge Frau aus der Stadt verbringt ihre Sommerferien an der abgeschiedenen Küste von Maine und beschreibt die örtlichen Lebensverhältnisse. Durch ihre erzählfreudige Wirtin Mrs. Todd, die von vielen als heilkundige und lebenserfahrene Ratgeberin aufgesucht wird, lernt sie eine Reihe von Menschen mit ihren Schicksalen kennen: Kapitän Littlepage, der von einer phantastischen Seefahrt berichtet; Mrs. Todds rüstige Mutter und scheuen Bruder William, die auf einer Insel leben; die »arme Joanna«, die seit einer unglücklichen Liebe ein Eremitendasein fristet u. a.
Fiktionale Verarbeitung autobiogr. Beobachtungen. Verbindung von ausmalender Beschreibung und erzählerischem Grundzug. Typenporträts der

bodenständigen Bevölkerung: Verschlossenheit gegenüber Fremden offenbart gleichwohl elementare Gefühle. Nachzeichnung einer der Vergangenheit angehörenden Welt, die durch naturnahe Härte und gefestigten Gemeinschaftsgeist charakterisiert ist. Aussparender Erzählstil mit behutsam humoristischen Zügen. Andeutung mundartlicher Sprechweisen. Mit ihrem auf eine Neuengland-Region konzentrierten Erzählwerk markiert Jewett den Höhepunkt des *local color movement* im ausgehenden 19. Jh.: realistische Entwürfe des Lokal- und Zeitkolorits. Erzähltechnischer Einfluß von G. Flaubert.

Erweiterte Ausgg. (1910, 1919) fügen ähnliche Typenporträts hinzu. Übs. *Das Land der spitzen Tannen* von E. Schnack (1961).

1897 George Bernard Shaw:

eD Candida
A Mysterium

Dr., 3, Auff. 30. 7. Her Majesty's Theatre, Aberdeen. Entst. 1894.

London, 1894. Die mütterliche, vernünftige Candida Morell, zw. ihren Mann, einen polit. aktiven, angesehenen Pfarrer, und Eugene Marchbanks, einen jungen sensiblen Poeten, gestellt, entscheidet sich für ihren Mann, der in Wahrheit der Schwächere ist (Eitelkeit, Unselbständigkeit, Wirkungslosigkeit) und ihrer Liebe mehr bedarf. Durch ihr Verhalten führt sie die beiden gegensätzlichen Männer zur Selbsterkenntnis. Abwandlung der traditionellen Dreieckskom.

Buchausg. 1898. Gehört zu den *Plays Pleasant*. Übs. von S. Trebitsch (1903).

1897 Henry James:

aE The Spoils of Poynton

R. Vorabdruck in *Atlantic Monthly* 1896.

London, Gegenwart. Um die »Beute«, die Kunstschätze des Landsitzes Poynton, entbrennt zw. Mrs. Gereth und ihrer zukünftigen Schwiegertochter Mona Brigstock ein Kampf, in den auch die mittellose Fleda Vetch, aus deren Perspektive vorwiegend erzählt wird, gerät. B. gewinnt den Kampf, doch das Haus geht in Flammen auf.
Satire auf die Kulturtradition (»spoils« = Beute, Überreste) der engl. bürgerlichen Oberschicht. Nähe zur Sittenkom. Beginn der 3. und letzten Schaffensperiode in James' Werk: strengere, meist szenische Komposition und indirekte Darstellung der zentralen Konflikte. Einfluß von G. de Maupassant.

Übs. *Die Schätze von Poynton* von W. Peterich (1977).

1897 Henry James:

aE What Maisie Knew

R. Entst. 1892–96. Als Erzählung geplant. Vorabdruck in *New Review*.

London, Gegenwart. Als Ida und Beale Farange sich scheiden lassen, wird die sechsjährige Tochter Maisie halbjährlich wechselnd beiden zugeteilt. I. heiratet den wankelmütigen Sir Claude, Beale M.s Erzieherin Miss Overmore, doch beide Ehen zerfallen schnell wieder. M., immer noch wechselnd, dient unwissentlich der Annäherung von Sir Claude und Mrs. Beale, aber als sie bei einem Aufenthalt in Boulogne von Sir Claude aufgefordert wird, ihm und seiner Geliebten zu folgen, entscheidet sich M. für die einfache moralisierende Erzieherin Mrs. Wix.
Die zentrale Ironie – die unschuldige M. dient den sexuellen Verbindungen der Erwachsenen – wird durch die Struktur verstärkt: durchgehaltene zentrale Perspektive (»single point of view«) in M., die die Entwicklung nur unvollständig begreift, und symmetrisch kontrastierende Figuren- und Szenenkonstellation. Durchweg szenisches Erzählen. Ironisch distanzierter Erzähler. Psychologischer Realismus. James verwendet Erfahrungen seiner gescheiterten Dramenversuche zur szenischen Konzentration und strengen Konstruktion der Hdlg.

Übs. *Maisie* von H. Hennecke (1955).

1897 Rudolph Dirks:

a The Katzenjammer Kids

Comics, erschienen serialisiert in *New York Journal.*

Nach Richard Outcaults Erfolg *The Yellow Kid* (1896) in J. Pulitzers *New York World* gab W. R. Hearst aus Konkurrenzgründen für seine Zeitung eine Serie in Auftrag, die die antiautoritären Streiche der Lausbuben Hans und Fritz (eine Imitation von W. Buschs *Max und Moritz*) zum Inhalt hat. Kurze Bilderfolge mit Gagstruktur (letztes Bild), Sprechblasen statt Untertexte, karikaturistische Zeichnung, Nachahmung deutscher Aussprache des Englischen durch verzerrte Orthographie.

Die Serie wurde zum Vorbild für eine große Flut von gagorientierten Comics mit Kindern oder Erwachsenen als Helden: von Winsor McCays *Little Nemo* (1904ff.) bis zu Charles M. Schulzs *Peanuts* (1950ff.), von Bud Fishers *Mutt and Jeff* (1908ff.) bis zu Chic Youngs *Blondie* (1930ff.). Bis 1934 bleibt die Zeitungsserie die typische Publikationsform der Comics. Teilübs. anonym (1972).

1897 Joseph Conrad:

eE The Nigger of the ›Narcissus‹
A Tale of the Sea

Erzählung. Serialisiert in *New Review.*

Der Neger Jim Wait heuert 1884 in Bombay auf der ›Narcissus‹ an, die nach London ausläuft. Er demoralisiert seine Kameraden durch seine echte oder gespielte Krankheit. In einem Sturm setzt die Mannschaft ihr Leben aufs Spiel, um Jim aus seiner Kabine zu retten. Nach dem Sturm gibt es beinahe eine Meuterei, weil Jim unter Deck bleiben muß und von der Arbeit ausgeschlossen bleibt. Er stirbt, als Land in Sicht kommt. An Land löst sich die Mannschaft auf.

An der Gefahr auf See und der Beeinflussung durch den feigen, unheimlichen Neger wird die Bewährung (Kapitän Allistoun, Steuermann Singleton) bzw. Nicht-Bewährung (Donkin) der Besatzung gemessen. Seefahrt als Gleichnis für das Leben. 5 Kapp. mit symmetrischem Aufbau um das zentrale Kap. 3 (Sturm). Wechselnde Perspektive, erst zum Schluß (Auflösung der Gemeinschaft) tritt ein persönlicher Ich-Erzähler hervor. Kontrast von Gemeinschaft – Egoismus, See – Land, Licht – Dunkelheit usw. Detaillierte, impressionistische Erzählweise. Die moralische Integrität der Figuren, zentrales Thema der frühen Rr. von Conrad, kann in dieser Erzählung sich noch bewähren. Verarbeitung autobiogr. Elemente. Das wichtige Vorwort zeigt den Einfluß der Erzähltheorien von G. Flaubert und H. James.

Übs. *Der Nigger vom Narzissus* von E. W. Günter (1912); *Der Nigger von der Narzissus* von E. Wagner (1983).

1897 Charles M. Sheldon:

aE In His Steps

What Would Jesus Do?

R. Vorabdruck im *Chicago Advance* (1896–97).

»Raymond«. Henry Maxwell, Reverend der »First Church«, mobilisiert seine Gemeinde mit der Anregung, sich in ihrem Verhalten immer konkret vom Gedanken der Nachfolge Christi leiten zu lassen. Die »sermon story« (ursprünglich kapitelweise im Gottesdienst vorgetragen) ein säkular-pragmatisches Erbauungsbuch mit Hdlg. als Vehikel.

Für 60 Jahre neben der Bibel Bestseller Nr. 1 in USA (Verkaufsziffer bis 1965: 8065398). Übss. in 23 Sprachen. Übss. *In seinen Fußstapfen* anonym (1899), *Was würde Jesus tun?* von E. Pfannkuche (1900). Film (1936).

1898 George Bernard Shaw:

eD Mrs. Warren's Profession

Dr., 4, gehört zu den *Plays Unpleasant.* Entst. 1893.

Gegenwart. Vivie Warren, emanzipierte »new woman«, erfährt nach dem Studium bei einem Besuch auf dem Lande das Vorleben ihrer Mutter: als Arbeiterin ausgebeutet, wurde sie Prostituierte, arbeitete sich zielstrebig zur Geschäftsführerin einer Bordell-Kette hoch und kam so zu Vermögen und Ansehen. V. ist zunächst tief beeindruckt, doch als sie feststellt, daß die Mutter auch nach dem Erreichten ihr Gewerbe weiter betreibt und eine zwielichtige bürgerliche Moral verrät, wendet sie sich von ihr ab. Ebenso weist sie die Werbung des Lebemannes Sir George Crofts, des Ästheten Praed und des Charmeurs Frank Gardner zurück. Statt dessen will sie in Unabhängigkeit ihrem Anwaltsberuf leben.

Die implizierte Kritik des Stücks wendet sich weniger gegen die Individuen (vgl. die Entwicklung der Mutter von der Ausgebeuteten zur Ausbeuterin) als vielmehr die Gesellschaft, die das Geschäft mit der Prostitution hervorbringt und scheinheilig duldet (vgl. bes. Reverend Samuel Gardner, V.s Vater). Technik des analytischen Dr.s. Einflüsse: K. Marx, H. Ibsen.

Wegen Unmoral vom Zensor bis 1924 verboten. Private Auff. 5. 1. 1902 New Lyric Club, London. Ausg. mit ›Apologie‹ im gleichen Jahr. Übs. *Frau Warrens Gewerbe* von S. Trebitsch (1906). Film von A. v. Rathony (1959).

1898 Henry James:

aE The Turn of the Screw

Erzählung, serialisiert in *Collier's Weekly*.

Landhaus Bly in Essex, Mitte 19. Jh. Die Erzählerin nimmt eine Stelle als Erzieherin der beiden Kinder Miles und Flora an. Sie beginnt, Erscheinungen zu sehen und identifiziert sie auf Grund der Andeutungen der Haushälterin Mrs. Grose als die Geister des Dieners Quint und der Erzieherin Jessel, die sich im Jenseits zusammengetan haben. Ihr Kampf um die Kinder, die sie unter dem bösen Einfluß der Geister glaubt, endet mit der Erkrankung F.s und dem Tode M.s.
James benutzt Konventionen der Gespenstergeschichte (Rahmengesellschaft, Manuskriptfiktion, Geheimnisstruktur) zu einem »Stück kalter artistischer Kalkulation«: durch die Technik der Monoperspektive (»single point of view«) bleibt offen, was real und was der Psyche der Erzieherin zuzuschreiben ist. Durchgehende Doppeldeutigkeit (auch im Schlüsselwort »turn«).

Übss. *Die Drehung der Schraube* von H. Kahn (1953), *Die sündigen Engel* von L. Laporte und P. Gan (1954), *Tortur* von Ch. Grote (1972) u. a. Bühnenbearbeitung *The Innocents* von W. Archibald (1950). Oper von B. Britten (1954). Film *The Innocents* von J.Clayton (1961).

1898 Stephen Crane:

aE The Open Boat and Other Tales of Adventure

Slg. von 17 Kurzgeschichten. Vorabdruck seit 1894 in *Scribner's, McClure's* u. a.

I. »Minor Conflicts«. Die Titelgeschichte der Slg. beschreibt die autobiogr. Erfahrung des verzweifelten Überlebenskampfs einer Gruppe von Schiffbrüchigen im Ruderboot vor der Küste Floridas und veranschaulicht perspektivengerecht (Blickfixierung) und symbolträchtig (Turm am Ufer) die Einsicht in die Indifferenz des Universums und das Angewiesensein des einzelnen auf die menschliche Solidarität. *The Bride Comes to Yellow Sky* dramatisiert mit parodistischer Tendenz die Auseinandersetzung zw. dem Marshall Jack Potter, der seine junge Frau in das texanische »Yellow Sky« heimführt, und Scratchy Wilson, einem schießwütigen Desperado, der angesichts des unbewaffneten P. und seiner hilflosen Frau aufgibt und so die Überholtheit der Wildwest-Ära hinnimmt. Die Mehrzahl der übrigen Geschichten um zugespitzte Konflikte spielt im Südwesten der USA und Mexiko. II. »Midnight Sketches«. *An Experiment in Misery* zeichnet die Bewußtseinsveränderung eines Reporters nach, der sich dem New

Yorker Stadtstreicher-Milieu auf Tuchfühlung nähert, um es aus der Sicht der Betroffenen kennenzulernen. Weitere Skizzen entwerfen ähnliche Bilder von Typen und Gruppen der New Yorker Unterschicht (Streithähne in einer Bar, Slum-Kind, Einwanderer usw.).
Crane verarbeitet als Erzähler Material, das er als Reporter und Korrespondent gesammelt hat. Er verbindet die naturalistische Grundtendenz mit der impressionistischen Evokation stimmungsbetonter Szenen und dem Einsatz expressiver Symbolik. Typisierung der Figuren. Konzentration auf Bewußtseinsvorgänge. Ironische Brechungen. Textsegmentierung nach Geschehnisphasen oder Perspektiven.

Auswahl-Übs. *Das blaue Hotel. Erzählungen* von E. Klein und K. Marschke (1964).

1899 William Butler Yeats:

eL The Wind Among the Reeds

37 Gedichte. Entst. 1892–98.

Gedichte, die die vergebliche Liebe zu Maud Gonne und das Verhältnis mit Mrs. Shakespeare zu unpersönlichen Aussagen über Liebe, ihre sinnlichen und übersinnlichen Aspekte, zu erheben suchen. Das zentrale, ambivalente Symbol der Slg. ist das des Windes, der häufig in Form von übernatürlichen Kräften der keltischen Sagen in das Liebesleiden der Personen eingreift. Neben virtuos gehandhabten Parallelismen und einer komplexen mehrdeutigen Syntax verwendet Yeats hier Sprecherrollen (»masks«), die die verschiedenen Aspekte seiner Persönlichkeit vertreten: der Dichter *(The Poet pleads with the Elemental Powers),* der Clown *(The Cap and Bells),* der Liebhaber *(The Lover mourns for the Loss of Love),* der Visionär *(The Valley of the Black Pig),* der Fiedler *(The Fiddler of Dooney)* usw. Höhepunkt der 1. symbolistischen Phase von Yeats' Dichtung. Einfluß von W. Blake und Mythenforschung (J. G. Frazer u. a.).

Teilübs. in *Ausgewählte Gedichte* von S. Andres u. a. (1971).

1899 Joseph Conrad:

eE Heart of Darkness

Erzählung. Erstdruck in *Blackwood's Magazine.*

I. Bei einem Jachtausflug auf der Themse erzählt Marlow von seiner Reise in den Kongo: Er nimmt in Brüssel einen Kapitänsposten für eine Elfenbein-Gesellschaft an. Er findet sein Schiff völlig fahruntüchtig vor. II. M. hört von Kurtz, dem besten der Elfenbeinlieferanten im Innern des Dschungels, und hat nur noch den einen Wunsch, ihn zu sehen. Einige Meilen vor K.s Posten wird das Schiff von Eingeborenen überfallen. III. K. will nicht von seinem Posten weg; den Überfall hat er inszeniert. Er erweist sich als ein Mann von Bildung und großen suggestiven Fähigkeiten, doch sein Elfenbeinhandel wurde zur brutalen Ausbeutung der Neger. M. nimmt den sterbenden K. wider dessen Willen mit zurück. K.

stirbt auf dem Schiff mit den Worten: »The horror! The horror!« M. wagt nicht, der Braut von K. nach seiner Rückkehr die Wahrheit zu erzählen. Die Reise in die Finsternis (»darkness«: Geheimnis, Nacht, Korruption) als ein Prozeß der Selbsterkenntnis des Erzählers: in K. findet M. seinen Doppelgänger, die dunkle Seite seiner selbst. Entsprechung von Erzählsituation (Themse, Nachtanbruch) und erzählter Situation (Kongo, »darkness«). Symbolische Landschaftsbeschreibungen. Progressive Aufdekkung und Steigerung des Geheimnisses von K. Problematisierung an der Kolonialpolitik. Hinter der viktorianischen Fassade von »progress«, »ideals«, »virtue« wird die Korruption und Barbarei aufgedeckt. Conrad verarbeitet eigene Eindrücke einer Kongo-Reise 1890.

1902 zusammen mit *Youth* veröffentlicht. Übs. *Das Herz der Finsternis* von E. W. Freißler (1926) und von F. Lorch (1985). Film *Apocalypse Now* von F. Coppola (1979).

1899 Kate Chopin:

aE The Awakening

R.

1.–16. Badeort Grand Isle, La., Gegenwart. Edna, aus presbyterianisch strengem Elternhaus in Kentucky, hat den angesehenen Geschäftsmann Pontellier geheiratet und wird sich in der lebensfreudigeren kreolischen Gesellschaft ihrer Rollenzwänge als Frau und Mutter wie der schlummernden eigenen Bedürfnisse bewußt. Sie verliebt sich in Robert Lebrun, der sie verehrt, aber den Komplikationen einer Beziehung ausweicht. 17.–39. New Orleans. In den Alltag zurückgekehrt, doch dem alten Selbst entfremdet, beginnt E. sich schrittweise zu emanzipieren: Sie mißachtet soziale Gepflogenheiten, widmet sich der Malerei, pflegt den Gedankenaustausch mit der einsam verhärmten Pianistin Adèle Reisz und nimmt sich – ohne tiefere Bindung – einen Liebhaber. Bei der Wiederbegegnung mit R. gestehen sich beide ihre Liebe, doch er kann – anders als sie – eine gemeinsame Zukunft nur in der Scheidung und Wiederverheiratung sehen. E. geht nach Grand Isle und überläßt sich in der Hochstimmung einer »Wiedergeburt« den todbringenden Wellen.
Titelthema ist das Erwachen E.s zur eigenen Körperlichkeit, offenen Sexualität, stärkeren Emotionalität, musischen Kreativität und sozialen Unabhängigkeit. Gradueller Bewußtwerdungsprozeß und konsequenter Selbstverwirklichungsversuch. Kritischer Aspekt des Verbleibs der Kinder. Scheitern am Unverständnis eines in männlichem Rollendenken befangenen Ehemanns und eines halbherzigen Verehrers. Orientierung E.s zw. den in der Mutterrolle aufgehenden Kreolinnen und der privat verzichtreichen künstlerischen Selbstverwirklichung A.s. Ambivalente Radikalität der Erneuerung im Freitod. Weithin neutrales, verknapptes Erzählen. Symbolik (Vogelbilder, Schwimmszenen, »Ruf« der See). Leitmotiv des sorglosen Pärchens und der Frau mit Rosenkranz im Gefolge. Evokation von Lokalkolorit.

Die Skandalwirkung des R.s entmutigte Chopin als Autorin. Film von B. Graham (1981). Übs. *Das Erwachen* von B. Becker (1983).

1899 Charles Waddell Chesnutt:

a E The Conjure Woman

7 Erzählungen. Einzelnes im *Overland Monthly*. 3 kritische Erzählungen wurden vom Verlag nicht in die Slg. aufgenommen.

Die Slg. enthält die Kurzgeschichten *The Goophered Grapevine, Po' Sandy, Mars Jeems's Nightmare, The Conjurer's Revenge, Sis Becky's Pickaninny, The Gray Wolf Ha'nt* und *Hot-Foot Hannibal,* die durch einen gemeinsamen Rahmenerzähler und den alten Onkel Julius, den eigentlichen Erzähler der Binnen-Geschichten, verbunden sind. Diese Geschichten aus der Sklavenzeit auf einer Plantage bei »Patesville«, N.C., haben gemeinsam, daß hinter dem abergläubischen Zauber und Spuk des scheinbar naiven J. immer dessen handfeste, meist wirtschaftliche Interessen stehen. Rahmen in am. Standardsprache und Geschichten in schwarzam. Stilisierung verhalten sich zueinander wie weiße Vorherrschaft (Sklaverei, dann Lohnarbeit) und schwarzer Widerstand, die das eigentliche Thema der Erzählungen bilden. Stilistisch genaue Wiedergabe mündlicher Erzählweisen bei Doppelbödigkeit der Bedeutungen. Chesnutt bricht mit der beschönigenden Darstellung der Sklaverei in der sogenannten »Plantagen-Schule« und leitet den Beginn einer modernen schwarzam. Erzählkunst ein, die hintergründigen Realismus und Folklore zu verbinden sucht.

Übs. *Der verwunschene Weinberg u. a. Sklavenmärchen aus Nordamerika* von M. Plessner (1979).

1899 Frank Norris:

a E McTeague

A Story of San Francisco

R. Entst. seit 1894.

San Francisco, Gegenwart. Der schwerfällige McTeague, Dentist ohne Diplom, heiratet die junge Trina Sieppe, die ihm sein Freund Marcus Schouler abgetreten hat. Als sie in einer Lotterie 5000 Dollar gewinnt, bereut Sch., und er denunziert M. Beruflich ruiniert und durch seine geizige Frau frustriert, verkommt McTeague zunehmend. In einem Verzweiflungsakt erschlägt er Trina und flieht mit ihrem Geld. Als er Sch., der ihn in einer Wüste stellt, niederschlägt, kettet dieser sich mit letzter Kraft an ihn und überantwortet ihn so dem Verdursten. Mehrere Nebenhdlgg. mit Parallelen (vgl. bes. die Heirat des habgierigen jüdischen Trödlers Zerkow mit der schwachsinnigen Putzfrau Maria).
Naturalistische Illustration der sozioökonomischen Determiniertheit des Menschen. Zentral die Geldgier als Liebe, Freundschaft, Menschlichkeit korrumpierende Macht. Detailpräzision (Schilderung des Kleinbürgermilieus). Symbolik (z.B. McTeagues Kanarienvogel im goldenen Käfig). Komik (bes. in der Schilderung der Familie T.s). Melodramatische Züge. Der Naturalismus unter dem Einfluß E. Zolas.

Film *Greed* von E. v. Stroheim (1924). Übss. *Gier nach Geld* von K. Sohm (1937), *Verfluchtes Gold* von G. E. Frowein (1947), *Heilloses Gold* von F. Güttinger (1964) u. a.

1900 **Theodore Dreiser:**

a E **Sister Carrie**

R.

1.–28. Chicago, Ende 19. Jh. Caroline Meeber kommt aus der Provinz in die verheißungsvolle Stadt, wo sie, nach kurzer Zeit verarmt, die Geliebte des Vertreters Charles Drouet wird. D., C.s bald überdrüssig, überläßt sie George W. Hurstwood, dem Geschäftsführer eines Lokals. C. wird als Laienschauspielerin berühmt. H.s Frau erfährt von dem Verhältnis mit C. und verklagt ihren Mann. H. flieht nach einer Unterschlagung mit C. nach Kanada, erklärt sich aber bereit, das Geld zurückzuzahlen. 29.–47. H. und C. heiraten und ziehen nach New York, wo es H. finanziell sehr schlecht geht. Sie entfremden sich. C. wird zur gefeierten, aber innerlich leeren Schauspielerin, H. begeht – heruntergekommen – Selbstmord.
Der realistische Gesellschaftsr. zeigt die soziale Determiniertheit der Hauptfiguren (Aufstieg C.s/Abstieg H.s) und bricht radikal mit den Moralvorstellungen des 19.Jh.s. Ein Prototyp des Stadt-R.s: jugendliche Heldin vom Lande kommt erwartungsvoll in die Großstadt, die sie sukzessive erkundet, um schließlich einen Desillusionsierungsprozeß durchzumachen. Symbolik der topographischen Endstationen von C. (Broadway) und H. (Bowery). Detaillierte, z.T. stilistisch schwerfällige Milieubeschreibung aufgrund eingehender Recherchen. Allwissender Erzähler.

Nach Widerständen des Verlags mit Änderungen in kleiner Auflage erschienen. Übs. *Schwester Carrie* von A. Nußbaum (1929). Film *Carrie* von W. Wyler (1952).

1900 **Joseph Conrad:**

e E **Lord Jim**

A Tale

R. Serieller Vorabdruck in *Blackwood's Magazine* 1899–1900.

1.–5. Jim, seit langem Offizier bei der engl. Handelsmarine, heuert auf dem Schiff »Patna« an, das eine Pilgergruppe nach Aden bringen soll. Die »Patna« läuft im Roten Meer leck. Kapitän und Offiziere retten sich vor den Pilgern in die Boote. Jim, in einem Augenblick der Panik, springt ihnen nach. Die »Patna« geht jedoch nicht unter und wird nach Aden geborgen. Kapitän und Offiziere fliehen, Jim muß sich allein vor Gericht verantworten und verliert sein Offizierspatent. 6.–35. Marlow, der Erzähler aus →*Heart of Darkness* (1899), erzählt den Rest der Geschichte: Jim erhält durch M. mehrere Anstellungen als Landkommis, die er jedoch häufig wechselt, ständig auf der Flucht vor seiner Vergangenheit und auf der Suche nach Bewährung. Stein, ein reicher Händler und Schmetterlingssammler, gibt ihm auf M.s Veranlassung eine Stelle als Handelsvertreter im Urwald des fernen Patusan. Jim rettet die Eingeborenen vor den Arabern und wird zu »Tuan Jim« (= Lord Jim), einer geachteten Persönlichkeit. 36.–45. Doch als Jim den berüchtigten Verbrecher »Gentleman Brown«, an seine eigene Schuld denkend, laufen läßt und dieser darauf

den einzigen Sohn des Häuptlings ermordet, ist sein Ansehen dahin. Jim läßt sich vom Häuptling erschießen.
Die Geschichte eines romantischen Idealisten, der bei der Konfrontation mit der Realität (Jugendepisode, »Patna«; Patusan) die falsche Entscheidung trifft und daran zugrunde geht. Komplizierte Schachtelung von Erzählperspektiven: allwissender Erzähler, skeptischer Marlow, der sich seinerseits wiederum auf Berichte von Jim, Brown u. a. stützt. Jims Romantik und Marlows Anti-Romantizismus sind in Stein, einer Idealfigur, zusammengefaßt. Ein dichtes Geflecht von Symbolen (Land – Wasser, Stadt – Urwald, Licht – Schatten, Schmetterlinge, Grab, Ring usw.) verbindet die z. T. achronologisch geordneten Episoden. Eine Reihe von Nebenfiguren spiegeln Jims Problematik (Brown, Brierly, French Officer, Jewel). Die Möglichkeit der Bewährung, die es in →*The Nigger of the ›Narcissus‹* (1897) für Conrad noch gab, wird hier problematisiert.

Übss. von H. Lachmann und E. W. Freißler (1927), F. Lorch (1962). Filme von V. Fleming (1925) und R. Brooks (1964).

1900 Mark Twain:

aE The Man That Corrupted Hadleyburg and Other Stories and Essays

15 Geschichten und Essays.

Die Titelgeschichte ist bes. charakteristisch für Twains späten Pessimismus: der Fremde Stephenson entlarvt die selbstgenügsamen, korrupten Bürger von »Hadleyburg«, indem er demjenigen einen Sack voll Goldmünzen verspricht, der ihm einst geholfen habe; die 18, die sich melden, werden durch einen Sack voll Blei blamiert (statt der Hilfe hatte St. einst Unfreundlichkeit erfahren). Satirische Parabel der Diskrepanz zw. puritanischem Anspruch und materialistischer Korruptheit.

Übss. *Wie Hadleyburg verderbt wurde* von M. Jacobi (1900), *Der Mann, der Hadleyburg korrumpierte* von A. M. Brock (1967). Film *Czlowiek który zdemoralizowat Hadleyburg* von S. Rózewicz (1967).

1900 L. Frank Baum:

aE The Wonderful Wizard of Oz

Kinderbuch. Mit Illustrationen von W. W. Denslow.

Die kleine Dorothy wird mit ihrem Hund Toto von einem Zyklon aus ihrem tristen Zuhause (Farm in Kansas) in das Phantasieland Oz gewirbelt. Dort begegnet sie guten und bösen Hexen, erbittet mit einer hirnlosen Vogelscheuche, einem herzlosen, blechernen Holzfäller und einem mutlosen Löwen vom »Magier« Hilfe und kehrt nach Abenteuern zurück.

Erfolgreichstes Kinderbuch in USA (Verkaufsziffer bis 1965: ca. 5000000). Bearbeitung als Musical 1902. 13 Fortsetzungen von Baum, 26 weitere nach seinem Tod (1919) durch andere Autoren. 4 Filme, darunter von V. Fleming (1939) und *The Wiz* von S. Lumet (1979). Übs. *Der Zauberer von Oos* von S. Gräfin Schönfeldt (1984).

1901 **George Bernard Shaw:**

eD **Caesar and Cleopatra**

A History

Dr., 5, Auff. 1. 5. Fine Arts Building, Chicago.

Caesar, Imperator im intriganten Ägypten, erweist sich als Staatsmann mit Common sense, »moral passion« und kleinen Schwächen sowie als väterlicher Freund und Lehrer der kindlichen, katzenhaften Cleopatra, die als Regentin im befriedeten Land zurückbleibt. Ironisierung des Heldenkults und positive Uminterpretation der Caesar-Figur. Das Thema der polit. Interaktionen in parodistischer Inversion des Melodr.s.

Buchausg. in den anti-melodramatischen und anti-erotischen *Three Plays for Puritans* (1901). Das lange Vorwort der Slg. markiert Shaws Übergang zur stärkeren Berücksichtigung des Lesepublikums in den späteren Buchausgg. der Drr. (Vor- und Nachworte, Anmerkungen, an den Leser gerichtete Regieanweisungen, Zwischentexte usw.). Bes. die langen Vorworte behandeln jeweils das Dr.-Thema essayistisch-provokativ (»pamphlets and essays on current political and social problems«). Übss. *Cäsar und Kleopatra* von S. Trebitsch (1904), A. und H. Böll (1965). Film von G. Pascal (1945).

1901 **Thomas Hardy:**

eL **Poems of the Past and the Present**

100 Gedichte in 3 Teilen. Entst. 1860–1901.

Gedichte über den Burenkrieg (»War Poems«), über eine Italienreise (»Poems of Pilgrimage«) und über teils persönliche, teils philosophische Probleme (»Miscellaneous Poems«) zeigen in verschiedener Weise Hardys agnostischen Pessimismus. In *The Darkling Thrush* sieht der Sprecher vor »der Leiche eines Jahrhunderts« keine Hoffnung auf eine bessere Zukunft. Das Thema des alles beherrschenden »immanenten Willens« (→*The Dynasts,* 1908) bestimmt auch die Gedichte. Traditionelle Formen, z. T. aus Folklore und Kirchenliedern.

Collected Poems (in verschiedenen Ausgg. von 1919 bis 1960) enthält in den letzten Auflagen fast 1000 Gedichte.

1901 **Rudyard Kipling:**

eE **Kim**

R. Serieller Vorabdruck in *McClure's Magazine* (1900–01) u. a.

Nordindien, Ende des 19. Jh.s. 1.–5. Der 13jährige Kim O'Hara, Vollwaise ir. Abstammung, von Indern aufgezogen, schließt sich in Lahore einem älteren tibetanischen Lama an, der auf der Suche nach einem sündentilgenden Fluß ist. 6.–10. Unterwegs wird K. vom Regiment seines Vaters aufgegriffen und für 3 Jahre in eine engl. Internatsschule in Lucknow gesteckt. K. stellt sich anschließend in den Dienst des engl. Geheimdienstes. 11.–15. Auf einer weiteren Reise mit dem Lama in die Berge gelingt es K., feindlichen Spionen wichtige Dokumente abzujagen. Der Lama findet seinen »Fluß« (Erleuchtung).

Das Thema, K.s Identitätssuche zw. indischen und engl. Verhaltensweisen (kontemplatives/aktives Leben, Schicksalsergebenheit/Kolonialherrschaft usw.), bestimmt den dreiteiligen Aufbau, die Figurenkonstellation (Lama/Colonel Creighton) und den Stil, der im Engl. indische Sprechweisen festzuhalten versucht. Schauplatzwechsel und eine Vielzahl weiterer Figuren ergeben über die persönliche Problematik hinaus ein Panorama des kolonialen Indien (lokale Atmosphäre, Typengalerie). K.s Orientierung am Großen Spiel (gewitztes Sich-Durchschlagen, Geheimdienst). Allwissender, humoristischer Erzähler mit abwechselnd raffender und dehnender Erzähltechnik. Verbindung von Zügen des Schelmen-, Abenteuer- und Spionage-R.s und des Suche- und Entwicklungsr.s sowie Begründung des Indien-R.s (mit Ambivalenzen, die ein relativ tolerantes Bild ergeben).

Übss. von S. Harms (1908), H. Reisiger (1925), G. Haefs (1987). Filme von V. Saville (1950) und J. Davies (1983). Mit *Kim* und den Kurzgeschichtenslgg. seit *Plain Tales from the Hills* (1888) erwies Kipling sich als einflußreicher Hauptvertreter der »anglo-indischen« Literatur (= von Engländern über Indien: →E. M. Forster, →P. Scott) im Unterschied zur »indo-englischen« Literatur (= von Indern: →Narayan, →Rushdie, →Desai) jeweils in engl. Sprache.

1901 **Frank Norris:**
aE **The Octopus**
A Story of California
R., 2 Bücher.

I. Gegenwart. Angeführt von Magnus Derrick wehren sich die Weizenfarmer des San Joaquin-Tals gegen die Pacific and Southwestern Railroad und deren Vertreter S. Behrman. Wie ein Polyp hält der Transportkonzern das Land umklammert, dehnt seine Monopolstellung auf andere Wirtschaftszweige aus und macht sich die Politiker zu Handlangern. II. Die ausgebeuteten, um ihr Land bangenden Farmer gehen schließlich zur offenen Revolte über, werden blutig niedergeschlagen und ins Elend gestürzt. M. wird notgedrungen Angestellter bei B., dieser erstickt beim Verladen des angeeigneten Weizens (symbolischer Unfall).
Der Interessenkonflikt zw. Transportkonzern und Farmern in Anlehnung an hist. Vorkommnisse. Vermeidung einer Schwarz-Weiß-Zeichnung der Individuen. Deterministisch werden für die tragische Entwicklung nicht einzelne, sondern die sozioökonomischen Verhältnisse verantwortlich gemacht. Kombination von Realismus und Symbolik. Melodramatische Züge (bes. in den 2 Nebenhdlgg. um ein Liebespaar und einen visionären Schäfer).

1. Teil der unvollendeten Trilogie *The Epic of the Wheat,* die den Weizen vom Produzenten bis zum Konsumenten verfolgen sollte. Der 2. Teil *The Pit* (postum 1903) beschreibt die Ehe Laura Dearborns mit dem Kapitalisten Curtis Jadwin, der sich als Spekulant an der Chicagoer Getreidebörse ruiniert, und war ein Bestseller der Zeit. Übss. *Der Oktopus* von E. v. Tempsky (1907), *Die goldene Fracht* von H. Stresau (1939); *Die Getreidebörse* von E. v. Tempsky (1912) u. a.

1902 William Butler Yeats:

eD Cathleen ni Houlihan

Dr., 1, Auff. 2. 4. St. Teresa's Hall, Dublin.

Patriotisches Stück, in dem die Titelfigur (= allegorische Verkörperung Irlands) einen jungen Mann zum Kampf gegen die Fremdherrschaft gewinnt. Hintergrund: die Rebellion von 1798.

Publikumserfolg und Wirkung auf die Unabhängigkeitsbewegung. Übss. *Cathleen, die Tochter Houlihans* von H. v. Heiseler (1933), *Cathleen ni Houlihan* von E. E. Stein (1972).

1902 J. M. Barrie:

eD The Admirable Crichton

Dr., 4, Auff. 4. 11. Duke of York's Theatre, London.

Als der fortschrittliche Lord Loam mit seiner Familie durch Schiffbruch auf eine pazifische Insel verschlagen wird, entwickelt sich der konservative, tüchtige Butler Crichton zum »natürlichen« Herrn über die gefügigen Aristokraten. Mit der Rückkehr in die Zivilisation treten die alten Verhältnisse wieder ein. Das Motiv des sozialen Rollentauschs dient dem Kontrast zw. der Ausnahmesituation einer idealen, funktionsgerechten Ordnung und der Norm der etablierten Gesellschaft, dargestellt als heiter-volkstümliche Kom.

Buchausg. 1914. 3 Filme. Musical von D. Lee (1965).

1902 Owen Wister:

aE The Virginian

R.

Der R. um den »Virginian«, den verläßlichen Cowboy eines Rinderbarons in Wyoming, und seine Auseinandersetzungen mit seinem Widersacher Trampas (Mißgunst, Arbeitsniederlegung, Viehdiebstahl) hält dem industrialisierten Osten die einfachen Tugenden des Westens entgegen und vollzieht im Western-Genre den prägenden Wechsel des Helden vom (unabhängigen) Pionier, Jäger, Siedler zum (lohnabhängigen) Cowboy. Begründung von Konventionen des Western wie des *showdown* (Schußduell als abschließender Höhepunkt).

Großer populärer Erfolg. Film (1928) u. ö. Übs. *Der Virginier* von W. Gronwald (1956).

1902 Henry James:

aE The Wings of the Dove

R., 2 Teile zu je 5 Büchern.

I. London und Venedig, Gegenwart. Die reiche am. Erbin Milly Theale (die sanfte »Taube«) beginnt, in Europa das Leben zu genießen und zu lieben, als sie erfährt, daß sie todkrank ist. M.s Londoner Freundin, die

bürgerliche, vitale Kate Croy weiß davon und überredet ihren heimlichen Verlobten Merton Densher, M. zu heiraten, um ihr Vermögen zu erben. II. M. vermacht großmütig kurz vor ihrem Tode in Venedig, trotz ihrer Kenntnis der Intrige, ihr Vermögen an D. Doch D. hat sich unter M.s Einfluß gewandelt, er und Kate trennen sich.
Thema ist M.s tragischer Konflikt zw. kämpferischem Lebenswillen und klarem Todesbewußtsein in einer materialistischen Welt. Zugleich James' Spätthema vom versäumten Leben, im Kontrast zw. Amerika (Unschuld) und Europa (Erfahrung, Korruption); M., die Taube, bleibt rein und wird moralisch erhöht (Titel aus Psalm 68,13). Hdlg. wie Thema werden nur indirekt und verhüllt in den sich überschneidenden Perspektiven von M., D. und Kate dargestellt. Szenisches, aussparendes Erzählen. Komposition in korrespondierenden Handlungsblöcken. Der Spätstil von James (komplizierte Hypotaxe, einschränkende Nebensätze, viele Abstrakta) dient der Wiedergabe komplexer psychologischer Vorgänge.

Im wichtigen Vorwort zur New Yorker Ausg. (1907–09) erläutert James seine indirekt reflektierende, multiperspektivische Erzählweise der alternierenden Bewußtseinszentren, der gelegentlichen Bewußtseinsfusion, bildhaften oder szenischen Darstellung und Dezentrierung der Heldin. Die Vorworte, gesammelt als *The Art of the Novel* (1934), hatten großen Einfluß auf Theorie und Praxis des modernen realistischen R.s. Übs. *Die Flügel der Taube* von H. Haas (1962).

1903 George Bernard Shaw:

eD Man and Superman
A Comedy and a Philosophy

Dr., 4. Enthält neben dem Dr. den langen Widmungsbrief an A. B. Walkley (Vorwort) und das *Revolutionist's Handbook* der Hauptfigur John Tanner (Anhang). Die Heiratskom. als Modernisierung des Don Juan-Stoffes; Verarbeitung bes. des *Don Giovanni* von W. A. Mozart, einschließlich musikalischer Motive.

Gegenwart. Die vitale, selbstbewußte Ann Whitefield (Ana) weist den schwärmerischen Octavius Robinson (Ottavio) zurück und zwingt ihren Vormund John Tanner (Don Juan), einen geistreichen, ehescheuen Bürgerschreck, nach einer Verfolgungsjagd von England bis Spanien in die Ehe, um mit ihm den Übermenschen zu zeugen. Kontrapunktische Nebenhdlg. um Octavius' Schwester Violet (Liebe-Geld-Motiv). Gedankliches Zentrum die Traumszene in III (Don Juan in der Hölle).
Erstes Ideendr., das im Handlungsschema der »love chase« und langen Diskussionsszenen Shaws Evolutionstheorie vermittelt. A. im Geschlechterkampf die Aktive als Inkarnation der »life force«, T. als deren Theoretiker (in Shaws Fortschrittsideologie die biologisch-mythische Antriebskraft der Artverbesserung). Farcenhafte Momente. Typen-Satire (z. B. Roebuck Ramsden, der Alt-Liberale; Henry Straker, der Vertreter des technischen Zeitalters). Witzige Dialoge mit häufigem Beiseitesprechen. Bei T. Züge der Selbstkarikatur Shaws. Die Philosophie des Lehrstücks unter dem Einfluß von F. Nietzsche.

Auff. 23. 5. 1905 Royal Court Theatre, London (ohne die Traumszene). Übs. *Mensch und Übermensch* von S. Trebitsch (1907).

1903 John Millington Synge:

eD In the Shadow of the Glen

Dr., 1, Auff. 8.10. Molesworth Hall, Dublin. Quelle: ir. Volkserzählung.

Posse vom alten griesgrämigen Bauern Dan Burke, der sich totstellt, um seine Frau mit einem Jüngeren zu ertappen, und sie darüber an einen vitalen Landstreicher verliert. Stilisiertes anglo-ir. Idiom.

Buchausg. 1904. Übss. *In der Bergschlucht* von E. L. Stahl (1918), *Die Nebelschlucht* von W. Wolff (1935).

1903 Joseph Conrad:

eE Typhoon and Other Stories

4 Geschichten.

Typhoon erzählt die Geschichte vom einfältigen, aber unerschütterlichen Captain MacWhirr, der sein Schiff »Nan-Shan« heil durch einen Taifun steuert, während gleichzeitig ein Kampf chinesischer Kulis unter Deck ausbricht. Weitere Geschichten: *Amy Foster, Falk: A Reminiscence, Tomorrow.* Detailliert impressionistische Erzählweise.

Übss. *Im Taifun* (1908), *Taifun* (1927) von E. Eckert.

1903 Samuel Butler:

eE The Way of All Flesh

R. Entst. 1873–84. Aus Rücksicht auf seine Familie und aus künstlerischen Gründen nicht zu Lebzeiten veröffentlicht.

Bei Cambridge. Zeitraum 1727–1882. Der Erzähler Overton, Kom.-Autor, schildert aus ironischer Distanz mehrere Generationen der Familie Pontifex, bes. das Leben von Ernest Pontifex. E. wird wider seinen Willen vom puritanischen Vater Theobald zum Theologiestudium gezwungen. In London verliert er seine ganze Erbschaft an den betrügerischen Prediger Pryer. Bei der geistlichen Betreuung in den Armenvierteln Londons verliert er auch seinen Glauben. Wegen eines kurzen Gefängnisaufenthaltes wird er von seinen Eltern verstoßen. Nach einer unglücklichen Ehe mit einem Dienstmädchen seines Vaters und einem Versuch als Textilhändler kommt E. durch Overton in den Genuß seiner Erbschaft und wird engagierter Schriftsteller.

Das Thema des Vater-Sohn-Konflikts, kombiniert mit dem Künstler-Bürger-Gegensatz, wird durch 4 Generationen verfolgt. Evolutionäre und naturalistische Darstellung (Determination durch Genetik und Umwelt). E.s »Instinkt« (Schlüsselwort) setzt sich gegen die determinierenden Faktoren durch. Scharfe Kritik am Viktorianismus (Kirche, Familie, ökonomische Verhältnisse). Digressiv-kommentierender Erzähler. Ironischer Stil voller Zitate und Latinismen. Viele autobiogr. Züge. Einfluß auf A. Bennett, J. Galsworthy u. a.

Vollständige Ausg. des Textes 1964. Übss. *Der Weg des Fleisches* von H. E. Herlitschka (1929), *Der Weg allen Fleisches* von H. Findeisen (1960).

1903 **Henry James:**

aE **The Ambassadors**

R., 12 Bücher. Serialisiert in *The North American Review*.

Gegenwart. I.–II. Lambert Strether, 55, Witwer und Herausgeber einer Zeitschrift in Massachusetts, kommt in Begleitung seiner Vertrauten Maria Gostrey nach Paris, mit dem Auftrag seiner Verlobten, der Fabrikantenwitwe Mrs. Newsome, deren Sohn Chad aus dem Sündenbabel zurückzuholen. III.–IV. Er findet Chad jedoch durch die Liaison mit Mme. de Vionnet »verbessert«. V.–VI. Unter dem Eindruck der Kultiviertheit und des Charmes von M. d. V. und ihrer Tochter Jeanne beginnt St. sein Versäumnis eines vollen Lebens (»live all you can«) zu bedauern. VII.–VIII. St. bittet – gegen seinen Auftrag – Ch., mit ihm in Paris zu bleiben. Mrs. Newsome schickt als 2. »Gesandtschaft« ihre Tochter Sarah, deren Mann Jim Pocock und dessen (Ch. zugedachte) Schwester Mamie. IX.–X. Auch die Pococks bleiben erfolglos, sind z.T. fasziniert. XI.–XII. St. überrascht die verehrte M. d. V. mit Ch. auf intimer Landpartie und muß erkennen, daß deren Beziehung nicht »tugendhaft« ist. Er verlangt von Ch., daß er bei M. d. V. bleibt; dieser verfolgt jedoch Pläne in den USA. Ohne Hoffnung auf Mrs. Newsome, schlägt St. auch eine Verbindung mit Maria aus, um nicht als einziger von der Affäre zu profitieren, und kehrt heim.

Das »internationale Thema« der Amerikaner in Paris wird nuancenreich durchgespielt: von dem sensiblen, integren St. bis zu dem robusten Jim Pocock. Subtile Zeichnung der Charaktere und Interaktionen im Bereich des oberen Mittelstandes, auf dem Hintergrund konträrer Wertsysteme (Geschäftswelt – Kultur, Puritanismus – Lebenskunst usw.). Aufbau in 2 Hälften (I.–VI. Mission, VI.–XII. Wende) aus je 3 Doppelblöcken (pro Buch 1 Monat). Symmetrien, Korrespondenzen. Ironie der Positionsverkehrung von St. und Ch. Konzentration auf Dialog und Reflexion. Wiedergabe weitgehend aus St.s Perspektive (einschließlich erlebter Rede). Maria als Jamessche »ficelle« (= Klärungsgehilfin für Protagonisten und Leser). Impressionistische Schilderung der Atmosphäre (z.B. Gartenfest). Altersstil.

Übs. *Die Gesandten* von H. M. Braem und E. Kaiser (1956).

1903 **William Butler Yeats:**

eL **In the Seven Woods**

Being Poems chiefly of the Irish Heroic Age

12 Gedichte und 1 Dr. *(On Baile's Strand)*. Entst. 1894–1903.

2 parallele Gruppen von je 6 Gedichten über den Verlust von Maud Gonne an John MacBride und über das Dichten selbst. Die 2. Gruppe benutzt Stoffe der ir. Sagenwelt. Der Titel bezieht sich auf einen Wald in dem Besitz Coole Park von Lady Gregory, bei der Yeats viele dieser Gedichte schrieb, sowie auf das dominante Symbol der Slg., »woods«.

Einfachere Diktion, sparsam eingesetzte Symbolik und umkompliziertere Syntax zeigen den Einfluß von Yeats' Arbeit am Abbey Theatre, so vor allem die neue Form des konversationellen Dialog-Gedichtes *(Adam's Curse)*. Die Slg. leitet den Übergang von der 1. esoterischen zur 2. mehr an einer größeren Öffentlichkeit ausgerichteten Phase in Yeats' Dichtung ein.

Teilübs. in *Ausgewählte Gedichte* von S. Andres u. a. (1971).

1903 Jack London:

aE The Call of the Wild

R. Serialisiert in *Saturday Evening Post.*

Alaska, während des Goldrauschs (1897). Buck, eine Kreuzung aus Bernhardiner und schottischer Schäferhündin, seinem Herrn in Kalifornien entwendet, wird zum Schlittenhund abgerichtet. Er übersteht extreme Strapazen und setzt sich im Gespann durch (Verdrängung des Leithundes Blitz). Er wird von John Thornton aus seiner Drangsal befreit und steht ihm fortan treu zur Seite (rettet ihm das Leben, verhilft ihm durch seine Schleppkraft zum Gewinn einer Wette usw.). Als sein Herr von Indianern getötet wird, rächt er ihn und folgt dann dem schon lang verspürten Ruf der Wildnis: er setzt sich an die Spitze eines Wolfrudels.
Die realistische Tiergeschichte zeigt den Daseinskampf von Mensch und Tier im Grenzbereich der Wildnis. B., der Geborgenheit der Zivilisation entrissen, behauptet sich durch Stärke, Mut, Schläue und findet zur angeborenen Wildheit zurück. Knapp-dramatische Erzählweise. Einflüsse: Ch. Darwin, E. Haeckel, R. Kipling.

Bestseller. Erfolg als Jugendbuch, wie auch die Wolfsgeschichte *White Fang* (1906). Übss. *Wenn die Natur ruft* von L. H. Löns (1907), *Der Ruf der Wildnis* von F. Mairhofer (1956). 2 Filme von W. Wellman (1935) und K. Annakin (1972).

1903 W. E. B. Du Bois:

a The Souls of Black Folk

Artikelserie, 14. Einzelnes in *Atlantic Monthly, The Dial, The New World* u. a.

Versuch, einem weißen Publikum *(The Afterthought)* zum Verständnis für »die geistige Welt, in der 10000000 Amerikaner leben« zu verhelfen *(The Forethought)*. Diese Welt ist gekennzeichnet durch »ein doppeltes Bewußtsein«, das »sich selbst immer durch die Augen der anderen sieht«, als Amerikaner und als Neger (1). Hist. Rückblicke (2–3), das schwarze Ausbildungssystem (4–6), die Lage der schwarzen Kleinpächter (7–8), Segregation und Vorurteil (9) und die schwarze Reaktion darauf (10–13) verdeutlichen dies. Die Slg. beschließt ein Artikel über schwarze Lieder (Gospel, Spirituals, Blues), die auch die musikalischen Motti für die anderen Kapitel abgeben.
Mischung aus hist. Darstellung, Reportage und Appell, die aus der kritischen Auseinandersetzung mit den auf Anpassung und Integration ausge-

richteten Erziehungsprogrammen von Booker T. Washington eine bis heute nachwirkende Selbstdarstellung und sozialpolit. Programmatik für Afro-Amerikaner entwirft. Breite Wirkung.

1904 John Millington Synge:

eD Riders to the Sea

Tr., 1, Auff. 25.2. Molesworth Hall, Dublin. Anregung durch Aufenthalte auf den Aran-Inseln, vgl. die Prosa-Skizzen *The Aran Islands* (1907).

Aran-Insel. Nachdem der Mann und 5 Söhne auf See geblieben sind, verliert die alte Maurya nun auch ihren letzten Sohn Bartley, als er vom Pferd in die See gestoßen wird. Stoisch fügt sie sich in ihr Leid. Titelmotiv: die zur See »reitenden« Fischer, die Ertrunkenen als »Geisterreiter«, B.s Ritt in den Tod. Das schicksalhafte Umschlossensein der Inselleute von der Leben und Tod bringenden See. Stilisierte Einfachheit der griechischen Tr. (z.B. Vorzeichen, Chor der Klagefrauen) und Ballade. Tendenz zu Archetypik und Symbolik (z.B. Pferd). Poetisches anglo-ir. Idiom.

Buchausg. 1905. Übss. *Reiter ans Meer* von W. Wolff (1935), N. Miller (1961). Oper von R. Vaughan Williams (1937).

1904 J. M. Barrie:

eD Peter Pan, or The Boy Who Would Not Grow Up

Dr., 5, Auff. 27.12. Duke of York's Theatre, London.

Peter Pan, ewiger Knabe und Kobold, entführt die Londoner Kinder Wendy, John und Michael ins »Niemals-Land« (Welt kindlicher Phantasie), wo sie Abenteuer mit Geistern, Piraten, Indianern und wilden Tieren bestehen. Durchgängiger Kontrast von Kinder- und Erwachsenenwelt. Populärer Klassiker der Kinderliteratur, zugleich ein ironisches Spiel für Erwachsene.

Buchausg. 1916. Der gleiche Stoff auch in Erzählwerken: *The Little White Bird* (1902), *Peter and Wendy* (1912) u.a. Übss. von K. Janecke und G. Blöcker (1948), E. Kästner (1959) u.a. Filme von H. Brennon (1924) und Jackson, Geronomi, Luske (1953). Musical von J. Styne und M. Charlap (1954).

1904 Henry James:

a E The Golden Bowl

R., 2 Teile zu je 3 Büchern.

London und Landsitz Fawns, Gegenwart. I. »The Prince«. Der verarmte italienische Prinz Amerigo heiratet die reiche am. Erbin Maggie Verver. M. überredet ihren nun einsamen Vater Adam, die arme expatriierte Charlotte Stant, die der Prinz ursprünglich heiraten wollte, zu ehelichen. Zw. C. und dem Prinzen kommt es zum doppelten Ehebruch. II. »The Princess«. Als M. und schließlich auch ihr Vater die Situation erkennen,

bemühen sie sich diskret um die Erhaltung der beiden Ehen. Adam und C. reisen ab nach USA.
Das Thema – die moralisch-psychologischen Verwirrungen der 4 Hauptfiguren (symbolisiert in einer vergoldeten Kristallschale mit einem Sprung) – wird durch 2 Raisonneure (Assinghams) und durch 2 Perspektiven (Prinz in I., M. in II.). reflektiert. Der emotionale Konflikt wird verhüllt und intellektualisiert in den Dialogen ausgetragen. Symmetrien der Figurenkonstellation und des Aufbaus. Indirekter Spätstil. Auch in seinem letzten bedeutenden R. kehrt James zum »internationalen Thema« seiner Frühwerke zurück.

Übs. *Die goldene Schale* von W. Peterich (1963).

1904 Joseph Conrad:

eE Nostromo

A Tale of the Seaboard

R., 3.

I. »The Silver of the Mine«. In Sulaco, Hafenstadt der imaginären südam. Republik Costaguana, versucht der Engländer Charles Gould voller Idealismus, eine vom Vater übernommene Silbermine ertragreicher zu machen. Der Besitz der Silbermine entscheidet über den Ausgang der Revolution, die gerade ausgebrochen ist. II. »The Isabels«. G. läßt Nostromo, einen vertrauenswürdigen Hafenvorarbeiter, und Decoud, einen skeptischen Journalisten, den Silbervorrat vor den Rebellen in Sicherheit bringen. In der Dunkelheit wird ihr Boot von dem gerade einlaufenden Rebellenschiff gerammt. Das Boot gilt als gesunken, doch N. und D. gelingt es, das Silber auf die Isabel-Inseln zu schaffen. D. bleibt bei dem Schatz zurück. III. »The Lighthouse«. Der Rebellenführer Pedrito Montero sucht verzweifelt nach dem Schatz. N. übernimmt, um seinen guten Ruf zu stärken, den lebensgefährlichen Auftrag, die Nachbarstadt zu Hilfe zu holen. Die Rebellen werden geschlagen. Auf der Insel findet N. nur noch D.s Boot. D. hat Selbstmord begangen. N., der jetzt als einziger vom Silber weiß, beschließt, sich alleine daran zu bereichern. Ein Leuchtturm wird auf der Insel gebaut. N. setzt einen Freund als Wärter ein, um weiterhin ungehindert Zugang zum Silber zu haben. Doch dieser hält ihn in der Dunkelheit für einen Verführer seiner Tochter und erschießt ihn.
Conrads komplexester R., der eine Vielfalt von Figuren um die zentrale Silbermine gruppiert: Die Korruption aller Figuren wird an ihrem Verhältnis zum Silber demonstriert (der Idealist Gould, der Skeptiker D., der Rebell Pedrito und vor allem der »unbestechliche« Nostromo (= »unser Mann«)). Die moralische Verwirrung drückt sich erzähltechnisch im laufenden Perspektiven- und Zeitebenenwechsel aus, der das Geschehen und die Motivierung der Figuren undurchsichtig erscheinen läßt. Die Ergänzungen und Spiegelungen der begrenzten Einzelperspektiven machen das komplexe thematische Gefüge des R.s aus. System von Ortssymbolik (Bucht, Insel, Leuchtturm, Silbermine). Conrad erweitert hier seine

Analyse der Korruption (→*Heart of Darkness,* 1899) aufgrund seiner Eindrücke in Venezuela zum Panorama einer Gesellschaft (Schichten, Rassen, Wirtschaft, Politik, Moral usw.). Den erzähltechnischen Experimenten liegen lange theoretische Diskussionen mit Ford Madox Ford zugrunde.

Übss. von E. W. Freißler (1927), F. Lorch (1967).

1904 Jack London:

aE The Sea-Wolf

R.

Der schiffbrüchige Humphrey Van Weyden wird von dem Robbenfänger »Ghost« gerettet, dessen Kapitän Wolf Larsen ein brutales Regiment führt. Als L. eine weitere Schiffbrüchige, die Dichterin Maud Brewster, belästigt, flieht H. mit ihr auf eine arktische Insel, zu der auch L. später auf dem verlassenen Schiff getrieben wird. Der an einem Gehirntumor leidende L. muß den erneuten Kampf um M. wegen progressiver Paralyse aufgeben und stirbt. Das Paar H. und M. segelt der Rettung entgegen.
Der Abenteuer-R. mit seinen Grenzsituationen demonstriert effektvoll den Gegensatz zw. dem Ich-Erzähler H., einem integren, zivilisierten, doch weltfremden Literaten, und dem »Seewolf« L., einem intelligenten, doch individualistischen, bis zur Diabolie amoralischen Übermenschen, der das Recht des Stärkeren vertritt. Allmähliche Entwicklung H.s zum Widerstand gegen L. Naturalistische Schilderung mit krassen Szenen unter Verarbeitung autobiogr. Erfahrungen. Einflüsse: H. Spencer, F. Nietzsche.

Übs. *Der Seewolf* von E. Magnus (1926, rev. 1966) u. a. 6 Filme, darunter von M. Curtiz (1941) sowie *Wolf Larsen* von H. Jones (1959).

1905 John Millington Synge:

eD The Well of the Saints

Dr., 3, Auff. 4.2. Abbey Theatre, Dublin. Quelle: A. de la Vignes Farce *Moralité de l'Aveugle et du Boiteux*.

Das blinde ir. Bettlerehepaar Martin und Mary Doul wird von einem Heiligen für kurze Zeit sehend gemacht und dabei über sich und die Welt so desillusioniert, daß es ein 2. Heilungsangebot ablehnt und sich wieder in den Bereich der Phantasie zurückzieht.

Übs. *Die Quelle der Heiligen* von M. Meyerfeld (1906).

1905 George Bernard Shaw:

eD Major Barbara

Kom., 3, Auff. 28.11. Royal Court Theatre, London.

London, 1906. Barbara Undershaft, unterstützt von ihrem Verlobten Adolphus Cusins, kämpft als Major der Heilsarmee gegen soziales Elend, muß aber in der Auseinandersetzung mit ihrem realistischen Vater, dem Waffenfabrikanten Andrew U., erkennen, daß das »Grundübel« der Armut nicht durch Religion, sondern nur durch Macht (Geld, Waffen) beseitigt werden kann. Parabel über die Zusammenhänge von Religion und Kapitalismus sowie die Möglichkeiten gesellschaftlicher Veränderung.

Buchausg. mit langem Vorwort (1907). Übs. von S. Trebitsch (1909). Film von G. Pascal (1941).

1905 Edith Wharton:

aE The House of Mirth

R., 2 Bücher.

New York, Gegenwart. Der Versuch der 29jährigen attraktiven Lily Bart, sich – nach dem Verlust ihres Familienvermögens – durch eine Geldheirat in der exklusiven Oberschicht zu halten, endet im Selbstmord. L. im Konflikt zw. dem leichtsinnigen Leben (Titel = Bibelzitat) und dem »Reich des Geistes«, verkörpert im Rechtsanwalt Lawrence Selden. Aufbau (Kontrast zw. I und II) und Folge der Schauplätze spiegeln den gesellschaftlichen Abstieg der Heldin. Erzählung vorwiegend aus der Sicht L.s. Einfluß von H. James.

Ein Bestseller der Zeit. Übs. *Das Haus der Freude* von G. Völker (1988).

1906 Upton Sinclair:

aE The Jungle

R. Vorabdruck in *Appeal to Reason.*

An dem litauischen Einwanderer Jurgis Rudkus und dem Zerfall seiner Familie demonstriert Sinclair die unmenschlichen Ausbeutungsverhältnisse in der Chicagoer Fleischindustrie. Kombination von Naturalismus und sozialistischem Thesen-R. Einfluß von E. Zola. Verarbeitung eigener Erfahrungen.

Die der journalistischen »muckraker«-Schule verwandte sozialistische Studie erregte großes Aufsehen und hatte Gesetzesreformen zur Folge. Sinclair griff auch in seinen weiteren Rr. immer wieder soziale Mißstände in den USA auf: *King Coal* (1917), *Oil!* (1927) usw. Übss. *Der Sumpf* von E. E. Ritter (1906), H. zur Mühlen (1923).

1906 John Galsworthy:

eE The Man of Property

R.

London, 1886. Irene, die schöne, sensible Frau des Rechtsanwalts Soames Forsyte, ist unter den materialistischen Forsytes eine Fremde geblieben und findet in Philip Bosinney, dem Architekten ihres Landhauses, einen Gleichgesinnten. Das Liebesverhältnis beider beschäftigt bald die »Forsyte-Börse«, wo die Familie sich zum Klatsch trifft. Der rachsüchtige S. gewinnt gegen B. einen Prozeß wegen Kostenüberschreitung. B.

stirbt bei einem (offenbar gewollten) Unfall. I. verläßt ihren Mann, kommt aber verstört in den »Käfig« zurück.
Die Forsytes als Vertreter des gehobenen Mittelstandes mit S. als »Mann von Besitz« im Mittelpunkt, Besitz- und Machtstreben sowie gesellschaftliche Repräsentation dominieren in dieser nach außen geschlossenen Welt und geraten in Konflikt mit Schönheit und Leidenschaft. Dabei zeigen sich die Gegensätze Humanität – Materialismus, Offenheit – Engstirnigkeit, Künstler – Bürger. Das Zeitgemälde setzt ein am Höhe- und Wendepunkt der viktorianischen Epoche. Subtile Charakterisierung und Perspektivierung (z. B. wird I. durchweg von außen gesehen). Satirische Tendenzen (bes. bei der Schilderung der Gesellschaften). Symbolik (z. B. Haus). Einflüsse: E. Zola, G. de Maupassant.

1. Buch der Familienchronik *The Forsyte Saga* (1922), einer R.-Trilogie mit 2 »Zwischenspielen«, die die Forsytes bis 1920 weiterverfolgt. Die anderen Bücher sind: *Indian Summer of a Forsyte* (1918): der »alte Jolyon« sehnt sich nur noch nach Schönheit, die ihm in der Gestalt I.s begegnet, die S. verlassen hat. *In Chancery* (1920): Nach vergeblichen Versuchen, I. zurückzugewinnen, erreicht S. die Scheidung und heiratet die Französin Annette Lamotte, während I. in der Ehe mit dem »jungen Jolyon«, einem Künstler, ihr Glück findet. *Awakening* (1917): ein Tag im Leben von I.s 8jährigem Sohn Jon. *To Let* (1921): die Vergangenheit überschattet die Liebe zw. Jon und S.s Tochter Fleur. Jon zieht mit seiner verwitweten Mutter fort. Fleur heiratet Michael Mont. Der letzte der alten Forsyte-Geschwister stirbt: er hinterläßt ein Vermögen und ein leeres Haus. Die Geschichte der Forsytes in den 20er Jahren mit Fleur im Mittelpunkt folgt in *A Modern Comedy* (1929), bestehend aus der R.-Trilogie *The White Monkey* (1924), *The Silver Spoon* (1926) und *Swan Song* (1928) mit den »Zwischenspielen« *A Silent Wooing* und *Passers By* (1927). Übss. *Die Forsyte Saga* von L. Wolf und L. Schalit (1925); *Moderne Kom.* von L. Schalit (1929). Film *That Forsyte Woman* von C. Bennett (1949). Die BBC produzierte mit ihrer 26teiligen Verfilmung (1967) eine ihrer erfolgreichsten Fernsehserien.

1906 O. Henry:

aE The Four Million

25 Kurzgeschichten, zunächst in *New York World.*

Kurzgeschichten über die ärmere Mehrheit der New Yorker (Titel): das von Verführung bedrohte Leben der Verkäuferin Dulcie *(An Unfinished Story)*, das weltmännische Geprahle eines Provinzlers *(A Cosmopolite in a Café)*, der Hauskrach der McCaskeys in einer billigen Pension *(Between Rounds)*, die königlichen Phantasien eines alkoholisierten Stadtstreichers *(The Caliph, Cupid and the Clock)* usw. Die Schauplätze sind entsprechend Coney Island *(Tobin's Palm)*, billige Mietswohnungen *(The Skylight Room)*, öffentliche Parks *(By Courier)* u. a. Zentral der Widerspruch zw. Ideal, Romantik, Illusion und der schäbigen, oft grausamen Realität, der nur gelegentlich durch den Zufall oder die Liebe gemildert wird *(The Gift of the Magi)*. Entsprechend zw. Märchen und realistischer Reportage schwankende persönliche Erzählweise voller ironischer Brüche und Kontraste, oft mit überraschender Wende am Ende. Genaue Nachzeichnung von New Yorker Sprechweisen.

Großer Erfolg. *Complete Works* (1953). Übs.: Einzelnes in *Bluff* von P. Baudisch (1926), *New Yorker Leben* von L. Neuhold (1946), *Hinter der grünen Tür* von K. Rupé (1955) u. a.

1907 **John Millington Synge:**

eD **The Playboy of the Western World**

Dr., 3; zugrunde liegt eine wahre Begebenheit, vgl. *The Aran Islands* (1907). Entst. seit 1904, häufig überarbeitet.

Christy Mahon, der »playboy« (= phantasierender Prahlhans, Spielball der anderen und siegreicher Sportler) der »westlichen Welt« (= des wilden ir. Hinterlandes im Westen), der gegen seinen starrköpfigen Vater rebelliert und ihn niedergeschlagen hat, wird auf der Flucht von der Wirtstochter Pegeen Mike aufgenommen und läßt sich vom ganzen Dorf als heldenhafter Vatermörder bewundern. Als der alte Mahon jedoch auftaucht und die improvisierten Erzählungen des Sohnes Lügen straft, wenden sich alle gegen Ch. und treiben den verzweifelten dazu, seinen Vater ein zweites Mal zu »erschlagen«. Die Augenzeugen der Tat sind jedoch entsetzt und wollen ihn hängen. Auch P., die ihn liebte, kehrt sich von ihm ab und bleibt im Kummer zurück. Ch. wird von seinem (wiederum »auferstandenen«) Vater gerettet. Desillusioniert über die Widersprüchlichkeit und Unmenschlichkeit der Dorfgemeinschaft finden beide ein neues Verhältnis zueinander (Emanzipation Ch.s).
Zentral die Diskrepanz zw. Fiktion und Realität (»gap between a gallous story and a dirty deed«) und die daraus resultierende Entwicklung Ch.s. Mischung tragischer und komischer (z. T. possenhafter) Züge. Stilisiertes anglo-ir. Idiom. Ch.s Fabulierkunst der allmählichen Übertreibung.

Auff. 26.1. Abbey Theatre, Dublin; verursachte Theaterskandal wegen nationaler und moralischer Bedenken (»Playboy Riots«). Buchausg. mit Vorwort: Synges programmatische Kriterien »reality« und »joy«. Oper *Ein wahrer Held* von G. Klebe (1975). Übss. *Der Held des Westerlands* von Ch. H. Fisher und G. Sil-Vara (1912), *Ein wahrer Held* von A. und H. Böll (1960), *Der Held der westlichen Welt* von A. E. Wiede und P. Hacks (1961) u. a.

1907 **Henry Adams:**

a **The Education of Henry Adams**
A Study of Twentieth-Century Multiplicity

Autobiogr. Entst. 1905–07. 1907 privat veröffentlicht.

USA, Europa, 1838–1904. 2 Teile: 1838–71. »Erziehung« als die Summe aller Einflüsse, die auf Adams einwirken: Familie (1–3), Ausbildung (4–6), Politik (7–11), Gesellschaft, Kunst, Wissenschaft (12–20). 1892 bis 1905. Geschichtsstudien und Anteilnahme an der Zeitgeschichte führen zu einer dynamischen Geschichtstheorie (21–35). Thema der Autobiogr. ist nicht die eigene Individualität, sondern die idealistische, unitäre Fehlerziehung des 19. für das materialistische, pluralistische 20. Jh. Die analog zu Darwins Naturgesetzen konzipierte dynamische Geschichtstheorie nimmt das 13. Jh. (vgl. *Mont-Saint-Michel and Chartres,* 1904) als Ausgangspunkt einer geschichtlichen Evolution von der Kraft der Einheit (Symbol: »Virgin«) zur Kraft der Multiplizität (Symbol: »dynamo«), von umfassender Ordnung zu energieverschwendender Entropie. Adams' deterministisch-pessimistisches Geschichtsbild wird durch eine Fülle autobiogr. Materials belegt. Ironisch distanzierter Stil. Autobiogr. Er-Erzählung. Einfluß von J. W. Goethe, E. Haeckel und J. W. Gibbs. Starker Einfluß als Schullektüre und allgemeines Bildungsgut (vgl. Schlüsselbegriff der Entropie in der Gegenwart).

Vorwort eines fiktiven Hg. Erst postum (1918) Veröffentlichung für eine breitere Leserschaft; Pulitzer-Preis. Übs. *Die Erziehung des Henry Adams* von J. Lesser (1953).

1907 **Joseph Conrad:**

eE **The Secret Agent**
A Simple Tale
R.

Mr. Verloc, obskurer Buchhändler, Polizeispitzel und Anarchist, versucht unter Drohungen seines Auftraggebers Vladimir, eines Botschaftsangehörigen, einen Sprengstoffanschlag auf das Greenwich Observatory, Symbol der Wissenschaft, um die Londoner Bürger aufzubringen und die Polizei zu repressiven Maßnahmen zu zwingen. Der Anschlag mißlingt, Stevie, der schwachsinnige Bruder von V.s Frau Winnie, kommt dabei um. Kriminalinspektor Heat wird bei der Untersuchung von einem ehrgeizigen Vorgesetzten überspielt, dem es nur um die Festnahme von Vladimir geht. Als W. die Wahrheit über den Tod ihres Bruders erfährt, bringt sie V. um und flieht mit Ossipon, einem Anarchisten. Ossipon läßt sie im Stich, W. begeht Selbstmord. Eine einfache Kriminalgeschichte dient als Ausgangspunkt für die Analyse einer moralischen Korruption, die Anarchisten und Polizisten gleichermaßen ergriffen hat. Der polit. sinnlose Terrorakt dient als Auslöser einer Kette von Verbrechen, die die kleinbürgerliche Welt von V. zerstören. Die Perspektive der Figuren wechselt meist mit den 13 Kapp. des Buches. Sie wird überlagert von einem ironisch distanzierten Erzähler. Achronologische Anordnung (Kap. 8 zeitlich vor Kap. 4) verhindert kriminalistische Spannung und verstärkt die Ironisierung der beschränkten Figurenperspektive. Conrad ersetzt in diesem R., ausgehend von einem tatsächlichen Vorfall im Jahre 1894, die tropischen Landschaften seiner früheren Rr. durch das düstere Bild Londons, das die Korruption der Figuren symbolisch umgibt. Züge des viktorianischen Melodramas.

Dramatisierung von Conrad (1922). Übss. *Der Geheimagent* von E. W. Freißler (1926), G. Danehl (1963). Film *Sabotage* von A. Hitchcock (1936).

1907 **Natalie Curtis** (Hg.):

aL **The Indian's Book**
An Offering by the American Indians of Indian Lore, Musical and Narrative . . .

Folkloristische Lieder und Erzählungen, aufgezeichnet und musikalisch transkribiert von Curtis, illustriert von Indianern.

Die Slg. bietet erstmals einen breiten Einblick in die mündlichen Traditionen der Dakota, Pawnee, Cheyenne, Arapaho, Kiowa, Navajo, Zuni, Hopi u. a. Stämme: Wiegen-, Spiel-, Arbeits-, Kriegs- und religiöse Lieder werden wiedergegeben und durch Erzählungen und Erläuterungen in

ihre rituellen und spirituellen Zusammenhänge gestellt. Wiederholungen, Anrufe und mythologische Anspielungen deuten auf diese Zusammenhänge hin. Sorgfältige Transkription von Text und Melodien.
Die Slg. half, das Verbot des Singens indianischer Lieder in den staatlichen Schulen des Bureau of Indian Affairs aufzuheben und bereitete ein allgemeineres Verständnis dieser mündlichen Literatur-Traditionen vor. Einfluß auf Musiker und Lyriker in den 20er Jahren. Seitdem Ausbreitung von Anthologien indianischer oder indianisch inspirierter Lyrik.

2. rev. Aufl. 1923.

1907 Jack London:

aE The Iron Heel

R.

USA, 1912–1917. Die bürgerliche Avis Cunningham läßt sich vom Berufsrevolutionär Ernest Everhard zum Sozialismus bekehren und heiratet ihn. Die Oligarchie der großen US-Trusts ruiniert den Mittelstand, steuert in einen Krieg mit Deutschland (der durch einen Generalstreik verhindert wird), beseitigt den Kongreß und provoziert einen Arbeiteraufstand in Chicago, den sie durch ihre Truppen (die »eiserne Ferse«) blutig niederschlagen läßt. E. und A. entkommen und setzen den Widerstand aus dem Untergrund fort. Ein Nachwort aus dem Jahre 2600 ordnet aus der überlegenen Sicht einer sozialistischen Gesellschaft das Geschehen hist. ein.
Weniger Dystopie als Warnung vor einer Unterschätzung der Gewaltbereitschaft des US-Kapitals durch die Sozialisten, die auf eine Umwandlung der USA durch die Wahlurne setzten (→*Looking Backwards*, 1888). Kunstvolle Relativierung der Standpunkte von E. und A. (Erzählerin) durch den Hg. des Manuskripts (Fußnoten, Nachwort). Verwendung von Zeitschriftenmaterial und Anregung durch die gescheiterte November-Revolution in Rußland. In der Rezeption wurde das Werk auf den Nationalsozialismus angewendet und später als antitotalitäre Dystopie verstanden. Einfluß auf G. Orwell.

Übs. *Die eiserne Ferse* von F. Born (1922) und Ch. Hoeppner (1984) u. a.

1908 Thomas Hardy:

eD The Dynasts

An Epic-Drama of the War with Napoleon, in Three Parts, Nineteen Acts, and One Hundred and Thirty Scenes

Dr. Entst. seit 1897 und veröffentlicht seit 1903.

Hardys experimentell-episches Lesedr. in Prosa und Blankversen demonstriert an den Napoleonischen Kriegen (1805–15) die Schopenhauersche Lehre von der Determinierung der Geschichte durch den »immanenten Willen« der Welt.

Auff. 25. 11. 1914, Kingsway Theatre, London, in der Bühnenbearbeitung von H. Granville-Barker.

1908 Arnold Bennett:

eE The Old Wives' Tale

R., 4 Bücher. 1903 geplant als *The History of Two Old Women.*

I. »Mrs. Baines«. »Five Towns« (= Stoke-upon-Trent), 1862–67. Die jungen Töchter des Textilhändlers Baines aus Bursley entscheiden sich für verschiedene Lebenswege: Constance heiratet nach dem Tod ihres Vaters dessen Angestellten Samuel Povey, Sophia läuft mit dem Textilvertreter Gerald Scales davon. II. »Constance«. 21 kleinbürgerliche und provinzielle Ehejahre C.s in Bursley. Geburt eines Sohnes, Tod des Mannes. III. »Sophia«. Nach einigen verschwenderischen Ehejahren in Paris verläßt Scales S., die sich auch in Krisenzeiten (1870/71) als Vermieterin behauptet. IV. »What Life Is«. 1896–1907. C. erfährt durch Zufall von S., S. besucht C., um schließlich ganz in Bursley zu bleiben. S. stirbt 1906, C. 1907.

Das Thema bildet die Wirkung der Zeit auf das parallel geführte und kontrastierte Leben der beiden Schwestern (Schlüsselwörter: »young« – »old«, »change«, »girl« – »woman«). Der Titel ist von G. Peele entlehnt. Schon im Aufbau angelegte Symmetrie der kleinbürgerlichen Lebenswege von C. und S., die bis in die kleinsten Motive reicht. Traditioneller, allwissend-ironischer Erzähler. Realistischer Hintergrund beruht auf eigenen Recherchen. Einflüsse von H. de Balzac, W. M. Thackeray und G. de Maupassant *(Une Vie).*

Übs. *Konstanze und Sophie oder Die alten Damen* von D. Bródy (1932).

1908 E. M. Forster:

eE A Room With a View

R., 2. Entst. seit 1903.

I. Lucy Honeychurch verliert auf einer Reise in Italien ihre bürgerliche Selbstsicherheit (bes. durch ihre Liebe zu dem unkonventionellen George Emerson). II. Nachdem sie in England zunächst in ihr altes Milieu zurückgedrängt worden ist (Verlobung mit Cecil Vyse), wird durch das Auftauchen G.s ihre Vergangenheit wieder lebendig. L. und G. heiraten und fahren nach Florenz.

Zentral das Motiv des »undeveloped heart« bzw. die Emanzipation L.s. Für Forsters Frühwerk typische Gegenüberstellung Italien – England (vgl. *Where Angels Fear to Tread,* 1905), Vitalität – Künstlichkeit. Leichte Ironisierung gesellschaftlicher Konventionen. Symbolik (vgl. das Rahmenmotiv des »Zimmers mit Ausblick«). Einfluß von G. Meredith.

Bühnenbearbeitung von St. Tait und K. Allott (1950). Film von J. Ivory (1986). Übs. *Zimmer mit Aussicht* von W. Peterich (1986).

1909 John Galsworthy:

eD Strife

Dr., 3, Auff. 9.3. Duke of York's Theatre, London.

Gegenwart. Der monatelange Streik der Arbeiter eines Walzwerks an der walisischen Grenze erreicht seinen Höhepunkt, als die Unternehmer erfahren müssen, daß die Aktien gefallen und die Arbeiter am Ende ihrer Mittel angelangt sind. Während die Mehrheit auf beiden Seiten streikmüde wird, insistieren John Anthony, der Vertreter der Werksleitung, und David Roberts, der Vertreter der Streikenden, auf dem Arbeitskampf aus Prinzip und persönlichem Engagement. Erst als die Arbeiter sich gegen R. wenden und seine entkräftete Frau stirbt, weichen beide Parteien von ihrem starren Kurs ab und einigen sich auf jenen Kompromiß, den sie anfangs abgelehnt hatten, womit sich der Streik als Energievergeudung erweist.

Unparteiische Darstellung des Konflikts zw. Unternehmern und Arbeitern: Verständnislosigkeit, Egoismus, Fanatismus herrschen auf beiden Seiten; entsprechende Symmetrien in Figurengruppierung, Szenenverteilung usw., die dem naturalistischen Dr. zugleich symbolische und ironische Züge verleihen. Die eigentlichen Kontrahenten A. und R. als Kämpfernaturen, die sich einer Sache opfern und bei aller Unversöhnlichkeit sich insgeheim gegenseitig bewundern.

1909 H. G. Wells:

eE Tono–Bungay

R., 4 Bücher.

I. »The Days Before Tono-Bungay Was Invented«. Südengland, Jahrhundertwende. Der Ich-Erzähler George Ponderevo wächst als Sohn einer Haushälterin auf einem Landsitz und bei seinem Onkel Edward, einem ambitionierten Apotheker, auf. II. »The Rise of T.-B.«. G. studiert Naturwissenschaften und wird Verkaufschef bei E., der das Pseudo-Allheilmittel »T.-B.« erfunden hat und mit viel Werbung vertreibt. III. »The Great Days of T.-B.«. G. und E. werden reich und können sich weiteren Projekten widmen. Als E. das Geld durchgebracht hat, besorgt G. auf einer abenteuerlichen Expedition in Ostafrika illegal die radioaktive Substanz »quap«, die aber durch Schiffbruch verloren geht. IV. »The Aftermath of T.-B.«. G. verhilft dem bankrotten E. zur Flucht, der bald danach stirbt. Vom kapitalistischen System enttäuscht, will G. sich nur noch der Wissenschaft widmen, baut dann aber Zerstörer.

Wells benutzt die fiktive Autobiogr. als Vehikel seiner Kritik an der edwardianischen Gesellschaft: Mißbrauch der Naturwissenschaften, Manipulation der Massen, Klassengegensätze usw. Neben der Hdlg. lange Erörterungen der implizierten Problematik. Satirische Tendenzen (vgl. das strukturbestimmende Titelmotiv).

Übs. *Der Traum* von O. Mandl, H. M. Reiff und H. E. Redtenbacher (1927).

1909 Henry James:

aE The Altar of the Dead, The Beast in the Jungle, The Birthplace **And Other Tales**

10 Kurzgeschichten. Bd. 17 der New Yorker Gesamtausg. *The Novels and Tales of Henry James.*

3 Texte treten hervor: *The Altar of the Dead* beschreibt die Entwicklung eines Mannes, der durch Enttäuschungen im Leben unfähig zu sozialen Beziehungen ist und über die geistige Verarbeitung des »Bannes der Toten« eine neue Sicht gewinnt, welche aber mit dem eigenen Tod zusammenfällt. *The Beast in the Jungle* porträtiert einen Mann, der Opfer eines »raubtierhaften« Schicksalsschlags zu werden fürchtet und nach dem Tod der Gefährtin nur noch in der Vergangenheit lebt, bis er die eigene Lebensleere des ewigen Wartens erkennt. In *The Jolly Corner* besucht ein europäisierter New Yorker sein ehemaliges Zuhause; bei der Suche nach dem *alter ego* der verlorenen Zeit überwindet er die Konfrontation mit dieser »Bestie« durch den Beistand einer Vertrauten, mit der es zur späten Verbindung kommt.
Im Mittelpunkt steht jeweils der Typ des »empfindsamen alten Herrn«, der – von einer Obsession erfaßt – den Gegensatz zw. den persönlichen Möglichkeiten und der Realität des ungelebten Lebens wie die zwischenmenschliche Entfremdung erkennt, wobei eine enge Vertraute (und deren verborgene Liebe) eine entscheidende Rolle spielt. Konzentration auf minuziöse Analyse psychischer Regungen und Bewußtseinsvorgänge. Monoperspektivisches Erzählen. Atmosphärisch-symbolische Funktionalisierung der konkreten Umwelt. Subtile Relativierungseffekte der »operativen Ironie«. Segmentale Struktur mit Zuspitzung auf schlagartige Bewußtwerdung gegen Ende (»shock of recognition«). Stilistisch Vorliebe für parenthetische Modifikationen.

Weitere Slg. *The Finer Grain* (1910). Teil-Übs. *Erzählungen* von H. M. Braem und E. Kaiser (1958).

1909 Ezra Pound:

aL Personae

34 Gedichte.

Pounds 2. Gedichtband verarbeitet Stoffe, Stile und Anregungen aus der klassischen griechischen und lateinischen Dichtung *(Famam librosque cano),* der provenzalischen Dichtung *(Na Audiart, Marvoil)* und von einzelnen Dichtern wie R. Browning *(Cino),* F. Villon *(Villonaud for This Yule),* W. B. Yeats *(The White Stag)* usw. Pound versucht, durch Imitation und Parodie bes. die zeitgenössische poetische Diktion zu erweitern und zu verfeinern (Präzision der Wortwahl), und nimmt dabei verschiedene dichterische Masken (= »Personae«) an. Einfluß auf die Imagisten, W. B. Yeats und T. S. Eliot.

Die rev., erweiterte Ausg. von 1926 enthält zudem Nachahmungen von Dichtungen aus der italienischen Renaissance, dem französischen Symbolismus und dem Chinesischen. Übs. *Personae. Masken* von E. Hesse (1959).

1909 **Gertrude Stein:**

aE **Three Lives**

3 Geschichten. Entst. 1904–05. Im Selbstverlag veröffentlicht.

Bridgeport, Conn. *The Good Anna.* Das aufopfernde Leben der deutschen Hausangestellten Anna Federner im Dienst bis zum Tod. *Melanctha.* Das suchende Leben von M. Herbert, einer Mulattin. Auf der Suche nach »Weisheit« beginnt sie ein Verhältnis mit Dr. Jeff Campbell, den sie jedoch wegen seiner puritanischen Vorurteile verläßt. Von ihren Bekannten gemieden, geht sie ein neues Verhältnis ein und stirbt schließlich verlassen an Schwindsucht. *The Gentle Lena.* Das einfältige Leben der deutschen Hausangestellten Lena Mainz: Jugend, Heirat und Tod.
Die 3 sich gegenseitig kommentierenden Geschichten zeigen alle die Milieudeterminiertheit der Figuren in Konformismus (Anna, Lena) oder Rebellion (Melanctha). In einfacher Parataxe voller banaler Adjektive und Klischees experimentiert Stein hier bereits mit Rekurrenz von Wörtern, Sätzen und Paragraphen, die die Trivialität der Lebensgeschichten unterstreicht. Einflüsse von G. Flauberts *Trois Contes,* W. James, expressionistischer Malerei.

Übs. *Drei Leben* von M. Pörtner (1960).

1910 **John Millington Synge:**

eD **Deirdre of the Sorrows**

Tr., 3, Auff. 13.1. Abbey Theatre, Dublin. Quelle: häufig bearbeiteter ir. Sagenstoff, vgl. W. B. Yeats' *Deirdre* (1907). In der letzten von zahlreichen Fassungen unvollendet und postum veröffentlicht.

Die junge Deirdre entflieht der Werbung des alten Königs Conchubor, wird Naisis Frau und verbringt 7 glückliche Jahre mit ihm (Waldidylle). Obwohl gewarnt, gehen D. und N. auf C.s Friedensangebot ein. D. versucht die Rivalen zu versöhnen, doch es kommt zum Kampf. N. fällt, D. folgt ihm in den Tod. Schicksalstr. im Spannungsfeld Traum – Wirklichkeit. Stilisierte poetische Sprache. Tendenz zu Symbolik.

1910 **John Galsworthy:**

eD **Justice**

Tr., 4, Auff. 21.2. Duke of York's Theatre, London.

Gegenwart. Bei dem Versuch, die geliebte Frau (Ruth Honeywill) aus der Gewalt ihres brutalen Mannes zu befreien, wird der Angestellte Falder zum Scheckfälscher und verbringt deshalb 2 Jahre in Einzelhaft. Die Resozialisierung mißlingt ihm, er wird wieder zum Fälscher und begeht Selbstmord. Die Hdlg. kontrastiert mit dem Titel (»Gerechtigkeit«): der Mensch fällt der Justizmaschinerie zum Opfer. Tendenzstück gegen eine Rechtsprechung ohne Berücksichtigung der menschlichen Umstände und die Praxis des Strafvollzugs.

Das Stück (bes. die naturalistischen Zuchthausszenen) bewirkte eine Reform des Strafvollzugs durch den Innenminister W. Churchill. Übs. *Justiz* von M. Meyerfeld (1913).

1910 E. M. Forster:

eE Howards End

R.

Gegenwart. Die intellektuellen, kultivierten, liberalen Schwestern Margaret und Helen Schlegel aus dem Londoner Mittelstand stehen in Beziehung zu der traditionsbewußten, geschäftstüchtigen Familie Wilcox. Eine erste Annäherung bewirkt Mrs. W.s Freundschaft zu M. Nach Mrs. W.s Tod heiratet M. Henry W. und überwindet durch Verständnis, Feingefühl und Integrität allmählich Feindseligkeit, Mißtrauen, Vorurteile und falsche Moral. Das Parallelmotiv der sexuellen Beziehungen zw. Helen und dem kleinen Angestellten Leonard Bast sowie früher zw. H. W. und Jacky Bast dramatisiert den Gruppen-Konflikt und führt ihn zur Klimax einer Kollision, die Leonards Tod zur Folge hat, gegen Schluß des R.s.
Das Motto »Only connect . . .« (d.h. »nicht mehr in Fragmenten leben«) postuliert den Ansatz zur Überwindung der Diskrepanz zw. Individuen bzw. Gruppen unterschiedlicher Stellung, Interessen, Ansichten, Lebensweise und gilt auch darüber hinaus für die Dualismen Außen – Innen, Körper – Geist, Materialismus – Idealismus, Tradition – Fortschritt in der edwardianischen Übergangszeit. Symbolik (bes. der alle Wirren überdauernde und schließlich zusammenführende W.sche Landsitz »Howards End«; der R. als »a hunt for a home«) und formelhafte Leitmotive (wie »panic and emptiness«, »telegrams and anger«). Vorwiegend traditioneller Erzählstil.

Übs. von W. E. Süskind (1949).

1910 William Butler Yeats:

eL The Green Helmet and Other Poems

Dr. und 19 Gedichte in 2 Teilen. Entst. 1908–10.

Neben dem Versdr. (aus dem Cuchulain-Zyklus) Gedichte über Maud Gonne, Lady Gregory und den Konflikt zw. alltäglichem Leben in Irland (polit. Unruhen, das Lesepublikum, Studenten, Abbey Theatre usw.) und romantischer Dichtung (Tod, Liebe, Könige, Masken). Aufbau: eingerahmt von 2 Gedichten über Tod und Liebe, 17 Gedichte, die symmetrisch um das zentrale Gedicht *The Coming of Wisdom with Time* geordnet sind. Verknüpfung der Gedichte untereinander durch Schlüsselwörter (»thought«, »blame«, »peace«, »secret« etc.). Bemühung um einfache Diktion und Strophenformen, doch noch Archaismen und symbolische Sprechweise.
Die Slg. zeigt Yeats' Übergang von symbolistischen, ästhetizistischen Frühwerken zu den sich mit aktuellen ir. Fragen beschäftigenden Gedichten der Folgezeit.

Teilübs. in *Ausgewählte Gedichte* von S. Andres u. a. (1971).

1910 Arnold Bennett:

eE Clayhanger

R., 4 Bücher.

I. »His Vocation«. »Five Towns« (= Stoke-upon-Trent), 1872. Der junge Edwin Clayhanger möchte nach Schulabschluß Architekt werden. Doch sein autoritärer Vater Darius zwingt ihn, in seiner Druckerei zu arbeiten. II. »His Love«, 1880. Bei der von ihm bewunderten Architektenfamilie Orgreave verliebt sich E. in Hilda Lessways, die dort zu Besuch ist. Doch H. heiratet überraschend einen anderen. III. »His Freedom«, 1886. E.s Vater wird krank und muß allmählich das Haus und die Druckerei an E. abtreten. Aber erst nach dessen Tod fühlt E. sich völlig frei. IV. »His Start in Life«, 1892. Als E. erfährt, daß H. in finanziellen Schwierigkeiten ist, fährt er nach Brighton und hilft ihr. Am Krankenbett ihres Sohnes finden E. und H. zueinander. H. ist frei, ihre frühere Ehe ungültig.
Thema des R.s ist der Vater-Sohn-Konflikt, E.s allmähliche Emanzipation vom Vater und dem, wofür er steht (Viktorianismus: Autorität, Puritanismus, merkantiles Denken). Naturalistisch getreue Wiedergabe des Milieus, das das Verhalten der Personen determiniert. Soziale Kontrastierung der Clayhanger- und Orgreave-Familien. Symbolische Details (Maschine, Uhr, Haus usw.).

1. Teil der Trilogie *The Clayhanger Family*. Der Perspektive E.s folgte in *Hilda Lessways* (1911) diejenige Hildas. *These Twain* (1916) schildert das Leben und Altern beider zusammen. Übs. in *Die Familie Clayhanger* von D. Bródy (1930).

1911 Edith Wharton:

aE Ethan Frome

R.

»Starkfield«, Mass., Gegenwart. Der arme Neuengland-Farmer Ethan Frome sieht keinen Ausweg, seiner tyrannischen hypochondrischen Frau Zeena zu entkommen, als mit deren Kusine Mattie Silver, die er liebt, Selbstmord zu begehen. Als das mißlingt, bleiben E. und M. verkrüppelt und hilflos in der Gewalt von Zeena.
Kunstvolle Perspektive: Ein zugereister Ingenieur erzählt die tragische Geschichte aufgrund von Berichten einzelner Dorfbewohner und eigenen Eindrücken (vgl. Vorwort). Symbolik: Ulme, Haus, Schnee. Versuch, einfache ländliche Sprechweisen im Dialog festzuhalten.

Übs. *Die Schlittenfahrt* von V. Lange (1948). Bühnenbearbeitung von O. und D. Davis (1954).

1911 Joseph Conrad:

eE Under Western Eyes

R., 4. Serieller Vorabdruck in *English Review* (1910).

I. Rußland um 1910. Der Student Razumov gerät in eine Gewissenskrise, als er den anarchistischen Attentäter Haldin retten soll. Auf seine Denun-

ziation hin wird dieser hingerichtet. II. Der Erzähler, ein Sprachlehrer, lernt in Genf die Mutter und die Schwester Natalia des Attentäters kennen. R. kommt nach Genf und schließt sich anarchistischen Kreisen an. N. hält R. für einen Freund ihres toten Bruders. III. R. gerät durch das Vertrauen N.s in Verlegenheit. Er fühlt sich auch in anarchistischen Kreisen beobachtet. IV. Der Erzähler erklärt aufgrund eines Tagebuches die Motive R.s: Er wurde auf psychologischen Druck eines Vertreters der russischen Autokratie, Mikulin, als Spitzel nach Genf gesandt. Doch N.s Vertrauen und ihre beginnende Liebe stellen ihn vor die moralische Entscheidung: Er bekennt seinen doppelten Verrat und wird von den Anarchisten grausam gestraft.
Eine Studie russischer Gewaltherrschaft (Schlüsselwort »autocracy«) und ihrer psychologischen und moralischen Folgen für Spione und Anarchisten aus westlicher Sicht des Erzählers (Titel und Schlüsselwort »Western Eyes«). Vor allem eine Studie R.s, der das Vertrauen (»confidence«), das Haldin, N., der Erzähler und die Anarchisten in ihn setzen, bis zu seiner Bewährungsprobe nicht rechtfertigen kann. Multiperspektivisches Erzählen vorwiegend aus dem Blickwinkel R.s und des Erzählers. Ausgesparte und später (in IV) nachgeholte Information, die den Leser genauso irren läßt wie die Figuren im R. (III); Dialoge kunstvoll als wechselseitige Mißverständnisse gestaltet, symbolische Details. Einfluß von F. Dostojewski.

Übss. *Mit den Augen des Westens* von E. W. Günter (1913), G. Danehl (1967). Film *Sous les yeux d'Occident* von M. Allégret (1936).

1911 G. K. Chesterton:

eE The Innocence of Father Brown

12 Kriminal- und Detektivgeschichten.

Der kleine Dorfpfarrer Pater Brown aus Essex verhindert oder klärt eine Reihe von Kriminalfällen (bes. Morde, Diebstähle) mit Menschenkenntnis, Einfühlungsvermögen und Witz. In der Begegnung mit (oft widersprüchlichen) Exzentrikern und Verbrechern bewahrt er sich seinen Glauben an das Gute im Menschen. Durchgängig humoristische Züge. Einfluß A. C. Doyles.

Die Popularität des Priester-Detektivs veranlaßte Chesterton zu weiteren Slgg. Übs. *Priester und Detektiv* von H. M. v. Lama (1920) u. a. 4 Filme über die Figur.

1912

eL Georgian Poetry 1911–1912

36 Gedichte von 17 Verfassern.

Die von E. Marsh herausgegebene Slg. versucht, Lyriker der »Georgian period« als eine Gruppe vorzustellen, doch der Band enthält so verschiedene Autoren wie G. K. Chesterton, D. H. Lawrence, W. de la Mare, R. Brooke. Die meisten der Gedichte beschreiben eine einfache ländliche Szenerie (R. Brooke, *The Fish;* W. H. Davies, *In May;* G. Bottomley,

The End of the World) oder rekapitulieren ein emotional erlebtes Ereignis (D. H. Lawrence, *The Snapdragon;* W. W. Gibson, W. H. Davies, *The Child and the Mariner*). Eine 3. Gruppe umfaßt dramatische Monologe und Dialoge. Fast alle Gedichte verwenden einfache Gegenstände, vor allem Blumen und Tiere, als Symbole für eine häufig christlich-meditative Thematik. Traditionelle Vers- und Strophenformen (z. B. Blankvers, Kreuzreimstrophe). Die Slg., die nach Marsh die »neue Kraft und Schönheit« der engl. Lyrik zeigen soll, richtet sich gegen die als dekadent abgelehnte Lyrik des Symbolismus und kehrt z. T. zu viktorianischen Traditionen zurück. Einflüsse: A. Tennyson und R. Browning.

Bis 1922 erschienen 4 weitere Slgg. Typische Lyriker blieben J. Drinkwater, J. Freeman und J. C. Squire, während R. Graves, S. Sassoon sich nach dem 1. Weltkrieg von ihren frühen Gedichten distanzierten.

1912 Theodore Dreiser:

aE The Financier

R.

Der 1. Teil von *A Trilogy of Desire* schildert den Aufstieg und Fall (1837 bis 1873) des rücksichtslosen und gerissenen Börsenspekulanten Frank Cowperwood in der Hochfinanz von Philadelphia. C.s öffentliches und privates Leben steht unter dem Gesetz des Überlebens des Stärksten. Demonstration des Determinismus ohne Sozialkritik. Umfangreiche Recherchen über das Leben des am. Kapitalisten Ch. T. Yerkes (1837–1905) bilden die Grundlage des R.s.

The Titan (1914), 2. Teil der Trilogie, schildert C.s gescheiterten Versuch (1873–98), Chicagos Verkehrsnetz zu monopolisieren. *The Stoic* (postum 1947) zeigt C.s ähnliche Bemühungen um Londons Untergrundbahn. Rev. 2. Ausg. 1927. Übs. in *Trilogie der Begierde* von M. Schön (1928).

1913 George Bernard Shaw:

eD Pygmalion

A Romance in Five Acts

Dr. Mit Nachwort und Zwischentexten.

I.–III. London. Aufgrund einer Wette mit seinem Kollegen Pickering unterrichtet der Phonetiker Henry Higgins das Blumenmädchen Eliza Doolittle, befreit sie von Cockney-Akzent und Gossenmanieren und macht sie so zur gesellschaftsfähigen Dame. IV.–V. E. empört sich gegen die unmenschliche Experimentier-Attitüde H.s. Sie entwickelt ihre eigene Persönlichkeit und macht sich aus Selbstachtung unabhängig von ihm. Die Nebenhdlg. um E.s Vater als Parallele und Kontrast zu E.s Entwicklung (sozialer Aufstieg durch unverhofften Reichtum, doch keine Persönlichkeitsentfaltung).

Zentrale Thematik: Emanzipation, Schein – Sein, Vitalität – Rigidität. Uminterpretation des Pygmalion-Galatea-Motivs: H. macht aus der lebendigen E. eine Statue, E.s eigentliche Menschwerdung in ihrer Rebellion, keine Liebesromanze. H. kontrastiert mit menschlicheren Charakteren wie Pickering (Gentleman) und der Mutter (Common sense). Struktur: Höhepunkt der äußeren Hdlg. zw. III und IV (E.s Auftritt als »Herzogin«); innere Hdlg. zentral in den Diskussionen (IV–V). Entsprechend Komik in I–III durch E.s Sprache und Verhalten, in IV–V durch dialogischen Witz.

Shaws populärstes Stück. Übs. von S. Trebitsch (1913). Auff. 11. 4. 1914 His Majesty's Theatre, London. 3 Filme, darunter von A. Asquith und L. Howard (1938). Das Musical *My Fair Lady* von F. Loewe (1956) ist eines der erfolgreichsten Beispiele dieser Gattung.

1913 D. H. Lawrence:

eE Sons and Lovers

R., 2.

I. Kohlenrevier bei Nottingham, Jahrhundertwende. Gertrude, sensibel und aus bürgerlicher Familie, wendet ihr in der Ehe mit dem rauhen Bergarbeiter Walter Morel frustriertes Bedürfnis nach Liebe und Erfolg den Söhnen zu, bes. dem künstlerisch begabten Paul. II. P. wird durch die starke Mutterbindung so gehemmt, daß er in seinen Beziehungen zu Frauen nur zeitweilige Teilerfüllung findet: geistig-seelisch mit der feinsinnigen Bauerntochter Miriam Leivers, sexuell mit der von ihrem Mann getrennten Suffragette Clara Dawes. Er widmet sich schließlich ganz der Pflege der krebskranken Mutter und erlöst sie aus dem Todeskampf durch eine Überdosis Morphium. Auf sich gestellt, verfällt er in Richtungslosigkeit und Todessehnsucht, wovon er sich in forcierter Aufbruchsstimmung zu lösen versucht (offener Schluß).
Zentral das Problem der Entwicklung P.s, die komplexen zwischenmenschlichen Beziehungen, die Polaritäten Mann – Frau (Geschlechterkampf), Bürger – Arbeiter, Spiritualität – Vitalität, Leben – Tod, Stadt – Land (vgl. Karriere und Tod des älteren Sohnes William in London), die Frustration des Individuums durch die Zwänge der Industriegesellschaft. Lawrence' autobiographischster und handlungsbetontester R., weitgehend noch ohne die später hervortretende mystische Lebensphilosophie und Symbolik. Konventionelle Erzählweise. Genaue Schilderung des Milieus und Wiedergabe der (teils dialektalen) Sprechweisen. Vorliebe für Naturbilder. Einflüsse: G. Eliot, J. Ruskin, Th. Hardy.

Jessie Chambers, die Miriam des R.s, gab unter dem Pseudonym E. T. ihre Version in *D. H. Lawrence: A Personal Record* (1935). Übss. *Söhne und Liebhaber* von F. Franzius (1925), G. Goyert (1937), Film von J. Cardiff (1960). Fernseh-Serie (London, 1981) mit Drehbuch von T. Griffiths (Buchausg. 1982).

1913 William Carlos Williams:

aL The Tempers

62 Gedichte, 2 Gedichtsequenzen.

Die frühe Slg. zeigt Williams unter dem Einfluß von E. Pound und dem Imagismus: Adaptation verschiedener hist. Stile und moderner Umgangssprache *(First Praise, Mezzo Forte)* und kurze präzise Beschreibungen von Dingen und Menschen in einfacher Sprache *(Tree and Sky, Sunday)*. Vorwiegend kurze freie Verse.

The Collected Earlier Poems (1951) enthält die meisten Gedichte, die Williams zw. 1906 und 1939 veröffentlichte. Teilübs. in *Die Worte, die Worte, die Worte* von H. M. Enzensberger (1962).

1913 Robert Frost:

aL A Boy's Will

32 Gedichte in 3 Teilen.

Die kurzen Gedichte in Frosts 1. Slg. erzählen oder beschreiben einfache Hdlgg. des Landlebens (Wasserholen, Mähen) oder Vorgänge in der Natur (Jahres- und Tageszeiten), die den Sprecher und den Leser zu unausgesprochenen Erkenntnissen über Einsamkeit und Vergänglichkeit des Menschen führen *(Mowing, A Late Walk)*. Die Symbole sind alle der Umwelt von Frost (Neuengland) entnommen: »trees«, »flowers«, »grass« usw. Das vieldeutige Hauptsymbol der Slg. ist der Wind: »A boy's will is the wind's will« (Zitat aus H. W. Longfellows *My Lost Youth)*. Traditionelle Strophen- und Versformen. Einfache Syntax und Diktion. Einfluß klassischer griechischer und lateinischer Dichtung.

Die nächste Slg. *North of Boston* (1914) widmet sich programmatisch dem kargen Landleben Neuenglands, einem Thema, das Frost sein Leben lang beschäftigt hat. Übs. in *Gesammelte Gedichte* von A. v. Bernus u. a. (1952).

1914 Gertrude Stein:

aL Tender Buttons

Objects Food Rooms

Prosagedichte in 3 Teilen.

2 Serien von kurzen experimentellen Prosapassagen über »Gegenstände« und »Essen« sowie eine lange Passage über »Räume«. In allen Teilen versucht Stein, den »Rhythmus der sichtbaren Welt« auszudrücken. Ähnlich den kubistischen Stilleben werden Regenschirm, Teller, Salat, Fisch usw. in einer assoziativen, fragmentarischen Weise beschrieben.
Techniken: Repetition von Wörtern und Wortgruppen, Identifikation von Substantiven durch Definition, Explikation, negative Definition (»Sugar is not a vegetable«); Konversionen, Permutationen (»rudeness« – »redness«), Substitution (»bud and saucer«) usw. Einfluß auf E. Hemingway, S. Anderson, E. Sitwell u. a.

In *Operas and Plays* (1932) führt Stein ihre Experimente weiter, indem sie Satz- und Klangmuster nach kombinatorischen Regeln variiert. Ihre zu Lebzeiten unveröffentlichten Gedichte, postum in der *Yale Edition* (1951–57) gesammelt, nehmen z. T. Entwicklungen der Zeit nach 1945 vorweg. Übs. *Zarte Knöpfe* von M. Stiebel (1972).

1914 **Robert Tressell:**

eE **The Bagged Trousered Philanthropists**

R. Gekürzte Sixpence-Ausg.

»Mugsborough« (Hastings) um 1906. Eine Gruppe von Bauarbeitern leidet und solidarisiert sich unter der Ausbeutung und Unterdrückung durch die lokalen Unternehmer. Realistisch-satirische Erzählweise aus Arbeitersicht. Nachhaltiger Einfluß auf den engl. Arbeiter-R. bis hin zu A. Sillitoe.

1. vollständige Ausg. (1955). Fernsehserie (London, 1977).

1914 **William Butler Yeats:**

eL **Responsibilities**

31 Gedichte und das Dr. *The Hour-Glass*. Entst. 1908–14.

Von einem Prolog und Epilog gerahmt, thematisch geordnete Gruppen von Gedichten: die Kontroverse um die Dubliner Galerie, die Freiheit der Bettler, Gegensatz von Realität und Traumwelt, Rückblick auf Maud Gonne, Wendung zu einer neuen, wirklichkeitsnahen Thematik. Die Slg. markiert eine Wende von der ästhetisierenden Frühphase zu einer realitätsbewußten neuen Dichtung (Titel). Explizite Absagen an frühere poetische Verfahren (*A Coat, The Hour Before Dawn)* stehen neben Gedichten über aktuelle ir. Fragen *(September 1913, To a Shade)* und Gedichten mit einer neuen präziseren Symbolik *(The Cold Heaven, The Magi)*. Einfluß von E. Pound (durch persönliche Bekanntschaft).

Teilübs. in *Ausgewählte Gedichte* von S. Andres u.a. (1971).

1914 **James Joyce:**

eE **Dubliners**

15 Geschichten. Entst. 1904–07. Veröffentlichung mehrmals aus Zensurgründen verzögert.

Geschichten aus der gegenwärtigen Alltagswirklichkeit von Dublins »special odour of corruption« und »paralysis«. Die Figuren, bes. Kleinbürger (Verkäufer, Angestellte, Beamte, Lehrer, Sänger, Dienstmädchen usw.), in exemplarischen Situationen gezeigt, Gefangene einer trostlosen Umwelt und erdrückender Konventionen (Kirche, Staat), in Beruf und Familie frustriert, unfähig zur Selbstbefreiung. Durchgängige Motive: Sehnsucht nach »dem Leben«, Fluchtgedanke, Diskrepanz zw. Illusion und Realität, der physische, seelische und geistige Tod (vgl. bes. die Schlußgeschichte *The Dead)*. Typische Verhaltensweisen: Tatenlosigkeit, Flucht in Alkohol und Verbalismus, Aggressivität, Resignation.
Gliederung in 4 Gruppen mit zunehmender Ausführlichkeit, Erweiterung des Personenkreises und Weitung der Perspektive: »childhood« (1–3: Kinder, Ich-Erzählung); »adolescence« (4–7: unverheiratete Jugendliche;

4–15: Er-Erzählung); »maturity« (8–11: Familienväter, Ehefrauen, ältere Unverheiratete); »public life« (12–15: Gruppen des polit., musikalischen, religiösen und gesellschaftlichen Lebens). Aussparende Methode der kommentarlosen naturalistischen Beschreibung und szenischen Wiedergabe (»style of scrupulous meanness«). Tendenz zum offenen Schluß mit erstarrter Hdlg. (vgl. bes. *Eveline*). Detailpräzision unter Verarbeitung autobiogr. Erfahrungen. Durchgängige Ironisierung und indirekte moralische Entlarvung. Technik der Andeutung: Parallelen, Anspielungen, Symbolik, Bildlichkeit ergeben Zusammenhänge, die den Situationen und Geschehnissen allgemeinere Bedeutung verleihen.

Übss. *Dublin* von G. Goyert (1928), *Dubliner* von D. E. Zimmer (1969). Dramatisierung *Dublin One* von H. Leonard (1963). Verfilmung von *The Dead* durch J. Huston (1987).

1915 D. H. Lawrence:

eE The Rainbow

R. Enst. durch Aufspaltung des R.-Projekts *The Sisters* in *The Rainbow* und →*Women in Love* (1920).

In Form der Familienchronik werden 3 Generationen der Brangwens in Nottinghamshire von ca. 1840–1905 verfolgt: 1.–9. Der naturverbundene Farmer Tom findet in der Ehe mit der polnischen Emigrantin Lydia Lensky Erfüllung, nachdem er ihre Polarität als positiv zu verstehen gelernt hat. L.s Tochter Anna heiratet den Vetter Will, geht aber so in ihrer Mutterschaftsrolle auf, daß sie ihn »besiegt« und in seinem Entgrenzungsbedürfnis in bürgerliche Kompensation drängt (Kunsthandwerk, Erziehung). 10.–16. Ihre selbstbewußte Tochter Ursula verliebt sich in den Halbpolen Anton Skrebenski, der sie aber in ihrem Totalitätsanspruch der Selbstverwirklichung nicht dauerhaft befriedigen kann, wie weniger noch ihre Lehrerin Winifred Inger, der sie zeitweilig verfallen ist. Desillusioniert wird sie auch im Beruf als nonkonforme Lehrerin und Studentin. Nach einer Nervenkrise und Fehlgeburt schöpft sie in der Schlußvision eines Regenbogens Hoffnung auf eine bessere Zukunft.
Zentral die unterschiedliche Entwicklung der Hauptfiguren in ihren Beziehungen zueinander, dargestellt in exemplarischen Situationen und zyklischen Phasen (bes. Geschlechterkampf). 3 Generationen mit jeweiligem Wechsel von Umwelt und Verhalten. Einbeziehung des Zeithintergrundes (bes. entmenschlichende Industrialisierung, repressives Erziehungssystem). Bestimmende Gegensatzpaare sind Aktivität – Passivität, Intimität – Entfremdung, Unendlichkeit – Begrenztheit, Selbstverantwortung – Abhängigkeit. Struktur: mit Annäherung an die Gegenwart zunehmende Ausführlichkeit, Differenziertheit und Komplexität; U. mit ihrer Reihe der Erwartungs- und Enttäuschungsphasen tritt in den Vordergrund. Zw. den Generationsvertretern zahlreiche Parallelen, bes. Anna/U. (Vaterbindung, Feldszenen, Tanz, Mutterrolle). Durchgängige Natursymbolik (Gestirne, Felder, Tiere). Die Erzählung meist perspektivisch mit Verwendung erlebter Rede. In Klimaxpassagen Tendenz zu Mystifi-

zierung (Schlüsselwörter »soul«, »blood«, »darkness«, »flow«, »consummation«), Exaltation und Rhythmisierung.

Nach Erscheinen wegen Obszönität verboten. Gereinigte Ausgg. bis zur Wiederveröffentlichung des Originals 1949. Übss. *Der Regenbogen* von F. Francius (1922), G. Günther (1964). Fernsehserie (London, 1988). Film von K. Russell (1989).

1915 Edgar Lee Masters:

aL Spoon River Anthology

Gedichtzyklus von 214 Epitaphen. Einzelnes in *Reedy's Mirror* (1914). Anregung durch die *Anthologia Palatina.*

Nach einem Prolog über die Toten auf dem Friedhof von »Spoon River«, Ill., stellen die Toten sich in eigenen Epitaphen dem Leser vor. Aus ihren sich überschneidenden Monologen ergibt sich ein Bild des öffentlichen und privaten Lebens der Kleinstadt gegen Ende des 19. Jh.s: der Kampf der liberalen Partei unter John Cabanis gegen die Konservativen unter Thomas Rhodes, der Bank, Kirche und Geschäfte kontrolliert, der Streit zw. Ehegatten, Eltern und Kindern, persönlicher Neid, Haß usw. Grundlegende Haltung ist die Resignation über ein enttäuschendes und sinnloses Leben. Kritisch-realistische Darstellung am. Kleinstadtlebens (Schlüsselwort »life«). Kurze, in freien Versen geschriebene Texte, häufig als Apostrophe an den Leser oder andere Figuren des Zyklus. Einfluß von C. Sandburg.

Großer populärer Erfolg. 2. Auflage um 32 Epitaphe erweitert. Übss. *Die Toten von Spoon River* von R. Rieder (1924), W. M. Schede (1959).

1915 W. Somerset Maugham:

eE Of Human Bondage

R. Entst.: 1. Fassung 1898, 2. Fassung 1912–14.

Lebensgeschichte von Philip Carey. P. wächst als Waise bei seinem puritanischen Onkel Pastor Carey auf. Wegen seines Klumpfußes wird er in der Schule zum Einzelgänger. Er studiert gegen den Willen seines Onkels in Heidelberg und Paris zunächst Sprachen, dann Malerei, kehrt dann nach England zurück, um dort Medizin zu studieren. Er wird der unscheinbaren und betrügerischen Kellnerin Mildred sexuell hörig. Alle anderen Bindungen, zu Norah, zu Thorpe und anderen Freunden, leiden an P.s Abhängigkeit von M., die ihn schließlich als tief Gekränkten zurückläßt. Nach seinem Examen heiratet er Sally, die Tochter von Thorpe. Auch sie hatte ihn betrogen.
Die Determiniertheit des Menschen durch seine Umwelt und seine Triebe bilden das Thema des R.s. Vorwiegend dialogisierte, konventionelle Erzählweise. Weitgehend autobiogr. Züge.

Übss. *Der Menschen Hörigkeit* von R. Seiler (1939), M. Zoff (1954). 3 Filme von J. Cromwell (1934), E. Goulding (1946) und H. Hathaway/K. Hughes (1963).

1915 Joseph Conrad:

eE Victory

An Island Tale

R., 4. Entst. 1912–14. Serialisiert in *Munsey's Magazine* (1914).

I. Der Schwede Axel Heyst, der weltflüchtig und passiv nach der Philosophie, sich nicht in das Leben anderer einzumischen, auf einer einsamen malaiischen Insel lebt, durchbricht dieses Prinzip, um einem Kollegen aus einer Geldschwierigkeit zu helfen. Dadurch zieht er sich den unversöhnlichen Haß des Hotelbesitzers Schomberg in Surabaya zu. II. Als H. nach Surabaya kommt, lernt er bei Schomberg das Mädchen Alma (Lena) kennen. Er verhilft ihr zur Flucht vor Schomberg. Dieser läßt beide durch eine Verbrechergruppe verfolgen. III. Nach einigen glücklichen Wochen auf der Insel werden der waffenlose H. und A. von den Verbrechern gestellt. IV. A. beschließt, für H. ihr Leben zu opfern. H. verbrennt sich und sein Haus mit der toten A. Die Verbrecher bringen sich gegenseitig um.

Die Schlüsselwörter »action« und »thinking« verweisen auf das dominierende Thema: Das Nichthandeln von H. (Insel, Kontaktlosigkeit, Seelenlosigkeit) wird überwunden durch aufopferndes, verantwortungsvolles Handeln (Surabaya, Verstrickung, Gewinn von »Alma«). A.s Opfer ist der »Sieg« über H.s Passivität. Der R. spiegelt Probleme vor dem Ausbruch des 1. Weltkrieges (Vorwort). Nach Teil I Aufgabe eines dramatisierten Erzählers, Rückkehr zum konventionellen allwissenden Erzähler. Figuren werden ganz auf ihre allegorische Bedeutung reduziert, sie definieren sich durch ihre Beziehung zu A. Verwendung symbolischer Landschaften und Details (Waffen, Gewitter, Tag, Nacht). Der R. leitet Conrads konventionellere Spätphase ein.

Übss. *Sieg* von E. McCalman (1927), W. Schürenberg (1962). 2 Filme: *Dangerous Paradise* (1930) und von J. Cromwell (1940).

1915–38 Dorothy Richardson:

eE Pilgrimage

Zyklus von 12 Rr.

1890 – ca. 1915. Die Lebenserfahrungen der sensiblen Engländerin Miriam Henderson seit ihrem 17. Lebensjahr (Tätigkeit als Lehrerin, Sekretärin usw.; Auslandsaufenthalte; verschiedene Liebschaften; Verkehr in Intellektuellenkreisen), primär in der Spiegelung ihres (geistig auswählenden) Bewußtseins.

Psychologische Rr. in monoperspektivischer Technik (neben dominierendem Bericht, Dialog und erlebter Rede zunehmend auch innerer Monolog). Minuziös-infinite Sukzession von M.s Wahrnehmungen, Assoziationen, Reflexionen. Entsprechend Textsegmentierung und z.T. -fragmentarisierung sowie elliptischer Stil. Autobiogr. Züge. Konzeption der »contemplated reality« als »feminines Äquivalent« zum Realismus von H. de Balzac und A. Bennett sowie Einfluß von H. Bergson.

1916 William Butler Yeats:

eD At the Hawk's Well

Dr., 1, Auff. 2.4. privat bei Lady Cunard, London. Quelle: ir. Sage.

Cuchulain läßt sich vom Wasser der Habichtsquelle, die ewiges Leben verleiht, ablenken und folgt dem Schicksal eines fluchbeladenen Heldentums.

Buchausg. zusammen mit *The Only Jealousy of Emer* (1919), einem weiteren Cuchulain-Dr., *The Dreaming of the Bones* (1919), dem Dialog eines ir. Freiheitskämpfers mit Geistern der Vorzeit, und *Calvary,* einem Passionsspiel, als *Four Plays for Dancers* (1921). Die vom japanischen Nô-Spiel beeinflußten Tanzspiele markieren Yeats' Übergang zum nicht-realistischen, streng stilisierten, esoterischen Theater. Verwendung von Vers, Maske, Gesang, Tanz, Musik, minimalem Bühnenbild. Übss. *An der Falkenquelle* von U. Clemen (1972); *Die einzige Eifersucht von Emer* von S. Schaup (1972); *Das träumende Gebein* von U. Clemen (1972).

1916 Eugene O'Neill:

aD Bound East for Cardiff

Dr., 1. Auff. 28. 7. Wharf Theatre, Provincetown, Mass. Überarbeitung der ursprünglichen Fassung *Children of the Sea* (Buch-Ausg. 1972).

Der Einakter, der anhand des sterbenden Matrosen Yank ein stimmungsvolles Bild von der Existenz eines Lebens auf See vermittelt, markiert den Beginn des modernen am. Theaters. Mit 3 weiteren Einaktern fügt sich das Stück zu einem Zyklus über das engl. Trampschiff »Glencairn« zusammen. Kennzeichnend sind durchweg der milieugerechte Realismus, die Betonung der Atmosphäre gegenüber der Hdlg., die bühnenwirksame Symbolik im systematischen Einsatz auch nicht-verbaler Mittel und die straffe Struktur. Repräsentiert O'Neills frühe Schaffensphase.

Die 4 Einakter zusammen als *S. S. Glencairn* (1924); Film *The Long Voyage Home* von J. Ford (1941).

1916 James Joyce:

eE A Portrait of the Artist as a Young Man

R. Entst. 1904–14. Die frühere Version *Stephen Hero* (postum 1944) nur fragmentarisch erhalten (Universitätszeit): wesentlich breiter, direkter, detaillierter in der Darstellung. Serieller Vorabdruck in der Zeitschrift *The Egoist* 1914–15.

Dublin, Jahrhundertwende. 1. Stephen Dedalus wächst im katholischen Mittelstandsmilieu auf. Bei einer Weihnachtsfeier erlebt er einen Familienzwist um den Politiker Ch. St. Parnell. Auf dem Jesuiteninternat ist er bereits ein sensibler Einzelgänger. Als er zu Unrecht gezüchtigt wird, protestiert er mit Erfolg. 2. Die Familie verarmt. St. hat pubertäre Träume und Erfahrungen (Schwarm Emma, Prostituierte). 3. Die Predigten Father Arnalls während Exerzitien stürzen den sündigen St. in Verzweiflung. Durch Beichte und Absolution findet er Frieden. 4. Als dem mustergültigen St. das Priestertum angetragen wird, entscheidet er sich jedoch für die Alternative des Lebens und der Kunst. Die Begegnung mit einem Mädchen am Strand wird ihm zur enthusiasmierenden »Epiphanie«. 5. St. studiert Sprachen am University College, entwickelt eine thomistische Ästhetik der »integritas«, »consonantia«, »claritas«, verfaßt ekstatisch eine symbolistische Villanelle, sagt sich los von den »Netzen« der Nationalität, Sprache, Religion und Familie, wappnet sich mit »silence, exile and cunning« und erwartet in Aufbruchsstimmung das freie Leben des Künstlers.

Zentral die Entwicklung St. s: das Martyrium der Auseinandersetzung mit der bürgerlich-provinziellen Umwelt, das Erwachen des künstlerischen Bewußtseins (vgl. auch seinen redenden Namen und das Ovid-Motto). Mit dem Gestus des »non serviam« entflieht er dem Labyrinth Dublin, um »die Wirklichkeit der Erfahrung zu finden und in der Schmiede seiner Seele das ungeschaffene Gewissen seines Volkes zu schmieden«. St. kontrastiert mit den Jesuiten (durchgängig), dem Vater (Cork-Reise in 2), den Freunden Cranly und Lynch (5). Stark autobiogr. Züge. Kombination von Detail-Realismus und symbolischer Stilisierung. Komposition: die Kapp. wie 5 Akte in sich geschlossen und verknüpft (die an den Schlüssen erreichten Stadien werden in den jeweils folgenden Teilen ironisiert); Steigerungsprinzip; Leitmotive (z. B. Strafe, Flucht), Symbole (z. B. Vögel). Perspektivisches Erzählen mit Verwendung erlebter Rede und Tagebucheinträgen (Schluß) sowie in stilistischer Äquivalenz (von der Kindersprache bis zum philosophischen Diskurs). Einflüsse: G. Flaubert, Symbolismus.

Bestseller. Übss. *Jugendbildnis des Dichters* von G. Goyert (1926), *Ein Porträt des Künstlers als junger Mann* von K. Reichert (1972). Bühnenbearbeitung *Stephen D.* von H. Leonard (1963). Übss. von *Stephen Hero: Stephen Daedalus* von G. Goyert (1958), *Stephen der Held* von K. Reichert (1972). Film von J. Strick (1977).

1916 Carl Sandburg:

aL Chicago Poems

146 Gedichte in 7 Teilen. Einzelnes in *Poetry* (1915) erschienen.

Neben kleinen imagistischen Momentbildern (»Handfuls«, »Fogs and Fires«) bilden die »Chicago Poems« den wichtigsten Teil der Slg. Sandburg tritt als optimistischer Sänger der industriellen Großstadt *(Chicago)* auf. Neben dem Eintreten für die moderne Massendemokratie steht das sozialistische Engagement für die Unterdrückten und Ausgebeuteten *(Halsted Street Car, Working Girls)* und die Kritik an den Ausbeutern *(Anna Imroth, A Fence)*. Freie prosanahe Langverse. Gebrauch von Slang und Umgangssprache. Präzise, detaillierte Beschreibung von Figuren und Szenen. Einfache Symbolik aus dem Bereich der Stadt und der Arbeit. Reihung, Anaphern, Parallelismus. Durchbrechen der vorherrschenden poetischen Konventionen der Zeit. Einflüsse von W. Whitman und dem Imagismus.

Die *Complete Poems* (1950) enthalten u. a. die wichtige Slg. *The People, Yes* (1936). Teilübs. in *Guten Morgen, Amerika* von A. Czach (1948).

1916 **Edwin Arlington Robinson:**

aL **The Man Against the Sky**

26 Gedichte.

Hauptthemen sind Alter, Resignation und Pessimismus. Das lange Titelgedicht, das über das Leben und den Glauben eines unbekannten Mannes (Silhouette im Abendlicht) meditiert, mündet in skeptischem Agnostizismus. Robinson benutzt vorwiegend den dramatischen Monolog *(Cassandra)* und die Verserzählung *(Flammonde)*. Konventionell sind auch die Versformen, meist paar- oder kreuzweise gereimt. Versuch, einfache Umgangssprache zu verwenden, aber auch viele Archaismen und überkommene poetische Diktion. Einflüsse von R. Browning und A. Tennyson sowie des Naturalismus.

Die *Collected Poems* (1929 und 1937) zeigen eine spätere Hinwendung zum Artus-Stoff und eine Bemühung um prosanahe Sprechweisen.

1917 **T. S. Eliot:**

eL **Prufrock and Other Observations**

12 Gedichte. Entst. seit 1909. Einzelnes früher in *Poetry*.

The Love Song of J. Alfred Prufrock: Selbstporträt, das ironisch Prufrocks Unfähigkeit zu lieben entlarvt (Narzißmus, Resignation, Ästhetizismus). *Portrait of a Lady:* Porträt einer gescheiterten Liebesbeziehung, die in höflicher Konversation verrinnt. Auch die anderen Gedichte der Slg. haben das Scheitern von persönlichen Beziehungen *(La Figlia Che Piange)* oder die sinnleeren Routinen des täglichen Lebens in elegischer *(Rhapsody on a Windy Night, Preludes)* oder satirischer Sicht *(Mr. Apollinax* u. a.) zum Thema. Experimente mit verschiedenen Sprecherrollen, Fragmentarisierung des Textes, Techniken der Montage. Spannungserzeugung durch harte Nebeneinandersetzung. Einführung kontrastierender Stilebenen und Versmaße. Wiedergabe von prosaischen Sprechweisen. Kryptische Zitate und Symbole. Eliot versucht, sich in seinem 1. Gedichtband von ästhetizistischer Haltung und traditioneller Bildlichkeit des engl. Symbolismus zu lösen. Einflüsse von R. Browning, J. Laforgue, Imagismus. Seinerseits langwirkender Einfluß auf die Lyrik des Modernismus.

Teilübs. in *Ausgewählte Gedichte* von K. G. Just (1951).

1918 **Gerald Manley Hopkins:**

eL **Poems**

48 Gedichte. Entst. 1876–89. Postum von R. Bridges veröffentlicht.

Eine große Gruppe von Gedichten des Jesuiten Hopkins beschreibt enthusiastisch präzis-individualisierte Gegenstände und Vorgänge der Natur (»inscape«) als Symbole für Gottes Größe *(The Windhover, Pied Beauty, God's Grandeur, The Starlight Night, Hurrahing in Harvest* u. a.). Eine weitere Gruppe preist die Glaubensstärke von hist. oder fiktiven Personen (die franziskanischen Nonnen in Hopkins' längstem Gedicht *The Wreck of the Deutschland; Felix Randal, Henry Purcell),* schließlich die 1885 entstandenen »Terrible Sonnets«, die Verzweiflung und Gottesferne zum Thema haben *(Carrion Comfort)*.

Stilistisch und metrisch revolutioniert Hopkins als Einzelgänger die viktorianische Lyrik: »explosive« Mischung von hohen und niedrigen Stilebenen, Reduzierung der Sätze auf Grundelemente (Ellipsen, Kontraktionen, Neologismen, Komposita), Häufung von Alliterationen und Assonanzen, Ambiguität. Metrisch: Experimente mit verschiedenen klassischen und modernen Rhythmen, bes. dem »sprung rhythm« (bei dem nur die Zahl der Hebungen geregelt ist), Erzeugung von Kontrapunkten, Vorwiegen einsilbiger Wörter, Aufeinanderprall von Hebungen. Hopkins, der in seiner Frühlyrik noch Einflüsse von J. Keats zeigte, entwickelte sich zu einem originellen Dichter, der ab 1918 einen großen Teil der modernen Lyrik beeinflußte.

Erweiterte Ausgg. 1930, 1948 (141 Gedichte) und 1956. Übss. *Gedichte* von I. Behn (1948), U. Clemen und F. Kemp (1954).

1918 **James Joyce:**

eD **Exiles**

Dr., 3. Entst. 1914–15.

I.–II. Dublin, Gegenwart. Der nonkonforme Schriftsteller Richard Rowan ist mit seiner einfachen Frau Bertha aus dem freiwilligen Exil zurückgekehrt. Er begegnet der Musiklehrerin Beatrice Justice wieder. Sein Freund Robert Hand versucht Bertha zu erobern. III. In selbstquälerischer Ungewißheit über das Vorgefallene und mit dem Zweifel einer prekären Freiheit fühlt Richard sich Bertha verbunden, während sie in dem Bewußtsein, dem Leben mit ihm alles geopfert zu haben, bleibt. Robert verreist.

Zentral das Motiv der »freien Bindung« mit den Komplexen Liebe – Freundschaft, Künstler – Bürger, Theorie – Praxis. Richard als komplizierte Hauptfigur im Spannungsfeld des Vierecksverhältnisses mit typisierten Partnern. Subtile psychologische Studie der Interaktionen. Die vier im Exil einer unkonventionellen Moral. Strukturbestimmend die Symmetrien, Parallelen, Kontraste der Konstellationen. Aussparende Technik. Autobiogr. Züge. Einfluß H. Ibsens.

Übss. *Verbannte* von H.v. Mettal (1918), F. Kremer (1920), K. Reichert (1968). Erst-Auff. 19. 2. 1925 Neighborhood Playhouse, New York.

1918 **Lytton Strachey:**

e **Eminent Victorians**

4 biographische Essays.

1. Cardinal Manning als ambitionierter, heuchlerischer Oberhirte der engl. Katholiken. 2. Florence Nightingale als Reformerin des Sanitätswe-

sens mit fragwürdigen Mitteln. 3. Dr. Thomas Arnold, Direktor von Rugby, als selbstgefälliger Erneuerer des Privatschulwesens. 4. General Gordon als Abenteurer und Heldentod-Idol.
Die Persönlichkeiten als Individuen und Repräsentanten ihrer Zeit. Die Porträts realistisch, ironisch, polemisch. Erzählerische Darbietung; Konzentration auf charakteristische Situationen. Wendung sowohl gegen die Eminenzen als auch die panegyrischen Biographen der viktorianischen Epoche aus der Perspektive der Weltkriegsdekade. Mit seiner ironischen Distanz und erzählerischen Vermittlung war Strachey richtungweisend für viele spätere Biographen.

Teilübss. in *Geist und Abenteuer* von H. Reisiger (1932), *Macht und Frömmigkeit* von H. Reisiger und W. v. Einsiedel (1937).

1918 Wyndham Lewis:

eE Tarr

R., 7. Seriell 1916–17 in *The Egoist* erschienen.

Pariser Bohème internationaler Herkunft vor dem 1. Weltkrieg. Otto Kreisler, ein unsteter, talentloser deutscher Künstler, der gewalttätig wird und durch Selbstmord endet, kontrastiert mit Frederick Tarr, einem intellektuell-distanzierten engl. Schriftsteller (mit autobiogr. Zügen), der in Kunst und Liebe seinen Weg macht. Ähnlicher Kontrast zw. der intellektuellen Anastasya Vasek und der unterwürfigen Bertha Lunken, die T. nach K. s Tod heiratet. Apokalyptische Endstimmung mit typischen Repräsentanten europäischer Nationen. Im Vordergrund die Diskussion über Leben und Kunst. Wie in allen Rr. Lewis' die Satire dominant. Verdinglichende Außensicht (»external approach«). Einfluß F. Dostojewskis und G. B. Shaws.

Lewis' Versuch, einen der modernen Kunst entsprechenden literarischen Stil zu schaffen, ergab eine »kantige Prosa«, die er in der 2. Auflage (1928) glättete.

1919 George Bernard Shaw:

eD Heartbreak House

A Fantasia in the Russian Manner on English Themes

Dr., 3, mit langem Vorwort. Entst. 1913–16.

Landhaus in Sussex, September 1914. Während einer Gesellschaft des exzentrischen alten Kapitäns Shotover enthüllen die Gäste nach und nach ihr wahres Wesen: seine beiden Töchter Hesione Hushabye und Ariadne Utterwood sind ihren Männern entfremdet; der Industriemagnat Alfred Mangan verfolgt mit seiner Wohltätigkeit handfeste Interessen, desillusioniert die junge Ellie Dunn, die ihn aus Dankbarkeit heiraten wollte, erweist sich allerdings auch selber als Opfer von Manipulationen. Schluß: Mangan und ein Einbrecher werden durch die Bombe eines feindlichen Flugzeugs getötet.
Von den »gebrochenen Herzen« überwindet allein E. ihre Enttäuschung

und steht schließlich als positive Figur neben Sh., der in seinem Bemühen um geistige Konzentration und seiner Ruhe den kontrastiven Mittelpunkt bildet. »Zornige Kom.« über die Brutalität, Scheinhaftigkeit, Richtungslosigkeit und den Wahnwitz der zeitgenössischen Gesellschaft. Symbolik (Schiffsform des Hauses, Bombe). Einfluß von A. Tschechow.

Auff. 10. 11. 1920 Garrick Theatre, New York. Übs. *Haus Herzenstod* von S. Trebitsch (1920).

1919 Sherwood Anderson:

aE Winesburg, Ohio

A Group of Tales of Ohio Small-Town Life

23 Geschichten. Entst. und z. T. veröffentlicht seit 1915 in *Masses, Little Review* u. a.; zunächst unter dem Titel *The Book of the Grotesque* geplant; angeregt durch E. L. Masters' →*Spoon River Anthology* (1915).

Ein fiktives Dorf in Ohio, Gegenwart. Wie die einleitende Parabel des alten Schriftstellers andeutet, behandeln alle Geschichten einzelne Figuren des Dorfes, die durch ein Erlebnis der Wahrheit und die Unfähigkeit, es anderen mitzuteilen, zu grotesken Besessenen werden: den gestikulierenden Lehrer Wing Biddlebaum *(Hands),* den fanatisch-religiösen Farmer Jesse Bentley und seinen Enkel *(Godliness),* den voyeuristischen Reverend Curtis Hartman *(The Strength of God)* usw. Neben diesem Thema dient auch die Entwicklung des halbwüchsigen Reporters George Willard und seine Emanzipation von »Winesburg« als Verknüpfung der Geschichten. Beschränkung auf ein enges Milieu mit einfachen Charakteren, die häufig ihre Geschichte in eigenen Worten erzählen. Sonst allwissender Erzähler. Das Experiment, durch Figuren, Ort und Thema verwandte Geschichten (→J. Joyce, *Dubliners,* 1914) zu verbinden, hatte starken Einfluß auf Schriftsteller wie W. Faulkner, E. Hemingway, J. Steinbeck, Th. Wolfe u. a.

Dramatisierung von S. Anderson (1937). Teilübs. von H. E. Nossack (1958). Übs. von H. E. Nossack, K. Lerbs und H. Henzke (1963).

1919 James B. Cabell:

aE Jurgen

A Comedy of Justice

R. Entst. aus einer Kurzgeschichte, 1918.

»Poictesme« (= Poitiers + Angoulême), Mittelalter. Der Pfandleiher Jurgen ist auf der Suche nach seiner herrischen Frau, die der Teufel, um ihm einen Gefallen zu tun, entführt hat. Die Göttin Sereda (Dea Res) gibt J. dafür seinen jugendlichen Körper zurück, wonach er pikareske und vor allem erotische Abenteuer erlebt: in den Ländern Glathion, Cocaigne, Leukê, in der Hölle und im Himmel, bis er schließlich seine schimpfende Ehefrau und seinen alten Körper zurückerhält.

In den Konventionen eines ironisch-erotischen Ritterr.s eine Allegorie mit philosophisch-theologischen Themen: Skeptizismus, Libertinismus, heidnische und christliche Moral usw. Stilisierte archaische Erzählweise voller Metaphorik und ironischer Anspielungen. Der R. vereint ironisch ritterliche Traditionen der Südstaaten mit libertinistischen Tendenzen der Nachkriegsjahre.

Cabell schrieb 16 weitere Rr. über das Phantasieland »Poictesme«. 1920–22 Zensurschwierigkeiten in den USA. Übs. *Jürgen* von K. Lerbs (1928).

1919 William Butler Yeats:

eL The Wild Swans at Coole

46 Gedichte. Entst. 1916–19. Erweiterte Fassung der 1. Ausg. von 1917.

4 größere thematische Gruppen: Alter und Jugend, Maud Gonnes Scheitern, Tod von Freunden, der sich wiederholende Zyklus von Leben und Tod. Der seit →*In the Seven Woods* (1903) verwendete Konversationsstil wird durch kunstvolle Wortwiederholungen weiterentwickelt *(In Memory of Major Robert Gregory, An Irish Airman foresees his Death),* die öffentliche Phase von Yeats' Dichtung jedoch einer Revision unterworfen *(The Fisherman, The People).* Im dialogischen *The Phases of the Moon* und den folgenden Gedichten entwirft Yeats eine den Mondphasen entsprechende zyklische Theorie von Leben und Tod, Körper und Seele, die zusammen mit einer dialektischen Theorie der Maske (der Künstler findet sich nur, indem er sich ein »Anti-Selbst« schafft) die Grundlage vieler späten Gedichte von Yeats bildet (*Ego Dominus Tuus,* →*A Vision,* 1926). Das Titelgedicht meditiert angesichts der Schwäne in Coole Park über Altern und Vergänglichkeit.

Teilübs. in *Ausgewählte Gedichte von* S. Andres u. a. (1971).

1920 Eugene O'Neill:

aD Beyond the Horizon

Dr., 3, Auff. 2.2. Morosco Theatre, New York.

Gegenwart. Ruth, die dem bodenständigen Farmer Andrew Mayo nahesteht, wendet sich dessen Bruder Robert zu, einem von der Seefahrt träumenden Poeten. Die Verkehrung der ursprünglichen Intentionen (Robert und Ruth heiraten und betreiben die Farm, Andrew fährt zur See) macht sie alle zu Versagern und Enttäuschten. Robert findet im Tod Erlösung und überantwortet Ruth und Andrew einer ungewissen gemeinsamen Zukunft.
Der Mensch in tragisch-fataler Zwiespältigkeit (Ziel – Verwirklichung) und Schuldhaftigkeit. Kombination von Realismus und Symbolik (z. B. Jahreszeiten). Einflüsse: F. Nietzsche, H. Ibsen, A. Strindberg.

Übs. *Jenseits vom Horizont* von M. Wentzel (1963).

1920 Eugene O'Neill:

aD The Emperor Jones

Dr., 8 Szenen, Auff. 3.11. The Playwrights' Theatre, New York.

1. Der am. Neger Brutus Jones hat sich zum Kaiser der primitiven Negerbevölkerung einer karibischen Insel gemacht. Als sein Volk von ihm abfällt, flieht er. 2. Er irrt verängstigt im Wald umher und hat 5 Visionen früherer Stadien. 3. seinen Mord an einem Spieler; 4. seine Flucht als Häftling; 5. Sklavenauktion; 6. Sklavenschiff; 7. Ritual im Kongo. 8. Er wird von den Rebellen erschossen.
J. wird aus seiner nach am. Vorbild erkämpften Machtposition verdrängt, verunsichert, mit dem eigenen Schuldgefühl und dem kollektiven Unbewußten in Projektionen konfrontiert. Die Serie der 6 irrealen monologischen Kurzszenen zw. den realen Anfangs- und Schlußszenen in abgestufter Folge: Lauterwerden des Rebellen-Tamtam, Nachlassen von J.s körperlicher und geistiger Verfassung, Regression der Reminiszenzen. Symbolik (Wald, J.s Kleider), Allegorien (Auftritt der »Ängste« in 2). Gehört zu O'Neills expressionistischer Phase.

Buchausg. 1921. Übs. *Kaiser Jones* von G. Kauder (1923, rev. 1960). Oper von L. Gruenberg (1932). Film von D. Murphy (1933).

1920 Edward Thomas:

eL Collected Poems

136 Gedichte.

Naturgedichte bilden den größten Teil der Slg. Einfache Beschreibungen von Landschaften, Naturvorgängen, Tieren, Häusern bei einer vorwiegend ruhig-optimistischen Sprechhaltung. Konventionelle Techniken. Einflüsse von R. Frost, Th. Hardy und den »Georgian Poets«.

1920 Wilfred Owen:

eL Poems

23 Gedichte. Herausgegeben von S. Sassoon. Entst. 1917–18.

Unter dem Eindruck des Krieges dekuvrieren die Gedichte heroische, patriotische und romantische Auffassungen vom Krieg, indem sie die Sinnlosigkeit, Unmenschlichkeit und Brutalität des Sterbens beschreiben: »The Poetry is in the pity« *(Dulce et Decorum Est, Greater Love, Anthem for Doomed Youth)*. Visionäre *(Strange Meeting)* und elegische *(Futility)* Sprechhaltungen. Parataxe von einfachen kurzen Sätzen. Sparsame Metaphorik, häufiger schockierender Vergleich. Spannungsvolle Kontraste. Pointierte Gedichtschlüsse. Owen experimentiert mit einer dem Inhalt angemessenen Metrik, bes. stauenden Rhythmen und Verwendung von Halbreimen (»cold/called/killed/curled«). Einflüsse von J. Keats und W. B. Yeats.

Oratorium *War Requiem* von B. Britten (1962), verfilmt von D. Jarman (1989).

1920 **T. S. Eliot:**

e **The Sacred Wood**

Essays on Poetry and Criticism

13 Essays. Entst. 1917–20.

Essays über die »integrity of poetry« (Dichtung als Wortkunstwerk und eine ihr entsprechende Kritik). Der Titel meint den Hain, in dem Aeneas den goldenen Zweig für den Eingang in die Unterwelt findet. *Tradition and the Individual Talent:* Tradition als hist. Bewußtsein des Schriftstellers, die Erkenntnis, daß die gesamte europäische Literatur seit Homer ein »simultanes Dasein und Ordnungsgefüge« bildet, das in jedem neuen Werk impliziert wird. Die Tradition, nicht die Persönlichkeit des Dichters, setzt den Maßstab für das Werk. *Hamlet and His Problems* enthält die Prägung des Ausdrucks »objective correlative« (»Gruppierung von Objekten, eine Situation, eine Kette von Ereignissen, die die Formel einer *bestimmten* Emotion« bilden). Weitere Essays exemplifizieren die von Eliot angestrebte Umwertung der Tradition: das elisabethanische Dr., die »metaphysical poets«, das poetische Dr. und Dante statt der Romantik (W. Blake, A. Swinburne). Einflüsse von R. de Gourmont. Klassizistische Haltung in bewußter Absetzung von romantischen (W. Wordsworth) und viktorianischen (M. Arnold) Auffassungen. Eliots einflußreichste Essayslg.

1928 2. Auflage mit neuem Vorwort. *Selected Essays 1917–1932* (1936); erweiterte Ausgg. (1951, 1957); Teilübs. in *Ausgewählte Essays 1917 bis 1947* von U. Clemen u. a. (1950).

1920 **Edith Wharton:**

aE **The Age of Innocence**

R., 2 Bücher.

I. New York, um 1870. Als der junge Anwalt Newland Archer die aus Europa zurückgekehrte gebildete Gräfin Ellen Olenska kennenlernt und ihre Scheidung von ihrem polnischen Ehemann übernehmen soll, verliebt er sich in sie. Trotz ihrer wechselseitigen Liebe beugen sich beide den Konventionen ihrer Familien und der New Yorker Gesellschaft: A. heiratet E.s naive Kusine May Welland. II. Jahre später. Als A. erfährt, daß M. ein Kind erwartet, gibt er seinen Plan auf, mit E. seine bedrückende Ehe und die New Yorker Gesellschaft hinter sich zu lassen. Auch nach dem Tod M.s weicht A. einem Wiedersehen mit E. in Paris aus.

Zentral die Kritik an den gesellschaftlichen Konventionen der New Yorker Oberschicht, die für die Beteiligten zu frustrierenden Zwängen werden. Der Wechsel von Annäherung und Entfernung (Teil II variiert Teil I) aus der zentralen Perspektive von A. erzählt. Indirekte Darstellung von psychologischen Vorgängen (Dialog, Verhalten).

Ein Bestseller der Zeit. Pulitzer-Preis. Übss. *Amerikanische Romanze* von R. Kraushaar (1939), *Im Himmel weint man nicht* von L. Katscher und H. Brunar (1951). Film (1934).

1920 Ezra Pound:

aL Hugh Selwyn Mauberley

Sequenz aus 17 Gedichten in 2 Teilen.

Die Slg. beginnt mit einer Absage an Pounds frühe, ganz auf das Stilistische abgestellten Versuche (→*Personae,* 1909): *E. P. Ode Pour l'Election de son Sépulchre.* Das Gedicht selbst jedoch ist eine stilistische Imitation Ronsards. Mauberley als das Porträt eines fiktiven Dichters, dessen Ästhetizismus ihn die soziale Wirklichkeit vergessen ließ: »The glow of porcelain/Brought no reforming sense.« So kontrastieren Gedichte 2–5 (Gesellschaft) und 6–11 (Kunst). Die Slg. markiert Pounds durch den Weltkrieg beeinflußte Wende zu einer Dichtung, die bei allen ästhetischen Experimenten die gesellschaftlichen Bedingungen von Kunst mitreflektiert.

Teilübs. in *Dichtung und Prosa* von E. Hesse (1953). *Famous Last Words* (1981), ein R. des Kanadiers T. Findley, verwendet Mauberley als Erzähler.

1920 D. H. Lawrence:

eE Women in Love

R. Entst. 1916 als Fortsetzung von →*The Rainbow* (1915).

1.–23. Nottinghamshire. Die Lehrerin Ursula und die Künstlerin Gudrun Brangwen, 2 unangepaßte Schwestern, verlieben sich in die beiden Freunde Rupert Birkin, einen vitalen Schulinspektor, und Gerald Crich, einen willensstarken Industriemagnaten. B. löst sich von der intellektuellen Aristokratin Hermione Roddice und findet nach einer Reihe von Mißverständnissen, Entfremdungen und Annäherungen in U. eine Frau, die seinem Bedürfnis nach harmonischer Polarität (»freedom together«) entspricht. 24.–31. B. und U. heiraten und verbringen mit Ge. und Gu. Wintertage in den Alpen. Gu. und Ge. leben sich endgültig auseinander. Gu. wendet sich dem ironischen Künstler Loerke zu. Ge. findet den Tod im Schnee. B. bleibt in seinem zusätzlichen Bedürfnis nach »Blutsbrüderschaft« mit Ge. unbefriedigt.

Zentral die Entwicklung der zwischenmenschlichen Beziehungen der 4 Hauptfiguren, bes. der Geschlechterkampf der kontrastierenden Paare. B. (weitgehend Sprachrohr des Autors) sucht die Befreiung aus den Zwängen der korrupten Zivilisationsgesellschaft und verfolgt die Utopie einer Kleinst-Gemeinschaft Gleichgesinnter. Ge. flüchtet sich aus innerer Leere in mechanische Aktivität und Dominanz, findet Erlösung aber erst im Tod. Durchgängige Kontrastierung Natur – Technik, Integrität – Desintegration, Harmonie – Entfremdung, Leben – Tod. Die Kritik an der unmenschlichen industriellen Gesellschaft konkretisiert an der Crich-Dynastie, Loerke u. a. Pessimistischere Beurteilung der Möglichkeiten einer neuen Welt als in *The Rainbow* (unter dem Eindruck des 1. Weltkriegs). Zahlreiche Parallelen und Kontraste in Konstellation und Entwicklung der Figuren: Parallele der Ausrichtung (1, 8), Annäherung (14), Entfremdung (17) bei beiden Paaren; Kontrast der Verbindung B.-U. und der Trennung Gu.-Ge.; U.s Beziehung zu Skrebensky, B.s zu Hermione als negative Erfahrung usw. Motivische und szenische Symbolik (z.B. Tiere, Schnee, Tanzritual). Einbeziehung von erlebter Rede. Neben der Tendenz zu langen Diskussionen und Passagen im »Prediger«-Ton sowie Klimax-Exaltation (Wiederholung von Schlüsselwörtern, Interjektionen usw.) hier gelegentlich Komik (Satire auf Londoner Bohème, Hermione als Karikatur).

Übss. *Liebende Frauen* von Th. Mutzenbecher (1927), H. E. Herlitschka (1932). Film von K. Russell (1969).

1920 William Butler Yeats:

eL Michael Robartes and the Dancer

15 Gedichte. Entst. seit 1916.

5 Gedichte über den ir. Osteraufstand 1916, gerahmt von je 5 Gedichten, die privates mit öffentlichem Leben konfrontieren. Das Titelgedicht der Slg. schließt an die bereits in →*The Wild Swans at Coole* (1919) entwikkelte Symbolik des Tanzes als Einheit von Körper und Seele an. Michael Robartes, Leiter eines Rosenkreutzer-Ordens, ist eine Figur aus den frühen Erzählungen von Yeats. *Easter, 1916* gedenkt aus aristokratisch-konservativer Sicht der Opfer des Aufstands. *The Second Coming* prophezeit den Beginn eines neuen hist. Zyklus.

Teilübs. in *Ausgewählte Gedichte* von S. Andres u.a. (1971).

1920 Sinclair Lewis:

aE Main Street

The Story of Carol Kennicott

R. Entst. seit 1916, konzipiert 1905 als *The Village Virus*.

1.–26. Gegenwart. Carol Milford heiratet nach Studium und Tätigkeit als Bibliothekarin den Arzt Will Kennicott aus dem Provinznest »Gopher Prairie«, Minn. Ihre Versuche, den Ort kulturell und gesellschaftlich zu beleben, schlagen fehl. 27.–39. K. entfremdet, verliebt sie sich in den geistesverwandten Erik Valborg, geht mit ihrem Kind nach Washington, um ihr eigenes Leben zu führen, revidiert ihre Ansichten und läßt sich 2 Jahre später von K. in die nun akzeptierte Heimat zurückholen.

Ambivalentes Porträt des am. Mittelwest-Provinzialismus: satirische Kontrastierung der Fortschritts- und Kulturfeindlichkeit, Selbstgenügsamkeit und Boshaftigkeit der typischen Kleinstädter mit einer avancierteren, kosmopolit. Außenseiterin, doch auch Hervorhebung positiver Eigenschaften bei den Provinzlern (z.B. Hilfsbereitschaft) sowie negativer bei C. (z.B. Exaltiertheit). Die Entwicklung C.s demonstriert die Wirkung des »Dorf-Virus«. Unter Verarbeitung autobiogr. Erfahrungen realistische Darstellung (Vielzahl von Typen, Milieus, Sprechweisen usw.). Struktur:

im letzten Drittel Konzentration auf den Ehekonflikt, der den zentralen Kontrast spiegelt.

Ein Bestseller der Zeit. Wirkung des R.s bis nach Europa, dessen Amerikabild er entscheidend mitprägte. Bühnenbearbeitung von H. O'Higgins und H. Ford (1921). Übss. *Die Hauptstraße* von B. Olden (1922), F. Fein (1927). 2 Filme, darunter *I Married A Doctor* von A. L. Mayo (1936).

1921 George Bernard Shaw

eD Back to Methuselah

A Metabiological Pentateuch

Dr., 5 Teile. Mit langem Vorwort.

I. »In the Beginning«. Paradies. Adam und Eva fürchten den Tod ebenso wie das ewige Leben, die Schlange bietet die Lösung der Fortpflanzung (der Sündenfall als Wille zur Arterhaltung und Kurzlebigkeit). II. »The Gospel of the Brothers Barnabas«. London, Gegenwart. Die Forderung der Brüder Barnabas, der Mensch müsse zur Erhaltung der Zivilisation seinen Willen auf die Verlängerung des Lebens richten, stößt auf den Widerspruch der Politiker Lubin und Burge. III. »The Thing Happens«. England, 2170. Es gibt die ersten Langlebigen (mit einer Spanne von 300 Jahren). IV. »Tragedy of an Elderly Gentleman«. 3000. Einer der letzten Kurzlebigen gerät in tragischen Gegensatz zur Welt der entemotionalisierten Langlebigen. V. »As Far as Thought Can Reach«. 31920. Es gibt nur noch Langlebige, die nach verkürzter Entwicklungsphase primär im Geiste leben.

Überlanges, handlungsarmes Ideen-Dr. (»moderne Bibel«), das Shaws Evolutionstheorie expliziert. Die »kreative Evolution«, von der »Life Force« (→*Man and Superman,* 1903) bzw. dem menschlichen Willen getragen, führt langfristig zur Überwindung der Materie durch den Geist. Von diesem Ziel her werden Geschichte und Zukunft der Menschheit gedeutet. Einflüsse: J. B. de Lamarck, A. Schopenhauer, F. Nietzsche, H. Bergson.

Auff. 27. 2. 1922 Garrick Theatre, New York. Übs. *Zurück zu Methusalem* von S. Trebitsch (1923).

1921 W. Somerset Maugham:

eD The Circle

Kom., 3, Auff. 3.3. Haymarket Theatre, London.

I. Landsitz der Champion-Cheneys, Dorset, Gegenwart. Elisabeth, Frau des Abgeordneten Arnold C.-C., wird von dem vitalen Kolonialfarmer Edward Luton umworben. Ihr Schwiegervater trifft seine Ex-Gattin Kitty und Lord Porteous, mit dem sie einst entlaufen war, wieder. II. E. erwidert Lutons Liebe und will A. verlassen. Die Romanze des Paars Kitty – Porteous erweist sich nachträglich als große Enttäuschung. III. A. verun-

sichert E. durch berechnende Großmut, doch ihr Geliebter kann sie mitreißen.
E.s Unzufriedenheit mit den Konventionen ihres Lebens und ihre Liebe sind stärker als das warnende Beispiel der Alten oder die Rücksicht auf A. Die Gesellschaftssatire verwendet das Kreis-Motiv in der Gruppierung (der enge Kreis der Familie) und der Entwicklung der Interaktionen in 2 Generationen (Kreislauf) und demonstriert dies in der Struktur: I. Exposition; II. Entwicklung der Parallele; III. Verwicklung und Lösung (Schluß-Aktion als Wiederholung). Witzige Dialoge. Auktoriale Ökonomie und Ironie. Sitten-Kom. in der Nachfolge O. Wildes.

1921 Eugene O'Neill:

aD Anna Christie

Dr., 4, Auff. 10.11. Vanderbilt Theatre, New York. Überarbeitung der früheren Version *Chris Christopherson* mit dem Vater Annas als Hauptfigur.

New Yorker Hafen. A., allein auf dem Lande aufgewachsen und durch die Umstände zur Prostituierten geworden, verliebt sich, zu Besuch auf dem Kohlenschlepper ihres Vaters, in den ir. Heizer Mat Burke. Als die beiden Männer von A.s Vergangenheit erfahren, reagieren sie zunächst heftig, doch dann erkennt der Vater seine Schuld, und der besänftigte Mat verlobt sich mit A., die warten wird, ob die See die beiden Männer zurückbringt.
Die Beziehungen der 3 Personen im Banne der See als Schicksalsmacht (»dat ole davil«). Milieugerechte Sprechweisen. Symbolik (Nebel).

Eines der populärsten Drr. O'Neills. Pulitzer-Preis. Buchausg. 1922. 3 Filme, darunter von C. Brown (1930). Übs. von M. Lengyel (1963). Musical *New Girl in Town* von B. Merrill (1957).

1921 Susan Glaspell:

aD The Verge

Tr., 3, Auff. 14.11. Provincetown Playhouse, Mass.

Claire Archer experimentiert als Biologin mit der Züchtung neuer Pflanzen und ist eine kompromißlose Vertreterin der *new woman* gegenüber dem enttäuschend konventionellen Mann Harry, dem flüchtigen Liebhaber Dick und dem geistesverwandten, doch zaudernden Freund Tom, den sie schließlich erschießt, während sie selbst wahnsinnig wird.
Emanzipationsparabel über das Scheitern des radikalen Ausbruchsversuchs einer visionären Frau aus den geschlechtsspezifischen Rollenkonventionen. Aktueller Realismus und symbolische Stilisierung (Titelmotiv des »Rands«, Namen, Treibhaus, Turm). Sprachliche Spiegelung der Persönlichkeitsauflösung und Kommunikationsunfähigkeit.

Buchausg. 1922.

1921 Aldous Huxley:

eE Crome Yellow

R.

»Crome«, Landsitz der Wimbushs, Gegenwart. Der junge Poet Denis Stone, einer der Sommergäste des Hauses, glaubt sich in seiner scheuen Liebe zu Anne W. verschmäht, sieht sich bespöttelt und flieht zurück nach London.

Für das Frühwerk typische Reduktion der Hdlg. und Konzentration auf die Gesellschaft der versammelten kultivierten Intellektuellen mit ihren Attitüden und Konversationen: der Gastgeber Henry W. als traditionsbewußter Familien-Chronist, Mr. Scogan als witzig-gelehrter Rationalist, der Maler Gombauld als D.s Rivale usw. Charakteristisch für alle Figuren Scheinexistenz, Kommunikationsunfähigkeit, Eskapismus, Dualismus Körper – Geist. Satire auf die perspektivlose Nachkriegsintelligenz. Einfluß von Th. L. Peacock.

Übs. *Eine Gesellschaft auf dem Lande* von H. Schlüter (1983).

1921 John Dos Passos:

aE Three Soldiers

R., 6.

USA, Frankreich, 1917–19. Der R. demonstriert die Wirkungen der Armee und des Krieges an 3 Figuren: dem konformistischen Italo-Amerikaner Dan Fuselli aus San Francisco, dem aufsässigen Farmerssohn Chrisfield aus Indiana und dem sensiblen links-intellektuellen Musiker John Andrews aus New York. Der strebsame F. bleibt ohne Erfolg in der Armee, A. und C. desertieren beide nach dem Waffenstillstand, A. wird gefaßt.

Thema bildet die Armee als eine Fabrik von Maschinen (Soldaten), die nach dem Krieg »verrosten« oder »unter die Räder« kommen (Teiltitel). Die Dehumanisierung der Soldaten wirkt je nach Charakter verschieden. Wechselnde Perspektive in I.–III., ab IV. ausschließlich die von A. Einfacher, bildarmer Stil, vorwiegend Dialoge. Verwendung von Soldatenliedern. Das multiperspektivische Erzählen von Dos Passos tritt hier noch hinter einer Zentralfigur (A.) zurück. Einfluß von S. Crane.

Übs. *Drei Soldaten* von J. Gumperz (1922).

1921 Sherwood Anderson:

aE The Triumph of the Egg

A Book of Impressions from American Life in Tales and Poems

Slg. von 13 Geschichten, eingerahmt von 2 Gedichten.

Die häufig im Provinzmilieu des mittleren Westens spielenden Geschichten demonstrieren Irritationen und Frustrationen eines von sozialen Zwängen beherrschten Alltags, der zugleich Grundfragen des Lebens auf-

wirft: verstörende Erfahrung eines pubertären Jugendlichen, der als Pferdenarr den verehrten Trainer im Bordell entdeckt *(I Want to Know Why);* Problem von Ursache und Wirkung beim Mißerfolg einer Familie mit einer Hühnerfarm wie einem Restaurant *(The Egg);* Kontaktbedürfnis und Verständigungsprobleme von Vater und Tochter *(Unlighted Camps);* von der zyklischen Natur erweckte Lebensgeister einer verhärmten Frau *(The New Englander).*
Komplexe Fortführung der Thematik von →*Winesburg, Ohio* (1919), oft in Varianten des »am. Traums«, in Verbindung von Realismus (Milieuschilderung, atmosphärische Evokation) und Stilisierung mit Zentralsymbol (Ei, Pferd, Licht). Kunstvolle Struktur mit Parallelen und Kontrasten und Konzentration auf Schlüsselerlebnis mit Bevorzugung eines offenen Schlusses. Meist Ich-Erzählung, oft Jugendlichenperspektive, bes. im Typ der Initiationsgeschichte. Diverse Formen von der *short short story* bis zur *long short story.*

Übs. *Das Ei triumphiert* von K. Lerbs (1926).

1921 Marianne Moore:

aL Poems

24 Gedichte. Von Freunden ohne Moores Wissen veröffentlicht.

Maschinen *(To a Steamroller),* Tiere *(The Apish Cousins),* Pflanzen *(Roses Only)* oder Lyrik selbst *(Poetry)* geben Anlaß zu geistreich-ironischen Reflexionen über die glücklicherweise nutzlose, daher unverbrauchte Erfahrungen ermöglichende Kunst. Minuziöse und präzise Beschreibung realistischer Details treffen sich mit überraschenden abstrakten Verallgemeinerungen. Leichtigkeit und Eleganz der Formulierungen sperren sich gegen jede tiefgehende Interpretation.
Extrem prosanahe Sprache in langen, durch das Versmaß aufgebrochenen Sätzen. Statt Reimen oft nur Assonanzen zw. betonten und unbetonten Silben. Einfluß auf die Objektivisten, R. Lowell, T. Hughes, E. Bishop u. a.

→*Collected Poems* (1951).

1922 Eugene O'Neill

aD The Hairy Ape

A Comedy of Ancient and Modern Life

8 Szenen. Auff. 9.3. The Playwrights' Theatre, New York.

1.–4. Ozeandampfer, Gegenwart. Der kräftige, naive Heizer »Yank« Smith identifiziert sich stolz mit seiner Stellung, bis Mildred Douglas, Tochter eines Stahl-Millionärs, bei einer Konfrontation ihn wie einen »haarigen Affen« flieht: verunsichert, beginnt er über sich und die Welt nachzudenken. 5.–8. New York. Y. kollidiert mit einer Gruppe marionettenhafter Reicher, wird im Gefängnis politisiert, doch von der Gewerk-

schaft für einen Spitzel gehalten; verzweifelt wendet er sich im Zoo einem Gorilla als Leidensgenossen zu, der ihn aber erdrückt.
Y. als eine Art Jedermann zw. dem »alten« (Geborgenheit) und dem »modernen Leben« (Entfremdung, Entmenschlichung), in der Doppelnatur von Körper und Geist, auf der Suche nach Zugehörigkeit (Schlüsselwort »belong«) findet hier nur im Tod Erlösung. Y. kontrastiert mit dem alten Segelschiff-Romantiker Paddy und dem kommunistischen Agitator Long. Das Milieu expressionistisch stilisiert: Szenen-Serie als Stationen, Gruppenauftritte mit Chören, symbolische Gestik (z.B. Y. als Rodinscher Denker). Groteskkomik (Satire, durchgängige Tierparallele). Nachzeichnung unterschiedlicher Sprechweisen (Slang, Dialekte, Akzente).

Übs. *Der haarige Affe* von F. W. Freund und E.v. Hollander (1924). Film von A. Santell (1944).

1922 **James Joyce:**

eE **Ulysses**

R., 3. Entst. seit 1914. Serieller Vorabdruck in *The Little Review* 1918–21. Publikation in Paris.

Dublin, 16. 6. 1904. I. (›Telemachie‹). 1. (›Telemach‹). Martello-Turm, 8 Uhr. Stephen Dedalus (aus →*A Portrait of the Artist as a Young Man,* 1916, etwa 1 Jahr danach) mit den Studenten Buck Mulligan und Haines beim Frühstück. 2. (›Nestor‹). Schule in Dalkey, 10 Uhr. St. als Geschichtslehrer und beim Rektor Mr. Deasy. 3. (›Proteus‹). Sandymount-Strand, 11 Uhr. Meditativer Spaziergang St.s. II. (›Odyssee‹). 4. (›Calypso‹). 7 Eccles St., 8 Uhr. Leopold Bloom beim Frühstück, irritiert durch einen Brief für seine Frau Marion (»Molly«) von ihrem Liebhaber Blazes Boylan. 5. (›Lotusesser‹). 10 Uhr. B.s Brief-Flirt mit Martha Clifford und Weg zum Türkischen Bad. 6. (›Hades‹). 11 Uhr. B.s Teilnahme am Begräbnis Paddy Dignams in Glasnevin. 7. (›Äolus‹). Redaktion des *Freeman's Journal,* 12 Uhr. B. bei der Arbeit als Inseratenagent. 8. (›Lästrygonen‹). 13 Uhr. B. beim Mittagessen. 9. (›Scylla und Charybdis‹). Nationalbibliothek, 14 Uhr. St. legt seine Shakespeare-Theorie dar. 10. (›Irrfelsen‹). 15 Uhr. Straßenszenen mit B., St. u.a. 11. (›Sirenen‹). Ormond-Hotel, 16 Uhr. B. sieht Boylan und hört improvisierte Gesangsdarbietungen. 12. (›Zyklop‹). Barney Kiernans Pub, 17 Uhr. B. entgeht als Jude knapp der Gewalttätigkeit ir. Nationalisten. 13. (›Nausikaa‹). Sandymount-Strand, 20 Uhr. B. beäugt das Mädchen Gerty MacDowell und masturbiert während eines Feuerwerks. 14. (›Sonnenrinder‹). Maternity Hospital, 22 Uhr. B. trifft während Mrs. Purefoys Entbindung St., der mit Medizinern zecht. 15. (›Circe‹). Bordell-Viertel, 24 Uhr. B. und St. in Bella Cohens Haus. Ihre Halluzinationen. St., von einem engl. Soldaten niedergeschlagen, in B.s Obhut. III. (›Nostos‹). 16. (›Eumäus‹). Kutscherkneipe, 1 Uhr. B. und St. rasten. 17. (›Ithaka‹). 2 Uhr. B. nimmt St. mit nach Hause, der aber nicht bleibt. 18. (›Penelope‹). Innerer Monolog der halbwachen M.

Im Mittelpunkt B., ein moderner Jedermann und Odysseus ir. Exzentrizität, Außenseiter im Dubliner Kleinbürgertum, privat (Ehe mit der vitalen, untreuen M., Suche nach einem »Sohn«: Begegnung mit St.) und weltanschaulich (Nächstenliebe, Toleranz, Pragmatismus) von humaner »Reife«. St. als Komplementärfigur (Egozentrik, Intellektualität, Vater-Suche, Mangel an Reife). Hervortretend weniger Aktionen als vielmehr Sinneseindrücke, Assoziationen, Gefühle, Reflexionen und unterschwellige Regungen der 3 Hauptfiguren, minutiös registriert. Daneben eine Vielzahl unterschiedlichster Figuren und das Großstadtgetriebe, die ein Panorama ergeben. Der Alltag universalisiert durch Archetypik der Hauptfiguren, Häufung von allgemeinen Motiven (Leben – Tod, Liebe – Haß usw.), enzyklopädische Thematik (z. B. unzählige Anspielungen auf Religion, Literatur, Geschichte) sowie ein Kompositionsschema, demzufolge jedes Kap. mit einer *Odyssee*-Episode usw. korrespondiert (z. B. Organ: Lunge, »Kunst«: Rhetorik, Farbe: Rot, Symbol: Redakteur, Technik: »enthymemisch« in ›Äolus‹).
Kombination von realistischer Präzision (einschließlich der Bewußtseinsvorgänge) und symbolistischer Stilisierung (Text-Arrangement, Struktur). Verarbeitung autobiogr. Materials. Auf die jeweilige Thematik abgestimmte technische Differenziertheit und Komplexität durch Parodie traditioneller Formen (z. B. Ich-Erzählung in 12; Folge hist. engl. Prosastile in 14), Adaptation subliterarischer Genres (Zeitungsartikel in 7, Groschen-R. in 13, Katechismus in 17), Integration eines Traumspiels (Dramatisierung der heimlichen Sehnsüchte und verdrängten Ängste B.s und St.s in den Phantasmagorien von 15), Imitation musikalischer Techniken (›Ouvertüre‹, ›Fuge‹ in 11) sowie Entwicklung neuer Formen: bes. des inneren Monologs der 3 Hauptfiguren (charakteristisch differenziert: z. B. interpunktionslos-strömend bei M.), der Segmentierung von Momentbildern mit verknüpfenden Simultanpartikeln (10) usw. Annäherung von Erzählzeit und erzählter Zeit. Die extreme Kumulation disparater Details strukturiert durch strenge Komposition: konzentrierte Kapp.-Konstruktion, Netz von Leitmotiven und Querverweisen. Breites Spektrum der Komik: Parodie und Travestie, Satire und Groteske (z. B. »Gigantismen« in 12), durchgängige Ironie. Flexibilität der Sprache: exakte Wiedergabe unterschiedlichster Sprechweisen, Fachsprachen, Sondersprachen usw. Demonstrative Profilierung der Textur durch Sprachspiele, Zitate, Bildlichkeit, Klang, Rhythmus in suggestiver und komischer Funktion.
Der R. gilt allgemein als das bedeutendste engl. Prosawerk der Moderne. Einfluß auf V. Woolf, W. Faulkner, J. Dos Passos, Th. Wolfe, S. Beckett u. a.

Aus Zensurgründen erst 1933 in USA (nach Obszönitätsprozeß), 1936 in England erschienen. Übss. von G. Goyert (1927) und H. Wollschläger (1976). Kontroverse kritische Ausgabe des Textes von H. W. Gabler (1984). Film von J. Strick (1967). Diverse Teildramatisierungen. Vollständige Hörfunk-Lesung *Bloomsday* (Dublin, 1982). Musical *Blooms of Dublin* von A. Burgess (1986).

1922 Katherine Mansfield:

eE The Garden-Party and Other Stories

15 Kurzgeschichten.

Die Titelgeschichte schildert die Vorbereitungen zum Gartenfest einer wohlsituierten Familie in Neuseeland, die – mit Ausnahme der jungen Laura – durch den tödlichen Unfall eines ärmeren Nachbarn kaum berührt wird. *At the Bay* verfolgt den Tagesablauf der Familie Burnett im neuseeländischen Seebad und beleuchtet die zwischenmenschlichen Beziehungen aus verschiedenen Blickwinkeln. Andere Geschichten entwerfen Bilder des durch bes. Umstände und ein gegenwartsnahes Fluidum gekennzeichneten Alltags typischer Einzelmenschen oder familiärer Situationen in London und Paris (wie bereits in der Slg. *Bliss and Other Stories,* 1920). Wiederkehrende Themen sind die Gegensätze zw. Wünschen und Realitäten, Werden und Vergehen, Ordnung und Unordnung. Zurücktreten der Hdlg. gegenüber der situationsbedingten Enthüllung des Charakters. Vorliebe für indirekte Darstellung (Andeutung, Understatement, ironische Brechung), streng perspektivisches Erzählen in Gedankenführung und Sprachstil, impressionistische Umwelt-Evokation und die Effekte unvermittelter Erzählanfänge wie offener Schlüsse. Einfluß von A. Tschechow.

Übs. *Das Gartenfest und andere Geschichten* von H. und M. Herlitschka (1938). Um frühere und postume Slgg. erweiterte *Collected Stories* (1945).

1922 Sinclair Lewis:

aE Babbitt

R.

1920. »Zenith«, eine typische am. Industriestadt. George F. Babbitt ist ein erfolgreicher Haus- und Grundstücksmakler in Zenith, hat eine gesunde Familie und ist Mitglied der wichtigsten Clubs der Stadt. Er ist dauernd damit beschäftigt, bei Tagungen, Wahlen und Kirchenvereinen seine soziale Position zu verbessern. Als B.s bester Freund Paul in einem Wutanfall beinahe seine eigene hysterische Frau Zilla erschießt, wird B. aus seiner Selbstsicherheit gerissen, er beginnt zu trinken, sein Geschäft zu vernachlässigen und seine Frau Myra zu betrügen. Als Myra krank wird, kommt B. zur Besinnung und kehrt zu seinem alten Leben zurück.
Satire auf den am. Mittelstand (Selbstsicherheit, Fortschrittsgläubigkeit), verkörpert in B., der dem Konformismus seiner Klasse vergeblich zu entkommen sucht. Sozialkritische Schilderung der am. »Middletown«. Konventionelle, chronologische Erzählweise.

Ein Bestseller der Zeit. »Babbitt« wurde zum Etikett für den selbstgefälligen, engstirnigen am. Mittelstand. Übs. von D. Bródy (1925). 2 Filme von H. Beaumont (1924) und W. Keighley (1934).

1922 **T. S. Eliot:**

eL **The Waste Land**

Gedicht, 5 Teile. Vorabdrucke in *Criterion* und *The Dial.*

I. »The Burial of the Dead«. Montage von Textsegmenten, in denen Erinnerungen (»Die Toten«: Marie, »Hyacinth Girl«, Stetson) mit einer sterilen Gegenwart alternieren (Winter, Steinwüste, London). II. »A Game of Chess«. Montage zweier Szenen: ein aneinander vorbeiredendes Paar der Oberschicht und Gespräche von Arbeiterfrauen über Eheprobleme in einem Londoner Pub. III. »The Fire Sermon«. Sexuelle Lust unter verschiedenen Aspekten in wechselnden Sprecherrollen (Fischerkönig, Kaufmann, Tiresias): Antrag eines Homosexuellen, Liebesstunde einer Sekretärin, Vergewaltigung der Themsetöchter. IV. »Death by Water«. Epitaph auf den ertrunkenen Phönizier Phlebas. V. »What the Thunder said«. Montage von religiösen Fragmenten: Gefangennahme in Gethsemane, Jünger in Emmaus, Parzival und die verfallene Kapelle in den Bergen, die buddhistische Predigt des Donners. Aussicht auf Regen.
Die Gralssage, daß mit dem Fischerkönig das umliegende Land verdorre, und den Zyklus von Tod und Auferstehung zugrunde legend, entwickelt Eliot eine Kritik der zeitgenössischen Kultur in der Allegorie des »Waste Land« (»Waste« = Wüste, Abfall): Verlust von Liebe, Tradition und Glaube. Die in frei wechselnden Rhythmen gehaltenen Textsegmente werden durch ein dichtes universalisierendes Zitat- und Symbolgeflecht (erlösender Wind, Land – Wasser) zusammengehalten (z.T. erläutert in den von Eliot beigefügten »Notes on the Waste Land«). Wichtigste Zitatquellen: Bibel, *Upanishaden,* Dante, W. Shakespeare, R. Wagner. Das Gedicht ist E. Pound gewidmet, der bei der Redaktion des Manuskripts einen erheblichen Einfluß ausübte (Kürzung um etwa die Hälfte). Einflüsse von J. G. Frazers *The Golden Bough,* J. Westons *From Ritual to Romance.* Einfluß auf W. H. Auden, E. Sitwell u.a.

Übss. *Das wüste Land* von E. R. Curtius (1927) und E. Hesse (1973).

1923 **Elmer Rice:**

aD **The Adding Machine**

Dr., 7 Szenen. Auff. 19.3. Garrick Theatre, New York.

1.–4. Der kleine Buchhalter Mr. Zero wird nach 25 Jahren entlassen und durch eine Rechenmaschine ersetzt. In einem Verzweiflungsanfall tötet er seinen Chef und wird nach einer trivialen Party zu Hause verhaftet, verurteilt und hingerichtet. 5.–7. Im Jenseits muß er allmählich erkennen, daß er in der Kette seiner Reinkarnationen seit je ein Sklave des Systems war und sein wird, wenn er auf die Erde zurückkehrt.
Scharfe Kritik an jeglichen Unterdrückungsmechanismen, der Enthumanisierung des Maschinenzeitalters, dem Kommerzialismus, dem Konfor-

mismus des am. Kleinbürgertums. Verbindung von Realismus und Phantasmagorie, Satire und Anti-Utopie. Einfluß des deutschen Expressionismus.

Übs. *Die Rechenmaschine* von K. Janecke und G. Blöcker (1949). Film von J. Epstein (1968).

1923 Sean O'Casey:

eD The Shadow of a Gunman

Tr., 2, Auff. 12.4. Abbey Theatre, Dublin. Ursprünglicher Titel: *On the Run.*

Dubliner Mietshaus, Mai 1920 (Hintergrund: Kampf ir. Aufständischer und britische Razzien). Der wirklichkeitsfremde Poet Donal Davoren wird von den Hausbewohnern für einen Freiheitskämpfer gehalten. Als sich seine Freundin Minnie Powell für ihn aufopfert, erkennt D. die Folgen seiner Selbstgefälligkeit und Unentschlossenheit, während die anderen an der Fiktion des Heldentums festhalten. D.s Zimmergenosse Seumas Shields, ein resignierter, apathischer Hausierer, kommentiert das tragische Geschehen als komisches Original mit sozialkritischen Ansätzen. Zentral die Fragwürdigkeit der Heldenverehrung, die Diskrepanzen Schein – Sein, Reflexion – Tat, Politik – Kunst. Autobiogr. Züge. Einfluß G. B. Shaws.

Buchausg. 1925. Übss. *Rebell zum Schein* von I. und O. Brandstädter (1966), *Der Schatten eines Rebellen* von M. Hamburger (1972).

1923 George Bernard Shaw:

eD Saint Joan

Chronicle Play in Six Scenes and an Epilogue

Auff. 28.12. Garrick Theatre, New York. Anregung durch die Heiligsprechung Johannas von Orléans 1920. Quelle: die von J. Quicherat 1841 ff. herausgegebenen Prozeßakten.

1429–31. J., dem einfachen und unerfahrenen, aber sendungsbewußten Mädchen vom Lande, gelingt es nach Überwindung der Widerstände beim französischen Landadel (1), Hof (2), Feldherrn Dunois (3), die Kriegführung zu übernehmen, das Land von den Engländern zu befreien und den Dauphin zum König zu krönen (Triumph und Isolation in 5). Doch das Außergewöhnliche wird ihr zum Verhängnis: Vertreter von Kirche und Staat intrigieren gegen sie (4) und stellen die sich auf »Stimmen« berufende »Ketzerin« vor ein Inquisitionsgericht. Der Begnadigung zu lebenslänglichem Kerker nach Widerruf zieht sie den Verbrennungstod vor (6). Traum des Königs als Epilog: trotz J.s Rehabilitierung (1456) und Heiligsprechung (1920) bedeutet das Angebot ihrer Rückkehr nach wie vor eine Bedrohung für die Welt.

J. als hist.-polit. Figur: rationale Erklärung des Legendären (»Stimmen«, »Wunder«), Hervorhebung ihrer Wirkung auf Umwelt und Nachwelt, Dramatisierung der Spannung zw. evolutionärem Individuum und zeitverhafteten Institutionen der Gesellschaft. J. leitet als Trägerin der »life force« (→*Man and Superman,* 1903) mit ihrem Protestantismus, Nationalismus, ihrer Emanzipation und realistischen Kriegführung eine neue Weltepoche ein. Struktur: Romanze ihres Aufstiegs (1–3), Tragödie ihres Falls (4–6). Epilog als Nachspiel mit Gegenwartsbezug. Das Zentrum des Ideendr.s in der Diskussionsszene der Intriganten (4) und der Gerichtsszene (6). Komik bes. in der Romanze und dem Epilog.

Buchausg. 1924 mit langem Vorwort. Übss. *Die heilige Johanna* von S. Trebitsch (1924), W. Hildesheimer (1965). Filme von W. Newman (1927, Drehbuch von Shaw), O. Preminger (1957).

1923 Aldous Huxley:

eE Antic Hay

R.

London, Gegenwart. Der Intellektuelle Theodore Gumbril, durch die Erfindung einer pneumatischen Hose finanziell gesichert, verkehrt in der Bohème, wo er – mit falschem Bart getarnt – Liebesabenteuer besteht und einer Reihe beruflicher und moralischer Versager begegnet: dem Künstler Lyppiatt, dem Wissenschaftler Shearwater, dem Kritiker Mercaptan usw. Wie in →*Crome Yellow* (1921) Konzentration auf Verhalten und Meinungen der Figuren. Die zynische Gesellschaftssatire hier noch grotesker: Inszenierung eines »Narrenreigens« (= Titel: Zitat aus Ch. Marlowes *Edward II*). Episodenstruktur.

Übs. *Narrenreigen* von H. Schlüter (1983).

1923 E. E. Cummings:

aL Tulips and Chimneys

67 Gedichte in 2 Teilen. Vom Verleger gekürzt.

Die Slg. enthält vorwiegend romantisch-sinnliche Liebesgedichte. I. »Tulips«. Experimente mit verschiedenen Traditionen der Antike, des Orients, der Renaissance, des Symbolismus. II. »Chimneys«. Experimentelle Kombination moderner am. Umgangssprache und Sonettform. Neben regelmäßigen Versen und Strophen beginnt Cummings, Verse, Wörter und Silben in kleinere Sprecheinheiten aufzulösen, deren typographische Anordnung Sprechtempo und Pausen ausdrücken sollen. Die rhythmische Fragmentarisierung entspricht einer auf konkrete visuelle Details zielenden Bildlichkeit (»Impressions«, »Post Impressions«) und einer durch viele Parenthesen unterbrochenen elliptischen Syntax. Durchgehende Kleinschreibung, typographische Experimente. Einflüsse von E. Pound und dem französischen Symbolismus.

Teilübs. in *Gedichte* von E. Hesse (1958). 41 weitere Gedichte der Slg. wurden 1925, die vollständige Slg. erst 1937 veröffentlicht.

1923 **D. H. Lawrence:**

e **Studies in Classic American Literature**

12 Essays.

Rhapsodisch abgefaßte Literaturgeschichte der USA von B. Franklin über J. F. Cooper, N. Hawthorne, H. Melville bis hin zu W. Whitman. Die am. Literatur wird in ihrer Abgrenzung vom europäischen Geist (»Häutung«) unter dem Einfluß des am. Kontinents interpretiert: das allmähliche Zurücktreten der bewußten Ideale des Liberalismus (Demokratie, Natur, Unschuld) und das Hervortreten des Unbewußten (Zerstörung, Blut, Lust). »Der Kern des am. Selbst ist hart, isoliert, stoisch und mörderisch. Er ist nie geschmolzen.«
Lawrence interpretiert die klassischen Werke der Aufklärung und Romantik aufgrund eines zugrundeliegenden Zyklus von Zerfall und Wiedergeburt, Geist und Seele, Bewußtsein und Unbewußtem. Einfluß von S. Freud und seinerseits breiter Einfluß auf die archetypische Literaturbetrachtung von L. Fiedler, N. Frye, R. Slotkin u. a.

1923 **Jean Toomer:**

aE **Cane**

Montage in 3 Teilen aus Lyrik, Prosa und Dr.

I. Eine Sequenz aus 6 Geschichten und 12 Gedichten über das ländliche Georgia, seine schwarze Kultur und die sexuelle und rassische Unterdrükkung von Figuren wie in *Karintha, Becky* oder *Blood Burning Moon.* II. Eine Sequenz aus 4 Erzählungen und 8 Gedichten (3 in Prosa) über Schwarze in nördlichen Städten wie Washington, D. C., und Chicago. Rassismus und Liebesbeziehungen stehen im Vordergrund. III. *Kabnis,* ein Drama in 6 Szenen, zeigt die Rückkehr von Ralph Kabnis aus Washington, D. C., nach Georgia, wo er als Lehrer arbeitet und auf den Arbeiter-Agitator Lewis stößt.
Stadt und Land, Mann und Frau, Weiß und Schwarz sind die beherrschenden Gegensatzpaare dieser zyklisch angelegten Montage: die Bedrohung und Zerstörung der schwarzen Kultur, ihrer Sinnlichkeit und Erdverbundenheit, durch die Verstädterung und die Weißen, die vor allem die schwarzen Frauen erdulden müssen, und die als zwiespältig empfundene Rückkehr des schwarzen Intellektuellen zu dieser Kultur, in der er seine Wurzeln (in den Zuckerrohr-Plantagen des Südens: Titel) hat. Offenes Ende. Kunstvolle Kontrastierung von lyrisch überhöhter mit realistischen Erzählweisen, die in der tragikomischen Dramatisierung der Konflikte in Teil III münden. Modernistische Techniken der Verfremdung. Eines der Hauptwerke der sog. Harlem Renaissance.

Übs. *Zuckerrohr* von M. Plessner (1985).

1923 **Wallace Stevens:**

aL **Harmonium**

74 Gedichte und 1 Gedichtsequenz. Entst. 1915–23. Vorabdrucke in *Poetry* u. a. kleinen Zeitschriften.

Das Hauptthema der Slg. bleibt von den frühen Gedichten *(Disillusionment of Ten O'clock, Thirteen Ways of Looking at a Blackbird)* bis zu den späteren *(The Snowman, The Comedian as the Letter C)* das Verhältnis von Realität und poetischer Imagination, das sich häufig mit dem Verhältnis Chaos und Ordnung *(Anecdote of the Jar)* oder dem von Vergänglichkeit und Ewigkeit *(Sunday Morning)* verbindet. Mit symbolistischen Techniken kombiniert Stevens Bilder in surrealer Form, benutzt ironische Titel, Klang- und Bedeutungsspiele, musikalische Analogien, Farbadjektive, Synästhesien usw. *(Le Monocle de Mon Oncle, Peter Quince at the Clavier)*. Experimente mit den verschiedensten Strophen- und Versformen, meist reimlos. Einflüsse von St. Mallarmé, A. Rimbaud u. a. französischen Symbolisten.

1930 in einer erweiterten Ausg.

1924 **Sean O'Casey:**

eD **Juno and the Paycock**

Tr., 3, Auff. 3. 3. Abbey Theatre, Dublin.

Dubliner Mietshaus, Arbeitermilieu während des ir. Bürgerkriegs 1922. »Captain« Jack Boyle, ein arbeitsscheuer, verantwortungsloser Träumer (Flucht in Erinnerung und Alkohol), Opportunist und großspuriger »Pfau« kontrastiert mit seiner Frau Juno, die selbständig und tatkräftig für die Familie sorgt. Eine in Aussicht gestellte Erbschaft bringt vorübergehende Erleichterung, erweist sich jedoch als nichtig und stürzt die Familie in noch tieferes Elend. J. verläßt ihren Mann. Mit der Haupthdlg. der Erbschaftsfarce verknüpft 2 Nebenhdlgg. um den Sohn Johnny, der als Verräter von Freischärlern erschossen wird, und die Tochter Mary, die als gefallenes Mädchen geächtet wird.
J. als zentrale positive Gestalt gegen das Ausweichen in Illusionen, den gnadenlosen Kampf der Nationalisten, soziale Diskriminierung. Der »Pfau« mit all seinen Schwächen ein Original Falstaffscher Prägung. Typisierung von Nebenfiguren: »Joxer«, der schattenhafte Parasit und Trinkkumpan; Bentham, der skrupellose »engl.« Gentleman; Jerry, der nur theoretisierende Sozialist. Struktur: Scheinglück in II, Umschlagen der 3 Hdlgg. in 3 Katastrophen in III. Mischung von Komik (bes. I, II) und Tragik. Stilisierte Wiedergabe von Dubliner Sprechweisen.

Buchausg. 1925. Film von A. Hitchcock (1930). Übss. *Juno und der Pfau* von I. und O. Brandstädter (1966), M. Hamburger und A. Dresen (1972).

1924 **Eugene O'Neill:**

aD **All God's Chillun Got Wings**

Dr., 2, Auff. 15. 5. Provincetown Playhouse, New York.

I. New Yorker Slum. Der intelligente Schwarze Jim Harris und die einfachere Weiße Ella Downey, seit ihrer Kindheit einander zugetan, trotzen der Gesellschaft, in der sie gescheitert sind (J. in seinem Jurastudium, E. im Zusammenleben mit dem Boxer Mickey) und heiraten. II. Ihre Versuche, sich der Kultur und der Individualität des Partners anzunähern, führen zu Konflikten, die Reaktionen der Umwelt zur Psychose. E. wird wahnsinnig und flüchtet sich in kindliche Naivität, während J. verzweifelt sich an die Hoffnung der Religion klammert und liebevoll bei ihr bleibt. Ehe-Dr. über das Rassenproblem, einschließlich des kollektiven Unbewußten. Der Titel (Zitat aus einem Negro Spiritual) bezogen auf den offenen Schluß. Straßen-Atmosphäre in I (Typen, Lieder), Konzentration auf den (zunehmend bedrückenden) Innenraum in II. Symbolik (z.B. Kongomaske).

Übs. *Alle Kinder Gottes haben Flügel* von M. Wentzel (1963).

1924 **Maxwell Anderson:**

aD **What Price Glory?**

Dr., 2, Auff. 3. 9. Plymouth Theatre, New York. Verfaßt in Zusammenarbeit mit L. Stallings.

Frankreich während des 1. Weltkriegs. Eine am. Marineabteilung fraternisiert und wird in Kampfhandlungen verwickelt. Im Zentrum die Rivalität zw. Captain Flagg und Sergeant Quirt um das Mädchen Charmaine. Sentimentalität, Kameradschaftlichkeit, Edelmut, pazifistische Infragestellung von Ruhm und Ehre (vgl. Titel) als dominierende Haltungen. Realistische Darstellung.

Buchausg. 1926. Film von J. Ford (1952).

1924 **Eugene O'Neill:**

aD **Desire Under the Elms**

Dr., 3 Teile. Auff. 11. 11. Greenwich Village Theatre, New York.

I. Farm in Neu-England, 1850. Ephraim Cabot, 75, hat zum 3. Mal geheiratet. Die Söhne Simeon und Peter flüchten vor seiner Tyrannei und der neuen Erbin in den »goldenen Westen«. Ihr Stiefbruder Eben bleibt, um seine (von C. zu Tode geschundene) Mutter zu rächen und sich das Erbe zu sichern. II. Abbie, 35, sinnlich und resolut, hat C. geheiratet, um sich zu versorgen. Sie nimmt die Stelle von E.s Mutter ein, verführt ihn und wird seine Geliebte. III. 1851. Durch die Geburt eines Sohnes wird A. der Besitz der Farm sicher. E., erneut mißtrauisch, wendet sich von ihr ab. A. tötet das gemeinsame Kind, um ihm ihre Liebe zu beweisen. E.

bekennt seine Mitschuld, als der Sheriff die Liebenden holt. C. bleibt vereinsamt zurück.
Familien-Dr. um die Konflikte zw. Sehnsucht (nach Liebe, Glück, Wärme) und Besitzgier (Farm). Der Gegensatz Vater – Söhne durch den Puritanismus motiviert: der Patriarch sucht einen in gottgefälliger Härte ebenbürtigen Nachfolger. Komplizierte Entwicklung der Beziehung A.-E. zu opferbereiter Liebe. Struktur: I. Exposition, II. Verwicklung, III. Katastrophe. Simultanhdlgg. im Haus demonstrieren die Komplexität des Geschehens. Leitmotive (Lied, Blick zum Himmel). Symbolik (2 unheilschwangere Ulmen, die Steine als Jahresringe). Kontrastive Komik (hämische Nachbarn) und tragische Ironie. Rache- und Liebes-Tr. mit Mythenparallelen zum griechischen Dr. (bes. Phädra-Stoff).

2 Filme (1948, 1958). Übs. *Gier unter Ulmen* von R. Matthias und K. Maril (1963). Oper von E. Thomas (1958).

1924 E. M. Forster:

eE A Passage to India

R., 3. Entst. seit 1913.

I. »Mosque«. Gegenwart. In der indischen Provinzstadt »Chandrapore« sind Mrs. Moore, die Mutter des Kolonialbeamten Ronny Heaslop, und die junge Adela Quested, die dessen Frau werden soll, aus England zu Besuch. Beide wollen das wahre Indien entdecken, doch die engl. Beamten interessieren sich nur für das Funktionieren der Verwaltung und halten – mit Ausnahme des unkonventionellen Dozenten Cyril Fielding – echte Kontakte mit Indern nicht für möglich. In einer Moschee macht Mrs. Moore die Bekanntschaft des Arztes Dr. Aziz. II. »Caves«. Geführt von Aziz, besichtigen Mrs. M. und A. die geheimnisvollen Marabar-Höhlen. Dabei haben Mrs. M. das mystische Erlebnis der totalen Indifferenz des Universums und A. die Halluzination, Aziz habe sich ihr unsittlich genähert. Dieser wird verhaftet und ist tief gekränkt. Die latenten Ressentiments beider Seiten steigern sich zu allgemeiner Hysterie. F., der an Aziz' Unschuld glaubt, wird von seinen Landsleuten geächtet. A. wird während des Prozesses einsichtig und nimmt ihre Beschuldigung zurück. Mrs. M. stirbt auf der Heimreise, von den Indern als Halbgöttin verehrt. A. kehrt nach der Lösung ihrer Verlobung zurück. III. »Temple«. »Mau«, 2 Jahre später. F. und Aziz treffen sich und beurteilen trotz gegenseitigen Verständnisses und Achtung die Möglichkeiten der Annäherung skeptisch.
Zentral die Beziehungen zw. Engländern und Indern im persönlichen Bereich. Scharfe Kritik an der engl. Kolonialattitüde. Die zwischenmenschlichen Verhaltensweisen als Reflexe ethnischer, religiöser, kultureller, polit. Gegensätze (z. T. auch unter den Indern, z. B. Hindu – Moslem). Indien als extremes Beispiel des allgemeinen »Wirrwarrs« (»muddle«, ein Forstersches Schlüsselwort), aus eigener Erfahrung geschildert. Vorwiegen der Dialoge. Lokalatmosphäre und Symbolik (vgl. 3 zentrale

Schauplätze). Allwissender Erzähler mit Perspektivenwechsel. Ironie und Satire (z. B. Club-Szenen).

Forsters bedeutendster R. löste wegen der kritischen Tendenzen Kontroversen aus. Übss. *Indien* von P. Fohr (1932), *Auf der Suche nach Indien* von W. v. Einsiedel (1960). Film von D. Lean (1984).

1924 Ford Madox Ford:

eE Some Do Not . . .

R., 2.

1. Teil der Trilogie *Parade's End,* die aus der Pespektive von Christopher Tietjens den Zerfall traditioneller Werte und Lebensgewohnheiten in England zw. 1908 und 1918 beschreibt. Der gesellschaftliche Abstieg des konservativen Regierungsbeamten T. (Untreue seiner Frau Sylvia, Finanzen) kontrastiert mit dem Aufstieg seines liberalen Kollegen Vincent Macmaster (Heirat mit Edith Ethel Duchemin, Adelung). An T. und M. demonstriert Ford die Ablösung eines traditionell am Adel orientierten Bürgertums durch eine neue Schicht von Aufsteigern. Impressionistische Erzähltechnik: Partikularisierung, innerer Monolog, Rückblenden, Zeitsprünge usw. Wechselnde perspektivische Beleuchtung von T. Einflüsse von G. Flaubert, J. Conrad und dem französischen »roman fleuve«.

No More Parades (1925) und *A Man Could Stand Up* (1926) beschreiben T. im Krieg in Frankreich. Weitere Intrigen und Schicksalsschläge stellen T.s Werte erneut auf die Probe und setzen seinen Niedergang fort. Zugleich Züge des Antikriegsr.s. Die Fortsetzung der Trilogie *The Last Post* (1928) um T.s Bruder Mark wollte Ford nach der Veröffentlichung wieder zurückziehen.

1925 Eugene O'Neill:

aD The Great God Brown

Dr., 4, mit Prolog und Epilog.

Der Werdegang der schicksalhaft einander verbundenen Freunde Dion Anthony, eines sensiblen, erfolglosen Künstlers, und Billy Brown, eines erfolgreichen, bewunderten Geschäftsmanns, vom Schulabschluß bis zu ihrem Tod. Verhalten und Entwicklung der Figuren sowie ihre wechselseitigen Beziehungen werden durch die Verwendung von Masken stilisiert hervorgehoben: D. in den Masken Pans und Mephistos; B.s Versuch, nach D.s Tod mit dessen Maske ein Doppelleben zu führen; beide können nur gegenüber der Prostituierten Cybel ihr wahres Gesicht zeigen.
D. und B. als Typen, C. als Erdmutter und Verkünderin einer Philosophie des Lebens. Zentral die Kontraste Schein – Sein, Künstler – Bürger, apollinisch – dionysisch. Die expressionistische Stilisierung durch Masken zugleich als Verfremdungseffekt.

Auff. 23. 1. 1926 Greenwich Village Theatre, New York. Übs. *Der große Gott Brown* von K. Maril (1963).

1925 Ezra Pound:

aL A Draft of XVI Cantos

16 Cantos. Entst. und z. T. veröffentlicht seit 1915 in *Poetry, The Dial* u. a.

Die ersten 16 Cantos geben die Exposition zu dem auf 120 Cantos geplanten modernen Epos. Wie Ulysses steigt der Dichter in die Unterwelt (Vergangenheit) (1). Die Hauptthemen der Vergangenheit werden anspielungsreich eingeführt: Antike, italienische Renaissance (die Malatesta-Cantos, 8–11), das klassische China des Konfuzius (13); die Zusammenhänge zw. Politik, Ökonomie und Kunst, Moral werden reflektiert. Pound integriert hier seine imagistischen Frühtechniken in größere Zusammenhänge. Zitat, präzises Bild oder präzise Wiedergabe von Bewegungen und Sprechweisen werden zu größeren, stark elliptischen Textsequenzen montiert. →*The Cantos* (1964).

Übs. in *Cantos* von E. Hesse (1953).

1925 Theodore Dreiser:

aE An American Tragedy

R., 3 Bücher. Anregung durch einen Mordfall im Jahre 1906. Bes. in III z. T. wörtliche Auszüge aus den Prozeßakten.

I. Kansas City, Gegenwart. Clyde Griffiths, Sohn eines verarmten Wanderpredigers, sucht sich Arbeit in einem Luxus-Hotel und wird am Tod eines Kindes (Autounfall) mitschuldig. Er flieht. II. Lycurgus, N. Y., 3 Jahre später. C. findet eine niedrige Stellung in der Hemdenfabrik eines reichen Onkels und beginnt ein Verhältnis mit der Arbeiterin Roberta Alden. Als sie schwanger ist, gerät er in Konflikt mit seinem Wunsch, durch die reiche und verwöhnte Sondra Finchley gesellschaftlich aufzusteigen. Er plant die Ermordung R.s als Bootsunfall, schreckt zurück, läßt sie aber beim folgenden tatsächlichen Unfall ertrinken. III. C. wird verhaftet und trotz heftigen Leugnens zum Tode verurteilt.
Die Tragödie besteht darin, daß nicht C. – wie das Gericht und die Presse meinen –, sondern seine gesellschaftliche Umwelt und seine Triebhaftigkeit C.s Tat bestimmen. Daher detaillierte Beschreibung von Elternhaus, gesellschaftlichen Kontakten und sexuellem Verhalten, Charakterisierung von C. als passiv und handlungsunfähig. Allwissender Erzähler. Vorausdeutungen, Parallelen zw. den 3 Büchern. Konventioneller, z. T. melodramatischer Stil.

Übs.. *Eine amerikanische Tragödie* von M. Schön (1927). Dramatisierung von P. Kearney (1926). Film von S. Eisenstein begonnen und von J. Sternberg beendet (1931), Film *A Place in the Sun* von G. Stevens (1951). Dreiser nähert sich in der Folgezeit sozialistischen Positionen: *Dreiser looks at Russia* (1928), *Tragic America* (1931), *America is Worth Saving* (1941).

1925 William Carlos Williams:

a In the American Grain

21 Prosastücke. Einzelnes vorab in *Broom.*

Von Erich dem Roten, Columbus, Cortez, Ponce de Leon u. a. Eroberern und Entdeckern über die Puritaner Th. Morton und C. Mather, den Pionier D. Boone und die Helden des Unabhängigkeitskrieges (G. Washington, B. Franklin, J. P. Jones) bis hin zur Sklaverei und Sklavenemanzipation (S. Houston, E. A. Poe, A. Lincoln) spannt sich der Bogen am. Geschichte, für die Williams eine frische, nicht-stereotype Sicht und Sprache zu finden sucht. Schönheit des Landes (Leitmotiv »Blume«) und die entstellende Brutalität der Entdecker, Besiedler und Ausbeuter des Landes gegen Indianer und Sklaven bilden ein durchgehendes Kontrastiv-Thema. Mit Lincolns Ermordung erreicht die »jahrhundertalte Tortur einen unheilvollen Höhepunkt« und beendet ein Zeitalter. Puritanismus-Kritik, gleichzeitig aber der puritanischen Suche nach einem am. Selbst (C. Mather) verpflichtet. Monolog, Logbuch, Dialog, epische Erzählung, Reminiszenz, Essay wechseln mit anderen Schreibweisen und eingelegten hist. Dokumenten. Stilistische Experimente. Zunächst unbeachtet, wurde das Buch nach dem 2. Weltkrieg als Klassiker des am. Selbstverständnisses betrachtet.

Übs. *Die Neuentdeckung Amerikas* von W. Hasenclever (1969).

1925 H[ilda] D[oolittle]:

a L Collected Poems

88 Gedichte und ein Versdr.

Die Slg. vereint frühere Bde. von *Sea Garden* (1916) bis zu *Heliodora and other Poems* (1924) und verdeutlicht Doolittles Entwicklung vom imagistischen und objektkonzentrierten Kurzgedicht *(Sea Rose, Sea Lily),* oft nach griechischem Modell, über das antike Rollengedicht *(Pygmalion, Eurydice)* bis hin zur Nachdichtung, Paraphrase und klassizistischen dramat. Versuchen nach Euripides, Sappho und der »Griechischen Anthologie«. *Hymen* ist ein Hochzeitsspiel nach antiken Vorbildern. Liebe, Schönheit und Tod sind die häufigsten Themen; Blumen, Wind und die Götter Leitsymbole. Reimloser Kurzvers, Konzentration auf präzise konkrete Bildlichkeit ohne Abstrakta. Gebet, Opfer und Klage sind häufige Redeformen. Einfluß von E. Pound und A. Swinburne.

Erweiterte Ausg. (1940).

1925 John Dos Passos:

a E Manhattan Transfer

R., 3 Sektionen.

Manhattan, N. Y., seit der Jh.wende. Anhand von ca. 50 Personen entwirft der R. ein Bild zweier Dekaden in Manhattan. Um die opportunisti-

sche Schauspielerin und erfolgreiche Journalistin Ellen Thatcher schart sich eine Gruppe von Figuren. E. heiratet mit 18 den homosexuellen Oglethorpe, der ihr den Start im Theater ermöglicht, geht ein Verhältnis mit dem reichen trunksüchtigen Stan Emery ein, läßt sich während des 1. Weltkrieges scheiden und heiratet mit 24 Jahren den sensibel-introvertierten Journalisten Jimmy Herf. Die Nachkriegszeit bringt sie auseinander, und E. heiratet den skrupellosen Bezirksstaatsanwalt und Politiker George Baldwin. Der negativen Entwicklung von E.s Privatleben steht der positive Bewußtwerdungsprozeß J.s gegenüber, der schließlich aus der Stadt aufbricht. Neben der Welt der Intellektuellen aus Kunst, Presse und Politik gibt es typische Schicksale aus dem Milieu der Unterdrückten: der arbeitslose Bud Korpenning treibt in den Selbstmord; der Kriegsheimkehrer Dutch Robertson landet im Gefängnis; die vitale jüdische Fabrikschneiderin Anna Cohen wird in einem Arbeitsunfall verunstaltet usw.
Der eigentliche Held des synoptischen Großstadt-R.s ist Manhattan als anonymer Umschlagplatz (Titel) der sozialen Beziehungen. Der gesellschaftliche Abstieg einiger (etwa des aus wohlhabender Familie stammenden J.) kontrastiert mit dem spektakulären Aufstieg anderer (wie des vom Schiffsjungen durch Alkoholschmuggel zum Geschäftsmann emporkommenden Franzosen Congo), bedingt durch ökonomische Umstände (Krieg, Vergnügungsindustrie, Finanzkrise, Prohibition usw.). Beherrschender Bezugsrahmen des materiellen Erfolgs. Machtlosigkeit des einzelnen in der Massengesellschaft und dem Großstadtgetriebe. Hervortreten von Generationen-, Rassen- und Klassenkonflikten. Multiperspektivisches Erzählen. Typisierung von Figuren und Szenen. Über 100 Erzählsegmente, chronologisch nach Figurenkontrasten und thematischen Bezügen montiert. Leitmotive (Drehtür, Wolkenkratzer, Feuerwehr, Schienen) und poetische Kap.-Vorspanne in symbolischer Funktion. Einblendung von Liedern, Zeitungstexten, Reklame, Straßennamen. Sachlich beschreibender oder expressiv bildhafter Stil, z. T. innerer Monolog. Einflüsse von Filmtechniken und J. Joyce.

Übs. von P. Baudisch (1927).

1925 **Ernest Hemingway:**

a E **In Our Time**

15 Kurzgeschichten. Entst. 1923–25. Vorabdrucke u. a. in *The Little Review*.

Chronologisch angeordnete Kurzgeschichten um Jugend (1–5), Kriegserlebnis (6–8), Ehe (9–12) und Reife (13–15) von Nick Adams (8 Geschichten) und anderen Personen. Eingelassen zwischen die Geschichten 15 kurze Prosapassagen, ebenfalls chronologisch, über den Zeithintergrund: 1. Weltkrieg und Nachkriegszeit. Die Geschichten konfrontieren Einzelpersonen mit den häufig tiefe Schocks hinterlassenden Ereignissen der Zeit. Ihre Emotionen bleiben jedoch in Geschichten wie *The End of Something, Cat in the Rain* und *Big Two-Hearted River* ausgespart und müssen aus den knappen Dialogen und den Verhaltensweisen der Figuren

erschlossen werden. Nick Adams reift durch eine Reihe von Initiationen, entweder durch schockartige Erfahrungen *(Indian Camp)* oder durch Konfrontation mit negativen bzw. positiven Leitfiguren *(Mr. and Mrs. Eliot, The Battler)* zu einem stoisch-illusionslosen Helden, der seine Gefühle hinter Alkohol, Jagen, Fischen oder Skilaufen zu verbergen weiß. Die Ehegeschichten *(Cat in the Rain, Out of Season, Cross-Country Snow)* problematisieren diese Männer-Rolle.
Vielfache Verknüpfung der Geschichten untereinander durch Figuren (1/2; 3/4), Motive (3/11/14; 2/9), Figurenkonstellationen (4/12; 2/9) usw. Die distanzierte Darstellung in den Prosavignetten (aus *in our time,* 1924) kontrastiert mit dem unmittelbaren Erleben in den Geschichten; diese drehen sich allesamt um den Tod (Krieg, Verbrechen, Stierkampf). Titel aus dem Gebetbuch (»Give us peace in our time, o Lord!«). Lakonischer substantivischer Stil mit Wiederholungen, betont banales Vokabular. Szenisches Erzählen und offene Ausgänge bevorzugt. Einflüsse von S. Anderson, G. Stein und R. Lardner.

Übs. *In unserer Zeit* von A. Horschitz-Horst (1932). 2 Filme.

1925 P. G. Wodehouse:

e E Carry on, Jeeves

9 Erzählungen. Rev. Fassung von *My Man Jeeves* (1919).

Der träge, einfältige Junggeselle Bertie Wooster, Mitglied des »Drones Club«, entgeht mit Hilfe seines gebildeten und gewitzten Dieners Jeeves allen Versuchen von Tanten, Frauen, Ärzten usw., ihn zu reformieren. Gut konstruierte Kom.-Hdlgg. mit einer grotesken Mischung aus poetischer, melodramatischer und farcenhafter Sprache machen das Erfolgsrezept von Wodehouse aus. Einflüsse von Ch. Dickens, W. S. Gilbert, Wirkung auf E. Waugh.

Von Wodehouses über 80 Rr. gehören die Jeeves-Rr. zu den erfolgreichsten.

1925 F. Scott Fitzgerald:

a E The Great Gatsby

R.

1.–4. West Egg, Long Island, Gegenwart. Der Erzähler Nick Carraway, ein junger Börsenmakler, wird der Vertraute seines Nachbarn, des mysteriösen Jay Gatsby, der sich – z. T. auf illegale Weise – zu märchenhaftem Luxus emporgearbeitet hat, um die romantisch verehrte Daisy zu erobern, die aber inzwischen mit dem reichen, primitiven Tom Buchanan verheiratet ist. 5.–9. Durch C.s Vermittlung sieht G. Daisy wieder und macht sie zu seiner Geliebten, während sich ihr Mann Myrtle Wilson, die vitale Frau eines eifersüchtigen Tankwarts, zur Geliebten nimmt. Als Daisy Myrtle unabsichtlich überfährt und sich mit ihrem Mann arrangiert, lenkt dieser den Verdacht auf den Rivalen G. Wilson erschießt G. und sich selbst.

Zentral die Atmosphäre des hektischen »Jazz Age«: hinter dem Glanz des Erfolgs krasser Materialismus, korrumpierter Idealismus, Konformismus mit Doppelmoral. Der tragisch scheiternde Einzelgänger G. und die durchschnittlichen Buchanans kontrastiert und parallelisiert. Der Erzähler begleitet die Entwicklung G.s mit verständnisvollen Kommentaren. Über dieses Dekaden-Bild hinaus spezifisch am. Motive (»American Dream«/Realität, die Hauptfiguren als »Westerners« im Osten usw.). Straffe, aussparende Darstellung. Einbeziehung von Satire (z. B. Parties), Leitmotivik und Symbolik (z. B. die Augenarzt-Reklame im »valley of ashes«). Autobiogr. Züge. Einflüsse: H. James, J. Conrad, E. Wharton.

Fitzgeralds größter Erfolg. Bühnenbearbeitung von O. Davis (1926). Filme von H. Brenon (1926) und J. Clayton (1974). Übss. *Der große Gatsby* von M. Lazar (1928), W. Schürenberg (1953).

1925 Virginia Woolf:

e The Common Reader

20 Essays. Zuvor z. T. in Zeitschriften *(The Times Literary Supplement* u. a.) erschienen.

Essays über (bes. engl.) Autoren und Literaten. In der Nachfolge Dr. Johnsons der Versuch, die Perspektive des »allgemeinen Lesers« (der den Mangel an Systematik mit Unvoreingenommenheit und »common sense« aufwiegt und letztlich über den Erfolg entscheidet) zugrunde zu legen. In *Modern Fiction* bezieht Woolf Position: Wendung gegen die oberflächlichen, konventionellen »Materialisten« (H. G. Wells, A. Bennett, J. Galsworthy); Eintreten für experimentierfreudige Spiritualität, die dem menschlichen Innenleben (»Myriaden Impressionen« des Bewußtseins, »dunkle Stellen« der Psyche) gerecht wird (z. B. J. Joyce, A. Tschechow).

The Common Reader. Second Series (1932) und weitere Slgg. folgten.

1925 Virginia Woolf:

eE Mrs. Dalloway

R.

London, Junitag 1923. Clarissa Dalloway bereitet eine Abendgesellschaft vor (Einkäufe usw.), trifft den brillanten, erfolglosen Peter Walsh, ihren Jugendfreund, wieder, denkt über ihr Leben und ihre Ehe mit dem soliden Richard, einem Abgeordneten, nach. Der Abend wird vom Selbstmord des (seit dem Krieg) geistesgestörten Septimus Warren Smith überschattet.

Der R. entwickelt seine Thematik »Leben und Tod, geistige Gesundheit und Geisteskrankheit« weniger von der Hdlg. als von den inneren Reaktionen der Figuren (Eindrücke, Empfindungen, Erinnerungen, Visionen usw.). Im Mittelpunkt C. als komplexer Charakter (Teilnahme am Leben, Kommunikation/Distanzbedürfnis) und ihr Doppelgänger S. (Isolation).

Um beide gruppieren sich die übrigen Figuren der oberen Mittelschicht und werden am Schluß zusammengeführt. Multiperspektivisches Erzählen mit gleitenden Übergängen. Die Bewußtseinsvorgänge bes. in erlebter Rede, daneben in innerem Monolog. Entsprechend attributive Syntax. Bedeutsam die Divergenz von subjektiver und objektiver Zeit (vgl. den ursprünglichen Titel *The Hours;* das Leitmotiv der Glockenschläge von Big Ben). Gliederung in 11 Segmente. Einbeziehung von Satire (z. B. die religiöse Eiferin Miss Kilman). Impressionistische Evokation der Stadtatmosphäre. Einflüsse von J. Joyce, M. Proust.

Reihe von 8 separaten Kurzgeschichten um Mrs. Dalloways Party in der Slg. *The Haunted House and Other Short Stories* (1944). Übss. *Eine Frau von fünfzig Jahren* von Th. Mutzenbecher (1928), *Mrs. D.* von H. E. und M. Herlitschka (1955).

1926 Sidney Howard:

aD The Silver Cord

Dr., 3, Auff. 20.12. John Golden Theatre, New York.

Ort im Osten der USA, 1926. Die in ihrer Ehe frustrierte egozentrische Mrs. Phelps verlagert ihre Liebe ganz auf die passiven Söhne, um sie an sich zu binden. Robert bleibt nach der Trennung von seiner Braut bei ihr. Dave gelingt es mit Hilfe seiner Frau Christina, sich von seiner »Nabelschnur« zu lösen. Das realistische Problemdr. verbindet Psychoanalyse mit Sozialkritik (z. B. am am. Mutterkult). Analytische Technik. Einflüsse: A. Strindberg, S. Freud.

Buchausg. 1927.

1926 Sean O'Casey:

eD The Plough and the Stars

Tr., 4.

9 Einzelhdlgg. (Vordergrund) im intensivierenden oder ironisierenden Wechselbezug zur Vorbereitung und zum Verlauf des ir. Osteraufstandes von 1916 (Hintergrund). Parallel zur nationalen Katastrophe (Niederschlagung des Aufstandes durch die Briten) Zerstörung der Illusionen und Hoffnungen einzelner Charaktere eines Hinterhofmilieus. Der hitzige, eitle Freiheitskämpfer Jack Clitheroe fällt, seine sozialen Aufstieg erstrebende Frau Nora wird wahnsinnig, der großspurige, starrsinnige und feige Patriot Peter Flynn und der nicht patriotische Sozialist »The Covey«, dessen Praxis (Beteiligung an der Plünderung) seiner Theorie widerspricht, geraten in Gefangenschaft. Positiver gezeichnet werden die sich aufopfernde Bessie Burgess und der hilfsbereite, mutige Fluther Good.
Ironische Entlarvung der Sinnlosigkeit des Krieges, der Phrasenhaftigkeit und Heuchelei, des ir. und engl. Patriotismus und des Egoismus. Der Titel deutet auf die Spannung zw. Idealismus und Realität: das Sternbild des Pfluges vor einem irdischen Pflug-Emblem auf der Fahne der Irish Citizen Army. Struktur: I. Exposition: Einführung der Figuren. II. (Ursprünglich

selbständiges Kurzdr. *The Cooing of the Doves*) Kontrastierung einer patriotischen Rede mit den unterschiedlichen Reaktionen einzelner Vordergrundsfiguren. III. Vor dem Hintergrund erbitterter Kämpfe solidarisches und opportunistisches Verhalten. IV. Katastrophen des Hintergrund- und Vordergrundgeschehens. Verarbeitung autobiogr. Erfahrungen. Milieugerechte Sprache (Dubliner Slang, engl. Sprechweisen).

Auff. 8. 2. 1926 Abbey Theatre, Dublin; rief wegen der Verletzung religiöser, sexueller und patriotischer Tabus einen Theaterskandal hervor. Übss. *Der Pflug und die Sterne* von G. Goyert (1963), V. Canaris und D. Hildebrandt (1972). Film von J. Ford (1936).

1926 William Butler Yeats:

e A Vision

An Explanation of Life Founded Upon the Writings of Giraldus and Upon Certain Doctrines Attributed to Kusta ben Luka

Essays in 4 Büchern, Privatdruck mit Vordatierung 1925.

Aus theosophischen und okkulten Studien entwickelt Yeats hier ein Weltsystem, das z. T. seinen Gedichten als Grundlage dient. Hauptgedanken: 1. Die Welt- und individuelle Lebensgeschichte läuft in bestimmten Zyklen ab (»Great Wheel«-Theorie). Die 28 Phasen des Zyklus korrespondieren mit den Mondphasen, 28 Personentypen, 28 Inkarnationen usw. 2. Alle Prozesse (organische, psychische, hist.) verlaufen antithetisch, verbildlicht durch 2 sich gegenseitig durchdringende Kegel (»gyres«): Subjekt – Objekt, Maske – Antimaske, Moral – Ästhetik, Wissenschaft – Imagination usw. 3. Symbole entstammen der »anima mundi«, einem kollektiven Unbewußten, aus der der Dichter seine Bilder schöpft. Einflüsse: J. Böhme, E. Swedenborg u. a.

2. rev. Fassung 1937. Übs. in *Funde* von E. Gilbert (1980).

1926 D. H. Lawrence:

eE The Plumed Serpent

R.

Gegenwart. Die der europäischen Zivilisation überdrüssige Irin Kate Leslie schließt sich in Mexiko dem General Cipriano Viedma und Don Ramón Carrasco an, den Führern einer religiös-polit. Bewegung, die durch Wiederbelebung des Aztekenkults (Schlangengott Quetzalcoatl usw.) eine Basis der Vitalität und des Blut-Mysteriums für eine neue Gesellschaft schaffen wollen. Sie verfällt Cipriano, der sich als indianischer Gott verehren läßt, und heiratet ihn.
Das Lawrencesche Thema der Beziehungen zw. Mann und Frau ist hier der polit. Utopie untergeordnet. Das Motiv der weißen Frau in Mexiko, die der Faszination der indianischen Religion erliegt, auch in der Erzählung *The Woman Who Rode Away* (1925).

Übs. *Die gefiederte Schlange* von G. Goyert (1932). Film von C. Miles (1972).

1926 D. H. Lawrence:

eE St. Mawr

Erzählung.

London, um 1920. Die begüterte Amerikanerin Lou Witt ist mit dem aristokratischen Rico Carrington, einem kommerziell erfolgreichen Maler, verheiratet. Sie leidet unter der Leere ihrer Ehe und der Oberflächlichkeit der Umwelt. In symbolischer Geste schenkt sie R. den unbändigen Hengst St. Mawr. Als R. bei einem Reitunfall schwer verletzt wird, will er den Hengst unschädlich machen. Doch L. kehrt mit ihrer resoluten Mutter und St. Mawr in die USA zurück. Dort trifft sie allerdings auf eine ähnlich degenerierte Lebenseinstellung. Als St. Mawr – zugeritten – seine Ausstrahlung verliert, zieht sie sich auf eine abgelegene Farm in New Mexico zurück: In der urwüchsigen Berglandschaft will sie ein von sozialen Konventionen befreites, mit den Kräften der Natur wieder harmonisierendes Selbst finden.
Lawrence veranschaulicht wie häufig den Gegensatz von steriler Zivilisation und regenerierender Natur anhand des Verhältnisses von Mann und Frau in einem symptomatischen gesellschaftlichen Umfeld mit Hilfe zentraler Tiersymbolik und verbindet dies mit einer Gegenüberstellung von Europa und Amerika, wo zumindest in Randzonen ursprüngliches Leben noch zugänglich ist. Komplexe Figurenzeichnung: gradueller Prozeß von L.s Selbstreflexion, Kompensation des leidenschaftslos-unschöpferischen R. mit Kunstfertigkeit; Ambivalenz von L.s Mutter als Kritikerin der engl. Gesellschaft und Verkörperung der herrschsüchtigen am. Frau. Titelsymbolik mit naturmystischer Mythenparallele: St. Mawr – Pan. Poetische Evokation von Landschaftseindrücken.

Übss. *Der Hengst St. Mawr* von H. E. Herlitschka (1931), G. v. Uslar (1960).

1926 T. E. Lawrence:

eE Seven Pillars of Wisdom

Autobiogr. Bericht, 10 Bücher mit 121 Kapiteln. In 3 Fassungen entst. Subskriptionsveröffentlichung der 3. Fassung.

Der 1. Weltkrieg im Vorderen Orient, 1916–1918. Der engl. Agent Lawrence beteiligt sich aktiv an dem arabischen Aufstand gegen die türkische Vorherrschaft im heutigen Saudi-Arabien, in Palästina und Syrien. Der lange abenteuerliche Guerillakrieg gegen die Garnisonen und Eisenbahnlinien der Türken endet siegreich mit dem Einmarsch in Damaskus. L. identifiziert sich einerseits weitgehend mit dem arabischen Nationalismus, den er für den Beginn einer polit. Neugestaltung (biblischer Titel: Verweis auf Tempelbau durch Weisheit) des Vorderen Orients und letztlich ganz Asiens sieht. Andererseits leidet er an seinem bewußten Doppelspiel mit den arabischen Freunden: England und Frankreich haben die umstrittenen Gebiete bereits 1916 in einem Geheimvertrag in Einflußgebiete aufgeteilt.
Monumentaler Entwurf einer Zeitgeschichte im Grenzbereich von West

und Ost aus persönlicher Sicht eines Beteiligten. Extrem realistische Schilderung von Kriegsvorgängen und zugleich ein »arabisches Heldendrama«, das Mannesmut, Abenteuerlust und (eigene) Führungsqualitäten feiert. Selbstkritische Reflexionen und geheimnisvolle Andeutungen über das eigene Leben haben viel zu dem kultartigen Erfolg des Buches beigetragen. Bemühen um stilistische Brillanz: militärisch-sachlicher Ton und genaue, knappe Charakterisierung wechseln mit heroisch-philosophischen Passagen.

Kurzfassung 1927. Verbreitung und sensationeller Erfolg erst nach dem Tod des Verfassers 1935. Übs. *Die sieben Säulen der Weisheit* von D. v. Mikusch (1936 u. ö.). Film *Lawrence of Arabia* von D. Lean (1962).

1926 Langston Hughes:

aL The Weary Blues

69 Gedichte.

Die meist kurzen Gedichte, in 7 Teilen von »The Weary Blues« bis »Our Land« gegliedert, preisen schwarze Schönheit, schwarzen Jazz und schwarze Kultur *(To a Black Dancer, Harlem Night Club, The Negro Speaks of Rivers*), zeigen aber auch kritisch Leiden, Armut und Diskriminierung der Schwarzen auf *(Lament for Dark People, Beggar Boy, The South*). *Proem* und *Epilogue* berufen sich auf afrikanische Traditionen und fordern Gleichberechtigung für Schwarze in Amerika. Freivers mit variabler Bluesform und synkopiertem Jazzrhythmus, z. T. bis in die Strophenbildung hinein. Musikalische Assonanzen und Dissonanzen in der Lautstruktur. Lyrischer Hauptvertreter der Harlem Renaissance. Großer Erfolg und Einfluß auf die afro-am. Lyrik.

Selected Poems (1959). Übs.: Einzelnes in *Gedichte* von E. Hesse (1960).

1926 A. A. Milne:

eE Winnie-the-Pooh

Kinderbuch. Illustriert von E. H. Shepard.

Winnie-the-Pooh, ein gutmütiger, drolliger Teddybär, erlebt mit anderen Tieren im Wald eine Reihe kleiner Abenteuer: mit dem zaghaften Schweinchen Piglet spürt er dem Phantom eines »Woozle« nach, und er erschreckt es mit übergestülptem Honigtopf als »Heffalump«; dem melancholischen Esel Eeyore verschafft er nach weltfremd-gelehrter Beratung durch die Eule seinen Schwanz zurück; Kanga und ihr Baby Roo werden in den Kreis aufgenommen usw. Der kleine Junge Christopher Robin steht den Tieren als Freund und Helfer allzeit bei.
Das didaktische Moment (Übertragung des Verhaltensmodells Erwachsener – Kind auf Christopher – Tiere) tritt hinter der unterhaltsamen Humoreske des naiv-skurrilen Treibens der Tiere mit ihren menschlich-liebenswürdigen Schwächen zurück. Verspielter Stil in der Tradition Lewis

Carrolls (Nonsense-Logik, Kalauer, Kinderreime, Lied- und Gedichteinlagen usw.). Klassiker der engl. Kinderliteratur.

Die Popularität der Bärengeschichte (Bestseller) regte Milne zur Fortsetzung *The House at Pooh Corner* (1928) an. Übs. *Pu der Bär* von E. L. Schiffer (1928). 2 Filme.

1926 Hart Crane:

aL White Buildings

21 Gedichte und 2 Gedichtsequenzen. Teilvorabdrucke in *The Little Review*.

Cranes 1. Gedichtslg. umfaßt verschiedene Themen: Vergegenwärtigung der Vergangenheit *(Emblems of Conduct, Passage* u. a.), Kontrastierung mit der modernen am. Wirklichkeit, den »white buildings« der Städte (*Recitative, Possessions*) und bes. der Künstler im Konflikt von Zeit und Zeitlosigkeit, Realität und Idealität *(For the Marriage of Faustus and Helen, Voyages)*. Symbolistische Technik voller Umschreibungen, Anspielungen und überraschenden Wortverbindungen, verschachtelte, z.T. elliptische Syntax. Strophische, doch meist reimlose Gedichte. Einflüsse von A. Rimbaud u. a. französischen Symbolisten sowie W. Stevens.

Übs. *Weiße Bauten* von J. Uhlmann (1960).

1926 Ernest Hemingway:

aE The Sun Also Rises

R., 3 Bücher.

Frankreich, Spanien nach dem 1. Weltkrieg. I. Jake Barnes erzählt von seinem Leben in Paris und seiner hoffnungslosen Liebe zu Brett Ashley. J. ist impotent seit dem Krieg. B. war seine Pflegerin. J. machte B. mit einem ehemaligen Preisboxer, Robert Cohn, bekannt. II. Cohn trennt sich von seiner Freundin Frances und fährt mit B. zusammen nach San Sebastian; doch B. kehrt allein zurück nach Paris, um dort Mike, den Mann, den sie heiraten will, zu treffen. J. und sein Freund Bill gehen für ein paar Tage aufs Land zum Angeln. Dann treffen sich alle auf der Stierkampf-Fiesta in Pamplona. Auch der enttäuschte Cohn schließt sich an. B. verliebt sich in den jungen Stierkämpfer Romero. Cohn schlägt Romero aus Eifersucht zusammen, die anderen betrinken sich. III. B. geht mit Romero nach Madrid, von wo sie J. bald wieder abholen muß. J. und B. resignieren vor einem gemeinsamen Neubeginn.
An den Vergnügungen und Reisen der Figuren enthüllt Hemingway die Leere und Lebensangst einer Gruppe von Amerikanern (»the lost generation«) nach dem 1. Weltkrieg, die bestenfalls durch ein stoisches Durchhaltevermögen gekennzeichnet ist. Der Titel (Prediger, 1.5) verweist auf die »Eitelkeit« solcher Zerstreuungen. Die Abenteuer einer lebensgierigen, unglücklichen Frau werden aus der Perspektive eines Impotenten erzählt, der als Anti-Held mit ihren Liebhabern (Preisboxer, Stierkämpfer) kontrastiert. Vorwiegend dialogisches, chronologisches Erzählen, Wiedergabe von trivialen Gesprächen (Lieblingswort »nice«), Slang, spa-

nischen und französischen Wörtern. Lockere Folge von Episoden, Höhepunkt Fiesta in Pamplona (15–18). Verwendung autobiogr. Elemente. Stilistisch bereits volle Entwicklung von Hemingways Gebrauch trivialer Sprache als Untertreibung und Aussparung von starken emotionalen Spannungen. Einfluß von H. James.

Die engl. Ausg. unter dem Titel *Fiesta* (1927). Übs. *Fiesta* von A. Horschitz-Horst (1928). Film von H. King (1957).

1926 Hugh MacDiarmid:

eL A Drunk Man Looks at the Thistle

Gedicht. In späteren Fassungen durch Zwischentitel sequentiert.

Auf dem Heimweg nach Montrose behelligt ein betrunkener aggressiver Schotte eine Distel mit allen möglichen irdischen und metaphysischen Fragen, vor allem aber über Schottland (Distel = schottisches Emblem). In seinen Monologen, teils an seine Frau Jean, an R. Burns, an F. Dostojewski und an die Leute in Glasgow gerichtet, mischt sich Komisches und Ernstes, Triviales und Religiöses: Parodien auf T. S. Eliot, Vision eines Rades, Erektion und mystisches Einswerden mit der Distel usw. Als Sprache ein synthetisches Schottisch-Engl. in reimenden Versen wechselnder Länge. Versuch, gegen die sentimentale Regionalpoesie das Schottische zur modernen Literatursprache zu machen. Beitrag zur sog. Schottischen Renaissance. Einfluß von J. Joyce.

Die *Collected Poems* (1962; erweitert 1968) enthalten frühe kommunistische Gedichte, Adaptationen verschiedener literarischer Formen, bes. aus der russischen Literatur usw. Hervorzuheben sind bes.: *First Hymn to Lenin* (1932), *Second Hymn to Lenin* (1935) und *Sic Transit Gloria Scotia* (1926), eine Meditation über die Zukunft einer an R. Burns anknüpfenden schottischen Mundartdichtung. Kritische Ausg. (1971).

1926 Agatha Christie:

eE The Murder of Roger Ackroyd

Detektivr.

Engl. Dorf »King's Abbot«, Gegenwart. Der Arzt James Sheppard assistiert dem Meisterdetektiv Hercule Poirot bei dem Versuch, einen scheinbar unlösbaren Mordfall aufzuklären. Pointe: der Ich-Erzähler Sh. erweist sich selbst als der Mörder, nachdem er – im übermütigen Vertrauen auf seine Verschleierungstechnik – H. P. Einblick in seine Aufzeichnungen über den Fall gewährt hat. Der belgische Detektiv H. P. mit seinen »kleinen grauen Zellen« (des Gehirns), seiner Psychologie und gallischen Eigenwilligkeit tritt in der Mehrzahl der Rr. in Aktion (zuerst in *The Mysterious Affair at Styles,* 1920).

Bestseller. Übss. *R. A. und sein Mörder* von I. Kafka (1928) u. a. Über England hinaus ist Christie die erfolgreichste Detektivr.-Autorin (Übss. ihres ca. 70 Rr. umfassenden Œuvres in 103 Sprachen).

1927 Eugene O'Neill:

aD Lazarus Laughed

A Play for an Imaginative Theatre

Dr., 4.

Nach seiner Wiederauferstehung erscheint L. als unerschütterlicher Todesverneiner und sich verjüngender, lachender Lebensbejaher, eine Zarathustra-Figur großer Ausstrahlung, in Bethanien, Athen, Rom, wo er von Caligula getötet wird. Das Lachen im Vertrauen auf die Unsterblichkeit des Menschen als mystische Botschaft. Stilisierte Universalisierung durch maskierte Chöre (Vertreter der 7 Lebensalter, 7 Charaktertypen, verschiedener Völker). Das monumentale Mysterienspiel (Theater als Tempel), das O'Neill selbst bes. schätzte, stellt extreme Anforderungen an die Bühnenrealisation (z. B. Massenszenen, L.s Heiligenschein). Einfluß F. Nietzsches.

Auff. 9. 4. 1928 Community Playhouse, Pasadena, Cal. Übs. *Und L. lachte* von H. Unger (1958).

1927 Virginia Woolf:

eE To the Lighthouse

R., 3.

I. »The Window«. Sommerhaus der Ramsays auf der Isle of Skye, vor dem 1. Weltkrieg. Der Londoner Philosophieprofessor Mr. R., seine fürsorgliche Frau, ihre 8 Kinder, die Malerin Lily Briscoe und weitere Gäste an einem Septembernachmittag. Eine geplante Bootsfahrt zum nahen Leuchtturm muß wegen schlechten Wetters ausfallen. II. »Time Passes«. 10 Jahre vergehen. Mrs. R. und die Tochter Prue sterben, der Sohn Andrew fällt in Frankreich. Das Haus verödet. III. »The Lighthouse«. Mr. R. unternimmt mit der Tochter Cam und dem Sohn James die einst geplante Leuchtturmfahrt, während es L. B. gelingt, ihr einst begonnenes Gemälde Mrs. R.s zu Hause zu vollenden, indem sie deren Bedeutung erfaßt.
Subtile psychologische Studie der Entwicklung des Familien- und Bekanntenkreises um Mrs. R. (einer Art Mikrokosmos), der desintegriert (z. B. Generationenkonflikt), nachdem sie nicht mehr als ruhender Pol anwesend ist, und erst gegen Schluß eine Harmonisierung erfährt. Gegensätzlichkeit von Mrs. R. (intuitiv, altruistisch) und Mr. R. (rational, egozentrisch). Das zentrale Motiv: im Leben und in der Kunst werden Sinn und Ordnung nur in »Momenten« ahnbar. Struktur: um kurzen poetischen Dekaden-Teil mit neutralem Erzähler 2 lange Tag-Teile (I. statisch: Fenstermotiv; III. dynamisches Geschehen: Fahrt, kreativer Akt) in multiperspektivischer Erzählweise und Konzentration auf Bewußtseinsvorgänge sowie mit verklammernder bzw. durchgängiger Symbolik (bes. Leuchtturm, Gemälde; Haus, Meer, hell – dunkel usw.). Verarbeitung autobiogr. Materials (Woolfs Eltern).

Übss. *Die Fahrt zum Leuchtturm* von K. Lerbs (1931), H. E. und M. Herlitschka (1956). Fernsehserie (London, 1982).

1927 Sinclair Lewis:

aE Elmer Gantry

R.

Gegenwart. Der gewitzt-gewandte Elmer Gantry macht quer durch die USA als Prediger bei den Baptisten, Evangelisten, Methodisten Karriere bis zur Errichtung einer eigenen Kirche in »Zenith«, ist dabei aber durchweg auf den eigenen Vorteil bedacht (bes. die Befriedigung seiner sehr irdischen Gelüste). Scharfe Satire auf das durch Geschäftigkeit, Hysterie und Heuchelei gekennzeichnete Sektenunwesen. E. G., der als eine Art Schelm den Rummel ausnützt, vermittelt durch sein bewegtes Leben indirekt ein Panorama der am. Gesellschaft.

Ein Beststeller der Zeit. Übs. von F. Fein (1928). Bühnenbearbeitung von P. Kearney (1928). Film von R. Brooks (1960).

1927 Thornton Wilder:

aE The Bridge of San Luis Rey

R., 5.

Als 5 Reisende 1714 beim Einsturz einer Brücke in Peru umkommen, geht der Franziskaner Juniper den Einzelschicksalen nach, um das Unglück als Fügung zu erweisen und so dem Verständnis des göttlichen Willens näher zu kommen, wird wegen dieser Ketzerei zum Feuertod verurteilt, hinterläßt aber das Ergebnis seiner Nachforschung (Rahmenhdlg.): Das verbindende Moment (die »Brücke«) zw. den Verunglückten ist die Liebe in verschiedenen Ausprägungen (Liebe der Marquesa de Montemayor zu ihrer Tochter, des Schreibers Esteban zu seinem Zwillingsbruder, des Lebemanns Pio zu einer Schauspielerin usw.) als einzig bleibender »Sinn«. Die Atmosphäre und die Figuren sowie die unorthodoxe Verbindung von Christentum und Humanität machten den R. zu einem Bestseller.

Pulitzer-Preis. Übs. *Die Brücke von San Luis Rey* von H. E. Herlitschka (1929). Oper von H. Reutter (1954). 2 Filme.

1927 Willa Cather:

aE Death Comes for the Archbishop

R., Prolog und 9 Bücher. Anregung durch das Leben von Bischof Lamy und seinem Pater Machebœuf.

New Mexico, 1851–88. Nach der Annexion von New Mexico durch die USA erhalten Bischof Jean Marie Latour und sein Freund und Gehilfe Pater Joseph Vaillant den Auftrag, das Land zu missionieren. Meist zu Pferd verrichten sie ihre harte Arbeit: Bekehrung von Indianern, Kampf mit dem Aberglauben und eingesessenen Priestern, Bau einer Kathedrale in Santa Fé, Erweiterung der Diözese. Der Tod kommt nach einem erfüllten Leben.

Hist. R. mit dem für Cather typischen Thema des Kulturkonflikts im am. Pioniermilieu. So bilden breite realistische Beschreibungen von Landschaften, Gebräuchen der Hopi und Navajos ein Gegengewicht zur psychologischen Analyse der Missionare. Szenisches konventionelles Erzählen. Einfluß von H. James.

Übs. *Der Tod kommt zum Erzbischof* von S. v. Radecki (1940).

1927 Carl Sandburg:

aL The American Songbag

292 Lieder in 23 Teilen, herausgegeben von C. Sandburg.

Sandburg versucht in dieser Slg. die Vielfalt der am. Folklore zu erfassen: Lieder aus Kentucky, Neuengland, dem Westen, New Mexico, Lieder der Cowboys, Holzfäller, Tramps, Seeleute, Arbeiter, Lieder von Engländern, Iren, Mexikanern, Negern usw. Die Slg. drückt Sandburgs demokratisches Vertrauen in das am. Volk als eigentlichen Kulturträger aus. Alle Lieder mit Melodien, Angabe der Herkunft und Erläuterungen.

1927 William Faulkner:

aE Mosquitoes

R.

Anhand eines Jachtausfluges demonstriert Faulkner satirisch das Verhältnis zweier Generationen der am. Oberschicht zueinander und die Probleme des Künstlers Gordon in dieser Gesellschaft. Einflüsse von S. Anderson und A. Huxley.

Übs. *Moskitos* von R. K. Flesch (1961).

1928 Sean O'Casey:

eD The Silver Tassie

Tragikom., 4.

I. Dublin, während des 1. Weltkriegs. Harry Heegan wird als Fußballchampion, der den Preispokal erkämpft hat, gefeiert. II. Westfront. Das Individualschicksal wird stilisiert zum anonymen Kollektiv der Kriegführenden ausgeweitet. III. Nach dem Verlust beider Beine liegt H. als Nr. 28 im Dubliner Hospital. IV. Wieder zu Hause, ist der impotente Invalide ein Ausgeschlossener (seine Freundin Jessie wendet sich von ihm ab). Bei einer Feier schleudert er den Pokal (Titelsymbol) von sich.

Bittere Satire auf die Sinnlosigkeit und Unmenschlichkeit des Krieges (Schockfunktion). H. erkennt, daß er ebenso unreflektiert in den Krieg gezogen ist, wie er zur Wahl gegangen war. Neben der realistischen Hdlg.

(in I, III, IV) erstmals Einbeziehung expressionistischer Mittel: II. als grotesker Mummenschanz, Gruppenauftritte, Lieder, Rezitativ, Bühneneffekte. Parodie und Travestie (z. B. der Bibel).

Auff. 11. 10. 1929 Apollo Theatre, London. Übss. *Der Preispokal* von I. und O. Brandstädter (1966), *Der Pott* von T. Dorst und K. Wesseler (1967).

1928 Eugene O'Neill:

aD Strange Interlude

Dr., 2 Teile. Auff. 30. 1. John Golden Theatre, New York.

I. (= Akt I–V). Neu-England, New York, 1919–21. Nach frustrierender Jugendliebe (Trauma) und zwiespältiger Promiskuitätsphase heiratet Nina Leeds den Geschäftsmann Sam Evans, dessen Erbanlagen sie jedoch veranlassen, das erwartete Kind abzutreiben und mit dem Arzt Ned Darrell ein Kind zu zeugen. Ihr Ehebruch stürzt beide in Gewissenskonflikte. II. (= Akt VI–IX). 1922–44. Nach der Geburt des Sohnes Gordon entfremdet Nina sich allmählich dem Geliebten, sie versucht, Gordon an sich zu binden und seine Verlobung zu hintertreiben. Nach Sams Tod und Gordons Heirat verbindet sie sich, auf der Jagd nach dem Glück müder geworden, mit dem alten väterlichen Freund Charles Marsden, einem resignierten Schriftsteller.
Zentral die vom Unbewußten gesteuerten Interaktionen der Gruppe um Nina und die Reflexion über die Entwicklung: das Leben als »seltsames Zwischenspiel« zw. der Vergangenheit und der Zukunft, Widerstreit von Geist und Trieb. Das Vergehen der Zeit als dominanter Faktor. Trotz Konzentration auf wenige Figuren und Schauplätze Überlänge durch epische Tendenz: ausführliche Darstellung eines langen Zeitraums, ausgiebige Verwendung des monologischen Beiseitesprechens zur Vermittlung von Bewußtseinsvorgängen (persönliche Assoziationen, geheime Gedanken usw.) neben der Figurenrede. Einflüsse: A. Schopenhauer, S. Freud, J. Joyce. Trotz Überlänge großer Erfolg wegen der aktuellen Thematik (Psychoanalyse, Sexualität, Neurose).

Pulitzer-Preis. Film von R. Z. Leonard (1932). Übs. *Seltsames Zwischenspiel* von M. Wentzel (1957).

1928 D. H. Lawrence:

eE Lady Chatterley's Lover

R. 3. Fassung, als Privatdruck in Florenz erschienen.

»Wragby«, Sitz der Chatterleys in den Midlands. Constance (»Connie«) wendet sich von ihrem Mann Sir Clifford, einem impotenten Kriegsinvaliden, ab und findet bei dem vitalen Bergmannssohn und Wildhüter Oliver Mellors Liebeserfüllung. Auch als sie schwanger ist, bleibt sie der Gesellschaft zum Trotz bei ihm.
Zentral das Dreiecksverhältnis: Connie, zw. ihrem Mann (Adel, Zivilisation, Sterilität) und Geliebten (Proletariat, Natur, Vitalität), entscheidet

sich für die von M. vertretene Lawrencesche Alternative des »phallischen Bewußtseins« und der physisch-psychischen Kommunikation (Schlüsselwort »touch«). Verbindung von Realismus (z. B. M.s Dialekt), Symbolik (bes. die Idylle von Wald und Wild) und Mystifizierung (bes. Geschlechtlichkeit).

Die freizügige Darstellung der sexuellen Beziehungen hatte Skandalwirkung, führte in USA und England zum Verbot vollständiger Ausgg. bis 1959/60 und machte den R. zum Bestseller (Verkaufsziffer in USA bis 1965: 6326470). Lawrence antwortete auf die Vorwürfe in *À Propos of Lady Chatterley's Lover* (1930): Kritik an Englands Perversion der Sexualität und Mechanisierung der Zivilisation. Übss. *Lady Chatterley und ihr Liebhaber* von H. E. Herlitschka (1930), *Lady Chatterley* von M. Carlsson (1960). Filme von M. Allégret (1955) und J. Jaeckin (1981).

1928 **Virginia Woolf:**
eE **Orlando**
A Biography
R.

Die phantastische Lebensgeschichte Orlandos in charakteristischen Stadien: 1. der junge Adlige am Hof Elisabeths I. und Jakobs I.; 2. in der Verbannung und als Botschafter Karls II. in Konstantinopel; 3. Verwandlung in eine Frau und Leben mit Zigeunern; 4. Rückkehr ins England des 18. Jh.s und Kampf um den Familienbesitz; 5. Verbindung mit dem Forschungsreisenden Marmaduke im viktorianischen England; 6. Autorin im 20. Jh.
Parodistischer R. als fiktive Biographie und Historie. Verwendung zahlreicher Details aus dem Leben der befreundeten Autorin V. Sackville-West. Woolfs zentrale Themen der Zeit, Identität und Interaktion hier ins Spielerische gewandt. Der Stil z. T. den hist. Stadien entsprechend eingefärbt.

Übss. von K. Lerbs (1929), H. E. und M. Herlitschka (1961).

1928 **Aldous Huxley:**
eE **Point Counter Point**
R.

London, Gegenwart. Der Romancier Philip Quarles und seine Frau Elinor, von einer Indienreise zurückkehrend, sind einander entfremdet; nur die tödliche Erkrankung ihres Sohnes bewahrt E. vor dem Ehebruch mit dem Faschistenführer Webley. Der diabolische Spandrell ermordet Webley und fällt selbst dessen Leuten zum Opfer. Der sensualistische Maler John Bidlake erkrankt an Krebs, sein sensibler Sohn Walter scheitert an Lucy Tantamount, einer femme fatale. Der Literat Denis Burlap, nach außen spießbürgerlicher Moralist, unterhält eine perverse Beziehung zu seiner Geldgeberin. Nur der Schriftsteller Mark Rampion führt mit seiner Frau Mary ein harmonisches, erfülltes Leben.
Vielzahl der Typen um Qu. mit ihren ineinandergreifenden Schicksalen

der Frustration, Korruption, Fatalität. Die Rampions als positives Kontrastpaar. Qu. als R.-Zentrum: er schreibt einen R. (über eben die Thematik des R.s, in dem er erscheint) und reflektiert darüber (Schachtelprinzip). Vermischung von Fiktionalität und Realität. Autobiogr. Züge: Qu. als ironisches Selbstporträt Huxleys, Rampion geht auf D. H. Lawrence zurück usw. Die dialektische Thematik von Leben und Tod, Liebe und Leid, Schein und Sein, Körper und Geist »kontrapunktisch« komponiert: strukturell charakteristisch die Anordnung von Figuren, Situationen, Lebensbereichen usw. in »Modulationen«, »Variationen«, »abrupten Übergängen«. Neben der Erzählung erlebte Rede und »notebook« Qu.s. Häufiger Perspektivenwechsel. Durch filmartige Schnitte segmentierte Kapp. Formal Einfluß von A. Gide und J. Joyce.

Übs. *Kontrapunkt des Lebens* von H. E. Herlitschka (1930).

1928 **Claude McKay:**

aE **Home to Harlem**

R., 3.

I. Nach 2 Jahren in Europa kehrt Jake Brown 1919 als Deserteur nach Harlem zurück: Nachtclubs, Frauen wie Felice und Rose, Parties, Alkohol und Jobs im Hafen beschäftigen ihn. II. Um Harlem und einer Geliebten für eine Zeit zu entkommen, arbeitet J. als Eisenbahnkellner, wobei er Ray, einen gebildeten Schwarzen aus Haiti, zum Freund gewinnt. III. Bei weiteren Streifzügen findet J. Felice wieder, mit der er schließlich Harlem verläßt.
Breites Sozialpanorama, das Harlem als Territorium und eigenständige schwarze Kultur beschreibt, in der die weiße Welt nur am Rande sichtbar wird: Urbanität, Lebenslust, Musik als Lebensweise. Harlems Anziehungskraft und die Flucht vor ihr bestimmen die lockere Episodenfolge mit pikareskem Helden. Der selbstbewußte, kontaktfreudige J. kontrastiert mit dem entfremdeten, intellektuellen Ray, an den stellenweise die bei J. zentrierte Perspektive übergeht. Wiedergabe schwarzer Sprechweisen. Gelegentliche auktoriale Einschaltungen. Mit Z. N. Hurston und R. Fisher ist McKay ein Hauptvertreter des R.s in der Harlem Renaissance.

1928

aL **American Negro Folk Songs**

Über 700 Lieder und Varianten in 13 Teilen. Entst. seit ca. 1850. Hg. von Newman I. White.

Die reiche Lied-Tradition der am. Neger aus und nach der Sklavenzeit wurde erst relativ spät aufgezeichnet und gesammelt. Die Slg. enthält die wichtigsten Typen: Tanzlieder *(Jim Crow Jump)*, Balladen *(John Henry)*, Arbeitslieder *(Take my Hammer)*, Spirituals *(I got Shoes)*, und Blues *(Cemetery Blues)*. Alle Lieder wurden gesungen, enthalten daher viele

Wiederholungen und Variationen und einfache strophische Formen (Blues z. B. AAB mit Paarreim). Soziale und erotische Probleme werden häufig nur in verschlüsselter Form (Metaphorik, Anspielung, Personifikation) behandelt. Die Slg. gibt Fundort, Varianten, Quellen und z. T. Melodien an.

Weitere, z.T. speziellere Slgg. von H. E. Krehbier (1914), A. T. Burleigh (1917–24), W. C. Handy (1926), J. A. Lomax (1936) u. a.

1928 William Butler Yeats:

eL The Tower

19 Gedichte und 2 Gedichtsequenzen. Entst. 1921–28.

Das Hauptthema der Slg. bildet der Konflikt von Jugend und Alter, das nach →*The Wild Swans at Coole* (1919) hier eine Neufassung erhält als Kontrast von Vergänglichem und Unvergänglichem *(Sailing to Byzantium, Among School Children, The Tower)*. Jugend wird weitgehend aus der Erinnerung gesehen *(A Man Young and Old)*. Der ir. Bürgerkrieg 1922 zwingt Yeats zum Überdenken seiner eigenen Position *(Meditations in Time of Civil War)*. Zyklische Theorien unterliegen *Leda and the Swan, The Fool on the Roadside* u. a. Vorwiegend pessimistische Haltung im Konversationsstil voller kunstvoll gehandhabter Wortwiederholungen. Die Slg. bildet den Höhepunkt von Yeats' Entwicklung, die die Hauptsymbole seiner Dichtung (»tree«, »bird«, »sun«, »moon«, »tower«, »dance«) vereint. Der Titel verweist auf den Turm, in dem Yeats seit 1919 zeitweise wohnte. Einflüsse von Plato, Plotinus und Neuplatonikern.

Übs. *Der Turm* von H. E. Herlitschka (1958).

1929 Robert Bridges:

eL The Testament of Beauty

A Poem in Four Books

Der Klassizist und Poeta laureatus Bridges philosophiert im Anschluß an Platons Seelengleichnis *(Phaidros)* über die Entwicklung der Seele von den Urinstinkten »Selfhood« und »Breed« zu »Reason« und »Ethick«. Christliche Teleologie. Lockere, reimlose Alexandriner nach klassisch-quantitativer Metrik. Eigene Orthographie. Große Sorgfalt in Diktion und Rhythmus.

Einer der erfolgreichsten Lyrikbände der Zeit.

1929 Edith Sitwell:

eL Gold Coast Customs

Gedicht.

Sitwell parallelisiert und kontrastiert sozialkritisch einzelne Bilder kannibalistischer und verelendeter Negerstämme Afrikas mit Parties der reichen Londoner Lady Bamburgher: Nicht nur sind beide auf Vergänglichkeit (»worm«, »mud«, »bones«) reduzierbar, sondern die Reichen sind auch die Kannibalen der Armen. (»Customs« waren afrikanische Begräbnisrituale, bei denen die verstorbenen Reichen im Blut ihrer Sklaven gewaschen wurden.) Apokalyptische Züge. Metrische Experimente (Trommelrhythmen usw.).

Die *Collected Poems* (1957) zeigen Sitwells Entwicklung von experimentellen satirischen über sozialkritische zu romantisch-katholischen Texten der Spätzeit. Übs. *Gebräuche an der Goldküste* von Ch. Enzensberger (1964).

1929 Ivy Compton-Burnett:

eE Brothers and Sisters

R.

Engl. Landsitz, 2. Hälfte des 19. Jh.s. Die Eheleute Christian und Sophia Stace erweisen sich als Geschwister. Das melodramatische Inzestmotiv im Rahmen weiterer »Brüder und Schwestern«-Paare dient der allmählichen Zerstörung der Respektabilitätsfassade.

Nach *Pastors and Masters* (1925) der 2. von insgesamt 17 Rr., die sich auf eine durchweg in stilisierten Dialogen implizierte Gesellschaftssatire (meist am Modell der viktorianischen Familie) konzentrieren.

1929 Virginia Woolf:

e A Room of One's Own

Essay. Entst. aus 2 Cambridger College-Vorträgen über »Women and Fiction« (1928).

Ausgehend vom hypothetischen Fall einer mit gleichen Gaben ausgestatteten Schwester Shakespeares veranschaulicht und erörtert Woolf die sozioökonomischen und kulturellen Vorurteile und Benachteiligungen, gegen die Frauen im Verlauf der Geschichte anzukämpfen hatten. Sie folgert, daß erst die Gewährung der Privatsphäre (eigenes Zimmer) und der finanziellen Unabhängigkeit (geregeltes Einkommen) es Frauen ermöglicht hat, frei und erfolgreich zu schreiben. Sie behandelt eine Reihe von engl. Autorinnen, die sich bes. in der neuen Form des Romans hervorgetan haben, und erwartet von der Zukunft, daß Autorinnen mit zunehmender Gleichberechtigung auch in anderen Gattungen sich einen Namen machen werden. Woolf tritt grundsätzlich für eine ganzheitliche statt einer gesonderten Betrachtung männlicher und weiblicher Eigenschaften ein, was die Frage nach dem schöpferischen Potential bei Männern bzw. Frauen müßig erscheinen läßt. Sie entwickelt einflußreiche Ansätze einer feministischen Literaturbetrachtung, die Autorensoziologie und ästhetische Prinzipien einer weiblichen Schreibweise miteinander verbindet.

Übs. *Ein Zimmer für sich allein* von R. Gerhardt (1981).

1929 Henry Green:

eE Living

R.

Bridesley, Birmingham. Im Alltag der Beschäftigten an der Maschinenbaufabrik Dupret entstehen die vielfältigsten Konflikte und Probleme, die meist in den realistisch wiedergegebenen Dialogen der Beteiligten verarbeitet werden: Konkurrenz zw. Abteilungen, ein Arbeitsunfall, unglückliche Liebschaften, Krankheit und Tod des Unternehmers, Kündigungen. Arbeitsbedingungen und Freizeitverhalten werden in wechselseitiger Kontrastierung dargestellt. Experimenteller Detailrealismus, der hinter dem vorgeblich Trivialen die Lebenszusammenhänge von Industriearbeitern aufzudecken versucht. Sprunghafte Syntax, der Alltagssprache angenähert.

1929 Sinclair Lewis:

aE Dodsworth

R. Entst. 1925–29.

»Zenith« (USA) und Europa, 1925–27. Der 50jährige erfolgreiche Automobilfabrikant Samuel Dodsworth unternimmt auf Anregung seiner 41jährigen Frau Fran mit ihr eine längere Europareise: London, Paris, Berlin. Aus der Routine ihres Alltags gerissen, beginnen sie sich zu entfremden, und ihre Ehe zerbricht: F. betrügt S. wiederholt, S. tröstet sich in Venedig mit einer am. Witwe.
Das »internationale Thema« USA – Europa dient hier wie bei H. James dem Kontrast von Naivität und Erfahrung (Ehemoral, am. und europäisches Selbstverständnis). Neutraler Erzähler aus der Sicht S.s. Gesellschaftssatire. Konventionelle Erzähltechnik. Autobiogr. Züge (Lewis' geschiedene Frau schrieb 1931 eine Gegendarstellung).

Ein Bestseller der Zeit. Dramatisierung von S. Lewis und S. Howard (1934). Übs. *Sam Dodsworth* von F. Fein (1931). Film von W. Wyler (1936).

1929 William Faulkner:

aE Sartoris

R., 5. Überarbeitete Fassung von *Flags in the Dust* (1927).

»Jefferson«, Miss., 1919. Der junge Bayard Sartoris kommt voller Schuldgefühle aus dem 1. Weltkrieg zurück zu seinem Großvater Oberst Sartoris und seiner Tante Jenny Du Pre. Sein Zwillingsbruder John ist im Krieg gefallen. B. beginnt zu trinken und mit dem Auto durch das Land zu rasen. Er heiratet Narcissa Benbow, deren Bruder Horace ebenfalls aus dem Krieg heimkehrt. Als B. bei einer Autojagd am Tod seines Großvaters schuldig wird, verläßt er »Jefferson« für immer. Er stirbt bei einem Flugzeugabsturz, an dem Tage, an dem Narcissa einen Sohn gebiert.

Mit diesem R. findet Faulkner zu dem Hauptthema seiner späteren Rr.: dem Konflikt von Vergangenheit und Gegenwart im am. Süden, hier dargestellt am Verfall einer traditionsreichen Familie. Es kontrastieren Oberst Sartoris mit Bayard, Jenny mit Narcissa, Geschichten aus dem Bürgerkrieg mit dem 1. Weltkrieg usw. Die Vergangenheit ist Bürde und moralischer Maßstab zugleich für die jüngere Generation. Mit den alten Familien Sartoris und Benbow kontrastieren weiterhin positiv die Negerfamilien und negativ der Snopes-Clan, der die alten Familien ersetzen wird (→*The Town,* 1957). Neutraler Erzähler, genaue Wiedergabe von Dialogen, konventionelle, aber bereits aussparende Erzähltechnik. Faulkner entwirft hier zum 1. Mal seine fiktive Welt des »Yoknapatawpha County«.

Übs. von H. Stresau (1961).

1929 William Faulkner:

aE The Sound and the Fury

R., 4.

I. »April 7, 1928«. »Jefferson«, Miss. Der Sprecher Benjamin Compson, schwachsinniger Sohn von Jason III und Caroline Compson, wird 33 Jahre alt. Er beschreibt, was er von seinem Geburtstag wahrnimmt: Quentin, die Tochter von B.s Schwester Caddy, flirtet mit einem durchreisenden Artisten. Luster, ein Neger, der B. betreut, hat ein Geldstück verloren. B. erinnert sich u. a. an die Flucht seiner Schwester C. mit einem Artisten, an den Tod der Großmutter, an den Tag seiner Umtaufung, C.s Hochzeit. II. »June 2, 1910«. Der introvertierte und puritanische Erzähler Quentin, Bruder von C. und B., Student in Harvard, will an diesem Tag Selbstmord begehen, weil er seine Schwester C. endgültig verloren hat. Er schreibt Abschiedsbriefe, geht durch Boston, kauft einem kleinen Mädchen ein Eis und gerät dadurch in Schwierigkeiten mit der Polizei. Er erinnert sich z.T. an dieselben Episoden wie B., weiter an erotische Szenen mit seiner Schwester C. und an deren Verführung durch einen Fremden. III. »April 6, 1928«. Der zynische und profitgierige Erzähler Jason erhält von seiner Schwester C. Unterhaltsgeld für deren uneheliche Tochter Quentin, das er ihr jedoch vorenthält, um es an der Börse zu verspielen. Er spioniert Quentin und dem Artisten vergeblich nach. IV. »April 8, 1928«. Ein neutraler Erzähler schildert den Tag, an dem Quentin mit Jasons Geld und dem Artisten fortläuft. Jason versucht vergeblich, das Geld zurückzubekommen. Dilsey, Lusters Mutter, geht in den Gottesdienst, Luster fährt mit B. aus.

Der Verfall einer großen Familie der Südstaaten (→*Sartoris,* 1929, →*Absalom, Absalom!,* 1936) wird an den verschiedenen Generationen der Compsons demonstriert: Trunksucht, Neurosen, Idiotie, Inzest, Geldgier usw. Das Titelzitat aus *Macbeth* (»It is a tale/Told by an idiot, full of sound and fury/Signifying nothing«) deutet auf den nihilistischen Grundton des R.s. Faulkner reduziert das Geschehen auf 3 innere Monologe

(I–III) und einen Erzählerbericht, den Ablauf auf 4 verschiedene Tage. Jeder Teil hat seine eigene Erzähltechnik und Leitmotivik. Christliche Parallelen (23. Dezember, Ostern, der 33jährige B.). Die Geschwister typisieren mit Ausnahme von C. das Ende der Compsons: kastrierter Idiot, unberührter Selbstmörder, kinderloser Egoist. Der Fortschritt von kindlicher (B.), jugendlicher (Quentin) und männlicher (Jason) Perspektive zeigt einen moralischen Zerfall. Abgesehen von C. ist die mütterliche und gläubige Dilsey der einzige positiv gezeichnete Charakter, der überdauernd (»endurance«) mit dem Zerfall kontrastiert. Faulkners 1. Experiment mit der durchweg perspektivischen Darstellung eines Geschehens. Einfluß von J. Joyce (von Faulkner abgestritten).

1946 Ausg. mit einem erläuternden Anhang. Übs. *Schall und Wahn* von H. M. Braem und E. Kaiser (1956). Film von M. Ritt (1958).

1929 **Thomas Wolfe:**

aE **Look Homeward, Angel**
A Story of the Buried Life

R., 3. Entst. seit 1922. Veröffentlichung nach drastischer Kürzung des angeschwollenen Manuskripts durch den Verlagslektor M. E. Perkins und Wolfe. Auch die späteren Rr. wurden erst nach Bearbeitung publiziert.

I. Vorgeschichte: Oliver Gant, Steinmetz aus dem Norden, kommt in den Appalachenort »Altamont« (»Catawba«) und heiratet die Südstaatlerin Eliza. 1900–12. Als jüngster Sohn wächst Eugene im Kreise der 6 Geschwister auf. Die Kinder leiden unter der Gegensätzlichkeit der Eltern: der Vater ist aus Frustration in Leben und Kunst (Arbeit an Engelstatue) unstet und trunksüchtig; die Mutter ist erwerbsgierig (Betrieb von Pensionen). Früh schon wird E. zum sensiblen Einzelgänger. II. 1912–16. Auf der Privatschule findet E. zur Literatur, im Negerviertel zum Sex. Er beginnt sich seiner Familie zu entfremden. III. 1916–19. E. studiert an der »Pulpit Hill«-Universität. Während eines Ferienaufenthaltes erlebt er mit Laura James eine Liebesromanze. Der Vater erkrankt an Krebs, der Lieblingsbruder Ben stirbt, E. graduiert und wird in Harvard weiterstudieren.
Zentral die für E.s Entwicklung charakteristisch wechselhaften Haltungen der Abwendung und Heimkehr (bes. im Verhältnis zu den Eltern) und die ungestillte Sehnsucht nach dem »fremden, begrabenen Leben« (vgl. Schluß). Der Titel (Zitat aus J. Miltons *Lycidas*) und der visionäre Schlußdialog mit Ben deuten an, daß er das, was er sucht, in sich selbst finden wird. Kombination von Realismus (z. B. Milieu, Sprechweisen) und Symbolik (lyrisches Leitmotiv der menschlichen Isolation und Suche, zyklische Natur). Ausweitung durch Typisierung von Figuren und Verhältnissen, zeitgeschichtliche Exkurse, Nord-Süd-Kontrast usw. Einbeziehung von Satire und Groteske (z. B. Provinztypen). Neigung zu rhapsodischer Exaltation, bombastischem Schwall. Segmentierung der Kapp. (Erzählabschnitte, Momentbilder, Kurzszenen, z. T. mit Perspektivenwechsel). Der erste der monumentalen autobiogr. Rr. Wolfes. Intention: »fic-

tion« als »fact arranged and charged with purpose«. Einflüsse: W. Whitman, J. Joyce, Th. Dreiser, S. Lewis.

Fortsetzung in →*Of Time and the River* (1935). Übs. *Schau heimwärts, Engel!* von H. Schiebelhuth (1932). Bühnenbearbeitung von K. Frings (1957).

1929 Ernest Hemingway:

aE A Farewell to Arms

R., 5 Bücher. Serialisiert in *Scribner's Magazine.*

Italien, zur Zeit des 1. Weltkriegs. Der junge am. Architekturstudent Frederic Henry meldet sich freiwillig als Leutnant zu den Sanitätern der italienischen Armee. Er verliebt sich in die engl. Krankenschwester Catherine Barkley. Sie wird nach H.s Verwundung seine Pflegerin und Geliebte. Er nimmt zynisch die Schrecken des Krieges hin, tut aber weiter seinen Dienst. Bei einem Rückzug löst sich H.s Kolonne auf, er schlägt sich zu C. durch und macht seinen »Separatfrieden«. Beide fliehen über den Lago Maggiore in die Schweiz, wo C. bei der Geburt eines toten Kindes stirbt.
Der Titel (nach einem Gedicht von G. Peele) verweist auf das Thema: die Flucht vor den Schrecken des Krieges. Der Ich-Erzähler H. findet durch Verwundung, Gespräche mit dem Freund Rinaldi und dem Priester, bes. durch C. zur Selbsterkenntnis. Aussparende, lakonische Erzählweise. Autobiogr. Elemente.

Bestseller. Übs. *In einem anderen Land* von A. Horschitz-Horst (1948). Dramatisierung von L. Stallings und C. Zuckmayer: *Kat* (1932). Filme von F. Borzage (1932) und C. Vidor (1957).

1930 T. S. Eliot:

eL Ash-Wednesday

Gedichtsequenz aus 6 Teilen. Entst. und z.T. veröffentlicht seit 1927.

Das erste größere poetische Werk nach Eliots Konversion zum Anglo-Katholizismus (1928) dramatisiert die Reinigung eines bekehrten Sünders in 6 gebetsartigen Monologen. In Anlehnung an Dantes »Purgatorio« nähert sich der Sprecher mit Hilfe Marias (II, IV, V) Gott und läßt das Irdische als Sünde hinter sich. Strengere, durch Wiederholungen und Parallelismen strukturierte Verbindung der Einzelteile. Abrücken von der unpersönlichen Dichtweise der frühen Lyrik. Zurücktreten der Zitat- und Montagetechniken.

Übs. *Aschermittwoch* von R. A. Schröder (1951).

1930 Hart Crane:

aL The Bridge

Sequenz aus 7 Gedichten und 2 Subsequenzen. Entst. seit 1923.

Gerahmt von 2 Gedichten über die Brooklyn Bridge als Symbol einer die Realität überschreitenden Imagination 7 Texte, die den »Myth of Ameri-

ca« von der Vergangenheit bis zur Gegenwart verfolgen. I. *Ave Maria* (Columbus), II. *Powhatan's Daughter* (Indianer, Westen), III. *Cutty Sark* (Wende zur Gegenwart durch die Erinnerungen eines Seemanns, Schiff), IV. *Cape Hatteras* (Vergangenheit – Gegenwart: Whitman – Flugzeug), V. *Three Songs* (3 Verkörperungen der gegenwärtigen Liebe), VI. *Quaker Hill* (Vergangenheit – Gegenwart: Quaker – Hotelbewohner), VII. *The Tunnel* (New Yorker Untergrundbahn).
Hymnische Sprechhaltung durchweg. Kühne Metaphorik, häufig aus dem Bereich des »machine age«, ungewöhnliche Konversionen, Personifikationen. Elliptische, z. T. schwer verständliche Syntax mit abrupten Übergängen. Zitate, Archaismen, Latinismen. Verknüpfung der Teile durch übergreifende Symbolstrukturen (Land, Wasser, Brücke). Freie Verse. Einflüsse von W. Whitman, T. S. Eliot, E. Pound und Filmtechniken.

The Complete Poems (1933) enthält weitere, nachgelassene Gedichte und die Slg. *Key West: An Island Sheaf.*

1930 W. H. Auden:

eL Poems

30 Gedichte und *Paid on Both Sides, A Charade.* Darunter 9 Gedichte aus dem Privatdruck *Poems* (1928).

Gedichte über die zum Untergang verdammte bürgerlich-kapitalistische Gesellschaft Englands in kontrastiv-wechselnder Folge. Wie in *Consider* wird der Leser wiederholt aufgefordert, die dekadente und vom Todestrieb besessene Gesellschaft zu betrachten und revolutionäre Konsequenzen daraus zu ziehen *(Will you turn a deaf ear, Which of you waking early, Watch any day* usw.). Eine andere Gruppe von Gedichten beschreibt die Infiltration eines Geheimagenten in das kapitalistische Land *(The Secret Agent* u. a.). Ferner einige ironisch-distanzierte Liebesgedichte (z. B. *Too dear, too vague*). Vermischung von psychologischen und ökonomischen Aspekten. Elliptischer Stil voller Abstrakta, versteckter Personifikationen, Wortspiele und satirischer Vergleiche. Mischung verschiedener Stilebenen, vorwiegend kolloquialer Stil, doch auch Imitationen altengl. und viktorianischer Lyrik. Virtuoser Gebrauch verschiedener Versmaße, vor allem Kurzverse, reimlos oder mit Halbreimen. *Paid on Both Sides* behandelt in farcenhafter Form eine Familienfehde, die mehrere allegorische Deutungen erlaubt (psychologische, polit., literarische). Einflüsse von T. S. Eliot, D. H. Lawrence, G. M. Hopkins, K. Marx.

Die 2. Auflage 1933 ersetzt 7 Gedichte durch neue und enthält kleinere Revisionen der übrigen; der Titel wurde ebenfalls geändert.

1930 Evelyn Waugh:

eE Vile Bodies

R.

London in den zwanziger Jahren. Adam Fenwick-Symes gerät in die modischen Gruppen der jungen Generation von Mayfair. Er lebt von einer

Party zur anderen und versucht zwischendurch vergeblich Geld aufzutreiben, um Nina Blount zu heiraten. Er wird Journalist für den Gesellschaftsteil des »Daily Excess«, erfindet Nachrichten und wird vor die Tür gesetzt. Nach einigen weiteren Parties und einem mißglückten Autorennen heiratet Nina einen anderen, doch A. und N. finden zusammen, als ihr Mann einberufen wird. Kurz darauf wird A. eingezogen und N.s Mann kehrt zurück. Ein Krieg bricht aus.
Die Hdlg. von A. und N. dient nur als Vordergrund einer spielerischen, doch sarkastisch-grotesken Satire der reichen Londoner Oberschicht (Snobismus, Promiskuität, Presse, Sport, Politik, Schriftsteller), ohne daß moralische Wertmaßstäbe explizit werden. Der Titel, Bemerkungen von A. und der apokalyptische Schluß deuten auf eine ablehnende moralische Haltung hin. Neutraler Erzähler ohne Einmischung, Parallelführung verschiedener Personen und Personengruppen, episodisches Erzählen in 13 relativ selbständigen Kapp.

Übs. . . . *aber das Fleisch ist schwach* von H. v. Kleeborn (1951).

1930 William Faulkner:

aE As I Lay Dying

R.

Gegenwart. Die Bundren-Familie wartet auf den Tod der Mutter Addie, um sie nach »Jefferson«, Miss., zu bringen und dort zu beerdigen. Cash, der älteste Sohn, zimmert bereits einen Sarg. Als Addie stirbt, erfährt Vardaman, der Jüngste, einen traumatischen Schock. 3 Tage nach dem Tod beginnt die Reise nach »Jefferson«. Der Fluß ist gestiegen. Beim Überqueren des Flusses geht der Sarg beinahe verloren. Cash bricht sich ein Bein, und das Maultiergespann ertrinkt. Der Gestank der Leiche wird unerträglich. Darl, der die Überführung skeptisch beurteilt, steckt nachts die Scheune an, in der der Sarg steht, um der grotesken Reise ein Ende zu machen. Jewel, sein Bruder, der sein Pferd opfern mußte, um den Transport zu ermöglichen, rettet den Sarg aus den Flammen. In »Jefferson« angekommen, wird der inzwischen wahnsinnig gewordene D. verhaftet, Dewey Dell, die schwangere Tochter, die wegen einer Abtreibung mitgekommen ist, gibt sich dem Apotheker hin, wird jedoch von ihm betrogen. Vater Anse kauft sich von ihrem Geld ein neues Gebiß und nimmt sich die Frau, bei der er sich die Schaufeln für das Grab ausgeliehen hatte.
Groteske, tragisch-komische Geschichte von Egoismus und Solidarität einer Familie »armer Weißer«. Nur Jewel und Cash übernehmen die Reise aus Liebe zu ihrer Mutter, alle anderen haben egoistische Motive (Anse, Dewey, Vardaman) oder sind gegen die Reise (Darl). Das 10 Tage umfassende Geschehen wird in 59 kurzen Kapp. aus 14 verschiedenen Perspektiven erzählt (jedes neue Kap. bedeutet einen Perspektivenwechsel) und grotesk verzerrt. Erst aus dem Gleichgewicht der heterogenen Motive und Figuren (Schlüsselwort »balance«) resultiert die komisch-he-

roische Hdlg. Die Vitalität verkörpernde Mutter als symbolische Folie. Leitmotivik: Fisch, Pferd, Wasser, Feuer, biblische Parallelen. Verwendung des inneren Monologs.

Übs. *Als ich im Sterben lag* von A. Hess und P. Schünemann (1961).

1930 I'll Take My Stand

a The South and the Agrarian Tradition

12 Essays.

In dieser Slg. präsentiert eine Gruppe um John Crowe Ransom (vormals »The Fugitives«) die Kulturprobleme der Südstaaten in sozioökonomischer Sicht. Hauptthese: Der Süden muß seine agrarische Struktur gegen den Industrialismus des Nordens verteidigen. Verwandte Oppositionen: Tradition gegen Fortschritt (J. C. Ransom), Regionalismus gegen den klassizistischen Humanismus Neu-Englands, Religion gegen Agnostizismus. Beiträge von J. C. Ransom, A. Tate, R. P. Warren u. a. Die konservative Reaktion auf die fortschreitende Industrialisierung des Südens teilt die Gruppe mit vielen anderen Schriftstellern der Südstaaten. Einfluß von T. S. Eliot.

1930 John Dos Passos:

aE The 42nd Parallel

R. 1. Teil der Trilogie *USA* mit den folgenden Teilen →*Nineteen Nineteen* (1932), →*The Big Money* (1936).

Kritisches Zeit-Pamorama (1900–16) anhand von 5 Figuren: 1. Mac (Fainy McCreary), Neffe eines Sozialisten, arbeitet als Vertreter für einen Buchverlag und als Drucker. Er heiratet eine Verkäuferin, trennt sich wieder von ihr und geht nach Mexiko, die Revolution gegen Huerta zu unterstützen. Er läßt sich schließlich dort als Buchhändler nieder. 2. Janey Williams, aus kleinbürgerlichem Milieu, wird Sekretärin bei J. Ward Moorehouse. 3. J. Ward Moorehouse, aus einfachen Verhältnissen, heiratet nach einer ersten mißglückten Ehe eine Millionärstochter, gründet eine Public Relations-Gesellschaft und nimmt sich Eleanor Stoddard zur Geliebten. 4. Eleanor Stoddard, aus kleinen Verhältnissen, wird Innenarchitektin in New York. 5. Charley Anderson aus Fargo, N. D., wird Garagenarbeiter in Minneapolis. Nach verschiedenen Jobs in diversen Städten meldet er sich 1916 desillusioniert als Freiwilliger.
Die Lebensgeschichten der 5 Figuren werden, z. T. kapitelweise montiert, durch »Newsreels« (19 Wochenschauen aus Schlagzeilen, Schlagern, Zitaten), »The Camera Eye« (27 subjektive Kommentierungen des Erzählers) und 8 Kurzbiographien von Prominenten zu einem Panorama der USA erweitert, das nicht nur verschiedene soziale Schichten, sondern durch die Mobilität der Figuren auch die verschiedenen Staaten der USA einbezieht. Der Sozialist Mac kontrastiert mit dem Kapitalisten Moorehouse, die Spießbürgerin Janey mit dem Bohemien Charley usw. Sorgfäl-

tige Dokumentation der geschilderten Milieus, aus denen die Figuren verständlich werden. Sozialkritische Einstellung gegenüber der bürgerlichen Oberschicht (Moorehouse, Stoddard).

Übs. *Der 42. Breitengrad* von P. Baudisch (1930).

1931 Eugene O'Neill:

aD Mourning Becomes Electra

Tr., Trilogie. Auff. 26. 10. Guild Theatre, New York. Anlehnung an die *Orestie* von Aischylos, doch mit Elektra als Hauptfigur.

Homecoming, 4. 2 Wohnsitz in Neu-England, 1865. Nach der »Heimkehr« aus dem Bürgerkrieg wird Ezra Mannon (vgl. Agamemnon) von seiner frustrierten Frau Christine (vgl. Klytaimnestra), die den Kapitän Adam Brant (vgl. Aigisthos) liebt, vergiftet. Die eifersüchtige Tochter Lavinia (vgl. Elektra) entdeckt den Mord. *The Hunted,* 5. L. überzeugt den sensiblen Bruder Orin (vgl. Orestes) von der Schuld der Mutter und treibt ihn zum eifersüchtigen Rachemord an Brant; die verzweifelte Mutter begeht Selbstmord; O. leidet Gewissensqualen: Brant, Ch., O. als »Gejagte«. *The Haunted,* 4. O. und L. als »Heimgesuchte«: 1866. Nach einer Südseereise, auf der O. nicht vergessen konnte und dem Vater ähnlicher wurde, während L. zum Ebenbild der Mutter aufblühte, soll sich ihr Leben normalisieren. O. vereitelt jedoch sühnebedacht und eifersüchtig L.s Verbindung mit Peter (vgl. Pylades), flüchtet sich in den Selbstmord und zwingt sie so, im Haus der Toten sich einzukerkern und allein die nötige Trauer und Sühne zu übernehmen. Zentral die komplexe Entwicklung der Interaktionen zw. den Mannons: lebensfeindlicher Puritanismus und Passivität der Männer, Vitalität und Aktivität der Frauen; Liebe, Sehnsucht, Eifersucht, Schuld- und Rachegefühle als Motivation bei allen (einschließlich der Vorgeschichte: Geschlechterfluch); O.s Ödipuskomplex, L.s Vaterbindung. Versuch, für die griechische Tr. zeitgemäße Entsprechungen zu finden: Psychologisierung der Schicksalhaftigkeit, Einzelparallelen (z.B. Krieg), Techniken (»Chor« der Kleinbürger, maskenhafte Gesichter). Struktur: Die Tr. O.s und L.s (3. Teil) variiert die der Eltern. Kontrastiv-konzentrische Technik der Teil-Eingänge: Auftrittsfolge Chor (Komik) – Peter und Hazel (Normalität) – Mannons. Leitmotive (Insel, Shanty). Symbolik (z.B. Hausfassade, Kleider, Haar). Tragische Ironie.

Film von D. Nichols (1947). Übs. *Trauer muß Elektra tragen* von M. Wentzel (1957). Oper von M. D. Levy (1966).

1931 Virginia Woolf:

eE The Waves

R.

In 9 Monolog-Sektionen geben 6 Freunde wechselweise Lebensabschnitte von frühester Kindheit bis zum sich neigenden Erwachsenenalter wieder: die natürlich-häusliche Susan, die kapriziöse Jinny, die realitätsflüchtige,

im Selbstmord endende Rhoda; der erfolgreiche Geschäftsmann Louis, der sensible, scheue Lyriker Neville, der phantasiebegabte Erzähler Bernard. Sie wachsen gemeinsam auf, gehen auseinander, scharen sich um den Freund Percival, dessen Tod sie erschüttert, gehen wieder auseinander. Ein »Epilog« Bernards zieht die Summe ihrer Schicksale.
Zw. die Monolog-Sektionen sind lyrische Passagen mit Natursymbolik (Tages- und Jahreszyklus: Haus, Garten an der Küste) geschaltet, die das Geschehen in abgestimmter Folge begleiten und ihm einen universalen Bezug geben. Multiperspektivisches Erzählexperiment: die Sprecher mit je subjektiv-partikularem Realitätsbezug finden und verlieren in Percival eine überindividuelle Orientierungsfigur. Ihre Schicksale als Teile des zeitlichen Fließens (Welle) und des Ewig-Gleichen (Meer). Überindividuelle Formalisierung des Monologstils. Erzählwerk der Stimmen von subtiler Differenziertheit, komplexer Fügung und poetischer Suggestivität.

Übs. *Die Wellen* von H. E. und M. Herlitschka (1959).

1931 William Faulkner:

aE Sanctuary

R.

Mississippi, Mai 1929. Die reiche und verwöhnte Studentin Temple Drake gerät nach einem Autounfall mit ihrem betrunkenen Galan in die Hände von Schwarzbrennern und Gangstern, die im verfallenen »Frenchman's Bend« wohnen. Der impotente und skrupellose Gangster Popeye vergewaltigt sie auf unnatürliche Weise und bringt sie in ein Bordell in Memphis. Der idealistische Rechtsanwalt Horace Benbow spürt T. auf. P. hat inzwischen einen Liebhaber von T. umgebracht. Doch vor Gericht belastet T. einen anderen, der von der aufgebrachten Menge gelyncht wird. P. wird wenig später wegen eines anderen Mordes gehängt.
Der Titel bezieht sich auf »Temple«, deren Korruption parallel zu der Desillusionierung Benbows das Thema des R.s bildet. Faulkners pessimistischster R., der im Genre des Kriminalr.s Verlogenheit, Schwäche, Feigheit der Betroffenen aufdeckt. Neutraler Erzähler, der aus den wechselnden Perspektiven der Figuren erzählt. Aussparende chronologische Erzähltechnik, die die Zusammenhänge nur durch Gegenüberstellung von Episoden erschließen läßt.

Bestseller. Das Dr. *Requiem for a Nun* (1951) ist eine Fortsetzung des Stoffes. Filme von S. Roberts (1933) und T. Richardson (1961). Übss. *Die Freistatt* von H. E. Herlitschka (1951), H. Wollschläger (1973).

1931 James Thurber:

aE The Owl in the Attic
and Other Perplexities

Erzählungen, Skizzen und Parodien. Zuerst in *The New Yorker.*

Neben den satirischen Erzählungen über das Ehepaar Monroe Parodien auf die Kummerspalte von Haustierhaltern *(The Pet Department)* und die

»Hausbibel« bei *The New Yorker,* Fowlers *Dictionary of Modern English Usage.* Der von seiner Frau beherrschte Versager John Monroe wird zum Vorbild einer Reihe satirischer Porträts bei Thurber, bis hin zur berühmten Geschichte *The Secret Life of Walter Mitty* (zuerst 1939). Bei den absurden Ratschlägen zur Haltung von Haustieren, die meist neurotisch oder rätselhaft entstellt sind, setzt Thurber seine eigentümliche Zeichentechnik ein, die dem Betrachter meist ein vieldeutiges Vexierbild von Tieren und Menschen anbietet. Für die kosmopolit. Zeitschrift *The New Yorker* typische Form des Humors.

Querschnitts-Slg. *The Thurber Carnival* (1945). Übs.: Einzelnes in *Rette sich wer kann* von B. Möhring und H. M. Ledig (1948), *Lachen mit Thurber* von P. Dülberg u. a. (1965) u. a.

1932 J. C. Powys:

eE A Glastonbury Romance

R., 2.

I. Glastonbury, Soms., Gegenwart. Der exzentrische Prediger John Geard erbt anstelle des Industriellen Philip Crow und des Intellektuellen John Crow ein Vermögen. J. C. wird Mitarbeiter von G., der mit einem Passionsspiel einen Christentum und Gralssage verschmelzenden Mystizismus stiften will. Mit Unterstützung der Kommunisten wird G. Bürgermeister, um die Fabriken von Ph. C. in den städtischen Besitz zu bringen. II. G. begründet eine betriebsame Wallfahrtsstätte der neuen Religion. Ph. C. entdeckt einträgliche Zinnvorkommen. Die örtlichen Betriebe werden größtenteils in eine Genossenschaft überführt. In der Frühjahrsflut wird Glastonbury überschwemmt. G. ertrinkt. Ph. C. ist ruiniert. J., dem Mordanschlag eines pseudo-visionären Christusdarstellers entronnen, will den Ort mit der geliebten Mary verlassen.
Der R. öffnet sich der Phantastik übernatürlicher Vorgänge (mystische Erlebnisse und magische Praktiken an Sakralort als eigentlichem Helden) und demonstriert gegenüber der modernen Industriegesellschaft das fortwährende menschliche Bedürfnis nach einer naturnah spirituellen Dimension, die jedoch voll schillernder Ambivalenzen bleibt: Vision/Sinnestäuschung, innere Erfahrung/unterschwellige Projektion, G. als Heilsstifter/Scharlatan, Glaubensverbreitung/Massenhysterie. Vielzahl typisierter Figuren. Konventionelle Erzählweise. Neigung zum überladenen Stil. Eigenwillige Verbindung von Traditionen des 19. Jh.s (W. Wordsworths Auffassung von Natur und Imagination, Ch. Dickens' Realismus und Humor) und Tendenzen des 20.Jh.s (Introspektion, Technologiekritik).

1932 James T. Farrell:

aE Young Lonigan

A Boyhood in Chicago Streets

R., 4 Sektionen.

Chicagoer South Side, 1916. Der 15jährige William Lonigan (»Studs«), aus einer kleinbürgerlichen, katholischen ir.-am. Familie, orientiert sich

an der Umwelt seiner großstädtischen Nachbarschaft, bes. den »tough guys« der »pool rooms«: zunehmend unterdrückt er seine guten Anlagen, um durch Härte zu bestehen, früh macht er sexuelle Erfahrungen, wird Mitglied einer Straßen-Gang (Diebstähle, Judenhetze usw.) und entfremdet sich so Familie, Kirche, Schule.
Zentral die Entwicklung L.s, die zwangsläufig zur Selbstzerstörung führt. L.s Verhalten, Bewußtsein, Ängste und Wünsche als Reflexe einer materialistischen, brutalen Gesellschaft. Naturalistische Darstellung (Milieu, Sprechweisen). Episodenstruktur. Bewußtseinsdarstellung, Vorherrschen von Studs Perspektive, Verwendung erlebter Rede. Einflüsse von J. Dewey, F. Norris, J. Joyce, Th. Dreiser.

1. Teil der Trilogie *Studs L.* (1935) mit *The Young Manhood of Studs L.* (1934) und *Judgment Day* (1935). L. verkommt weiter (Promiskuität, Alkoholismus, Gewalttätigkeit, finanzieller Ruin und Arbeitslosigkeit), bis er mit 29 an einer Herzkrankheit stirbt. L.s Lebenslauf parallelisiert bzw. kontrastiert mit einer Reihe anderer Figuren, darunter dem Studenten Danny O'Neill, der sich von dem Umwelteinfluß lösen kann. Er ist Hauptfigur (mit autobiogr. Zügen) weiterer Rr. von Farrell. Bestseller. 2 Filme, darunter von I. Lerner (1960). Übs. *Studs Lonigan* von N. Stingel (1982/83).

1932 Erskine Caldwell:

aE Tobacco Road

R.

Abgewirtschaftete »Tabakstraße« in Georgia, Gegenwart. Der naive, verarmte Kleinpächter (»sharecropper«) Jeeter Lester schlägt sich mit seiner Familie mühselig durch (Notverkäufe, Diebereien, Fabrikarbeit der Kinder usw.) und träumt davon, wieder die Felder zu bestellen. Der 16jährige Sohn Dude heiratet die Autobesitzerin Bessie Rice, die sich als mannstoll erweist. Schluß: J. und seine Frau Ada verbrennen mit ihrer Hütte.
Milieu der »poor whites« im Süden nach der Depression. Enthumanisierung des umweltdeterminierten Menschen: Reduktion auf Existenzkampf und Sexualnot. Sozialkritik mit sensationellen Schockeffekten. Naturalismus und Groteske. Primitive Sprache.

Bestseller. In der Bühnenbearbeitung von J. Kirkland (1933) großer Broadway-Erfolg (über 7 Jahre Laufzeit). Film von J. Ford (1941). Übss. *Die Tabakstraße* von G. Müller (1948), P. Baudisch (1960).

1932 Aldous Huxley:

eE Brave New World

R.

London »im Jahre 632 nach Ford« als Zentrum eines Weltstaates mit den obersten Prinzipien »Community, Identity, Stability«. 1.–6. Bernard Marx (Liebe zu Lenina Crowne) und Helmholtz Watson (literarisches Ausdrucksbedürfnis) sind problematische Randfiguren der technokratisch-perfekten »Wohlstands-Tyrannei«. 7.–9. B. und L., auf Urlaub in einem Indianerreservat (Kontrastwelt), machen die Bekanntschaft eines

(illegal natürlich geborenen) »Wilden«. 10.–18. Dieser kommt mit in die »schöne neue Welt« (= Zitat aus W. Shakespeares *The Tempest),* gegen die er jedoch bald heftig opponiert (Rebellionsversuch, Höhepunktsdisput mit dem Weltkontrolleur Mond), von der er sich in die Einsiedelei zurückzieht, wo er schließlich in den Selbstmord getrieben wird, während B. und H. auf eine Individualisten-Insel verbannt werden.
Die Menschen sind in 5 Klassen (Alpha bis Epsilon) eingeteilt, daraufhin biologisch und psychologisch konditioniert (Retorten-Eugenik, Hypnopädie) und total manipuliert (klassenspezifische Arbeit, Konsumzwang, Reglementierung emotionaler Bedürfnisse, Massensuggestion, Beruhigungsmittel »Soma«). Dem Glück reibungslosen Funktionierens sind Freiheit, Wahrheit, Kunst, Religion geopfert; größter Verstoß gegen das Gemeinwohl ist Individualismus. Die Anti-Utopie als Warnung vor gefährlichen Tendenzen der modernen Industriegesellschaft, bes. einer gewissenlosen Anwendung der Naturwissenschaften. Kontinuierliche Erzählung wechselt mit Segmentierung von Erzählsträngen und Episodenfolgen.

Bestseller. 1950 Ausg. mit selbstkritischem Vorwort. Übss. *Welt – wohin?* (1932), *Wackere neue Welt* (1950), *Schöne neue Welt* (1953) von H. E. Herlitschka. *Brave New World Revisited* (1959) analysiert essayistisch, wie weit sich die negativen Tendenzen in der Zwischenzeit verstärkt haben (Bevölkerungsexplosion, Machtkonzentration, Mechanisierung, Vermassung, Mißbrauch von Kontrollmethoden, Massensuggestion). Übs. *Dreißig Jahre danach oder Wiedersehen mit der wackeren neuen Welt* von H. E. Herlitschka (1960). Ein positives Gegenstück vermittelt die Utopie *Island* (1962).

1932 Ernest Hemingway:

a Death in the Afternoon

Essay.

Eine Einführung in den spanischen Stierkampf: Definition als rituelle Tragödie, nicht als Sport (1–2), Terminologie und Daten (3–5), Geschichte des spanischen Stierkampfes (6–9), Phasen des Kampfes (10), der Stier (11–13), Techniken der einzelnen Phasen (14–19). Hemingway wollte die Fakten beschreiben, die dem »Gefühl von Leben und Tod« zugrunde liegen. Er nimmt die Haltung des Kenners (»aficionado«) ein, um sich z. T. ironisch im Gespräch mit einer alten Dame von den Laien zu distanzieren. Stilistisch eine Übung, »einfache Tatsachen« präzise zu beschreiben und sich von journalistischen Schreibweisen freizumachen. Hinzu kommen 81 Fotos, ein Glossar und eine Liste von Daten.

Übs. *Tod am Nachmittag* von A. Horschitz-Horst (1957).

1932 John Dos Passos:

aE Nineteen Nineteen

R. Fortsetzung von →*The 42nd Parallel* (1930) als 2. Teil der Trilogie *USA*.

In Erweiterung des Personenkreises dienen wiederum 5 Figuren zur breiten Charakterisierung der USA während und unmittelbar nach dem 1. Weltkrieg: 1. Joe Williams, Bruder von Janey Williams, kann auch nach dem Krieg sein unstetes Seemannsleben nicht aufgeben. 2. Richard Ellsworth Savage, Idealist und Pazifist, wird 1916 Fahrer für das Rote Kreuz in Frankreich, trifft dort Moorehouse und wird sein Mitarbeiter. 3. Eveline Hutchins, Kunstliebhaberin und Partnerin von Eleanor Stoddard, endet nach vielen turbulenten Liebschaften (mit Moorehouse, Charley Anderson u.a.) schließlich durch Selbstmord (in Teil III). 4. Anne Elizabeth Trent (»Daughter«) aus Texas wird nach einigen sozialistischen Aktivitäten in der Jugend die Geliebte von Savage, der sie jedoch aus Karrieregründen fallenläßt. 5. Ben Compton, jüdischer Kommunist, gerät wegen Kriegsdienstverweigerung ins Gefängnis, reibt sich im Dienst für die KP auf.

Dos Passos kontrastiert das Selbstverständnis und Verhalten der Figuren wieder mit »Newsreels« (24), »The Camera Eye« (15) und Kurzbiographien (9), die die gesellschaftlichen und ökonomischen Mächte zeigen, denen sie unterliegen (der 1. Weltkrieg, Kriegsindustrie, bürgerliche Mittelklasse, Minoritätengruppe, Regionalität, Konfrontation mit europäischem Leben usw.). Die Figuren werden entweder von der herrschenden Oberschicht aufgesogen (Savage, Hutchins) oder ausgestoßen (Williams, Trent, Compton).

Fortsetzung in →*The Big Money* (1936). Übss. *Auf den Trümmern* (1932), *Neunzehnhundertneunzehn* (1962) von P. Baudisch.

1932 William Faulkner:

aE Light in August

R.

»Jefferson«, Miss., Gegenwart. Zeitraum etwa 11 Tage im August. Die Geschichte der schwangeren Lena Grove, die auf der Suche nach dem Vater ihres Kindes einen neuen Begleiter, Byron Bunch, findet, rahmt kontrastierend die Geschichte von Joe Christmas. Der 33jährige J. C., seelisch belastet durch eine puritanische Erziehung, ein sexuelles Kindheitstrauma und das Problem seiner ungewissen Herkunft (Negerblut?), wohnt bei der puritanischen und von Schuldkomplexen beladenen Joanna Burden, einer 40jährigen alten Jungfer. B. geht mit C. ein triebbesessenes, selbstzerstörerisches Verhältnis ein. Als sie versucht, ihn zu ihrer Religion und zum Eingeständnis seiner Herkunft zu zwingen, ermordet er sie. Auf seiner sinnlosen Flucht wird C. im Hause des puritanischen, isoliert lebenden Geistlichen Gail Hightower, bei dem auch Byron Bunch um Rat gesucht hatte, von dem fanatischen Hilfssheriff Percy Grimm erschossen und kastriert.

Die dominanten Themen Rassismus und Puritanismus werden in verschiedenen Konfigurationen variiert. Der R. zeigt, wie die Südstaaten-Gesellschaft sich ihre Opfer selbst erzeugt und wie Triebunterdrückung mit Rassismus zusammenhängt. Die dunkle Welt um C., in der alle von ihrer Vergangenheit bedrückt werden, kontrastiert mit dem Licht (Titel) um Lena Grove, die naturhaft im Einklang mit ihrer Umgebung lebt. Allwissender Erzähler mit wechselnden Perspektiven bis auf das letzte Kap. Innere Monologe. Vorgeschichte chronologisch durch Erinnerungen (6–12). Wechsel von kolloquialem Dialog und rhetorisch-detaillierten Beschreibungen. Mythische und biblische Parallelen (z. B. J. C./Jesus Christus).

Übs. *Licht im August* von F. Fein (1935, rev. 1957).

1932–34 Lewis Grassic Gibbon:

aE A Scots Quair

R.-Trilogie.

Schottland, 1911–33. Am Schicksal der Bäuerin Chris Guthrie verfolgt die Trilogie ein Stück schottischer Sozialgeschichte. *Sunset Song* (1932) schildert den Niedergang der Bauern von Kinraddie in der Zeit um den 1. Weltkrieg. C. heiratet den Pachtbauern Tavendale und hat mit ihm den Sohn Ewan. *Cloud Howe* (1933) führt C. von der Farm in das Dorf Segget; eine neue Ehe mit dem engagierten Pfarrer Colquohoun vermittelt ihr erste Ansätze zu einem polit. und hist. Bewußtsein. *Grey Granite* (1934) spielt zur Zeit der Depression in der Stadt »Duncairn« (= Aberdeen) mit ihren Fabriken und Granitwerken und bringt C., ihren arbeitslosen Mann Ake Ogilvie und E. in Berührung mit dem Kommunismus. Sie kehrt schließlich zurück aufs Land, E. geht nach London.

Hist. R. über die Industrialisierung, Proletarisierung und Verstädterung des ländlichen Schottlands und die sie begleitenden Bewußtseinsänderungen der Hauptfiguren. C. bleibt bei allen Erfahrungen (Farm, Kirche, Fabrik) zwiespältig-distanziert, E. verkörpert das neue Schottland. Allwissende Erzählweise in einem Englisch, das an schottischen Sprechweisen orientiert ist. Versuch eines dokumentarischen Realismus. »Quair« heißt soviel wie Dossier oder Buch.

Übs. *Ein schottisches Buch* von H. Petersen (1970–74).

1933 Noel Coward:

eD Design for Living

Kom., 3, Auff. 2. 1. Hannah Theatre, Cleveland, O.

I. Pariser Atelier des Malers Otto. Sein Freund, der Schriftsteller Leo, hat ihm Gilda, die sie beide lieben und von der sie wiedergeliebt werden, ausgespannt. II. L.s Londoner Wohnung, 18 Monate später. O. gewinnt G. zurück. Dann geht G. mit dem Kunsthändler Ernest Friedman auf Reisen. III. Penthouse in New York, 2 Jahre später. G., mit E. verheiratet, gibt eine Party. L. und O. tauchen auf, stiften Verwirrung und holen G. zurück, um ihre Trio-Beziehung fortzusetzen.

Der Künstler-Bürger-Gegensatz und die Infragestellung des Sittenkodex im flotten Kom.-Stil. Das Motiv der ménage à trois wird zu einem Spiel der symmetrischen Konstellationen, wechselnden Situationen, durchgängigen Kontraste (Trio-E.) entwickelt. Hdlg. voller Gags. Pointenreiche Dialoge. Autobiogr. Züge. Coward ist ein Hauptvertreter der »gut gebauten« (»well-made«) Boulevard-Kom.

Film von E. Lubitsch (1933).

1933 James T. Farrell:

a E Gas-House McGinty

R.

Chicago, 1920. Ambrose J. McGinty verdrängt seine privaten Komplexe und Frustrationen als selbstherrlicher, unentbehrlicher Leiter des hektischen Auftragsbüros der Continental Express Company. Nebenfigur: Danny O'Neill (→*Young Lonigan,* 1932).
Präzise Nachzeichnung der Alltagsmonotonie McGintys und seiner Kollegen, der Gedanken, Ängste und Wünsche (Einbeziehung eines Traum-Kap.s), der Flucht in den Verbalismus. Indirekte Kritik an den Arbeitsbedingungen im Büro.

Rev. Ausg. 1950.

1933 Erskine Caldwell:

a E God's Little Acre

R.

Georgia, Gegenwart. Farmer Ty Ty Walden, ein naiver Sonderling (»cracker«), vernachlässigt den Baumwollanbau, um mit den Söhnen Shaw und Buck auf seinem Land nach Gold zu graben, wobei er »Gottes kleinen Acker« (ein mit dem Ertrag der Kirche geweihtes Stück Land) jeweils verlegt. Sein vitaler Schwiegersohn Will Thompson verführt Ty Tys Tochter Darling Jill und Bucks Frau Griselda. Als auch sein Bruder Jim Leslie, Baumwollmakler und erhoffter Kreditgeber, sich an Griselda heranmacht, erschießt Buck ihn und begeht Selbstmord. Ty Ty ist erschüttert, wendet sich aber bald wieder der Goldsuche zu.
Problematik (Determination durch Elend, Triebhaftigkeit) und sozialkritisch-sensationelle Darstellung wie in →*Tobacco Road* (1932).

Die schockierende Wirkung führte zu einem Prozeß, der den R. als »wahrheitsgetreu« rechtfertigte. Bestseller (Verkaufsziffer in USA bis 1965: 8061812). Übs. *Gottes kleiner Acker* von L. Rossi (1948). Film von A. Mann (1958).

1933 Gertrude Stein:

a The Autobiography of Alice B. Toklas

Autobiogr.

Paris, 1907–32. Als fingierte Autobiographie ihrer Sekretärin und Freundin beschreibt Stein 25 Jahre ihres eigenen Lebens und ihrer Kontakte mit Künstlern und Schriftstellern: P. Picasso, J. Gris, H. Matisse, G. Apollinaire, E. Pound, E. Hemingway, E. Sitwell usw. Der simple assoziative Stil voller Wiederholungen und emphatischer Adverbien (bes. »very«, »quite«, »really«) imitiert humorvoll die Sprechweise von Miss Toklas.

Steins einziger populärer Erfolg. Übs. *Autobiographie von Alice B. Toklas* von E. Schnack (1955).

1933 Nathanael West:

aE Miss Lonelyhearts

R.

New York um 1930. »Miss Lonelyhearts«, ein Journalist, betreut in der »Post-Dispatch« die eingehenden Leserfragen und -klagen. Er verliert dabei seine anfängliche ironische Überlegenheit und wird in die Probleme seiner Leser verwickelt. Nach einigen absurden Abenteuern wird er von einem eifersüchtigen Ehemann erschossen. Tragisch-groteske Satire auf die Unmöglichkeit christlicher Nächstenliebe in einer zynisch-egoistischen Gegenwart. Lockere episodische Struktur, karikierte Figuren.

Übs. *Schreiben Sie Miss Lonelyhearts* von F. Güttinger (1961). Film *Lonelyhearts* von V. J. Donehue (1958).

1933 William Butler Yeats:

eL The Winding Stair and Other Poems

29 Gedichte und 2 Gedichtsequenzen. Entst. 1928–33. Stark erweiterte Ausg. der gleichnamigen Slg. von 1929.

16 Gedichte persönlich-meditativen Charakters, 12 philosophische Meditationen, gefolgt von *Words for Music Perhaps* und *A Woman Young and Old.* Die letztgenannte Sequenz bildet wie auch viele einzelne Gedichte *(Byzantium, A Dialogue of Self and Soul, Coole Park and Ballylee, 1931)* Kontraste mit *A Man Young and Old, Sailing to Byzantium* u.a. Gedichten aus →*The Tower* (1928). Vor allem die Sexualität und Körper bejahenden Gedichte um »Crazy Jane« stehen im Widerspruch zu früheren Texten. Während Yeats in bisherigen Slgg. einzelne Gedichte gebenüberstellte, kontrastiert hier die ganze Slg. mit der ihr vorausgehenden und bildet mit ihr zusammen eine ambivalente Einheit.

Teilübs. in *Ausgewählte Gedichte* von S. Andres u.a. (1971).

1934 Robert Cantwell:

aE The Land of Plenty

R., 2.

I. »Power and Light«. Holzverarbeitungsfabrik im Nordwesten der USA, Gegenwart. Anläßlich einer Panne (Elektrizitätsausfall) zeigen sich Ängste, Unzufriedenheit und Solidarität der Arbeiter. II. »The Education of a Worker«. Während eines Streiks wird der junge Johnny Hagen erwach-

sen: er erlebt die Brutalität der Polizei, die Feindseligkeit des Mittelstandes, die Besetzung der Fabrik durch die Arbeiter und hat seine erste sexuelle Begegnung.
Zentral der ironische Kontrast zw. dem am. Traum (vgl. Titel) und der Realität der Unterdrückung und Ausbeutung. Andeutung der Notwendigkeit des Arbeitskampfs. Einfluß von A. Malraux.

1934 Henry Miller:

aE Tropic of Cancer

R.

Paris, 1930–33. Miller, gelegentlich arbeitend (als Zeitungskorrektor, Englischlehrer in Dijon), doch meist mittellos, führt das Leben eines Gammlers und Bürgerschrecks, konzentriert auf Sex, Essen, Trinken, Sinnieren und Schmarotzen, im Kreise von Prostituierten und Künstlerfreunden (bes. Van Norden und Carl, 2 weiteren Exil-Amerikanern).
Der R. konzipiert als Anti-Buch: weniger R. als »Tagebuch« bzw. »Autobiogr.« (vgl. Emerson-Motto), »Verspottung« von Gott und der Welt, »Lied«. Im Mittelpunkt das eigene Ich hier und jetzt mit seinen Beobachtungen, Reaktionen, Reflexionen, Phantasien, Stimmungswechseln (Rebellion – Exaltation). Freiheit des Individuums nur in der Hingabe an den Strom des Lebens (Schlüsselwörter »flow«, »joy«, »ecstasy«), hinter dieser Realität die moderne Welt apokalyptisch als selbstzerstörerischer »Krebs«, Frankreich als »Meridian« zw. Leben und Tod (Titelmotiv). Entsprechende Struktur: lockere Folge von 15 Sektionen, Assoziationstechnik (mit Tendenz zu provokativer Kombination des Heterogenen, z. B. Metaphysik der Vagina), Burleskszenen, rhapsodischer Stil (z. B. Kataloge), Hyperbolik, Anspielungen. Stark hervortretende Sex-Passagen mit Detailnaturalismus und Häufung von »four letter words«. Einflüsse: R. W. Emerson, H. D. Thoreau, W. Whitman, J. Joyce, D. H. Lawrence.

Publikation in Paris. In USA bis 1961 wegen Obszönität verboten. Nach Zensur-Prozessen Bestseller. Übs. *Wendekreis des Krebses* von K. Wagenseil (1953). Film von J. Strick (1969).

1934 Nathanael West:

aE A Cool Million

The Dismantling of Lemuel Pitkin

R.

Der strebsame und hilfsbereite Lemuel Pitkin verliert bei seinem Versuch des sozialen Aufstiegs Stück um Stück seinen Besitz und seine Gliedmaßen. Völlig verkrüppelt wird er schließlich bei einer Versammlung am. Faschisten erschossen. Parodie voller schwarzen Humors auf den Erfolgsmythos am. Rr. (vor allem der Bestseller H. Algers). Zeitgenössische satirische Anspielungen. Parallelen zu J. Swifts *Gulliver's Travels*.

Übs. *Eine glatte Million* von D. E. Zimmer (1972).

1934 Henry Roth:

aE Call It Sleep

R., 4 Bücher.

I. New York, 1911. David erfährt als 6jähriges Kind der ostjüdischen Einwanderer Albert und Genya Schearl im Brooklyner Slum die Feindseligkeit der Straßenkinder und die Tyrannei des Vaters, der durch Stellenwechsel und Ehezerwürfnis verkommt: einzig bei der Mutter findet D. Zuflucht. II. Die Familie zieht 1912 ins Slum der Lower East Side und beherbergt zeitweilig die nachgewanderte Tante Bertha. III. Der gelehrige D. erhält 1913 bei Reb Yidel Pankower eine jüdische Erziehung. Von einer ir. Straßenbande wird er mit einer Stichflamme am Straßenbahngleis verschreckt. IV. Im verschärften Familienkonflikt unterstellt der Vater, daß D. nicht der eigene Sohn ist, und vertreibt ihn aus dem Haus. D. flieht in Panik und elektrisiert sich am Straßenbahngleis fast zu Tode, hat dabei aber eine mystisch erhebende Vision. Danach empfindet er eine Ruhe »fast wie im Schlaf«.
Die Motive des Slum-R.s (Armut, Familienzerrüttung, Gefahren der Straße, frühe Konfrontation mit Sexualität und Gewalt) sind bei Roth dem psychologischen Porträt des sensiblen Kindes untergeordnet, das zw. dem mißtrauischen, brutal sich abreagierenden Vater und der warmherzigen, aber machtlosen Mutter steht (ödipale Aspekte). Nebenfiguren mit humoresken Zügen. Vorwiegen dialogischen Erzählens. Perspektive D.s, bes. im inneren Monolog und erlebter Rede. Daneben Erzählbericht in gehobener Sprache. Nachzeichnung ethnischer Akzente in der Figurenrede. Evokation der Milieuatmosphäre. Symbolik: vgl. Teiltitel »Keller«, »Gemälde«, »Kohle«; »Gleis«; religiöse Parallelen. Prolog über Ankunft von G. und D. auf Ellis Island (1907) als Familienangehörige, die dem Einwanderer A. ins »goldene Land« nachfolgen.

Übs. *Nenne es Schlaf* von K. Meyer-Clason (1972).

1934 Gertrude Stein:

aD Four Saints in Three Acts

Oper, Musik von Virgil Thomson. Libretto in *transition* (1929), dann in *Operas and Plays* (1932). Auff. 8. 2. Wadsworth Atheneum, Hartford, Conn.

Was wie ein Spiel um die Hauptfiguren Santa Teresa von Avila und San Ignacio von Loyola im 16. Jh. aussieht, ergibt schließlich keine erkennbare Hdlg. Frei kombinierbare Figurenkonstellationen und die auf Wiederholung und Variation beruhenden Sprachmuster ohne feste Sprecherzuordnung bestimmen diese experimentelle Oper. Die einfachen Satzmuster, die auf Lautwiederholungen beruhen, werden zerlegt, gespiegelt, serialisiert, permutiert und laufend erweitert. Konventionen wie die Einheiten von Ort, Zeit und Hdlg. werden demonstrativ durchbrochen: 4 Akte mit erratisch numerierten Szenen, wechselnde Zahl der Heiligen, wechselnde Ortsangaben (Avila, Barcelona) etc. Der modernen Musik angenäherte serielle Kompositionsweisen.

Übergang in Steins Werk von den frühen kubistischen Landschaften und Stilleben (→*Tender Buttons,* 1914) zu abstrakten Personenporträts (»I made the saints the landscape«). Die Auff. machte Steins modernistische Experimente mit der Sprache zum erstenmal einem breiteren Publikum bekannt und führte zu ihrer US-Tournee und den *Lectures in America* (1935). Einfluß auf E. Sitwell u. a.

1934 Dylan Thomas:

eL 18 Poems

18 Gedichte. Einzelnes in *Criterion, New Verse* u. a.

Die frühen Gedichte von Thomas zeigen virtuos gehandhabte Metaphern voller paradoxer Formulierungen, die durch streng rhetorisch aufgebaute Syntax (bes. Parallelismus) kontrolliert und aufeinander bezogen werden. Das Thema der Identität von Liebe und Tod beherrscht die meisten Gedichte (*The force that through the green fuse drives the flower, Especially when the October wind, Light breaks where no sun shines* usw.). Ambiguität in Wortwahl und Syntax. Schlüsselwörter: »blood«, »bone«, »death«, »weather«. Einfluß von D. H. Lawrence, W. Blake, Surrealismus.

Dieser Gedichtband machte Thomas mit einem Schlag berühmt. Teilübs. in *Gedichte* von E. Fried (1967).

1934 Evelyn Waugh:

eE A Handful of Dust

R., 7, entst. aus einer Kurzgeschichte (= VI).

London, Brasilien, 1933. Der romantische Traditionalist Tony Last geht, von seiner Frau betrogen, auf eine Entdeckungsexpedition und wird im brasilianischen Urwald zum Vorlesesklaven eines analphabetischen Sonderlings.
Ironisiertes Thema des »betrogenen Romantikers«: seine Ideale (Familiensitz Hetton, sagenhafte Stadt im Urwald) gegen die Realität (Wohnung in London, Dickenslektüre im Urwald). Titel aus →*The Waste Land* (1922): »I will show you fear in a handful of dust.« Sozialkritische Ansätze.

Übs. *Eine Handvoll Staub* von L. v. Wangenheim (1936). Film von Ch. Sturridge (1987).

1935 W. H. Auden/Christopher Isherwood:

eD The Dog Beneath the Skin or Where Is Francis?

Dr., 3.

I.–II. Alan Norman aus dem engl. Dorf »Pressan Ambo« erhält den Auftrag, den verschwundenen Mitbürger Francis Crewe zu suchen. In Begleitung eines Hundes kommt er nach »Ostnia« und »Westland«, in den »Paradise Park« und das »Nineveh Hotel«. III. Der Hund wirft seine

Haut ab, gibt sich als der gesuchte F. zu erkennen, und beide kehren zurück. F. verzichtet auf das ihm zustehende Erbe.
Satire auf die heimische Scheinwelt (z.B. Dorf-Vikar) und auf Konservativismus, Kapitalismus, Totalitarismus, Eskapismus (symbolische Stationen Königspalast, Bordellviertel, Irrenhaus usw.). Der verkappte F. gewinnt als einziger Einsicht in die polit. Hintergründe. Stilisierung: Szenenreihung mit Chor-Einlagen, Figurentypisierung, Symbolik, Kombination von Vers und Prosa. Verfremdung durch surrealistische Effekte. Die Konfrontation des Publikums mit polit. Problematik unter dem Einfluß B. Brechts. Das erste Gemeinschaftswerk beider Autoren.

Auff. 12. 1. 1936 Westminster Theatre, London.

1935 Clifford Odets:

aD Awake and Sing!

Dr., 3, Auff. 19. 2. Belasco Theatre, New York.

New York, Gegenwart. Die Bergers, jüdische Kleinbürgerfamilie, haben es schwer, sich durchzuschlagen. Die naive, energische Bessie agiert als Familienoberhaupt, während ihr Mann Myron ein Mitläuferdasein führt. Die Tochter Hennie überwindet die Probleme ihres Liebes- und Ehelebens. Der idealistische Großvater Jacob regt den sensiblen Enkel Ralph zur polit. Aktion gegen die Verhältnisse an und verschafft durch Selbstmord Versicherungsgeld.
Zentral der milieubedingte Existenzkampf (»struggle for life amidst petty conditions«), die Verhaltensweisen und Entwicklungen der Einzelnen (Konformismus, Opfer, Rebellion). J.s Jesaja-Zitat »Awake and sing, ye that dwell in dust« als säkularisierte, revolutionäre Botschaft des Dr.s. Realistische Darstellung.

1935 Clifford Odets:

aD Waiting for Lefty

Dr., 1, Auff. 26. 3. Longacre Theatre, New York.

In die Rahmenhdlg. der Gewerkschaftsversammlung von Taxifahrern (Gegenwart) sind Episoden eingeblendet, die deren Existenzkampf in einen polit. Zusammenhang stellen: Joe wird durch den drohenden Ehebruch seiner Frau aktiviert; Miller hat seine Laborantenstelle durch die Verweigerung von Giftgasproduktion und Spitzelei verloren; ein junges Paar wird in seinen Lebenserwartungen frustriert; Benjamin mußte als vielversprechender, aber jüdischer Arzt gehen. Schluß: gegen den Gewerkschaftsboß Harry Fatt entschließen sich die Taxifahrer zum Streik, zumal als sie erfahren, daß ihr erwarteter Sprecher Lefty Costello ermordet worden ist.
Zentral die sozialistische Gesellschaftskritik auf dem Hintergrund der Wirtschaftskrise durch Andeutung von Parallelen, Implikationen und

Konsequenzen: unterbezahlte Arbeit, gefährdeter Arbeitsplatz, Auswirkung der ökonomischen Lage auf das Privatleben. Widerstand und Politisierung; Konflikte auf allen Ebenen (Entfremdung, Diskriminierung, Klassenkampf, Weltkriegsmotiv). Propagandistisches Dr. mit Verfremdungseffekten und Einbeziehung des Publikums (innerer und äußerer Spielkreis).

1935 **T. S. Eliot:**

eD **Murder in the Cathedral**

Geistliches Spiel in 2 Teilen und einem Zwischenspiel. Auff. 10. 5. Canterbury Cathedral. Verfaßt für das »Canterbury Festival of Music and Drama«. Der reißerische Titel ironisiert die Publikumserwartung: entscheidend nicht das äußere Geschehen, sondern die inneren Beweggründe (ursprünglicher Titel: *Fear in the Way*).

Canterbury, 1170. Der aus dem Exil zurückgekehrte Erzbischof Thomas Becket ist König Heinrich II. im Wege (Machtkampf Kirche – Staat). Der König läßt ihn durch 4 Ritter des Verrats bezichtigen und ermorden. Th. sieht sein Schicksal voraus und findet zum rechten Verständnis des Martyriums (Annahme in Demut, Funktion der Warnung und Rückführung der Menschen zu Gott).
Struktur: I. Th.s inneres Dr.: Auseinandersetzung mit 4 Versuchern (Personifikationen innerer Stimmen), den Priestern, dem Chor. Zwischenspiel der Weihnachtspredigt: der gefestigte Th. über den Sinn des Martyriums. II. Th.s äußeres Dr. Rechtfertigung des Mordes durch die 4 Ritter in demagogischer Wendung an die Zuschauer (Schockfunktion). Durchgängig der Chor der Frauen, der die Reaktionen des Volkes zeigt (Entwicklung von Angst zu Gottvertrauen) und kommentierend die Verbindung zum Zuschauer herstellt. Neben Prosa stilisierter Vers in »neutraler Sprache«. Serien von Wiederholungen, Variationen, klanglichen Verbindungen (bes. beim Chor). Jahreszeiten- und Naturbildlichkeit. Versuch, die christliche Heilslehre einem modernen Publikum nahezubringen. Einflüsse: griechische Tr., engl. Mysterien und Moralitäten.

Oper *Assessino nella cattedrale* von L. Pizzetti (1958). Übss. *Mord im Dom* von R. A. Schröder (1946), E. Fried (1966). Film von G. Hoellering (1951).

1935 **Maxwell Anderson:**

aD **Winterset**

Dr., 3, Auff. 25. 9. Martin Beck Theatre, New York. Anregung durch die Sacco-Vanzetti-Justizaffaire (1920). Der viel behandelte Stoff lag bereits dem mit H. Hickerson verfaßten Dr. *Gods of the Lighting* (1928) zugrunde.

Statt der Gangster Trock und Shadow wird der polit. unliebsame Bartolomeo Romagna hingerichtet. Sein Sohn Mio scheitert in dem Protest gegen den Justizmord und dem Kampf für Gerechtigkeit: er wird mit seiner Freundin von den Gangstern erschossen; der Richter läßt den Fall ruhen.

Versuch einer Verbindung von Sozialkritik und poetischer Stilisierung (Vers).

Film von A. Santell (1936). Übs. *Dezembertag* von H. Sahl (1955).

1935 **John Steinbeck:**

a E **Tortilla Flat**

R.

Tortilla Flat, eine Siedlung von »paisanos« (= »spanisch-indianisch-mexikanisch-kaukasische« Mischlinge) oberhalb des Fischernestes Monterey, Cal. Danny, aus dem 1. Weltkrieg zurück, erbt und bewohnt 2 Häuser mit den Freunden Pilon, Pablo, Big Joe Portagee, Jesus Maria Corcoran, dem »Piraten« mit 5 Hunden u. a. Man führt ein unbeschwertes Gammelleben nach eigenen Moralgesetzen, stiehlt, besäuft sich, treibt Schabernack, hat Frauen, philosophiert über Gott und die Welt, hält zusammen. Nachdem bei einer bes. wilden Orgie D. sich zu Tode gestürzt hat und das verbliebene Haus niedergebrannt ist, verstreut sich der Freundeskreis.
Kombination von Realismus (Randständigenmilieu, lokale Sprechweisen) und Idylle (süßes Nichtstun, Gruppengeist), Nostalgie (bes. Schluß) und Komik (Typen, Situationen, Parallelisierung mit König Artus' Tafelrunde). Lockere Episodenfolge. Symbolik: das Haus als Inbegriff von »sweetness and joy, philanthropy, and, in the end, a mystic sorrow.«

Film von V. Fleming (1942). Übss. *Die wunderlichen Schelme von T. F.* (1943), *Die Schelme von T. F.* (1951) von E. Rotten. *Cannery Row* (1945), ein ähnlich humoristischer R. aus dem Fischermilieu von Monterey, wurde Steinbecks größter Bestseller.

1935 **Thomas Wolfe:**

a E **Of Time and the River**

A Legend of Man's Hunger in His Youth

R., 8 Bücher. Entst. 1933–34 aus Teilen des R.-Projekts *The October Fair.* Fortsetzung von →*Look Homeward, Angel* (1929) als 2. Teil eines geplanten Zyklus von 6 Rr. (vgl. Wolfes *The Story of a Novel,* 1936).

I.–IV. 1920–24. Eugene Gant studiert in Harvard Theaterwissenschaft und befreundet sich mit dem Ästhetizisten Frank Starwick. Der Vater stirbt. E. lernt als Literaturdozent New York kennen. V.–VIII. 1924–25. E. bereist Europa. Mit Frank und dessen Verehrerinnen Elinor und Ann lebt er dem Vergnügen in Paris. Seine unerwiderte Liebe zu A. und F.s Homosexualität veranlassen ihn zum Bruch mit den dreien. Auf rastloser Weiterreise wird er sich in Reflexionen und Visionen des Fließens der Zeit und seines Umherirrens bewußt, wendet sich der am. Heimat zu, beginnt zu schreiben und begegnet auf der Heimreise einer Frau, in der er spontan sein »Lebensziel« erkennt.
E.s Wanderjahre (vgl. *Wilhelm Meister*-Motto), gekennzeichnet durch Flucht, Suche und Verheißung. Über die personale Entwicklung hinaus Zeitpanorama durch Vielzahl der Schauplätze, Milieus, Charaktere. An-

deutung überzeitlicher Aspekte durch mythologische Parallelen (vgl. Titel der Teile, z. B. III. »Telemachus«). Durchgängig lyrische Reflexionen über das Phänomen der Zeit.

Fortsetzung in →*The Web and the Rock* (1939). Übs. *Von Zeit und Strom* von H. Schiebelhuth (1936).

1935 William Butler Yeats:

eL A Full Moon in March

8 Gedichte und 1 Gedichtsequenz. Entst. 1932–35.

Nach Gedichten polit. Charakters, die Yeats' vorübergehende Sympathie mit faschistischen Bewegungen in Irland zeigen, folgt die Sequenz der 12 *Supernatural Songs*. In der Maske von Ribh, einem frühchristlichen Eremiten, verarbeitet Yeats mystisches Erleben, das Übernatürliches und Natürliches analogisiert. Sexuelle Leidenschaft, die bereits einen Teil der Gedichte in →*The Winding Stair* (1933) kennzeichnete, bestimmt hier auch das Übernatürliche. Vertiefter Einfluß neuplatonischer und mystischer Strömungen.

Teilübs. in *Ausgewählte Gedichte* von S. Andres u. a. (1971).

1935 William Faulkner:

aE Pylon

R.

Der Kunstflieger Roger Shumann kommt mit seiner Frau Laverne und dem Mechaniker Jiggs nach »New Valois«, um dort an einem Wettfliegen um eine Wendemarke teilzunehmen. Beim zweiten Flug verliert S. seine Maschine. Ein Reporter, der sich der Gruppe angeschlossen hat, besorgt ihm ein altes Flugzeug. S., der Geld für ein uneheliches Kind braucht, wagt den Flug und stürzt ab. Laverne zieht mit Jiggs weiter, der Reporter, der Laverne liebt, bleibt zurück.
Das Thema des Überlebens (»endurance«) zeigt sich an einer Gruppe von Fliegern, die sich außerhalb der bürgerlichen Gesellschaft stellt (Dreiecksehe, Bindungslosigkeit, Eigentumslosigkeit usw.). Gesehen wird diese Thematik weitgehend durch die Augen des Reporters, eines Vertreters eben dieser Gesellschaft. Beide, Reporter und Flieger, sind von den »Maschinen«, die sie bedienen (Zeitung, Flugzeug), abhängig. Die 7 Kapp. werden durch ein reiches Geflecht von Zitaten (W. Shakespeare, T. S. Eliot) und Motiven verbunden, die die Sinnlosigkeit der einzelnen Lebensweisen hervorheben. Der pessimistische Grundton wird durch lyrische Passagen verstärkt. Faulkner wendet sich in diesem R. von seiner vergangenheitsgerichteten »Yoknapatawpha«-Welt ab und der großstädtischen Gegenwart zu.

Übs. *Wendemarke* von G. Goyert (1936). Film *The Tarnished Angels* von D. Sirk (1958).

1936 W. H. Auden/Christopher Isherwood:

eD The Ascent of F 6

Tr., 2.

I. Michael Ransom lehnt Vertretern von Staat (Bruder James), Wirtschaft (Presselord Stagmantle) und Gesellschaft (Lady Isabel) gegenüber eine imperialistisch motivierte Erstbesteigungsexpedition auf den F 6 (im Himalaya-Grenzgebiet »British«/»Ostnian Sudoland«) ab, läßt sich dann aber von seiner Mutter dazu überreden. II. Vom Kloster am Fuße des F 6 gelangt er, während die Kameraden abstürzen, zum Gipfel, wo er zusammenbricht, konfrontiert mit der Erscheinung seiner Mutter.
Die äußere Hdlg. ist stark von R.s Reflexionen und Diskussionen (z.B. mit dem Abt), kontrastiven satirischen Einschüben (Mr. und Mrs. »A.« als Massenmenschen), chorischen Kommentaren durchsetzt. R.s Besteigung in komplexer Symbolik zugleich polit. rettende Aktion des »starken Mannes« und psychologisch gradueller Weg zur Selbsterkenntnis (Mutterfixierung als primäre, egoistische Motivation). Stilisierung durch Szenenmontage, Typisierung der Figuren und Situationen, Kombination von Vers und Prosa.

Auff. 26. 2. 1937 Mercury Theatre, London.

1936 Aldous Huxley:

eE Eyeless in Gaza

R.

1902–35. Der dem begüterten engl. Mittelstand entstammende Soziologe Anthony Beavis, der sich durch wachen Verstand und Eigenständigkeit auszeichnet, wird durch die Erfahrungen seines Privatlebens (Selbstmord seines Freundes Brian Foxe, Verfall seiner ehemaligen Geliebten Mary Amberley) und der Zeitentwicklung (Materialismus, Kommunismus, Faschismus, Technokratie) enttäuscht und folgt seinem Freund Mark Staithes nach Mexiko, wo er sich dem eigenwilligen »Selbstlosigkeits«-Mystiker Dr. Miller und seinem Kreis anschließt.
Zentral die Entwicklung B.s zum Mystizismus. Autobiogr. Züge: B. ist weitgehend Sprachrohr Huxleys (mystische Tendenzen in dessen Spätwerk). Neben B. eine Reihe von Versagertypen, ähnlich dem Frühwerk. Der Titel zitiert J. Miltons *Samson Agonistes* und verweist auf das Spätstadium der Blindheit und Gefangenschaft. Die strukturell charakteristische Auflösung der Chronologie (Zeitwechsel pro Kap.) soll das Ineinandergreifen der Zeiten beleuchten und überzeitliche Bezüge andeuten.

Übs. *Geblendet in Gaza* von H. E. Herlitschka (1953).

1936 Djuna Barnes:

aE Nightwood

R.

Der Jude Felix »Baron« Volkbein, mit der Obsession des »alten Europa«, heiratet um 1920 in Paris die ruhelose Robin Vote, die ihn nach der Geburt eines schwächlichen Sohnes verläßt, zeitweilig mit der lesbischen Nora Flood zusammenlebt, mit der neurotischen Jenny Petherbridge nach New York geht und schließlich wahnsinnig wird. Die alle Personen verbindende Figur ist der exzentrische Dr. Matthew O'Connor, der als Seelenarzt fungiert, schließlich aber selbst – wie die anderen – im »Nachtwald« existentieller Problematik verzweifelt.

Die Hdlg. um die 5 Psychopathen tritt hinter den Dialogen und den Exkursen des »Doktors« voller Aperçus, Anspielungen, bizarrer Bilder usw. sowie den zum Preziösen tendierenden Beschreibungen zurück.

Übs. *Nachtgewächs* von W. Hildesheimer (1959). *Selected Works* (1962). Breitere Rezeption erst postum; vgl. Kurzprosa – Slg. *Smoke and other Stories* (1982). Übss. *Eine Nacht in den Wäldern* (1984) *Leidenschaften* (1985) von K. Kersten.

1936 Henry Miller:

aE Black Spring

10 Prosatexte.

Autobiogr. Skizzen: Beschreibungen der Pariser Gegenwart wechseln mit Erinnerungen an die New Yorker Jugend (Brooklyn, Schneider-Milieu usw.) sowie Reflexionen über Kunst und Literatur, Pissoirs, Käse usw. Einbeziehung surrealistischer Traumsequenz *(Into the Night Life . . .)*. Die Straßenatmosphäre des Pariser Frühlings und die Euphorie der Selbstfindung als Künstler kontrastiert mit der unglücklichen am. Vergangenheit (vgl. Titelmotiv). Thematische Nähe zu →*Tropic of Cancer* (1934), doch die Egozentrik ist hier bereits zur Megalomanie und Selbst-Apotheose gesteigert. Der Stil zeigt größere Vielfalt (z. B. auch experimentelle Tendenz).

Publikation in Paris. 1. am. Ausg. 1963. Übs. *Schwarzer Frühling* von K. Wagenseil (1954).

1936 Margaret Mitchell:

aE Gone With the Wind

R., 5 Bücher.

Georgia, 1861–71. Die eigenwillige Scarlett O'Hara rettet in den Wirren des Sezessionskriegs die väterliche Plantage »Tara«, wobei sie manche Mühsal auf sich nehmen muß und die beiden Männer, die sie liebt (Ashley Wilkes, Rhett Butler), verliert. Kombination von sentimentalem Frauenporträt und romantisch koloriertem Panorama einer entscheidenden Dekade der am. Geschichte. Tradition der »Southern romance«.

Die populärste Darstellung des »alten Südens«: Bestseller (Verkaufsziffer USA bis 1965: 6978211), internationaler Erfolg (ca. 5000000 in weiteren 28 Ländern), der Film von V. Fleming (1937) ein Kassenschlager. Pulitzer-Preis. Übs. *Vom Winde verweht* von M. Beheim-Schwarzbach (1937).

1936 William Faulkner:

aE Absalom, Absalom!

R.

Thomas Sutpen, in seiner Jugend von einem Negersklaven erniedrigt, versucht auf verschiedene Weisen, seinen Plan, reich und einflußreich zu werden, durchzusetzen. 1827 heiratet er auf Haiti eine reiche Erbin, trennt sich aber von ihr, als er erfährt, daß sie und damit auch sein Sohn Charles Bon Negerblut haben. 1833 läßt er sich im »Yoknapatawpha County«, Miss., nieder, heiratet Ellen Coldfield und zeugt mit ihr Henry und Judith. H. trifft Bon auf der Universität und bringt ihn mit nach Hause. S. gibt sich nicht als Bons Vater zu erkennen und weist ihn aus dem Haus, als Judith sich in Bon verliebt. H. geht mit Bon, den er als Bruder erkennt und liebt, fort. Doch als Bon nach dem Bürgerkrieg Judith heiraten will, wird er von H. erschossen. S., der verarmt aus dem Bürgerkrieg heimkehrt, zeugt, nach einem abgewiesenen Heiratsantrag an Rosa Coldfield, mit Milly Jones eine Tochter und wird von deren Großvater, einem Squatter, erschlagen. Judith stirbt einsam. 1909 kehrt Rosa Coldfield mit dem Erzähler Quentin Compson zu S.s verfallenem Haus zurück. Sie finden den sterbenden H., der sich dort seit Jahren versteckt hält. – Quentin, der den Stoff bruchstückweise von Rosa und seinem Großvater erfahren hat (1–5), erzählt ihn 1910 Shreve, einem Studienfreund aus den Nordstaaten (6–9).
Das Thema vom Fall einer großen Familie (bes. →*The Sound and the Fury,* 1929; →*Sartoris,* 1929), hier der Sutpens, wird von vier Figuren erzählt: Rosa (1, 5), Quentins Großvater (2–4), Quentin (6–7, 9) und Shreve (8). Die Rekonstruktion der Geschichte erfolgt achronologisch, fragmentarisch, aus Fakten und Vermutungen zusammengesetzt. S.s ehrgeiziger Plan und seine Naivität (»design« und »innocence« sind Schlüsselwörter des R.s) führen nach seiner Hinnahme der Rassenschranken des Südens zum Fall. Der Titel (2. Samuel, 19.4) verweist auf die unterlegte biblische Geschichte von Davids (S.s) Kindern. Komplexe Perspektivierung der Fabel durch Verschachtelung der Berichte, Erzählung und inneren Monolog (z. T. kursiv abgesetzt), Kontrastierung und Ergänzung von einzelnen Perspektiven, progressive Entdeckung der Zusammenhänge der erinnerten Episoden, Kontrast von Erzählzeit und erzählter Zeit usw. Elemente des Schauerr.s, Einfluß von N. Hawthorne *(The House of the Seven Gables)* und J. Conrad (Erzähltechniken).

Übs. von H. Stresau (1938).

1936 W. H. Auden:

eL Look, Stranger!

32 Gedichte, Entst. und z. T. veröffentlicht seit 1932.

Wie das Titelgedicht *Look, stranger, at this island now* versucht die ganze Slg. eine Analyse Englands in der Gegenwart. Soziales und psychologisches Versagen werden auf den Mangel an »Liebe« (Schlüsselwort) zurückgeführt *(Hearing of harvests rotting in the valley, Who's who, O love, the interest itself in thoughtless heaven)*. Pessimistischer Ton durchweg. Experimente mit verschiedenen Metren und Strophenformen. Symbolistische Techniken (Personifikation, Landschaftsallegorien).

Am. Ausg. unter dem Titel *On This Island* (1937).

1936 John Dos Passos:

aE The Big Money

R. Fortsetzung von →*The 42nd Parallel* (1930) und →*Nineteen Nineteen* (1932) als letzter Teil der Trilogie *USA*.

Weitere 5 Schicksale, die z.T. am Vorangegangenen anknüpfen und den Zeitraum von 1919 bis 1930 illustrieren: 1. Charley Anderson geht in die Flugzeugbranche, wird als erfolgreicher Unternehmer ein Spielball des Großkapitals. Nach einer unglücklichen Heirat beginnt er ein Verhältnis mit dem Filmstar Margo Dowling. Er stirbt an den Folgen eines Autounfalls. 2. Mary French ist eine intellektuelle Sozialistin, die nicht nur in ihren Liebschaften, sondern auch in der Durchsetzung ihrer polit. Absichten keinen Erfolg hat. 3. Margo Dowling wird nach einer unglücklichen Ehe mit einem homosexuellen Kubaner Schauspielerin, heiratet einen Produzenten und wird ein populärer Filmstar. 4. Richard Ellsworth Savage wird nach dem Tode Moorehouses dessen Nachfolger. Nach einigen Ausbruchsversuchen aus dem System etabliert er sich durch eine Geldheirat. 5. »Vag«, ein junger Mann, trampt durch das Land, über ihm in den Flugzeugen reisen die Reichen.
Wie in den ersten beiden Teilen werden die Einzelschicksale durch (25) »Newsreels«, »The Camera Eye« und Kurzbiographien (je 9) zum Bild der zwanziger Jahre erweitert. Hinter dem erfolgreichen Star (Margo), Unternehmer (Charley) und Reklame-Agenten (Richard) wird die Welt des alles kontrollierenden am. Großkapitals sichtbar, gegen das die Gruppe der Sozialisten um Mary French schließlich hilflos bleibt. Scharfe sozialkritische Darstellung der »Roaring Twenties«, deren ökonomische Bedingungen offengelegt werden. Dos Passos dehnt die naturalistische Thematik von der Determination durch das Milieu (Familie, Herkunft) zu einer sozialistischen Analyse der gesellschaftlichen und ökonomischen Verhältnisse aus. Einfluß auf J. Steinbeck, E. Caldwell, N. Mailer u.a.

Übss. *Der große Schatten* von K. Lambrecht (1939), *Hochfinanz* von P. Baudisch (1962).

1937 J. B. Priestley:

eD Time and the Conways

Dr., 3, Auff. 26. 8. Duchess Theatre, London.

Mrs. Conway und ihre 6 Kinder werden während der 18 Nachkriegsjahre in ihren Hoffnungen enttäuscht (Ehemisere, Geldsorgen, Tod usw.), nicht ohne eigene Schuld. Die realistische Darstellung des Verfalls einer engl. Mittelstandsfamilie verknüpft mit der Zeittheorie J. W. Dunnes u. a. (die alle Zeitbedingtheit relativierende Ewigkeit) bzw. der Blakeschen Deutung des Lebens als Geweb von »Freud und Leid«. Entsprechendes Strukturmerkmal: Durchbrechung der Chronologie (II als zwischengeschaltete Vorblende).

Übs. *Die Zeit und die Conways* von G. Fraser (1964).

1937 **George Orwell:**

e **The Road to Wigan Pier**

Tatsachenbericht, 2. Von V. Gollancz für den Left Book Club in Auftrag gegeben. Entst. aus Tagebuchaufzeichnungen (→*The Collected Essays, Journalism and Letters*, 1968).

I. Orwell berichtet vor Ort und beispielhaft über die schlimmsten Seiten der Massenarbeitslosigkeit unter den Bergarbeitern des nordengl. Industriereviers: die wirtschaftliche Lage im Kohlebergbau, Verelendung und Demoralisierung der Beschäftigungslosen, Lebenshaltungskosten und Wohnverhältnisse, Ausbildungsstandards usw. in einem Milieu, das gleichwohl Familiensinn, Gemeinschaftsgeist und Traditionsbewußtsein bewahrt hat. II. Er setzt sich mit dem überholten Klassensystem, dem bisherigen Versagen des Sozialismus und der eigenen ideologischen Entwicklung und Herkunft aus mittelständisch-kolonialem Milieu auseinander. Die links orientierte Kritik an der engl. Gesellschaft bezieht auch die Literatur mit ein, die sich nur oberflächlich mit sozialen Problemen beschäftigt.
Auf die deskriptive Bestandsaufnahme, die den Dokumentarismus eingehender Inaugenscheinnahme und Erkundung mit typisierender Detailauswahl, Szenenausmalung oder effektvoller Anordnung verbindet, läßt Orwell die systematischer reflektierende Auswertung folgen, wobei Sozialkritik wie persönliche Anteilnahme hervortreten.

Übs. *Der Weg nach Wigan Pier* von M. Papst (1982).

1937 **Zora Neale Hurston:**

aE **Their Eyes Were Watching God**

R.

Florida. 1.–9. Nach einer gescheiterten Ehe mit einem Farmer läuft die 17jährige Janie Mae mit Joe Starks aus Georgia davon und heiratet ihn. Nach 17 Jahren Eheleben lehnt sich J. gegen die Bevormundung ihres Mannes auf. 10.–20. Nach dessen Tod begleitet sie ihren jüngeren Liebhaber Tea Cake nach Jacksonville und in die Everglades, wo sie in einen Hurrikan und eine katastrophale Überschwemmung geraten. T. C. wird bei den Bergungsarbeiten von einem tollwütigen Hund gebissen und wahnsinnig. J. muß ihn in Notwehr erschießen und wird freigesprochen.
Am Emanzipations- und Reifungsprozeß der Protagonistin zeigt Hurston realistisch und auf eigenen Feldforschungen beruhend das dörfliche und

ländliche Leben armer Schwarzer in Florida: Kleinfarmer, Ladenbesitzer, Glücksspieler, Vermieter, Saisonarbeiter usw. Zugleich Konfrontation der armseligen Lebensverhältnisse mit ihren Erwartungen (Titel). Rahmenhdlg. Sparsame, unsentimentale Erzählweise. Eines der Hauptwerke der Harlem Renaissance.

1937 John Steinbeck:

aE Of Mice and Men

R.

Ranch im Salinas Valley, Cal. Die beiden wandernden Landarbeiter George Milton und Lennie Small malen sich wiederholt den Traum von der eigenen Farm aus. Der gutmütige L. hat Bärenkräfte, einen schwachen Verstand, ein triebhaftes Bedürfnis, weiche Dinge und Lebewesen (Mäuse, Frauen usw.) anzufassen und ist auf G. angewiesen. Curley, der eifersüchtige Sohn des Bosses, zieht in einem Kampf mit L. den kürzeren. Seine Frau verlockt L., der sie streichelt und ungewollt tötet. G. erschießt L. vor dem Eintreffen C.s und der Verfolger.
Die Tr. der beiden Heimatlosen, die durch Kameradschaft (Schlüsselwort »buddy«) und die Illusion eines zukünftigen Zuhauses einander verbunden sind und mit der Umwelt kollidieren. L. gleicht in seiner Hilflosigkeit, Unartikuliertheit und instinkthaften Animalität seinen Lieblingstierchen. Der Titel, R. Burns' *To a Mouse* entlehnt, spielt auf diese Solidarität an. Die dramatische Technik des Kurz-R.s (Konzentration auf Szene und Dialog) legte die Bühnenbearbeitung nahe (im gleichen Jahr).

Als R. und als Dr. großer Erfolg. Film von L. Milestone (1939). Übss. *Von Mäusen und Menschen* von E. Rotter (1940), G. Hofer (1955).

1937 Ernest Hemingway:

aE To Have and Have Not

R., 3; entst. aus 2 Kurzgeschichten 1933–36.

I. Havanna, Frühling. Harry Morgan, Bootsvermieter, schlägt das Angebot einiger kubanischer Revolutionäre aus, sie unbemerkt in die Staaten zu fahren, und nimmt statt dessen einen reichen Amerikaner zum Fischen mit. Dieser betrügt ihn jedoch um seinen Lohn. II. Herbst. Bei einem Alkoholschmuggel, der wenig Geld einbringt, verliert H. sein Boot und einen Arm. III. Winter. Aus Geldnot übernimmt H. einen Transport von 4 kubanischen Revolutionären und Bankräubern von Key West nach Kuba, obwohl er weiß, daß jene ihn umbringen wollen. Beim Schußwechsel an Bord wird H. tödlich verletzt.
Der Titel bezieht sich auf die ökonomische Situation von H. wie auf seine moralischen Eigenschaften (Mut, Ausdauer, Integrität). Beide Aspekte H.s werden durch Gruppen von am. Touristen (Johnson, Gordon, Johnston usw.) kontrastiert, die zwar das Geld, nicht aber H.s Qualitäten haben. H. resümiert die Aussichtslosigkeit seines Kampfes in seinen letz-

ten Worten: »A man alone ain't got no bloody f-ing chance.« Wechselnde Erzählerperspektiven, dialogisierende Darstellung, banales Vokabular voller Wiederholungen. Experimente mit inneren Monologen. Symbolische Parallelisierung der Jahreszeiten, ironische Spiegelung von Anfang und Schluß, von H. und seinen Freunden (Eddy, Nigger, Albert).

Übs. *Haben und Nichthaben* von A. Horschitz-Horst (1951). 3 Filme von H. Hawks (1944), *The Breaking Point* von M. Curtiz (1950) und *The Gun Runners* von D. Siegel (1958).

1938 Thornton Wilder:

aD Our Town

Dr., 3, Auff. 22. 1. McCarter Theatre, Princeton.

I. (»Daily Life«) Typischer Alltagsverlauf in dem Provinznest »Grover's Corners«, N. H., 7. 5. 1901, mit den Nachbarsfamilien Gibbs und Webb im Mittelpunkt. II. (»Love and Marriage«) 7. 7. 1904. Hochzeit von George Gibbs und Emily Webb mit Rückblende ihrer beginnenden Liebe. III. (Tod) Sommertag 1913. Beerdigung E.s, die im Kindbett gestorben ist. Die ermöglichte Rückkehr ins Leben und Wiederholung eines Geburtstages (11. 2. 1899) treibt E. bald ins Totenreich zurück, da ihr inzw. überzeitliches Bewußtsein mit der Blindheit der Lebenden kollidiert. Zentral die Gegenüberstellung des Lebensgetriebes und der distanzschaffenden Ewigkeitsperspektive des Todes in idyllisch-humoristischer Sicht, der Versuch, für den Alltag einen Wertbezug zu finden. Universalisierung durch Jahreszeitenfolge, Zeitsprünge, Typisierung, Parallelisierung (z. B. Anfänge I, II). Das Geschehen dirigiert und kommentiert durch einen Spielleiter (»stage manager«), der die Verbindung zw. Bühne und Publikum herstellt: Einstimmung, Einführung der Figuren, Einbeziehung von »Fachreferenten« und Zuschauerfragen, Globalvergleiche, Parodie von Bühnenkonventionen. Verdeutlichung der Fiktionalität des Bühnengeschehens. Simultanbühne: 2 Familien, Lebende – Tote. Extreme Reduktion der Requisiten; Pantomime als Imaginationsanregung. Wendung gegen »individuelle Hdlg.« und Illusionsbühne. Einfluß von L. Pirandello.

Pulitzer-Preis. Film von S. Wood (1940). Übss. *Unsere kleine Stadt* von W. Scheitlin (1944), H. Sahl (1953).

1938 Samuel Beckett:

eE Murphy

R.

London, 1935. Der junge Ire M., ein exzentrischer, träger Solipsist, läßt sich von seiner Geliebten, der Prostituierten Celia, zur Arbeitssuche bewegen. Er nimmt eine Pflegerstelle in einem Sanatorium für Geistesgestörte an, allerdings mehr in der Hoffnung auf Verbrüderung mit Gleichgesinnten. Denn er sucht sich von seiner Körperlichkeit und der großen Außenwelt der Gesellschaft zu lösen und im monadenhaften Asyl einer kleinen Welt ganz im Geiste zu leben. Doch beides gelingt ihm nicht. Erlösung findet er schließlich nur im Tod (Explosion seines Gasofens). Entwicklung C.s zum allmählichen Verständnis M.s. Nebenhdlg.: die Dubliner Dreiecksgruppe Miss Counihan (M.s »Braut«), Neary und Wylie (2 Freunde) in wechselnder Motivation und grotesken Konstellationen auf der Suche nach M. Die Nebenfiguren als »Puppen«, karikierte Typen. Das zentrale Problem des Dualismus von Körper und Geist unter dem Einfluß von R. Descartes und A. Geulincx. Die z. T. noch traditionellen Aspekte des R.s (z. B. realistische Details, Erzählerregie) parodiert. Durchgängig ironische Kontraste, Anspielungen, Sprach- und Gedankenspiele. Satirische Seitenhiebe.

Übs. ins Französische von A. Péron und Beckett (1947), ins Deutsche von E. Tophoven (1959).

1938 Elizabeth Bowen:

eE The Death of the Heart

R., 3.

Psychologischer R. über die innere Zerstörung der 16jährigen Waise Portia Quayne durch die Gleichgültigkeit ihrer Umwelt. Multiperspektivisches konventionelles Erzählen. Einfluß von H. James.

Übs. *Der Tod des Herzens* (1949).

1938 Jerome Siegel:

a Superman

Comics. Erschienen in *Action Comics Magazine*. Zeichner: Joe Schuster.

Superman vom Planeten Krypton führt auf der Erde ein Doppelleben als durchschnittlicher Reporter Clark Kent und als Supermann, der Verbrecher und Feinde der USA bekämpft. Seine übernatürlichen Attribute (Unverletzbarkeit, Stärke, Geschwindigkeit, Röntgenblick, Fähigkeit zu fliegen usw.) machten ihn schnell zum populärsten Helden der Comics. Episodenstruktur, abgeschlossene Abenteuer (seit 1934 erschienen Comics nicht nur in Zeitungen, sondern auch in eigenen Heften).

Der Erfolg der Serie rief eine Reihe von phantastischen Helden hervor: *Batman, Wonder Woman* (Action Comics) und Stan Lees (Stanley Liebers) *Captain America, The Amazing Spider Man, The Mighty Thor* (Marvel Comics) usw., die zusammen eine Art populärer am. Mythologie der Gegenwart bilden. Einzelnes in Übss.

1938 Robert Graves:

eL Collected Poems

142 Gedichte in 5 Teilen. Entst. und z. T. veröffentlicht 1916–37.

Statt einer strikt chronologischen Anordnung wählt Graves eine Einteilung der Slg. in 5 »Stationen«, die seine Entwicklung verdeutlichen sollen: von romantischen Haltungen zur »poetischen Befreiung, nicht durch Mystizismus, sondern durch praktisches Beharren«. Auswahl und Revisionen auf diese Entwicklung hin (bes. die Kriegslyrik entfällt). Ab 1925 unter dem Einfluß von Laura Riding strengere Organisation der Texte: Parallelismen, Ambiguität, Zunahme von Abstrakta. Neben die Satire der Gegenwart tritt die Reflexion über die Vergangenheit. Mythologische Anspielungen. Konventionelle Vers- und Strophenformen. Experimente mit Halbreimen und Klangmustern.

Erweiterte Ausgg. der *Collected Poems* 1948, 1959, 1965.

1938 William Faulkner:

aE The Unvanquished

R. aus 7 Geschichten. 5 davon früher in der *Saturday Evening Post.*

Südstaaten, 1863–76. Die Geschichten illustrieren in chronologischer Reihenfolge die Entwicklung des Erzählers Bayard Sartoris (→*Sartoris,* 1929) von seiner jugendlichen Verklärung der Südstaaten bis zum Bruch mit ihren Traditionen aufgrund des erlebten Bürgerkriegs. Faulkners 1. Versuch, einen R. in eine Sequenz von korrespondierenden Geschichten aufzulösen.

Übs. *Die Unbesiegten* von E. Franzen (1962).

1938 Ernest Hemingway:

aE The Fifth Column and the First Forty-Nine Stories

Dr. und 49 Geschichten.

Der Band vereint frühere Kurzgeschichtenslgg. (→*In Our Time,* 1925; *Men without Women,* 1927; *Winner Take Nothing,* 1933) mit einigen längeren Geschichten, bes. *The Short Happy Life of Francis Macomber* (die Bewährung eines feigen am. Touristen kurz vor dem Tode bei der Großwildjagd in Afrika) und *The Snows of Kilimanjaro* (Bestandsaufnahme und Erinnerungen eines alternden Schriftstellers angesichts des Todes). Die meisten Geschichten bilden den Ehrenkodex der Hemingwayschen Helden weiter aus (Mut, Ausdauer, Integrität), der zunehmend einem stoischen Durchhalten angesichts des Todes und der Nichtigkeit alles menschlichen Lebens weicht. Die bekanntesten sind: *The Killers* (Nick Adams wird Zeuge einer Abrechnung unter Gangstern), *In Another Country* und *A Way You'll Never Be* (Nick Adams im Krieg), *A Clean, Well-Lighted Place* (Verzweiflung und Nihilismus in einem Café), *The Undefeated* (Endkampf des verletzten Stierkämpfers Maera). Andere Geschichten thematisieren die problematisch gewordene Beziehung zw. Männern und Frauen: in *Hills like White Elephants* geht es um eine Abtreibung, in *Canary for One* um Scheidung. *A Simple Enquiry* und *The Sea Change* handeln von männlicher und weiblicher Homosexualität.
In den Kurzgeschichten treten Hemingways Techniken des Lapidarstils bes. hervor: einfaches Vokabular, Parataxe durch »and«, Zurückdrängen des Erzählers, Wiederholungen, Dialogisierung des Geschehens usw.

Nach Hemingways These von »der Spitze des Eisbergs« darf nur ein Bruchteil des (vor allem) seelischen Geschehens an der Oberfläche der Geschichte sichtbar werden. Daher äußerste Sparsamkeit der Mittel. Das Dr. *The Fifth Column* behandelt die Gewissensprobleme von Philip Rawlings im belagerten Madrid des Bürgerkriegs. Einfluß auf R. Chandler und eine ganze Generation von Kurzgeschichten-Autoren.

Übs. *49 Stories* von A. Horschitz-Horst (1950).

1938 Ogden Nash:

aL I'm a Stranger Here Myself

131 Gedichte. Einzelnes in *The New Yorker, Life* u.a.

Alltägliche private Ereignisse (Essen, Baden, Ausgehen usw.; vgl. Titelimplikation) dienen der Erzeugung von mild-satirischer Komik. Neben ironischem Lob und Tadel bes. Technik der bewußt-dilettantischen Regelverstöße gegen Reim, Metrum und Sinnzusammenhang. Einbeziehung vieler parodistischer Zitate. Nash verkörpert mit J. Thurber den für *The New Yorker* typischen populären am. Humor der schrullig-urbanen Art.

Bestseller-Slg. *The Pocket Book of Ogden Nash* (1955). Teilübs. *Ich bin leider hier auch fremd* von Ch. Enzensberger u.a. (1969).

1938 William Butler Yeats:

eL New Poems

28 Gedichte und 1 Gedichtsequenz.

Der letzte von Yeats veröffentlichte Gedichtband vereint philosophisch-meditative mit persönlichen und öffentlich-polit. Gedichten. Den Gruppen entsprechen verschiedene Masken von Yeats: der ungerührt-heitere Beobachter *(Lapis Lazuli)*, der Freund *(To Dorothy Wellesley)*, der *Wild Old Wicked Man* oder der alternde Aristokrat *(The Municipal Gallery Revisited)*. Die Slg. zeigt unter dem Einfluß von D. Wellesley eine Rückkehr zu einfachen Balladenformen (Refrain, schlichte Diktion). Beibehaltung der Thematik vorausgehender Gedichtbände (Sexualität, Alter, Vergänglichkeit).

Die 1939 veröffentlichte Slg. *Last Poems and Two Plays* ergänzt *New Poems* um die nachgelassenen Gedichte, darunter *The Circus Animals' Desertion* und *Under Ben Bulben*. Gesamtausg. der Gedichtbände: *The Poems* (1949). Teilübs. in *Ausgewählte Gedichte* von S. Andres u.a. (1971).

1938 Robinson Jeffers:

aL Selected Poetry

125 Gedichte. Entst. 1918–1938.

Die Slg. enthält erzählende und dramatische Langgedichte, kurze Naturgedichte und philosophische Meditationen. *Tamar* (1924) behandelt tragisch-inzestuöse Familienbeziehungen, *The Tower beyond Tragedy* (1924) den Orestie-Stoff, *Roan Stallion* (1925) die leidenschaftliche Liebe einer Frau zu einem Hengst, *Thurso's Landing* (1932) ein Eifersuchtsdrama auf einer Farm. Schauplatz ist meist die kalifornische Küste bei Monterey. Das gilt auch für Naturgedichte wie *Night, Boats in a Fog* oder *Evening Ebb*. Die philosophischen Meditationen bringen Jeffers' naturalistische Auffassung vom gebrochenen Triebschicksal der Menschen und von der ihnen überlegenen, aber gottlosen Natur in direkter Weise zum Ausdruck. Auch Wendung gegen das zeitgenössische, städtische und imperiale Amerika *(Shine, Perishing Republic)* und implizit die moderne Lyrik *(Foreword)*. Das kontroverse antichristliche *Dear Judas* (1929) wurde nicht in die Slg. mit aufgenommen. Freier Langvers mit metrischen Experimenten. Natursymbolik. Zwiespältige Rezeption in den USA.

Postume Slg. *The Beginning and the End* (1963). Übs.: Einzelnes in *Unterjochte Erde* von E. Hesse (1984).

1938 John Steinbeck:

aE The Long Valley

Slg. von 13 Kurzgeschichten. Einzelne Texte zuvor in *The North American Review* u.a.

Die Mehrzahl der Geschichten entwirft realistische Porträts der Bewohner des Salinas Valley, Cal., und ihres Verhältnisses zur Natur. Am bekanntesten ist *The Red Pony,* eine Sequenz von 3 Geschichten um den Farmerjungen Tody Tifflin, der durch den schmerzlichen Verlust seines Ponys Gabilan, die Begegnung mit dem geheimnisvollen Mexikaner Gitano und die Beobachtung der schweren Geburt eines Fohlens an Reife gewinnt. *The Leader of the People* zeigt die Weiterentwicklung J.s, der dem von seiner Pionierzeit schwärmenden und bespöttelten Großvater mit hist. Interesse und persönlicher Sympathie begegnet. Andere Geschichten schildern die Obsession einer Frau, die den Überlebenskampf einer Klapperschlange studiert *(The Snake),* oder die Enthüllungen eines geistig Zurückgebliebenen über das Doppelleben zweier alter Jungfern *(Johnny Bear).*

Als verbindendes Thema der in Steinbecks bevorzugter Region angesiedelten Geschichten ergibt sich der Verlust des kindlichen Paradieses. Wiederkehrende Gegenüberstellung von Vergangenheit/Gegenwart, Unschuld/Korruption, Natur/Zivilisation, Individuum/Gesellschaft. Aussparendes Erzählen mit Vorliebe für Naturbilder und -symbole.

Teil-Übss. *Gabilan* von R. Frank (1945) und H.B. Wagenseil (1946). Film *The Red Pony* von L. Milestone (1948).

1938 Graham Greene:

eE Brighton Rock

An Entertainment

R., 7.

Pinkie, ein 17jähriger aus den Slums, wird zum Führer einer jugendlichen Bande, die Brightons Rennbahn unsicher macht. Den der Bande abtrün-

nigen Hale treibt er in den Tod. Ida Arnold, eine Prostituierte, die Hale gern hatte, spürt dem Fall nach. P. beseitigt einen ihn belastenden Zeugen, Spicer, und entschließt sich, Rose, eine 16jährige Kellnerin, die ihn ebenfalls belasten könnte, zu heiraten, damit sie nicht gegen ihn aussagen kann. Doch P. traut ihr nicht und versucht, R. zum Selbstmord zu zwingen – ohne Erfolg. Auf der Flucht vor der Polizei stürzt er von den Felsen bei Brighton.
Mit den Konventionen einer Kriminalgeschichte versucht Greene, die Probleme von Gut und Böse zu dramatisieren. P. (Schlüsselwort »pride«) verkörpert das Böse in Analogie zu Satan, dem Gefallenen Engel. Er wird gekennzeichnet durch seine strenge katholische Erziehung, seine Aversion gegen Sex und seinen Haß gegen Mitmenschen. Ida Arnold verkörpert als »guardian angel« den Gegenpol zu P.: Nächstenliebe, Sex, Vitalität. Der doppeldeutige Titel bezieht sich 1. auf den Felsen, von dem P. stürzt, 2. auf die Bonbonstange, die P. sowohl bei seinem ersten Mord als auch an seinem Hochzeitstag lutscht. Chronologisches, aussparend szenisches Erzählen, zurückhaltender allwissender Erzähler. Verwickelte und spannende Fabel, die über die einfache moralische Kontrastierung hinaus soziale und psychologische Bedingungen beschreibt.

Übs. *Am Abgrund des Lebens* von M.H. Larsen (1950). Film von J. Boulting (1948; Drehbuch von Greene).

1939 Lillian Hellman:

aD The Little Foxes

Dr., 3, Auff. 15.2. National Theatre, New York.

I. Kleinstadt im Süden, 1900. Die Brüder Oscar und Ben Hubbard wollen mit Beteiligung eines Chicagoer Industriellen die eigene Baumwollproduktion auch in einer Textilfabrik verarbeiten. Horace Giddens, der Mann ihrer gleichgesinnten Schwester Regina, soll als Bankier die Investition sichern. II. Herzkrank, besinnt sich H. und verweigert der eiskalten R. seine Mitarbeit. O. stiftet seinen Sohn Leo zum Diebstahl von H.s Aktien an. III. Als H. dies entdeckt, verzichtet er auf eine Bestrafung der Nutznießer O. und B., um R. der haßerfüllten Auseinandersetzung mit ihren Brüdern zu überlassen. Bei einem Anfall stirbt er jedoch, weil R. ihm seine Medizin vorenthält. R. kann die Brüder nun zu einer hohen Gewinnbeteiligung erpressen. Ihre Tochter Alexandra aber sagt sich los von ihr und dem ausbeuterischen System, das sie vertritt.
Die Anprangerung der menschlichen Korruption durch die vom Gesellschaftssystem geförderte Raffgier (der Titel spielt auf das Hohelied 2,15 an: Warnung vor den Füchsen, die den gedeihlichen Weinberg verderben) wird regionalhist. im Süden plaziert, der sich im Umbruch zw. realitätsflüchtiger Pflanzeraristokratie und der den rigorosen Industriekapitalismus vertretenden Generation der Emporkömmlinge befindet. H. zeigt späte Reue; A. entwickelt eine prinzipielle Gegenposition, deren konsequente Umsetzung aber offenbleibt. Differenzierte Charakterisierung ei-

ner zerfallenden Familie: H.s späte Reue, A.s vage Gegenposition; B. und R. als macchiavellistische Übeltäter/O. und L. als Erfüllungsgehilfen. Struktur des Dreiakters: Exposition, Verwicklung und Steigerung bis zum Umschlag der Hdlg. Korrespondenzen in der Figurenkonstellation. Einfluß A. Tschechows.

Another Part of the Forest (1946) zeigt die Familie Hubbard 20 Jahre früher. Film von W. Wyler (1941). Oper *Regina* von M. Blitzstein (1949). Übs. *Die kleinen Füchse* von W. Firner (1956).

1939 T. S. Eliot:

eD The Family Reunion

Dr., 2 Teile. Auff. 21. 3. Westminster Theatre, London. Anlehnung an die *Orestie* von Aischylos.

Gegenwart. Familientreffen auf dem nordengl. Landsitz der Monchenseys am Geburtstag der verwitweten Lady Amy (vgl. Klytaimnestra), die ihren nach 8 Jahren zurückgekehrten Sohn Harry (vgl. Orestes) als Familienoberhaupt und mit Mary verheiratet sehen möchte. H. jedoch, depressiv veranlagt, mit dem Trauma einer frustrierten Jugend belastet, vom Gefühl der Schuld am Tode seiner Frau (die unter mysteriösen Umständen auf See umgekommen ist) geplagt, von Eumeniden-Visionen heimgesucht (I), ergründet in retrospektiver Analyse des eigenen Ichs und der in »Blindheit« verharrenden Familie einen Sündenkomplex vom Ausmaß eines Familienfluches (Kälte und Egoismus A.s, gegen sie gerichteter Mordplan ihres Mannes sowie dessen Ehebruch mit ihrer Schwester Agatha). Die Erkenntnis macht aus dem Flüchtigen einen Suchenden. Sein Entschluß, das Haus dem Bruder John zu überlassen und einen Weg demütigen Sühneopfers zu beschreiten, bewirkt einerseits A.s Schocktod, andererseits Agathas und Marys Selbstbesinnung. Darüber hinaus offener Schluß (II).
Struktur: 4 Nebenfiguren treten fünfmal zu einem Chor zusammen (bes. an den Schlüssen der jeweiligen Eckszenen 1, 3). Daneben lyrische Partien bes. an den Höhepunkten der Dialoge H.s mit Mary (I. 2) und Agatha (II. 2) und im Spruch-Zeremoniell beider Frauen (Schluß). Elastischer, vorwiegend 3hebiger Vers mit Zäsur.

Selbstkritischer Kommentar zu Hdlg. und Figuren in *Poetry and Drama* (1951). Übs. *Der Familientag* von R. A. Schröder und P. Suhrkamp (1949).

1939 James Joyce:

eE Finnegans Wake

R., 4. Entst. 1923–38. Unter dem Arbeitstitel *Work in Progress* 1927–38 in der Zeitschrift *transition* erschienen.

Der Dubliner Gastwirt Humphrey Chimpden Earwicker träumt von sich und seiner Familie (Frau Anna Livia Plurabelle, den gegensätzlichen Zwillingen Shem und Shaun, der Tochter Isabel). Ein zentrales Motiv ist dabei HCE.s ›Sündenfall‹ und ›Auferstehung‹: Identifikation mit Adam

(»Haveth Childers Everywhere«), Jedermann (»Here Comes Everybody«), Tim Finnegan (aus einer ir. Ballade), Finn MacCool (aus dem keltischen Mythos), Christus usw. Ähnlich ist ALP zugleich Eva, der Fluß Liffey usw. In der Künstlerfigur Shem autobiogr. Züge ironisiert.
Als »Nachtbuch«-Pendant zum »Tagbuch« →*Ulysses* (1922) und in noch weiterer Universalisierung Darstellung des gigantischen Traums der Menschheitsgeschichte, orientiert an Giambattista Vicos Theorie hist. Zyklen (die 4 R.-Teile repräsentieren die »corso«-Phasen der Theokratie, Aristokratie, Demokratie und die »ricorso«-Phase der Auflösung zum Neubeginn), in komplizierten Bezugssystemen und Kumulation disparater Details.
Dem schlafenden Bewußtsein und der ewigen Wiederkehr im hist. Wandel entspricht der extrem sprachspielerische Stil: punktuelle semantische Polyvalenz erzeugt permanente Mehrschichtigkeit des Erzählens, die das Werk zu einem Text-Labyrinth und Super-Puzzle macht. Über 10000 Obertöne, bes. durch Mischwörter und Polyglottismen (45 Fremd- und Kunstsprachen über dem engl. Substrat), wie schon der Titel demonstriert: »Finnegan's Wake« = »Totenschmaus« und »Erwachen« (vgl. »Finn again's wake«), »Wake« = »Kielwasser«, »Fin negans«; spätere Permutationen »Funnycoon's Week«, »Wimmegame's fake«, »Fullacan's sake« usw. Durch intensiven Einsatz von Klang, Rhythmus, Leitmotivik zugleich polyphone Sprachsymphonie. Komik und Suggestivität ingeniöser Sprachphantasie: das Werk als »A comedy of letters« und »funferal« mit »soundsense« und »panaroma of all flores of speech«. Ambivalentes Verhältnis zur Sprache: indirekte Kritik an der Unzulänglichkeit der tradierten Sprache und Vertrauen in die Leistungsmöglichkeiten der mobilisierten Sprache.

Das komplexeste und kryptischste Sprachspiel-Werk der Weltliteratur, bisher nur teilweise entschlüsselt. Übss. von I. 8 jeweils durch G. Goyert, W. Hildesheimer und H. Wollschläger (zusammen 1970). Film *Passages from James Joyce's Finnegans Wake* von M. A. Bute (1967). Hörspiel *Roaratorio* von J. Cage (1979).

1939 Flann O'Brien:

eE At Swim-Two-Birds

R. Entst. seit 1934.

Der anonyme Ich-Erzähler lebt als Student im Dubliner Kleinbürgermilieu, widmet sich aber mehr dem Gespräch und der Arbeit an seinem Buch über den tagträumerischen Pub-Besitzer Dermot Trellis, der ein Buch über den Sittenverfall schreibt. Als abschreckendes Beispiel erfindet T. den Wüstling Furriskey, der aber das Barmädchen Peggy heiratet, und die schöne, gute Sheila Lamont, die T. jedoch – selber entflammt – vergewaltigt, wobei er den Sohn Orlick zeugt. Weitere Figuren entnimmt T. dem Figurenrepertoire des ir. Sagenschatzes (Finn MacCool) und Feenglaubens (»Pooka«) sowie des Western (2 Cowboys). T. behandelt seine Geschöpfe wie Bedienstete; diese beanspruchen jedoch eigene Rechte und versuchen, ihn durch Einschläferung unschädlich zu halten. Sie brin-

gen O. dazu, ein abrechnendes Buch über den Vater zu schreiben, in dem dieser sich vor dem Tribunal seiner Geschöpfe verantworten muß und nur knapp davonkommt. Der Rahmen-Erzähler besteht sein Examen.
Ein bizarrer Meta-R., der mit spielerischem Übermut den Vorgang des fiktionalen Erzählens und das Autor-Werk-Leser-Verhältnis thematisiert: verschachtelte Realitätsebenen von Rahmenerzählung und Binnenerzählungen; Unterlaufen von Leseerwartungen (z.B. Titel); Verkehrungen von Subjekt und Objekt des Schreibprozesses, Konzeption und Verhalten der Figuren; systematische Grenzverwischungen zw. Realität und Fiktion. Antirealistische Mischung von mythischen und alltäglichen Figuren. Vielseitige Parodie: bes. ir. Sprechweisen und Schreibstile (seit dem Mittelalter) sowie Erzählkonventionen (vgl. 3 Anfänge/Schlüsse, Aufbrechen der Linearität durch Textsegmentierung und kommentatorische Kurzeinschübe). Gesellschaftssatire in der Rahmenhdlg. Durchgängige Sprachspiele. Kompliziertes Korrespondenzensystem. Einfluß von L. Sterne, J. Joyce.

Übss. *Zwei Vögel beim Schwimmen* von L. Fiedler (1978), In *Schwimmen-zwei-Vögel* von H. Rowohlt und H. Mennicken (1989).

1939 Katherine Anne Porter:

aE Pale Horse, Pale Rider

3 Kurz-Rr.

Old Mortality. Texas, 1885–1912. Von ihrer Kindheit an sehen sich Miranda und Maria mit Geschichten um ihre schöne verstorbene Tante Amy und deren romantische Abenteuer konfrontiert. Die allmähliche Desillusionierung über deren Rolle führt bei Miranda zur Lösung von ihrer Familie. *Noon Wine.* Der texanische Farmer, Ehemann und Familienvater Thompson gerät aus der Fassung, als der Prämienjäger Hatch seinen harmlosen Farmarbeiter wegen einer lang zurückliegenden Schuld verhaften lassen will. T. erschlägt Hatch und nimmt sich das Leben. *Pale Horse, Pale Rider.* Miranda arbeitet 1918 als Journalistin in Denver. Ihre Liebe zu Adam Barclay steht unter den tödlichen Schatten des Krieges und einer fiebrigen Erkrankung beider. Adam stirbt daran.
Der Tod (als »fahler Reiter«) durchzieht die drei thematisch verknüpften Kurz-Rr.: Miranda emanzipiert sich von traditionellen Frauenrollen in ihrer Familie und überlebt den Krieg und den Tod ihres ersten Geliebten. T. wird durch den Totschlag aus allen seinen, auch patriarchalischen Werten gerissen. Traditionelle Geschlechterrollen und hist. Brüche sind weitere thematische Aspekte in den 3 Rr. T. kontrastiert mit Miranda. Realistische und mehrdeutige Erzählweise, die detailliert auf die komplexen Bewußtseinszustände ihrer Hauptfiguren eingeht. Symbolische Details (Pferde, Mundharmonika).

Übss. *Fahles Pferd, fahler Reiter* von M. von Schweinitz (1963) und H. Huisgen (1986).

1939 John Steinbeck:

aE The Grapes of Wrath

R.

1.–11. Oklahomas abgewirtschaftete »Staubschüssel«. Die Joads werden mit anderen Kleinpächtern vom Großkapital enteignet und vertrieben und brechen nach Kalifornien auf: Ma als beherztes Oberhaupt der 12köpfigen Familie mit Pa, den Großeltern, den Söhnen Tom, Al und Noah, der schwangeren Tochter Rose of Sharon usw., begleitet von dem sozialkritischen Ex-Prediger Casy. 12.–18. Auf der mühseligen Fahrt in dem klapprigen Laster sterben die Großeltern; Noah verschwindet. 19. bis 30. In Kalifornien finden sie nicht das versprochene Paradies, sondern skrupellos angelockte Massen, die nur in befristeter Erntehilfe für Hungerlöhne Arbeit finden, heimatlos umherziehen und in ihren Camps dem Terror der »Farmers' Association« ausgesetzt sind. Als C. einen Streik organisiert, wird er ermordet, worauf T. den Mörder erschlägt, flieht und den Entschluß faßt, C.s Werk fortzusetzen. Ma fällt es schwer, die Familie zusammenzuhalten; doch im Existenzkampf hofft und hilft man weiter. Schluß: nach einer Totgeburt reicht Rose einem verhungernden Alten die Brust.

In die Folge der Erzähl-Kapp. sind einzelne Kapp. essayistischer oder montagetechnischer Art eingeschoben, die dem Geschehen einen weiteren regionalen, hist. und sozioökonomischen Hintergrund geben: 19 z.B. skizziert die Entwicklung Kaliforniens und demonstriert die aktuelle Problematik anhand kurzer Kollektiv-Szenen mit anonymen Sprechern. Zentral das Verhalten typisierter Figuren und Gruppen auf elementarer Stufe (Verelendung, Überlebenswille, Vitalität, Solidarität) und die dämmernde Einsicht einzelner in ihre Unterdrückung und die Notwendigkeit polit. Aktion. Das biblische Titelmotiv nach J.W. Howes *Battle Hymn of the Republic.* Material und realistische Darstellung (Milieu, Sprache usw.) aufgrund eigener Erfahrung: Steinbeck begleitete den Treck der »Okies« 1937 als Beobachter. Symbolik (z.B. Schluß). Züge eines biologischen Mystizismus.

Die Kritik an der sozialen Ungerechtigkeit auf dem Hintergrund der Depression löste heftige Kontroversen aus und hatte sozialpolit. Maßnahmen zur Folge. Bestseller. Pulitzer-Preis. Film von J. Ford (1940). Übs. *Früchte des Zorns* von K. Lambrecht (1940).

1939 Thomas Wolfe:

aE The Web and the Rock

R., 7 Bücher. Entst. seit 1930, unvollendet hinterlassen und vom Verlagslektor E.C. Aswell postum ediert.

I.–III. 1900–24. George Webber (»Monk«) wächst in »Libya Hill« (»Catawba«) auf, besucht das College und erlebt New York. IV.–VII. 1925 bis 1928. Nach einer Europareise hat er in New York eine Liebesbeziehung zu der reichen jüdischen Bildhauerin Mrs. Esther Jack. Als sein R. keinen Verleger findet und es zum Zerwürfnis mit E. kommt, bereist er erneut

Europa. Nach einer Schlägerei auf dem Münchener Oktoberfest findet er im Krankenhaus zur Selbstbesinnung.
Mit anderer Namengebung variiert und ergänzt der R. die Autobiogr. von →*Look Homeward, Angel* (1929) und →*Of Time and the River* (1935) (I–III) und führt sie fort (IV–VII). Versuch, die persönliche »Entdeckung des Lebens und der Welt« bzw. die Flucht vor dem »Gewebe« der Bindungen und die Suche nach einem »Felsen« hier stärker zu objektivieren durch distanziertere Darstellung (Weitung des Personenkreises, Satire, Symbolik usw.).

Fortgesetzt in →*You Can't Go Home Again* (1940). Übss. *Strom des Lebens* anonym (1941), *Geweb und Fels* von S. Rademacher (1953).

1939 Henry Miller:

aE Tropic of Capricorn

On the Ovarian Trolley

R.

Autobiogr. der New Yorker Jahre aus der Pariser Retrospektive: Beschäftigung im Personalbüro der »Cosmodemonic Telegraph Co.« (= Western Union), die ihn mit einer Vielzahl am. Typen zusammenbringt, Freundschaft mit Ulric, Beziehung zu »Mara«, Sex.
Zentral in dem Pendant zu →*Tropic of Cancer* (1934) die Bekenntnishaftigkeit und Selbstdarstellung. Satire (z.B. Firma) und Haßtiraden auf die denaturierte am. Gesellschaft. Das autobiogr. Material häufig ins Phantastische übersteigert. Struktur: frei-assoziative, rhapsodische Prosa in unregelmäßiger Abschnittgliederung mit einem »Interlude« und einer »Coda«.

Teil einer geplanten monumentalen, zyklischen »autobiographical romance« der Jahre 1923–27, zu der auch die Trilogie *The Rosy Crucifixion* (*Sexus*, 1949; *Plexus*, 1953; *Nexus*, 1960) gehört. Publikation in Paris. 1. am. Ausg. 1962. Übs. *Wendekreis des Steinbocks* von K. Wagenseil (1953).

1939 Nathanael West:

aE The Day of the Locust

R.

Hollywood, Gegenwart. Um die junge platinblonde Statistin und Prostituierte Faye Greener schart sich eine Gruppe von sie begehrenden Männern: Tod Hackett, Kunststudent aus Yale und jetzt Set-Designer, der psychotische Homer Simpson aus Iowa, der Cowboy Earle Shoop aus Arizona, der Mexikaner Miguel, Veranstalter von Hahnenkämpfen. Der R. schildert eine Serie grotesker Ereignisse (Sterbeszene, Hahnenkampf, Orgie), die schließlich in einem brutalen Massentumult vor einem Premierentheater (Titel) enden.
Thema bildet das apokalyptische Bild des kulturlosen, auf seine Triebbefriedigung reduzierten Hollywood als Zerrspiegel Amerikas. Pessimistische Zeitkritik. Ausgeprägter Perspektivenwechsel (Tod/Homer).

Übs. *Tag der Heuschrecke* von F. Güttinger (1964). Film von J. Schlesinger (1975).

1939 Joyce Cary:

eE Mister Johnson

R.

Nigeria, Gegenwart. Mr. Johnson, ein selbstgefälliger junger Neger, arbeitet als Sekretär bei Mr. Rudbeck, dem Vertreter der engl. Kolonialverwaltung. J. heiratet die Eingeborene Bamu, die ihn jedoch wegen seiner europäischen Ausbildung auf einer Missionsschule verachtet. J. lebt von kleineren Unterschlagungen während des Dienstes. Er betrügt, besticht, macht Schulden, stiehlt mit einer naiven Selbstverständlichkeit. Als er, von R. zum Aufseher des Straßenbaus gemacht, illegale Straßenzölle kassiert, wirft R. ihn raus. Bamu verläßt J., der immer mehr herunterkommt. Bei einem Diebstahl bringt J., mehr aus Zufall, einen Engländer um. Er soll gehängt werden, doch R. erschießt ihn vorher aus Mitleid.
Kolonial-R., der die Sinnlosigkeit einer Politik entlarvt, die anderen Kulturen europäische Verhaltensmuster aufzwängt. J. wird immer dann straffällig, wenn man ihm Verantwortung in der Kolonialverwaltung überträgt. Seine Erziehung hat ihn seinen Stammesgenossen entfremdet. Kontrastierung von J. und R. Neutrale Erzählweise im Präsens. Verwertung eigener Erfahrungen als Verwaltungsbeamter in Nigeria.

Übs. von H. v. Bismarck (1954).

1939 William Faulkner:

aE The Wild Palms

R. aus 2 Geschichten.

The Wild Palms. New Orleans, 1937. Harry Wilbourne beginnt ein Verhältnis mit der verheirateten Charlotte Rittenmeyer. Sie leben von Gelegenheitsarbeiten zunächst in Chicago, dann in einer Blockhütte an einem See. Schließlich gehen sie nach Utah, wo H. Arzt an einem Bergwerk wird. Als C. ein Kind erwartet, versucht H., es auf ihren Wunsch hin abzutreiben. C. stirbt, H. nimmt seine Gefängnisstrafe auf sich. *The Old Man.* Mississippi, 1927. Bei einer Flutkatastrophe des Mississippi (des »Alten Mannes«) gerät ein Sträfling in die Lage, eine hochschwangere Frau in Sicherheit bringen zu müssen. Nach vielen Gefahren in einem kleinen Boot kommt die Frau auf einer Insel voller Schlangen nieder. Der Sträfling liefert sie und das Boot trotz aller Hindernisse heil wieder ab und ist froh, ins Gefängnis zurückkehren zu dürfen.
Die beiden Geschichten bilden einen komplexen Gegensatz von Freiheit-Gefangenschaft, Gesellschaft – Natur, Abtreibung – Geburt usw. In beiden Geschichten sehen sich die Männer als den Frauen unterlegen. Die jeweils 5 Kapp. sind ursprünglich alternierend montiert, um die vieldeutigen Beziehungen zwischen den Geschichten anzudeuten. Neutraler Erzähler, der in *The Old Man,* z.T. durch den Sträfling, abgelöst wird. Innerer Monolog, mythisch überhöhende Schilderung des Flusses. Symbolik: Palmen, Schnee, Fluß usw.

Bestseller. Übs. *Wilde Palmen und der Strom* von H.M. Braem und E. Kaiser (1957).

1939 Raymond Chandler:

aE The Big Sleep

R.

Los Angeles. Der Privatdetektiv Philip Marlowe wird von General Sternwood beauftragt, eine Erpressung an seiner Tochter Carmen zu klären. Bei der Untersuchung stößt er auf so viel Korruption und Laster, daß er schließlich hilft, einen Mord zu decken, um den Fall abzuschließen. Harte, zynische Dialoge und pessimistische Sozialkritik. M. als Einzelgänger zw. Verbrechern und Polizei.

Chandler ist mit J. Cain, D. Hammett und M. Spillane einer der Hauptvertreter der »hard boiled school« im am. Detektivr., die das Geschehen in die Unterwelt der am. Großstädte verlegt. Übs. *Der tiefe Schlaf* von M. Brand (1950). 2 Filme von H. Hawks (1946; Drehbuch von W. Faulkner u. a.) und M. Winner (1978).

1940 Ernest Hemingway:

aE For Whom the Bell Tolls

R.

Spanien, 1937. Der junge Amerikaner Robert Jordan hat sich freiwillig der republikanischen Seite des Spanischen Bürgerkrieges angeschlossen. Er erhält den Auftrag, eine strategisch wichtige Brücke zu sprengen. In der kleinen Gruppe des Republikaners Pablo lernt J. Maria kennen, ein spanisches Mädchen, das beide Eltern verloren hat und brutal vergewaltigt wurde. Die beiden verlieben sich ineinander und verbringen angesichts des drohenden Todes einige Tage voller Liebesglück. Als den Feinden die Absicht der Partisanen bekannt wird, versucht J., die sinnlose Aktion aufzuhalten, doch er muß befehlsgemäß seinen Auftrag durchführen. Er bleibt verwundet zurück, den sicheren Tod vor Augen, um M. und den anderen die Flucht zu ermöglichen.
Der Spanische Bürgerkrieg dient als Hintergrund für die existentielle Thematik von Liebe, Tod und Solidarität (»no man is an *island* . . . therefore never send to know for whom the *bell* tolls; It tolls for *thee*«: Donne-Motto). J. verkörpert den Hemingwayschen Heldenkodex: Mut, Integrität und Ausdauer. Knappe einfache Sprache, vorwiegend Dialog. Symbolik (Brücke, Wald, Höhle usw.). Versuch, spanische Sprechweisen ins Englische zu transponieren: Fremdwörter, Archaismen, Inversionen.

Ein Bestseller der Zeit. Übs. *Wem die Stunde schlägt* von P. Baudisch (1941). Film von S. Wood (1943).

1940 Carson McCullers:

aE The Heart is a Lonely Hunter

R., 3.

I. Stadt in Georgia, 1938. Der Taubstumme John Singer verliert seinen Freund und Leidensgenossen Spiros Antonapoulos an eine Anstalt und wird selbst zum Mittelpunkt einer Gruppe, die bei ihm Verständnis zu

finden glaubt: der gutmütige Cafeteria-Besitzer Biff Brannon, der marxistische Vagabund Jake Blount, die aufgeweckte Mick Kelly, der schwarze Arzt Benedict Copeland. II. Copeland gerät ins Gefängnis, als er gegen die Mißhandlung seines Sohnes protestiert. Mick hat ihre erste sexuelle Erfahrung. Nach Antonapoulos' Tod begeht S. verzweifelt Selbstmord. III. 21. 8. 1939. Die Gruppe zerfällt: Jake, als Agitator verfolgt, flieht; Copeland ist krank, Mick enttäuscht, Biff allein.
Kombination von realistischem Südstaaten-Milieu und der existentiellen Problematik von Illusion, Kommunikation, Isolation. S. als Katalysator für die Figuren mit ihren unterschiedlichen Projektionen und dem gemeinsamen tragischen Schicksal. Aufbau: Einführung und Gruppierung der Figuren (I), Entwicklung der Hdlg. zur Katastrophe (II), Auswirkung (III). Halb-distanzierte Darstellung in scheinbar einfachem Stil.

Übss. *Das Herz ist ein einsamer Jäger* von K. Heinrich (1950), S. Rademacher (1952). Film von R.E. Miller (1968).

1940 Richard Wright:

aE Native Son

R., 3 Bücher.

I. »Fear«. Gegenwart. Bigger Thomas, ein junger Schwarzer aus dem Getto des Chicagoer »Black Belt«, unwissend, frustriert und aggressiv, voller Mißtrauen und Haß gegenüber der Welt der Weißen, wird aus Selbstbehauptungstrieb zum Verbrecher. Als Chauffeur bei den Daltons, einer humanitären weißen Millionärsfamilie, tötet er unabsichtlich die Tochter Mary. II. »Flight«. Auf der Flucht ermordet er seine Freundin Bessie (Mitwisserin). Er wird gejagt und gefangen. III. »Fate«. Sein kommunistischer Anwalt Max erkennt als einziger B.s Determiniertheit durch eine repressive Gesellschaft und versucht, die in Schuldgefühl, Blindheit, Angst und Haß erstarrten Fronten zw. den Herrschenden und den Unterdrückten aufzubrechen, doch in seinem Plädoyer scheitert er gegen den demagogischen Staatsanwalt Buckley und kann nur B., der zum Tode verurteilt wird, eine begrenzte Einsicht vermitteln. Doch B. hat über die Tat zu sich selbst gefunden.
Naturalistische Schilderung mit Milieu-Details. Dramatische Effekte. Perspektive B.s (z.T. in erlebter Rede). Nachzeichnung unterschiedlicher Sprechweisen.

Die Einführung »How ›Bigger‹ Was Born« skizziert die eigene Bewußtwerdung und die Entstehung des R.s. 1. erfolgreicher R. eines Schwarzen. Bühnenfassung von Wright und P. Green (1941). Übs. *Sohn dieses Landes* von K. Lambrecht (1941). Film (1951).

1940 William Faulkner:

aE The Hamlet

R., 4 Bücher. 1. Teil der Snopes-Trilogie, fortgesetzt in →*The Town* (1957), →*The Mansion* (1959).

I. »Flem«. In Frenchman's Bend, einer Siedlung bei »Jefferson«, Miss., taucht Ende des 19. Jh.s der Fremde Flem Snopes bei den reichen Varners

auf und sucht Arbeit. Er übernimmt einen kleinen Laden von Varner. Ein Jahr später haben sich mit seiner Hilfe schon eine ganze Reihe von Snopes-Leuten im Dorf niedergelassen. II. »Eula«. Als Varners Tochter Eula von einem Verehrer geschwängert wird, ist F. gegen eine Summe Geldes bereit, sie zu heiraten. III. »The Long Summer«. Der schwachsinnige Ike Snopes entführt dem Farmer Houston eine Kuh, die er liebt. Wegen einer anderen Kuh gerät Mink Snopes mit Houston in Streit und erschießt ihn. F., seinen eigenen Vorteil im Auge, versucht nicht, Mink vor dem Gefängnis zu retten. IV. »The Peasants«. F. verkauft den Bauern durch einen Mittelsmann eine Herde texanischer Mustangs, die diese jedoch nicht bändigen können. F.s letztem Betrug fällt sogar der Nähmaschinenverkäufer Ratliff, der die Schachzüge der Snopes skeptisch verfolgt hatte, zum Opfer. F. verkauft R. ein Stück Land, auf dem angeblich ein Schatz verborgen ist. Die nunmehr reichen Snopes ziehen weiter in die Stadt »Jefferson«.
Faulkner demonstriert hier an Flem bereits die wichtigsten Aspekte, die den Aufstieg der Snopes begründen: Gefühllosigkeit, parasitäre Ausnutzung menschlicher Leidenschaften (Stolz, Angst, sexuelle Leidenschaft, Geldgier), Skrupellosigkeit in finanziellen Transaktionen. F.s Gaunereien, denen die alteingesessenen Familien unterliegen, werden nur indirekt durch Klatsch, Gerücht, Vermutung in anderen Figuren dargestellt (Kommentatorrolle von R.). Die Hdlg. wird fragmentarisch in einzelnen zeitlich weit auseinanderliegenden Episoden geboten, die durch gemeinsame Motive und Symbole verknüpft werden: Pferde, Sonne, Gold, Kuh. Faulkner experimentiert weiter mit der Auflösung traditioneller Romanformen in einzelne interrelierte Kurzgeschichten (5 Episoden erschienen vor *The Hamlet* getrennt als Kurzgeschichten). Stilistische Überhöhung einzelner Passagen (Eula, Kuh-Episode, Mord) durch Häufungen, Latinismen, Wiederholungen, die dadurch mit der gesellschaftlichen, konversationellen Welt um F. und R. kontrastieren.

Übs. *Das Dorf* von H.M. Braem und E. Kaiser (1957). Film *The Long Hot Summer* von M. Ritt (1958).

1940 Graham Greene:

eE The Power and the Glory

R., 3. In den USA unter dem Titel *The Labyrinthine Ways* (1940).

Mexiko, Gegenwart. I. Ein totalitäres Regime verbietet den Priestern des Landes jede Religionsausübung. Ein namenloser junger Priester widersetzt sich diesem Verbot. II. Durch das Leben im Untergrund beginnt er, die Gesetze der katholischen Kirche zu mißachten, und wird zum Alkoholiker. Sein Ansehen sinkt, die Regierung läßt ihn durch einen jungen Leutnant verfolgen. III. Er wird schließlich in eine Falle gelockt, in die er wissentlich geht. Nach seiner Hinrichtung wird er zum Märtyrer für die Anhänger der Kirche.
Der Titel bezieht sich auf die Auseinandersetzung von Staat und Kirche, personifiziert in Leutnant und Priester: Ihre Gespräche vor der Hinrich-

tung bilden den thematischen Kern des R.s. Die Flucht des Priesters ist auch die vor Gott, seine Verhaftung führt zur Erkenntnis. Die einfache Allegorie wird durch eine Reihe von Randfiguren differenziert. Neutraler Erzähler, ironische Kontraste. Motivverknüpfungen. Greene verarbeitete Eindrücke einer Mexikoreise (vgl. *The Lawless Roads,* 1939).

Bühnenbearbeitung von D. Cannan und P. Bost (1958). Übss. *Die Kraft und die Herrlichkeit* von V. Magd und B. Zebrowski (1948), W. Puchwein (1962). 2 Filme, darunter *The Fugitive* von J. Ford (1947).

1940 Thomas Wolfe:

aE You Can't Go Home Again

R. Entst. 1930–38, unvollendet hinterlassen und vom Verlagslektor E.C. Aswell postum ediert. Schlußteil von Wolfes fiktionalisierter Autobiogr. →*Look Homeward, Angel* (1929), →*Of Time and the River* (1935), →*The Web and the Rock* (1939).

George Webber kehrt in seine Heimatstadt »Libya Hill« (»Catawba«) zurück. Die Stadt ist ein Opfer der Grundstücksspekulanten geworden (Börsenkrach 1929). G. trennt sich von seiner Geliebten Esther Jack und arbeitet in New York an einem R. über »Libya Hill«. Reise nach England, Besuch der Olympiade (Berlin 1936). Auch Deutschland hat sich unter dem Faschismus verändert: Die Rückkehrversuche von G. (»Libya Hill«, Esther, Verleger, Deutschland) bleiben alle vergeblich.

Übss. *Es führt kein Weg zurück* von E. Reinhard (1942), S. Rademacher (1950).

1940–70 C.P. Snow:

eE Strangers and Brothers

Zyklus von 11 Rr.

Der Erzähler Lewis Eliot verfolgt sein Leben (Herkunft aus dem Kleinbürgertum der Provinz, Karriere als Jurist in der Praxis und in Cambridge, als Regierungsbeamter; 2 Ehen) und gibt darüber hinaus ein Zeitpanorama (1914 – ca. 1968) der verschiedenen Bereiche der engl. Gesellschaft, mit denen er in Berührung kommt: Finanzwelt *(The Conscience of the Rich),* Universität (z.B. *The Masters*), Technokratie *(The New Men),* Politik (z.B. *Homecomings*) usw.
E. analysiert illusionslos, kommentiert jedoch verständnisvoll die Zeitgenossen in ihrer Umwelt, im Privatleben und öffentlichen Auftreten, in ihren Motivationen und Konflikten und sieht sie als kooperative »Brüder« bzw. egozentrische »Fremde«. Charakteristisch für das Zeitalter die Auseinanderentwicklung von traditionell-kunstorientierter und fortschrittlich-naturwissenschaftlicher »Kultur« (vgl. Snows Essay *The Two Cultures and the Scientific Revolution,* 1959). Eintreten für Vernunft, Pragmatismus, Fortschritt. Konventionelle Erzählweise, mit essayistischer Tendenz. Autobiogr. Züge enthalten. Einflüsse: A. Trollope, der russische R. des 19. Jh.s.

Einzelnes in Übss.

1941 James Agee/Walker Evans:

a Let Us Now Praise Famous Men

Artikelserie und Fotos, zuerst für das Magazin *Fortune,* das aber die Veröffentlichung ablehnte.

Dokumentarischer und lyrischer Bericht aufgrund von achtmonatigen Untersuchungen und sechswöchigem Aufenthalt bei 3 verarmten Pächterfamilien in Alabama, im Baumwollgürtel des tiefen Südens. Die 3 Teile des Berichtes (1936) über den Ort (I), Geld, Haus, Kleidung, Ausbildung und Arbeit der Familien (II) und die Schlußfolgerungen daraus (III) werden gerahmt von 3 lyrischen Prosapassagen (*On the Porch,* entst. 1937), montiert mit Gedichten, Notizen, Pro- und Epilog usw.
Agee kontrastiert verschiedene Schreibweisen (Brief, Fragebogen, Meditation, Inventar usw.), um Dokumentarisches und Dokumentarisierenden (als Spion, Voyeur) in einen problematisierenden Zusammenhang von Augenzeugenbericht und Erinnerung zu bringen. Nicht die Klasse der Leihpächter (die einen Teil der Ernte gegen Haus, Saatgut im voraus verpfänden), sondern »18 oder 20 sich überschneidende Kugeln« von Individuen bilden Gegenstand und Struktur des Buches. Biblischer Ton (Titel aus Apokryphen 4.1), der sich gleichermaßen gegen »objektive« Dokumentaristik wie auch die geläufige literarische Reportage wendet. Fotos von W. Evans. Einfluß von Th. Wolfe.

Geringer Erfolg und von der Kritik verrissen. Breite Rezeption seit 1960.

1941 Virginia Woolf:

eE Between the Acts

R., postum publiziert.

»Poyntz Hall«, Landsitz der Olivers, Junitag 1939. Vorbereitung eines Dorffestes und Aufführung eines Laienspiels von Miss La Trobe geben den Rahmen für die Empfindungen, Reflexionen und zwischenmenschlichen Beziehungen eines Kreises unterschiedlicher Charaktere, die subtil wiedergegeben und angedeutet werden. Das Motiv des Dr.s im R. (mit Szenen der engl. Geschichte, →*Orlando,* 1928) ergibt komplexe wechselseitige Bezüge zw. Bühne und Zuschauer (Fiktion – Realität, Vergangenheit – Gegenwart usw.).

Übs. *Zwischen den Akten* von H.E. und M. Herlitschka (1963).

1942 Thornton Wilder:

aD The Skin of Our Teeth

Dr., 3, Auff. 15. 10. Shubert Theatre, New Haven.

An der am. Familie Antrobus aus New Jersey wird in durchgängiger Zeitenverschränkung (Eiszeit, Sintflut, Gegenwart) die Menschheitsgeschichte skizziert (Erfindungen, Musen, Präsidentschaftswahl, Bombenkrieg usw.). Zentral der Gedanke, daß der Mensch durch seinen Lebenswillen und kreativen Geist bisher alle Katastrophen knapp überstanden hat. Die Universalität suggeriert durch Allegorisierung: die Familie als biblische Archetypen (z. B. Mr. A. = Adam, Noah; Henry = Kain), moderne Jedermannfiguren, Verkörperungen von Gut und Böse sowie Schauspieler mit häufiger Durchbrechung der Bühnenillusion (z. B. Reflexion über die Rolle, Einstudieren einer späteren Szene). Kombination von Ernst und Komik. Einfluß von J. Joyce (→*Finnegans Wake,* 1939).

Pulitzer-Preis. Übss. *Wir sind noch einmal davongekommen* von G. Gebser (1944), H. Sahl (1955). Große Wirkung im Nachkriegsdeutschland.

1942 William Faulkner:

aE Go Down, Moses

R. aus 7 Geschichten. Entst. 1935–42; z. T. als Kurzgeschichten getrennt veröffentlicht und rev. für die Veröffentlichung als R.

»Jefferson«, Miss., 1859–1940. Die 7 Kurzgeschichten vereinen sich zum R. über die Familien McCaslin (weiß) und Beauchamp (schwarz), die durch Zeugung mehrfach miteinander verbunden sind. Zwei Themen beherrschen die Geschichten: das Rassenproblem und die Frage der rechtmäßigen Erbschaft von Land und Plantage *(Was, The Fire and the Hearth, Pantaloon in Black, The Old People, The Bear, Delta Autumn, Go Down, Moses)*. *The Bear* ist eine Initiationsgeschichte: Der junge Ike McCaslin wird vom alten Sam Fathers, Indianer mit Negerblut, bei einer Jagd auf einen mythischen alten Bär in die Erkenntnis der eigenen Gesetze des Landes und Waldes eingeführt. Ike verzichtet daraufhin, die schuldbeladene Erbschaft der McCaslins anzutreten.
Das Schuldgefühl der weißen Familienmitglieder kontrastiert mit der Naturverbundenheit der Neger und Indianer, die die wahren Erben des Landes sind. (Das Negro Spiritual, dem der Titel entnommen ist, verweist auf Israels Befreiung von den Ägyptern.) Die beiden letzten Geschichten zeigen jedoch, wie dieses ursprüngliche Land und seine Menschen durch Industrialisierung und Legislation verständnislos zerstört werden. Nach →*The Wild Palms* (1939) und →*The Hamlet* (1940) treibt Faulkner hier die Auflösung der traditionellen Romanform in eine Slg. von vielfach verknüpften Kurzgeschichten am weitesten fort. Das Werk bildet den Abschluß von Faulkners fruchtbarster Periode (1929–42).

Übs. *Das verworfene Erbe* von H. Stresau (1953).

1943 T. S. Eliot:

eL Four Quartets

4 Gedichtsequenzen in je 5 Teilen. Entst. seit 1935.

Religiöse Gedichtsequenzen, die über das Wechselverhältnis von Zeit und Ewigkeit meditieren. I. »Burnt Norton« (1935). Die Ewigkeit (Rosengarten, Weltbaum) als Ausweg aus der sich immer wiederholenden Zeitlichkeit (Nacht, Londoner Untergrundbahn). II. »East Coker« (1940). Zy-

klische Wiederkehr des Gleichen (Natur, Jahreszeiten, Tanz) gegen Christus und Mystik als Erlösung. III. »The Dry Salvages« (1941). Zeit (Fluß) und Leben münden in die Ewigkeit (Meer). IV. »Little Gidding« (1942). Mystischer Zusammenfall der Gegensätze: Sünde – Heil, Tod – Leben, Anfang – Ende. Die Titel verweisen auf Orte in England und USA, zu denen Eliot biographische Beziehungen hatte.
Strenge musikalische Komposition der einzelnen Quartette mit ihren Sätzen: Parallelismen, Variationen, Kontrapunkte, Leitmotive usw. Die Dialektik des Themas spiegelt sich auf verschiedenen Ebenen: paradoxe Bildstruktur, Wechsel von Bildern und Abstrakta, Antithesen, Verdoppelung von Wörtern und rhythmischen Figuren, Wechsel von gereimten und reimlosen, freien und gebundenen Versen.

Übs. *Vier Quartette* von N. Wydenbruck (1948).

1944 Tennessee Williams:

aD The Glass Menagerie

Dr., 7 Szenen. Auff. 26. 12. Civic Theatre, Chicago. Entst. – wie oft – aus einer Kurzgeschichte.

Der Matrose Tom Wingfield evoziert eine Reihe von Erinnerungsbildern seines Zuhauses (Rahmen): 1.–4. St. Louis, 1937/38. Die vom Vater verlassene Familie führt ein frustriertes Kleinbürgerdasein. Die Mutter Amanda flüchtet sich in Jugenderinnerungen, die verkrüppelte, scheue Schwester Laura in die Welt ihrer Glastierchen, T. in den Traum vom Abenteuer. 5.–7. Auf Drängen A.s bringt T. »Herrenbesuch« mit, den Arbeitskollegen Jim O'Connor, der unbekümmert auf L.s Schwärmerei eingeht und sie dabei verletzt. Die Vorwürfe A.s vertreiben T. endgültig, das Bewußtsein der indirekten Schuld an der völligen Vereinsamung L.s verfolgt ihn.
Zentral die Realitätsflucht (Fortgang der Männer, Kompensationsträume der Frauen), ein Ansatz zur Bewältigung des Problems in der Reflexion T.s. Struktur: Episodenfolge mit T. als Figur und Erzähler, der Vergangenheit und Gegenwart in Monologen verknüpft. Ein »Erinnerungsspiel« mit atmosphärischen und stilisierenden Bühnenmitteln, die auf ein (nicht realistisches) »plastisches Theater« zielen: koordinierte Beleuchtungseffekte, Lichtbildprojektionen und Begleitmusik, transparente Requisiten (Wand, Menagerie), Bewegungsritual. Symbolik (z.B. Zerbrechen des Einhorns). Eines der wenigen Williams-Stücke ohne Gewalttätigkeit. Autobiogr. Züge enthalten. Einflüsse: R. Wagner, deutscher Expressionismus, E. O'Neill.

Williams 1. großer Bühnenerfolg. Buchausg. 1945, rev. Fassung 1948. Übs. *Die Glasmenagerie* von B. Viertel (1954). 2 Filme von J. Rapper (1950) und P. Newman (1987).

1944 **L. P. Hartley:**

eE **The Shrimp and the Anemone**

R.

Bildet mit *The Sixth Heaven* (1946) und *Eustace and Hilda* (1947) eine Trilogie über die tragische Schicksalsgemeinschaft des jungen, sensiblen Eustace Harrington und seiner älteren, robusteren Schwester Hilda. Subtile Charakterisierung und Symbolik (z. B. Abhängigkeitsverhältnis Seeanemone – Garneele). Einfluß von H. James.

Übss. *Das Goldregenhaus; Der sechste Himmel* (1948); *E. und H.* (1949) von A. Dohm.

1944 **Joyce Cary:**

eE **The Horse's Mouth**

R.

London, 1939. Der Maler Gulley Jimson, gerade aus dem Gefängnis entlassen, versucht, von Sara Monday, seiner ehemaligen Geliebten, und Mr. Hickson, einem reichen Kunstmäzen, Geld zu bekommen, um seine Schulden zu bezahlen und sein Gemälde ›Der Sündenfall‹ fertigzustellen. Es mißlingt, er wird wieder eingesperrt. Nach seiner erneuten Freilassung malt er an die Wände einer Millionärswohnung eine große ›Auferstehung des Lazarus‹. Er flieht, bevor der Besitzer Mr. Beeder zurückkommt. S., von der er ein Jugendbild zurückhaben will, stirbt nach einem Schlaganfall. Während die Nachrichten vom Einmarsch der Deutschen in Polen eintreffen, malt J. eine riesige ›Schöpfung‹ auf eine abbruchreife Außenwand. Die Mauer fällt zusammen. J. stirbt.
Bildet als 3. Teil mit *Herself Surprised* (1941) und *To Be a Pilgrim* (1942) eine Trilogie: Nach den Perspektiven von S. und Thomas Wilcher folgt im 3. Teil die Perspektive von J.: Ich-Erzähler, innerer Monolog. Die Detailauswahl ganz auf J. bezogen. Blake-Zitate, Farbimpressionen, Zusammenfall von erzählter und Erzählzeit. Tragikom. des anti-bürgerlichen Künstlers im Alter, der kein Bild mehr fertigstellen und sich nur durch Betrug, Erpressung, Diebstahl, Einbruch usw. am Leben halten kann. Pikareske Züge und Tradition des Künstlerr.s. Der Titel verweist auf J.s Alter und sein Selbstverständnis als Künstler (»from the horse's mouth« = 1. wörtlich, 2. »direkt von der Quelle«). Autobiogr. Züge. Einfluß von J. Joyce.

Übs. der Trilogie: *Frau Mondays Verwandlung* (1949); *Im Schatten des Lebens* (1948) von W. Dorn und K. Lütgen; *Des Pudels Kern* von H. E. Nossack (1949). Film von R. Neame (1958).

1945 **Richard Wright:**

aE **Black Boy [=American Hunger, I]**

Autobiogr. In zwei Teilen veröffentlicht: der 2. Teil postum unter dem Titel *American Hunger* (1977).

Black Boy. Memphis und der Süden, 1912–26. Richard Wright wächst bei seiner verlassenen Mutter, nach deren Tod bei der Großmutter auf. Ar-

mut und Hunger kennzeichnen diese Jahre. Seine ersten Gelegenheitsarbeiten als Jugendlicher lassen ihn die Segregation und Diskriminierung des rassistischen Südens deutlich spüren. Mit 18 macht er seinen Traum wahr: er verläßt den Süden und geht nach Chicago. *American Hunger.* Chicago, 1927–36. W. schlägt sich als Gelegenheitsarbeiter und Postangestellter durch, findet erste Unterstützung seiner Schriftstellerei im kommunistischen John Reed Club, durch den er auch der KPUSA beitritt. Er widersetzt sich der Auflösung dieser Clubs durch die Partei und gerät innerlich in Gegensatz zu ihr. W.s Hunger nach einem besseren Leben bleibt ungestillt.
Während die abgetrennte Veröffentlichung des 1. Teils eine Art Erfolgsgeschichte suggeriert, zeigt der Zusammenhang die vielschichtigen Formen der Diskriminierung und Instrumentalisierung von Schwarzen in Süd und Nord, Land und Stadt. W.s realistisch-naturalistische Schilderung seiner Bewußtseinsbildung ist ein wichtiges Bindeglied zwischen traditionellen Autobiographien wie *Up from Slavery* (1901) von Booker T. Washington und modernen städtischen Formen wie →*The Autobiography of Malcolm X* (1965).

Übs. *Schwarzer Hunger* von K. Hansen (1980).

1945 Evelyn Waugh:

eE Brideshead Revisited
The Sacred and Profane Memoirs of Captain Charles Ryder
R., 3 Bücher.

England, 1923–43. Der Agnostiker Charles Ryder erzählt im Rückblick seine Beziehungen zu der katholischen adligen Familie Flyte auf dem Landsitz »Brideshead«, von deren Zerfall und seiner Annäherung an den Katholizismus. Waughs 1. katholischer R. Elegische statt satirischer Erzählweise.

Rev. Fassung 1960. Übss. *Wiedersehen mit Brideshead* von F. Fein (1947), H. Bütow (1948). Fernsehserie (London, 1982).

1945 George Orwell:

eE Animal Farm
A Fairy Story
R.

Unter der Führung der Schweine revoltieren die Tiere von Manor Farm gegen den Bauern Jones, vertreiben ihn und begründen eine »animalische« Republik als Gegenstück zur kapitalistischen, autoritären Gesellschaft der Menschen. Die weitere Entwicklung pervertiert allerdings zunehmend die revolutionären Ideale. Als neue herrschende Klasse nehmen die Schweine menschliche Züge an (aufrechter Gang) und beanspruchen Privilegien (»All animals are equal but some animals are more equal than others«). Napoleon schaltet den ideologischen Gegner Snowball aus,

macht ihn zum Sündenbock für alle Mißerfolge und wird »Führer« eines totalitären Regimes, gestützt auf die Säuberungsaktionen seiner Hundemeute, die dialektische Propaganda Squealers und die Masse der blöde Slogans blökenden Schafe. Es kommt zu einer Konferenz der Schweine und Menschen, bei der sich zeigt, daß sie ununterscheidbar geworden sind (Schlußpointe).
Satirische Fabel nicht nur gegen die kommunistische Revolution und die UdSSR (z.B. N. = Stalin, S. = Trotzki) und darin ein Erfolgsbuch des Kalten Krieges, sondern auch gegen Nazi-Deutschland (Mr. Frederick), die konservativen Alliierten (Mr. Pilkington), das Spanien des Bürgerkriegs; darüber hinaus eine skeptische Beurteilung der Möglichkeiten gesellschaftlicher Veränderungen überhaupt. Komik bes. in den Porträts der Tiere als Menschentypen und Gruppenvertreter (z.B. das treue Arbeitspferd Boxer, der pessimistische Esel Benjamin, die eitle Stute Mollie) und den Groteskerien der polit. Manipulationen.

Übss. *Die Republik der Tiere* (1946), *Die Farm der Tiere* (1958) von N.O. Scarpi. Zeichentrickfilm von J. Halas/J. Batchelor (1954).

1946 Eugene O'Neill:

aD The Iceman Cometh

Dr., 4, Auff. 9. 10. Martin Beck Theatre, New York. Entst. 1939.

I.–II. New York, 1912. In Harry Hopes Absteige leben eine Reihe von Versagern und Trinkern, die von der Rückkehr ins bessere Leben träumen: die Offiziere Piet Wetjoen und Cecil Lewis denken an den Burenkrieg und ihre Heimat; der Journalist »Jimmy Tomorrow«, der Polizist Pat McGloin, der Jurist Willie Oban, der schwarze Spielhausbesitzer Joe Mott an die Ausübung ihrer Tätigkeit usw. In diese Situation kommen von draußen der schuldbewußte Don Parritt, der von dem Anarchisten Larry Slade seine Strafe erhofft, und der leutselige Vertreter »Hickey«, der nicht wie sonst den Scherz von seiner Frau und dem Eismann erzählt, sondern alle auffordert, sich – wie er – aus der Selbsttäuschung zu befreien, um »Frieden« zu finden. III.–IV. Der Versuch einer Rückkehr in die Welt scheitert im Ansatz, Parritt verzweifelt und begeht Selbstmord. Hickey gesteht den Mord an seiner Frau, durch den er ihr weitere Enttäuschungen über ihn habe ersparen und ihnen beiden Frieden bringen wollen, und liefert sich der Polizei aus. Während sich seine erklärte Geistesgestörtheit als neue Illusion anbietet, hat Larry als einziger Einsicht in die wirkliche Lage gewonnen.
Zentrales Problem der Tragikom. die Spannung Traum (»pipe dream«) – Realität, Tod – Leben. Hickeys Erweckungsversuche bleiben illusionär, auch für ihn selbst (Umdeutung des selbstentlarvenden Haßausbruchs nach dem Geständnis als »Wahnsinn«: Selbsttäuschung). Larry, eine kontrastive Zentralfigur, die das Geschehen kommentierend begleitet, tut zwar den Schritt zur Selbsterkenntnis, zieht aber keine Konsequenzen daraus und läuft Gefahr, in der Illusion der Illusionslosigkeit zu verharren. Konzentration auf »people« statt »plot«: Vielzahl von Individuen

unterschiedlicher nationaler, ethnischer, sozialer Herkunft und dadurch bedingter Anschauungen, Sprechweisen usw. Milieutreue aufgrund eigener Erfahrung. Verhaltensdramatik der Erwartung und Überraschung, Angriffs- und Ausweichmanöver, Verschleierung, Entlarvung, Verdrängung. Das Leitmotiv des Eismanns als Todessymbol. Einfluß von M. Gorkijs *Na Dne (Nachtasyl)*.

Übs. *Der Eismann kommt* von M. Wentzel (1963). Film von J. Frankenheimer (1975).

1946 Robert Lowell:

aL Lord Weary's Castle

35 Gedichte.

Hauptthema von Lowells 2. Slg. bilden religiöse Meditationen über Tod und Vergangenheit *(The Quaker Graveyard in Nantucket, At the Indian Killer's Grave, Mr. Edwards and the Spider)*. Wie im letzten Gedicht J. Edwards' Schriften adaptiert Lowell häufiger literarische Vorlagen (P. Valéry, A. Rimbaud, R. M. Rilke usw.) und unterlegt mythische oder religiöse Parallelen. Komplizierte Syntax, barocke Bildlichkeit und stauender Rhythmus durch Häufung von einsilbigen, klangvollen Wörtern. Titel aus der schottischen Ballade von Lamkin, dem Baumeister: »He built Lord Wearie's Castle,/But payment got he nane«. Einflüsse von A. Tate, R. P. Warren und T. S. Eliot.

Pulitzer-Preis.

1946 Dylan Thomas:

eL Deaths and Entrances

25 Gedichte. Entst. 1939–46.

Die Slg. markiert eine Wende in Thomas' Werk. Unter dem Einfluß der Kriegserlebnisse treten persönlichere Sprechweisen und Themen hervor (*Deaths and Entrances, A Refusal to Mourn, Among those Killed in the Dawn Raid was a Man Aged a Hundred* usw.). Experimente mit langen, z.T. komplizierten Satzperioden und verschiedenen Strophenformen nach Silbenmaß. Klangvolle, zum Vortrag bestimmte Kompositionsweisen.

Übs. *Tode und Tore* von E. Fried (1952).

1946 Robert Penn Warren:

aE All the King's Men

R., Anregung durch die Karriere von Huey Long, Gouverneur von Louisiana.

»Mason City«, in einem fiktiven Südstaat der USA. Zeitraum 1926 bis 1939. Der Erzähler Jack Burden berichtet über Aufstieg und Fall von Willie Stark als dessen Mitarbeiter. S., als Reform-Gouverneur angetreten, wird in Korruptionen verwickelt, am Tod von Richter Irwin schuldig

und schließlich vom idealistischen Arzt Adam Stanton, dessen Schwester er zur Geliebten genommen hatte, erschossen.
Der R. ist eine komplexe Studie von Macht und Korruption aus der Sicht des zynischen Reporters B. Der Titel stammt aus einem Kinderreim (»And all the King's Men/Couldn't put Humpty together again«). Polit. Theorie (Stanton, Irwin) steht gegen Praxis (S., B.). Perspektivisches Erzählen mit Rückblenden. Symmetrisch kontrastierende Personenkonstellationen in Vergangenheit und Gegenwart. Benutzung von Slang und Umgangssprache in Dialogen. Einfluß von W. Faulkner.

Pulitzer-Preis. Dramatisierung von R. P. Warren (1948). Übss. *Des Königs Troß* (1949), *Der Gouverneur* (1956) von I. Krämer. Film von R. Rossen (1949).

1946–59 Mervyn Peake:

eE Titus Groan Trilogy

R.-Trilogie.

Titus Groan (1946). Auf Schloß Ghormenghast wird der Familie Groan in Titus ein Nachfolger geboren. Rituell anmutende Intrigen der 22 Hauptfiguren, Rivalitäten, Morde und der Wahnsinn seines Vaters begleiten die ersten beiden gefahrvollen Lebensjahre von T. *Ghormenghast* (1950). T. erduldet seine Lehrer, entledigt sich als junger Mann seines Rivalen Steerpike und läßt das Schloß seiner Ahnen samt dessen skurrilen Bewohnern (Dr. Prunesquallor, Irma, Nannie Slagg, Dr. Bellgrove u. a.) hinter sich. *Titus Alone* (1959). T. reift durch die Freundschaft mit dem jungen Adligen Muzzlehatch und eine Liebesbeziehung mit Juno zum Mann. In der Fabrik eines seltsamen Professors und seiner sadistischen Tochter Cheeta entdeckt er das Böse der modernen Gesellschaft.
Groteskes Werk einer Identitätssuche, das die verbrauchten Konventionen des Schauer-R.s durch absurde existentialistische und surrealistische Züge wiederzubeleben sucht. Detaillierte Raum- und Traumsymbolik. Unter dem Eindruck des 2. Weltkrieges und des Konzentrationslagers Belsen wendet sich Peake gegen eine von Technik und Wissenschaft beherrschte Gesellschaft.

Zunächst geringer, aber kultartiger Erfolg, dann wachsende Anerkennung. Übs. *Ghormenghast* von A. Charpentier (1982–83).

1947 Eugene O'Neill:

aD A Moon for the Misbegotten

Dr., 4, Auff. 20. 2. Harman Theatre, Columbus, Ohio. Entst. 1941–43.

1923. Der verlebte Trinker James Tyrone Jr. (→*Long Day's Journey into Night,* 1956) wird von der unansehnlichen Pächterstochter Josie Hogan geliebt. Aus Kompensation und um ihn in einer Mondnacht zu verführen, spielt sie die Dirne. Statt der Liebeserfüllung finden die beiden Schlechtweggekommenen beieinander Verständnis und Mitgefühl (bes. nach seiner Lebensbeichte) und damit für den Moment Frieden, bis sie wieder in das Rollenspiel der Alltagsmisere zurückkehren.

Zentral die Problematik von Schuld, Lebenslüge und Todesbewußtsein. Mischung von Empfindsamkeit (bes. T.) und Farcenhaftigkeit (bes. der alte Hogan), Realismus und Symbolik (z. B. Mond, Felsblock).

Buchausg. 1952. Übs. *Ein Mond für die Beladenen* von M. Wentzel (1958).

1947 Tennessee Williams:

aD A Streetcar Named Desire

Dr., 11 Szenen. Auff. 3. 12. Barrymore Theatre, New York.

1.–6. New Orleans, Frühjahr. Blanche DuBois, eine hypersensible verblassende Schönheit aus alter Pflanzerfamilie, besucht ihre Schwester Stella, die mit dem robust-vitalen Vertreter Stanley Kowalski verheiratet ist. Die Gegensätzlichkeit zw. B. und K. führt zu Spannungen. In K.s Freund »Mitch« findet B. einen scheuen Verehrer, dem sie sich hoffnungsvoll zuwendet und ihr Trauma anvertraut (sie hat ihren homosexuellen Mann in den Selbstmord getrieben). 7.–11. Herbst. K. entlarvt B.s Vergangenheit: die Alkoholikerin und Nymphomanin mußte ihre Stelle als Lehrerin aufgeben und den Heimatort verlassen. M. trennt sich enttäuscht von B. Während der Entbindung seiner Frau vergewaltigt K. die provozierende B., die einen totalen Nervenzusammenbruch erleidet und in eine Heilanstalt eingeliefert wird.
Zentral B.s neurotische Situation und tragisches Schicksal: Lebenslüge und Todesangst, Schutz- und Selbstbestätigungsbedürfnis, Versuch des Neubeginns, Verstrickung in Triebhaftigkeit. B. psychisch, geistig und sozial kontrastiert mit K. und seinem Milieu. Sie zerbricht an ihrer eigenen Schuldhaftigkeit und der brutalen Umwelt. Subtil-komplexe Charakterisierung B.s. Struktur: B.s Versuch der Rückkehr in die Normalität (1–6), Peripetie und Katastrophe (7–11). Symbolik (Namen, Tiere, Farben, Jahreszeiten, B.s. Bäder). Der Titel bezogen auf die Straßenbahn, mit der B. kommt, und den Motivkomplex von Trieb und Sehnsucht. Die Atmosphäre des French Quarter suggeriert die Außenrealität (z. B. Jazzklänge, Straßenrufe) und den Verfall einer alten Kultur. Einfluß der Psychoanalyse.

Pulitzer-Preis. Film von E. Kazan (1951). Übs. *Endstation Sehnsucht* von B. Viertel (1963). Fernsehbearbeitung (1983).

1947 W. H. Auden:

eL The Age of Anxiety

A Baroque Eclogue

6 Teile.

I.–III. Während des 2. Weltkriegs lernen sich in einer New Yorker Bar der verwitwete Büroangestellte Quant, der kanadische Militärarzt Malin, die jüdische Warenhauseinkäuferin Rosetta und der junge Soldat Emble kennen. Sie erörtern die »7 Lebensalter« und haben die Vision einer symbolischen Reise in »7 Stationen« (z. B. Friedhof, Garten der Lüste). IV.

bis VI. In R.s Wohnung setzen sie ihre Gespräche fort. Während E. bei R. bleibt, aber einschläft, gehen Qu. und M. getrennt nach Hause.
Zentral die Problematik menschlicher Existenz und Kommunikation. Die moderne Angst als Konsequenz des Schuldbewußtseins menschlicher Unzulänglichkeit. Isolation des einzelnen in einer chaotischen, sinnentleerten Welt (Rahmenmotiv). Mystische Bezugnahme auf die göttliche Liebe am Schluß. Die Übertragung von Eklogen-Konventionen z. T. kontrastiv (z. B. Bar als Idylle). Universalisierung durch Archetypik, Symbolik, perspektivische und stilistische Komplexität. Monologe und Dialoge vorwiegend in Alliterationsversen mit Zäsur, Zwischentexte in Prosa. Einflüsse: S. Kierkegaard, R. Niebuhr.

Pulitzer-Preis. Übs. *Das Zeitalter der Angst* von K. H. Hansen (1952).

1947 Malcolm Lowry:

eE Under the Volcano

R., 12 Kapp. Entst. 1936–46.

Mexiko, am Fuße des Popocatepetl, 1938. Zeitraum: 1 Tag. Der ehemalige engl. Konsul Geoffrey Firmin ist von seiner Frau Yvonne, einem einstigen Film-Star, betrogen und verlassen worden, während er sich langsam durch Alkohol zugrunde richtet. Weder die zurückkehrende Y. noch G.s Halbbruder Hugh, ein idealistischer Journalist, können ihm helfen. Auf der Suche nach dem betrunkenen G. kommt Y. um. G. wird mit H.s anarchistischen Papieren gefunden und von Faschisten erschossen.
Thema bildet die tragische Selbstzerstörung des der Umwelt und sich selbst entfremdeten Konsuls aus Unfähigkeit, Liebe und Verantwortung zu fühlen. (Unter dem Vulkan siedelten die Römer den Tartarus, die Hölle an.) Die existentielle, fatalistische Thematik wird durch ein dichtes Symbolgeflecht verdeutlicht (»Ferris wheel«, »garden«, »horse«, »volcano« usw.). Zugleich anschauliche Evokation der mexikanischen Szene. Multiperspektivisches Erzählen mit zeitverzerrenden Effekten. Epischer 12teiliger Aufbau. Innerer Monolog. Viele Zitate und literarische Parallelen. Verarbeitung autobiogr. Materials. Einflüsse von Th. Wolfe und J. Joyce.

Übss. *Unter dem Vulkan* von C. ten Holder (1951), S. Rademacher (1963). Film von J. Huston (1984).

1948 Christopher Fry:

eD The Lady's Not for Burning

Kom., 3, Auff. 10. 3. Arts Theatre, London.

Engl. Marktflecken um 1400. Der entlassene Soldat Thomas Mendip bezichtigt sich aus Lebensüberdruß des Mordes und der Teufelei und überantwortet sich der Gerichtsbarkeit, die jedoch im Hexenwahn damit beschäftigt ist, die junge Jennet Jourdemayne dem Verbrennungstod zuzuführen. Während J. sich ans Leben klammert und ihre Unschuld beteu-

ert, will Th. sich für sie opfern. Als der angeblich von J. Verhexte bzw. von Th. Ermordete auftaucht, sind beide frei, den Ort zu verlassen. Ihre Liebe zueinander erfüllt sie mit neuem Lebensmut.
Lockeres Handlungsgefüge. Flucht zweier Liebender aus dem Ort als parallele Nebenhandlg. Gegensatz der beiden Paare zur Ortsgemeinschaft. Eine Reihe grotesk-komischer Nebenfiguren. Zentral die Apotheose des Lebens und die Dialoge voller Sprachspiele, Metaphernserien, rhetorischer Figuren. Flexibler 5hebiger Vers.

Buchausg. 1949. Überarbeitete Fassung 1950. Als Kom. des Frühlings und der ungestümen Jugend 1. Teil in einem Zyklus der Jahreszeiten und entsprechender »Stimmungen«: *Venus Observed* (1950), *The Dark is Light Enough* (1954), *A Yard of Sun* (1970). Übs. *Die Dame ist nicht für's Feuer* von H. Feist (1950).

1948 F. Scott Fitzgerald:

aE Tender Is the Night

R., 5 Bücher. Entst. seit 1925. Zahlreiche Überarbeitungen. 1. Version 1934, letzte Bearbeitung (größere chronologische Kontinuität und Konzentration auf Protagonisten, Psychologie) postum veröffentlicht.

I. »Case History: 1917–19«. Zürich. Der begabte am. Psychiater Richard (»Dick«) Diver verliebt sich in die reiche Patientin Nicole Warren. II. »Rosemary's Angel: 1919–25«. Französische Riviera. Das Ehepaar Diver verkehrt im Kreise von Exil-Amerikanern, wie auch die naive Filmschauspielerin Rosemary Hoyt, die sich in D. verliebt. III. »Casualties: 1925«. D. erwidert R.s Liebe, verzichtet aber, als die eifersüchtige N. rückfällig wird. IV. »Escape: 1925–29«. D. versucht vergeblich, der Abhängigkeit von N. zu entrinnen, wird trunksüchtig und gewalttätig. V. »The Way Home: 1929–30.«. N. verbindet sich mit dem vitalen Tommy Barban und gesundet. D. kehrt nach USA zurück und geht zugrunde.
Zentral die gegenläufige Entwicklung D.s und N.s: D. gerät zunehmend in finanzielle und moralische Abhängigkeit von N., verbraucht sich und verfällt, während N. sich regeneriert (femme fatale-Motiv). D. scheitert an der Ausnutzung seiner Doppelrolle als Arzt und Ehemann durch die Vertreter der korrumpierten am. »upper ten« (N. und ihre Schwester »Baby«). Der Titel zitiert J. Keats' *Ode to a Nightingale* (Parallelkontrast Emporstreben – Weltverfallenheit). Autobiogr. Züge.

Übs. *Zärtlich ist die Nacht* von G. Hambach (1952). Film von H. King (1961). Fernsehserie (London, 1985) mit Drehbuch von D. Potter.

1948 Norman Mailer:

aE The Naked and the Dead

R., 4.

Eine Episode des 2. Weltkriegs: die Eroberung der von den Japanern besetzten Pazifikinsel Anopopei durch die Amerikaner, aus der wechselnden Perspektive von 13 Soldaten eines Infanteriezugs und dem machtbesessenen General Cummings mit seinem Kommandostab. Im Mittelpunkt

nicht nur der zermürbende Kampf gegen den Feind und die Wildnis, sondern auch Mißtrauen und Unmenschlichkeit in den eigenen Reihen als Reflex der am. Gesellschaft (bes. Minderheitenproblem, sexuelle Frustration, Faschismusgefahr).
Die Figuren als Repräsentanten unterschiedlicher ethnischer, regionaler, sozialer Herkunft und individuelle Charaktere. 10 Einzelporträts in der Zeitraffertechnik der »time machine« geben Lebensläufe in markanten Episoden wieder, 5 »Chöre« (stilisierte Soldatendialoge) die Volksmeinung zu aktuellen Problemen. Struktur: Haupthdlg. in den langen Teilen II, III; als Rahmen die kurzen Teile I (Invasion) und IV (Ausblick auf Rückkehr ins normale Leben: offener Schluß). Nackt der Mensch sowohl in seiner Brutalität als auch in seiner Hilflosigkeit. Parabel des »Konflikts zw. Tier und Seher im Menschen«, der Korruption durch eine »kranke Gesellschaft« und der Sehnsucht nach einer besseren Welt. Krasser Naturalismus. Nachzeichnung unterschiedlicher am. Sprechweisen. Einfluß von J. Dos Passos.

Schockierende Wirkung auf das Nachkriegsamerika. Bestseller. Übs. *Die Nackten und die Toten* von W. Kahnert (1950). Film von R. Walsh (1958).

1948 Graham Greene:

eE The Heart of the Matter

R., 3.

Eine engl. Kolonie in West-Afrika während des 2. Weltkriegs. I. Der Polizei-Major Scobie wird bei der Beförderung übergangen. Seine Frau Louise gerät deshalb in eine Nervenkrise, die durch eine Süd-Afrika-Reise geheilt werden soll. II. Während ihrer Abwesenheit beginnt S. ein Verhältnis mit Helen Rolt, einer Überlebenden eines torpedierten engl. Schiffes. III. Als L. zurückkommt, gerät S. in Erpressungsintrigen und einen Gewissenskonflikt, den er nicht lösen kann. Er begeht – eine Krankheit vortäuschend – Selbstmord.
S.s Konflikt, der aus seinem Mitgefühl (Schlüsselwort »pity«) entsteht, bildet das Zentrum des R.s. Sein Katholizismus kontrastiert mit dem seiner Frau oder des Paters Rank. Das Motto von Ch. Péguy verweist auf den doppelten Aspekt S.s als Sünder und Heiliger. Greene verarbeitet hier Kolonialerfahrungen in Liberia, 1942–43 (vgl. auch *Journey Without Maps,* 1936). Einfluß von F. Mauriac.

Übs. *Das Herz aller Dinge* von W. Puchwein (1951). Film von G. O'Ferrall (1954).

1948 Allen Tate:

aL Poems: 1922–1947

55 Gedichte und 2 Gedichtsequenzen in 7 Teilen.

Entwicklung von klassizistisch-aristokratischer Lyrik südstaatlicher Prägung *(Ode to the Confederate Dead)* zu späteren Gedichten mit religiösen, bes. katholischen Themen. Klassische Formen: Ode, Sonett, Elegie, Ekloge. Einfluß auf R. Lowell.

Erweiterte Fassung *Poems* (1960).

1948 **Evelyn Waugh:**

eE **The Loved One**
An Anglo-American Tragedy
R.

Gegenwart. Sir Francis Hinsley, Präsident des engl. Cricket Club in Hollywood, erhängt sich, als er von seiner Filmgesellschaft entlassen wird. Dennis Barlow, ein Freund und ehemaliger Schriftsteller, der jetzt im »Happier Hunting Ground« als Bestatter von Haustieren arbeitet, übernimmt die Beerdigungsformalitäten in der Nekropole von Hollywood, »Whispering Glades«. Er verliebt sich dort in die Leichenkosmetikerin Aimée Thanatogenos, die sich jedoch zw. ihm und ihrem Vorgesetzten Dr. Joyboy nicht entscheiden kann. Als sie erfährt, daß D. im »Happier Hunting Ground« arbeitet, vergiftet sie sich. D. erpreßt J. um Schweigegeld und verbrennt A. im »Happier Hunting Ground«.
Makabre Satire auf das am. Geschäft mit dem Tod, verknüpft mit einer Parodie auf H. James (vgl. Untertitel): A.s Konflikt zw. Amerika (Joyboy) und England (D.) endet als Tragödie. Satirische Technik der Parallelisierung von Tier und Mensch (»Happier Hunting Ground«/»Whispering Glades«).

Übs. *Tod in Hollywood* von P. Gan (1950). Film von T. Richardson (1964).

1949 **Arthur Miller:**

aD **Death of a Salesman**
Certain Private Conversations in Two Acts and a Requiem
Dr., Auff. 10. 2. Morosco Theatre, New York.

I. New York, Gegenwart. Willy Loman, 63, verbraucht und als Handlungsreisender nicht mehr erfolgreich, ertappt sich immer häufiger, wie er ins Träumen verfällt. Seine Söhne Biff und Happy haben die in sie gesetzten Hoffnungen enttäuscht. Seine fürsorgliche Frau Linda bleibt der ruhende Pol in der Familie. II. B.s Versuch, für ein Sportgeschäftsprojekt Kredit zu bekommen, schlägt ebenso fehl wie die Bemühung W.s um einen Ruheposten: sein Chef entläßt ihn. B. wird sich seiner Selbsttäuschung bewußt und beschließt, endgültig fortzugehen. W. begeht mit seinem Wagen Selbstmord, um durch die Versicherungssumme der Familie eine neue Startmöglichkeit zu geben. »Requiem«: Kommentare der Trauernden als Summe: Linda bleibt verständnislos, Happy will den Vater durch trotzige Nachfolge rechtfertigen, B. insistiert auf seiner Einsicht.
Zentral die implizierte Kritik an der Leistungsgesellschaft am Beispiel der erfolgsorientierten Wünsche, Hoffnungen, Enttäuschungen und Ver-

zweiflungsaktionen einer am. Durchschnittsfamilie. W. scheitert an der Brutalität der Geschäftswelt (Chef) und der Unfähigkeit, sich aus der eigenen Traumwelt (Erinnerung an bessere Zeiten, sehnsüchtige Projektionen) zu befreien. Auslösendes Moment für B.s Erkenntnis der Lebenslüge ist neben dem eigenen Mißerfolg der Seitensprung des Vaters (Boston-Szene). Technik der doppelten Bühne mit objektiv-realem und subjektiv-realem Spielraum. Letzteres gilt für W.s Bewußtseinsvorgänge (Reminiszenzen, Halluzinationen). Objektive und subjektive Realität gehen z.T. ineinander über (bis zur Verwirrung der Kommunikation). Einfluß H. Ibsens.

Pulitzer-Preis. Großer Broadway-Erfolg; in der Buchausg. der größte Bestseller des am. Dr.s. 2 Filme von L. Benedek (1952) und V. Schlöndorff (1986). Übss. *Der Tod des Handlungsreisenden* von K. Janecke (1950) und *Tod eines Handlungsreisenden* von V. Schlöndorff und F. Hopf (1986).

1949 T. S. Eliot:

eD The Cocktail Party

Kom., 3, Auff. 22. 8. Lyceum Theatre, Edinburgh. Anlehnung an die *Alkestis* von Euripides, doch schwächere Parallelen als in →*The Family Reunion* (1939).

London, Gegenwart. Edward und Lavinia Chamberlayne in einer Ehekrise: E. hat sich Celia Coplestone zugewandt, L. ist auf Peter Quilpes Werbung eingegangen und hat E. verlassen. Der Psychiater Sir Henry Harcourt-Reilly bringt die Eheleute zur Erkenntnis der sie verbindenden Durchschnittlichkeit und führt sie mit dem Rat »make the best of a bad job« zueinander zurück, während er C., die desillusioniert an der Sinnlosigkeit ihres Daseins verzweifelt, den Weg der außerordentlichen Persönlichkeit weist (sie geht als Missionsschwester in eine tropische Kolonie, wo sie als Märtyrerin stirbt).
Der Psychiater als dominierende souveräne Figur mit mysteriösen Zügen und den Eigenschaften eines deus ex machina. Struktur: 2 Cocktail-Parties als Rahmen (I, III), gedankliches Zentrum in II. Züge der Sittenkom. (verschränktes doppeltes Dreiecksverhältnis, Aunt Julia und Uncle Alexander als komische Nebenfiguren mit Überraschungsauftritten, Party-Konversation). Verwendung von Symbolik und Ritual (z.B. Trinkspruch). Flexibler Vers in einfacher Sprache. Versuch einer Verbindung von christlicher Problematik, Poesie und Unterhaltung.

Buchausg. 1950. Übs. *Die Cocktail-Party* von N. Wydenbruck und P. Suhrkamp (1950).

1949 Sean O'Casey:

eD Cock-a-Doodle Dandy

Dr., 3 Szenen. Auff. 11. 12. People's Theatre, Newcastle-upon-Tyne.

»Nyadnanave«. Ein Hahn (Symbol der Vitalität, Freude, Entfaltung) spielt in geheimnisvoller Verbundenheit mit den Frauen Loreleen, Lorna und Marion einer lebensfeindlichen ir. Dorfgemeinschaft durch grotesken

Schabernack mit. Für das Spätwerk typische »Morality Comedy« bzw. »Phantasy« über das rückständige Irland.

Übs. *Hahnenspuk* von I. und O. Brandstädter (1966).

1949 George Orwell:
e E Nineteen Eighty-Four
R., 3.

London 1984, im Superstaat »Oceania«, der sich mit »Eurasia« und »Eastasia« die Welt teilt. Staatshierarchie: »Inner Party« (polit. Führung), »Outer Party« (Intelligenz), »Proles« (die Masse). An der Spitze des »Ingsoc« (= pervertierter »English socialism«)-Regimes der gottähnliche »Big Brother«, dem als Erzfeind der abtrünnige Emmanuel Goldstein gegenübergestellt wird. Hdlg.: I. Winston Smith, im »Wahrheitsministerium« damit beschäftigt, das Zeitungsarchiv auf den jeweils neuesten Stand der Parteiwahrheit zu bringen, befindet sich auf der Suche nach der besseren Vergangenheit (Erinnerung an die Mutter und Parteiabweichler, Kontakte mit den »Proles«) und geht mit der Eröffnung eines Tagebuchs in die heimliche Opposition. II. Die systemfeindliche Liebesbeziehung zw. W. und Julia entwickelt sich zur Rebellion, als die beiden über O'Brien mit der Widerstandsbewegung Verbindung aufnehmen wollen, bestärkt durch Einsichten in die polit. Zusammenhänge, die Goldsteins Schrift *The Theory and Practice of Oligarchical Collectivism* (Buch im Buch) vermittelt. Doch – von Anfang an überwacht – werden sie verhaftet. III. Reintegrationsprozeß: W., durch Gehirnwäsche und Folterung zum Verrat an J. getrieben, wandelt sich zur Linientreue und schließlich zur Liebe Big Brothers – ein Opfer des auf Macht um der Macht willen gerichteten Totalitarismus, den O'Brien im zentralen ideologischen Disput vertritt.
Das System ist gekennzeichnet durch absolute Kontrolle über die Untergebenen: permanente Überwachung durch »telescreen« (»Big Brother is watching you«) und Bespitzelung, Indoktrinierung mit Slogans, Frustration (Unterdrückung der Sexualität; Kriegspsychose, Mangelwirtschaft) und Kanalisierung der aufgestauten Aggressivität (organisierte Haßentladungen gegen erklärten Volksfeind), Manipulation der Wahrheit durch systematische Geschichtsfälschung und Sprachreglementierung (»Newspeak«) mit dem Endziel, jede Denkabweichung (»thoughtcrime«) unmöglich zu machen. Die Anti-Utopie als Warnung vor gefährlichen Entwicklungen und Tendenzen, nicht nur in totalitären Systemen, sondern auch Demokratien (zahlreiche Anspielungen auf das Dritte Reich, die stalinistische UdSSR sowie England). Einfacher Stil. Verwendung von Leitmotiven, Symbolen, Träumen und religiösen Parallelen. Einfluß des russischen Romans *My* von E. Zamjatin in der französischen Übs. *Nous Autres* (1929) und der Schriften von J. Burnham.

Bestseller. Übs. *Neunzehnhundertvierundachtzig* von K. Wagenseil (1950). 2 Filme von M. Anderson (1955) und von M. Radford (1984).

1949 **Nelson Algren:**

aE **The Man with the Golden Arm**

R., 2.

I. »Rumors of Evening«. Chicagoer Slum. Frankie Machine (ursprünglich: Majcinek), Falschspieler und seit dem Krieg Morphinist, vom Gewissen und seiner gelähmten Frau Sophie geplagt, träumt von einem neuen Leben mit der Prostituierten Molly Novotny, läßt sich aber zum Totschlag hinreißen und zum Diebstahl verleiten. II. »Act of Contrition«. In die Enge getrieben, taucht F. bei M. unter. Abgewrackt begeht er Selbstmord.
Das Elend polnischer Einwanderer in Chicago – wie schon in *Never Come Morning* (1942) – im Mittelpunkt, das Randständigenmilieu der Asozialen und Kriminellen. Die katastrophale Entwicklung, durch die Umwelt und persönliches Verschulden bedingt, impliziert zugleich Kritik an der am. Gesellschaft allgemein (Besitz-Ethos). Realistische Darstellung (Milieu, Personen, Sprechweisen). Auktoriale Sympathie für die »underdogs« (Begleitkommentare). Einflüsse: J. T. Farrell, E. Hemingway.

Übs. *Der Mann mit dem goldenen Arm* von W. v. Grünau (1952). Film von O. Preminger (1955).

1949 **John Hawkes:**

aE **The Cannibal**

R., 3.

I. 1945. Im halbzerstörten »Spitzen-on-the-Dein« versuchen die Bewohner von Madame Stellas großem Haus, mit der deutschen Niederlage fertig zu werden. Der Erzähler Zizendorf bleibt trotz der bevorstehenden Kapitulation überzeugter Faschist. II. 1914. S., als junges Mädchen, wird Geliebte und dann Frau von Ernie Snow, Sohn eines tyrannischen Brauhausbesitzers. Der Krieg bricht aus. S.s Mutter und Ernie sterben. III. 1945. Z. und 2 Begleiter lauern einem am. Nachrichtenträger auf und bringen ihn um. Der »Duke«, ein weiterer Hausbewohner, schlachtet einen kleinen Jungen (»fox«) und lädt S. zum Essen ein.
Thema: Zerfall und Verkehrung aller moralischen Werte in der Kriegssituation (Lust, Mord, Neo-Faschismus, Kannibalismus). Ich-Erzähler in I und III (nachträgliche Umwandlung des Er-Erzählers). Die Hdlgg. der Hausbewohner werden z. T. paragraphen- oder satzweise parallel geführt (Simultaneität). Kaum Dialoge, viele Tier- und Verfallsbilder leitmotivischen Charakters. Experimentelles Erstlingswerk. Einflüsse von Schauer-R., F. Kafka, Surrealismus.

Übs. *Der Kannibale* von W. Schmitz (1989).

1949 Paul Bowles:

aE The Sheltering Sky

R., 3 Bücher.

Algerien nach dem 2. Weltkrieg. Das sich entfremdete am. Ehepaar Kit und Port Moresby gerät bei einer Reise in die Wüste in extreme Situationen. P. stirbt verlassen an Typhus und K. kommt nur unter größten Schwierigkeiten halbirre in die Zivilisation zurück: Hinter dem »schützenden Himmel« entdecken sie beide auf ihre Art das Nichts. Einflüsse von A. Camus und J. P. Sartre.

Übs. *Himmel über der Wüste* von M. Wolff (1952). In zahlreichen späteren Rr. und Erzählungen bleibt Bowles seinem existentiellen Thema und dem nordafrikanischen Schauplatz treu.

1949 William Faulkner:

aE Knight's Gambit

6 Kurzgeschichten.

Die Kurzgeschichten, verbunden durch das Auftreten des Anwalts Gavin Stevens und seines Neffen, behandeln alle die Aufdeckung von Geheimnissen: In *Smoke, Monk, Hand Upon the Waters, An Error in Chemistry* geht es jeweils um die Aufklärung eines Mordes, in *Tomorrow* um die Motive eines Geschworenen, einem Urteil nicht zuzustimmen. *Knight's Gambit* enthüllt die Motive eines Mannes, der den Verlobten seiner Schwester denunziert.
Faulkner benutzt die Konventionen der Detektivgeschichte, um psychologische Vorgänge der Beteiligten (Täter, Ankläger, Richter) im Erzählverlauf aufzudecken. »Knight's Gambit«, ein Eröffnungszug beim Schach, bezieht sich auf die Pferdesymbolik der letzten Geschichte und verweist auf die graduelle Aufklärung in allen Geschichten.

Übs. *Der Springer greift an* von E. Schnack (1962).

1949 Robert Frost:

aL Complete Poems

315 Gedichte, 1 Sequenz und 2 »Masques«. Veröffentlicht in Teilslgg. zw. 1913 und 1949.

Frost bleibt seinen in →*A Boy's Will* (1913) entwickelten Themen und Techniken treu: einfache ländliche Motive und Hdlgg. dienen der Selbsterkenntnis und in zunehmendem Maße der didaktischen Veranschaulichung (*Mending Wall, Birches, Stopping by Woods on a Snowy Evening, West-Running Brook, Two Tramps in Mud Time* usw.). Konservativ-liberale Haltung. Metrisch kunstvolle Strophen- und Versformen.

Übs. *Gesammelte Gedichte* von A. v. Bernus u. a. (1952). L. Untermeyers *Anthology of Robert Frost's Poems* (1949) wurde zu einem Bestseller.

1950 Ernest Hemingway:

a E Across the River and Into the Trees

R.

Venedig. Die letzten 3 Tage im Leben des 51jährigen am. Oberst Richard Cantwell geben Anlaß zu Rückblicken (2. Weltkrieg, Tapferkeit) und zu bewußtem Erleben der verbleibenden Zeit (Liebesverhältnis mit der 19jährigen italienischen Adeligen Renata). Europa-Amerika-Thema. Symbolik (Entenjagd, Wunden, Venedig).

Ein Bestseller der Zeit. Übs. *Über den Fluß und in die Wälder* von A. Horschitz-Horst (1951).

1950 Charles Olson:

a Projective Verse

Essay, zuerst in *Poetry New York* No. 3 (1950).

Olson entwirft hier eine Theorie über den von E. Pound, W. C. Williams und E. E. Cummings entwickelten freien Vers. Im Gegensatz zu durch feste Metren geregelten Versen basiert der »Projective Verse« auf dem Atemrhythmus des Autors. Silbe bzw. Zeile sind die Einheiten für Intellekt bzw. Gefühl. Die Anordnung von Versen beruht auf 1. der Kinetik der poetischen Energie, 2. dem Inhalt und 3. dem Prozeß der Wahrnehmungsfolge eines Gedichtes. Für »Feld-Komposition« statt linearer Komposition. Einfluß auf R. Creeley, R. Duncan, D. Davie u. a.

Übs. *Projektiver Vers* in *Gedichte* von K. Reichert (1965).

1950 Langston Hughes:

a E Simple Speaks His Mind

Slg. von Prosa-Skizzen, die seit 1943 in dem populären Chicagoer Wochenblatt *Defender* erschienen.

Harlem, Gegenwart. Bargespräche des Schwarzen Jesse B. Semple (»Simple«), eines naiv-gewitzten Originals, mit dem Erzähler über sein Leben (Herkunft aus dem Süden, Desillusionierungen, alltägliche Beschwernisse und Konflikte) und bes. das Rassenproblem. Seine Meinungen bringt er wechselnd humorvoll, skurril, ironisch, teils in der Folklore-Tradition des »signifying« (parodistisch-satirisches Rollenspiel der rassistischen Stereotypen) vor. Realismus in Milieu, Problemkonkretisierung, Sprache.

Die volkstümliche Orientierungsfigur wurde ein großer Erfolg und veranlaßte Hughes zu weiteren Slgg.: *S. Takes a Wife* (1953), *S. Stakes a Claim* (1957), *S.'s Uncle Sam* (1965). Übs. *S. spricht sich aus* von G. Klotz (1964).

1951 J. D. Salinger:

aE The Catcher in the Rye

R. Frühere Teil-Versionen 1945–46 als Kurzgeschichten in *The New Yorker* u. a. Entst. seit 1941, vielfach überarbeitet.

Gegenwart. Retrospektive des 16jährigen Holden Caulfield, der sich nach einer Entwicklungskrise körperlich und seelisch angeschlagen im Sanatorium befindet. H. verläßt das Internat und vagabundiert ein paar Tage durch seine Heimatstadt New York. Stationen: Hotel, Bar, Theater, Museum, Central Park; Begegnungen: Prostituierte, Taxifahrer, Ex-Freundin, ehemaliger Lehrer (Episodenstruktur). Die Welt der Erwachsenen erscheint falsch (»phoney«), trostlos und unmenschlich. Er scheitert in den Versuchen, mit anderen zu »sprechen« und beschließt – desillusioniert und vereinsamt – nach Westen zu fliehen. Doch die Anhänglichkeit seiner kleinen Schwester Phoebe hält ihn zurück. Er wird sich seiner Verantwortlichkeit bewußt und beginnt die Welt mit größerer Nachsicht zu sehen (darüber hinaus offener Schluß).
Der Titel (R. Burns' *Coming through the Rye* entlehnt) bezieht sich auf H.s Selbstverständnis als Hüter der im Roggenfeld unbekümmert spielenden Kinder: an der Schwelle zur gefährlichen Erwachsenenwelt will er sie vor dem Abgrund bewahren. Das zentrale Problem der am. Adoleszenz in der Tradition von M. Twains *Huckleberry Finn* und die treffende Nachzeichnung des Schüler-Jargons machten den R. zum Buch einer Generation.

Bestseller. Übss. *Der Mann im Roggen* von I. Muehlon (1954), rev. *Der Fänger im Roggen* von H. Böll (1962).

1951–75 Anthony Powell:

eE The Music of Time

Zyklus von 12 Rr. Titelvariante: *A Dance to the Music of Time.*

Der Erzähler Nicholas Jenkins verfolgt in grober Chronologie sein Leben (ausgehend von der Schul- und Universitätszeit in *A Question of Upbringing,* 1951) und vermittelt darüber hinaus ein Bild des Zeitenwandels aus dem Blickwinkel des engl. oberen Mittelstandes anhand je neuer Personenkreise, wechselnder Figurenkonstellationen und wiederkehrender Charaktere. Kultivierter, z. T. manierierter Stil. Einfluß von M. Proust.

Teilübs. *Tanz zur Zeitmusik* von B. Schlienzmann (1966).

1951 William Carlos Williams:

aL Paterson

Langgedicht, 4 Bücher aus je 3 Teilen. Erschienen: Buch I (1946), II (1948), III (1949), IV (1951).

Gegenwart und Vergangenheit von Paterson, N. J., werden in Vers und Prosa montiert: I. »The Delineaments of the Giants«. Beschreibung der

Stadt als eines riesigen Mannes, des Parks als einer Frau. Symbol des Wasserfalls (Zeit). II. »Sunday in the Park«. Der Sprecher Dr. Paterson beschreibt und reflektiert über die kommunikationsarmen Bürger der Stadt im Park. III. »The Library«. Anhand der Stadtbibliothek Reflexionen über Sprache und Schönheit. Symbolik der Elemente. IV. »The Run to the Sea«. Ironische Idylle und Erinnerungen an Episoden der Vergangenheit. Symbolik des Flusses unterhalb des Wasserfalls (Zeitlosigkeit). Der Versuch, in den disparaten Elementen der modernen Welt (z.B. »divorce«, »incommunicado«, »dissonance«) durch Mythos und Sprache eine neue Einheit zu finden, endet in der Hinnahme der Heterogenität (Objektivismus, Beschreibung des Gegebenen). Formal entspricht dem die Verwendung der Montagetechnik von Vers und Prosadokumenten, der Versuch, vom Partikulären zum Allgemeinen aufzusteigen (Stadt – Universales). Kunstvoller Gebrauch von Kurzversen (Sprechrhythmus, Pausen) und Syntax. Epische Tendenz. Einfluß von J. Joyce, E. Pound und E. L. Masters.

Williams setzte entgegen seinem ursprünglichen Plan die Sequenz 1958 mit einem Teil V fort. Übs. von A. und J. Hollo (1970).

1951 James Jones:

aE From Here to Eternity

R., 5 Bücher.

In breiter zeitkritischer Schilderung das Schicksal einer Gruppe von Soldaten, die zur Zeit des 2. Weltkriegs auf Hawaii in die unmenschliche Maschinerie der Militärjustiz verwickelt werden. Der Italiener Angelo Maggio aus Brooklyn und der ehemalige Boxer Robert Prewitt bezahlen ihre Auflehnung mit dem Leben. Das Titelmotiv »Damned from here to Eternity« (aus R. Kiplings *Gentlemen Rankers*) verweist auf den pessimistischen Ton des R.s. Autobiogr. Elemente.

Bestseller. Übs. *Verdammt in alle Ewigkeit* von O. Schrag (1951). Film von F. Zinnemann (1953).

1951 Marianne Moore:

aL Collected Poems

72 Gedichte. Entst. und veröffentlicht seit →*Poems* (1921), z.T. rev. Texte.

Reflexionen über Kunst und Literaten *(Poetry)*, detaillierte Beschreibungen von Tieren, z.T. fabelartigen Charakters *(The Fish)*. Strophischer Aufbau (nach Silbenzahl) und prosanahe Sprache voller Enjambements und fast ohne Reime. Ironische, später auch didaktische Sprechhaltung. Einfluß des Imagismus.

Pulitzer-Preis. Teilübs. *Gedichte* von E. Hesse und W. Riemerschmid (1954). Vollständige Slg. 1967.

1951 **Carson McCullers:**

aE **The Ballad of the Sad Café**

Kurzr. (des Titels) und 6 Kurzgeschichten.

Der Kurzr. schildert die tragikomische Entwicklung des Dreiecksverhältnisses zw. Amelia Evans, der geschäftstüchtigen Besitzerin eines Ladens in einem Südstaatennest, Lymon Willis, einem buckligen Zwerg, der geltungsbedürftig aus A.s Laden eine florierende Gaststätte macht, und Marvin Macy, A.s gedemütigtem Mann, der nach der Rückkehr aus dem Zuchthaus mit dem verbündeten L. die Gaststätte zerstört und davonzieht. Ökonomische Erzählweise mit balladesken Zügen und ironischen Brechungen.

Übss. *Die Mär von der glücklosen Schenke* von W. v. Einsiedel (1954), *Die Ballade vom traurigen Café* von E. Schnack (1961). Bühnenbearbeitung von E. Albee (1963).

1952 **Ernest Hemingway:**

aE **The Old Man and the Sea**

Erzählung. Ausarbeitung des Prosatextes *On the Blue Water* (1936).

Santiago, der alte Mann, kämpft alleine im Golfstrom vor Havanna tagelang mit dem größten Fisch, den er je an der Angel hatte. Er gewinnt den Kampf, doch auf dem Rückweg fressen die Haie die Beute.
Fischfang als Parabel für Bewährung des Mannes im Kampf: »A man can be destroyed but not defeated«. Rahmenthema Alter – Jugend im Verhältnis zw. Santiago und Manolin, dem Jungen, und in S.s Traum von den Löwen in Afrika. Lapidarstil mit vielen Wiederholungen.

Pulitzer-Preis. Ein Bestseller der Zeit. Übs. *Der alte Mann und das Meer* von A. Horschitz-Horst (1952). Film von J. Sturges (1958).

1952 **Ralph Ellison:**

aE **Invisible Man**

R.

30er Jahre. Der schwarze anonyme Ich-Erzähler, während Harlemer Unruhen in ein Kellerloch gefallen, hält Rückschau über seine Entwicklung (Rahmen): Naivität, Ambition und Anpassung während der Schul- und College-Zeit im Süden; Verschickung nach New York, erste Desillusionierung und Apathie, erste emotionale Solidarisierungsaktion anläßlich der Vertreibung einer schwarzen Familie, Aufstieg zum Harlemer Sprecher der »Brotherhood«, einer kommunistischen Partei, die den aufgestauten Unmut der Schwarzen polit. zu kanalisieren sucht, dann aber sich überregionalen Problemen zuwendet und damit das Feld dem fanatischen Afro-Nationalisten Ras überläßt, den idealistischen Clifton in den Tod treibt und den Erzähler endgültig über seine Manipuliertheit aufklärt.
Das Rassenproblem im weiteren Zusammenhang des Verhältnisses Individuum – Gesellschaft. Zentral die Suche des Erzählers nach seiner Iden-

tität, die Erkenntnis der eigenen »Unsichtbarkeit« (er wird von anderen nicht als der gesehen, der er ist, sondern in Rollen gezwängt und auf Trab gehalten: »Keep This Nigger-Boy Running« als Leitmotiv), sein Ziel relativer Autonomie im Bereich der »unendlichen Möglichkeiten« zw. chaotischer Fluidität (verkörpert durch Rinehart) und totaler Fixiertheit, sein Entschluß, nach dieser Selbstbesinnung aus der Isolation in die Welt zurückzukehren und eine eigenständige »sozial verantwortliche Rolle« zu spielen (darüber hinaus offener Schluß). Versuch, die 3 Entwicklungsstadien »purpose« – »passion« – »perception« im entsprechenden Stilwechsel »naturalistisch« – »expressionistisch« – »surrealistisch« darzustellen. Symbolik (bes. Komplementärmotive Blindheit – Unsichtbarkeit, Schwarz – Weiß). Einflüsse: F. Dostojewski, H. Melville, M. Twain, F. Kafka, W. Faulkner, R. Wright, schwarze Folklore.

Übs. *Unsichtbar* von G. Goyert (1954).

1952 Dylan Thomas:

eL Collected Poems 1934–1952

91 Gedichte.

Diese Slg. enthält alle früheren Teilslgg. von Thomas' Gedichten: *→18 Poems* (1934), *Twenty-Five Poems* (1936), *The Map of Love* (1939), *→Deaths and Entrances* (1946), *In Country Sleep* (1952). Sie zeigt die Entwicklung von obskuren Gedichten mit starken metaphorischen Spannungen (*I, in my intricate image; To-day, this insect*) über die Selbstparodie *(Altarwise by owl-light)* zu Gedichten, deren metaphorische Spannungen, Vers und Syntax differenzierter und komplexer werden, die jedoch auch ein oberflächliches naives Verständnis ermöglichen (*In Country Sleep, Fern Hill, Over Sir John's Hill* usw.).
Ironische, sarkastische Sprechhaltungen werden durch hymnisches Preisen ersetzt, die vorwiegend anatomische Bildlichkeit durch Bilder aus dem Naturbereich (Tiere, Landschaften), die abstrakte Thematik durch Themen aus dem eigenen Lebenskreis (Ehe, Kind, Krieg). Sorgfältige Wahl und Verknüpfung von Wörtern, die auf vielfache Überarbeitung ursprünglicher Entwürfe zurückgehen. Haupttechniken: Satz- und Strophenparallelismus, Reihung, Inversion, Variation. Spannungsreiche Mischung aus Slang und traditioneller poetischer Diktion.

Teilübs. in *Gedichte* von E. Fried (1967).

1952–69 Doris Lessing:

eE Children of Violence

Sequenz von 5 Rr.

Martha Quest (1952): Die Titelheldin wächst als Tochter aus britischer Farmersfamilie im südafrikanischen »Zambesia« (= Rhodesien) der dreißiger Jahre auf und versucht in der Abkehr von sozialen Konventionen

(Frauenrolle, Rassendiskriminierung) ihr Leben einzurichten: Verselbständigung als Sekretärin in der Stadt; Phase jugendlicher Freizügigkeit; Heirat als Trotzreaktion.
A Proper Marriage (1954): M.s Ehe mit dem Karrierebeamten Douglas Knowell offenbart ihr die eigenen inneren Widersprüche zw. aufreibender Anpassung und integrem Persönlichkeitsideal. Sie verläßt D. und findet im polit. Engagement neue Entfaltungsmöglichkeiten.
A Ripple from the Storm (1958): Während des 2. Weltkriegs heiratet M. den aus Deutschland geflohenen Kommunisten Anton Hesse, um ihn vor der Internierung zu bewahren. Auch diese Ehe scheitert an persönlichen und weltanschaulichen Gegensätzen. Die Tätigkeit für die Partei enttäuscht sie.
Landlocked (1965): M. trennt sich von A. In der Liebesbeziehung zu dem jüdischen Polen-Flüchtling Thomas Stern erfährt sie eine neue Tiefe des Gefühlslebens. Doch sie wird von ihm verlassen.
The Four-Gated City (1969): Nach dem Kriege geht M. nach London, wo sie den Schriftsteller Mark Colridge bei seinem sozialreformerischen Projekt (Umsiedlung der desintegrierenden Bevölkerung in ländliche Kommunen) und in seinem Zuhause (»schizophrene« Frau Lynda) unterstützt. Ein Anhang entwirft ein Bild von den Umwelt- und Kriegskatastrophen im letzten Drittel des Jh.s: als Nachfahren der Überlebenden wächst eine neue Generation gestärkter Hoffnungsträger heran; das Weltgeschehen verlagert sich nach Zentralasien und Afrika.
Lessings Thema ist »das individuelle Gewissen im Verhältnis zum Kollektiv«. Im Mittelpunkt steht der Individuationsprozeß M.s auf der Suche (»quest«) nach eigenständigem Bewußtsein und ganzheitlicher Persönlichkeit in der kritischen Auseinandersetzung mit der repressiven Gesellschaft und unter introspektiver Verarbeitung des Unbewußten. Variationsreiche Titelthematik der individuell und kollektiv sich fortpflanzenden Gewalt. Verlagerung vom Geschehnis- zum Ideen-R., vom realistischen Bildungs-R. mit gesellschaftspolit. Akzent zur großangelegten Utopie mit apokalyptischen und mystischen Zügen in den letzten beiden Werken. Verarbeitung von bewußtseinserweiternden Erfahrungen durch Selbst- und Umweltanalyse bis in Grenzbereiche. Zunehmende Archetypik und Symbolik (Namen, Orte usw.). Einfluß von C. G. Jung.

Übs. *Kinder der Gewalt* von K. Kersten und M. Wagner (1981–84).

1953 Frank O'Connor:

eE The Stories

Auswahl von 27 Kurzgeschichten aus 3 Slgg. seit 1936, die oft in *The New Yorker* zuerst erschienen waren.

Unter Verzicht auf die frühe Slg. *Guests of a Nation* (1931) mit Geschichten über die zeitgeschichtlichen Konflikte der ir. »Wirren« stellt O'Connor Texte aus den folgenden Schaffensphasen zusammen, die sich den alltäglichen Lebensbedingungen, bes. des kleinstädtischen oder auch des

ländlichen Milieus in der unabhängigen Nation zuwenden: *In the Train* beschreibt die Situation einer Frau, die aus einer arrangierten Ehe ausgebrochen ist und ihren Mann umgebracht hat, um ein neues Leben zu beginnen; von der Dorfgemeinschaft wird sie gegenüber den Behörden gedeckt, zu Hause aber leidet sie unter der Stigmatisierung als Außenseiterin. *The Luceys* dramatisiert die Familiengeschichte zweier trotzköpfiger Brüder in der engstirnigen Kleinstadtgesellschaft. *My Oedipus Complex* führt die Entwicklung eines Vater-Sohn-Gegensatzes aus der Sicht des Kindes vor Augen.
In der realistischen Erzähltradition des 19. Jh.s praktiziert O'Connor in den Kurzgeschichten seine Gattungstheorie: Hervortreten einer eigenen Erzählerstimme; Konzentration auf eine kritische Lebenslage; dramatische Strukturierung; thematische Affinität zu »verelendeten Bevölkerungsgruppen«; Veranschaulichung menschlicher Einsamkeit.

Übs. *Gesammelte Erzählungen* von E. Schnack (1977).

1953 James Baldwin:

aE Go Tell It on the Mountains

R., 3.

I. Harlemer Wochenende, 1935. Der 14jährige John ist für den Kirchendienst ausersehen, erwartet aber mehr vom Leben. Sein Stiefvater Gabriel Grimes führt als Erweckungsprediger auch zu Hause ein strenges Regiment. Als der eigene Sohn Roy in eine Straßenschlägerei verwickelt wird, kommt es zum Familienstreit, bei dem seine schicksalsergebene Frau Elisabeth und die beherzte Schwester Florence zu beschwichtigen versuchen. II. Während des Gottesdienstes bringen F., G. und E. in ihren Gebeten persönliche Seelennöte zum Ausdruck, die mit den Erinnerungen an den Süden und den in New York enttäuschten Hoffnungen verknüpft sind. III. J. erlebt einen Moment der Entrückung. Gestärkt kehrt die Familie durch die tristen Straßen heim.
In die Gegenwartshdlg. sind ausführliche Rückblenden über den Werdegang der einzelnen Personen eingefügt, der in einer rassistischen Gesellschaft von beruflichen, familiären Frustrationen gekennzeichnet ist. Kirche als ambivalente Institution, die den Schwarzen das geistige Überleben ermöglicht, die sozial bedingten Probleme zugleich aber nur auf eine andere Ebene verlagert. Gegenüberstellung des zukunftsorientierten J. und der mit der Vergangenheitsbewältigung beschäftigten G., E. und F. Vater-Sohn-Konflikt und weltlich-geistlicher Widerstreit unter den besonderen Bedingungen des schwarzen Gettos. Frühwerk mit Verarbeitung autobiogr. Erfahrungen. Multiperspektive mit J. als sensibler Zentralfigur. Stilistisch geprägt von den charakteristischen Redeformen schwarz-am. Religiosität.

Übs. *Gehe hin und verkündige es auf dem Berge* von J. Manthey (1966).

1953 Arthur Miller:

aD The Crucible

Dr., 4, Auff. 22.1. Martin Beck Theatre, New York. Hauptquelle: Gerichtsakten über einen Hexenprozeß in Salem, Mass., 1692. Entst. seit 1948.

I. (»Ouvertüre«). Frühjahr 1692. Abigail Williams hat mit anderen jungen Mädchen unbekümmert im Wald getanzt. Diese Entdeckung schokkiert die puritanische Salemer Gemeinde, und man beginnt in allgemeiner Hysterie, sich gegenseitig zu verdächtigen und der Hexerei zu bezichtigen. II. 8 Tage später. A., die John Proctor liebt, spielt die Besessene und macht P.s Frau als Hexe verantwortlich. III. Mehr und mehr Unschuldige werden auf die Bezichtigungen der Mädchen hin vor Gericht gestellt und abgeurteilt. Auch P. wird ein Teufelspakt angelastet. IV. Herbst. P. wartet im Gefängnis auf seine Hinrichtung. Das Angebot, durch ein »Geständnis« am Leben zu bleiben, lehnt er aus persönlicher Integrität und Solidarität mit den anderen Opfern ab.
Zentral das Problem der Massenhysterie, ihre Entstehung aus Ignoranz, Intoleranz, Frustration, Angst, Schuldgefühl, Fanatismus, ihre Verbindung mit Opportunismus und Gehässigkeit, als radikale Gefahr für jegliche Gemeinschaft (vgl. Titel »Feuerprobe«). Individual- und sozialpsychologische Demonstration an exemplarischen Schicksalen. Der hist. Hexenwahn mit aktuellem Zeitbezug: J. McCarthys Kommunistenjagd in den 50er Jahren. In I eingeschobene Erzählerkommentare zum hist. Hintergrund bzw. den Abweichungen von der Quelle.

Übs. *Hexenjagd* von M. Wentzel (1954). Film *Les Sorcières de Salem* von R. Rouleau (1957) mit Drehbuch von J. P. Sartre. Oper von R. Ward (1961).

1953 Conrad Aiken:

aL Collected Poems

36 Gedichte und 14 Gedichtsequenzen. Entst. und veröffentlicht 1916–53.

Die Slg. zeigt Aikens Entwicklung von symbolistischer Frühlyrik mit musikalischen Kompositionsweisen und visionär-erotischer Thematik (z.B. *The Divine Pilgrim,* 1918–23) zu einer Dichtung mit existentiellen Themen in freieren narrativen Formen (*The Soldier,* 1944). Versuch, den inneren Monolog auf die Lyrik zu übertragen. Konventionell in Vers und Diktion. Einflüsse von J. Joyce, T. S. Eliot und der Psychoanalyse.

1953 Samuel Beckett:

eE Watt

R., 4, mit »Addenda«. Entst. 1942–44.

I.–II. Irgendwo in Irland. Der exzentrische, introvertierte Watt tritt eine Dienststelle bei dem mysteriösen Mr. Knott an. Er wird von seinem Vorgänger Arsene in die umständlichen Dienstrituale eingewiesen. III. Die Erzählsituation klärt sich: W. hat soweit dem Erzähler Sam seine Ge-

schichte in der Heilanstalt berichtet, doch er erschwert durch Vergeßlichkeit und Sprachzerwürfelung (z.B. Spiegelschrift) zunehmend die Kommunikation mit Sam und damit die Fortsetzung der Erzählung, klar erinnert er sich nur an eine lange Geschichte des neuen Dieners Arthur. IV. Nach seinem Aufstieg in der Diensthierarchie muß W. Knotts Haus verlassen, da er durch Arthur und dieser durch Micks abgelöst wird. Er übernachtet im Wartesaal des Bahnhofs und fährt am nächsten Tag fort.
Auflösung und Zersetzung einer offenen Allegorie (»no symbols where none intended«): Eintritt ins Leben, dessen sinnloser Verlauf und Verlassen des Lebens (»faede hunc mundum intravi, anxius vixi, perturbatus egredior . . .«). Der Erzähler zeigt sich müde, der Erzählung überdrüssig, läßt Lücken und Inkonsequenzen stehen, verfällt, wie auch z.B. Arthur, in lange Wortketten aus abstrakter Kombinatorik. Zahlreiche Sprachspiele, parodistische und grotesk-komische Effekte. Einsatz des Sprachzerfalls, der in den folgenden Werken Becketts das Erzählen immer mehr erschwert. Einfluß von F. Kafka.

Übs. von E. Tophoven (1970).

1953 John Wain:

eE Hurry on Down

R.

England, Gegenwart. Charles Lumley schlägt sich nach dem Studium als Gelegenheitsarbeiter (Fensterputzer, Chauffeur, Rausschmeißer usw.) durch, gerät in den Bereich der Kriminalität (Rauschgifthandel) und wird schließlich Verfasser von Gags für den Rundfunk. Der Versuch, sich gegenüber dem Materialismus und der Falschheit der etablierten Gesellschaft persönliche Unabhängigkeit zu bewahren, geht nicht ohne eigene Schuldverstrickung ab (vgl. Tod des die Rauschgiftbande aufspürenden Dogson). Pikareske Struktur. Satirische Tendenz. Flotte Alltagssprache.

1953 Saul Bellow:

aE The Adventures of Augie March

R., Teilvorabdrucke in *The New Yorker, Partisan Review* u.a.

Retrospektive Augie Marchs: Chicagoer Kindheit und Jugend im jüdischen Armenmilieu (20er Jahre), frühe Mannesjahre in unterschiedlichsten Jobs, Liebesbeziehung zur exzentrischen Thea (Mexiko-Episode), nach Teilnahme am 2. Weltkrieg Aufenthalt mit seiner Frau Stella in Europa. A., ein moderner »Schelm«, gutmütig, naiv, manipulierbar (durch Familie, Freunde, Frauen), in allen Bereichen der Gesellschaft umhergetrieben (von der Oberschicht bis zur Unterwelt), zugleich mit dem Bedürfnis nach Eigenständigkeit und elementarer Humanität (»Lebensachsen«), im Gegensatz zu vielen anderen wie z.B. dem ehrgeizigen,

opportunistischen Bruder Simon. Trotz der Ansätze zu Selbsterkenntnis und -bescheidung sowie dem Plan, eine Waisenschule zu gründen, läßt er sich weitertreiben (offener Schluß).
Die Ich-Erzählung thematisch und strukturell im »free style«: lockere Episodenfolge; unübersichtliche Vielfalt der Figuren (über 80), Szenen, Situationen, Konstellationen; Detailliertheit, Reihungen, Digressionen, Assoziationen. Einflüsse: pikarischer R., W. Whitman, M. Twain, Th. Dreiser.

Übs. *Die Abenteuer des A. M.* von A. Koval (1956).

1953 George Lamming:

E In the Castle of My Skin

R. Entst. im engl. »Exil«.

Barbados, 1930–40er Jahre. Der schwarze Jugendliche »G.« entwickelt gegenüber seinem Dorf, das trotz der Abhängigkeit vom engl. Pflanzeraristokraten Creighton als bodenständige Gemeinschaft relativ zufrieden lebt, eine kritische Einstellung. Während G. sich durch die erworbene Bildung als Lehrer nach Trinidad absetzen kann, werden die Dorfbewohner durch skrupellose Geschäftemacher wie den einstigen Aufseher und jetzigen Gewerkschaftsführer Slime um ihren Besitz gebracht.
Entwicklungsr. mit Lokalkolorit zur Veranschaulichung sozialer Konflikte der Karibik im spätkolonialen Wandel aufgrund autobiogr. Erfahrungen. Das Identitätsproblem (vgl. den ambivalenten Titel) in der Bewußtwerdung G.s, der sich von seinem repressiven Herkunftsmilieu zu befreien sucht, und das des ländlichen Kollektivs, das aufeinanderfolgenden Ausbeutern ausgeliefert bleibt. Wechsel von Ich- und Er-Erzählung. Weltweit bekanntestes Werk der karibischen Literatur.

The Emigrants (1954) fiktionalisiert die Auswanderung von Trinidad, das auch zu geringe Entfaltungsmöglichkeiten bietet, nach England.

1954 William Faulkner:

a E A Fable

R., entst. seit 1944.

Frankreich, Westfront. Zeitraum: 1 Woche im Mai 1918. Als ein französisches Regiment sich weigert, einen Angriff durchzuführen, herrscht innerhalb von wenigen Stunden totale Waffenruhe. Die Generale beider Seiten treffen sich, um zu beraten, wie sie der Meuterei Herr werden können. Die alliierte Seite richtet sowohl einen Kommandeur, der die Exekution der Meuterer forderte, wie einen Korporal, der mit seinen 12 Mann den Kern der Meuterei bildete, hin. Beide Seiten zusammen vernichten eine Gruppe waffenloser Soldaten, unter ihnen die Wache Harry Mistairy, die sich zw. den Fronten mit den Feinden verbrüderte.
Eine Parabel über die Dualität des Menschen (Macht – Geist, Egoismus – Altruismus, Aggression – Friede), allegorisiert im Kampf von Generalen

und Soldaten. Unterlegt biblische Parallelen (12 Jünger, Abendmahl, Versuchung in der Wüste, leeres Grab usw.). Spiegelung des Themas in der eingelegten Fabel von der Verfolgung Harrys und eines wunderbaren Pferdes durch die am. Bundespolizei. Achronologisch, nach thematischen Bezügen montierte Erzählteile. Allwissender Erzähler. Rhetorischer Stil voller Abstrakta.

Pulitzer-Preis. Übs. *Eine Legende* von K. H. Hansen (1955).

1954 Iris Murdoch:

eE Under the Net

R.

1.–6. Der Schriftsteller und Übersetzer Jake Donaghue versucht in London bei Freunden unterzukommen, nachdem ihn seine derzeitige Geliebte hinausgeworfen hat. Nach einigen Absagen wendet er sich an Anna, seine Jugendliebe. Die verweist ihn an ihre Schwester Sadie, die Schutz vor dem Filmproduzenten Hugo Belfounder möchte. 7.–13. Nach einer durchzechten Nacht auf der Suche nach H. entschließt sich D. zur Rache an Sadie, die ihm ein von ihm verfaßtes Manuskript entwendet: D. stiehlt den Hauptdarsteller des geplanten Films, einen alternden Schäferhund. 14.–20. Nach einem vergeblichen Rendezvous mit A. in Paris findet D. H. in einem Londoner Krankenhaus. H. erzählt ihm, daß er Sadie liebe, Sadie aber D., D. Anna, die wiederum in ihn (H.) verliebt sei. D. bezahlt Sadie den Hund und will neu beginnen.
Das Thema der Sprachskepsis wird an mehreren Figuren demonstriert: dem Übersetzer D., H., dessen Sprachskepsis D. zu dem Buch *The Silencer* inspiriert, A., der Sängerin, die zur Pantomime überwechseln will, dem Film usw. Die Sprache ist das »Netz«, unter dem die grotesken Mißverständnisse und Irrtümer der Figuren entstehen. Ich-Erzähler (D.), der nach seiner Suche zur Erkenntnis seiner Irrtümer kommt. Pikareske Züge. Einflüsse von J. P. Sartre, S. Beckett und R. Queneau.

Übs. *Unter dem Netz* von I. Krämer (1957), rev. von B. Scriba-Sethe (1985).

1954 E. E. Cummings:

aL Poems: 1923–1954

Gedichte.

Eine Auswahl aus den Slgg. →*Tulips and Chimneys* (1923) bis *XAIPE* (1950). Neben die in den frühen Slgg. vorherrschenden romantischen Liebesgedichte treten Satiren *(next to of course god america i; as freedom is a breakfastfood; pity this busy monster, manunkind)*, Meditationen *(no man, if men are gods)* und lyrische Beschreibungen *(Spring is like a perhaps hand; anyone lived in a pretty how town)*. Außer der schon früh durch Typographie bewirkten spielerischen Zerlegung von Versen, Wörtern und Silben in kleinste Sprech- und Leseeinheiten experimentiert Cummings mit einer zunehmend freieren Syntax und Wortbildung: offenen Parenthesen, ungewöhnlichen Konversionen, Neologismen, Komposita usw. Ironische Sprechhaltung. Einfluß auf die »konkrete Lyrik«.

1. vollständige Slg. von Cummings' Gedichten 1968. Teilübs. *Gedichte* von E. Hesse (1958).

1954 Dylan Thomas:

eD Under Milk Wood

A Play for Voices

Hörspiel, Auff. 25. 1. BBC, London.

24 Stunden im Leben der kleinen walisischen Fischerstadt »Llaregyb« (Palindrom für »Buggerall«). In lyrisch-humorvoller Weise führen 2 Sprecher vom Erwachen der Bürger in L. durch den trivialen Alltag bis zum Eintreten der Nacht und stellen eine Reihe von exzentrischen Figuren vor: den blinden, in der Vergangenheit lebenden Kapitän Cat, das frustrierte Liebespaar Mr. Edwards und Miss Price, die puritanische, reinlichkeitsbesessene Witwe Mrs. Ogmore-Pritchard, den mordlustigen Ehemann Mr. Pugh, Polly Garter, Mutter vieler unehelicher Kinder usw. Thema bildet das Verstreichen der Zeit und der Zyklus von Geburt, Liebe und Tod. Hinter der puritanischen Fassade werden die Triebe der Bürger satirisch freigelegt. Grotesk-typenhafte Zeichnung der Figuren. Mischung von poetischer und umgangssprachlicher Diktion. Reicher Gebrauch von Alliterationen, Wortspielen und Symbolen (Land – Wasser, Tag – Nacht, Tiere, Uhren usw.). Breites Klangspektrum (Stimmen, Lieder, Geräusche). Einflüsse von Ch. Dickens und J. Joyce.

Übs. *Unter dem Milchwald* von E. Fried (1954, rev. 1970). Film von A. Sinclair (1973).

1954 Wallace Stevens:

aL Collected Poems

332 Gedichte und 7 Gedichtsequenzen. Entst. 1915–54.

Die Slg. enthält neben →*Harmonium* (1923) u. a. die früheren Teilslgg. *Ideas of Order* (1935), *The Man with the Blue Guitar* (1937), *Parts of a World* (1942), *Transport to Summer* (1947). Stevens' Reflexion über das Verhältnis von Imagination und Realität und über die Funktion von Dichtung wird in der Entwicklung immer deutlicher zur idealistischen Philosophie (vgl. *The Idea of Order at Key West, The Man with the Blue Guitar, Notes toward a Supreme Fiction*). Der zunehmenden Wichtigkeit des Begriffs »order« entsprechen die thematische Ordnung und die Vorliebe für längere meditative Gedichte in den späteren Slgg. *(Esthétique du Mal, An Ordinary Evening in New Haven)*. Beibehaltung der symbolischen Technik, Zurücktreten der spielerisch-experimentellen Elemente. Vorwiegend feste Strophenformen (häufig aus 3 Versen).

Pulitzer-Preis. Teilübs. *Der Planet auf dem Tisch* von K. H. Hansen (1961).

1954 Kingsley Amis:

eE Lucky Jim

R.

Gegenwart. James Dixon, junger Dozent für mittelalterliche Geschichte an einer engl. Provinzuniversität, gerät trotz opportunistischer Einstellung zunehmend in Opposition zu Fach und Lehrkörper. Nach einer Reihe komischer Mißgeschicke, Mißerfolge und mutwilliger Eskapaden kommt es zu einem glücklichen Ende im außeruniversitären Bereich (Heirat mit der attraktiven Christine Callaghan, reizvoller Sekretärsposten). J.s Selbstironie und Sinn für die Realitäten des Lebens. Universitätssatire mit Karikaturen (z. B. J.s pedantischer Professor Welch). Akademischer R. mit pikaresker Struktur. Salopper Stil.

Amüsantester und erfolgreichster R. aus dem Kreis der »Angry Young Men«, bes. typisch für seine Zeit. Film von J. Boulting (1957). Übs. *Glück für Jim* von E. Schnack (1957).

1954 William Golding:

eE Lord of the Flies

R. Anlehnung an R. M. Ballantynes Robinsonade *The Coral Island* (1857): Übernahme vieler Einzelheiten, doch parodistische Verkehrung der implizierten christlich-imperialen These.

Eine Gruppe 6–12jähriger engl. Jungen, auf ihrem Evakuierungsflug während eines Atomkriegs mit den »Roten« über einer Pazifikinsel abgeschossen, muß – sich selbst überlassen – ihr Überleben organisieren. Mit dem Ziel der Rettung verfolgt dies Ralph als vernünftiger, demokratischer, verantwortungsbewußter Anführer (Hüttenbau, Rauchsignale), doch sein brutaler, gewissenloser Kontrahent Jack, an der Spitze eines »Jäger«-Trupps, beginnt einen Machtkampf und treibt die Mehrheit allmählich in ein primitiv-irrationales, terroristisches System (Ritualisierung der Wildschweinjagd durch Tanz und Gesang, Opferung einer fliegenumschwärmten Schweinskopftrophäe für ein vermeintliches »Untier«, Übergang zu Menschenjagd und -opfer: Ermordung der Außenseiter Simon und Piggy, versuchte Ausräucherung R.s). Die katastrophale Entwicklung wird nur durch das Auftauchen eines Marineoffiziers beendet, der die Kinder zurückbringen wird.
Die Anti-Utopie demonstriert die Gefahren des Atavismus und Totalitarismus in einer Gesellschaft, die der Irrationalität zu großen Spielraum läßt (Krieg der Erwachsenen, Depravation der einer Ausnahmesituation nicht gewachsenen Kinder). Das Böse keine schicksalhafte Macht außerhalb, sondern eine zerstörerische Kraft im Menschen selbst, wie in Simons halluziniertem Dialog mit dem Schweinskopf (»Herr der Fliegen« = Beelzebub) deutlich wird. Entscheidend sind das sittliche Bewußtsein und Handeln des einzelnen. Lineare Struktur. Individualisierung der Hauptfiguren (auch durch die Sprechweise). Symbolik (Muschel, Schweinskopf, Piggys Brille).

Übs. *Herr der Fliegen* von H. Stiehl (1956). Film von P. Brook (1963).

1954 **Samuel Beckett:**

eD **Waiting for Godot**

Tragikom., 2, eigene Übs. des französischen Originals *En Attendant Godot* (1952; entst. 1948). Publikation in USA.

I. Landstraße mit kahlem Baum in Einöde. Die Landstreicher Estragon (»Gogo«) und Vladimir (»Didi«) sind mit dem mysteriösen Godot (einer Art Herrscherfigur) verabredet. Während sie auf ihn warten, ziehen Pozzo und sein Knecht Lucky vorbei und rasten bei ihnen. Abends kündigt ein Junge Godot an. II. Am nächsten Tag trägt der Baum einige Blätter; der erblindete, stolpernde P. kommt mit dem verstummten L. wieder vorbei; ein Junge kündigt wieder Godot an; E. und V. warten weiter: offen bleibt, ob Godot jemals kommt.
Parodistisch minimalisiertes Geschehen: Unbestimmtheit von Raum, Zeit, Identität; evident allein die Situation des Wartens (E., V.) bzw. Wanderns (P., L.) und der Zwang zum Weitermachen. Das zentrale Verdoppelungsmotiv ironisiert die Austauschbarkeit und wechselseitige Abhängigkeit: E.–V. (Körper - Geist, Schuh - Hut) und P.-L. (Körper - Geist, brutaler Herr - unterwürfiger Knecht) = 2 Paare (Verharren - Bewegung), Verweise (2 Schächer, Kain - Abel), 2 Akte als Kreislauf mit Variationen, zahlreiche wörtliche Wiederholungen. Auflösung diskursiver sprachlicher Kommunikation: Mißverständnisse, monologische Scheindialoge, Ausdrucksnot, Wortchaos (L.s Tirade), Diskrepanz Reden - Tun, Dialogabbruch, Schweigen. Versuche der Zeitverkürzung durch Dialog- und Erzählspiele, Clownerien. E. und V. verbleiben in der Ungewißheit einer Entwicklung und eines Sinnes, verharren in trotziger Hoffnung und Gewöhnung an diese existentielle Lage.

Nachhaltige Wirkung des Stückes. Auff. 3. 8. 1955 Arts Theatre, London. Übs. (des Originals) *Warten auf Godot* von E. Tophoven (1953).

1955 **Tennessee Williams:**

aD **Cat on a Hot Tin Roof**

Dr., 3, Auff. 24.3. Morosco Theatre, New York.

An dem Kampf der vitalen aufstrebenden Maggie (der »Katze«) um ihren Mann Brick Pollitt, einen neurotischen Alkoholiker, latenten Homosexuellen und beruflichen Versager, während der Geburtstagsfeier des dynamischen Selfmademan, aber todkranken »Big Daddy« Pollitt, demonstriert Williams die Lebenslüge und den Verfall (Generationenproblem) einer reichen Pflanzerfamilie des Südens. Typische Motive: Gegensatz zw. den aufs Leben gerichteten Sehnsüchten und den zum Tode führenden Prozessen, zwischenmenschliche Entfremdung, Verlogenheit der Umwelt (Schlüsselwort »mendacity«), Aufarbeitung der persönlichen Vergangenheit. Realistische Dialoge.

Pulitzer-Preis. Die Buchausg. enthält die ursprüngliche und die für den Broadway überarbeitete (positivere) Version von III. Großer populärer Erfolg. Übs. *Die Katze auf dem heißen Blechdach* von H. Sahl und B. Viertel (1956). Film von R. Brooks (1958).

1955 **Flannery O'Connor:**

aE **A Good Man Is Hard to Find**

10 Kurzgeschichten.

Geschichten über sonderbare Südstaatlertypen: Heilprediger, Sezessionskriegsveteranen, einen Bibelverkäufer, der das Holzbein eines Mädchens stiehlt usw. Verbindendes Motiv: der Weg des Christen vorbei am Drachen (vgl. St. Cyril-Motto) als moralische Bewährung (vgl. den Titel: ein Blues-Zitat). Wie in ihren Rr. *Wise Blood* (1952) und *The Violent Bear It Away* (1960) Konzentration auf das von einem naiv-bizarren, rigorosen Protestantismus bestimmte Verhalten der Menschen und Tendenz zur makabren Humoreske. Symbolik.

Teilübs. *Ein Kreis im Feuer* von E. Schnack (1961).

1955 **William Gaddis:**

aE **The Recognitions**

R., 3.

Wyatt Gwyon wächst in Neu-England auf, entscheidet sich gegen das Priestertum, wird Künstler und entwickelt sich als solcher im New York der Nachkriegszeit zum passionierten Imitator der alten niederländischen Meister, wobei er sich von den korrumpierenden Einflüssen des Kunsthändlers Recktall Brown und des Kunstkritikers Basil Valentine freihalten kann. Ein lockerer Kreis von Künstlern und Intellektuellen steht ihm nahe: das drogensüchtige, der Schizophrenie verfallende Modell Esme, der eine Kathedrale zum Einsturz bringende Komponist Stanley, der im Rollenspiel sich selbst bespiegelnde Dramatiker Otto usw. Davon abgehoben ist der in der Ersatzwelt der Medien aufgehende Pivner als Prototyp des Massenmenschen. Wyatt taucht schließlich als Gemälde austilgender »Restaurator« Stephan Asche in Spanien auf.
Der Themenkomplex Original – Fälschung, Realität – Täuschung in mehreren Bereichen durchgespielt (Religion, Kunst, Wissenschaft, Sex, Gesellschaft usw.). Vielzahl weiterer Schauplätze, Figuren, Motive. Das »Erkennen« (Titel = Anspielung auf den pseudo-klementinischen Wiedererkennungsr.) von Realität als entscheidend origineller Akt, auch beim Kopieren. Entsprechender Stil: Zitate, Anspielungen, Parodien, Sprachspiele usw. Ironische Tendenz. Phantastische Details. Grotesk-komische Episoden. Satirisierte Dialoge (Aneinandervorbeireden, Sprachklischees).

1955 **Samuel Beckett:**

eE **Molloy**

R., 2. Übs. des französischen Originals (1951) von P. Bowles und Beckett.

I. Molloy, alt, gelähmt und bettlägerig im Zimmer seiner Mutter, rekapituliert seine vergebliche Suche nach ihr: Behelligung durch die Polizei;

Aufenthalt bei der aufdringlichen Frau Lousse; entbehrungsreiches Vagabundieren durch Stadt und Land; Auseinandersetzung mit einem Köhler; graduelle Erlahmung, schließlich kriechende Fortbewegung und Rettung aus einem Graben. II. Jacques Moran berichtet von der vergeblichen Suche nach Molloy, die er im Auftrag einer mysteriösen Agentur unternahm: widerwilliger Aufbruch mit Sohn Jacques aus spießiger Provinzialidylle; Begegnungen auf dem Wege (einem Mann gibt er Brot, einen Doppelgänger erschlägt er); Auseinandersetzungen mit dem Sohn, der ihn dann verläßt; zunehmende Gebrechlichkeit; Rückkehr zu seinem verlassenen Haus und verwilderten Garten. Schluß: Absicht, wieder aufzubrechen.
Parallel in den 2 Teilen die Erzählsituation (von anonymen Instanzen auferlegte, unerfüllbare Pflicht der Berichterstattung); das Zentralmotiv der zwanghaften, vergeblichen Suche; die Steigerung der physischen Qual; Figurenkonstellationen (bes. die ambivalenten Beziehungen Molloys zur Mutter, Morans zum Sohn); zahlreiche Details. Die Figuren repräsentieren Verfallsstadien: Sohn – Moran – Molloy – Mutter (Moran wird Molloy allmählich ähnlicher). Die Beziehungen zur Umwelt werden negativer, die Realität wird diffuser, die Reduktion auf das eigene Bewußtsein und die Sehnsucht nach dem Ende stärker. Der entsprechenden Problematisierung des Erzählens sind sich die beiden Ich-Erzähler bewußt: sie reflektieren, schweifen ab, relativieren, ironisieren, phantasieren, spielen mit ihrem Sujet, der Sprache, Erzählattitüden. Grotesk-komische Züge (bes. bei Molloy).

Teil I einer 1946–49 entst. Trilogie mit →*Malone Dies* (1956), →*The Unnamable* (1958) als II, III. Publikation in USA. Übs. (des Originals) von E. Franzen (1954).

1955 Randall Jarrell:

aL Selected Poems

94 Gedichte. Entst. 1940–1951.

Die Slg. umfaßt Jarrells fruchtbarste Schaffensperiode. Im Mittelpunkt stehen der Verlust der kindlichen Unschuld und das Erlebnis des 2. Weltkrieges. Teil I beschäftigt sich mit dem zivilen Alltag, oft in meditativer Form. Ein Kinderspiel *(A Game at Salzburg)*, ein Versandhauskatalog *(Sears Roebuck)* oder eine flüchtige Begegnung *(A Girl in a Library)* geben Anlaß zu existentiellen Fragen. Teil II bildet das kriegerische Gegenstück: Tod in der Luft *(The Death of the Ball Turret Gunner)*, Kriegsgefangenschaft *(Stalag Luft)* und die Konzentrationslager *(A Camp in the Prussian Forest, Protocols)* verdeutlichen die unfaßbare Entmenschlichung durch den Krieg. Persönliche Meditationen wechseln mit Rollengedichten. Variabler Freivers, teilweise gereimt oder mit Halbreimen bei prosanaher realistischer Sprachführung.

1955 **J. R. R. Tolkien:**

eE **The Lord of the Rings**

R.-Trilogie: *The Fellowship of the Ring* (1954), *The Two Towers* (1954), *The Return of the King* (1955). Entst. seit 1936.

Die letzten Jahre des 3. mythischen Zyklus von »Middle Earth«. Frodo (= Weisheit), der aussterbenden Zwergenrasse der Hobbits angehörig, begibt sich auf eine abenteuerliche Reise, um den gefährlichen Ring Saurons (= Schmutz), der Macht über ganz »Middle Earth« verleiht, zu vernichten. Nach dessen Vernichtung im Vulkan Mt. Doom zerstört sich Saurons Reich Mordor, und der 4. Zyklus (= der Menschen und der Geschichte) beginnt. Von nordischen, altengl., keltischen Sagen angeregt, entwirft Tolkien ein stoffreiches, phantastisches Bild einer vorhist. Zeit. Anhänge, Genealogien, Landkarten.

Großer populärer Erfolg. Übs. *Herr der Ringe* von M. Carroux und E.-M. v. Freymann (1969–70). Vorgeschichte des R.s in *The Silmarillion* (1970). Zeichentrickfilm von R. Bakshi (1980).

1955 **Philip Larkin:**

eL **The Less Deceived**

29 Gedichte. Entst. und z. T. veröffentlicht seit 1945.

Persönliche Erlebnisse (»I write poems to preserve things I have seen/ thought/felt . . .«) als Anlaß für einen skeptisch-stoischen Agnostizismus *(Church Going, Next, Please, Triple Time;* Sonderstellung des bekannten Rollengedichts *Wedding-Wind)*. Subtiler Gebrauch einfach erscheinender Sprache. Prosanähe. Vorliebe für eigenwillige Komposita und negative Präfixe. Meist strophischer Aufbau mit reimlosen regelmäßigen Versen wechselnder Länge. Einflüsse von W. H. Auden, W. B. Yeats und Th. Hardy.

1955 **Stephen Spender:**

eL **Collected Poems**
1928–1953

111 Gedichte in 11 Teilen.

Die Slg. zeigt Spenders Entwicklung von den frühen, teils kommunistischen, teils liberalen Texten *(Not palaces, an era's crown; Poems About the Spanish Civil War)* zu den späten Gedichten eher privaten Charakters. Durchgehend emotionale idealistische Haltung. Formal entsprechende Entwicklung von prosanahen zu gereimten klangvollen Versen. Einflüsse von W. H. Auden und W. B. Yeats.

1955 **Vladimir Nabokov:**

aE **Lolita**

The Confession of a White Widowed Male

R., 2. Novellistische Frühfassung von 1940: *The Enchanter* (1987).

I. Humbert Humbert, 37jähriger Hauslehrer, hat eine Leidenschaft für halbwüchsige Mädchen (Nymphchen), was er ironisch durch eine unterbrochene Liebesbeziehung in seiner Jugend motiviert. Er verliebt sich in die 12jährige Dolores (Lolita), die zugleich kindliche und frühreif-durchtriebene Tochter seiner Vermieterin Charlotte Haze. Um in L.s Nähe zu bleiben, heiratet er ihre Mutter, die, als sie die Wahrheit entdeckt, kopflos vor ein Auto läuft und stirbt. H. holt L. vom Ferienlager ab. In der ersten gemeinsamen Nacht verführt sie ihn. II. Nach einer langen Fahrt durch die Staaten, von Motel zu Motel, wird ihm L. von dem Filmregisseur Quilty entführt. H. findet L. erst nach 3 Jahren wieder als Mrs. R. Schiller, schwanger und verarmt. Er macht Quilty ausfindig und bringt ihn auf sadistische Weise um.
Parodistische Konfession des Erzählers H., an seine Richter (er schreibt im Gefängnis) und Leser gewandt. Fiktiver psychoanalytischer Herausgeber. Die Geschichte einer großen Passion dient als Rahmen für Satiren auf den »American Way of Life« (Motels, Teenager-Kult, Psychoanalyse, Puritanismus). Die Schuldgefühle des Erzählers werden in seinem Doppelgänger Quilty (= Guilty) gespiegelt. Ironische Erzählhaltung. Viele Anspielungen, Zitate, Parodien, Wort- und Namenspiele, Leitmotive (Schmetterlinge, Schachspiele) usw. Einflüsse von E. A. Poe, L. Carroll und J. Joyce.

1955 in Paris erschienen, weil von am. Verlegern abgelehnt; 1958 in den USA mit Nachwort von Nabokov. Bestseller. Übs. von H. Hessel u.a. (1959). Film von S. Kubrick (1962). Dramatisierung von E. Albee (1981).

1956 **John Osborne:**

eD **Look Back in Anger**

Dr., 3, Auff. 8. 5. Royal Court Theatre, London.

I. Ein-Zimmer-Wohnung in mittelengl. Stadt, Gegenwart. Jimmy Porter, 25, Intellektueller aus Arbeitermilieu, mit sich und der repressiv-gleichgültigen, konformen Gesellschaft unzufrieden, läßt seinen ohnmächtigen Zorn an seiner »kleinmütigen«, duldsamen Frau Alison (gutbürgerlicher Herkunft) in Haßtiraden, Zynismen und Quälerei aus. Die Vermittlungsversuche des Freundes Cliff scheitern. II. J. findet in A.s Freundin Helena ein neues Opfer. Die schwangere A. kehrt zu den Eltern zurück. III. H. hat A.s Platz eingenommen (Haß-Liebe-Verhältnis). A., durch den Verlust des Kindes nun auch gebrochen, kehrt zu J. zurück. Schluß: beide flüchten sich in die halb-ironische Illusion, als »Bär« und »Eichhörnchen« (Leitmotiv) der Menschenwelt den Rücken gekehrt zu haben. Nachhaltige Wirkung des Stückes: J. als Sprachrohr der Generation »zorniger junger Männer« begehrt gegen die Werte und Institutionen der bürgerlichen Gesellschaft aus der Zwischenstellung des intellektuellen Nachkriegs-Halbproletariats auf und tritt für elementare Gefühle (Liebe, Freundschaft, Mitleid) ein. Konventionelle Dreieckssituation und 3-Akt-Struktur (mit Parallelen I/III). Präzise Wiedergabe der Umgangssprache.

Buchausg. 1957. Übs. *Blick zurück im Zorn* von H. Sahl (1958). Film von T. Richardson (1959).

1956 Brendan Behan:

eD The Quare Fellow
A Comedy-Drama

Dr., 3. In der Bearbeitung von Joan Littlewood Auff. 24.5. Theatre Royal, London. Entst. aus dem Hörspiel-Einakter *Casadh Súgáin Eile* (= *The Twisting of Another Rope*).

Milieugerechte Nachzeichnung des Verhaltens von Insassen und Wärtern eines ir. Gefängnisses der Gegenwart während der 24 Stunden vor der Exekution eines (nicht auftretenden) »sonderbaren« Brudermörders. Charakterisierung einer Reihe von Typen in beiden Gruppen mit überwiegend negativen, doch auch menschlichen Zügen (vgl. bes. die Lieder). Stück gegen die Unmenschlichkeit der Todesstrafe. Balladeske Szenenfolge. Mischung von Tragik und bizarrer Komik. Genaue Wiedergabe der Sprechweisen (Slang, Dialekt, Gälisch; vgl. »quare« = »queer«). Der Realismus aufgrund eigener Erfahrungen.

Übss. *Der Mann von morgen früh* (1962), *Der Spaßvogel* (1964) von A. und H. Böll. Film von A. Dreifuss (1962).

1956 Eugene O'Neill:

aD Long Day's Journey into Night

Dr., 4, Erst-Auff. 7. 11. Helen Hayes Theatre, New York. Entst. 1939–41. Postume Veröffentlichung: wegen des autobiogr. Stoffs von O'Neill ursprünglich erst für 25 Jahre nach seinem Tod freigegeben.

Minimale Hdlg. während eines Tages im Sommerhaus der Tyrones, 1912: als die nervöse Mutter Mary wieder zum Morphium greift und der Sohn Edmund, ein sensibler Dichter, sich als schwindsüchtig erweist, geraten auch der robustere Vater, Schauspieler und Grundstücksspekulant, und der ältere Sohn Jamie, Versager und Zyniker (→*A Moon for the Misbegotten,* 1947), aus dem Gleichgewicht, und alle vier quälen sich selbst und gegenseitig mit Enthüllungen, Bezichtigungen und bes. im Aufrollen der Vergangenheit (der durch die schwere Kindheit bedingte Geiz T.s, M.s Frustration in der Ehe nach der heilen Welt der Klosterschule), suchen Zuflucht im Traum, Alkohol, Rollenspiel und bekunden immer wieder wechselseitig Verständnis, Mitgefühl und Liebe.
Zentral nicht das Selbstporträt des Autors (= E.), sondern das Leid der ganzen Familie, das Selbstverständnis und die psychischen Interaktionen der vier. Die Konflikte bedingt durch Milieu (ir. Herkunft der Eltern,

unstetes Schauspielerleben) und Charakter (jeweilige Schwächen). Technik des analytischen Dr.s. Verhaltensdramatik: Täuschung – Bekenntnis, Annäherung – Entfremdung, Kollision – Ausweichen. Struktur: die Alltagsidylle des Anfangs wird graduell zerstört, der Schluß ist offen nur im Ausmaß der katastrophalen Entwicklung. Symbolik (z. B. Nebel als Realitätsverschleierung). Leitmotive (z. B. Nebelhorn, M.s Frisur). Kontrastive Komik (z. B. Cathleen). Häufung von Zitaten (bes. W. Shakespeare von T., Symbolisten von E.) in charakterisierender und universalisierender Funktion. Einheit von Ort und Zeit.

Pulitzer-Preis. Übs. *Eines langen Tages Reise in die Nacht* von U. und O. F. Schuh (1958). Film von S. Lumet (1962).

1956 Samuel Beckett:

eE Malone Dies

R. Eigene Übs. des französischen Originals *Malone meurt* (1951). Teil II der Trilogie mit →*Molloy* (1955), →*The Unnamable* (1958) als I, III.

Malone, körperlich und geistig noch verfallener und von der Umwelt isolierter als Molloy, siecht in endloser, sich steigernder Agonie dahin und erzählt sich Geschichten: von dem jungen grüblerischen Außenseiter Sapo bzw. dem alten Vagabunden und Irrenhausinsassen Macmann. Die fragmentarischen Erzählperioden wechseln mit assoziativen, stoßweisen Selbstanalysen. Die eigene Identität und fiktive Projektion sind ununterscheidbar verworren. Das Schreiben als zwanghaftes »mortal tedium«, der Stil gegen Ende zunehmend staccatohaft. Bei aller Qual Parodie, Satire, Ironie, Groteskkomik (z. B. Macmanns Affäre mit Moll).

Übs. (des Originals) *Malone stirbt* von E. Tophoven (1958).

1956 Angus Wilson:

eE Anglo-Saxon Attitudes

R., 2.

1953. Der angesehene, emeritierte Mediävist Gerald Middleton hält Rückschau über sein Leben, das durch berufliches und privates Versagen gekennzeichnet ist (wissenschaftlich bes. durch die versäumte Entlarvung einer archäologischen Manipulation; in der Ehe mit der ungeliebten Inge und dem nachlässigen Verhältnis zur Geliebten Dollie), und entschließt sich, die Selbsttäuschung aufzugeben.
Der für Wilson typische Versuch der »Befreiung durch Selbstverwirklichung« führt zum Bewußtsein der Ambiguität. Die Vielzahl weiterer Figuren ergibt ein Spektrum »kurioser«, »angelsächsischer« Attitüden (Titel nach L. Carrolls *Through the Looking-Glass*), bes. der Intellektuellenkreise. Traditionelle Erzählweise mit ironischer Tendenz. Die Vorgeschichte (seit 1912) in Rückblenden (I). Einfluß von Ch. Dickens.

Übs. *Späte Entdeckungen* von A. Koval (1957).

1956 **William Golding:**

eE **Pincher Martin**

R.

Der Versuch des schiffbrüchigen engl. Marineleutnants Chris Martin, auf einem Felsen im Atlantik zu überleben, erweist sich schließlich als Halluzination des Ertrinkenden, der sich gegen den Verlust der Identität durch Schaffung einer eigenen Welt wehrt. M. eine Verkörperung der Gier (vgl. »Pincher« = »Langfinger«), auch in der Vergangenheit. Kombination von Realismus und Symbolik.

Übs. *Der Felsen des zweiten Todes* von H. Stiehl (1960).

1956 **Allen Ginsberg:**

aL **Howl and Other Poems**

11 Gedichte.

Vehementer Protest gegen die alptraumhafte am. Gesellschaft im Wechsel mit einem an Natur und Kosmos orientierten Enthusiasmus. Zentral das lange Gedicht *Howl:* I. Porträt der »hipsters« (unstetes Leben für Sex, Rausch, Jazz, Wissen, Kunst) als Märtyrer einer »wahnsinnigen« Zeit; II. Wendung gegen den Moloch des Rationalismus und der Technokratie; III. Anrufung des gleichgesinnten Freundes Carl Solomon, der in eine Heilanstalt eingeliefert wurde. *Footnote to Howl:* Beschwörung einer heiligen Welt (als Pendant zu II).
Prinzip der Spontaneität: locker assoziatives Aneinanderreihen. Einbeziehung realistischer Details und visionärer Passagen. Rhapsodischer Stil (Prosa-Langzeilen, Wiederholungen, Serien von Variationen und Parallelismen). Verwendung von Slang. Einflüsse: Bibel, W. Blake, W. Whitman, W. C. Williams, J. Kerouac, Zen-Buddhismus.

Publikation hatte Gerichtsverfahren wegen Obszönität zur Folge. Seit Freigabe (1957) einer der auflagenstärksten Lyrikbände. Übs. *Das Geheul* von W. Fleischmann und R. Wittkopf (1959).

1957 **Eugene O'Neill:**

aD **A Touch of the Poet**

Dr., 4, postume Veröffentlichung. Entst. 1935–42 als Teil eines geplanten Zyklus *A Tale of Possessors Self-Dispossessed* (Chronik der Harfords, einer ir. Familie in den USA).

I.–II. Cornelius Melodys Gasthaus bei Boston, 27. 7. 1828. M., Major a. D. aus ir. Landadel, feiert den Jahrestag der Schlacht von Talavera, schwelgt wie gewöhnlich in Erinnerungen und spielt den Gentleman, während seine Frau Nora sich abplagt. Die Tochter Sara will durch die Verbindung mit dem romantischen Simon Harford in eine alte, wohlhabende Familie einheiraten. III.–IV. Während Sara sich Simon hingibt, gerät M. mit den Harfords aneinander, wobei er den kürzeren zieht, eine Demütigung, die ihm seine bisherige Selbsttäuschung bewußt macht. Er verfällt

jedoch in die neue (wenn auch angemessenere) Rolle des polternden Mannes aus dem Volke.
Zentral das Problem der Lebenslüge, die Spannungen Illusion – Realität, Dichtung – Wahrheit. »Poetisch angehaucht« sowohl M. in seinem Verbalismus (mit Byron-Zitaten) als auch Simon in seiner (Thoreau vorwegnehmenden) Träumerei. M. als tragikomische Hauptfigur mit Rollenwechsel. Simon als die Hdlg. antreibende, aber nicht auftretende Figur. Die Frauen als die Hauptleidtragenden. Symbolik (M.s Tötung seines Pferdes). Kontrastierende Sprechweisen (z. B. gewählter Stil – ir. Dialekt).

Erst-Auff. 2. 10. 1958 Helen Hayes Theatre, New York. Übs. *Fast ein Poet* von U. Schuh (1959).

1957 Tennessee Williams:

aD Orpheus Descending

Dr., 3, Auff. 21. 3. Martin Beck Theatre, New York. Überarbeitung des Dr.s *Battle of Angels* (1940), dessen Stoff ihn über 17 Jahre beschäftigte.

I. Südstaatenort, um 1940, Regenzeit. Val Xavier, 30, Volkssänger, phantasiereich und vital, gibt sein unstetes Leben auf und wird Ladengehilfe bei »Lady«, der frustrierten Frau des todkranken Jabe Torrance. II. V. zw. Carol Cutrere, einer Ausgestoßenen und »wilden« Gefährtin, und der seelenverwandten L., die sich ihm sehnsüchtig zuwendet. III. In ihrer Liebesbeziehung zu V. lebt L. auf. Einst zur Abtreibung gezwungen und kinderlos, ist sie nun schwanger. Ihr Mann, einst am Verbrennungstod ihres italienischen Vaters mitschuldig, erschießt L. und bezichtigt V., der vom Mob mit einem Schweißbrenner getötet wird.
Sozialpsychologische Umdeutung des Orpheusmythos: V. als »wild boy« Außenseiter in der intoleranten Südstaatenprovinz, L. als spät zu Liebe und Leben findende Frau; beide scheitern tragisch an der Umwelt, einer kleinbürgerlichen »Hölle« aus Klatsch, Cliquengeist, Materialismus, Diskriminierung, Brutalität. Kombination von Realismus (z. B. Milieu, Sprache) und Symbolik (z. B. V.s Schlangenhaut-Jacke und Gitarre). Durchgängige Motivkomplexe (Tod – Leben, Brand – Regen).

Buchausg. 1958. Film *The Fugitive Kind* von S. Lumet (1960). Übs. *O. steigt herab* von H. Sahl (1960).

1957 Lawrence Durrell:

eE Justine

R., 4. Teil I der Tetralogie *The Alexandria Quartet*. Die folgenden Teile: →*Balthazar* und →*Mountolive* (1958), →*Clea* (1960).

I. Alexandria, vor dem 2. Weltkrieg. Der ir. Lehrer und Autor Darley erzählt in achronologischer Folge die Geschichte seiner Liebe zu der faszinierenden Jüdin Justine, der Frau des reichen koptischen Bankiers Nessim. II. N., offensichtlich eifersüchtig, entwickelt schwere Depressionen. Pursewarden, ein anderer (engl.) Schriftsteller, begeht aus unklaren Moti-

ven Selbstmord. III. Justine flieht aus unerfindlichen Gründen nach Palästina. Melissa, eine ägyptische Tänzerin und Geliebte von D., stirbt und hinterläßt ein Kind von N. Die Gruppe löst sich auf, N. geht nach Kenia, D. mit dem Kind von Melissa auf eine griechische Insel.
Der Erzähler D. deutet seine Erinnerungen an J. in einem Viereck der Personenbeziehung: N. und J., D. und Melissa. Die wechselnden Konstellationen dieser und anderer Liebesbeziehungen sind determiniert durch die mythisch gesehene Stadt Alexandria (Schlüsselwort »city«). Detaillierte atmosphärische Schilderung der Stadt (z. B. Nachtviertel) und ihrer Umgebung (z. B. Entenjagd auf dem See Mareotis): Vielzahl von seltsamen Charakteren: Balthazar, der homosexuelle Arzt, der sich für die Kabbala interessiert, Scobie, älterer Geheimagent und Transvestit, Clea, die keusche Malerin usw. Einfluß von H. Miller.

Übs. von M. Carlsson (1960). Film von G. Cukor (1969).

1957 Grace Metalious:

aE Peyton Place

R., 3 Bücher.

»Peyton Place«, Provinzort im Neu-England der Gegenwart, »eine Stadt wie andere« mit Alltagssorgen und -freuden, Intrige, Klatsch und gelegentlichem Skandal (Vergewaltigung und Totschlag) und einer Reihe von Originalen. Hauptfigur ist die heranwachsende Allison MacKenzie, die Schriftstellerin wird. Konventionelle Erzählweise.

»Fiction«-Bestseller aller Zeiten bis 1970 in USA (Verkaufsziffer: 11 919 660). Film von M. Robinson (1957). Übs. *Die Leute von Peyton Place* von U. v. Wiese (1958). Die Fortsetzung *Return to Peyton Place* (1959) war ähnlich erfolgreich.

1957 Jack Kerouac:

aE On the Road

R., 5. Entst. 1951. Teilvorabdrucke in *The Paris Review* u. a.

Der Schriftsteller Sal Paradise schildert als Ich-Erzähler den Lebensabschnitt seiner Hinwendung zur »Beat Generation«, bes. die Freundschaft mit Dean Moriarty, einer vitalen, spontanen, enthusiastischen und ruhelosen Leitfigur.
Der R. der Straße, gegliedert nach den 5 Ferientrips 1947–50 von New York in den Westen (Denver, Kalifornien), dann den Süden (Mexiko als Kontrastland). Man sucht »kicks« (Sex, Rausch, Jazz) und das Milieu randständiger Typen (»hipsters«, »bums«, Mexikaner). Das Stadium des Vagabundenlebens als Protestgebärde gegen die Normen und Werte der bürgerlichen am. Gesellschaft. Autobiogr. Züge, einschließlich von Freundesporträts (D. geht auf N. Cassady zurück, Old Bull Lee auf W. Burroughs). Stil: improvisierte Passagen (Ansätze der »Spontaneous Prose«, →*The Subterraneans,* 1958). Schlüsselwörter: »mad«, »beauti-

ful«, »go«, »dig«. Verwendung der Umgangssprache. Einflüsse: Th. Wolfe, W. C. Williams, Jazz.

Große Wirkung als R. der »Beat Generation«. Übs. *Unterwegs* von G. Binzer (1959).

1957 Ian Fleming:

eE From Russia with Love

R., 2.

James Bond, engl. Agent des Kalten Krieges, erfüllt in der Türkei gegen die Sowjetunion einen schwierigen Spionageauftrag und entkommt seinen Gegenspielern. Wie in seinen anderen Rr. ersetzt Fleming die Aufdekkung des Verbrechens im Detektivr. durch die aus einfachen Oppositionen (West – Ost, Engländer – Mischling, Liebe – Tod usw.) aufgebaute strategische Interaktion von Agent und Gegenagenten. Einfluß von M. Spillane.

Übs. *Liebesgrüße aus Moskau* von H. F. Kliem (1961). Film von T. Young (1963).

1957 William Faulkner:

aE The Town

R. als Fortsetzung von →*The Hamlet* (1940) 2. Teil der Snopes-Trilogie.

Behandelt die Zeit von der Ankunft Flem Snopes in »Jefferson«, 1909, bis zu seinem Aufstieg zum Bankpräsidenten und Besitzer eines Herrenhauses, 1922. Nebengeschichten, die die Haupthdlg. kontrastierend begleiten, sind das Liebesverhältnis von Manfred De Spain mit F.s Frau Eula, die moralische Entwicklung des Rechtsanwalts Gavin Stevens und die Erziehung seines Neffen Charles Mallison. Das Thema der Trilogie, die soziale Umschichtung in den Südstaaten, wird aus 3 verschiedenen Erzählerperspektiven geboten: V. K. Ratliff, Gavin Stevens und Charles Mallison. Differenzierung der Erzählstile.

Übs. *Die Stadt* von E. Schnack (1958). Fortsetzung in →*The Mansion* (1959).

1957 Patrick White:

E Voss

R.

1.–5. Sidney, 1845. Der deutsche Forscher Johan Ulrich Voss will bei einer Kontinentdurchquerung das Innere Australiens entdecken. Er findet bei dem opportunistischen Geschäftsmann Bonner Unterstützung und begegnet der sensiblen Laura Trevelyan, die sich mit den Motiven des visionären Egozentrikers auseinandersetzt. 6.–13. Die Expedition, zu der auch der Ornithologe und Christ Palfreyman, der erfahrene Ex-Sträfling Judd, der poetische Le Mesurier und die fremd bleibenden Ureinwohner Dugald und Jackie gehören, wird in der unermeßlichen Wildnis Zug um

Zug dezimiert: Erkrankungen, scheiternde Umkehr von Judd mit 2 anderen, Tötung Palfreymans durch Eingeborene, Selbstmord Le Mesuriers. V., der mit L. telepathisch bis zur mystischen Vereinigung kommuniziert, wandelt sich unter Qualen zum demütigen Menschen und wird von Jackie enthauptet. 14.–16. Jahre später ist L. Lehrerin und leitet ein Mädchenpensionat. Ergebnislose Nachforschungen über V. lassen unterschiedliche Deutungen zu, und mit der Errichtung eines Denkmals beginnt die Legendenbildung.
Archetypischer Quest-R., der die Entwicklung eines messianischen Übermenschen durch Annäherung an ein spirituelles, (selbst)kritisches, mitfühlendes Gegenüber und Auseinandersetzung mit der psychologisierten Urlandschaft zur Unterordnung unter das »Gesetz des Leidens« beschreibt. V. und L. sind abgehoben von der Sidneyer Gesellschaft, die vor einer Identifikation mit dem Landesinneren zurückschreckt und in ihrem Materialismus nicht nur als hist. Phänomen satirisiert wird (Appell an die Überwindung australischer Mittelmäßigkeit). Zusammensetzung der Expedition nach sozialer Repräsentativität und zur Parallelisierung/Kontrastierung V.s. Anregung durch den Entdecker L. Leichardt, der 1846–48 mehrere Australienexpeditionen unternahm und verschollen blieb. Verhalten auktoriale Erzählweise. Alternierende Erzählstränge um V./L. im Hauptteil. Ironische Relativierungen, bes. in den Epilog-Kapp. Komprimierter Stil mit Vorliebe für Paradoxien und symbolträchtige Bilder, die z. T. als Leitmotive fungieren (Wüste, Lilie, Gold, Bibelmotive).

Übs. von J. Stickforth (1958). Oper von R. Meale (1986) mit Libretto von D. Malouf, einem führenden australischen Autor der jüngeren Generation.

1957 John Braine:

eE Room at the Top

R.

Warley, Yorkshire, Gegenwart. Der 25jährige Arbeitersohn Joe Lampton versucht, seiner Klasse zu entkommen und in die bürgerliche Oberschicht aufzusteigen. Bei der Theatergruppe in Warley lernt er die 34jährige Industriellenfrau Alice Aisgill und die 19jährige reiche Fabrikantentochter Susan Brown kennen. Er hat ein leidenschaftliches Verhältnis mit A., versucht aber gleichzeitig, S. zu erobern. Als S. schwanger ist, läßt er A. fallen, die darauf Selbstmord begeht. Nach einem kurzen Ausbruchsversuch heiratet er S. und steigt ins Establishment auf.
Der moralische Konflikt von J. (personifiziert in den beiden Frauen), der aus den Klassenschranken entsteht, als Thema. Ironische Verknüpfungen von Erfolg und Selbstentfremdung. Kritik an Konformismus und Opportunismus. J. als Ich-Erzähler (aus der Distanz von 10 Jahren). Konventionelle Erzähltechnik. Einflüsse von Th. Dreiser und J. Wain.

Life at the Top (1962) schildert J.s Leben in der Gegenwart. Übss. ... *und nähme doch Schaden an seiner Seele* (1957), *Der Weg nach oben* (1960) von H. Schlüter. Film von J. Clayton (1958).

1957 James Agee:

aE A Death in the Family

R., 3. Postum veröffentlicht. Einzelnes in *The New Yorker* u. a.

Knoxville, Tenn., zur Zeit des 1. Weltkriegs. Aus wechselnden Perspektiven werden die Auswirkungen eines tödlichen Autounfalls von Jay Follet auf seine Familie geschildert: die Angst und das Leiden seiner Frau Mary, die Ahnungslosigkeit seiner beiden kleinen Kinder Rufus und Catherine. Psychologische Analyse vermischt mit lyrischen Passagen. Die Harmonie und das Glück der Familie (I) kontrastiert mit deren Auflösung und Leid (II, III).

Pulitzer-Preis. Übs. *Ein Schmetterling flog auf* von G. v. Uslar (1962). Dramatisierung *All the Way Home* von T. Mosel (1960). Film *All the Way Home* von A. Segal (1963).

1958 Samuel Beckett:

eD Endgame

Dr., 1, Auff. 28. 1. Cherry Lane Theatre, New York. Eigene Übs. des französischen Originals *Fin de Partie* (1957; entst. 1954–56).

Trister Innenraum. Tagesablauf des blinden und gelähmt an den Rollstuhl gefesselten, egoistisch-herrischen Hamm und seines steifbeinigen, nachgiebigen Dieners (Sohnes?) Clov, der seit langem seinen Weggang androht, aber noch nicht verwirklicht (Kampf mit offenem Ausgang: wird C. jemals gehen?). Die Entscheidung würde für beide das Ende bedeuten, da sie aufeinander angewiesen sind (H. auf C.s Hilfe, C. auf H.s Vorräte). Man befindet sich in der letzten Phase eines Spiels (»Endspiel« = Schachspiel-Terminus), wie die Menschheit überhaupt: der Mensch in den Regressionsstufen verschiedener Generationen (am extremsten H.s verstümmelte, schwachsinnige Eltern Nagg und Nell in 2 Mülleimern), das Leben als Tragikom. (»Nothing is funnier than unhappiness«), die durch eine Katastrophe verwüstete Außenwelt, die Möglichkeit neuen Lebens als Bedrohungsgroteske (Floh, Ratte), das sinnlose Weitermachen in einer endlosen Agonie. H. und C. spielen bewußt und oft mühselig Dialog, Geschichtenerzählen, pantomimisches Ritual gegen die Eintönigkeit und das Schweigen.
Struktur nach mathematischen Prinzipien: Gliederung in 16 Phasen, 2 Eingangs-, 2 Schlußmonologe C.s und H.s, 2 Figurenpaare, 16 Auftritte/Abgänge C.s, Bewegungssymmetrien (z. B. 2mal Rollstuhlrunde, abgezählte Schritte), Parallelen, Wiederholungen und Leitmotive (z. B. Spiel, Ende, Tod, Null, Nichts). Verwendung von Namensymbolik (z. B. H. = Ham, »ham actor«, »homme«, »hammer«). Parodien biblischer Motive.

Übs. (des Originals) *Endspiel* von E. Tophoven (1957).

1958 **Harold Pinter:**

eD **The Birthday Party**

Dr., 3, Auff. 28. 4. Arts Theatre, Cambridge.

I. Der gescheiterte Pianist Stanley Webber lebt zurückgezogen und wird von seiner Vermieterin Meg liebevoll bemuttert. Zwei Männer, Goldberg und McCann, vor denen S. Angst hat, mieten sich ein. M. und die beiden Männer wollen S. zu Ehren eine Geburtstagsparty veranstalten. II. Die Männer verhören und erniedrigen S. vor der Party, die endgültig scheitert, als S. beim Blindekuhspielen versucht, Meg zu erwürgen. III. Am nächsten Morgen erzählen die Männer dem Wirt, S. sei irre geworden, und nehmen ihr willenlos gewordenes Opfer mit.
Analytisches Dr. mit Einheit von Ort und Zeit, dessen Vorgeschichte jedoch so unklar bleibt, daß die Hdlgg. und Beziehungen der Personen dem eindeutigen Verständnis entzogen werden. Spiegelung einzelner Szenen: Anfang und Schluß, Verhöre und Versprechungen, Unruhe der Männer vor und nach der Party usw. Absurde Dialoge über Triviales, sinnleere rituelle Handlungen wie Frühstück, Trommeln, Party, Spiele. Regression auf kindliche Verhaltensstufen. Symbolik des Wahrnehmens (Brille, Licht – Dunkel, Blindekuh), des Raumes (Stehen, Sitzen, Innen – Außen). Einflüsse von S. Beckett und E. Ionesco.

Buchausg. 1960. Übs. *Die Geburtstagsfeier* von W. H. Thiem (1961, rev. 1970). Film von W. Friedkin (1968).

1958 **Shelagh Delaney:**

eD **A Taste of Honey**

Dr., 2, Bearbeitung und Auff. durch Joan Littlewood und den »Theatre Workshop« am 27. 5. im Theatre Royal, London.

I. Gegenwart. Jo, ein 17jähriges uneheliches ir. Mädchen, bezieht mit ihrer leichtfertigen Mutter Helen eine Slum-Wohnung in Manchester. Um ihren neuesten Liebhaber zu heiraten, verläßt H. Jo, die mit einem schwarzen Matrosen ihre erste Liebe erfährt. II. Jo ist schwanger. Der homosexuelle Kunststudent Geoffrey kümmert sich um sie und will sie heiraten, doch sie lehnt ab, obwohl sie ihn gern hat. H. kehrt nach ihrer (wiederum) gescheiterten Ehe zu Jo zurück und vertreibt G.
Realistische Wiedergabe des tristen Milieus illusionsloser randständiger Existenzen, die nicht mit ihrem Schicksal hadern, sondern sich dareinfinden. Trotz Zynismus und Kaltschnäuzigkeit (Jos häufigste Reaktionen: »I don't care«, »Leave me alone«) Bedürfnis nach menschlichem Kontakt. Für beide Frauen jedoch bringt das Leben nur ein wenig Süße und viel Bitterkeit. Nachzeichnung der Umgangssprache. Einbeziehung von Liedern.

Buchausg. 1959. Film von T. Richardson (1961). Übs. *Bitterer Honig* von E. Gilbert (1961).

1958 Arnold Wesker:

eD Chicken Soup with Barley

Dr., 3, Auff. 7. 7. Belgrade Theatre, Coventry.

I. Londoner East End, 4. 10. 1936. Die kommunistische jüdische Arbeiterfamilie Kahn, mit der energischen Sarah im Mittelpunkt, nimmt am Kampf gegen den Faschismus teil, ausgenommen S.s lethargischer Mann Harry. II. 1946–47. H. erkrankt. Während die Tochter Ada sich mit ihrem Mann Dave ins Landleben zurückzieht, will der Sohn Ronnie ein sozialistischer Dichter werden. III. 1955–56. Alle Verwandten und Bekannten haben resigniert bzw. sich arrangiert. S. bewahrt als einzige unbeugsam ihre moralischen und polit. Prinzipien.
S. exemplifiziert ihre Maxime »you've got to care or you'll die« mit der »Hühnersuppe mit Gerste« einer Nachbarin, die Ada einst das Leben rettete. Sie wendet sich gegen den Skeptizismus der Desillusionierten, den Konformismus der Kompromißler und sieht allein im Sozialismus einen »Lebensweg« des »Lichts« und der »Liebe«. Das Familienschicksal vor zeitgeschichtlichem Hintergrund (Spanien, Weltkrieg, Labour-Regierung, Ungarn usw.). Realismus (Milieu, Sprache). Einflüsse: S. O'Casey, B. Brecht.

1. Teil einer Trilogie, fortgesetzt in *Roots* (1959): R.s Freundin Beatie Bryant versucht in Norfolk, den Sozialismus bei den »entwurzelten« Farmern einzuführen, kommt aber über eine bessere Selbstorientierung kaum hinaus; *I'm Talking About Jerusalem* (1960): Ada und Dave versuchen seit 1946 vergeblich, sich im Kunstgewerbe auf dem Land ein »Neues Jerusalem« aufzubauen, und kehren nach London zurück. Buchausgg. 1959–60. Übs. *Die Trilogie* von H. Thiem (1967).

1958 John Arden:

eD Live Like Pigs

Dr., 17 Szenen. Auff. 30. 9. Royal Court Theatre, London.

Naturalistische Kom. aus dem Milieu des sozialen Wohnungsbaus in nordengl. Stadt: die einquartierte Vagabundenfamilie Sawney kollidiert mit der ansässigen Kleinbürgerfamilie Jackson und wird ihrerseits von einer Zigeunersippe heimgesucht, wobei bes. die sexuellen Beziehungen Verwirrung stiften. Unparteiische Demonstration des doppelten Sozialkontrasts mit Desintegrationswirkung. Folge turbulenter Szenen. Individualisierte Charaktere. Einbeziehung von Liedern. Wirklichkeitsnahe Sprechweisen. Einflüsse: Balladentradition, elisabethanisches Dr., B. Brecht.

Buchausg. 1961. Übs. *Leben und leben lassen* von H. Spiel (1961).

1958 Samuel Beckett:

eD Krapp's Last Tape

Dr., 1, Erst-Auff. 28. 10. Royal Court Theatre, London.

An einem Geburtstag spielt der gebrechliche, schmuddelige Krapp ein Tonband ab, auf dem er an seinem 39. Geburtstag seine Situation kommentierte und die Impressionen einer noch früheren Geburtstagsaufnahme kritisierte (3 Stadien K.s mit 2 Vergangenheitsstufen). Durch Abstoppen, Vor- und Rückspulen manipuliert K. die reproduzierten Reminiszenzen; mit Ironie distanziert er sich von seinen früheren Ichs. Schließlich bespricht er, der nichts mehr zu sagen hat, ein letztes Band und läßt es leer auslaufen. K.s Monolog bzw. Dialog mit der Vergangenheit wechselt z. T. mit clownesker Pantomime.

Buchausg. 1959 mit dem Hörspiel *Embers* (1959): Henry kämpft verzweifelt gegen das ihn ominös bedrängende Geräusch der See an, indem er monologisiert, Dialoge und Szenen halluziniert, eine Geschichte erzählt; Verwischung von Realität und Imagination, evident allein die Zwangslage. Französische Übss. *La Dernière Bande* von P. Leyris und Beckett. *Cendres* von R. Pinget und Beckett (1959). Deutsche Übss. *Das letzte Band* (1959); *Aschenglut* (1963) von E. und E. Tophoven.

1958 Samuel Beckett:

eE The Unnamable

R.
Eigene Übs. des französischen Originals *L'Innommable* (1953). Teil III der Trilogie mit →*Molloy* (1955), →*Malone Dies* (1956) als I, II.

Der namenlose Sprecher, mit total erstarrtem, amorphem Körper in einer trüben Unterweltzone, ein desintegriertes Ich im extremsten Verfallsstadium, nur noch weiter monologisierendes Bewußtsein, unmotiviert mysteriösen Peinigern ausgeliefert, leidet zunehmend unter seiner (paradoxen) Unfähigkeit zu sprechen, zu schweigen und einsam zu sein: auch die Geschichten, die er sich erzählt (von Mahood, dem Torso im Blumentopf, dessen Verwandlung in den körperlosen, verständnislosen Worm), helfen ihm immer weniger. In trotziger Hoffnung versucht er, sein »Pensum« zu erfüllen, doch am Schluß steht er nach wie vor am Anfang seiner Geschichte.
Zentral die Qual des Ausgeliefertseins an die Zeit, die Sehnsucht nach dem Ende, das Grauen vor dem Nichts. Stil: frühe Aufgabe der Periodisierung, Zunahme der Satzlänge, Verkürzung der Sprechtakte, Steigerung zum hektischen Schluß-Crescendo. Trotz komischer Züge überwiegen hier die Motive von Haß, Leiden, Elend, Verzweiflung: Becketts bitterster Pessimismus.

Übs. (des Originals) *Der Namenlose* von E. Tophoven (1959).

1958 Lawrence Ferlinghetti:

aL A Coney Island of the Mind

49 Gedichte, 3 Teile. Einzelnes als Vorabdruck in *The Evergreen Review* u. a.

I. Titel-Zyklus: 29 Gedichte als eine Art »circus of the soul« (Titel zitiert H. Millers *Into the Night Life* ...). II. »Oral Messages«: 7 für Jazzbegleitung konzipierte längere Gedichte (zentral das Selbstporträt *Autobiography*). III. Auswahl von 13 Gedichten aus dem Band *Pictures of the Gone World* (1955).

Impressionen aus San Francisco, persönliche Reminiszenzen, Reiseeindrücke, Momentaufnahmen, Meditationen über das Weltgeschehen, das am. Leben, Dichtung und Kunst, die Liebe. Tendenz zum Erzählgedicht. Zahlreiche Zitate und Anspielungen. In I, III graphisches Textarrangement. In II rhapsodischer Stil (Wiederholungen, Parallelismen, Variationen), Sprechrhythmik. Einflüsse: W. Whitman, W. B. Yeats, J. Joyce, E. Pound, H. Miller, Jazz.

Übs. *Ein Coney Island des inneren Karussells* von E. Gütermann (1962), Teilübs. von A. Schmitz (1972).

1958 Alan Sillitoe:

eE Saturday Night and Sunday Morning

R., 2.

Nottingham, Gegenwart. Eine sozialkritische Studie des 22jährigen zornig-rebellischen Arbeiters Arthur Seaton, dessen deprimierende Arbeitsverhältnisse ihn dazu führen, sich an den Wochenenden durch alkoholische und sexuelle Exzesse zu betäuben. Einflüsse von D. H. Lawrence und J. Braine.

Key to the Door (1961) behandelt das Schicksal von Brian Seaton, Arthurs Bruder. Übs. *Samstag Nacht und Sonntag Morgen* von G. v. Uslar (1961). Film von K. Reisz (1960). Dramatisierung von D. Brett (1965).

1958 Jack Kerouac:

aE The Subterraneans

R.

San Francisco, Sommer 1953. Der Erzähler Leo Percepied trifft in einer Beatnik-Gruppe aus Schriftstellern, Rauschgiftsüchtigen und Homosexuellen die Schwarze Mardou Fox. Sie beginnen ein Liebesverhältnis, das jedoch an den komplexen psychologischen Problemen beider zerbricht. Er flüchtet sich in den Alkohol, sie zum Psychiater.
Als Konfession des Erzählers eine Beschreibung einer zweimonatigen Liebesgeschichte im »Untergrund« von San Francisco mit Schwerpunkt auf psychologischen und existentiellen Problemen, die sich aus dieser Situation ergeben (Schlüsselwort »pain«). Improvisierende Erzählweise (»spontaneous prose«), die, ähnlich dem Jazz, eine komplizierte Rhythmik zu erzeugen sucht (Assoziationen, Unterbrechungen, Interjektionen, Zitate usw.). Verarbeitung von autobiogr. Elementen.

Übs. *Be-Bop, Bars und weißes Pulver* von H. Hermann (1980).

1958 Lawrence Durrell:

eE Balthazar

R., 4. Teil II von *The Alexandria Quartet.*

I. Darley schreibt seinen Bericht über die Zeit in Alexandria (→*Justine,* 1957) neu aufgrund einer »Interlinearversion«, die ihm Balthazar, enger Freund J.s, zugestellt hat. Demnach hatte J. früher ein lesbisches Verhältnis mit Clea und heiratete N. nur, um ihr verschollenes Kind aus erster Ehe suchen zu lassen. II. J. liebte weder N. noch D., sie liebte Pursewarden und benutzte D. nur als Tarnung. III. Auf dem jährlichen Karneval wird jemand in J.s Kostüm von Narouz, dem Bruder von N., ermordet. IV. D. erfährt davon durch Clea, in die Narouz hoffnungslos verliebt ist. Der R. als Korrektiv zu *Justine:* D.s Perspektive wird zurechtgerückt und erweitert durch diejenige des einheimischen Balthazar (Episoden und Motivierungen werden nachgetragen, Figurenkonstellationen umgedeutet). Der erzählte Zeitabschnitt bleibt derselbe. Zu »city« tritt als 2. Schlüsselwort »reality«: D. beginnt, die Relativität seiner Wirklichkeitswahrnehmung zu begreifen.

Übs. von M. Carlsson (1959).

1958 Iris Murdoch:

eE The Bell

R.

»Imber Court«, Gloucestershire. Eine Laiengemeinde hat sich in der Nähe eines Klosters angesiedelt. Dora Greenfield, die sich mit ihrem Mann der Gruppe angeschlossen hat, überredet den Jungen Toby, eine alte Glocke zu bergen, die jener im See vor dem Kloster entdeckt hat. Die alte Glocke wollen D. und Toby gegen eine neue eintauschen, die in jenen Tagen in das Kloster eingeführt werden soll. Als Folge einer Intrige von Nick stürzt die neue Glocke in den See. Catherine, die heimlich ihren Bruder Nick liebt, wird wahnsinnig, weil einer Sage zufolge auch die alte Glocke wegen der Liebschaft einer Nonne in den See gefallen war. D. rettet Catherine, trennt sich von ihrem Mann und bleibt voller entsagender Liebe zu Michael, dem homosexuellen Führer der Laiengemeinde, in Imber Court zurück. Nick begeht Selbstmord.
Das Thema von Glaube und Säkularisierung auf mehreren Ebenen: Kloster – Laiengemeinde, alte Glocke – neue Glocke, allegorische und realistische Darstellung. Figuren tragen sprechende Namen, die ihre allegorische Funktion kennzeichnen: die Engel Michael und Gabriel (Namen der Glocken) gegen Nick (den Teufel). Die Allegorie wird jedoch durch zeitgenössische Aspekte (Inzest, Homosexualität, eingelegte Zeitungsberichte, groteske Verhaltensweisen usw.) kontrastiert und ironisiert. Multiperspektivisches chronologisches Erzählen, vorwiegend aus der Sicht D.s, deren Entwicklung von einer naiven Unselbständigkeit zu verantwortungsvollem Handeln das Thema des R.s spiegelt.

Übs. *Die Wasser der Sünde* von M. Wolff (1962). Fernsehserie (London, 1982).

1958 **John Betjeman:**

eL **Collected Poems**

121 Gedichte in 8 Teilen. Entst. seit 1932.

Landschaften, die Vororte der oberen Mittelschicht und engl. Traditionen sind Gegenstand der meisten Gedichte. Ironische konservative Sprechhaltung. Milde Zeitsatire und nostalgische Züge. Konventionelle Formen, z. T. als Parodien viktorianischer Lyrik. Bes. das Kolorit der topographischen Gedichte verschaffte Betjeman große Popularität.

Die Slg. gehört zu den meistverkauften Lyrikbänden in England.

1958 **Sean O'Faolein:**

eE **The Stories**

Auswahl von 27 Kurzgeschichten aus 4 Slgg. 1932–58. Vorabdruck im *Atlantic Monthly, Kenyon Review* u. a.

Die Texte vermitteln einen Überblick von der frühen Slg. *Midsummer Night's Madness* (1932) mit dem entidealisierten Bild der ir. »Wirren« anhand der Desillusionierung und Lebensansprüche eines jungen Rebellen (Titelgeschichte, *Fugue*) über *A Purse of Coppers* (1937), wo die Enttäuschung über die Entwicklung der unabhängigen Nation zum Ausdruck kommt (Thema des frustrierten Individuums in einem spießbürgerlich kleinstädtischen oder auch fortschrittsfeindlich ländlichen Milieu: vgl. *A Broken World, A Born Genius*) zu späteren Slgg., die nachsichtiger das provinzielle Irland behandeln: die Titelgeschichte in *Teresa and Other Stories* (1947) porträtiert eine Frau, die sich zur Spiritualität berufen fühlt, dem Ordensreglement gegenüber aber ein weltliches Leben vorzieht; *Lovers of the Lake* zeigt ein Paar aus dem Vorstadtmilieu, das bei einer Pilgerreise der Frau eine Steigerung seiner Liebe erfährt.
In der realistischen Tradition der Kurzgeschichte von A. Tschechow und I. S. Turgenjew praktiziert O'Faolein die auch theoretisch begründeten Gattungsmerkmale: Gewichtung der inneren gegenüber der äußeren Hdlg.; Bevorzugung andeutender Darstellung; komprimierte Zielstrebigkeit auf eine Gesamtwirkung; Enthüllung statt Entwicklung des Charakters; atmosphärische Evokation; Zurückhaltung des Erzählers.

Collected Stories (1983) in 3 Bdn. Übs. der gesammelten Erzählungen in 3 Bdn.: *Sünder und Sänger* (1976), *Trinker und Träumer* (1980) und *Lügner und Liebhaber* (1980) von E. Schnack.

1958 **R. K. Narayan:**

E **The Guide**

R.

Kleinstadt »Malgudi«, Südindien, Gegenwart. Raju, der nach seiner Haftentlassung in einem Tempel über seine Zukunft nachdenkt, wird vom benachbarten Dorf für einen Heiligen Mann gehalten und geht geschickt auf die einträgliche Ratgeberrolle ein, bis eine Dürre ihm ein Fastenopfer

abverlangt und er nun sein Leben beichtet: Einst ein gewitzter Fremdenführer, hatte er sich in die gebildete Rosie verliebt, die ihren sie vernachlässigenden Mann verließ und unter seiner Obhut als Tänzerin Karriere machte, doch seine Profitsucht entfremdete sie einander und brachte ihn als Betrüger ins Gefängnis. Als das Dorf unerschütterlich weiter an ihn glaubt, entschließt er sich, erstmals selbstlos, zur Fortsetzung der ihm aufgedrängten Rolle bis zum bitteren Ende: im Gefühl des bevorstehenden Regens bricht der vom Fasten Geschwächte zusammen.
Tragikomische Geschichte eines Mannes, der nach seinem äußeren Aufstieg und Fall in einer persönlichen Zwangssituation über sich hinauswächst. Darstellung ohne Moralisierung und mit ironisch verhaltener Sympathie. Charakteristisch die Beschreibung des Eingehens auf Vorgegebenes (statt prozeßhafter Entwicklung), die Wechselbezüge zw. Innen und Außen, Führen und Geführtwerden (mehrdeutiger Titel auf diversen Ebenen), das Zurücktreten der Dreieckskonstellation gegenüber gruppenspezifischen Konflikten, die Beharrlichkeit des alten Indien gegenüber der vom Selfmademan vertretenen neuen Zeit. Der schillernde Titelheld kontrastiert mit der integren, emanzipatorischen Rosie. Authentische Evokation des ländlichen Indien. Verbindung von Ich-Erzählung (Lebensgeschichte), teils alternierend, teils blockartig eingeschoben, und Er-Erzählung (Rahmenhdlg.). Der fiktive Schauplatz kehrt als Bezugskonstante in Narayans Erzählwerk wieder.

Film von T. Danilewski (1965). Übs. *Der Fremdenführer* von H. Haas (1986).

1958 Chinua Achebe:

E Things Fall Apart

R., 3.

I. Ibo-Dorf (Westafrika), 19. Jh. Der dynamische, traditionsbewußte Okinkwo schafft den Aufstieg in seinem Stamm, verstößt aber durch seine Unbeherrschtheit gegen die Erdgöttin und muß in die Verbannung. II. Während O. hartnäckig seine Rehabilitierung erreicht, wendet sich sein christianisierter Sohn Nwoye von der Familie ab. III. Bei der Rückkehr O.s beginnt sein Dorf unter dem Einfluß der engl. Kolonialmacht auseinanderzufallen: Zunahme abtrünniger Stammesmitglieder, Steigerung der Zusammenstöße mit der engl. Kirche und Verwaltung. O. erschlägt einen Weißen und entzieht sich der Strafe durch Selbstmord.
Beschreibung des Auflösungsprozesses des bodenständigen Afrikas an der Schwelle der Kolonialisierung mit geschichtszyklischer Implikation (Titel: Zitat aus W. B. Yeats' *The Second Coming*): Perspektive der kulturellen Erneuerung durch Verarbeitung der kolonialen wie vor-kolonialen Vergangenheit mit kritischer Distanz. Entsprechende Darstellung: kämpferischer Held als gemischter Charakter, besonnenere Komplementärfigur Obierka, Einbeziehung von Stammeskonflikten, differenziertes Bild der Weißen. Breite Beschreibung des Ibo-Brauchtums, bes. in I. Vorwiegend neutrale Erzählhaltung. Einfacher Stil mit charakteristischer

Einfärbung (Ibo-Vokabular mit Glossar, Naturvergleiche, landestypische Redensarten). Folkloristische Einlagen. Verfremdungseffekte in der Veranschaulichung der Briten aus der Sicht der Schwarzen. Richtungweisendes Modell und weltweit bekanntestes Werk der schwarzafrikanischen Literatur in engl. Sprache.

1. einheimisches Werk im Kanon der Höheren Schulen Nigerias seit der Unterrichtsreform (1964). Übs. *Okinkwo oder das Alte stürzt* von R. Moering (1959). Die Fortsetzung *No Longer at Ease* (1960) behandelt den gleichen Grundkonflikt anhand Nwoyes Sohn Obi vor zeitgenössischem Hintergrund. Beides zusammen mit *Arrow of God* (1964) als *The African Trilogy* (1988) mit Vorwort des Autors.

1958 Philippa Pearce:

eE Tom's Midnight Garden

Kinderbuch.

Beim Aufenthalt im Hause von Onkel und Tante entdeckt der kleine Tom durch eine magische Standuhr einen allnächtlichen Zugang zum tags verborgenen Garten, der von den Hausbewohnern des 19. Jh.s bevölkert wird. Bei seinen Besuchen in dieser eigentümlichen Welt freundet er sich mit dem vernachlässigten Waisenmädchen Hatty an, die allein ihn wahrnehmen kann. T. muß erkennen, daß – außer in der Erinnerung – alles dem Wandel unterworfen ist.
Eines der erfolgreichsten Bücher im wiederbelebten Genre der *fantasy* (Phantastik in Verschränkung mit Alltagsrealität). Kombination von kindgemäß reizvollem Erzählen und anspruchsvollem Hintersinn.

Übs. *Als die Uhr dreizehn schlug* von W. Buddecke (1963).

1958 Lawrence Durrell:

eE Mountolive

R. Teil III von *The Alexandria Quartet.*

Ein neutraler Erzähler rekapituliert die Hdlg. von →*Justine* (1957) und →*Balthazar* (1958) weitgehend aus der Sicht Mountolives, des britischen Botschafters in Alexandria. M., früher Geliebter von Nessims Mutter, erfährt durch Pursewarden, der für die Botschaft arbeitet, daß N. in einen Waffenschmuggel verwickelt ist. P. begeht Selbstmord, weil er N. falsch eingeschätzt hat, und »aus tieferen Gründen«. N. hat J. geheiratet, um sie an seiner Untergrundarbeit für einen Koptenaufstand zu beteiligen. J. hat sich nur mit Darley und P. eingelassen, um N. zu schützen. N. ist deprimiert, weil er nach der Entdeckung seiner Tätigkeit seinen inzwischen fanatisierten Bruder Narouz fallenlassen muß. Narouz wird ermordet, N. und J. gehen ins Ausland.
2. Korrektiv zu *Justine* und *Balthazar.* Nach Darleys erotischer und Balthazars gesellschaftlicher Perspektive wird hier der berichtete Zeitraum um seine polit. Dimension erweitert. Die meisten unklar gebliebenen Zusammenhänge und Motivierungen klären sich hier auf. Die Figurenkonstellation ändert sich noch einmal, D. rückt ganz an den Rand, mit

ihm das Motiv der mythischen Stadt (»city«), die hier aus der Sicht der britischen Kolonialpolitik erscheint.

Übs. von M. Carlsson und G. v. Uslar (1960).

1959 Jack Gelber:

aD The Connection

Dr., 2, Auff. 15. 6. The Living Theatre, New York.

I. New York, Gegenwart. Eine Gruppe Heroinsüchtiger wartet auf »Cowboy«, den »Verbindungsmann«. II. C. kommt. Im Fix finden sie z. T. momentane Erleichterung. Modellfall von Abhängigkeit, Entfremdung, Apathie. Konzentration auf das Verhalten und die fragmentarischen Bekenntnisse der Süchtigen. Zerstörung der Bühnenillusion durch 2 Photographen, die das Bühnengeschehen zugleich für einen Film auswerten, und wiederholte Diskussionen zw. den süchtigen Spielern und dem Autor »Jaybird«. Intendiert als »improvisiertes Theater«: das Geschehen wird zugleich von einem Jazz-Quartett interpretiert, die Figuren selbst improvisieren analog individuell über das gemeinsame Thema.

Buchausg. 1960. Film von Sh. Clarke (1960).

1959 John Arden:

eD Serjeant Musgrave's Dance
An Un-historical Parable

Dr., 3, Auff. 22. 10. Royal Court Theatre, London. Anregung durch einen polit. Zwischenfall auf Zypern (1958).

Ein nordengl. Ort streikender Bergarbeiter um 1880. Mit dem Ziel, die schreckliche Logik des Krieges bewußt zu machen, inszeniert der mit 3 Soldaten desertierte Serjeant M. eine Art Totentanz: unter dem Vorwand der Soldatenwerbung fordert er aus den Reihen der polit. Verantwortlichen fünffaches Sühneopfer für eine nach dem gleichen Eskalationsprinzip verlaufene koloniale Sühneaktion. Der Versuch des religiösen Fanatikers, die »Anarchie« mit drastischer Gewalt in Ordnung zu bringen, stößt auf Entsetzen, Verständnislosigkeit und (bes. bei den Frauen) Widerstand zur Verteidigung des Lebens.
Das Stück als negative Parabel sowohl gegen den Krieg als auch gegen militanten Pazifismus. Balladeske Stilisierung: lockere Episodenstruktur, Typisierung von Figuren, zentrale Bedeutung der Atmosphäre, Verwendung von Farbsymbolik und Leitmotiven (z. B. Tanz). Prosa mit Vers- und Liedeinlagen. Wirklichkeitsnahe Sprechweisen.

Buchausg. 1960. Übs. *Der Tanz des Sergeanten Musgrave* von E. Fried und E. Gilbert (1961).

1959 Saul Bellow:

aE Henderson the Rain King

R. Teilvorabdrucke in *The Hudson Review* u. a.

Gegenwart. Eugene Henderson, 55, Millionär aus Connecticut, vital, impulsiv und egozentrisch, ist mit seinem Leben unzufrieden. Von einer vagen, doch insistierenden inneren Stimme »I want« getrieben, verläßt er seine Familie und begibt sich – auf der Suche nach der Vorvergangenheit der Menschheit und der eigenen Identität – in die terra incognita Afrikas. Nach anfänglichen Mißerfolgen bewährt er sich bei den Wariri und wird zum Regenkönig erhoben. Der befreundete Stammeskönig Dahfu lehrt ihn den vertrauten Umgang mit Löwen, befreit ihn von Zwängen und vermittelt ihm einen Einblick in die Möglichkeit menschlicher Größe. H. gewinnt so ein Selbstverständnis, das ihn mit dem Entschluß, zu seiner Frau zurückzukehren und Medizin zu studieren, in eine harmonische und sinnvollere Zukunft blicken läßt.
H. als ein moderner Titan (im Gefolge von F. Nietzsches Übermenschen) auf der Suche nach mythischer Größe, zugleich eine Figur quijotesker Komik. Durchgängiger Kontrast zur am. Gegenwartswirklichkeit. Ich-Erzählung.

Übs. *Der Regenkönig* von H. A. Frenzel (1960).

1959 Robert Lowell:

aL Life Studies

23 Gedichte und 1 Prosapassage in 4 Teilen. Teilvorabdrucke in *Partisan Review* u. a.

Nach einer klassizistischen und vorwiegend katholisch orientierten Frühlyrik (→*Lord Weary's Castle,* 1946, und *The Mills of the Kavanaughs,* 1951) versucht Lowell hier eine Analyse seiner Familie und seiner selbst. Strenger Aufbau: 4 Gedichte (als zeitgeschichtlicher polit. Rahmen), »91 Revere Street« (Prosapassage über die Kindheit in Boston), 4 Gedichte (als literarischer Hintergrund) und »Life Studies« (15 Gedichte über Großeltern, Eltern, seelische Krisen, Ehe und Selbstverachtung). Hauptthema, wie auch früher bei Lowell, ist die Wirkung der Toten auf die eigene Gegenwart: Schuldgefühle, Angst, Entfremdung, aber auch eine neue Sicherheit und Ruhe. Prosanahe einfache Diktion und Syntax, freie, meist reimlose Verse. Einfluß auf J. Berryman und J. Dickey.

1959 William Faulkner:

aE The Mansion

R., 3 Bücher. Teil III der Snopes-Trilogie (→*The Hamlet,* 1940, →*The Town,* 1957).

I. »Mink«. 1923. Flem Snopes ist inzwischen Bank- und Herrenhausbesitzer in »Jefferson« und sorgt durch eine List dafür, daß sein Vetter Mink

zusätzliche Jahre im Gefängnis absitzen muß, weil er dessen Rache fürchtet. II. »Linda«. Eula Snopes Tochter Linda heiratet einen Kommunisten und kommt verwitwet und taub aus dem Spanischen Bürgerkrieg zurück. Gavin Stevens, der Rechtsanwalt, nimmt sich ihrer an. III. »Flem«. 1948 wird Mink endlich freigelassen. Trotz vieler Hindernisse erreicht er Flem und erschießt ihn. Linda und Stevens verhelfen ihm zur Flucht.
Mit dem Herrenhaus erreicht Flem Snopes den Höhepunkt seiner Laufbahn. Er übernimmt durch Kapitaltransaktionen den Besitz der alten Familien des Südens, Sartoris (→*Sartoris,* 1929) und Compson (→*The Sound and the Fury,* 1929). Doch der Gegenspieler Mink, trotz hartnäckiger Arbeit immer wieder um seinen Besitz betrogen, holt ihn ein. Viele z.T. grotesk-komische Episoden mit wechselnden persönlichen Erzählern. Konventionelleres Spätwerk Faulkners.

Übs. *Das Haus* von E. Schnack (1960).

1959 William S. Burroughs:
a E The Naked Lunch
R.

Textsegmente über den utopischen Staat »Freeland« und seine Hauptstadt »Interzone«: Doc Benway terrorisiert seine Patienten, um sie über ihre Schuldgefühle zu kontrollieren. Hassan führt in seinem Haus homosexuelle Orgien auf. Durchschnittliche Bürger von Interzone geben Selbstdarstellungen. A. J. zeigt auf seiner Party Filme, die Sex mit dem rituellen Hängen von jungen Männern kombinieren usw. Diesen Figuren entsprechen die vier Parteien von Interzone: »Sender« (Sucht nach Macht und Kontrolle), »Liquefactionists« (Sucht nach Rauschgift und Homosexualität), »Divisionists« (Sucht, sich durch Ebenbilder und Konformismus zu bestätigen) und »Factualists« (Gegner aller Suchtformen). Zur letzten Gruppe rechnet sich auch der Erzähler Lee: »There is only one thing a writer can write about: *what is in front of his senses at the moment of writing* ... I am a recording instrument ... I do not presume to impose ›story‹ ›plot‹ ›continuity‹«. Thematische Einheit durch den Aspekt der Satire. Den von J. Kerouac vorgeschlagenen Titel erläutert Burroughs als »den gefrorenen Moment, wenn jeder sieht, was auf dem Ende jeder Gabel steckt«.
Montage von Erzählfragmenten, die parodistisch Techniken der wissenschaftlichen Abhandlung, des phantastischen Comic Strip, Groschen-R.s, der Pornographie usw. benutzen. Reicher Gebrauch von Slang, genaue Wiedergabe von am. Sprechweisen, Vielfalt von wechselnden Namen. Einflüsse: Anti-Utopie (H. G. Wells, G. Orwell), Surrealismus (automatische Schreibweise unter Drogeneinfluß), W. Reich.

1959 wegen Zensurschwierigkeiten in Paris erschienen. In den USA (1962) mit dem Nachwort »The Algebra of Need«, in England als Verschnitt mit der Trilogie (→1962) unter dem Titel *Dead Fingers Talk* (1963). Übs. von K. und P. Behrens (1969).

1959 Louis Zukofsky:

a L »A«

1–12

Gedichtsequenz, 12 Teile. Entst. und z.T. veröffentlicht 1928–51 in *Black Mountain Review* u.a. Publikation in Japan.

Erste Teile einer poetischen Autobiogr., »aus hist. und zeitgenössischen Elementen«, aus Beobachtung und Meditation montiert. Privates (Frau Celia, Sohn Paul) und Politik (vom Spanien- bis zum Koreakrieg) wird zum Gegenstand der Reflexion. Weiter: Sprache und Dichtung (7), K. Marx' Definition der Arbeit (8). Verzicht auf Metapher und Symbolismus. Durchgehendes Leitmotiv: J. S. Bachs *Passionen.* Freie Verse, deren typographische Anordnung den natürlichen Sprechrhythmus ausdrükken soll. Eingearbeitet werden Zitate, Briefe, kurze Parodien regelmäßiger, gereimter Verse usw. Bemühung um klare und einfache Sprache. Einfluß von E. Pound und W. C. Williams.

Fortgesetzt in *»A« 13–21* (1969), *»A« 22 and 23* (1975), *»A« –24* (1972). Slg. →*»A«* (1978).

1959 Norman Mailer:

a Advertisements for Myself

5teilige Slg. von Essays, R.-Fragmenten, Interviews, Gedichten etc.

Mailer stellt Proben seiner Arbeit für einen (nicht erschienenen) R., *Advertisements for Myself on the Way Out,* vor, darunter wichtige Essays und Interviews, die seine Neuorientierung an der Beat-Bewegung und der Psychologie von W. Reich (bes. *Die Funktion des Orgasmus*) verdeutlichen. *The White Negro* entwirft das Porträt des Hipsters als am. Existentialisten und »weißen Negers«, *Notes toward a Psychology of the Orgy* bringt Reich und Hipster-Rolle zusammen, *Last Advertisement* bekennt sich zu E. Hemingway als Vorbild, und *The Time of Her Life* erzählt von einer sexuellen Begegnung in der Form eines Stierkampfes, aus dem der Mann als siegreicher Torero hervorgeht. Weitere frühe Erzählungen sollen Mailers Entwicklung verdeutlichen. Mit seinem Männerbild provozierte Mailer die Frauenbewegung (Kate Milletts →*Sexual Politics,* 1970).

Übs. *Reklame für mich selbst* von W. von Grünau und W. Sczepan (1986).

1959 José Antonio Villareal:

a E Pocho

R., 11.

Mexiko, Texas und Süd-Kalifornien, 1920–1941. Richard Rubio, Sohn eines geflüchteten Offiziers der mexikanischen Revolution, wächst in Santa Clara auf und erlebt die dreißiger Jahre: Arbeitslosigkeit, Streiks, mexikanische Wanderarbeiter, innere Ablösung von der Religiosität und den Geschlechterrollen seiner Eltern, zögernde Integration in eine Gruppe Jugendlicher engl., italienischer und japanischer Abstammung, Annähe-

rung an die *pachucos,* eine rebellische Chicano-Jugendbande. 1941 tritt R. wie seine Freunde in die Armee ein und bricht mit seiner Familie.
Bildungs-R. eines jungen mexikanisch-am. Schriftstellers und seiner schwierigen Identitätsfindung zw. 2 Kulturen (*pocho* = abfällig für Mischbildung beider Sprachen), zw. Familie und Jugendbanden, die beide ihr Positives und Negatives haben. Zentralperspektive weitgehend bei R. mit seiner erhöhten Sensibilität für andere Minoritäten. Realistische Schreibweise. Beginn einer eigenständigen Chicano-Literatur in den 60er und 70er Jahren.

In *The Plum Plum Pickers* (1969) liefert Raymond Barrio ein proletarisches und sozialkritisches Gegenbild der Chicano-Landarbeiter im Santa Clara County.

1959 James Purdy:

aE Malcolm

R.

Der 15jährige Malcolm gerät auf der Suche nach seinem Vater an eine Reihe von exzentrischen Charakteren. Nach der Heirat mit der Schlagersängerin Melba erkennt er die Vergeblichkeit seiner Suche und stirbt. Groteske Allegorie der Glaubenssuche und des Glaubensverlustes. Schwarzer Humor und Zeitsatire. Einflüsse von N. West und J. D. Salinger.

Dramatisierung von E. Albee (1965). Übs. von E. Duncker (1963).

1960 Harold Pinter:

eD The Caretaker

Dr., 3, Auff. 27. 4. Arts Theatre, London.

I. London. Aston, ein schwerfälliger, sanfter, junger Mann, der an den Folgen einer Geisteskrankheit leidet, kümmert sich um den alten Tramp Davies und quartiert ihn im eigenen Zimmer des ramponierten Hauses ein, das ihm sein Bruder Mick zur Renovierung übergeben hat. II. Während D. die Brüder gegeneinander auszuspielen versucht und mit dem Angebot der Hausmeisterstelle spielt, treibt M. seinerseits mit ihm ein Katz-und-Maus-Spiel. III. Dies drängt D. schließlich zur Auseinandersetzung mit A. und aus dem Haus.
Die bedrohliche Situation ergibt sich hier weniger aus der Außen-Innen-Spannung (→*The Birthday Party,* 1958) als vielmehr durch den Zusammenstoß unterschiedlicher Charaktere im Innenraum. D. scheitert bei dem Versuch, sich ein Heim zu erobern, an seinem ambivalenten Verhalten (Unterwürfigkeit, Mißtrauen, Schmarotzertum, Dreistheit). Tragikom. im randständigen Milieu mit absurden Momenten. Dialoge charakterisiert durch Ausdrucksnot, Klischees, Zusammenhanglosigkeit, unterschiedliche Sprechweisen, Mißverständnisse, »evasion of communication«.

Übs. *Der Hausmeister* von W. H. Thiem (1961, rev. 1970). Film von C. Donner (1963).

1960 Wright Morris:

aE Ceremony in Lone Tree

R., 3.

Lone Tree, Nebr., um 1950. Zum 90. Geburtstag von Urgroßvater Tom Scanlon kommen seine 3 verheirateten Töchter Lois, Edna und Maxine mit ihren Familien, ein ehemaliger Verehrer von Lois, Boyd, und der Westernautor Jennings. Am Ende einer spannungsvollen Nacht voller grotesker Ereignisse, die er verschlafen hatte, stirbt der alte S. an seinem Geburtstag, und Etoile, Maxines junge Tochter, heiratet ihren Freund Calvin.

Die Geburtstagsfeier führt die Familie und Freunde zurück nach Lone Tree (ehemaliges Indianergrab), den verlassenen Ort ihres Ursprungs. Sie demonstriert zugleich das Ende des alten Westens in diversen Gegenüberstellungen (Generationen, Geschlechter; Pfeil und Bogen, Revolver, Planwagen). Mit S., der noch Buffalo Bill gekannt hatte und bereits in Morris' *The World in the Attic* (1949) und *The Field of Vision* (1956) aufgetaucht war, geht dieser Westen endgültig unter; mit dem Widerschein der Atombombentests dämmert eine ungewisse Zukunft herauf. Multiperspektivisch, z.T. synchron geführte Erzählweise. Einfluß von W. Faulkner.

Übs. *Unterwegs nach Lone Tree* von H. Soellner (1963).

1960 Richard Eberhart:

aL Collected Poems

170 Gedichte. Entst. 1930–1960.

Meist halten die kurzen Gedichte eine Emotion oder eine Wahrnehmung in präzisen Bildern oder Phrasierungen fest oder meditieren über sie. Der Tod ist ein häufiges Thema. Vielseitige, meist konventionelle Vers- und Strophenformen. Eberhart zählt mit Richard Wilbur, Karl Shapiro, Delmore Schwartz u.a. zur mittleren, oft »akademisch« genannten Generation zw. T. S. Eliot und E. Pound einerseits und den Beat-Autoren der 50er Jahre andererseits.

Erweiterte Ausg. (1976), Pulitzer-Preis.

1960 Ted Hughes:

eL Lupercal

41 Gedichte.

Hughes' 2. Slg. (nach *The Hawk in the Rain,* 1957) enthält Gedichte über hist., legendäre oder zeitgenössische Figuren *(Nicholas Ferrer, Everyman's Odyssey, The Retired Colonel)* und über Tiere *(A Dream of Horses, Hawk Roosting, Thrushes, An Otter)*. In beiden Gruppen dominiert das Thema von Lebenskampf und Tod (Schlüsselwort »death«). Hughes' Bestiarium (Wolf, Katze, Bulle, Hecht, Hund, Frosch) ist ganz auf den instinktiven, aggressiven Aspekt abgestellt. Der Titel bezieht sich auf ein römisches Fest (Lupercus beschützte die Herden vor Wölfen, eine Wölfin, »lupa«, hatte die sagenhaften Gründer der Stadt ernährt). Knapper, um präzise Wortwahl bemühter Stil elliptischer Tendenz. Wechselnde Vers- und Strophenformen mit und ohne Reim. Einflüsse von W. B. Yeats, M. Moore und D. H. Lawrence.

1960 John Barth:

a E The Sot-Weed Factor

R., 3. Anregung durch das satirische Gedicht *The Sot-Weed Factor* (1708) von Ebenezer Cook(e), über den nichts weiter bekannt ist. Weitere Quelle: die Archive von Maryland.

I. London, 1694. Der junge Dichter Ebenezer Cooke wird von seinem Vater, der von dessen Umgang mit der Hure Joan in London gehört hat, auf seine Tabakplantage in Maryland geschickt. II. E. gerät auf der Reise in einen polit. Machtkampf um Maryland. Sein ehemaliger Erzieher Burlingame, der auf der Suche nach einem Manuskript über seine eigene Herkunft ist, versucht, E. den polit. Hintergrund zu erklären. Nach vielen Zwischenfällen landet E. in Maryland, verliert die väterliche Plantage und wird gezwungen, die inzwischen geschlechtskranke Joan zu heiraten. III. Maryland, 1695. B. und E. suchen E.s Zwillingsschwester Anna, die den beiden nachgereist ist. E. findet sie schließlich und auch den entscheidenden Teil des Manuskripts, das die Herkunft B.s enthüllt. Als er sich bereit zeigt, die Ehe mit der todkranken Joan zu vollziehen, wird ihm auch sein Erbe zugesprochen.
Ironischer Bildungsr. mit archaisierender Tendenz: Reise, Schiffbruch, Piraten, Eingeborene usw. (Züge des Abenteuer-R.s des 18. Jh.s). Parodistische, spielerische Verwendung von Erzählkonventionen, von Fiktion und hist. Material: »Farcenhafter Gegenrealismus«. E.s »innocence« wird kontrastiert in seinem allwissenden, nihilistischen Doppelgänger B. (»impotence«), der in verschiedenen Masken die Entwicklung E.s lenkt (Schlüsselwörter: »twin, twain«). Er-Erzähler, Perspektive E.s durchweg. Einfluß von V. Nabokov.

Rev. Ausg. 1967. Übs. *Der Tabakhändler* von S. Rademacher (1970).

1960 Charles Olson:

a L The Maximus Poems

Sequenz aus 37 Teilen. Teilvorabdrucke in *Black Mountain Review* u. a.

In Form von Briefen, Liedern und Meditationen kontrastiert Maximus die Entstehung der Stadt Gloucester, Mass. (ca. 1622) kritisch mit ihrer Gegenwart: Ursprünglichkeit – Kapitalismus, Sprache – Sprachlosigkeit usw. Projektiver Vers (→*Projective Verse,* 1950). Zitatmontage aus Dokumenten, Briefen und Gesprächen. Einflüsse von E. Pound und W. C. Williams.

Teilübs. in *Gedichte* von K. Reichert (1965). Fortsetzungen (1968, 1975). Slg. (1983). Trotz Festhaltens am lokalen Detail Fortschreiten zu weltgeschichtlichen Zusammenhängen (Menschheitswanderungen). Die hist. Ausweitung auch als Vordringen ins Mythische und eigene Unbewußte. Weitgehend planlose Fortführung.

1960 John Updike:

aE Rabbit, Run

R.

Brewer, Pa., 1959. Der 26jährige Harry (»Rabbit«) Angstrom versucht, aus seiner Kleinstadtsituation (schwangere trunksüchtige Frau, Kind, Beruf als Vorführer von Küchenmaschinen) auszubrechen. Ein Verhältnis mit Ruth führt nicht weiter, seine Frau ertränkt im Rausch das neugeborene Kind. Ruth wird schwanger. A. läuft davon. Thema: die existentielle Krise des Anti-Helden A., die aus seiner Unfähigkeit, mit Frauen andere als sexuelle oder flüchtige Kontakte zu finden, rührt. Lyrisch-beschreibender Stil, innerer Monolog.

Übs. *Hasenherz* von M. Carlsson (1960). Fortsetzung in *Rabbit Redux* (1971) und *Rabbit is Rich* (1981). Pulitzer-Preis für Teil III.

1960 Lawrence Durrell:

eE Clea

R. Teil IV von *The Alexandria Quartet.*

Darley, der Erzähler von →*Justine* (1957) und →*Balthazar* (1958), kehrt während des 2. Weltkrieges nach Alexandria zurück. Er und die Stadt haben sich verändert: N. lebt verarmt als Ambulanzfahrer, J. steht unter polit. Arrest. D., von J. angewidert, beginnt ein Verhältnis mit Clea. Er soll eine Biographie von Pursewarden schreiben, um zu verhindern, daß das wahre Motiv für dessen Selbstmord bekannt wird: die inzestuöse Liebe zu seiner Schwester Liz, die sich für Mountolive entschieden hat. Nach einem seltsamen Unfall unter Wasser verliert Clea eine Hand und gewinnt dadurch ein neues, kreatives Verhältnis zur Malerei. Auch D., nach seiner Trennung von Clea, gewinnt ein neues Verhältnis zu seinen Rr.
Neben einzelnen Aufklärungen noch unklar gebliebener Beziehungen, bringt dieser R. als einziger eine »Fortsetzung« des Geschehens (Übergang von der räumlichen in die zeitliche Dimension). Das Quartett erscheint jetzt als eine Analyse der »modern love«, die in allen ihren Aspekten (Ehebruch, Inzest, Homosexualität, Lesbiertum, Schwärmerei, Prostitution, Vergewaltigung usw.) von der mythischen Stadt Alexandria determiniert ist. Die Figuren bilden oft Kontraste (D. – Pursewarden, Melissa – Clea, N. – Narouz usw.). Durchgehende Symbolik des Spiegels (Selbstbespiegelung, Perspektivierung von Figuren, Verdoppelung usw.), die alle »Realität« in die Relativität des Sehens auflöst. Durrell adaptiert in der Tetralogie Einsteins Relativitätstheorie: Konzeption eines »n-dimensionalen R.s«.

Übs. von W. Schürenberg (1961).

1961 Muriel Spark:

eE The Prime of Miss Jean Brodie

R. Vorabdruck in *The New Yorker.*

Edinburgh, 1930–39. Die eigenwillige Miss Jean Brodie bleibt in der »Blüte ihrer Jahre« unverheiratet, um sich als Lehrerin an einer konservativen Mädchenschule vor allem ihren Schülerinnen zu widmen. Eine Gruppe von Anhängerinnen ist von ihren unorthodoxen Anschauungen und ihren Affären mit 2 Kollegen fasziniert. Aus diesem »Brodie Set« entwickelt sich die aufgeweckte Sandy Stranger zur weltanschaulichen und persönlichen Gegenspielerin von Miss B. Sie stellt die faschistischen Neigungen von Miss B. bloß und bewirkt so ihre Entlassung. S. selbst konvertiert und geht ins Kloster.
Zentral das Thema der verlorenen Unschuld in den Spannungsfeldern von katholischem Mystizismus und kalvinistischer Nüchternheit, Individuum und Institution, Lehrberuf und Persönlichkeit. Ambivalentes Porträt der Titelheldin. Reihe differenzierter Mädchenporträts. Wechselseitige Figurenspiegelung. Straffes Erzählen mit Vorausdeutungen und Rückblenden, Ironische Brechungen. Prägnanter Stil. Spritzige Dialoge.

Film von R. Neame (1969). Übs. *Die Blütezeit der Miss Jean Brodie* von P. Naujack (1983).

1961 Joseph Heller:

aE Catch-22

R.

Am. Bomberstaffel auf der italienischen Insel »Pianosa« während des 2. Weltkriegs. Der Pilot John Yossarian, ein Anti-Held, opponiert gegen das absurde, ominöse System der am. Kriegsmaschinerie, die nach dem alogischen Prinzip des »catch 22« funktioniert (eine Klausel dieses »Hakens« besagt: nur Verrückte können vom Einsatz befreit werden, doch wer die Befreiung vom Einsatz sucht, kann nicht verrückt sein). Y. versucht zu überleben (bes. durch vorgetäuschte Krankheit) und aus dieser verkehrten Welt auszubrechen (bes. nach den apokalyptischen Szenen im besetzten Rom), während seine Kameraden nacheinander fallen. Schluß: Flucht mit Ziel Schweden in der Hoffnung auf ein sinnvolleres Leben.
Neben Y. eine Vielzahl karikierter Figuren, wie der ehrgeizige Oberst Cathcart, der unablässig die Einsätze steigert, oder der mysteriöse Offizier Milo Minderbinder, der skrupellos zw. den Fronten Geschäfte macht. Struktur: lockere achronologische Folge meist kurzer Figurenporträts und Szenen in Y.s Perspektive. Leitmotiv des Todes. Makabre Farce mit grotesken Zügen, satirischen Tendenzen, paradoxen Formulierungen, gerichtet gegen den Wahnsinn der Kriegführenden und gegen die am. Gesellschaft, die sie hervorgebracht hat. Einfluß N. Mailers.

Bestseller. Übs. *Der Iks-Haken* von I. und G. Danehl (1964). Film von M. Nichols (1969).

1961 Allen Ginsberg:

aL Kaddish and Other Poems

Titelsequenz und 15 weitere Gedichte der Jahre 1958–60. Einzelnes in Vorabdrucken in *The Evergreen Review* u. a.

Themen: das eigene zwiespältige Ich, die Mutter, die Nation als Opfer der gefühllosen Zeit, des »gebrochenen Bewußtseins« der Jahrhundertmitte. Durchgängig das eschatologische Problem des Todes und die Suche nach dem Leben. Langes 6teiliges *Kaddish* (jüdisches Totengebet) für die 1956 verstorbene Mutter: I. Proöm; II. »Erzählung« in Erinnerungsbildern; Lobpreisung; III. »Klage«; IV. »Litanei«; V. »Fuge«. Ferner: Impressionen aus Paris; Phantasien und Visionen, z. T. unter Drogeneinfluß. Tendenz zu Mystizismus. Rhapsodischer Stil.

Übs. *Kaddisch* von A. Hollo (1962).

1961 Denise Levertov:

aL The Jacob's Ladder

32 Gedichte und 9 Gedichtsequenzen, sowie 13 Gedichte aus der Slg. *Overland to the Islands* (1958).

Gedichte über persönliche und poetologische Themen *(A Sequence, The Jacob's Ladder)*. Levertovs Mischung aus exakter Beschreibung und Reflexion, aus abstraktem und konkretem Vokabular wird bes. deutlich in *During the Eichmann Trial: When We Look Up*. Die Identität zw. der Außenwelt und der Psyche des Sprechers grundlegend für die meisten Texte. Freie, meist kurze Verse. Einflüsse von W. C. Williams, Ch. Olson und R. Creeley.

Teilübs. in *Mit Augen an unserm Hinterkopf* von E. Guetermann (1961).

1961 John Hawkes:

aE The Lime Twig

R.

1.–2. London, nach dem 2. Weltkrieg. Der kleinbürgerliche Michael Banks wird von seinem Untermieter überredet, sich mit einem gestohlenen Pferd an einem Rennen in Aldington zu beteiligen. 3.–7. B. gerät dabei in Verbrecherkreise und wird in Aldington in einen Mord und eine Orgie verwickelt, während seine Frau Margaret in einem nahe liegenden Hotel an der sadistischen Folter durch einen Gangster stirbt. 8.–9. Als B. davon erfährt, wirft er sich während des Rennens vor das Pferd und verhindert durch seinen Tod dessen Sieg.
Hawkes benutzt die Konventionen einer Kriminalgeschichte, um eine alptraumartige Welt voller absurder Tode, pervertierter menschlicher Beziehungen und undurchsichtiger Motive zu schaffen. Symbolik (Pferd, Farben) und Leitmotivik (»lime«; »lime twig« = »Leimrute«). Einfluß von G. Greene.

Übs. *Die Leimrute* von G. Weil (1964).

1961 Kurt Vonnegut:

aE Mother Night

The Confessions of Howard W. Campbell, Jr.

R.

Howard W. Campbell legt im Gefängnis in Israel seine Lebensbeichte ab: C. läßt sich als am. Schriftsteller vor dem 2. Weltkrieg in Deutschland nieder und heiratet eine Deutsche. Ab 1939 arbeitet er im Auftrage eines am. Agenten als Rundfunk-Sprecher für die Nazis, um in den Propagandatexten kodierte Nachrichten für die Alliierten durchgeben zu können. Nach dem Krieg versteckt sich C., von den Amerikanern und Israelis als Verräter gehaßt, in New York. Als C. merkt, daß er von russischen Agenten entführt werden soll, stellt er sich freiwillig den israelischen Gerichten.

Satire auf die Lebensbeichte eines Nazis (Parallelen zum Eichmann-Prozeß): »We are what we pretend to be, so we must be careful about what we pretend to be.« Ein Schriftsteller wird nach seinen Worten, nicht nach seinen geheimen Intentionen beurteilt: Zentralproblem Fiktion – Realität, Rollenspiel – Identität. Titel ein Zitat aus *Faust:* Mephistopheles, der sich auf die »Mutter Nacht« bezieht (Parallele zum Erzähler, der mehrfach im R. als Teufel bezeichnet wird). Ich-Erzähler, Kontrast von Erzählergegenwart (Kapp. 1–4, 29, 45) und -vergangenheit. Karikaturen von Rassisten, Funktionären, Agenten, Neo-Faschisten usw. Szenisches Erzählen, meist Dialoge, die die Absurdität der Figuren enthüllen. 45 kurze Kapp. (lockere Folge von relativ selbständigen Episoden), Einlagen fiktiver Dokumente, Briefe usw. Vorgeschalteter fiktiver Hg. Einflüsse von N. West und V. Nabokov.

1961 Robert A. Heinlein:

aE Stranger in a Strange Land

R.

Die Konfrontierung eines auf dem Mars aufgewachsenen und erzogenen Menschen mit dem Leben in den USA der Zukunft dient der Relativierung von am. Sprache, Religion, Sexualmoral und Staat. Der Martianer wird gesteinigt, sein Opfertod hat eine religionsstiftende Wirkung. Heinlein knüpft an die »Science Fiction«-Tradition seit →H. G. Wells' *The Time Machine* (1895) an. Neben den traditionellen Motiven gewinnt nach dem 2. Weltkrieg das Motiv der drohenden Weltzerstörung an Bedeutung.

Bes. Erfolg durch die kultischen Züge. Mit A. C. Clarke, A. E. van Vogt und I. Asimov gehört Heinlein zu den bekanntesten »Science Fiction«-Autoren der Gegenwart. Übs. *Ein Mann in einer fremden Welt* von W. H. Bergner (1970).

1961 J. D. Salinger:

aE Franny and Zooey

2 Geschichten. Einzeln in *The New Yorker* (1955, 1957) veröffentlicht.

Franny. Die 20jährige Studentin Franny Glass entdeckt bei einem »date« den selbstzufriedenen Egoismus ihres Freundes Lane Coutell, der ihre mystische Suche nach Christus nicht versteht, und erleidet eine Nervenkrise. *Zooey*. Auf Aufforderung von Mrs. Glass zeigt Zooey seiner kranken Schwester, daß Christus nicht im Gebet und introvertierter Mystik, sondern in aktiver Nächstenliebe ist.
Das existentielle Thema wird durch kontrastierende Strukturen und Symbole in beiden Teilen getragen. Mischung von Zen-Buddhismus und Christlichem.

Bestseller. Die geplante Chronik der sensiblen jüdischen Familie Glass (seit *Nine Stories*, 1953) fortgesetzt in *Raise High the Roofbeam, Carpenters and Seymour: An Introduction* (1963) und *Hapworth 16, 1924* (1965). Übs. *F. und Z.* von A. und H. Böll (1963).

1961 William S. Burroughs:

aE The Soft Machine

R. 1. Teil einer Trilogie mit →*The Ticket That Exploded* (1962), →*Nova Express* (1964).

17 Erzählsegmente: von New York Flucht nach Lexington und Mexiko; visionäre Versetzung ins Maya-Reich, Zerstörung der Kontrollsysteme der Mayas; Suche nach Yage-Wurzel (Droge); pornographische Filme über das Hängen junger Männer; Zeit- und Identitätswechsel in Minraud, dem Insektenreich; Untersuchungen durch Polizei; homosexuelle Orgien in Panama; Trak-trak, trak, eine Verkaufsorganisation, die von der Konsumsucht ihrer Kunden lebt; Krieg gegen Kontrollinstanzen; Kampf der Geschlechter auf dem »Baby Market«; Erinnerungen an St. Louis; Flucht durch eine Graslandschaft voller Primitiver und Affen.
Satirische Passagen über Sucht und Drogen, Sex, Konsum, Macht. »The Soft Machine« ist der zerstörbare menschliche Körper. Verwendung der »cut-up«-Methode: geradlinige Erzählpassagen alternieren mit Passagen, die deren Wörter in neue Kontexte und Arrangements stellen. Burroughs versucht hier, eine »Mythology of the space age« zu schaffen. Thematisch korrespondieren das Zerbrechen von Satzzusammenhängen und das Durchbrechen der Zeit- und Raumkoordinaten sowie die häufigen Identitätswechsel: Bill = Carl = Johnny, K 9 = Clem Snide = Joe Brundige usw. Benutzung von autobiogr. Material aus *Junkie* (1953) und *The Yage Letters* (1963).

1968 rev. Fassung. Übs. von P. Behrens (1971).

1961 Thom Gunn:

eL My Sad Captains

2 Teile: I (16 Gedichte), II (13 Gedichte).

Gunns 3. Gedichtband (nach *Fighting Terms,* 1954, und *The Sense of Movement,* 1957). I. Meditationen anhand von hist., literarischen und zeitgenössischen Personen über existentielle Fragen wie Identitätswandel *(The Annihilation of Nothing, The Monster, Modes of Pleasure)*. II. Eine Reihe präziser Beschreibungen eigener Beobachtungen, an die sich ähnliche Meditationen anschließen *(Flying above California, Considering the Snail)*. Ironisch distanzierter, stark elliptischer Stil, voller Negationen (Präfixe, Suffixe, Syntax); »doubt«, »despair«, »purposeless«, »chance« usw. bilden ein dominantes Wortfeld der Slg. Syllabische Organisation der Strophen mit Reimen oder Halbreimen. Das Titelgedicht resümiert die Meditationen über hist. und befreundete Personen in skeptischer Distanz. Einflüsse von W. B. Yeats und W. H. Auden.

1962 Anthony Burgess:

eE A Clockwork Orange

R., 3.

I. Der 15jährige Alex und seine Bande überfallen, berauben, vergewaltigen Leute aus Langeweile und tiefer Verachtung der technokratischen Erwachsenengesellschaft. A. wird verhaftet. II. Im Gefängnis meldet sich A. zur »Ludovico«-Behandlung, die ihm alle Aggression, aber auch die Empfindung für Musik nimmt. III. Die Resozialisation des Friedfertigen scheitert, er wird selbst das Opfer der brutalen Umwelt und zum Politikum, das die liberale Opposition propagandistisch gegen die Gehirn-Manipulation einsetzt. A. wird re-konditioniert, entwächst aber den Gewalttaten seiner neuen Gang.
Ambivalente Zukunftsparabel über den Dualismus von mechanischem Funktionieren und organischer Reifung des Menschen (Titelsymbol), Anpassungszwängen und individueller Vitalität, die Problematik des freien Willens zw. Gut und Böse und des ästhetischen bzw. sozialen Unterscheidungsvermögens. Die gesellschaftlichen Ursachen der Gewalttätigkeit (Familie, Generationenkonflikt) werden nur angedeutet. Strenge Komposition in dreimal 7 Kapp. mit Symmetrien und Kontrasten. Erzählt von A. im »nadsat«, dem russisch inspirierten Teenager-Slang seiner Zeit, der der Hdlg. und ihrer Hauptfigur ein seltsam ambivalentes Gepräge gibt. Großer Erfolg, vor allem nach der Verfilmung.

Spätere Ausgg. lassen das 21. Kap. weg, das A.s Reifung andeutet. Film von S. Kubrick (1971). Übs. *Uhrwerk Orange* von W. Brumm (1972). »Stück mit Musik« von A. Burgess (1987).

1962 Arnold Wesker:

eD Chips With Everything

Dr., 2, Auff. 27. 4. Royal Court Theatre, London.

I. Gegenwart. Der Intellektuelle Pip Thompson opponiert in der Royal Air Force gegen den Drill und beginnt, die Kameraden aus der Arbeiterklasse zu politisieren. II. Den Offizieren, die seinen Selbstbestätigungsdrang erkennen, gelingt es, ihn in ihre Reihen zu integrieren. Der Kommis als karikaturhaftes Spiegelbild des Gesellschaftssystems (Herrschende – Ausgebeutete). Der Titel bezieht sich auf den Einheitsfraß der Arbeiter. P. als Vertreter einer fatalen Diskrepanz zw. polit. Idee und persönlicher Aktion. Übergang von realistischer zu mehr parabolischer Darstellung.

1962 Edward Albee:

aD Who's Afraid of Virginia Woolf?

Dr., 3, Auff. 13. 10. Billy Rose Theatre, New York.

Party zweier Dozenten-Ehepaare eines kleinen College in Neu-England, Gegenwart. Im Zentrum der Historiker George und seine Frau Martha (durch Kinderlosigkeit und beruflichen Mißerfolg frustriert), als jüngeres Parallel- und Kontrastpaar der Biologe Nick und seine Frau Honey. Im Kampf der Geschlechter steigern sich G. und M. zum »totalen Krieg« und beziehen zunehmend die Gäste mit ein. Die Gehässigkeitsrituale in »Fun and Games« (I) führen über die Konfusion (Rausch, Sex) der »Walpurgisnacht« (II) zur entscheidenden Aktion G.s: er erklärt im »Exorzismus« (III) den fiktiven Sohn für tot und bringt durch diese Zerstörung der Illusion alle zur Erkenntnis der Realität (Sterilität, Flucht, Konformismus). Die Einsicht in die gemeinsame »Angst vor einem illusionslosen Leben« (dies der Sinn des leitmotivischen Titel-Slogans) bringt M. und G. einander wieder näher. Darüber hinaus offener Schluß.
Ausweitung der Privatsphäre durch Verweise auf die am. Gesellschaft bzw. das Weltgeschehen: Namensymbolik (z. B. Schauplatz »New Carthage«), Typisierung (N. als Verkörperung des »American Dream«, M. als verhinderte »mom«), Reflexionen über Geschichte und Zukunft. Genaue Nachzeichnung der Umgangssprache. Satirische Tendenzen. Einflüsse: A. Strindberg, E. O'Neill, S. Beckett.

Übs. *Wer hat Angst vor Virginia Woolf?* von P. Braun (1963). Film von M. Nichols (1965).

1962 Ken Kesey:

aE One Flew Over the Cuckoo's Nest

R., 4.

Oregon, Gegenwart. Der Halbindianer Broom Bromden, langjähriger Insasse einer Heilanstalt, berichtet aus seiner Sicht über die zunehmende Insubordination des Patienten McMurphy gegen die »Big Nurse« Ratched und die wachsende Solidarität der anderen Patienten mit M. Der Aufstand gipfelt in einem tätlichen Angriff auf R. und einer Gehirnoperation, die M. zu einem willenlosen Objekt macht. B., der unter dem Einfluß von M. seine jahrelange Verstellung als Taubstummer aufgegeben hat, befreit sich und flieht.
Parabel über Macht (»control«) und Selbstbehauptung. Konditionierung der Insassen durch Drogen, Elektroschocks, Lobotomie. Irrer Erzähler dient zur Erweiterung der Wahrnehmung, Erzeugung von grotesker Ko-

mik. Dialoge voller Slang (»cuckoo« = »verrückt«; Titel zitiert Kindervers). Umgangssprachliche Beschreibungen. Autobiogr. Züge.

Film von M. Forman (1975). Übs. *Einer flog über das Kuckucksnest* von H. Hermann (1983).

1962 Robert Creeley:

aL For Love

Poems 1950–1960

135 Gedichte in 3 Teilen. Einzelnes in *Black Mountain Review* u. a.

Fast alle Gedichte der Slg. sind persönlichen Charakters: Liebe, Freundschaft, Ehe, Dichtung und deren Gefährdung sind die Hauptthemen. Die Sprechsituation bleibt meist implizit: unbestimmte Pronomina, Konjunktive, Bedingungssätze, Abstrakta, allgemeine Verben (»to be«, »to do«, »to look«) usw. Die häufig abstrakten Titel bleiben in vager Beziehung zum Text *(The Innocence, The Way, The Business)*. Wechsel von Slang und abstrakter Sprechweise, z. T. humorvolle und ironische Sprecherhaltungen. Freier, an Satz- und Bildstruktur orientierter Versbau, meist reimlos (→Ch. Olson, *Projective Verse,* 1950). Ausgeprägt reduktive Lyrik. Einflüsse von E. E. Cummings und W. C. Williams.

Teilübs. in *Gedichte* von K. Reichert (1967).

1962 Roy Fuller:

eL Collected Poems 1936–1961

176 Gedichte in 7 Teilen.

Auch nach der Teilslg. *The Middle of a War* (1942) bleibt die Gesellschaft (Krieg, Sozialismus) Hauptthema. Ferner die Reflexion über Dichtung und Dichter und eine ironisch distanzierte Selbstanalyse. Verwendung verschiedener traditioneller Strophen- und Versformen (meist regelmäßig und gereimt). Kolloquialer, prosanaher Stil. Einfluß von W. H. Auden.

New and Collected Poems (1985).

1962 Vladimir Nabokov:

aE Pale Fire

R., 2.

I. *»Pale Fire.* A Poem in Four Cantos«. Fiktives autobiogr. Gedicht in »Popeschen Reimpaaren« von John Francis Shade (1898–1959), herausgegeben durch Charles Kinbote. II. »Commentary«. In einem Kommentar, der den vierfachen Umfang des Gedichtes hat, erläutert K. das Gedicht auf eigenwillige Weise und erzählt dabei seine eigene phantastische Lebensgeschichte: nach einer glücklichen Kindheit als Königssohn in Nova Zembla flieht K. vor der Oktoberrevolution 1917 über Umwege in die USA, wo er sich mit S. anfreundet. Eine russische Untergrundbewegung

beauftragt ihren Agenten Gradus, K. zu töten. Gradus verfehlt jedoch K. und erschießt S. K. flieht mit S.s *Pale Fire*-Manuskript.
Der Titel aus W. Shakespeares *Timon of Athens* (»the moon's an arrant thief . . . her pale fire she snatches from the sun«) verweist auf das Verhältnis von K. zu S. Der als Parodie kommentierter Textausgg. (vgl. Nabokovs Ausg. von *Eugen Onegin,* 1964) angelegte R. wird zum Doppelgänger-Thema ausgebaut, das erlaubt, eine komplizierte Spiegelung von Dichter und Plagiator, Gedicht und Kommentar, Amerika und Rußland, Realismus und Märchen usw. aufzubauen. Dichtes Geflecht von Anspielungen, Querverweisen, Namenspielen, Wortspielen (»shade«, »gradual«, »glass«) und Symbolen (»sun« – »moon«, »mirrors«, »butterflies«, »gray«). Höhepunkt des Doppelgänger-Themas in Nabokovs Werk (vgl. *Laughter in the Dark,* 1938; *The Real Life of Sebastian Knight,* 1941; →*Lolita,* 1955 u. a.). Einflüsse von A. Pope, L. Sterne und J. Joyce.

Übs. *Fahles Feuer* von U. Friesel (1968).

1962 Katherine Anne Porter:

aE Ship of Fools

R., 3. Entst. 1940–61.

Eine Schiffsreise von Veracruz nach Bremerhaven im Jahre 1931 als Anlaß einer Gesellschaftssatire anhand von vielen typisierten Figuren: Egoismus, Haß, Ehrgeiz, Unwissenheit und vor allem der bereits offene Faschismus der deutschen Reisenden. Konventioneller ironischer Erzähler. Satirische Tradition des Narrenschiffes (vgl. S. Brant). Verarbeitung autobiogr. Elemente.

Bestseller. Übs. *Das Narrenschiff* von S. Rademacher (1963). Film von S. Kramer (1964).

1962 William S. Burroughs:

aE The Ticket That Exploded

R.

20 Erzählsegmente, die die »Weltraum-Mythologie« von →*The Soft Machine* (1961) weiterführen. Bradley zerstört die »Gardens of Delight«, wo unter konstanten sexuellen Stimuli Männer von Automaten »gemolken« werden. Raumfahrer werden auf der Venus von grünen Fischjungen verführt. Das »Reality Studio« kontrolliert durch seine Filme die Realität. Ein Mönch kopuliert mit seinem eigenen Schatten, kontrolliert durch Schlagermusik. Eine multimediale Ausstellung mit verschiedenen Kontrollinstrumenten. Kriege zwischen Nova-Mob und Nova-Polizei, zwischen Apomorphin-Truppen und Insekten-Menschen von Minraud. Invasion parasitärer Lebensformen, wie der »Sex-Skin«, die die Menschen umhüllt. Verdoppelung und Verschmelzung von Figuren wie Lykin – Bradley, Bill – John.
Die Thematik der totalen Kontrolle des Menschen bes. durch polit. Macht, Sexualität, Rauschgift und Sprache wird hier mit neuen Medien

erweitert. Die Realität selbst ist ein Film, der durch das »Reality Studio« kontrolliert wird: Nicht nur Sprache, sondern auch Sehgewohnheiten sind parasitäre Lebensformen, die den Menschen kontrollieren (Bewußtseinsindustrie). Dagegen hilft nur die »Operation Rewrite« (»cut-up«, »rub-out«, d.h. zerstörerisch-schöpferisches Kombinationsspiel mit konventionellen Wort- und Bildzusammenhängen). Der Titel verweist auf den Doppelaspekt von Konvention (»Ticket«) und Zerstörung (»Exploded«).

Rev. Fassung 1967.

1962 James Baldwin:

aE Another Country

R., 3 Bücher.

New York, Gegenwart. Anhand von 4 Paaren und deren wechselseitigen Beziehungen wird ein Bild der am. Gesellschaft entworfen und mit Europa kontrastiert (Titel): die weiße Südstaatlerin Leona und der im Selbstmord endende schwarze Schlagzeuger Rufus Scott; Cass Silenski aus Neu-England und ihr Mann Richard, ein Erfolgsschriftsteller polnischer Abstammung; Vivaldo Moore, ein homosexueller ir. Bohemien aus Brooklyn und die Sängerin Ida, Rufus' Schwester; der aus Frankreich zurückkehrende homosexuelle Schauspieler Eric Jones und dessen Freund Yves. Zentral die ethnischen Gegensätze, sexuellen Probleme, Identitätsfragen. Realismus und Symbolik. Konventionelles Erzählen in Multiperspektive. Einflüsse: H. James, J. Dos Passos.

Bestseller. Übs. *Eine andere Welt* von H. Wollschläger (1965).

1962 William Faulkner:

aE The Reivers

A Reminiscence

R.

1.–5. »Jefferson«, 1905. Die Eltern des 11jährigen Lucius Priest müssen über das Wochenende zu einer Beerdigung und lassen L. mit dem autobesessenen Boon Hogganbeck zurück. B. überredet L. zu einem heimlichen Wochenendausflug nach Memphis mit dem Auto des Großvaters. Der Neger Ned McCaslin schließt sich an. Nach einigen Hindernissen gelangen sie in ein Bordell in Memphis, wo B. seine Freundin Corrie besuchen will. 6.–13. Ned hat das Auto heimlich gegen ein Pferd getauscht, mit dem er im Norden ein Rennen gewinnen will. Alles hängt nur von dem Rennen in »Parsham« ab, bei dem L. den Jockey spielen soll. Corrie muß sich prostituieren, damit das Rennen stattfinden kann, das sie tatsächlich gewinnen. L.s Großvater holt L. zurück. L. wird mit dem Schuldgefühl aufwachsen, nicht wie ein Gentleman gehandelt zu haben.
Das Thema des Betrugs (»reivers« = »Gauner«) wird humorvoll durch alle Episoden variiert (Autoentführung, »Zoll«-Zahlungen, Pferdetausch,

Diebstahl eines Goldzahns, Beschlagnahme des Pferdes, Betrug beim Rennen und Wetten usw.). Im nostalgischen Rückblick erzählt der 60jährige L., als Gentleman erzogen, seine Initiation in die Welt der Gauner. Die alte Welt des Südens (Großvater, Pferde) kontrastiert mit der neuen (B., Autos). Pointierte Kapp. mit Geheimnisstruktur: die Aufklärung der Verwicklungen geschieht erst im letzten Kap. Konventionelle Erzähltechnik. Faulkner verarbeitet in seinem letzten R. Materialien aus früheren Werken: →*The Unvanquished* (1938), →*The Hamlet* (1940), →*Go Down, Moses* (1942).

Pulitzer-Preis. Übs. *Die Spitzbuben* von E. Schnack (1963). Film von M. Rydell (1969).

1963 Thomas Pynchon:

aE V.

R.

2 Hauptfiguren in komplexer Hdlg.: Benny Profane, ein Gelegenheitsarbeiter, »Schlemihl« und »menschlicher Yoyo«, der sich treiben läßt und keine Erfahrungen macht, und Herbert Stencil, ein imaginativer intellektueller »Abenteurer«, der von der Suche nach der mysteriösen Frau V. aus der Agenten-Welt seines Vaters besessen ist und überall Hinweise auf sie vermutet. Die Verbindung zw. beiden bildet die »Whole Sick Crew«, eine lockere Gruppe partyfreudiger Bohemiens in New York. P. begleitet St. auf V.s »Spuren« nach Malta, wo sich beide schließlich trennen. Offener Schluß: St.s Suche geht weiter.
P. – St. als Doppelgänger: Gegenwartsbezug – Vergangenheitsbezug, Richtungslosigkeit – Zielstrebigkeit, Beschränkung auf die Realitätssphäre – Einbeziehung des Bizarr-Phantastischen. Zentrale Probleme: die moderne »Entropie« (vgl. Kurzgeschichte gleichen Titels, 1960) und Enthumanisierung (Mechanisierung, Entwicklung zu Chaos und Stillstand, »Annihilation«); Realität – Fiktion, Kohärenz – Inkohärenz der Geschichte; Kommunikation; Identität und Rollenspiel. Das V-Motiv auch in der Struktur (von graphischen Effekten bis zum Handlungsgefüge). Aufbau: 12 Kapp. über die Gegenwart (1955/56) mit allmählicher Zusammenführung von P. und St., 4 (ohne chronologische oder kausale Verknüpfung) interpolierte Kapp. und ein Epilog über (mit V. verbundene) hist. Episoden (seit 1898) an verschiedenen Orten (bes. in Mittelmeerländern). Vielzahl der Figuren, Schauplätze, Motive, Details (vgl. die kuriosen V-Manifestationen wie die Frauen- und Ortsnamen mit der Initiale V, die Ratte Veronica, das Jazz-Lokal V-Note, das Phantasieland Vheissu usw.). Einbeziehung verschiedenster Genres, Erzähltechniken, Stile, teils mit parodistischer Tendenz, Evokation von Autoren wie H. Adams, L. Wittgenstein, J. Conrad, J. Joyce, D. Hammett, L. Durrell, V. Nabokov, J. Kerouac, J. L. Borges.

Übs. *V.* von D. Stössel (1968).

1963 **T. S. Eliot:**

eL **Collected Poems 1909–1962**

Erweiterung von *Collected Poems 1909–1935* (1936); 34 Gedichte und 7 Gedichtsequenzen.

Die Slg. enthält mit Ausnahme der Juvenilia die meisten von Eliot veröffentlichten Gedichte in chronologischer Folge. Neben →*Prufrock and Other Observations* (1917), →*The Waste Land* (1922), →*Ash-Wednesday* (1930) und →*Four Quartets* (1943) zeigen die übrigen Gedichte die Wandlung Eliots (ab 1925) vom pessimistischen Kulturkritiker *(Gerontion, The Hollow Men, Sweeney Among the Nightingales)* zum überzeugten Anglo-Katholiken, Klassizisten und Royalisten *(Ariel Poems, Choruses from ›The Rock‹)*. Die fragmentarisch-satirischen Techniken der Frühzeit weichen strengeren Kompositionen, z. T. nach musikalischen Prinzipien. Das Weiterentwickeln von reimlosen, freien Versen bleibt charakteristisch für die ganze Slg.

Übs. *Gesammelte Gedichte 1909–1962* von E. Hesse u. a. (1973). *The Complete Poems and Plays* (1969) enthalten zusätzlich Kinderverse in der Tradition von E. Lear, *Old Possum's Book of Practical Cats* (1939), erlebten in der Bearbeitung des Musicals *Cats* von A. L. Webber (1981) einen großen populären Erfolg.

1964 **Samuel Beckett:**

eD **Play**

Dr., 1, Erst-Auff. 7. 4. National Theatre, London.

Die aus Urnen ragenden Köpfe des Mannes M und der Frauen W1, W2 monologisieren mechanisch-hektisch auf Scheinwerfersignale hin. In einer »Erzählung« rekonstruieren sie die Vergangenheit ihrer gemeinsamen Dreiecksgeschichte. In der folgenden »Meditation« grübeln sie über den Sinn der gegenwärtigen qualvollen Lichtinquisition und sehnen sich nach dem Ende in einer Zukunft, von der aus alles dies Spiel gewesen sein wird.

Musikalische Komposition: chorische Ouvertüre, 2 Sätze mit fugenartiger Monologverschränkung, da capo des Stückes mit accelerando und decrescendo der Sprechweise, rhythmische Effekte. Die Zirkularstruktur mit dem Ansatz einer 2. Wiederholung deutet ironisch die Endlosigkeit der Bewußtseinsreaktionen der 3 reduziertesten (dem Ende nächsten) Bühnenfiguren Becketts an.

Buchausg. mit 2 Hörspielen. *Words and Music* (1962): dialogischer Wettstreit zw. »Words« (Joe, Sprache) und »Music« (Bob, Musik von J. Beckett) auf Befehle ihres Herren Croak. *Cascando* (eigene Übs. des französischen Originals, 1963): ein »Opener« öffnet und schließt zwanghaft die Kanäle, durch die »Voice« (Erzählung von Woburn) und »Music« (Musik von M. Mihalovici) ertönen, und reflektiert darüber. Eigene Übss. ins Französische: *Comédie* (1964); *Paroles et Musique* (1966). Deutsche Übss. (der Originale): *Spiel* (1963); *Cascando; Worte und Musik* (1964) von E. und E. Tophoven.

1964 James Baldwin:

aD Blues for Mister Charlie

Dr., 3, Auff. 23. 4. ANTA Theatre, New York. Anregung durch den Fall Emmett Till in Mississippi (1955).

Südstaatenort, in 2 Lager gespalten: Whitetown, Blacktown. Der arme weiße Ladenbesitzer Lyle hat den militanten jungen Schwarzen Richard ermordet und wird freigesprochen (wie schon einmal). An diesem Fall werden das Rassenproblem und die unterschiedlichen Meinungen, Verhaltensweisen und Entwicklungen typischer Repräsentanten in beiden Lagern in der Gegenwartshdlg., Rückblenden, Selbstbekenntnissen und chorischen Kommentaren dargestellt (»Mister Charlie«: ein Spottname für den Weißen).

Übs. *Blues für Mister Charlie* von K. Molvig (1971).

1964 John Osborne:

eD Inadmissable Evidence

Dr., 2, Auff. 9. 9. Royal Court Theatre, London.

London, Gegenwart. Bill Maitland, gutsituierter Anwalt, gerät an den Rand eines Nervenzusammenbruchs. Mit Alkohol, Sex, Gesprächen usw. versucht er, seine Durchschnittlichkeit und Unsicherheit zu verdrängen, doch zunehmend scheitert die Kommunikation mit Frau, Tochter, Geliebter, Freunden, Klienten usw. Kombination von Realismus und Stilisierung (Traum, Satire).

Buchausg. 1965. Übs. *Richter in eigener Sache* von G. Penzoldt (1968). Film von A. Page (1968).

1964 Wole Soyinka:

D Five Plays

Slg. von 5 frühen Drr.

Enthält neben *The Swamp-Dwellers* (1959), *The Strong Breed* (1964) und *The Trials of Brother Jero* (1964) 2 vielbeachtete Stücke, die das zeitgenössische Leben in Yoruba-Dörfern (Nigeria) dramatisieren.
The Lion and the Jewel (1959): Realistische Dreieckskom. um die als Fotomodell entdeckte Dorfschöne Sidi zw. dem total verwestlichten jungen Lehrer Lakunle und dem alten, vitalen Oberhaupt Baroka, der sie mit List und Charme für sich gewinnt. Die Übertragung des Motivs der ungleichen Paarung in der Tradition von B. Jonson bis J. M. Synge auf afrikanischen Boden demonstriert zugleich den sozialhist. Kontrast zw. der Anpassung an europäische Zivilisation (groteske Entfremdung von L.) und einheimischer Verwurzelung (B.). Das »Juwel« S. entscheidet sich für den »Löwen« B. aufgrund eines elementaren Zusammengehörigkeitsgefühls. Poetische Stilisierung in sehr freiem Vers. Einsatz milieugemäßer Requisiten, Kostüme, Tanzimprovisationen und Sprechweisen.

A Dance in the Forest (1960): Phantastisch-symbolisches Festspiel anläßlich der Unabhängigkeitsfeiern Nigerias, das jedoch unter Verarbeitung von Yoruba-Mythen eine durch Gewalttätigkeit geprägte einheimische Kontinuität veranschaulicht. Bei einem rituellen Stammestreffen unter Einschluß der Vorfahren und Naturgeister werden der schuldbeladene Totemschnitzer Demoke, die Männer ruinierende Dirne Rola und der scheinheilige Amtssprecher Adenebi mit ihrem früheren Leben im 8. Jh. konfrontiert (D. = schillernder Hofdichter; R. = launische Königin; A. = korrupter Chronist). Dramatisierung einer naturnahen Welt mit archaischer Tradition. Problematik von Schöpfung und Zerstörung, Mensch und Umwelt, Schuld und Sühne, Leben und Kunst. Komplexes Stück mit poetischen Passagen und offenem Schluß (4 Varianten). Einbeziehung von chorischen Aufzügen, Maskeraden, Tanzritualen und Spiel-im-Spiel. Ist *The Jewel and the Lion* ein bodenständige Vitalität befürwortendes, eingängiges Stück, so *A Dance in the Forest* ein düsteres, schwer faßbares Stück über die Verbreitung menschlicher Rücksichtslosigkeit; beide Werke bedienen sich spezifisch afrikanischer Bühnenmittel.

In weiteren Drr. setzte sich Soyinka bes. satirisch mit den korrupten Praktiken der Machthaber der neuen Nation auseinander. *Collected Plays,* 2 Bde. (1973/74). Übs. *Tanz der Wälder* von O. und E. Fetter (1974).

1964 Arthur Miller:

aD After the Fall

Dr., 2, Auff. 23.1. ANTA-Washington Square Theatre, New York.

Der Anwalt Quentin läßt, vor erneuter Bindung – mit der Deutschen Holga – verunsichert, sein Leben Revue passieren (Rahmen-Hdlg.): I. jüdische Familie in New York, Ruin des Vaters durch die Wirtschaftskrise, auf den Sohn verlagerte Ambitionen der Mutter, scheiternde Ehe mit der konventionellen Louise, Verteidigung des Ex-Kommunisten Lou vor dem McCarthy-Tribunal; II. Ehe mit der Schlagersängerin Maggie, die zum neurotischen Opfer des Starrummels wird und nach der Trennung Selbstmord begeht. H. begegnet Qu. – aufgrund ihrer leidgeprüften Erfahrungen in Nazi-Deutschland – mit gelassener Heiterkeit.
Zentral das Problem der Selbstzerstörung des Menschen, der seine Unschuld verloren hat (vgl. biblischen Titel), bes. unter dem Eindruck des Holocaust, der McCarthy-Ära und persönlicher Erfahrungen. Fiktionalisierung autobiogr. Materials (z. B. Maggie = Marilyn Monroe). Selbstkritische Zwischenbilanz mit positivem Schluß. Form des Bewußtseinsdramas: Geschehen im Kopf des Helden, der in der Gegenwart monologisiert, Episoden seiner Vergangenheit assoziiert und einen fiktiven Zuhörer *(alter ego)* anspricht; Bühnenbild mit 3 Ebenen, Kurzauftritte, Dialogüberblendungen zeigen das fluktuierende Bewußtsein im Versuch der Selbstergründung, KZ-Wachturm als symbolisches Requisit.

Übs. *Nach dem Sündenfall* von K. Janecke (1982).

1964 **Lorraine Hansberry:**

aD **The Sign in Sidney Brustein's Window**

Dr., 3, Auff. 15. 10. Longacre Theatre, New York.

I.–II. New Yorker Bohème, Gegenwart. Der liberale Intellektuelle Sidney Brustein läßt sich von seiner allgemeinen Resignation abbringen und für Wally O'Haras Wahlkampf einspannen (Plakat im Fenster usw.), muß aber nach dem Wahlsieg erkennen, daß er von einem Opportunisten mißbraucht wurde. Zugleich verläßt ihn seine Frau Iris, der Bevormundung durch ihn überdrüssig. I.s Schwester Gloria begeht Selbstmord, als der Schwarze Alton sich wegen ihrer Call-Girl-Vergangenheit von ihr trennt. III. Die Ereignisse machen S. die Notwendigkeit elementaren Mitgefühls und polit. Engagements (»commitment«) bewußt: aus der durch Gefühlsintensität gewonnenen Energie heraus will er Wallys »Maschine« bekämpfen.
Zentral die Kritik an den liberalen Attitüden des Illusionismus, Skeptizismus, Verbalismus sowie der Zusammenhang von Privatleben und Politik. Häufung aktueller Probleme: Minoritäten (S. als Jude, Alton, Gloria, der Homosexuelle David), Konformismus (Mavis als »Mother Middleclass«), Korruption (z. B. Wally), Vereinsamung und Drogensucht (z. B. Gloria), Kunst und Kommerz (I. als Schauspielerin) bzw. Publikum (David als Dramatiker), Stadt-Land-Gegensatz (S.-I.). Struktur: Entwicklung zu den Katastrophen (I–II), Wandlung und Neuansatz S.s (III). Einbeziehung von Traumsequenzen, Liedern und Zitaten.

Buchausg. 1965.

1964 **LeRoi Jones:**

aD **The Slave**

A Fable in a Prologue and Two Acts

Dr., 2, Auff. 16. 12. St. Mark's Playhouse, New York.

I. Am. Campus, Gegenwart. Walker Vessels, Führer der »schwarzen Befreiungsbewegung«, sucht während eines bewaffneten Aufstandes seine ehemalige, weiße Frau Grace und deren Mann, Prof. Bradford Easley, auf, um sich seine beiden Kinder zu holen. Dies führt zu einer heftigen Auseinandersetzung über W.s Entwicklung vom integrationsbedachten Intellektuellen zum rassistischen Revolutionär sowie über G.s und E.s Versagen als realitätsfremde Liberale. II. W. erschießt in einem Handgemenge E., G. fällt einer Bombe zum Opfer. Beider Tod rechtfertigt W. mit der »Sache« (»cause«). Während Kindergeschrei ertönt, verläßt er den Schauplatz, zurückverwandelt in den alten »Feldsklaven«, als der er bereits im Prolog die hist. Dimension des Geschehens angedeutet hat.
Zentral das Problem des Rassenkampfes als Konsequenz einer Radikalisierung, die auf die Enttäuschung über die Liberalen zurückgeht. Die Bewußtwerdung des Sklaven führt zur militanten Rebellion gegen die weißen Herrscher und zum Postulat der eigenen Machtübernahme, impli-

ziert aber keine Kritik an der Struktur des Gesellschaftssystems. Typisierung der Figuren. Negative Züge bes. bei den Weißen, doch z.T. auch bei W. (z.B. Selbstgerechtigkeit, Globalanspruch). Das Schreien der unschuldigen Kinder als Rahmenmotiv.

Buchausg. mit dem Dr. *Dutchman* (1964): Konfrontation des schwarzen Intellektuellen Clay mit der lasziven Liberalen Lula, die ihn schließlich tötet und sich ein neues Opfer sucht.

1964 Edward Albee:

aD Tiny Alice

Dr., 3, Auff. 29. 12. Billy Rose Theatre, New York.

Der Laienbruder Julian verhandelt im Auftrag des Kardinals mit der attraktiven Gönnerin Miss Alice in ihrem Schloß, läßt sich von ihr verführen und heiratet sie. Als er sich nicht in ihrer »winzigen« Welt einschließen lassen will, wird er vom Anwalt des Kardinals erschossen. Eine Art »metaphysical dream play«, das untersucht, »wieviel falsche Illusion wir brauchen, um durchs Leben zu kommen«. J. zw. sexueller Hysterie und religiöser Ekstase, personifiziertem und abstraktem Gott, Selbstlosigkeit und Märtyrerglorie. Symbolik.

Übs. *Winzige Alice* von P. Braun (1967).

1964 Samuel Beckett:

eE How It Is

Prosatext, 3 Teile. Eigene Übs. des französischen Originals *Comment C'est* (1961).

Der Sprecher kriecht keuchend mit einem Sack Konservendosen weiter im Schlamm und artikuliert stoßweise einen letzten »diktierten« Bericht über die Zeit vor, mit und nach Pim. Entsprechende Gliederung: I. Selbst-Beobachtungen und Erinnerungs-»Bilder« der Einsamkeit. II. Als Bom erfindet er Pim und zwingt ihn, zu erzählen oder zu schweigen. III. Ausweitung des Motivs wechselseitig abhängiger Paare ad infinitum und schließlich Annullierung der ganzen Erzählung.
Extreme Unbestimmtheit von Raum, Zeit, Identität, Realität, Wahrheit, Sprache. Diese alten Themen durch neue sprachliche Form abgewandelt: interpunktionslose Textfragmente von wenigen Zeilen, umgangssprachlich elliptische Syntax, kurze Sprecheinheiten, poetische Kondensierung und musikalische Rhythmisierung. Zirkularstruktur (endlose Wiederholungen, Variationen, Verbindung von Anfang und Schluß). Tendenz zu reduktiver und repetitiver Form im Spätwerk (→*Play,* 1964). Intention »to find a form that accommodates the mess«.

Übs. (des Originals) *Wie es ist* von E. Tophoven (1961).

1964 Saul Bellow:

aE Herzog

R. Teilvorabdrucke in *Esquire* u.a.

Gegenwart. Moses E. Herzog, 47, jüdischer Historiker, introvertiert und unsicher, gerät nach dem Scheitern seiner 2. Ehe mit der kapriziösen Madeleine in eine Krise. Minimale äußere Hdlg. während einer Woche: H. in New York (zwiespältiges Verhältnis zur Geliebten Ramona), Besuch der Tochter in Chicago, Zurückgezogenheit auf seinem Landsitz in Massachusetts. Im Vordergrund seine retrospektiven Monologe, die häufig die Form von (nicht abgeschickten bzw. nur gedachten) Briefen an Verwandte, Bekannte, Wissenschaftler, Staatsmänner, Tote usw. annehmen. Reflexionen über das persönliche Schicksal und das Weltgeschehen wechseln und beziehen sich aufeinander: Jugend, Karriere, Ehen mit Daisy und M., Kinder Marco und Junie, Geliebte, Freunde; die moderne Welt der Unsicherheit, Manipulation, Vermassung, Mechanisierung, Desintegration. In seinem Versuch einer Selbstorientierung und seiner Suche nach einem »sinnvollen Leben« erhält er Auftrieb durch das harmonisierende Naturerlebnis während seines Landaufenthaltes (Symbolik von Haus und Pastoralszenerie). Offener Schluß: momentanes Glücksgefühl oder Übergang zu einem weniger problematisierten Leben in der Gesellschaft.

Der R. enthält eine Fülle von Gedanken zu den verschiedensten Problemen vom Standpunkt des liberalen Intellektuellen; z.T. fungiert H. als Sprachrohr des Autors. Die egozentrische Perspektive modifiziert durch wechselnde Sprech- und Erzählhaltungen und Selbstironie. Assoziationstechnik. Kultivierter Reflexionsstil mit zahlreichen Anspielungen und Aperçus. Einbeziehung von umgangssprachlichen und jiddischen Wendungen.

Bestseller. Übs. von W. Hasenclever (1965).

1964 James Purdy:

aE Cabot Wright Begins

R.

Gegenwart. 2 Hdlgg. mit Korrespondenzen. 1. Literatursatire, bes. als überproportionierter Rahmen: Bernie Gladhart und Zoe Bickle auf der Suche nach Cabot Wright, ihre Versuche, seine Biographie zu schreiben und zu veröffentlichen. 2. Gesellschaftssatire: C. W.s Fall und Entwicklung: als Wall Street-Makler ständigen Beeinflussungen ausgesetzt, flüchtet er sich in Apathie, verfällt nach psychiatrischer Behandlung in atavistische Vitalität und »vergewaltigt« über 300 (willfährige) Frauen, wird im Gefängnis davon »geheilt« und gewinnt über dem Biographieprojekt Einsicht in seine Situation und die Absurdität der am. Gesellschaft. Seine Fähigkeit, darüber zu lachen, hat eine befreiende Wirkung. Schluß: er macht sich auf die Suche nach seiner Identität.

Das Titelmotiv des Beginns verweist auf die verschiedenen Anfänge und Neuansätze (Vitalperiode, Bewußtwerdung – Retrospektive, Identitätssuche). C. W. kontrastiert mit einer Reihe von Frustrierten, Versagern, Selbstmördern. Zahlreiche Seitenhiebe gegen Mechanisierung, Kontrollsysteme, Leistungs- und Konsumzwang, Rollenverhalten usw. Groteskkomische Züge.

Übs. *C. W. legt los* von G. Stege (1967).

1964 Hubert Selby:

aE Last Exit to Brooklyn

Slg. von Kurzgeschichten und Erzählungen in 5 Teilen und einer »Coda«. Teilvorabdrucke in *Black Mountain Review* u. a.

Sozialpsychologische Studien randständiger Existenzen der trostlosen Brooklyner Alltagswelt der 50er Jahre in naturalistischer Erzählweise. Beschreibung der in Brutalität umschlagenden Langeweile einer jugendlichen Gang, der Gruppenrivalitäten bei einer Transvestiten-Party, des Aufstiegs und Falls einer Prostituierten, der Entwicklung eines Gewerkschaftsfunktionärs zu offener Homosexualität während eines langwierigen Streiks, des Tagesablaufs der Bewohner einer Mietskaserne.
Zentrale Themen: Sexualität und Gewalttätigkeit, »Kontrollverlust«. Titel mehrdeutig: »letzte Ausfahrt« (vom highway), »letzte Station, letzter Ausbruch, letzter Abgang« (= Tod). Schockfunktion eines ausschließlich negativen Blickwinkels, in dem Perversität, Kriminalität, Betrug, Isolation, Frustration und Aggressivität vorherrschen und der Tod als letzte Konsequenz kommt. Motiv »emotionaler Erfahrung« im Spannungsfeld zw. Illusion und Realität. Ausweitung des Milieu-Ausschnitts durch Verweise auf allgemeine gesellschaftliche Normen, allmähliche Erweiterung des Personenkreises und Kontrastierung der Geschichten mit Bibel-Motti. Struktur: I–V verknüpft durch die als Treffpunkt fungierende Cafeteria »The Greeks« und wiederkehrende Figuren. »Coda«: Montage von 5 alternierenden, Einzelpersonen bzw. Ehepaaren gewidmeten Erzählsträngen, 2 interpolierten Kindergruppen- und »Frauenchor«-Serien sowie Einzeleinlagen. Figurensprache: genaue Wiedergabe des Gossen-Slang. Erzählstil: vorwiegend lapidar, perspektivisch, mit Tendenz zu suggestiv syndetischer Reihung für Übergangssituationen (mit unvermittelter Einmischung der Figurensprache). Einfluß I. Babels.

Übs. *Letzte Ausfahrt Brooklyn* von K. Molvig (1968).

1964 Robert Duncan:

aL Roots and Branches

32 Gedichte, 11 Sequenzen und 1 Dr. Slg. in 2 Teilen. Einzelnes in *The Evergreen Review* u. a.

Beide Teile (»Roots and Branches 1959–60«, »Windings 1961–63«) zeigen gleiche Themen und Formen: mystische Erlebnisse und Doktrinen in

Form von Variationen literarischer, theosophischer, hermetischer Vorlagen. Sprachreflexion. Collage-Technik: Prosa-Vers und verschiedene freie oder regelmäßige Verse. Einflüsse von E. Pound, W. C. Williams, G. Stein, Ch. Olson.

1964 John Berryman:

aL 77 Dream Songs

Entst. und z. T. veröffentlicht seit 1959 in *Partisan Review* u. a.

Die Songs (3 Strophen zu je 6 Versen mit wechselnden Reimen und Längen) handeln in traumartig verzerrter Weise von Henry, einem sensiblen »weißen Amerikaner mittleren Alters« und seiner sozialen, erotischen, polit. und dichterischen Entfremdung von der Umwelt. Wechselnde Sprecherhaltung (Personalpronomina) und Stilebenen (versteckte Zitate, negroide Sprechweisen, syntaktische Umstellungen). Einflüsse von T. S. Eliot, E. Pound und R. Lowell.

Die Slg. bildet zusammen mit *His Toy, His Dream, His Rest: 308 Dream Songs* (1968) das Werk *The Dream Songs* (1969). Pulitzer-Preis. Nachgelassene »Traumlieder«, in *Henry's Fate* (1977).

1964 Robert Lowell:

aL For the Union Dead

35 Gedichte.

2 Themenkreise: die Kontrastierung der am. Vergangenheit mit der Gegenwart *(For the Union Dead, Jonathan Edwards in Western Massachusetts, Hawthorne)* und die Registrierung einer Entfremdung von Dichter und Umwelt *(Water, Middle Age)*. Die theologischen Fragestellungen, dramatischen Masken und klassischen Versformen der frühen Lyrik sind hier psychologischer Selbstanalyse, persönlichen Sprechweisen und freieren Versformen in meist reimlosen Strophen gewichen. Anspielungen, Zitate, Symbole sind in einer prosanahen Sprache integriert.

Übs. *Für die Toten der Union* von C. Meyer-Clason (1969).

1964 Ezra Pound:

aL The Cantos

109 Cantos (120 geplant). Entst. seit 1917. *A Draft of XXX Cantos* (1930), *Eleven New Cantos* (1934), *The Fifth Decad of Cantos* (1937), *Cantos LII–LXXI* (1940), *The Pisan Cantos* (1948), *Section: Rock-Drill 85–95 de los cantares* (1955), *Thrones 96–109 de los cantares* (1959).

Versuch eines modernen lyrischen Epos, das Teile der Weltgeschichte – an einzelnen Figuren fragmentarisch dargestellt – zu einer komplexen Einheit zu verbinden trachtet. 1.–30. In kontrastiver Folge werden die Hauptepochen eingeführt: die Antike (Epos, Mythos: 1, 17, 23), die Renaissance (Malatesta-Cantos: 8–11), China (Konfuzius: 13) und die Gegenwart (Höllen-Cantos: 14–16). 31.–41. »Jefferson. Nuevo Mun-

do«. Die Zeit um 1800 (Thomas Jefferson in USA und Europa) kontrastiert mit Renaissance (36) und Gegenwart (38). 42.–51. »Siena. The Leopoldine Reforms«. Die Finanzpolitik des Großherzogs Leopoldo von Siena, das Gegenbeispiel der Bank von England und ihrer Auswirkungen (Usura-Cantos: 45, 51). 52.–71. Einerseits die chinesischen Dynastien von 800 v. Chr. bis ins 18. Jh. (52–61), andererseits die Regierungszeit von John Adams (Präsident der USA 1797–1801). 74.–84. »The Pisan Cantos«. Im Gefangenenlager in Pisa rekapituliert Pound Themen der vorhergehenden Teile und seine eigene Vergangenheit. 85.–95. (»Section: Rock-Drill«) und 96.–109. (»Thrones«) fassen die behandelten Themen und Epochen zusammen und führen zunehmend ins Reich des ewigen Lichts: »Rock-Drill« konfrontiert noch einmal »einhämmernd« die spaltenden hist. Kräfte mit einenden Persönlichkeiten, »Thrones« erhöht 3 Schriftsteller aus Byzanz, China und Renaissance-England, die über eine gerechte polit. Ordnung schrieben.
In Pounds schwieriges Hauptwerk gehen seine Lektüre und seine Wandlungen ein. Banale Zufälligkeiten, hist. Wiederholungen und Ewiges durchmischen sich. Dennoch läßt sich ein Hauptthema erkennen: die Reflexion über den Zusammenhang von Kunst (Literatur, Malerei, Architektur, Musik) und Gesellschaft (Politik, Ökonomie, Moral, Philosophie) anhand von großen beispielhaften Figuren (Malatesta, Jefferson, Mussolini, Konfuzius, Adams). Zentrale Vorstellung einer gerechten Ordnung (Schlüsselbegriff), beruhend auf einer Reform des Geld- und Kreditwesens (C. H. Douglas, S. Gesell). Konservative didaktische Intention. Versuch, eine neue kulturelle Tradition und neue lyrische Sprache zu entwikkeln. 3teilige Struktur ungefähr nach Dantes *Divina Commedia,* die von der Hölle (Menschen, die von ihren Emotionen beherrscht werden) über das Fegefeuer (die Reformer) zum Paradies (Inthronisierung der Weisen im Licht) führt. Drehpunkt um Canto 50 (ursprünglich auf 100 geplant). Stilistisch eine Montage von Textsequenzen (Prosa, Vers, Ideogramm), großenteils kryptischen Zitaten aller Stilebenen und vieler Sprachen sowie disparaten Details und obskuren Anspielungen. Suche nach dem treffenden Wort (Klangmalerei, Rhythmus, Bedeutung). Ungereimte und ungleichmäßig lange Verse in rhythmische Spracheinheiten zerlegt.

Fortführung in *Drafts & Fragments of Cantos CX–CXVII* (1969), integriert in die Gesamtausg. 1970. Die offen faschistischen Cantos 72 und 73 (auf italienisch) erst in Ausgg. seit 1987. Teilübs. in *Dichtung und Prosa* (1953), *Die Pisaner Gesänge* (1956) u. a. von E. Hesse.

1964 Frank O'Hara:

a L Lunch Poems

37 Gedichte. Entst. 1953–64.

Impressionen aus dem New Yorker Alltag, häufig in der Lunch-Pause geschrieben *(A Step Away from Them, Music).* Weitere Gedichte über die Jazzsängerin Billie Holiday (»Lady Day«), die Filmschauspielerin Lana Turner, den Maler Michael Goldberg, den Dichter Pierre Reverdy usw.

Verzicht auf Symbolik und poetische Konventionen. Prosanahe Verse, die sich ganz auf die Beschreibung des Oberflächlichen konzentrieren. Optimistische Sprechhaltung. Nähe zur Pop-Art. O'Hara gehört mit K. Koch und J. Ashbery zur Gruppe der sog. »New York Poets«.

Übs. *Lunch Poems und andere Gedichte* von R. D. Brinkmann (1969). *Collected Poems* (1971).

1964 William S. Burroughs:

aE Nova Express

R.

8 Erzählsegmente: 1. Warnung Hassans an die Herrscher des »Control Board«, der »Nova Mob« dringt auf die Erde, um den Planeten in eine Nova zu verwandeln. 2. Der Nova Mob flieht; Beschreibung seiner Technik, an Rauschgift zu kommen. 3. Der Erzähler Lee, Mitglied der »Nova Polizei«, verhört den Chemiker Winkhorst über Apomorphin, ein Antinarkotikum. Kampf gegen den Nova Mob. 4. Der Agent K 9 analysiert die Kontrollstrukturen in Minraud, um sie zu zerstören. 5. Lee erwacht nach seiner Raumschiff-Bruchlandung und besichtigt die »Black Lagoons« und die Lemuren. 6. Explosion des Schiffes »America«. 7. In den »Biological Courts« werden parasitäre Lebensformen studiert. 8. Wort- und Tonmontage (Tonband) als Kampfmittel gegen Kontrolle.
Weiterer Ausbau der »Weltraum-Mythologie«, die in →*The Soft Machine* (1961) und →*The Ticket That Exploded* (1962) entwickelt worden war. Sucht und Kontrolle als intergalaktische Kämpfe, Parasitismus, Invasionen, Vireninfektion. Konventionelle Sprache und Erzählfolgen als ein Mittel der Kontrolle von Gedanken und Vorstellungen, die durch »cut-up«-Methode (gedruckter Text) und »rub-out«-Methode (gesprochene Texte, Tonband) zerstört werden muß. Der Titel verweist auf den doppelten Aspekt von Zerstörung (»Nova«) und Konvention (»Express«).

Übs. von P. Behrens (1970).

1964 John Hawkes:

aE Second Skin

R.

Der Erzähler Skipper berichtet in 12 achronologisch geordneten Kapp. über seine Vergangenheit: den Selbstmord seines Vaters und seiner Frau, die gescheiterte Ehe seiner Tochter Cassandra und eine Meuterei auf seinem Schiff »Starfish« während des 2. Weltkrieges. 1945 findet S. seinen Schwiegersohn Fernandez ermordet in einer Absteige in New York. Er reist mit C. auf eine unwirtliche Insel im Atlantik. Als C. merkt, daß sie wieder schwanger ist, nimmt sie sich das Leben. S. verbringt sein Lebensende mit der Eingeborenen Kate auf einer schwimmenden Insel.
Motivische und thematische Entsprechungen zwischen den 3 wichtigsten

Schauplätzen: USA, Mirandas Insel (Tod, Unfruchtbarkeit, Kälte, schützende Kleidung) und Kates Insel (Leben, Fruchtbarkeit, Wärme, Nacktheit). Durchgehende Symbolik (vgl. Titel) der Kleidung und der Haut, die die Flucht des Erzählers vor seiner Vergangenheit in eine irreale Idylle »außerhalb von Ort und Zeit« verdeutlicht. Grotesk-komische und alptraumartige Situationen (Tätowierung, Meuterei, Autojagd am Strand, Wettkampf des »belly-bumping«). Mythische Parallelen u. a. zur *Odyssee* und zu W. Shakespeares *The Tempest.*

Übs. *Die zweite Haut* von W. Hasenclever (1971).

1964 Doris Lessing:

eE The Golden Notebook

R.

»Free Women«: in 5 Teile aufgespaltene Erzählung vom Versuch zweier Freundinnen, der Schriftstellerin Anna Wulf und der Schauspielerin Molly, nach ihren gescheiterten Ehen im London von 1957 ein ungebundenes Leben zu führen: Sorge um die Kinder (A.s Janet, M.s Tommy), neue Männerbeziehung (bes. A.s am. Freund Saul). Integriert sind Partien von 4 thematisch getrennten Notizbüchern A.s: »The Black Notebook« setzt sich mit den in einem Erfolgs-R. verarbeiteten persönlichen und polit. Afrika-Erfahrungen als junger Frau auseinander. »The Red Notebook« verfolgt die Tätigkeit für die kommunistische Partei Englands, von der sie sich lossagt. »The Yellow Notebook« fiktionalisiert als R.-Fragment die Liebesbeziehung zw. Ella (= A.) und Paul (= Michael), der sie verläßt. »The Blue Notebook« skizziert im Tagebuch das konfliktreiche Leben von A. und M. »The Golden Notebook« bringt als 5. Notizbuch einen positiven Ausblick: im gemeinsamen »Zusammenbruch« von A. und S. zeichnet sich nach schmerzlichen psychischen und sozialen Auflösungsprozessen überindividuell ein harmonischerer kreativerer Neubeginn ab. Thematisch zentral weniger der Geschlechterkampf im Zuge der Frauenbewegung, als der aus selbstanalytischen Ordnungsversuchen und entgrenzenden zwischenmenschlichen Beziehungen entstehende heilsame Zusammenbruch, der die Befreiung von individueller wie kollektiver Zwanghaftigkeit und Konfusion bringt und eine neue Ganzheitlichkeit ermöglicht. Das Grundgerüst einer konventionellen Erzählung ist mit den Notizbüchern kombiniert, die experimentell diverse Erfahrungsbereiche aus wechselnden Blickwinkeln erfassen: autobiogr. Erinnerung, zeitgeschichtlicher Roman-im-Roman, Tagebuch-Stil. Wechsel von Ich- und Er-Erzählung. Verschachtelung der segmentierten Texte und Ergänzung durch Dokumente des Zeitgeschehens. Komplexes Gefüge von Korrespondenzen und Notizen. Zusammenführung disparater Motive in »The Golden Notebook« als strukturelle Entsprechung zum Ganzheitlichkeitsaspekt.

Neuausg. mit Vorwort (1971). Dramatisierung der Schlußepisode als *Play with a Tiger* (1962). Übs. *Das goldene Notizbuch* von I. Wagner (1978).

1964 **J. G. Ballard:**

eE **The Terminal Beach**

12 Geschichten.

Ballard erweitert die Konventionen der Science Fiction-Erzählung und verlegt die Weltraum-Abenteuer in eine psychische Innenwelt aus Angst, Resignation, Todesbewußtsein, die meist durch symbolische Landschaften ausgedrückt werden: Kristallwälder in Florida *(The Illuminated Man)*, ein angeschwemmter Riese am Strand *(The Drowned Giant)*, ausgetrocknete Erde *(Deep End)* usw. Die Titelgeschichte zeichnet die letzten Tage eines Mannes auf der radioaktiv verseuchten Versuchsinsel Eniwetok auf. Mit Ballard, M. Moorcock u.a. vollzieht die Science Fiction die Wende zur sogenannten »New Wave«, einer Modernisierung ihrer Konventionen, die sich vor allem von der naturwissenschaftlichen (»hard«) zur sozialpsychologischen (»soft«) Ausrichtung verlagern.

1965 **Joe Orton:**

eD **Loot**

Dr., 2, Auff. 1. 2. Arts Theatre, Cambridge.

England, Gegenwart. Um den Leichnam von Mrs. McLeavy versammeln sich zu Hause der Ehemann, Sohn Hal, dessen Intimfreund Dennis und die »Krankenschwester« Fay, die bereits 7 Patienten und Ehemänner umgebracht hat und nun Mr. McLeavy und dessen Vermögen ergattern möchte. Zugleich haben H. und D. die Beute eines Bankraubs hier versteckt. Der Polizist Truscott bringt bei seinen Nachforschungen ein groteskes Versteckspiel in Gang, das unter anderem zur Vertauschung von Leiche und Beute führt. T. gibt gegen Beteiligung den Fall auf. Der unschuldige Witwer wird als einziger verhaftet und kommt bei einem von T. inszenierten Unfall um. F. sucht sich D. als neues Opfer aus.
Farcenhafte Bloßstellung von Totenkult, Perversion, Korruption, Besitzgier und Brutalität hinter der gutbürgerlichen Wahrung des Scheins. Übermütiges Spiel mit Gattungskonventionen (Kriminalstück, Sittenkom.), grotesken Schockeffekten (makabre Details), Verwechslungs- und Überraschungsmomenten und sprachlichen Pointen (bes. Stilkontraste).

Skandalwirkung und Zensurmaßnahmen wegen Blasphemie und Obszönität. Rev. Fassung (1966). Übs. *Die Beute* von U. Kröger und E. Vierheller (1967). Film von S. Narizzano (1970).

1965 **Edward Bond:**

eD **Saved**

Dr., 13 Szenen. Auff. 3. 11. Royal Court Theatre, London.

Süd-London, Gegenwart. Der gutmütige Len lebt mit Pam im Haus ihrer sich gegenseitig ignorierenden Eltern Harry und Mary zusammen und bleibt auch, als sie sich ihm total entfremdet und Fred zuwendet und als

ihr Kind durch Nachlässigkeit und Brutalität umgekommen ist (im Park zurückgelassen, wird es von Fred und seiner Gruppe »gesteinigt«). Den heftigsten Auseinandersetzungen zum Trotz versucht Len »zu helfen« und erobert sich einen Platz in der Familie, die Ansätze zur Besserung zeigt: Harry und Mary sprechen – wenn auch zänkisch – wieder miteinander, Harry wendet sich Len freundlich zu.
Eine »unverantwortlich optimistische« Tragikom., die demonstriert, was in der Randsituation extremer Unartikuliertheit, Isolation und Indifferenz, Sexualität und Gewalttätigkeit realistischerweise als »rettender Strohhalm« erscheinen kann: Anteilnahme und Geduld. Kombination von Realismus (Milieu, einsilbiger Slang) und Symbolik (die »Ödipus-Atmosphäre« als durchgängig komisches Moment).

Nach Auff. Verbot durch den Theaterzensor. Buchausg. 1966. Übs. *Gerettet* von K. Reichert (1968).

1965 **David Mercer:**

eD **And *Did* Those Feet?**

Fernsehspiel. Erstsendung 2. 6. BBC, London.

1920 – ca. 60. Der dicke Bernard und der dünne Timothy, illegale Zwillingssöhne des (trotz zahlreicher Ehen ohne Stammhalter bleibenden) Lord Fountain, unterlaufen die Normen der Gesellschaft: im 2. Weltkrieg leben sie fraternisierend in einer Dschungelidylle, als Zoowärter in London befreien sie die Tiere, zum Ärger ihrer Freundinnen richten sie sich in einem Schwimmbad ein und, nachdem die (in einem Käfig lebende) Mutter den verbitterten Lord F. erschossen hat, ziehen sie sich, dem Erbe zum Trotz, in das Amazonasgebiet zurück.
Mercers wiederkehrendes Thema der Behauptung des Individuums gegen psychische, soziale und polit. Zwänge hier – in Abkehrung vom Realismus des Frühwerks – als absurde Farce. Die exzentrischen Zwillinge kontrastieren mit Repräsentanten der Gesellschaft (der degenerierte Aristokrat F., die bürgerlichen Freundinnen usw.) in ihrer Suche nach einer Form elementarer Kommunikation. Titel: Zitat aus W. Blakes *Milton* (Verweis auf goldenes Zeitalter). Struktur: 25 »Szenen« wechseln mit eingespielten »telecines«, kommentiert von einem Erzähler. Filmtechnische Mittel: schnelle Folge von Schnitten und Großaufnahmen, Standphotos, Rückblende, Repetition und Variation von Einzeleinstellungen, »Spots«, Film im Film usw. Stilisierung durch Pantomime, Lieder, Musik, Leitmotive (bes. F.s Stürze vom Pferd). Komplexe, z. T. poetische Sprache. Mercer ist ein Hauptvertreter des anspruchsvollen Fernsehspiels.

Buchausg. in *Three TV Comedies* (1966) zusammen mit *A Suitable Case for Treatment* (1962) und *For Tea on Sunday* (1963).

1965 Harold Pinter:

eD The Homecoming

Dr., 2, Auff. 3. 6. Aldwych Theatre, London.

I. Ausgangssituation: rüdes Alltagsverhalten der frauenlosen Familie des ehemaligen Metzgers Max, seiner Söhne Joey, eines dümmlichen Boxers, und Lenny, eines wendigen, brutalen Zuhälters, sowie seines Bruders Sam, eines anpassungswilligen Chauffeurs, in tristem Londoner Haus. Der Besuch (= befristete »Heimkehr«) des Sohnes Teddy, eines Philosophiedozenten in USA, mit seiner Frau Ruth, einem früheren Photomodell, treibt den latenten Konflikt in den offenen »Positionskampf«. II. R. gerät als verführerisches Sex-Objekt in den Mittelpunkt und gewinnt schließlich in der Familienhierarchie die Oberhand (= »Heimkehr« in den Rollen der Frau – Mutter – Hure), während T. ausgespielt und zur Heimkehr nach USA gedrängt wird und M. den Patriarchenstatus aufgibt, wie Lenny und Joey um R.s Gunst bettelnd.
Zentral die typischen, durch Instinkte, Triebe, Ängste bestimmten Verhaltensweisen (Aggressivität, Sexualität, Machtkampf, Rollenspiel) und die archetypischen Konstellationen (Vater – Sohn, Mann – Frau/Mutter/Hure). Die Verhaltensdramatik auch in der Sprache (Sprechweisen, Rede-Verhalten, »evasion of communication«). Wahrung der Einheiten. Symbolik (z. B. M.s Stock).

Übs. *Die Heimkehr* von W. H. Thiem (1965, rev. 1970). Film von P. Hall (1974).

1965 Truman Capote:

aE In Cold Blood

A True Account of a Multiple Murder and Its Consequences

Prosatext, 4. Serieller Vorabdruck in *The New Yorker.*

Der als neuartige Mischform »non-fiction novel« intendierte Tatsachenbericht schildert Vorgeschichte, Verlauf und Folgen des Mordes an 4 Mitgliedern der Clutter-Familie in Holcomb, Kans., am 15. 11. 1959 durch Richard Hickock und Perry Smith. Kaltblütig nicht nur die Mörder, sondern auch die Gesellschaft, die die Mörder hervorgebracht hat (Umwelt), verurteilt (Nichtbeachtung einer differenzierteren Psychiatrie) und hinrichtet. Lückenlose, detaillierte Rekonstruktion unter kommentarloser Verarbeitung von dokumentarischem Material und Interviews mit beteiligten Personen (6000 Seiten Notizen). Erzählerische Darbietung in alternierender Perspektive und dosierter Erhellung der Vorgänge erhält die Spannung aufrecht und suggeriert die allmähliche Wahrheitsfindung, die psychische Komplexität der Mörder und die Zusammenhänge zw. den Extremen der am. Gesellschaft. Indirekter Versuch, Verständnis und Mitleid für die Mörder zu erwecken (vgl. Villon-Motto). Sachlich-deskriptiver Stil.

Bestseller. Übs. *Kaltblütig* von K. H. Hansen (1966). Film von R. Brooks (1967).

1965 **Norman Mailer:**

aE **An American Dream**

R. Serieller Vorabdruck in *Esquire.*

New York, Gegenwart. Stephen Rojack, ehemaliger Kriegsheld und Politiker, Psychologiedozent, erwürgt seine Frau Deborah und gewinnt dadurch magische Kräfte. Durch die leidenschaftliche Liebe zu der Sängerin Cherry gerät er in die Unterwelt. In einer Konfrontation mit dem einflußreichen Schwiegervater Kelly gelingt es ihm, um die Brüstung von dessen Apartment zu gehen (symbolischer Akt). Ch. fällt einem Mord zum Opfer. R. macht sich nach Mittelamerika auf.
Das Geschehen bei allem Detailrealismus alptraumhaft-parabolisch. Das Problem der konzentrierten »Ekstase und Gewalt« des am. »dream life« (vgl. Titel-Ironie) in Politik und Sex, auf verschiedenen sozialen Ebenen. Das Identitätsproblem des Ich-Erzählers R. zw. Gut und Böse.

Übs. *Der Alptraum* von P. Baudisch (1965). Film von R. Gist (1966; in GB als *See You in Hell, Darling*).

1965 **Sylvia Plath:**

aL **Ariel**

40 Gedichte. Entst. 1963 vor Plaths Selbstmord. Postum veröffentlicht.

Geburt, Tod, bes. der Freitod sind die zentralen Themen. Plath verwandelt persönliche Probleme in distanzierte, selbstanalytische dramatische Monologe, die die Neurosen der Sprecher auf die Gesellschaft beziehen, die diese hervorgerufen hat *(Daddy, Lady Lazarus, Morning Song):* Faschismus, Gleichgültigkeit, Grausamkeit. Die häufig kurzen Verse sind wie im Titelgedicht den emotionalen und gedanklichen Entwicklungen angepaßt und ahmen sie rhythmisch nach. Elliptische, ironisch implizierende Sprechweise. Plaths Leiden an der ihr von der Gesellschaft zugewiesenen Rolle als Tochter, Ehefrau und Mutter sowie ihre poetische Verarbeitung machen sie zur Vorläuferin einer feministisch engagierten Lyrik.

Übs. von E. Fried (1974).

1965 **Margaret Drabble:**

eE **The Millstone**

R.

London, Gegenwart. Die Anglistik-Doktorandin Rosamund Stacey wird in einer flüchtigen Begegnung schwanger und macht zw. akademisch-künstlerischen Interessen und dem Leben als alleinstehende Mutter einen Lernprozeß durch. Ambivalenz des Titelmotivs (Matthäus 18.5–6): die Tochter Octavia als Last und Heil. Psychologisch subtile Ich-Erzählung. Großer Erfolg als aktuelles Frauenporträt.

Am. Ausg. *Thank You All Very Much* (1969). Film *A Touch of Love* von W. Hussein (1969). Übs. *Der Mühlstein* von I. Erckenbrecht (1987).

1965 David Lodge:

eE The British Museum is Falling Down

R.

London, Gegenwart. Adam Appleby quält sich den ganzen Tag mit seiner nicht fertig werdenden Dissertation im Britischen Museum (auch Nationalbibliothek) und den Sorgen über eine erneute mögliche Schwangerschaft seiner Frau Barbara. Abends ist er keinen Schritt weiter mit seiner Arbeit; die befürchtete Schwangerschaft war falscher Alarm.
Milde Satire auf katholische Lehren zur Schwangerschaftskontrolle kombiniert mit einer Parodie (schon der Titel: frei nach dem Kinderlied *London Bridge is falling down*) auf moderne Erzählkonventionen von J. Conrad und G. Greene bis hin zu V. Woolf und J. Joyce. Entsprechend abrupte stilistische Wechsel. Das Ganze als Parodie auf den engl. Akademiker-R.: Für A. verwirren sich zunehmend Literatur und Leben.

2. Aufl. (1981) mit erläuterndem Nachwort. Lodge bleibt bis hin zu *Small World* (1984) mit seiner Philologen-Satire und Literaten-Parodie neben M. Bradbury der Hauptvertreter des zeitgenössischen Universitäts-R.s in England.

1965 Malcolm X:

a The Autobiography of Malcolm X

Autobiogr., mit Hilfe von Alex Haley verfaßt.

In schonungsloser Offenheit legt Malcolm X sein Leben seit seiner Geburt 1925 in Omaha, Nebr., dar: zerbrochene Familienverhältnisse, Jugendverwahranstalt, Aufstieg zum Drogenhändler und Zuhälter in Boston und New York. Seine eigene Drogenabhängigkeit führt zu einer Einbrecherkarriere und Gefängnisaufenthalt. In der Norfolk Prison Colony, Mass., einem Rehabilitationszentrum, lernt er 1948 die Lehren der Black Muslims kennen, bekehrt sich und wird nach seiner Freilassung auf Bewährung zum Prediger für die Sekte. Sein Rednertalent und seine Weiterentwicklung bringen ihn in Konflikt mit der Führung der Black Muslims und zu einer Mekka-Reise. Bei dieser gewinnt Malcolm X kurz vor seiner Ermordung (1965) ein tieferes polit. Verständnis von Unterdrückung und internationaler Solidarität, das zu seiner Formulierung einer »Black-Power«-Politik und zur polit. Organisation führt.
Die Autobiogr. führt unmißverständlich den Zusammenhang von weißem Rassismus, Selbstentfremdung und Scheinintegration, Gettoisierung und schwarzer Kriminalität, Nationalismus und falschem Bewußtsein vor, ebenso wie die Möglichkeit, sich durch internationale Solidarität und polit. Bewußtmachung davon zu befreien. Gleichzeitig Durcharbeiten einer starken Mutter- und Vaterbindung (die er zeitweise auf Elijah Muhammad überträgt). Genaue Beschreibung der diskriminierenden Praktiken einer sich liberal gebenden weißen Vorherrschaft. Das X steht für den unbekannten afrikanischen Namen, der durch die Namensgebung der Sklavenhalter unterdrückt wurde. Didaktische Absicht, früheres falsches Bewußtsein durchschaubar zu machen. Großer Einfluß auf die schwarze

Literatur der 60er und 70er Jahre und Modell für zahlreiche Autobiographien aus anderen Minoritäten.

Übs. *Der schwarze Tribun* von G. Danehl (1966).

1965 Tom Wolfe:

a The Kandy-Kolored Tangerine Flake Streamline Baby

16 Reportagen und 6 Skizzenfolgen aus *Esquire, Herald Tribune* u. a.

Die Reportagen, die Wolfe »stories« nennt, gehen um die neue populäre Kultur der 60er Jahre: Pkw-Rennen, Autobastler, Karambolage-Rennen, Teenager-Stars, Cary Grant, Cassius Clay, den Herausgeber von *Confidential,* Berühmtheiten der Tage und – als Sinnbild dieser neuen Kultur – Las Vegas: ein Gemisch aus Neon, Mafia und psychiatrischer Abteilung. Ergänzt werden die Reportagen durch Karikaturen von New Yorker Typen aus diversen Milieus. Wolfe macht schlagartig den »New Journalism« mit dieser Slg. bekannt: Mischung aus Reportage und den fiktionalen Techniken des Realismus (Dialog, Erzählweise, Handlungsstruktur). Der Stil nähert sich seinem Gegenstand soweit wie möglich: laut, salopp, marktschreierisch, improvisierend. Wolfe versucht, hinter den Symbolen der Popkultur eine nationale Mythologie zu entdecken. Der neue Journalismus, der sich gleichzeitig im Fernsehen durchsetzt, vermischt Nachricht und Unterhaltung, zunehmend zugunsten des zweiten.

Übs. *Das bonbonfarbene tangerin-rot-gespritzte Stromlinienbaby* von L. Picard (1968).

1965 Stanley Elkin:

a E Criers & Kibitzers
Kibitzers & Criers

9 Kurzgeschichten. Einzelnes vorab in *Accent, Chicago Review, Esquire* etc.

Todesfälle, Arbeitslosigkeit, ein Einbruch etc. reißen die Hauptfiguren der Geschichten aus ihren Zuschauerrollen (Titel) und konfrontieren sie mit sich selbst, ihrer Entfremdung von anderen, ihrer gesellschaftlichen Außenseiter- und Sündenbockexistenz. Schwarzer Humor durch Verkehrung der Intentionen in ihr Gegenteil. Jüdisch-am. Thematik. Die letzte Geschichte *Perlmutter at the East Pole* deutet eine mögliche Aufhebung der Entfremdung an.

1965 James Dickey:

a L Buckdancer's Choice

22 Gedichte in 4 Teilen. Einzelnes in *The New Yorker* u. a.

Erinnerungen an Krieg, Krankenhaus, Kindheit und bes. die toten Eltern bilden den Hauptteil der Slg. Das Titelgedicht beruht auf einer Kindheitserinnerung an die kranke schwache Mutter, die im Bett ein altes kraftvolles Negertanzlied *(= Buckdancer's Choice)* pfeift. Der Einfluß der Vergangenheit auf die Lebenden auch in *Pursuit from Under, Faces Seen Once, The Firebombing* usw. wie das Thema vom Sieg über den Tod. Durchweg reimlose, z. T. freie Verse. Strophischer oder freier Aufbau der Gedichte. Einflüsse von R. Frost und R. Lowell.

Slg. *Poems 1957–1967* (1967).

1966 Tom Stoppard:

eD Rosencrantz and Guildenstern are Dead

Dr., 3. Entst. zunächst als Vers-Einakter. Auff. 24. 8. Cranston Hall, Edinburgh.

I. Schloß Elsinore, Dänemark, 16. Jh. Die Höflinge Ros(encrantz) und Guil(denstern) sind aus unklaren Gründen an den Hof beordert, vertreiben sich die Zeit mit Philosophie und Spiel und begegnen einem Schauspieler und seiner Truppe. II. Diese führt *The Murder of Gonzales* auf, um Hamlet eine Falle zu stellen, der ihnen aber ausweicht. H. bricht mit R. und G. nach England auf. III. Das Schiff wird von Piraten überfallen, und R. und G. werden sich des Umstands bewußt, daß sie als Übermittler eines Briefes von H. an den engl. König todgeweiht sind. Erschöpft und konfus erwarten sie das Schicksal, das der Schauspieler an ihnen vollstreckt.
Das Stück bietet eine Umperspektivierung von Shakespeares Tr. als Haupt- und Staatsaktion aus der Sicht zweier Nebenfiguren in der Situation des Nicht-Verstehens Uneingeweihter sowie der neuzeitlichen Klassikerbearbeitung nach Art des absurden Theaters. Dramatisierung des Versuchs von R. und G., die verwirrenden Vorgänge zu begreifen: sie scheitern bei der Suche nach Identität, Sinn, Realität, Existenz auf grotesk-komische Weise. Als passive Figuren setzen sie sich vor allem sprachspielerisch mit ihrer Situation auseinander: Wortverdrehungen, Redegefechte, Dialogparodien. Reflexion über das Rollenspiel im Leben und Theater. Einsatz ganzer *Hamlet*-Passagen, die in der Verkehrung von Haupt- und Nebenhdlg. das fragmentarische Konzept unterstreichen. Einflüsse: S. Beckett, L. Pirandello.

Rev. Fassung 1967. Übs. *Rosenkranz und Güldenstern* von H. Lunin (1968).

1966 Louis MacNeice:

eL Collected Poems

Postume Slg. Hg. E. R. Dodds.

Die Slg. gibt einen Überblick über das lyrische Gesamtwerk von MacNeice, der dem Auden-Kreis der 30er Jahre nahestand, in seiner thematischen und technischen Vielseitigkeit sowie seinen individuellen Standpunkten aber schwer einzuordnen ist: Liebe, Tod, Zeit, Natur und Kunst sind wiederkehrende Themen, metaphysisch-religiöse ebenso wie aktuell polit. Fragen, Ortsimpressionen (etwa seiner ir. Heimat) und autobiogr. Aufzeichnungen (vgl. die Langgedichte *Autumn Journal*, 1939, und *Au-*

tumn Sequel, 1954). Klassisch strenge Gattungen und Metren (Ekloge, Horazsche Ode, Terza Rima) werden ebenso virtuos gehandhabt wie freiere Gedichtformen und Klangmuster (Assonanzen, Halbreime, balladeske Wiederholungen). Vorliebe für Ambivalenzen, Ironien, Pointen.

1966 Jean Rhys:

eE Wide Sargasso Sea

R., 3.

Jamaica, um 1840. Antoinette Cosway, Erbin einer heruntergekommenen Kreolenfamilie, heiratet den engl. Landjunker Rochester. Die beiden bleiben sich jedoch fremd, und die in ihrer Vereinzelung verstört wirkende A. wird von R. nach der Heimkehr auf seinem Landsitz als Wahnsinnige versteckt gehalten. Schließlich zündet sie das Haus an, den Tod vor Augen.

Rhys malt die Vorgeschichte in Ch. Brontës →*Jane Eyre* (1847) komplementär aus: In wechselnden Blickwinkeln (A.s Ich-Erzählung in I und III, R.s in II) schildert sie den zwangsläufigen Konflikt zweier unvereinbarer Menschen und bezieht ihr charakteristisches Thema der unterdrückten, zur Selbstbefreiung unfähigen Frau auf einen karibischen Hintergrund, den sie aus eigener Kenntnis authentisch entwirft (Lokal- und Zeitkolorit in Landschaftsimpressionen und der Evokation der Atmosphäre nach der Sklavenbefreiung). A.s Situation wird bes. auch als ein Ausgeliefertsein der von 2 Seiten – Briten wie Schwarzen – diskriminierten Kreolin gekennzeichnet.

Übs. *Sargasso Meer* von A. Leube (1980).

1966 Bernard Malamud:

aE The Fixer

R. Anlehnung an den Fall des Mendel Beilis in Kiew (1911–13).

1911. Der unorthodoxe Jude Yakov Bok, der mit Gelegenheitsreparaturen (als »fixer«) wenig verdient, verläßt sein Dorf, um der Schande seiner gescheiterten Ehe mit der kinderlosen, untreuen Raisl zu entfliehen und im nahen Kiew sein Glück zu machen. Dort jedoch wird er zufälliges Opfer antisemitischer Hetze: man beschuldigt ihn des Ritualmordes an einem russischen Knaben. Er wartet 2 Jahre lang im Gefängnis auf die Gerichtsverhandlung, endlosen physischen und psychischen Schikanen und juristischen Manipulationen ausgesetzt, in völliger Ungewißheit und Einsamkeit (bes. nach der Ausschaltung des progressiven Untersuchungsrichters Bibikov), an den Rand des Selbstmordes getrieben, doch schließlich mit erbittertem Trotz beispielhaft um sein Recht und für die Freiheit kämpfend. Schluß: Fahrt zur Verhandlung.

Zentral Y.s Entwicklung vom unpolit., naiven, ichbezogenen »Freidenker« zum verantwortungsbewußten, opferbereiten, polit. Menschen (Versöhnung mit Raisl, Solidarisierung mit den Juden, persönliches Leiden als sinnvolle Aktion). Einbeziehung der Geschichte und Zukunft Rußlands in den Gesprächen Y.s mit B. und Y.s Schlußvision (Mord am Zaren). Darüber hinaus ein Bild des Antisemitismus und der Unterdrückungsmechanismen überhaupt und Versuch einer »Mythologisierung« des Falles (z. B. Christusparallele, Symbolik).

Bestseller. Pulitzer-Preis. Übs. *Der Fixer* von H. Haas (1968). Film von J. Frankenheimer (1968).

1966 Harry Mathews:

aE Tlooth

R., 4.

Von Rußland über Afghanistan, Indien, Marokko bis nach Italien verfolgt die Erzählerin Mary ihre Gegenspielerin Evelyn Roakum, um sich an ihr wegen einer Fingeroperation, die M.s Karriere als Violinistin zerstört hat, zu rächen. Dabei spielen Zahnweh, ein Orakel und Seuchen eine zentrale Rolle. M. wird schließlich Zahnärztin und stellt E., die sich mit Pocken angesteckt hat.
Skurril symbolistische Suche nach Wahrheit (»Tlooth« ist »Truth« mit einer Zahnlücke), die spielerisch mit theologischen und esoterischen Traditionen angereichert wird. Mystifizierende Dokumente, Sprachspiele, Doppelgängerin-Motiv machen allen realistischen Erzählkonventionen ironisch den Garaus. Einfluß von V. Nabokov.

Slg. (1975) mit *The Conversions* (1962) und *The Sinking of the Odradek Stadium* (1971/72). Kultartiger Erfolg.

1966 LeRoi Jones:

aE The System of Dante's Hell

R.

Die autobiogr. Prosaskizzen verfolgen Kindheit, Schulzeit, College, Wehrdienst des mittelständischen Negers aus Newark. Die Hölle des Bewußtseins (»Hell in the head«) wird in den einzelnen Sektionen jeweils auf einen Höllenkreis Dantes bezogen. Die Struktur signalisiert zugleich die aus der Konfrontation mit der Realität resultierende »schwarze« Bewußtwerdung: Der extrem elliptische Stil mit kryptischen persönlichen »Assoziations-Komplexen«, Bilderhäufung, Variationen verdichtet sich im letzten Drittel zu konkreter handlungsbezogener Erzählung. Montagetechnik. Einbeziehung lyrischer Passagen, dramatischer Szenen, graphischer Effekte. Einflüsse: J. Joyce, W. Burroughs, A. Ginsberg, Jazz.

Übs. *Dantes System der Hölle* von K. Hofmann (1966).

1966 Theodore Roethke:

aL The Collected Poems

151 Gedichte und 7 Gedichtsequenzen. Veröffentlicht 1941–64.

Neben persönlichen Gedichten, in denen Roethke sein »Leben umzuformen und zu läutern versucht« (Liebesgedichte, Gedichte an Freunde und Verwandte usw.), Kinder- und Unsinnsgedichte und die lange meditative Sequenz *The Far Field* (1964). Grundthemen bleiben Angst und Ekel vor dem Leben, transzendente Zugänge. Neben W. Blake und D. Thomas durchgehend starker Einfluß von W. B. Yeats.

1966 John Barth:

aE Giles Goat-Boy
or, The Revised New Syllabus

R., 2 Bde.

Umfangreiche Satire: die Welt als Universität (USA als »New Tammany College«, Neues Testament als »New Syllabus« usw.). Der Bildungsweg des unter Ziegen aufgewachsenen Helden Giles Goat-Boy im New Tammany College bis zum »Grand Tutor« führt zu seiner Erkenntnis der Identität von Erfolg und Mißerfolg, der zyklischen Wiederkehr des Immergleichen. Biblische Parallelen. Bildungsr. als allegorische Satire auf Erfolgsstreben, Kalten Krieg, Technologie, Religion, am. Sexualverhalten usw. Zugleich Prototyp des »Campus Novel«. Barth führt sein Spiel mit Realität und Fiktion (→*The Sot-Weed Factor,* 1960) weiter.

1966 W. H. Auden:

eL Collected Shorter Poems 1927–1957

175 Gedichte in 4 Teilen. Rev. Fassung von *Collected Shorter Poems 1930–1944* (1950).

Die Slg. ordnet in chronologischer Reihenfolge (frühere Ausgg. ordneten alphabetisch nach Versanfängen) Gedichte vor allem aus →*Look, Stranger!* (1936), *Another Time* (1940) und *Collected Poems* (1945), z.T. in stark rev. Fassungen. Entwicklung von den satirisch-zeitkritischen frühen Texten (1927–38, Teil I und II) zu den späten existentiellen und religiösen Texten unter dem Einfluß von S. Kierkegaard, R. Niebuhr u. a. (1939 bis 1957, Teil III und IV). Die Virtuosität des Stils (Abstrakta, Personifikationen, Ambiguitäten) und der Metren bleibt erhalten. Wie bei T. S. Eliot treten in den späteren Gedichten musikalische Kompositionsformen in den Vordergrund.

Ergänzend erschien die Slg. *Collected Longer Poems* (1968), die bes. die Gedichte aus der Zeit von Audens religiöser Wende enthält. Teil-Übss. *Gedichte Poems* von E. Fried, A. Claes, H. Heckmann (1973) und *Anrufung Ariels* von E. Fried, E. Jandl und S. Werl (1987).

1966 Thomas Pynchon:

a E The Crying of Lot 49

R.

Kalifornien, 1965. Oedipa Maas gerät durch die Erfüllung des mysteriösen Testaments ihres ehemaligen Liebhabers Pierce Inverarity aus ihrem normalen Tagesablauf in eine Suche, die für sie immer mehr die Züge einer Paranoia annimmt. Durch eine Reihe kryptisch-suggestiver Zeichen wie Knochen, ein Posthorn mit Dämpfer, eine jakobinische Rachetragödie und geheimnisvolle Briefträger entdeckt O. ein illegales Postsystem, »Tristero«, das seit mehreren Jahrhunderten die offiziellen Postsysteme bekämpft. Als sie schließlich einer Versteigerung der Slg. 49 (Titel) beiwohnt, einer Briefmarkenslg. von Tristero-Fälschungen, weiß sie nicht mehr, ob ihre Entdeckung eine ihrem Hirn entsprungene Phantasie, eine Täuschung durch Pierce Inverarity oder Realität ist.
Ein grotesk-komischer »Sucher«-Roman, der unter dem geordneten Kommunikationssystem (»Information«) ein subversives, zerstörerisches (»Entropy«) entdeckt, durch »W.A.S.T.E.«, »Silence«, »Night« charakterisiert. Die gleiche Doppeldeutigkeit ergreift die Psyche der Figuren im R. (Mucho Maas, Hilarius, Driblette) wie deren Namen: Manny Di Presso (manisch-depressiv), Koteks (Taschentuch), Thoth (ägyptischer Gott), Emory Bortz (Nagelfeile) usw. Fortführung der Thematik von →*V.* (1963).

Übs. *Die Versteigerung von No. 49* von W. Teichmann (1973).

1966 William H. Gass:

a E Omensetter's Luck

R., 3.

Als um 1880 Omensetter und seine Familie sich in Gilean, Ohio, niederlassen, bringen sein legendäres Glück und seine Lebensfreude ominöse Verwirrung unter die Dorfbewohner. O.s Vermieter Henry Pimper erhängt sich, als er durch O. sein eigenes sinnleeres Leben erkennt, der von sexuellen Obsessionen gepeinigte Pfarrer Jethro Furber wird wahnsinnig. O. verläßt das Dorf und zieht weiter. In 3 Teilen wird O. aus verschiedenen Perspektiven der Dorfbewohner beschrieben, so daß deren Mangel an O.s Eigenschaften (Vitalität, Lebensfreude, Unschuld) deutlich wird. Technik des inneren Monologs und symbolischer Verweise. Stil zw. Poesie und Prosa, selbstreflexiv und durch Negationen und Auslassungen gekennzeichnet. Abstimmung der Sprache auf die wechselnden Perspektiven. Einfluß von W. Faulkner.

1967 William Styron:

aE The Confessions of Nat Turner

R., 4. Verarbeitung dokumentarischen Materials, bes. der von Nat Turner hinterlassenen *Confessions*.

Virginia, 1831. Retrospektive des zum Tode verurteilten N. T., eines schwarzen Baptistenpredigers, der einen Aufstand angeführt hatte: die Entwicklung vom Sklaven bzw. Privilegierten der Weißen zum erbitterten Freiheitskämpfer. Das Porträt erstellt durch Kombination von Fakten und intuitiv rekonstruierten Motivationen. Darüber hinaus ein Bild der sozioökonomischen Verhältnisse der Zeit. Doch weniger ein hist. R. als eine »meditation on history« mit Gegenwartsbezug: Versuch, das komplexe Rassenproblem von seiner hist. Dimension her zu beleuchten. Die Diskrepanz zw. lang genährter Hoffnung und verzögerter Verwirklichung mit der Konsequenz der Gewalttätigkeit dekuvriert als negative Konstante.

Bestseller. Übs. *Die Bekenntnisse des N. T.* von N. v. Wölfl (1968).

1967 Ishmael Reed:

aE The Free-Lance Pall Bearers

R.

»Harry Sam« (= Newark, N. J.) ist von der Insel des Diktators Sam (= Manhattan) durch eine schwarze Bucht voller mörderischer Fische getrennt. Dem naiven Erzähler Bukka Doopeyduck gelingt es nach einigen Lernprozessen, die ihn seine unterwürfige Liebesreligion der Nazarener ablegen und zum kommerziellen Protest-Star aufsteigen lassen, die Bucht zu durchschwimmen, die Einwohner des Gettos Soulsville und die revolutionäre Gruppe »Free-Lance Pall Bearers« (etwa: »freiberufliche Sargträger«) zum Aufstand zu führen, um den Diktator zu stürzen.
Anläßlich des schwarzen Getto-Aufstandes in Newark (1967) satirisiert Reed die polit. Verhältnisse zw. Schwarz und Weiß in diversen Lebensbereichen: Religion, Universität, Protesttheater, Massenmedien usw. Die Parabel voller grotesker und sprachlich virtuoser Züge ist gleichzeitig eine Parodie auf den schwarzen Bildungsr. mit messianischen Zügen.

1967 Angus Wilson:

eE No Laughing Matter

R., 5 Bücher.

Anhand der Chronik der Familie Matthews aus dem Londoner Mittelstand wird ein differenziertes Bild Englands der Jahre 1912–1967 entworfen. Zentral die Entwicklung der mittleren von 3 Generationen nach sozialpsychologischen Aspekten (Isolation, zwischenmenschliche Konflikte, Tätigkeitsbereiche) und im zeitgeschichtlichen Zusammenhang (Weltkriege, Wirtschaftskrise, Faschismus, Wandel des Klassensystems): die Lebensläufe des linksgerichteten Journalisten Quentin, des glänzenden

Schauspielers Rupert, der emanzipatorischen Schriftstellerin Margaret, der im Familienleben aufgehenden Sukey, der Geschäftsfrau Gladys, des homosexuellen Kunsthändlers Marcus.
Wilson weitet hier sein sozialkritisch-hist. Interesse zum Zeitpanorama aus und bereichert sein formales Repertoire um typische Techniken der Moderne (innerer Monolog, Multiperspektive, Abschnitte in Dr.-Form, selbstreflexive Tendenz durch M. als autobiogr. Erzählerin, auktoriale Ironien durch Korrespondenzenmuster, Zeitstil-Parodien). Verbindung von problembewußtem Ernst und Sinn für Komik (vgl. Titel). Einflüsse von J. Joyce, V. Woolf.

Übs. *Kein Grund zum Lachen* von M. Dessauer (1973).

1967 V. S. Naipaul:
E The Mimic Men
R., 3.

I. Der von der Karibikinsel »Isabella« stammende und in London vereinsamte Ralph Kripal Singh kehrt nach dem Studium mit seiner engl. Frau in die Heimat zurück, wo er als Bodenspekulant zu Erfolg kommt. II. S. ist während der 1930–40er Jahre aufgewachsen und hat sich seiner indischen Familie (sektiererischer Vater, Mutter aus Aufsteiger-Clan mit Coca Cola-Monopol) wie der spätkolonial-provinziellen Umwelt entfremdet und ist erwartungsvoll nach England gegangen. III. In seinem unabhängig werdenden Land wird der Heimkehrer S. polit. aktiv, doch im Fortbestehen technologisch-wirtschaftlicher Abhängigkeit führt das »Schauspiel« der Neuen Nation ins Chaos. S. emigriert endgültig nach England und schreibt seine Lebenserinnerungen, bevor er durch den so gewonnenen Abstand zu neuen Aktivitäten bereit ist.
Der Entwicklungsr. illustriert beispielhaft die Identitätsprobleme und Orientierungsprozesse des Individuums zw. unterschiedlichen Kulturen, zumal die Rollenzwänge des »Mimen« (Titel), und das durch die literarische Verarbeitung gewonnene neue Selbstverständnis. Ich-Erzählung mit Rahmenschema: in die zusammengehörigen Teile I und II ist der Mittelteil eingelagert, der im Stil des Frühwerks und unter Verarbeitung autobiogr. Materials die Entwicklung des Jugendlichen anschaulich nachvollzieht und mit satirischen Akzenten versieht. Die Behandlung typischer Probleme der 3. Welt aus der Sicht des weitgereisten Kosmopoliten bleibt charakteristisch für Naipauls erzählerisches wie essayistisches Werk, das neben der karibischen Heimat, zumal Trinidad (vgl. bes. *A House for Mr. Biswas,* 1961), wiederholt auch Afrika (*A Bend in the River,* 1979) und Indien (*An Area of Darkness,* 1964) zum Gegenstand hat.

Übs. *Herr und Sklave* von U. v. Zedlitz z. Hohenlohe (1985).

1967 Robert Bly:

a L The Light around the Body

43 Gedichte in 5 Gruppen.

Im Mittelpunkt (Teil III) steht die Anklage gegen den Vietnam-Krieg und seine heuchlerische Rechtfertigung: »We make war/like a man anointing himself« *(At a March against the Vietnam War)*. Die Motti aus mystischen Texten von Jacob Boehme vor den anderen Teilen verdeutlichen das übergreifende Thema: der Krieg geht letztlich auf ein falsches Verständnis von Rationalität *(The Great Society)*, eine Verdrängung der eigenen Gefühle *(Three Presidents)* und die Entfremdung vom eigenen Körper *(Looking into a Face)* zurück.
Bly vertritt die Richtung Tiefenbildlichkeit (»deep image«) in der zeitgenössischen am. Lyrik. Durch traumartig gewonnene Bilder soll der Zugang zu vorbewußten und verdrängten Gefühlen gewonnen werden, der zu einem neuen Selbstverständnis führt. Wahrnehmung und Körperlichkeit sind die wichtigsten semantischen Felder der Slg.

1967 Piri Thomas:

a E Down These Mean Streets

R.

1.–16. Harlem, 1940er Jahre. Der halbwüchsige Piri lebt als schwarzer Puertoricaner im »barrio«: der Vater ist arbeitslos und aggressiv; die Mutter sehnt sich in die Heimat zurück; er selbst sucht Zuflucht bei der Straßenbande, widersetzt sich der Schule, arbeitet als Schuhputzer und begeht Diebereien. Nach dem Umzug ins vorstädtische Long Island erfährt P. die Diskriminierung als »Nigger«, versucht sich als Puertoricaner von Schwarzen wie Weißen abzusetzen, scheitert bei der Jobsuche und verlegt sich auf den Drogenhandel. 17.–24. Eine Reise in den Süden verdeutlicht ihm die Zugehörigkeit zu den Schwarzen. Es kommt zum Bruch mit der Familie und erneutem Drogenhandel. 25.–36. Während einer Gefängnisstrafe behauptet P. sich bei Machtkämpfen der Insassen. Er besinnt und bildet sich und gewinnt über den Glauben ein neues Selbstbewußtsein. Mit Distanz zum früheren »hustling, whoring und hating« kehrt P. zuversichtlich zurück.
Puertoricanische Variante der fiktionalisierten Harlemer Autobiogr.: Problem der Identitätsfindung als doppelt Diskriminierter im Gegensatz zur dominanten am. Gesellschaft wie anderen Minoritätengruppen; das »barrio« als ein einschränkendes Getto und Gemeinschaftsgefühl vermittelnde Fluchtburg; Generationenkonflikte der Einwandererfamilie; Einzelkämpfer-Held mit Kodex der Straße. Kritik an Institutionen wie dem Strafvollzug als krassem Spiegel des sozialen Systems: Haß, Unterdrükkung, Ungerechtigkeit, Gewalt. Verbindung von Ich-Erzählung, Dialogen und inneren Monologen. Slanghafte, spanisch eingefärbte Ausdrucks-

weise. Stilistische Vorliebe für Übertreibung, klangbetonte Wendungen, Ironie.

Fortsetzung in *Savior, Savior, Hold My Hand* (1972) mit der positiveren Perspektive des Sozialarbeiters, Ehemanns und Erweckungspredigers. *Seven Long Times* (1974) bringt eine erweiterte Darstellung der Haftzeit.

1967 Richard Brautigan:

aE Trout Fishing in America

R. Einzelnes als Vorabdruck in *The Evergreen Review* u. a.

Gegenwart. Der anonyme, vorwiegend in San Francisco lebende Ich-Erzähler berichtet von der passionierten Suche nach guten Fanggründen für Forellen (durchgängiges Vordergrundgeschehen). Zugleich verfremdet er das Motiv durch Übertragung auf ganz andere Bereiche (z. B. »Forellenfischen« als Person, Slogan, Hotel), verunsichert total die Unterscheidung zw. Realität und Fiktion und kontrastiert die idyllischen Implikationen zunehmend mit negativen Aspekten der gegenwärtigen Gesellschaft (Gewalttätigkeit, Mechanisierung, Kommerzialisierung, Frustration).
Erzählminiaturen mit permanenter Leser-Irritation (Verschiebung, Verkehrung, Verrätselung). Tendenz zu skurrilen Arabesken, surrealistischen Bildern, grotesker Übertreibung, Geschichten ohne Pointe, parodistischen Effekten. Spiel mit dem Buch als Buch (einschließlich Umschlag und Typographie). Einfluß H. Melvilles und E. Hemingways (Essay *Trout Fishing in Europe*).

Übs. *Forellenfischen in Amerika* von C. und H. Bastian (1971).

1968 Jean-Claude van Itallie:

aD The Serpent

A Ceremony

Dr. Entst. in Zusammenarbeit mit J. Chaikins »The Open Theater«, Auff. 2. 5. Teatro del Arte, Rom, durch die gleiche Gruppe.

Auf 2 Gegenwartsszenen (Gehirnchirurgie-Demonstration, Attentate auf J. F. Kennedy und M. L. King) folgen Genesis-Episoden (Adam und Eva, Kain und Abel) im Wechsel mit allgemeinen Gegenwarts-»Statements« eines Frauen-Chors. Schluß: Rezitation des 1. Geschlechtsregisters simultan mit pantomimischer Kopulation, Geburt und dem Altern der Nachfahren.
Versuch, den Mythos des Anfangs dialektisch mit der Gegenwart in Beziehung zu setzen. Gliederung in 14 Sektionen mit »rhythmischen Übergängen«. Stilisierung (bes. Ritualisierung) durch verschiedenartigste Darbietungsformen: Pantomime, Chor, Sprechgesang, Lied, Filmtechniken (Zeitlupe, Rücklauf, Montage, »freeze«), fragmentarisierte und nichtsprachliche Verlautbarungen, Repetitionseffekte usw. Die Schauspieler als Individuen und Priester in unmittelbarem Kontakt mit dem Publikum. Raum für Improvisationen.

Buchausg. 1969.

1968 Ed Bullins:

aD Goin'a Buffalo

A Tragifantasy

Dr., 3, Auff. 6.6. American Place Theatre, San Francisco.

Los Angeles, um 1960. I. Der Traum des vorbestraften Zuhälters und Drogenschiebers Curt, nach Buffalo, N. Y., zu gehen und reich zu werden, hängt von einem letzten »Geschäft« ab. II. Seine Frau Pandora verliert ihren Job als Striptease-Tänzerin, weil die Bar schließen muß. III. C. wird gefaßt, sein »Freund« Art übernimmt P., das Geld und eine weiße Hure Mamma Too Tight, um mit ihnen nach Buffalo zu gehen.
Parabel über den schwarzen am. Traum vom Erfolg im kriminellen Milieu. Die Korruption aller menschlichen Beziehungen durch Tausch und Gewalt wird in Pandoras Büchse (Drogen, Pistole, Geld) und dem Schachspiel zw. Schwarz und Weiß symbolisiert. Zugleich deutet das Dr. im Strip Club (II) die weißen Rahmenbedingungen für dieses randständige Milieu an. Bullins' naturalistische Versuche, ein schwarzes Theater für ein schwarzes Publikum bes. in den Gettos zu schaffen, das sich auf der Bühne wiedererkennen kann, beruht auf einer genauen Kenntnis der geschilderten Verhältnisse und der Sprechweisen der Betroffenen. Einfluß von LeRoi Jones.

Buchausg. in *Five Plays* (1969). *In the Wine Time* behandelt die Straßenkultur des Gettos. Die beiden Einakter *A Son, Come Home* und *The Electronic Nigger. A Tragi-Comedy* drehen sich satirisch um eine Mutter-Sohn-Beziehung und den Unterricht für angehende Schriftsteller. Der letzte Einakter *Clara's Ole Man. A Play of Lost Innocence* behandelt Probleme einer Jugendgruppe im Slum von Philadelphia in den 50er Jahren.

1968 George Orwell:

e The Collected Essays, Journalism and Letters

Postume Slg. von Essays, Artikeln, Kolumnen, Rezensionen, Briefen, Tagebüchern der Jahre 1920–50. Einzelnes und kleinere Slgg. früher.

Die beiden zentralen (vielfach verknüpften) Themenkomplexe: das polit. Zeitgeschehen; Sprache und Literatur. Wiederkehrende Themen: der Spanische Bürgerkrieg (z.B. *Looking Back on the Spanish War,* 1943), der 2. Weltkrieg, das Nazi-Regime, die stalinistische UdSSR, der engl. Nationalcharakter (z.B. *The Lion and the Unicorn,* 1941; *The English People,* 1947), Pazifismus, Antisemitismus in England, Massenmedien, Propaganda, soziale Fragen; das Verhältnis von Sprache, Literatur und Politik (z.B. *Inside the Whale,* 1940; *Politics vs Literature, Politics and the English Language,* 1946), Autoren wie J. Swift, Ch. Dickens, G. Gissing, L. Tolstoi, R. Kipling, A. Koestler, P. G. Wodehouse, H. Miller. Daneben Persönliches. Entschiedenes Eintreten für einen »demokratischen Sozialismus«, scharfe Kritik am faschistischen und kommunistischen Totalitarismus, Kritik auch an anti-demokratischen Tendenzen in den sog. Demokratien. Klarer, einfacher Stil mit Neigung zur Ironie.

Einzelnes in Übss.

1968 **Norman Mailer:**

aE **The Armies of the Night**

Kombination von autobiogr. R. und Zeitgeschichte in 2 Büchern. Augenzeugenbericht über die Vietnam-Demonstration am 21.–22. 10. 1967 in Washington, D. C.

Behandelt deren Voraussetzungen, Vorbereitung, Verlauf, Implikationen und Konsequenzen im Wechsel mit Selbstdarstellung und Digressionen über zahlreiche Aspekte der am. Gesellschaft vom Standpunkt eines »Links-Konservativen« (am. Traditionen, Technokratie, Massenmedien, Establishment, Anti-Kommunismus, die »neue Linke«, die Schwarzen) und enthält Reflexionen über Methoden und Grenzen der Wahrheitsfindung. Titel: Anspielung auf den Schluß von M. Arnolds *Dover Beach;* die nächtliche Konfrontation der Demonstranten und Truppen vor dem Pentagon als erste »symbolische« Schlacht eines langwierigen Kampfes.
I. »History as a Novel«: Geschichte in romanhafter Einkleidung (erzählerische Dokumentation seiner »persönlichen Geschichte«). II. »The Novel as History«: R. in historiographischer Stilisierung (perspektivische Ausweitung, Deutungsversuch), übergehend in den »kollektiven R.« (Spekulation über irrationale Aspekte). Vermeidung von Schwarz-Weiß-Malerei. Distanzierte autobiogr. Er-Erzählung. Stil: wechselnd dokumentarisch, analytisch, geistreich, provokativ, satirisch, mystisch.

Pulitzer-Preis. Übs. *Heere aus der Nacht* von M. Büttner (1968).

1968 **Allen Ginsberg:**

aL **Planet News**

41 Gedichte der Jahre 1961–67. Einzelnes als Vorabdruck in *Fuck You, The Yale Literary Magazine, The Evergreen Review, Paris Review, Playboy* u. a.

»Nachrichten vom Planeten Erde«, die – den Standort New York ausgenommen – größtenteils auf Reiseeindrücken beruhen (Mittelmeerraum, Südostasien, Ostblock, England, USA). Selbstdarstellung wechselt mit allgemeinen Meditationen und Lamentationen. Kritische Auseinandersetzung mit der »Paranoia« der modernen Welt, den globalen polit. Konstellationen (Kalter Krieg, Dritte Welt) und bes. der polit. Situation in den USA (Vietnam, Monopolkapital, Kontrollmechanismen, Massenmedien). Ginsbergs Gegenposition zielt auf »humanity«, »kindness«, »sex«, Vitalität, Friedfertigkeit, (östliche) Religiosität. *The Change: Kyoto-Tokyo-Express* markiert Ginsbergs Abkehr von Versuchen einer nach außen gerichteten Bewußtseinserweiterung, Hinwendung zum »Herzen«, Körper, Rückwendung zum Hier und Jetzt des Ichs »wie es ist«. Die Entwicklung zu diesem Wendepunkt bes. unter dem Eindruck des langen Indienaufenthaltes: vgl. *Indian Journals* (1970). *Wichita Vortex Sutra* (»Leitfaden« über die Stadt in Kansas als ein Zentrum des »Strudels« von Angst, Haß, Gewalttätigkeit): Teil eines entstehenden längeren Gedichtes (→*The Fall of America,* 1972).
Der Stil überwiegend »messianisch-rhapsodisch«, z. T. halluzinatorisch-

visionär (unter Drogeneinfluß). Montagetechnik. Zahlreiche Anspielungen. Einbeziehung von Slang. Syntaktische Lockerung bis zur Auflösung.

Übs. *Planet News* (Auswahl) von H. Bastian (1969).

1968 Jerzy Kosinski:

aE Steps

R.

Zentral das Problem der Kontrolle: ohne Kontrolle kein Friede und Glück (Bhagavadgita-Motto), doch Kontrolle als Macht über andere verhängnisvoll, wie in modellhaften und extremen zwischenmenschlichen Verhaltensweisen gezeigt wird. Ein anonymer Ich-Erzähler verfolgt unsystematisch in Episodenserien die »Stufen« (Titel) seines Lebens (Kindheit, Armee, Universität in einem Ostblockland, Neuanfang in den USA; autobiogr. Züge). Erlebnisse, Beobachtungen, Phantasien, konzentriert auf Sexualität, Perversion, Brutalität. Ausweitung des Persönlichen in den gesellschaftlichen Bereich. Indirekte Kritik an der Unterdrückung individueller Freiheit in Ost und West vom Standpunkt des Außenseiters. Als Rahmen der Episodengruppen häufig kurze Dialoge mit einer Frau. Die lockere Struktur und die moralische Doppeldeutigkeit als Material für die je persönliche Leseerfahrung intendiert. Konzis-deskriptiver Stil.

Übs. *Aus den Feuern* von M. Büttner (1970).

1968 Eldridge Cleaver:

a Soul on Ice

Slg. von Briefen und Essays, 4 Teile. Im Gefängnis verfaßt mit dem Ziel der Bewußtwerdung und moralischen Besinnung.

I. »Letters From Prison«: Schilderung seines Werdegangs und des Gefängnislebens. II. »Blood of the Beast«: Essays über die Rassendiskriminierung in ihrer hist. Entwicklung und den gegenwärtigen weltpolit. Implikationen (Kapitalismus, Kolonialismus, Vietnam), die Bürgerrechtsbewegung in ihren Phasen sowie Charakteristiken zweier schwarzer »Unterhalter« (C. Clay, J. Baldwin). III. »Prelude to Love – Three Letters«: Briefwechsel mit seiner Rechtsanwältin B. Axelrod. IV. »White Woman, Black Man«: Darstellung der Rollenverteilung in der weißen Hierarchie und der daraus resultierenden zwischengeschlechtlichen Beziehungen beider Rassen. Schluß: Ausblick auf Gesundung der Nation und Hymnus auf die schwarzen Frauen.

Verbindung von Autobiogr. und Zeitgeschichte. Der Titel bezieht sich auf die 8 Gefängnisjahre vor Cleavers Liebe zu B. Axelrod, die ihn »wiederbelebt« und zu sich selbst zurückbringt (Sexualmystik als Rahmen- und Leitmotiv). Angedeutet ist damit zugleich die Situation der Schwarzen überhaupt, wie auch das Gefängnis als Symbol der allgemeinen Unterdrückung gesehen wird. Durchgängig von konkreten Beobachtungen ausgehende Analyse und Infragestellung der repressiven Normen der am.

Gesellschaft und Hoffnung auf die revolutionäre junge Generation. Vorwiegend sachlicher Stil sowie allegorische und mystische Züge. Einfluß von Malcolm X.

Große Wirkung auf die Black Power-Bewegung. Bestseller. Übs. *Seele auf Eis* von C. und H. Bastian (1969).

1968 N. Scott Momaday:

aE House Made of Dawn

R., 4. Einzelnes in *Southern Review, New Mexico Quarterly* u.a.

Kalifornien, 1945–52. Abel kehrt tief verstört und teilweise unter Gedächtnisverlust in das Reservat zurück, hat eine Liebschaft mit einer Weißen und tötet einen Albino, eine Art Doppelgänger. In Los Angeles, durch Verzweiflung und Alkohol am Tiefpunkt angelangt, beginnt er sich mit Hilfe von Reverend John Big Bluff Tosamah an seine indianischen Wurzeln zu erinnern, darunter auch an das Nachtlied vom »Haus aus Morgenröte«. Er kehrt erneut in das Reservat zurück, beerdigt seinen Großvater Francisco nach altem Brauch und läuft in die Morgenröte hinaus.
Der 2. Weltkrieg, die Relokations- und Terminationspolitik der 50er Jahre bilden den Hintergrund für Abels psychischen Tod und seine Wiedergeburt durch Erinnerung. Reservat/Stadt, weißes/indianisches Bewußtsein sind die Haupt-Oppositionen. Zyklische Struktur (Anfang/Ende, Tag/Nacht usw.). Zunehmend die Perspektive von Abel in der Erzählweise, die von Fragmentarisierung zu größerer Kohärenz fortschreitet. Beginn der neueren indianischen Erzählkunst, die modernistische Technik mit traditionellen Mythen zu verbinden sucht.

Pulitzer-Preis. Übs. *Haus aus Dämmerung* von J. Ebner (1971).

1968 Donald Barthelme:

aE Unspeakable Practices, Unnatural Acts

15 Kurzprosa-Texte. Vorabdruck meist in *The New Yorker.*

Typisch für die Slg. sind Texte, die absonderliche Vorgänge beschreiben und heterogene Ereignisse vermischen. In *The Indian Uprising* ist ein Komantschenaufstand als hist. Vorfall und Verfilmung mit persönlichen Kommunikationssituationen des Erzählers (Freundin, psychoanalytische Lehrerin, Touristin) verschränkt. In *The Balloon* überrascht ein Mann New York mit einem ganze Straßenzüge einnehmenden, kunstvoll gestalteten Ballon und animiert so die Bürger zu kontroversen Reaktionen. In *Robert Kennedy Saved from Drowning* werden in Momentbildern und Stellungnahmen Einblicke in das öffentliche wie private Leben von »K.« gewährt. In *Alice* bedenkt ein verheirateter Mann, der mit der verheirateten A. »Unzucht« begehen möchte, die zu erwartenden grotesken Komplikationen.
Barthelme reflektiert die soziale und psychische Desintegration in der sinnentleerten Welt der technologisch-urbanen Massengesellschaft mit ih-

rer medienbestimmten Realität und ihren Sprache und Kultur erfassenden Verschleißprozessen. Die Texte, meist Ich-Erzählungen, sind durch entsprechende Verfremdungseffekte gekennzeichnet: diskontinuierliche Struktur oft fragmentarischer Segmente, irritierende Nebeneinanderstellung und abstruse Verknüpfung von Motiven, enzyklopädische Anspielungen, ironische Inversionen, Sprachparodien (bes. von Ausdrucksklischees, logischem Diskurs). Tendenz zur Meta-Story in Texten, die parabolisch die Situation des Künstlers implizieren. Poetologische Basis: Partikularisierung und Neuanordnung von Erfahrungsmomenten in einer Verbindung aus kritischem Ernst und Spiel mit dem Zufall, der Vermischung von Alltagsrealität und quasi-mythischer Phantastik. Einflüsse: J. Joyce, S. Beckett, G. Stein. Nähe zu zeitgenössischen am. Kunstbewegungen (Action Painting, Happenings).

Übs. *Unsägliche Praktiken, unnatürliche Akte* von H. und A. Muschg (1969).

1968 Mario Puzo:

aE The Godfather

R., 9.

New York, Sizilien, Las Vegas, 1946–47. Dem Bandenkrieg der 5 New Yorker Mafia-Familien setzt der »Pate« Don Vito Corleone durch eine nationale Kartellabsprache ein Ende. Sein Sohn und Nachfolger Michael rächt sich an den Gegnern und verlegt das Geschäft der Corleone-Bande nach Las Vegas.
Puzo verknüpft die Erfolgsrezepte von Familien- und Kriminalr. (bes. Generationskonflikte, Rivalitäten zw. Geschwistern; Milieuschilderungen, Wechsel von Szenen der Gewalt und Sexualität) zu einem spannenden, auf Tatsachen beruhenden Bestseller (über 12 Mill.), der vorhergehende Spitzenreiter wie G. Metalious' →*Peyton Place* (1957) oder J. Susanns *Valley of the Dolls* (1966) weit hinter sich läßt.

Übs. *Der Pate* von G. Stege (1969). Film von F. Coppola 1972, ebenfalls ein Kassenschlager.

1968 Gary Snyder:

aL The Back Country

104 Gedichte in 5 Teilen. Einzelnes in *Poetry, Evergreen Review* u.a.

I. »Far West«. Gedichte über das Arbeiten und Wandern in den Bergen der Westküste der USA. II. »Far East«. Japanische Impressionen: Wandern, Zen-Studien, Jahreszeiten. III. »Kali«. Frauen in verschiedenen Sehweisen: Geliebte, Mutter, Zerstörerin, Wiedergebärende. IV. »Back«. Zurück in den USA, östliche Erfahrungen überlagern die Beschreibung von Land und Leuten. V. »Miyazawa Kenji«. Übss. des japanischen Dichters (1896–1933).
Die Durchdringung östlicher und westlicher Sehweisen vertieft und bereichert den zugrundeliegenden Gegensatz von Zivilisation und Natur: Men-

schen zerstören ihre Umwelt *(A Berry Feast)* und unterdrücken das Natürliche an sich selbst *(The Manichaeans)*. Unsentimentale realistische Naturbeschreibung *(A Walk)* wird mit Assoziationen indischer, japanischer und indianischer Mythologie verbunden: »Back Country« heißt Hinterland, unterentwickeltes und unbewußtes Land zugleich, als positiver Gegenpol zu den Städten, Technologien und christlichen Traditionen der USA und Europas (»For the West«). Kurzgedichte im freien Vers vorherrschend, teils tagebuchartig, teils haiku-artig implizierend. Nähe zur San Franciscoer Gruppe der Beat Generation.

1968 Basil Bunting:

eL Collected Poems

63 Gedichte und 1 Gedichtsequenz.

Neben Übss., Adaptionen, Parodien von Lucretius, Ferdausi, Chomei *(Sonatas, Overdrafts)* und kurzen, meist satirischen Gedichten *(Odes)* bes. die Sequenz *Briggflatts: An Autobiography,* ein wertender Rückblick über die Entwicklung als Dichter: Vergänglichkeit, Liebe, Einsamkeit, Dichtung. Symbolik aus der einfachen ländlichen Umgebung und Leitmotiv der Jahreszeiten. Verwendung archaischer und regionaler Wörter (Yorkshire). Zitate und hist. Anspielungen. Einfluß von E. Pound.

Rev. Ausg. (1978).

1968 John Barth:

aE Lost in the Funhouse

Fiction for Print, Tape, Live Voice

Sequenz aus 14 Texten. Entst. und z. T. veröffentlicht 1966–68.

Die chronologisch geordnete Sequenz zeigt den Erzähler in einer Reihe von modernen und klassischen Masken. Seine Entwicklung durch verschiedene Altersstufen begleitet eine zunehmende Komplizierung und Relativierung nicht nur der Erzählkonventionen (realistische Geschichte, Beckett-Monologe, Kafka-Parabel, Epenburleske), sondern auch des Erzählmediums (Buch, Tonband, Vortrag). Die Sequenz führt folgerichtig die Auflösung realistischer Erzählweisen (→*The Sot-Weed Factor,* 1960; →*Giles Goat-Boy,* 1966) durch die Auflösung des R.s und des Erzählers selber fort.

Übs. *Ambrose im Juxhaus* von S. Rademacher (1973).

1969 Joyce Carol Oates:

aE Them

R.

Detroit u. a. Orte, 1937–67. Die Hdlg. um Loretta Wendall, ihren Sohn Jules und ihre Tochter Maureen verwickelt die 3 in Mord, Ehe und Prosti-

tution (L.), Entfremdung und Prostitution (M.) sowie Zuhälterei und Teilnahme am Gettoaufstand 1967 in Detroit (J.). Schließlich rettet sich J. in den Westen, und M. heiratet einen Englischlehrer.
Hist. R. einer Familie mit genauer soziologischer Zeichnung des Lebens in der unteren Mittelschicht und der Rolle von Gewalt zw. den Geschlechtern. Mehrsträngige und multiperspektivische Erzählweise in der 3. Person mit gelegentlichen Briefeinlagen. Realistisch-dokumentarische Beschreibung von Detroit. Großer Erfolg.

Übs. *Jene* von I. Nadolny (1969).

1969 Arthur Kopit:

aD Indians

Dr., 13 Szenen. Auff. 6. 5. Arena Stage, Washington, D. C. 2. überarbeitete Fassung.

Das fragwürdige Vorgehen bei der Kolonisation des am. Westens wird an hist. Vorkommnissen um den legendären Helden Buffalo Bill demonstriert, der als ambivalenter »Träumer« vermittelnder Freund der Indianer zu sein versucht, sich aber als naives Werkzeug ihrer Ausrottung erweist. Um den Handlungsstrang der Untersuchung der »Standing Rock Reservation« durch eine Senatskommission (1886) und des Massakers an Sitting Bulls Stamm (1890) eine Vielzahl von hist. Figuren, Episoden, Details, die diese Entwicklung verdeutlichen.
Der moralisch bemäntelte Kampf gegen »minderwertige« Gruppen als kontinuierliches Moment der am. Geschichte bis zum Vietnam-Krieg. Die Verwischung der Diskrepanzen zw. Realität und Mythos als fataler Faktor des am. Selbstverständnisses. Das Stück weniger hist. Dr. als grotesker »Alptraum«: achronologische Folge wechselweise ernster und komischer Episoden im Rahmen einer Wild-West-Show. Satire und Parodie (z.B. Western-Konventionen, »dime novel«- und Melodramenstil von N. Buntline, polit. Statement).

Übs. *Indianer* von H. Sahl (1970). Film *Buffalo Bill* von R. Altman (1984).

1969 The Performance Group:

aD Dionysus in 69

Happening nach *The Bacchae* von Euripides (engl. Übs.). Auff. 2. 6. in einer Garage, Wooster St., New York.

Weniger eine Bearbeitung von Euripides' Dr. (nur 600 der 1300 Verse wurden benutzt, zumeist die Chor-Partien) als ein kollektives psychodramatisches Ritual, das das neue Lebensgefühl der 60er Jahre ausdrücken soll: orgiastische Einheit von Körper und Seele, Befreiung des Unbewußten, Aufhebung der Entfremdung durch Nacktheit und Körperkontakt sowie durch Bloßlegung des Rollenspiels aller. Damit auch Einbeziehung des Publikums, das in dieses neue Lebensgefühl initiiert werden soll. Der Konflikt zw. Ich (Pentheus) und Es (Dionysus) ist auch der zw. Autorität und Freiheit. Entsprechende Praktiken: Zerschreien und Zerdehnen des Textes, Körperrituale, Aus-der-Rolle-Treten der Schauspieler, offenes Ende des Stückes (die Schauspieler des Kollektivs entkommen dem Stück auf die Straße). Zugleich Vorstellung eines Guerilla-Theaters, das die neuen Lebensformen nach außen trägt. Einfluß des polnischen Theatermachers Jerzy Grotowski und seinerseits Vorbild für zahlreiche Versuche kollektiven Performance-Theaters in den 70er Jahren.

1969 Saul Bellow:

aE Mosby's Memoirs and Other Stories

Slg. von 6 Geschichten, einzeln 1951–68 in Zeitschriften erschienen.

Titelgeschichte: der am. Ex-Diplomat Dr. Willis Mosby schreibt in Mexiko seine Memoiren und erinnert sich – um einer komischen Digression willen – an die Bekanntschaft mit Hyman Lustgarten, einem donquijotesken Spekulanten des Nachkriegseuropa, der schließlich im Familienleben aufgeht; M.s ironisch-distanzierte Reminiszenz wird durch die eigene Todesvision bei einer Tempelbesichtigung relativiert. Die Kontraste Gojim – Juden, Amerika – Europa, Kapitalismus – Sozialismus, Leben – Tod spielen z.T. auch in den anderen Geschichten eine Rolle.

Übs. *Mosbys Memoiren* von W. Hasenclever (1973).

1969 Bernard Malamud:

aE Pictures of Fidelman

An Exhibition

R. Teilvorabdrucke in *Partisan Review* u.a.

Gegenwart. Der am. Jude Arthur Fidelman versucht sich in Italien nacheinander als Kunsthistoriker (1), Imitator (2), Fälscher (3), nachschaffender Künstler (4), scheitert jedoch an seinem mangelnden Talent und gerät in die Hände von Parasiten, in Abhängigkeit von einer frigiden Frau, wird zum Dieb und Zuhälter. Allmählich erkennt er die Anmaßung seiner egozentrischen Suche nach der Perfektion von Leben und Kunst (vgl. Motti): er entdeckt seine Bisexualität und wird Glasbläser. So gewandelt kehrt er in die USA zurück (6).

F. rekapituliert die Erfahrungen am. Künstler in Europa, die verschiedensten Kunstauffassungen von der Antike bis zur Pop Art (zahlreiche Anspielungen, entsprechende Schauplätze Rom, Mailand, Florenz, Venedig), die wechselseitigen Beziehungen zw. Kunst und Leben, Realität und Imagination, Tradition und Originalität, Kunst und Kunstgewerbe. Mehrdeutiger Titel: 1. Ausstellung von F.s Bildern; 2. die Folge der (in sich geschlossenen) Kapp. als eine Ausstellung von Künstlerporträts bzw. als Exhibition seiner Entwicklung. Komische Züge. Flexibler Stil. Einbeziehung einer Traumsequenz (5).

Übs. *Bilder einer Ausstellung* von A. Hegemann (1975).

1969 Philip Roth:

aE Portnoy's Complaint

R. Teilvorabdrucke in *Esquire* u. a.

Erzählsituation: Alexander Portnoys assoziativ-monologische Lebensbeichte auf der Couch des Psychoanalytikers Dr. Spielvogel. Im Zentrum der retrospektiven Selbsterforschung das Problem des ungelösten Konfliktes zw. moralischen Impulsen und sexuellen Obsessionen. Doppeldeutiger Titel: 1. parodistische Krankheitsbezeichnung, 2. Wehklage. Die eigene Entwicklung ist durchweg in ihrer sozialen Bedingtheit gesehen (repressive Normen der Familie, Gegensatz Juden – Gojim). Tabulose Offenheit. Mischung aus Selbstmitleid und Selbstironie. Tendenz zu grotesk-komischer Übertreibung. Einfluß S. Bellows.

Bestseller. Übs. *Portnoys Beschwerden* von K. Molvig (1970). Film von E. Lehman (1971).

1969 Kurt Vonnegut:

aE Slaughterhouse – Five

The Children's Crusade

R.

Vergangenheit, Gegenwart und Zukunft vermischen sich im Bericht des Protagonisten Billy Pilgrim: 1944 gerät P. als naiver junger Mann in deutsche Gefangenschaft und erlebt in »Schlachthaus 5« (Adresse) in Dresden die Vernichtung der Stadt. 1950–67 lebt P. verheiratet als Optometriker in Ilium, N. Y. 1967 wird er von einem UFO des Planeten Tralfamadore entführt und in einem Zoo ausgestellt.

Die Auswirkungen des Dresden-Erlebnisses auf P. bilden das Thema des R.s: P.s Fatalismus (Leitmotiv »So it goes«) zeigt seine Hilflosigkeit gegenüber dem absurden Geschehen. Gleichzeitig ein Appell (vor dem Hintergrund des Vietnam-Krieges) gegen alle Kriege. Vonnegut verwendet Figuren aus seinen anderen Rr. *The Sirens of Titan* (1959), →*Mother Night* (1961), *God Bless You, Mr. Rosewater* (1965). Autobiogr. Züge.

Übs. *Schlachthof 5* von K. Wagenseil (1970). Film von R. Hill (1972). Dramatisierung von P. Cudden und U. Foxall (1989).

1969 Robert Coover:

aE Pricksongs and Descants

12 Kurzgeschichten. Einzelnes vorab in *Evergreen Review, Playboy* etc.

Diese experimentellen Erzählungen, die sich zumeist um sexuelle Phantasien und Geschlechterrollen drehen (der Titel, der auf elisabethanische Liedtraditionen verweist, enthält zwei obszöne Wortspiele), dekonstruieren und serialisieren realistische Erzählverfahren. In *The Hat Act* führen die endlosen Hut-Tricks eines Zauberers und seiner Assistentin zu mehr und mehr unmöglichen Verwandlungen, Mord und Totschlag. *The Babysitter* präsentiert eine Mord- und Vergewaltigungsphantasie in verschiedenen gleichmöglichen Varianten. Andere Texte variieren Märchenstoffe zu absurden Parabeln über die Initiation in Sexualität und Tod *(The Door, The Gingerbread House, The Magic Poker)*. Zerlegung des Erzähltextes in kleinste Segmente, Wiederholung und Variation, gleichberechtigte, aber verschiedene Fassungen ein und desselben Erzählvorgangs sind hier Hauptverfahren, die realistischen Konventionen zu durchbrechen.

1969 B. S. Johnson:

eE The Unfortunates

R.

Ein Zeitungsreporter ist für einen Tag nach Nottingham gekommen, um über ein Fußballspiel zu berichten. Die Erinnerung an seinen Freund Tony, der hier zu Hause war und tragisch an einem Krebsleiden gestorben ist, beschäftigt ihn nun nachhaltig. Die autobiogr. Erfahrungen verarbeitende Ich-Erzählung beschwört die Vergangenheit in immer neuen Ansätzen, die – vom Anfangs- und Schlußteil abgesehen – ohne zwingende Reihenfolge und statt in Buchform als lose Slg. 27 separat gehefteter Textstücke präsentiert werden. Als Verfechter einer experimentell innovativen Erzählprosa bezieht Johnson die Unwillkürlichkeit von Erinnerungs- und Bewußtseinsprozessen auf die aleatorische Romanstruktur und verdeutlicht dem aktivierten Leser die Zufälligkeiten des Rezeptionsaktes.

1969 John Fowles:

eE The French Lieutenant's Woman

R.

1.–44. Lyme Regis, 1867. Charles Smithson, der sein adeliges Erbe erwartet und sich der Paläontologie widmet, ist mit Ernestina, der konventionellen Tochter des Geschäftsmanns Freeman, verlobt, als er in Sarah Woodruff eine Frau kennenlernt, die als verlassene Geliebte eines französischen Offiziers eine Außenseiterin ist und ihn durch ihre Sinnlichkeit wie geistige Unabhängigkeit fasziniert. Vor einer Annäherung schreckt Ch. zurück, und er heiratet E. – ein zeitübliches Ende, dem der Erzähler einen moderneren Schluß gegenüberstellt: 45.–61. Ch. treibt es zu S., die in Exeter untergetaucht ist. Die Vereinigung beider offenbart S.s Unschuld und stürzt Ch. in einen Gewissenskonflikt. Er trennt sich von E. und sucht nach S., die er 1869 in London findet, wo sie mit der gemeinsamen Tochter Lalage bei D. G. Rossetti lebt und bindungslos bleiben will. Auch dieser Schluß erhält im letzten Kap. eine Alternative: Ch. sieht sich von S. mißbraucht und verläßt sie im Gefühl einer neuen selbstbewußten Freiheit.
Auseinandersetzung mit dem viktorianischen Sittenkodex in differenzierter Sicht, die auch die liberale Gegenwart kritisch betrachtet (Befreiung

von Zwängen/Verlust an Verantwortungsgefühl). Ch. als fortschrittlich Denkender und »Fossil« einer überalterten Gesellschaftsschicht; S. als mysteriöse Vorläuferin der »neuen Frau«, die dem Standpunkt des Autors ohne dessen hist. Bewußtsein nahekommt. Genaue Nachzeichnung der Zeitverhältnisse aufgrund dokumentarischen Materials. Verschränkung einer Parodie viktorianischer R.-Konventionen und moderner Reflexion des Erzählvorgangs. Wechselseitige Beleuchtung des Viktorianismus in Realität und Literatur sowie der Gegenwart im Zeichen von Existentialismus und Modernismus.

Übs. *Dies Herz für Liebe nicht gezähmt...* von R. Federmann (1970). Film (Drehbuch: H. Pinter) von K. Reisz (1981).

1969 Ann Quin:

eE Passages

R.

Gegenwart. Begleitet von ihrem jüdischen Liebhaber sucht eine Frau in der Fremde (Griechenland) ihren verschollenen (toten?) Bruder. Ständig unterwegs, gewinnen die beiden voyeuristisch-besessenen Beobachter Eindrücke von Land und Leuten, antiker Kunst und polit. Terror, erleben sexuelle Orgien mit Dritten und reflektieren, der Schizophrenie nahe, über sich und ihre Beziehung zur Umwelt, wobei Realität und Phantasie ständig verschwimmen.

Vieldeutige Titelimplikationen: Reisemotiv; Vergehen der Zeit; Übergänge der Impressionen; Perspektivenwechsel (Ich/Sie-, Er-Erzählung); Montage fragmentarischer Textpassagen. Aufbau: ihre Erzählung und sein Tagebuch mit Marginalien alternieren (je 2 Sektionen) und komplementieren sich. Extrem elliptischer Stil, z. T. Reduktion auf Aphorismen, Motivvarianten, Katalogkolumnen. Traumprotokolle z. T. in »cut up«-Technik. Einflüsse: G. Greene, »nouveau roman«, Film (M. Antonioni, A. Resnais).

Übs. *Passagen* von E. Fetscher (1970).

1969 Robert Lowell:

aL Notebook 1967–1968

Gedichtsequenz aus 274 Sektionen. Geplant als *Notebook of a Year.*

Ein poetisches Tagebuch für den Zeitraum 1967–68 in »Sektionen von 14 reimlosen Blankversen« (Sonettzyklus-Tradition). Zufällige Tagesanlässe (Familiäres und Politik: Che Guevara, R. Kennedy, Pentagon-Protestmarsch) und Erinnerungen an Freunde und Verwandte (E. Bishop, A. Tate, J. Berryman) werden in den Zyklus der Jahreszeiten integriert.

Lowell führt hier die Entwicklung von Selbstanalyse als Gesellschaftsanalyse und von prosanahen Sprechweisen (→*Life Studies,* 1959) konsequent weiter: die freien Pentameter wirken wie Prosa. Elliptisch-hermetischer

Stil voller privater Anspielungen, versteckter Zitate, Revisionen eigener Gedichte usw. Einfluß von J. Berryman.

2. rev. Auflage im gleichen Jahr. 3. erweiterte und rev. Fassung 1970. Weitere Verarbeitung in *History* (1973) und *For Lizzie and Harriet* (1973). Auswahl-Übs. *Gedichte* von M. Pfister (1982).

1969 Elizabeth Bishop:

aL The Complete Poems

76 Gedichte und 2 Sequenzen. Entst. und z.T. veröffentlicht 1933–69.

Detaillierte präzise Beschreibungen von Landschaften, Tieren und Artefakten meist mit anthropomorphen Zügen sind charakteristisch für alle Teile der Slg. *(Cape Breton, The Fish, The Map)*. Thema häufig das Problem der Wahrnehmung und der Erkenntnis. Traditionelle Formen. Strophen nach Silbenmaß, auch vereinzelt freie Verse. Halbreime oder reimlos. Einflüsse von W. Stevens, M. Moore und dem Imagismus.

1969 Vladimir Nabokov:

aE Ada
Or Ardor: A Family Chronicle

R., 5.

I. 1887. In »Ardis Hall« trifft der Erzähler Van Veen zum erstenmal seine jugendliche Kusine Ada. Beide verlieben sich leidenschaftlich ineinander und treffen sich auch unter den schwierigsten Umständen. Vor allem Lucette, A.s jüngere Schwester, wacht eifersüchtig über die beiden. Ein Jahr später, beim 3. Aufenthalt in Ardis Hall, findet der eifersüchtige V. eine Filmgesellschaft und einige Nebenbuhler vor. Er reist enttäuscht ab nach Paris. II. 1888–92: V. und A. korrespondieren. V. veröffentlicht sein erstes Buch *(Letters from Terra)*, A. ist Filmschauspielerin geworden. Beide treffen sich 1892, wieder mit Lucette, in New York. Nach einer Liebesorgie zu dritt reist V. überstürzt ab: Sein Vater Demon hat ihm erklärt, daß A. seine Halbschwester ist. III. 1892–1905. Lucette stellt V., der durch Europa reist, nach. Als V. nicht mit ihr schlafen will, stürzt sich Lucette auf der Rückreise in die USA vom Schiff. Demon stirbt bei einem Flugzeugabsturz. V. und A., die inzwischen verheiratet ist, treffen sich kurz in der Schweiz. IV. 1922. V. schreibt an einem Essay *(The Textures of Time)* und trifft sich mit der gealterten A. Sie beschließen, gemeinsam ein Buch über ihr Leben zu schreiben.
Ironische Familienchronik, die Zeit (durchgezogene Anachronismen) und Ort (Ardis Hall in USA oder Rußland?) spielerisch auflöst. Beide Auflösungen werden in V.s Werken reflektiert und zum eigentlichen Thema des R.s erhoben. Verdoppelung und Spiegelung als Haupttechnik: Figuren (Vorfahren, Ada – Lucette), Episoden (die 4 Haupt-Begegnungen von V. und A.), Schauplätze (USA, Europa), Symbolik (Zwillinge, Doppelgänger, Spiegel usw). Sprechende Namen: Aqua-Marina und Ada (Ardor)-

Lucette, mit der entsprechenden Wasser- und Feuersymbolik verknüpft. Souveränes Spiel mit Erzählkonventionen. Fülle von parodistischen Einlagen und literarischen Anspielungen (Fußnotenapparat). Unterlegt ist der Mythos vom Garten Eden (Ardis): Van und Ada sind Anspielungen auf Adam und Eva. Einflüsse von M. Proust und J. Joyce.

Übs. *Ada oder das Verlangen* von U. Friesel und M. Therstappen (1974).

1970 Heathcote Williams:

eD AC/DC

Dr., 2 Teile. Auff. 14.5. Royal Court Theatre, London.

»Alternating Current«. In einer Londoner Flipper-Halle treten eine Reihe exzentrisch-obsessioneller Figuren auf, die unfähig sind, Energien oder emotionale Kontakte zu bewahren. »Direct Current«. In einem Zimmer voller Prominentenphotos und Fernsehschirme versuchen die paralysierten Figuren, »ihre Gehirne zu reinigen«. Ein Dr. des elektronischen Zeitalters mit seinen manipulativen Medien: Problem des Verlustes und Gewinns personaler Energie (vgl. Titel: »Allstrom«). Sex-Szenen. Synthetische Sprache aus technologischem Vokabular und Underground-Slang. Anspielungen. Phantastische, rhapsodische und grotesk-komische Momente.

Buchausg. 1972. *Wechselstrom, Gleichstrom* von U. Nyssen (1973).

1970 Donald Barthelme:

aE City Life

14 Kurzprosa-Texte. Vorabdruck meist in *The New Yorker.*

In der Titelgeschichte ziehen 2 Frauen in die Metropole, erleben bei mehrfachen Männerbeziehungen eine Jungfrauengeburt und können im vertrackten »Mist« der Stadt und des Bewußtseins nur einen Protestsänger als Lichtblick erkennen. *At the Tolstoy Museum* ist eine Satire auf den Personenkult in der Kunst und verschränkt intertextuell das demontierte Vorbild mit dem eigenen Erzählansatz. In *The Glass Mountain* erklettert ein Mann einen tückischen Glasberg in Manhattan, um das »Symbol« auf dessen Spitze zu entzaubern, das sich jedoch als eine Prinzessin erweist, die er der sensationslüsternen Menge überläßt.
Die Slg. setzt die Thematik und Formprinzipien von →*Unspeakable Practices, Unnatural Acts* (1968) fort, treibt die experimentelle Tendenz jedoch weiter bis zur multimedialen Collage von Text und Bild (Einbeziehung von Grafiken, z. T. in Fotomontage, sowie diverser typographischer Effekte) und der noch konsequenteren Auflösung von Sprache und Erzählung bis zum amorphen Monolog in zerschnittenen Texten und elliptischer Syntax *(Bone Bubbles).*

Übs. *City Life/Stadtleben* von M. Frisch (1972). Die Slg. *Sixty Stories* (1981) enthält eine Auswahl von Barthelmes 1. Bd. *Come Back, Dr. Caligari* (1964) bis zu *Great Days* (1979).

1970 **Joyce Carol Oates:**

aE **The Wheel of Love**
and other Stories

21 Geschichten. Einzelnes in *The Atlantic Monthly, Esquire, Tri-Quarterly* etc.

Es geht um meist gestörte Liebesbeziehungen zw. Frauen und Männern (aus beiden Perspektiven), wobei die Liebe wie »das Rad der Folter« (Titel) für die Beteiligten wirkt. Der verwitwete Dozent, dessen Frau sich umgebracht hat *(The Wheel of Love)*, die jüngferliche Kunsterzieherin, die von einem Mann verfolgt wird, der sich vor ihren Augen ersticht *(Bodies)*, eine eifersüchtige Hausfrau, die ihren Geliebten ganz für sich haben will *(I was in Love)*, eine Fünfzehnjährige, die den bedrohlichen Werbungen eines seltsamen Mannes erliegt *(Where are you Going, Where have you Been?)*, sie alle erleiden die Liebe als Schmerz. *How I Contemplated the World from the Detroit House of Correction and Began My Life Over Again* ist der Versuch einer Fünfzehnjährigen, sich über ihre traumatische Initiation in die Unterwelt Detroits (Drogen, Prostitution, Gefängnis) und ihre emotionale Bindung an den Zuhälter Simon klarzuwerden. Manchmal zeigen sich Personen unfähig, auf die Liebe anderer einzugehen: die Nonne in *In the Region of Ice,* der Priester in *Shame* usw. Oft sind es Vater- oder Mutterbindungen, die die erwachsenen Liebesbeziehungen stören.
Subtiler psychologischer Realismus in wechselnden Darstellungstechniken: Dialoge, Briefe, Schulaufsatz, innere Monologe, Wachträume, Katechismus. Nachzeichnung von Verdrängungen und scheinbar trivialen Fehlleistungen. Teils experimentelle Zeitsprünge, Brüche der Hdlg. und offene Schlüsse.

Übs. *Das Rad der Liebe* von B. v. Bechtholshein u. B. Henninges (1988).

1970 **Nikki Giovanni:**

aL **Black Feeling Black Talk**

26 Gedichte.

Polit. Agitationslyrik aus den Jahren 1967–68: an Mitstreiter und andere Lyriker gerichtete Texte *(Our Detroit Conference)*, Programmatisches *(Black Separatism, Black Power)* und Liebesgedichte wie *Seduction* zeigen eine stolze schwarze Frau, die sich den Männern der »Black Power« ebenbürtig weiß. Knappe Verse, lautlich zum Vortrag bestimmt. Mit Don L. Lee, Sonia Sanchez, Mari Evans u. a. vertritt N. Giovanni die kämpferische afro-am. Lyrik der 60er Jahre.

1970 **Kate Millett:**

a **Sexual Politics**

Essays.

Diese »Notizen zu einer Theorie des Patriarchats«, der Vorherrschaft der Männer über die Frauen, kritisieren Werke von D. H. Lawrence, H. Miller und N. Mailer als Teil einer Gegenrevolution (1930–1960), die auf die »sexuelle Revolution« der Frauenbewegung reagiert. Millett zeigt, wie Unterwerfung, Erniedrigung und Unterdrückung von Frauen eine zentrale Rolle im Erzählwerk der 3 Autoren einnehmen.
Das Buch, auf das N. Mailer mit *The Prisoner of Sex* (1971) antwortete, leitete eine Wende in der Literaturkritik ein, und trug dazu bei, Frauenstudien und eine frauenzentrierte Neulektüre von Klassikern auch in der Literaturwissenschaft zu etablieren.

Übs. *Sexus und Herrschaft* von E. Schlant (1983).

1970–75 **Robertson Davies:**

E **Fifth Business**

R., 6.

I.–III. Dunstan Ramsay und Boy(d) Staunton wachsen im kanadischen Provinznest »Deptford« auf und tragen 1908 durch ein Mißgeschick zur Vertreibung der Außenseiterin Mrs. Dempster bei: die »Narren-Heilige« muß schließlich in ein Heim. Nach der Verwundung im 1. Weltkrieg wird der Junggeselle R. Geschichtslehrer, während B. die Dorfschöne Leola heiratet und Geschäftsmann wird. IV.–VI. B. treibt als Magnat und Politiker die entfremdete L. in den Selbstmord. R. unternimmt in Europa hagiographische Mythenstudien und schließt sich der Südamerika-Tournee des Zauberers Magnus Eisengrim (= Mrs. D.s Sohn Paul) und seiner Truppe an, wobei er mit der häßlichen, weisen Schweizerin Liesl eine heilsame Verbindung eingeht. Nach einer Auseinandersetzung mit M. kommt B. 1968 auf mysteriöse Weise um, während R. einen Herzanfall erleidet.
Davies' erklärter Versuch, die »bizarr-leidenschaftlichen« Seiten des kanadischen Lebens unter der »ordentlichen« Oberfläche freizulegen und generell das Zusammenspiel von Zufall, Bestimmung und Unbewußtem im Einzelleben zu zeigen. Entwicklungsr. in der Form von R.s Memoiren mit dem Selbstverständnis der Nebenrolle im Lebensdrama anderer (= Titel). Schwerpunkt auf dem Individuationsprozeß: Mrs. D. als Orientierungsfigur im Gegensatz zum presbyterianisch nüchternen Herkunftsmilieu, B. als opportunistisch dem Hier und Jetzt zugewandte Komplementärfigur zum introvertierten, spirituellen Sucher R. Verbindung von Komik und Ernst, Realismus und Symbolik (bes. Archetypik von C. G. Jung).

1. Teil der »Deptford Trilogy« mit den Folgebänden *The Manticore* (1972) und *World of Wonders* (1975), die jeweils die Lebensgeschichte von B.s Sohn David und Mrs. D.s Sohn Paul erzählen. Übs. *Der Fünfte im Spiel* von M. Gridling (1984).

1971 Harold Pinter:

eD Old Times

Dr., 2, Auff. 1.6. Aldwych Theatre, London.

Das Ehepaar Deeley und Kate erhält Besuch von K.s Jugendfreundin Anna. Die Situation gibt Anlaß zur Erinnerung an alte Zeiten, die jeder für sich oder im Austausch mit den anderen, in sich ergänzenden oder widersprechenden Versionen und in einer oft undurchdringlichen Vermischung von Realität und Fiktion zum Ausdruck bringt. Im Verlaufe des spielerischen bis hinterhältigen Interaktionsrituals werden Komplexe und Konflikte sichtbar: die Verzweiflung des Schwadroneurs D., die Misere der Ehe mit K., der Positionskampf im vergeblichen Versuch der Vereinnahmung A.s. Am Schluß stehen sich die unergründlichen, abgekapselten Individuen gegenüber.
Pinter verwendet die herkömmliche Form des Konversationsstücks zu einer zwischenmenschliche Abgründe enthüllenden Erinnerungsgroteske, in der sich der einzelne nur noch durch den Rückzug auf sich selbst behaupten kann. Verdeutlichung des Kommunikationsproblems durch Monologisierung des Dialogs und Intervalle des Schweigens. Strukturmerkmal der weitgehenden Parallelführung der beiden Akte.

Übs. *Alte Zeiten* von R. und M. Esslin (1972).

1971 Edward Bond:

eD Lear

Tr., 3, Auff. 29. 9. Royal Court Theatre, London.

I. Der selbstherrliche König Lear überwirft sich wegen seines dem allgemeinen Schutz dienenden Mauerbaus mit seinen Töchtern Bodice und Fontanelle, die jeweils eigene Besitz- und Machtansprüche verfolgen und gegen den Vater zu Felde ziehen. Auf der Flucht findet L. bei einem Totengräberjungen Frieden, bevor dieser mit seiner Familie den feindlichen Truppen zum Opfer fällt. II. L. wird für verrückt erklärt, inhaftiert und findet allein beim Geist des Totengräberjungen Trost. Dessen Frau Cordelia führt Aufständische gegen L.s Töchter, die sie töten läßt, während L. geblendet wird und zur Einsicht der Mitschuld an der Eskalation der Gewalt kommt. III. C. will eine neue, gerechtere Gesellschaft, die aber wiederum durch eine Mauer gefestigt werden soll. L., der einen grundlegenden Wandel nur auf der Basis von Mitgefühl und Geduld erkennen kann, beginnt mit dem Einreißen der Mauer und wird erschossen.
Aktuelle Abwandlung von Shakespeares *King Lear* mit politisierender Tendenz: der Teufelskreis der Gewalttätigkeit und Unterdrückung ergibt sich aus einem im Namen von Recht und Ordnung repressiven System und der zwangsläufigen Korruption der Mächtigen. Demgegenüber demonstriert L., daß der Mensch erst in einem schmerzlichen Prozeß Werte wie Liebe, Verantwortung, Freude und Kreativität wieder neu erlernen muß. Entsprechender Einsatz schockierender Greuelszenen. Verwendung leit-

motivischer Bühnensymbolik (Mauer, Käfig) und exemplarischer Paradoxien (der blinde Seher und einsichtige Wahnsinnige). Realistische Dialoge mit poetischen Passagen.

Buchausg. (1972) mit Vorwort des Autors. Übs. von Ch. Enzensberger (1973).

1971 David Rabe:

aD Sticks and Bones

Dr., 2, Auff. 7. 11., New York Shakespeare Festival Public Theater.

I. David kehrt traumatisiert und blind aus Vietnam zurück. Die Eltern Ozzie und Harriet sowie sein Bruder Rick versuchen ihn abzulenken, aufzuheitern oder sein Leid zu ignorieren. II. Die Eltern setzen Polizei und Priester vergeblich gegen D. ein. Mit Rick überreden sie D. zum Selbstmord vor ihren Augen.
Rabe nutzt die Konventionen des Heimkehrer-Dr.s zur Entlarvung der gestauten Aggressionen einer Familie, die nur durch das gegenseitige Ignorieren ihrer Probleme zusammengehalten wird. Nur D. spricht seinen Haß und sein Leid offen aus und gewinnt dadurch an Stärke. Durch dauerndes Verbalisieren und dauerndes Weghören der anderen entsteht ein absurder Kommunikationszusammenhang, der die Konventionen des psycho-realistischen Theaters (Schweigen, Gestik) unterhöhlt. Schwarzer Humor. Einfluß von E. O'Neill und E. Albee.

Buchausg. (1973) mit *The Basic Training of Pavlo Hummel* (1971), dem Teil I einer geplanten Trilogie über den Vietnam-Krieg.

1971 Peter Taylor:

aE The Collected Stories

21 Kurzgeschichten. Einzelnes seit 1940 in *The New Yorker, Southern Review, Kenyon Review* u. a.

Geschichten über Professoren, Senatoren, junge Bräute und alte Damen aus den Südstaaten, die an ihrer Liebesunfähigkeit *(Dean of Men)*, Haltlosigkeit *(First Heat)*, Egozentrik *(Reservations)* oder Arroganz *(Mrs. Billingsby's Wine)* scheitern und vereinsamen. Unterschwellig oft der Rassismus der Südstaatengesellschaft *(A Spinster's Tale, Miss Leonora When Last Seen)*. Persönlich, oft mündlich gehaltene Erzählerrollen. Psychologischer Realismus. Vertreter der »Südstaaten-Renaissance«. Einfluß von H. James.

1971 James Wright:

aL Collected Poems

209 Gedichte, incl. 29 Übss. aus dem Spanischen und Deutschen.

Die Slg. reicht von frühen Slgg. (1957, 1959) über *Shall We Gather at the River* (1968) bis zu noch ungesammelten Gedichten zw. 1968 und 1970 und verdeutlicht Wrights Entwicklung von realistisch-konversationellen

Gedichten in metrischen Formen zu Freivers-Formen mit der surrealistischen Technik der Tiefenbildlichkeit (»deep image«), die im Gegensatz zur objektivistischen Lyrik von W. C. Williams oder L. Zukofsky unbewußte oder begrifflich nicht zu fassende Vorgänge zur Sprache bringt: *A Dream of Burial, Twilights* oder *Two Hangovers* sind bekannte Beispiele für diese Technik. Themen sind der Mittelwesten, Einsamkeit und Entfremdung, Verzweiflung, das an den Indianern begangene Unrecht. Einfluß von R. Bly.

Pulitzer-Preis.

1971 Ted Joans:

aL A Black Manifesto in Jazz Poetry and Prose

38 Gedichte, 2 Prosastücke.

Eingeleitet von *Proposition for a Black Power Manifesto,* einem Aufruf zu schwarzer polit. Macht/Gewalt, und *Jazz Expo '67,* einem lyrischen Tagebuch über das Newport Jazz Festival in Europa, Gedichte über *Africa,* Jazz *(Jazz is . . .),* Sklaverei *(1619)* und revolutionäre Poesie *(The Correct Word).* Teils jazz-orientierte, teils dissonant-zerhackte Verse, zum Vortrag bestimmt. Ausdruck eines neuen schwarzen Selbstbewußtseins der Black Power-Bewegung.

1971 John Hawkes:

aE The Blood Oranges

R. Teilweise in *Tri-Quarterly, Works in Progress* u. a. erschienen.

Illyrien (= östlicher Teil der Adria-Küste), Gegenwart. Der Erzähler Cyril, ein alternder am. Sensualist und Ästhet, rekapituliert den Versuch, mit seiner Frau Fiona und dem befreundeten am. Ehepaar Hugh und Catherine eine arkadische Idylle völliger erotischer Freiheit zu schaffen. Der Versuch scheitert an H.s Selbstmord aus Eifersucht.
Die erotischen Relationen der 4 Hauptfiguren werden begleitet durch ein Geflecht dichter Symbolik (Farben, Früchte, Keuschheitsgürtel, dunkle Unterwelt). Lyrische Prosa voller visueller, taktiler und gustativer Details. Wechsel von Erzählergegenwart und -vergangenheit. Fortführung der Thematik von →*Second Skin* (1964): Idylle als Gegenwelt der alptraumartigen Wirklichkeit.

Bildet zusammen mit *Death, Sleep & the Traveler* (1974) und *Travesty* (1976) eine Art Trilogie.

1971 Thom Gunn:

eL Moly

21 Gedichte und 4 Gedichtsequenzen.

Die seit →*My Sad Captains* (1961) und *Touch* (1967) entwickelte Thematik der präzisen Wahrnehmung wird hier durch Mythos *(Rites of Passaage,*

Tom-Dobbin) und bewußtseinserweiternde Drogen *(At the Centre, Grasses)* bereichert. »Moly«, eine Pflanze, die vor der Verwandlung durch Circe in Schweine retten soll, symbolisiert das Thema der Slg.: Befreiung von konventionellen Sehweisen. Modifikationen des Metamorphosen-Motivs. Rückkehr zu gereimten Strophenformen.

1971 George MacBeth:

eL Collected Poems 1958–1970

71 Gedichte in 5 Teilen.

I. Öffentliche Gedichte (Krieg, Tod usw.), II. Liebesgedichte, III. Gedichte für Kinder, IV. Gedichte für den Vortrag, V. Neue Gedichte (Horror-Tradition). Mit Ausnahme von I zeigen alle Teile ein Spiel mit poetischen Konventionen, traditionellen Motiven, Wortbedeutungen, Lauten und Buchstaben. Einige Texte sind als Puzzle-Spiele für den Leser konzipiert. Groteske Komik und Satire. Wechselnde Strophen und Versformen.

Weitere Slgg. *Poems of Love and Death* (1980), *Published Collections* (1982). In seiner Autobiogr. *My Scotland* (1973) erinnert sich MacBeth seiner schottischen Kindheit.

1971 Alice Munro:

E Lives of Girls and Women

Sequenz von 8 Kurzgeschichten.

Del Jordan wächst als Tochter eines bodenständigen Silberfuchszüchters und ihrer emanzipatorischen Mutter im kleinstädtischen »Jubilee«, Ontario, während der 1940/50er Jahre auf. Sie entwickelt gegenüber der Mutter (Vernunftbetontheit), der Freundin Naomi (Konformismus), dem Schulkameraden Jerry (Faktenwissen) und dem Freund Garnet (sexuelle Erfüllung/Abhängigkeit) und den sozialen Institutionen (Schule, Kirche) eine eigenständig distanzierte Sensibilität und das problembewußte Weltverständnis der angehenden Künstlerin.
Die Folge relativ geschlossener Kurzgeschichten fügt sich zum Entwicklungsr. zusammen: Episoden in charakteristischen Stadien zw. Mädchen- und Frauenrollen (vgl. Titel), mehrdeutige Sicht des »wirklichen Lebens« (ursprünglicher Titel) mit Betonung des Ungewöhnlichen im Alltäglichen, konfliktreiche Verständigungsschwierigkeiten zw. den Generationen und Geschlechtern. Realistische Nachzeichnung der kanadischen Provinzatmosphäre unter Verarbeitung autobiogr. Erfahrungen. Munro ist eine führende Repräsentantin der in der kanadischen Literatur bes. stark vertretenen Kurzgeschichte und steht Autorinnen wie Margaret Laurence und Mavis Gallant nahe.

Übs. *Kleine Aussichten* von H. Petry (1983).

1972 Sam Shepard:

aD The Tooth of Crime

Spiel mit Musik, 2, Auff. 17. 7. Open Space, London.

Am. Westen, Gegenwart, aber nicht näher bestimmt. Hoss, eine Kombination von Rock-Star, Sportler und Mafia-Boss, muß seine Herrschaft verteidigen, die von alten Konkurrenten unter Mißachtung der »Spielregeln« untergraben wird. Sein Horoskop verheißt ihm aber keinen Erfolg. Crow, ein »gypsy«, der sich grundsätzlich nicht an die Spielregeln hält, dringt in Hoss' burgartig befestigtes Haus ein und besiegt ihn in einem Rededuell. Hoss kann sich nicht an die Regellosigkeit der »gypsies« anpassen und erschießt sich. Crows Herrschaft beginnt.
Die nicht-realistische Hdlg. des Stücks lebt aus Anspielungen auf Sprache und Vorstellungswelt von Western, Science Fiction, Gangsterfilm, Sport, Rockmusik, Fernsehen usw. Virtuose Verwendung der verschiedenen Idiome; dynamische Sprache: Bilderdichte, zwanghafter Rhythmus, Stilwechsel. Zentrale Themen wie in Shepards früheren Stücken: Herrschaftsstreben, Maskierung und Demaskierung in zwischenmenschlichen Beziehungen, gestörte Familienverhältnisse, Kommerzialisierung der Kunst, Mechanisierung Amerikas. Einbeziehung von 8 Songs als »emotionalen Kommentaren« zum jeweiligen Handlungsstand. Einfluß von B. Brechts Verfremdungstechnik. Titel aus Mallarmés Sonett *Angoisse:* »A heart that the tooth of crime cannot wound«.

Übs. *Rhythm & Bluad oder der Zahn der Zeit* von P. Jacobi (1975).

1972 Ted Hughes:

eL Crow

From the Life and Songs of the Crow

60 Gedichte. Umschlagzeichnung von L. Baskin.

Die Gedichte evozieren eingangs die Entstehung des Lebens aus Dunkel und Urschrei und beschreiben die Geburt und Jugend des phantastischen Crow (Krähe, Rabe) und weiter – in unsystematischer Folge – seine abenteuerlichen Erfahrungen in der Welt: als übermütiger Gegenspieler Gottes erfindet er die Sexualität *(A Childish Prank)*; er erkennt die Übermacht der Schöpfung wie die klägliche Zivilisation des Menschen *(Crow Alights)*; er verkündet die Alternative eines antichristlichen Glaubensbekenntnisses *(Crow's Theology)* usw.
Hughes entwirft hier den eigenwilligen Mythos einer Figur, die unbändige Vitalität, diabolische Auflehnung, fatalistisches Dulden und grotesk-komische Gaunerei miteinander verbindet. Verarbeitung naturmythischer, anthropologischer und tiefenpsychologischer Anregungen. Blasphemische und apokalyptische Züge. Wiederkehrendes Motiv der dynamischen Wechselbeziehung biologischer und maschineller Energie. Bemühung um einen neuen, einfachen Stil: liedhafte Anklänge, Reihungen und Refrains, Anrufungen, Frage-und-Antwort-Schema, Wiederholung von

Schlüsselwörtern aus dem Wortfeld der Zerstörung und des Leidens, von Tod, Leere und Nichts. Übergang zu größeren kompositionellen Einheiten: vgl. das Erzählgedicht *Gaudete* (1977) und *Cave Birds* (1978), die geschlossenste Gedicht-Slg.

Um 7 Gedichte erweiterte Ausg. (1974). Übs. *Krähe* von E. Schenkel (1987).

1972 Donald Davie:

eL Collected Poems

199 Gedichte.

In chronologischer Anordnung verdeutlichen die Gedichte, zumeist aus früheren Slgg. von *Brides of Reason* (1955) bis hin zu den *Los Angeles Poems* (1968/69) und *Essex Poems* (1969), Davies' Festhalten an seinen Anfängen als akademisch-gelehrter Dichter (»University Wit«): Reim, regelmäßige Verse, Strophik traditioneller Formen bei prosanaher, urbaner, oft auch ironischer Sprechweise. Ausrichtung an Vorbildern des 18. Jh.s. Orte, Landschaften, Gemälde oder Bücher geben häufig Anlaß zu Meditation oder Analyse irritierender Emotionen (Angst, Ekel, Depression). Von der Moderne abgerücktes Stilideal klassischer Klarheit, Direktheit und Präzision. Vertreter des »Movement« der 50er Jahre. Einfluß von W. Empson.

Anschließende Slg. *Collected Poems 1971–1983* (1984).

1972 John Berger:

eE G.

R., 4. Entst. 1965–71.

Italien, England, 1886–1915. Der Anglo-Italiener G. versucht, in seinen kaltblütigen erotischen Eroberungen von Beatrice, Leonie, Camille und Marika einen Kindheitseindruck (Arbeiteraufstand Mailand, 1898) auszulöschen und seiner Zeit zu entkommen. Er findet bei Kriegseintritt Italiens 1915, als er sich einer gewalttätigen Menge in Triest anschließt, den Tod.
Der Don Giovanni-Stoff dient der Erhellung des Zusammenhangs zw. sexueller und sozialer Unterdrückung: G. als bürgerlicher Verführer, dessen Eroberungen verknüpft werden mit Szenen, in denen die unterdrückten Massen (Arbeiter, Afrikaner, Slowenen) drohend oder leidend als hist. Kraft auftreten. Vieldeutigkeit durch elliptische Erzählweise und einen zw. lyrischer Bewunderung und kritischem Kommentar schwankenden persönlichen Erzähler, der durchweg über die hist. Bedingtheit von Sehweisen (auch seiner eigenen) reflektiert. Entwicklung der Erzählweise von symbolischer Szenenmontage zur konventionellen Handlungsverknüpfung.

Booker-Preis.

1972 Aidan Higgins:

eE BALCONY OF EUROPE

R., 5.

I. Dublin, 1961. Dan Ruttle, 40, Maler, aus einer heruntergekommenen Familie, geht nach dem Tode der Mutter mit seiner neuseeländischen Frau Olivia nach Nerka (Costa del Sol, Spanien). II.–IV. Nerka, 1962 bis 1963. R. hat eine Liebesbeziehung zu Charlotte Bayless, der am.-jüdischen Frau eines Literaturdozenten, und macht die Bekanntschaft einer Reihe exzentrischer Typen, die in dem Ort eine Art Kolonie bilden (der alte Nazi Baron von Gerhar aus dem Baltikum, der kleine Homosexuelle Eddy Finch aus London, der kanadische Schriftsteller Charlie Vine usw.). V. 1963–65. Nach weiteren Reisen kehren R. und O. nach Irland zurück. Ch. ist schwanger, ohne zu wissen, von wem.
Der Ich-Erzähler R. versucht, anhand einer Vielzahl von Figuren unterschiedlicher Herkunft, Schicksale usw. eine Art Panorama zu geben, das über die Lokalatmosphäre und seine persönlichen Erlebnisse hinausgeht (vgl. den Titel: Bezeichnung der Promenade von Nerka wegen ihres Ausblicks). Einbeziehung von Erinnerungen, Traumprotokollen, Zitaten und Anspielungen, Sprachspielen, polyglotten Sprechweisen, graphischen Effekten. Präzise Beschreibung sensueller Details, atmosphärischer Momente. Assoziative Monologe. Tendenz zu pointierten Formulierungen. Einflüsse: J. Joyce, D. Barnes, S. Beckett.

Übs. *Ein Ire an der Sonnenküste* von W. Schürenberg (1979). *Scenes from a Receding Past* (1977) entwirft komplementär ein Porträt des heranwachsenden R.

1972 John Barth:

aE Chimera

R., 3. Teile vorher in *Harper's* und *Esquire.*

Dunyazadiad: Dunyazade, Schwester von Scheherazade, erzählt Shah Zaman, dem Bruder von Sharyar, daß Sch. dem Sharyar die Märchen aus 1001 Nacht erzählte, um ihn anschließend zu töten. D. will das gleiche mit Z. tun. Die 4 lieben sich statt dessen. *Perseid:* Perseus rekapituliert als Erzählender und Handelnder im Alter seine mythologischen Abenteuer bis zur entscheidenden Begegnung mit der Medusa, die ihn unsterblich macht. *Bellerophoniad:* Bellerophon, Vetter des Perseus, erlebt seine Abenteuer mit der Sibylle, Melanippe und Chimäre noch einmal, indem er sie seiner Familie erzählt. B.s Abenteuer imitieren z. T. die des Perseus.
Das Thema der problematisch gewordenen Beziehung zum sich emanzipativ verstehenden weiblichen Geschlecht in mythisch-märchenhaftem Gewand ist gleichzeitig ein selbstironisches Spiel mit den Möglichkeiten und Grenzen der Erzählkunst und ihrer Analyse (»Der Schlüssel zum Schatz ist der Schatz«). Verdoppelung, Einschachtelung, Wiederholung, Kommentierung auf mehreren Ebenen sind durchgehende Kompositionsprinzipien der einzelnen Teile und des Ganzen. Chimäre: 1. Fabeltier aus

drei verschiedenen Teilen, 2. Hirngespinst. Satirische Bezüge zur strukturalen Mythenanalyse in der Nachfolge von C. Lévi-Strauss. Travestiezüge durch am. Umgangssprache in Dialogen und auf den verschiedenen Erzählerebenen. Barth setzt hier die literarische Selbstparodie und -auflösung von →*Lost in the Funhouse* (1968) fort.

1972 Jack Kerouac:

aE Visions of Cody

Prosatext, 4. Entst. 1951–52.

I. Jack (Kerouac) denkt während diverser Streifzüge durch die New Yorker Szene an Cody (= Neal Cassady). II. Nachzeichnung von C.s Jugend in den Spielhallen von Denver. J.s Reise nach San Francisco zum Treffen mit C. III. Tonbandaufzeichnung eines Gesprächs von J. und C. unter Drogeneinfluß über C.s Tramper-Erlebnisse und assoziativer Gedankenaustausch. IV. In »Nachahmung« des Tonbands Erinnerungen und Phantasien J.s, die dem eigenen Werdegang und der Beziehung zum Freund gelten. Erlebnisse während gemeinsamer Überlandfahrten.
Kerouac experimentiert hier mit einer neuen Unmittelbarkeit der literarischen Umsetzung von Eindrücken, Erfahrungen, Erinnerungen und Gedanken – bis hin zum unredigierten Protokoll rauschhafter Einfälle – und kommt damit seinem Konzept der »spontanen Prosa« nahe, die zur kinetischen Beat-Existenz auf den Straßen des urbanen Amerika und seinen subkulturellen Zentren ein stilistisches Pendant bildet: Impressionen mit scharfen Umweltdetails, improvisatorisches Rhapsodieren, slanghaftes Idiom mit gelockerter Syntax, rhythmische Periodenbildung, sprachspielerische Pointen. Mischung von Ich- und Er-Erzählung. Parodistische Neigung (bes. in IV).

1972 Ishmael Reed:

aE Mumbo Jumbo

R. Einzelnes vorab in *Amistad*.

USA, 20er Jahre. In der Voodoo-Kirche Mumbo Jumbo, die in New Orleans von PaPa LaBas geleitet wird, entsteht eine Tanzseuche namens Jes Grew, die sich in Windeseile über die ganze USA ausbreitet. Vergebens kämpfen der Wallflower-Orden und die Atonist-Bewegung unter Hinckle Von Vampton gegen den ekstatischen Tanz: seine Wurzeln gehen über den Voodoo-Kult bis nach Afrika zurück, und schon Set in Ägypten und Moses in Palästina sind an dem Versuch gescheitert, ihn zu unterdrücken. Auch die Präsidenten Harding und »Heeber« (= Hoover) scheitern: Ihre Versuche enden mit Tod und der Großen Depression.
Phantastisch verzerrtes Porträt des »Jazz Age« der 20er Jahre als Parabel der vitalen schwarzen Kultur im Kampf gegen ihre Unterdrückung durch weißen Puritanismus. Deutliche Parallelen zu den 60er Jahren. Zugleich eine Satire auf S. Freuds These, Kultur sei nur durch Triebunterdrückung

zu leisten. Sprachlich virtuos und satirisch als buntes Gemisch verschiedenster Aspekte am. Kultur. Antirealistische Collage aus Zitaten, Bildern und verschiedenen Typographien.

1972 Allen Ginsberg:

aL The Fall of America
Poems of these States, 1965–1971

62 Gedichte in 5 Teilen. Einzelnes in *Evergreen Review, Partisan Review* u. a. Fortsetzung von →*Planet News* (1968).

Um die Elegien auf Neal Cassady, die 1968 verstorbene Schlüsselfigur der Beat-Bewegung, im Mittelteil gruppieren sich die Beschreibungen der Reisen von Küste zu Küste der USA (I und II) und die »Ecologues« (ökologische Eklogen) der Staaten mit einem Ausblick auf Asien (Teile IV und V). Die Umweltzerstörung in den USA und der Krieg in Vietnam bilden das thematische Zentrum einer (an)klagenden Bestandsaufnahme der Jahre 1965–71. Autogedichte (beim Fahren diktiert), Elegien, mantrische Gesänge, Reflexionen, Notizen im Flugzeug verbinden sich zu einem epischen Gedicht des Untergangs (Herbst, Sündenfall) der Vereinigten Staaten. Leitmotive »stars« und »snake«. W. Whitman gewidmet.

Übs. Einzelnes in *Jukebox Elegien* von B. Samland (1981).

1972 A. R. Ammons:

aL Collected Poems 1951–1971

361 Gedichte. Einzelnes in *Harper's, The Hudson Review, The Nation* u. a.

Die überwiegende Mehrzahl der meist kurzen Gedichte beschreiben oder reflektieren die Natur: »Birds are flowers flying/and flowers perched birds.« *(Mirrorment)*. Gleichzeitig steht oft die Identität des lyrischen Ichs zur Diskussion: *Look for My White Self, Identity, Concerning the Exclusions of the Object*. In dem längeren Gedicht *Essay on Poetics* meditiert Ammons über den Zusammenhang von konkretem Naturdetail und angestrebter Synthese, Ordnung, Ganzheit, wie sie vorbildlich im Meer verkörpert ist: »Gedichte sind verbale Symbole für solche natürlichen Organisationen.« Bekannte Beispiele für solche wechselseitige Erhellung von Detail und natürlicher Ordnung sind die Gedichte *Coon Song, Corsons Inlet, Plunder*. Früher Einfluß von E. Pound und Ch. Olson.

National Book Award.

1972 John Ashbery:

aL Three Poems

3 lange Prosatexte.

»The New Spirit« meditiert in unregelmäßig paragraphierten Teilen und 6 eingelegten »Gedichten« über das momentane Glück einer Zweierbezie-

hung und das Zurückfallen in Alltäglichkeit. »The System« verallgemeinert die gemachte Erfahrung: neben dem Alltag verläuft eine andere Ebene der »phantastischen Reflexionen«. »The Recital« wägt rückblikkend noch einmal Glück und Schmerz, Vergangenheit und Gegenwart, Prozeß und Stillstand gegeneinander ab.
Die 3 Teile nähern sich zunehmend den Konventionen der Paragraphierung von Prosa. Glücksmoment, Erinnerung und Identität des reflektierenden Selbst begründen sich gegenseitig und bleiben gefährdet. Die rätselhaft einfache Sprache bleibt jenseits geschlossener Hdlg., Argumentation oder Symbolkonstruktion und verweigert sich dem »Raster der Alltagssprache«, auf den sie jedoch dekonstruktiv bezogen bleibt.

1972 Margaret Atwood:

E Surfacing

R., 3.

I. Nord-Quebec, Gegenwart. Die namenlose Erzählerin, Grafikerin in Toronto, sucht mit ihrem Liebhaber Joe und dem Ehepaar David und Anna nach ihrem Vater, der als Botaniker in der Wildnis verschollen ist und mysteriöse Spuren hinterlassen hat. II. Die Reise drängt sie zur Auseinandersetzung mit den Freunden (Entfremdung), der Umwelt (Zerstörung) und eigenen Vergangenheit (Abtreibung). III. In naturmystischen Visionen und Ritualen regeneriert sie sich und kehrt gewandelt sowie mit positiv-ganzheitlicher Einstellung zur erneuten Schwangerschaft zurück.
Entwicklungsr. nach dem Grundschema der Identitätsfindung durch Regenerationsprozeß in den Spannungsfeldern Zivilisation/Natur, Mann/Frau, Körper/Geist und in den Regionalkonflikten zw. Anglo- und Frankokanadiern, Kanada und USA mit jeweils aktuellen Akzenten (ökologische und emanzipatorische Bewegungen, gespaltene und abhängige Nation). Übergang von realistischer (Reiseskizze, psychologische Reflexion) zu archetypisch-symbolischer Darstellung (Titelmotiv des Ein- und Wiederauftauchens im See, Traumbilder, Naturmagie, Reinigung, Wiedergeburt). Analogien zu Atwoods Theorie einer kanadischen Literatur in *Survival* (1972): Überlebensmotiv gegenüber diversen feindlichen Kräften der physischen und sozialen Umwelt sowie Befreiung aus der Rolle des Opfers.

Übs. *Der lange Traum* von R. Böhnke (1981).

1973 Peter Shaffer:

eD Equus

Dr., 2, Auff. 26. 7. Old Vic, London.

Nahe Winchester, Gegenwart. Alan Strang, 17, hat als Stalljunge 6 Pferden die Augen ausgestochen, weil sie Zeugen seiner Verführung durch Jill waren und er befürchtet, sie könnten ihn an seine Eltern verraten. Vom

Gericht wird er Dr. Martin Dysart zur psychiatrischen Behandlung übergeben. Die Aufarbeitung der Vergangenheit ergibt, daß A. aus einem religiös kontroversen, repressiven Elternhaus kommt, Lernschwierigkeiten hatte, ein gestörtes Verhältnis zur Sexualität entwickelte und die Pferde ekstatisch zu göttlichen Wesen hochstilisierte. Indem der Arzt A. zur Normalität zurückzuführen versucht, wird er sich der verdeckten eigenen Repressionen und Bedürfnisse bewußt, und er beneidet den Patienten um dessen Mythengläubigkeit.
Stück über das Leiden an den Zwängen einer zivilisatorisch deformierten Umwelt, die vitaler Ursprünglichkeit und religiöser Faszination keinen Entfaltungsspielraum gibt und A. in den absonderlichen Equus-Kult treibt. Relativierungseffekt durch die Gegenüberstellung von Arzt und Patient, die graduell das Verbindende offenbart. Archetypische Symbolik in der Variation des Kentaurenmotivs. Vorliebe für Ambivalenzen und Paradoxa. Methode der doppelten Bühne durch Beleuchtungseffekte: Wechsel zw. Sitzungen beim Arzt und Episoden der rekonstruierten Vergangenheit, die episch oder im pantomimischen Nachspielen präsentiert werden. Darstellung der Pferde von maskierten Schauspielern auf Huf-Kothurnen in ritueller Bewegung. Einfluß von R. D. Laing.

1973 Emma Tennant:

eE The Time of the Crack

R.

Eine Erdspalte entlang der Themse reißt London in 2 Teile und verwüstet den Norden der Stadt, von wo aus das Playboy-Bunny Baba, ein Psychoanalytiker mit seinen regressiven Patienten, eine Wahrsagerin mit Feministinnengefolge, ein Ökologe mit Familie, ein machtbesessener Makler und ein EWG-Gewinnler die andere Seite zu erreichen versuchen, die persönliche, utopische und ökonomische Wünsche zu erfüllen verheißt. Als einige die Überquerung schaffen, versinkt der Süden des Landes.
Grotesk-komische Phantasie einer gegenwartsnahen Apokalypse: topographische Verfremdungseffekte, Gesellschaftssatire (ideologische Trends, opportunistische Reaktionen) und Wissenschaftsparodie (z.B. Psychoanalyse) vermitteln das Bild einer selbstzerstörerischen technologischen Konsumwelt. Straffes Erzählen in anschaulich einfacher Sprache.

Neuausg. *The Crack* (1985).

1973 John Banville:

eE Birchwood

R., 3. Einzelnes im Vorabdruck in *The Irish Press* u.a. seit 1971.

I. »The Book of the Dead«. Landsitz Birchwood, Irland, 20. Jh. Der Erbe Gabriel Godkin beschreibt den Verfall seiner Familie: der vom Ururgroßvater der Familie Lawless abgetrotzte Besitz ist verkommen; eine »Explo-

sion«, Unglücksfälle, Wahnsinn und Trunksucht raffen die Großeltern und Eltern hin. G. erweist sich als Kind des Inzests seines Vaters mit dessen Schwester Martha, der undurchsichtige Michael ist sein Zwillingsbruder. Ma. suggeriert G. die fixe Idee von der verschollenen Schwester Rose. G. will sich von Birchwood absetzen. II. »Air and Angels«. 19. Jh. G. schließt sich dem Wanderzirkus Prosperos an, der ihn bald mehr beschäftigt als die Suche nach Rose. Das Land wird von einer Hungersnot und Aufständen heimgesucht, die auch die Truppe treffen. G. löst sich vom Zirkus. III. »Mercury«. G. durchwandert das gezeichnete Land. Die Lawlesses, wieder im Besitz von Birchwood, fallen Rebellen zum Opfer. Die Zirkustruppe vertreibt die Rebellen. G. stellt Mi., der ihm entflieht, und findet den Vater erdrosselt. Er erkennt, daß Rose eine Fiktion zur Verdrängung des abnormen Bruders war und daß Prospero ebensowenig existiert.
Zentral das Problem der Selbstfindung des Ich-Erzählers als Person und Künstler im Rahmen einer Familienchronik (Parodie des Typenrepertoires und der Schauermotive des ir. Big House-R.s) und der pikaresken Suche im Wanderzirkus. Konfrontation mit Verfallssymptomen in Individuum und Gesellschaft (Aufstieg/Abstieg der Familien, Abbau der Persönlichkeit, katastrophale Verschlechterung des Landes). Distanzierung G.s von *alter ego*- oder Lehrmeisterfiguren. Bruchstückhafte Zusammensetzung und Reflexion der Erfahrungen des Ich-Erzählers. Verfremdung durch zeitliche Umkehr (Reise in die Vergangenheit), Verquickung von Realität und Traum. Verrätselung durch Verdoppelungsmomente (Zwillingspaare, Namensparallelen, Wegezyklik). Komprimierter Stil der Aussparungen und Verdichtung zu poetischen Momentbildern. Relativierungseffekte, Vielfalt der literarischen Anspielungen (von Dante bis Th. Mann) und der suggestiven Wort-»Echos« innerhalb des Textes.

1973 Thomas Pynchon:

aE Gravity's Rainbow

R., 4.

I. »Beyond the Zero«. London, 1944/45. Der am. Leutnant Tyrone Slothrop ist während des Blitzkrieges für eine Aufklärungsabteilung tätig. Eine abnorme Responsfähigkeit (V2-Treffer antizipierende Erektionen) hat ihn für die Weiße Visitation interessant gemacht, die von einer Nervenklinik aus im Dienst einer ominösen weltweiten Macht (»Firm«, »Them«) steht. Er fürchtet die »Annullierung« durch die V2. II. »Un Perm' au Casino Hermann Goering«. Riviera, Schweiz. In einem ehemaligen Nazi-Nachtclub stationiert, verwickelt sich S. in eine Beziehung mit der Doppelagentin Katje. Zunehmend paranoid geht er Indizien einer Konspiration um die V2 nach (Schwarzgerät). III. »In the Zone«. Die Suche nach der Rakete bringt S. im besetzten Deutschland nach Nordhausen (unterirdische Raketenwerke, Basis der Schwarzkommandos), Berlin (alte Filmmetropole, Schwarzmarkt usw.) und schließlich Cuxhaven. IV.

»The Counterforce«. Peenemünde, London. S. ist in eine Anti-Paranoia verfallen und weiß am Ziel nicht mehr, wonach er suchen soll. Der ehemalige Kollege Roger Mexico hat sich der »Gegenmacht« angeschlossen, sucht S. aber vergeblich.
An →*V.* (1963) anknüpfend (wiederkehrende Nebenfiguren) verbindet Pynchon mit dem Handlungsstrang der Suche ein kompliziertes Netz realer und irrealer Geschehnisse und weitet die Thematik ins Enzyklopädische aus: über 300 Figuren aus aller Welt (von Argentinien bis Japan); hist. Rückblicke (koloniales Neu-England) und utopische Visionen (»Raketenstadt« des Raumzeitalters); die Phänomene moderner Zivilisation (rapide Technologisierung, globaler Monopolkapitalismus, überlagerte Kontrollsysteme); die Unbestimmtheitsfaktoren des durch die Relativitätstheorie und Quantentheorie veränderten Wirklichkeitsbildes; die gegensätzlichen Komplexe Macht/Ohnmacht, Kontrolle/Freiheit, Leben bzw. Liebe/Tod, Ordnung/Chaos, hist. Kohärenz/Inkohärenz, Realität/Fiktion und die korrespondierende Symbolik von Schwarz/Weiß, Nord/Süd, oben/unten usw. Vielzahl von Zitaten und Anspielungen (Wagner, Einstein, Whitehead, M. Weber, Rilke, N. O. Brown usw.), Mythenparallelen (von Orpheus bis King Kong), Symbolik aus der Physik, Psychologie, Kabbala und anderen Bereichen. Der Titel verweist auf die Ambivalenz der Raketen-Parabel (Aufstieg/Abstieg als Rahmenmotiv des R.s; in die Zukunft weisende/katastrophale Erfindung der Menschheit). Wiedergabe unterschiedlicher Sprechweisen. Die Erzählung unterbrochen von Rückblenden, Liedeinlagen, Einschüben. Kompositionelle Symmetrien. Tendenz zu filmartigen Bildsequenzen. Durchgängig bizarre Komik und Suggestivität, bes. in den Korrspondenzen bis hin zu Sprach- und Zeichenspielen (z.B. SS = Schutzstaffel, Doppelintegral, Tunnelform des Raketenwerks).

Übs. *Die Enden der Parabel* von E. Jelinek (1978).

1973 Philip Roth:

aE The Great American Novel

R.

Der Erzähler Word Smith, ein 87jähriger Sportjournalist, will den großen am. R. schreiben, indem er die Wahrheit über das Ruppert Mundy Baseball Team im Jahre 1943 enthüllt: Die Mannschaft von exzentrischen Außenseitern und Krüppeln irrte heimatlos und von der Patriot League ausgebeutet durch die USA.
Die paranoiden Phantasien des »Wortschmiedes« ergeben eine satirische Parabel über die USA, in der das Team für das Volk und die Patriot League für die Regierung stehen. Deutliche Parallelen zu *Our Gang* (1971), einer Satire auf die Nixon-Regierung. Zugleich Versuch einer Demythologisierung der am. Gesellschaft im Sinnbild des Baseball-Spieles. Ferner Parodie auf die Erwartungshaltung gegenüber dem »großen am. R.«

1973 **Stanley Elkin:**

aE **Searches and Seizures**

3 Kurz-Rr. Einzelnes vorab in *Tri-Quarterly* und *Works in Progress.*

The Bailbondsman. Der hartgesottene Kautionssteller Alexander Main erfreut sich der Kontrolle, die er über seine Klienten hat. Ein Traum jedoch von 2 Angeklagten, die ihm mit der Kaution entkamen, bringt seine latente Existenzkrise zum Ausbruch. *The Making of Ashenden.* Auf der lebenslangen Suche nach einer geeigneten Frau gerät der fast 40jährige Millionär Brewster Ashenden in die groteske Umarmung einer brünstigen Bärin. *The Condominium.* Beim Tode seines Vaters erbt Marshall Preminger nicht nur dessen Eigentumswohnung, sondern auch die komplexen Verpflichtungen, die dieser in einem Hochhaus für ältere Leute eingegangen ist. M. stürzt sich vom Balkon.
In allen drei Kurz-Rr. führt die Suche zur Besessenheit durch das Gefundene: die drei Junggesellen im mittleren Alter werden dabei krisenartig mit sich selbst und dem Tod konfrontiert. Thematische Progression und Detailverknüpfung zw. den drei Rr. Virtuose Sprachkomik in den parodistisch überzeichneten am. Sprechweisen der Erzähler und in den Dialogen. Wortspiele (Titel) vertiefen die Komik hintergründig. Elkin führt hier Techniken und Themen seiner Rr. *The Dick Gibson Show* (1971) und *A Bad Man* (1967) fort.

Engl. Ausgg. unter den Titeln *Eligible Men* (1974) und *Alex and the Gypsy* (1977). Film *Alex and the Gipsy* (1977).

1974 **Philip Larkin:**

eL **High Windows**

24 Gedichte.

Larkin führt die Thematik und Technik früherer Gedicht-Bde. wie →*The Less Deceived* (1955) in satirischerem Ton fort. Ausgangspunkt bleiben präzise festgehaltene Alltagseindrücke aus dem engl. Kleinstadtmilieu, unter deren oberflächlicher Selbstverständlichkeit Momente einer beängstigenden Sinnlosigkeit offenbar werden. Wie im Titelgedicht, das die Emanzipationsversuche der heutigen und der eigenen Jugend gleichermaßen relativiert, sind häufig Gegenwart und Vergangenheit verallgemeinernd aufeinander bezogen. Verwandte Themen, die wiederkehren, sind Alter *(The Old Fools)* und Tod *(The Building),* Traditionsverlust *(Going Going)* oder Festhalten an Ritualen und Gebräuchen *(Show Saturday).* Die stoische Ironie des agnostischen Skeptikers bleibt ebenso charakteristisch wie die scheinbare Einfachheit einer Kunst scharf umrissener Bilder, prägnanter Formulierungen und unaufdringlicher Metrik.

Großer Erfolg der *Collected Poems* (1988). Teilübs. *Gedichte* von W. A. Mitgutsch (1988).

1974 Doris Lessing:

eE The Memoirs of a Survivor

R.

Die ältere Erzählerin lebt allein in einer namenlosen Stadt, die sich in Auflösung befindet, als ihr plötzlich Emily Cartright, ein junges Mädchen, zur Betreuung übergeben wird. Während Menschen die Stadt in Gruppen verlassen und verwahrloste Kinder sich zu Banden zusammenschließen, die immer kriminelleren Charakter annehmen, beobachtet die Erzählerin verständnisvoll E.s schmerzhafte Reifung vom Kind zur verantwortungsvollen Frau, die schließlich auch das Überleben der Erzählerin in einer immer bedrohlicheren Umwelt sichert.

Das Thema der Verantwortung zw. den Generationen wird außer in dem Verhältnis zw. den beiden Hauptfiguren in vielen anderen Beziehungen gespiegelt: E. und ihr (Kater-) Hund Hugo, E. und Gerald und die Untergrund-Bande usw. Besonderes Interesse gilt dem neuen Gruppenbewußtsein der jungen Generation. Memoiren als Chronik der alltäglichen (aber phantastisch verfremdeten) Ereignisse durchsetzt mit visionären Szenen, die zeitlich und räumlich die Enge des Apartments der Erzählerin überschreiten. Lessing knüpft hier an Themen und Verfahren von *The Four-Gated City* (1969), dem letzten Band der Martha Quest-Serie →*Children of Violence* (1952–69), an und bereitet den Übergang zu der Science Fiction-Serie →*Canopus in Argos: Archives* (1979–83) vor.

Übs. *Die Memoiren einer Überlebenden* von R. Hermstein (1979). Film von D. Gladwell (1981).

1974 Grace Paley:

aE Enormous Changes at the Last Minute

Slg. von 17 Kurzgeschichten. Vorabdruck in *The Atlantic, Esquire* u. a.

Die Titelgeschichte beschreibt die Liebesbeziehung zw. einer jüdischen Intellektuellen und einem ir. Taxifahrer bzw. Pop-Poeten aus einer Hippie-Kommune. Andere Geschichten skizzieren die zufällige Wiederbegegnung eines geschiedenen Paares *(Wants)*, eine Gemeinschaftsaktion von Müttern als »Gesang« vor den Behörden *(Politics)*, den gewalttätigen Konflikt zw. ir.-italienischen Nachbarpaaren um die »Bürde« des Geldverdienens, Vorurteile, Schuldgefühle und sexuelle Wünsche *(The Burdened Man)* oder die Rückkehr einer Dauerläuferin in ihr »verwildertes« Wohnviertel *(The Long-Distance Runner)*.

Wie bereits in *The Little Disturbances of Man* (1959) und wieder in *Later the Same Day* (1985) ist die linksliberale jüdische Village-Autorin Faith eine wiederkehrende Hauptfigur (mit autobiogr. Zügen des Familienhintergrunds). Wechsel von Ich-Erzählung und personaler Erzählsituation. Paley entwirft durchweg ironisch-parabelhafte, bizarre Miniaturbilder vom zwischenmenschlichen Alltag der ethnischen Minoritäten in der Metropole anhand typischer, meist negativ sich entwickelnder Situationen und Schicksale. Pointiert-parataktischer Stil mit lapidaren Understatements und Verknappung der Texte bis zur *short short story*. Verbindung von Lakonie und Empathie (vgl. Poetik in *A Conversation With My Father*).

Übs. der gesammelten Geschichten als *Adieu und viel Glück* von H. Muschg, F. Frisch und J. Laederach (1987).

1974 Tillie Olsen:

aE Yonnondio

From the Thirties

R.-Fragment. Entst. 1932–1937 und als Manuskript liegengeblieben.

Bergwerkstadt in Wyoming während der 20er Jahre. Am Überlebenskampf der Arbeiterfamilie, vor allem aus der Perspektive der Tochter Mazie erzählt, in Bergwerk, Pachtfarm und Schlachthof werden die unmenschlichen Ausbeutungsverhältnisse angeprangert. Teils realistische, teils expressionistisch verzerrende Erzählweise. Titel nach W. Whitmans »Yonnondio! – Unbesungen gehen sie unter« (über Indianer). Züge des proletarischen R.s.

Durch die Frauenbewegung wiederentdeckt. Übs. von S. Koch-Grünberg (1979).

1974 Gary Snyder:

aL Turtle Island

58 Gedichte, 5 Prosatexte. Holzschnitt-Symbole von M. Corr.

Der Titelverweis auf die wiederentdeckte »Schildkröteninsel« (= Bild der Ureinwohner für Nordamerika und in weltweiten Schöpfungsmythen für die Erde) appelliert an ein Umweltbewußtsein der unmittelbaren Naturbetrachtung, der mystischen Erfahrung ganzheitlicher Lebensenergie, des Überblicks über die erdgeschichtliche Entwicklung und an die Solidarität aller Menschen. Snyder verbindet Eindrücke urtümlicher Landschaften, bes. des am. Nordwestens, mit Vorstellungen und Ausdrucksweisen des Zen-Buddhismus, bezieht anthropologische und ökologische Erkenntnisse mit ein und gibt sein persönliches Engagement zu erkennen. Er spiritualisiert das aktuelle Thema der Suche nach alternativen Energiequellen durch die Wiederbelebung eines Weltbildes östlicher und »primitiver« Kulturen, in dem der Mensch noch Teil größerer kosmischer Zusammenhänge ist.

In den Gedichten wechseln haikuhaft aussparende *(Pine Tree Tops)* oder zur Kontemplation einladende Naturbilder *(By Frazier Creek Falls)* mit Evokationen der biologischen Kette *(The Uses of Light)*, weit ausholenden Synopsen *(Mother Earth: Her Whales, What Happened Here Before)* oder Alltagsmomenten aus dem persönlichen Bereich *(The Bath)*.

Die abschließenden Prosatexte versuchen, das in den Gedichten Suggerierte in ein praktisches Programm umzusetzen: *Four Changes* etwa geht die Probleme der Überbevölkerung, Umweltverschmutzung, der Ressourcen und des allgemeinen Wandels an im Hinblick auf polit., soziale und bewußtseinsmäßige Konsequenzen. Einflüsse: W. Blake, H. D. Thoreau, Zen, Indianermythen.

Pulitzer-Preis. Übs. *Die Schildkröteninsel* von F. Schickler (1979).

1975 Ed Bullins:

aD The Taking of Miss Janie

Dr., 1, Auff. 4. 5. Mitzi E. Newhouse Theater, New York.

Kalifornien, 60er Jahre. Auf einer Party vergewaltigt der schwarze Student Monty seine langjährige blonde Freundin Janie. Die Vergewaltigung wird Anlaß zur Erinnerung und Selbstdarstellung der Party-Teilnehmer: Rich, der schwarze Kultur-Nationalist; Mort Silberstein, der jüdische Hippie; Lonnie, der weiße Jazzmusiker usw.
Die Party verdeutlicht das Scheitern des schwarz-weißen Bündnisses der Bürgerrechts-Bewegung an Rassismus und Sexismus. Rückblenden, freie Übergänge in Zeit und Raum (Hell-Dunkel der Bühne). Teil von Bullins' *Twentieth Century*-Sequenz von Stücken (insbes. Fortsetzung von *The Pig Pen,* 1970), die einem afro-am. Publikum seine eigenen Probleme und spezifische Geschichte realistisch vor Augen führen will. Einfluß von L. Jones (Amiri Baraka).

1975 Trevor Griffiths:

eD Comedians

Dr., 3, Auff. 20. 1. Nottingham Playhouse.

Manchester, Gegenwart. Der alternde Komiker Eddie Waters gibt seinen sechs erwachsenen Schülern die letzten Hinweise für die entscheidende Probe vor Bert Challoner, der ihnen Arbeit vermitteln kann. Drei der Schüler ändern aus Angst vor C. ihre Sketchs in bewährte sexistische und Anti-Ausländer-Klischees, zwei bleiben W.s sozialkritischer Linie treu. Nur Gethin Price zeigt seine bittere polit. Reaktion auf seine Rolle als Komiker in einer feindseligen oder gleichgültigen Gesellschaft. C. belohnt die Anpasser mit Angeboten, Price findet auch vor W. nur halbherzige Anerkennung.
Das Stück dramatisiert die Arbeit des professionellen Komikers unter kapitalistischen Wettbewerbs- und Verwertungsbedingungen als vielschichtigen Lernprozeß eines Kollektivs (und damit des Publikums). Gleichzeitig eine Reflexion über die Möglichkeiten der Kom. heute. Schnelle Wechsel zw. eigentlichem Charakter und sekundärer Rolle (Sprechweisen, Stereotypen, Routinen). Kritische Zitierung und Parodierung engl. Komikertraditionen aus Music Hall, Nachtclub, Radio, Theater und Fernsehen.

Buchausg. 1976. Übs. *Komiker* von K. Wesseler und P. Zadek (1978).

1975 **Tom Stoppard:**

eD **Travesties**

Kom., 2, Auff. 10. 6. Aldwych Theatre, London.

Zürich, 1917. In der Bibliothek arbeiten J. Joyce, T. Tzara und Lenin gleichzeitig an ihren revolutionären Werken und verwickeln sich in Gespräche. Als alter Mann erinnert sich Henry Carr an seine Tätigkeit am Britischen Konsulat in Zürich und seine Begegnungen mit Joyce, Tzara und Lenin: die Szenen erscheinen vor seinem geistigen Auge.
Grotesk-komische Fiktion von der Begegnung dreier Revolutionäre der Literatur, Kunst und Politik (Modernismus, Dadaismus und Kommunismus) aus dem erratisch assoziierenden Bewußtsein einer Randfigur des Zeitgeschehens: authentisch ist allein C.s Bekanntschaft mit Joyce, mit dem er anläßlich einer Aufführung von O. Wildes *The Importance of Being Earnest* einen Prozeß führte. Travestiehafte Widerspiegelungen auf vielen Ebenen: C. und die Revolutionäre, Parallelen zu Wildes Stück, Anspielungen auf Joyces *Ulysses,* Anleihen aus dem Varietétheater, Personenverwechslungen, Überkreuzdialog, Manuskriptvertauschung usw. Feuerwerk der Sprachspiele wie bereits in *Jumpers* (1972).

Übs. *Travesties* von H. Spiel (1976).

1975 **John McGrath:**

eD **Little Red Hen**

Dr., 2, Auff. Okt. durch 7:84 Theatre Company, Edinburgh.

Glasgow, Gegenwart. Die Mulrines diskutieren anläßlich einer Wahl die Zukunft Schottlands (Rahmenhdlg.). Die Großmutter »Old Hen« führt aus bitterer Erfahrung anhand der eigenen Familie der patriotisch zuversichtlichen Enkelin »Young Hen« die Geschichte der regionalen Arbeiterbewegung, die am Los der Arbeiter wenig geändert hat, vor Augen: von der Aufbruchsphase der Sozialisten zu Beginn der 20er Jahre, an der sie engagiert mitgewirkt hat, bis zur Reihe fortgesetzter Enttäuschungen (vergeblicher Appell an die Labour-Regierung, Verdammung des Ehemanns zur Arbeitslosigkeit, Korrumpierung des Bruders als polit. Aufsteiger usw.). Der durch das Nordseeöl ermöglichte wirtschaftliche Aufschwung wird ohne Systemveränderung nur zur systematischeren Ausbeutung der schottischen Arbeiterklasse führen.
Agitprop-Stück: marxistische Geschichtslektion in der Form eines Generationendisputs. Demonstration der Zusammenhänge von Privatleben und polit. Entwicklung. Kombination meist kurzer Szenen und epischer Kommentare. Verzicht auf Komposition der Hdlg.: Geschichte als unstrukturierte Folge von Ereignissen. Wechselspiel von Ernst und Komik. Einbeziehung des Publikums durch Gesang populärer Lieder, Bezugnahme auf örtliche Verhältnisse, Animierung eines Lernprozesses durch Identifikationsfigur der Young Hen. Verfremdungseffekte durch unterlaufene Zuschauererwartungen und Distanzierung der Schauspieler von

den (teils wechselnden) Rollen. Naturalistische Wiedergabe regionaler Sprechweisen. Einbeziehung von dokumentarischem Material. Einfluß von J. Arden. Wie bereits das erfolgreiche *The Cheviot, the Stag, and the Black, Black Oil* (1973), das die Highlands in ihren hist. Kontext rückt, entstand das Stück in enger Zusammenarbeit von Autor und Theatergruppe.

1975 William Gaddis:

aE J R

R. Einzelnes vorab in *Harper's, Antaeus* u.a.

Long Island, New York. Gegenwart. Durch eine umstrittene Erbschaft wird der junge Komponist und Musiklehrer Edward Bast in die finanziellen Pläne seines ehrgeizigen Schülers J R verwickelt. Mit verstellter Stimme vom Telefon aus oder durch B. als Geschäftsvertreter baut J R aus zweifelhaften Transaktionen und Verlustabschreibungen in kurzer Zeit ein fast undurchschaubares Konglomerat von Gesellschaften auf, mit dem er Wall Street bis zum unvermeidlichen Zusammenbruch in Atem hält. In J Rs Machenschaften geraten u.a. die Schriftsteller Jack Gibbs und John Eigen, das Verteidigungsministerium und ein Indianerreservat.
Groteske Satire auf den alle Ebenen der am. Gesellschaft (von der Schule bis zum Altersheim, vom Staat bis zu den persönlichen Beziehungen) durchdringenden Kapitalismus, dessen Werte J R in kindlicher Einfalt verkörpert. Der Konflikt zw. Ordnung und Entropie auf allen Ebenen, auch im künstlerischen Schaffensprozeß (Bast, Gibbs). Fast ausnahmslos dialogisiert, ohne Sprecherangaben und ohne Unterteilung setzt der R. sich aus chaotischen Gesprächen, hektischen Telefonaten und eingeblendeten Textbruchstücken aus Massenmedien zu einem komplexen Beziehungsgefüge von über 50 Figuren und Institutionen zusammen. Stilistisch eine tour de force durch die verschiedenen Sprechweisen schnoddriger Börsenmakler, gewissenloser Reklameagenten, existentialistischer Intellektueller, sentimentaler Erzieherinnen, ausgeflippter Hippies usw. J R verbindet die lange Reihe von jugendlichen Protagonisten seit Huckleberry Finn, die am. Unschuld und Einfalt verkörpern, mit der ebenso langen Reihe von Betrügern und Hochstaplern (→*The Confidence Man,* 1857) im am. R. Einfluß der Marx Brothers-Filme.

1975 E. L. Doctorow:

aE Ragtime

R., 4. Vorbild H. v. Kleists *Michael Kohlhaas.*

New Rochelle, N. Y., 1906–14. Eine breit angelegte und mehrsträngige Hdlg. bringt hist. Personen wie den Verwandlungskünstler Houdini, die Anarchistin Emma Goldman und den Monopolkapitalisten Henry Morgan mit fiktiven Figuren zusammen: bes. der gutsituierten Familie Flaggenmacher, dem sozialistischen Immigranten Tateh samt seiner Tochter

Little Girl und dem schwarzen Ragtime-Pianisten Coalhouse Walker Jr. Als W.s Auto mutwillig von der Feuerwehr beschädigt und ihm sein Recht als Schwarzer verwehrt wird, sprengt er die Feuerwehr in die Luft, besetzt die Morgan-Bibliothek mit Geiseln und verlangt sein Recht. Er wird erschossen.
Hist. R. über die USA während der »Ragtime-Ära« im Übergang zur Moderne: Rassismus, Sexismus, Monopolkapitalismus auf der einen Seite, Anarchismus, Sozialismus und Feminismus auf der anderen. Gleichzeitig die Entwicklung neuer Technologien wie Film, Auto, Flugzeug etc. Persönlicher Erzähler, der sich auf Quellen (Tagebücher, Aufzeichnungen) beruft. Kurze, abgerissene Sätze im Ragtime-Stil, die als Kompositionselemente erst durch die vielen Querverweise wirksam werden. Doctorow entwickelt die von J. Dos Passos in den USA eingeführten Innovationen des hist. R.s weiter. Großer Erfolg.

Übs. von A. Praesent (1982). Film von M. Forman (1981).

1975 Walter Abish:

a E In the Future Perfect

7 Erzählungen. Einzelnes in *Fiction, Transatlantic Review, New Directions in Prose and Poetry* etc.

Abish experimentiert mit verschiedenen Formen nicht-realistischen Erzählens: *The English Garden* entwirft ein Kinder-Malbuch-Deutschland mit Nazi-Vergangenheit; *Ardor/Awe/Atrocity* zerlegt eine Mordgeschichte in 78 arrangierte Segmente, die durch alphabetisch angeordnete und numerierte Schlüsselwörter betitelt sind; *In So Many Words* zerlegt die Segmente eines sinnleeren Alltagsablaufs einer Büroangestellten jeweils alphabetisch in vorangestellten Listen etc. Die banalen oder absurden Erzählanlässe dienen der sprachlichen Dekonstruktion des Erzählvorganges selbst. Einflüsse der Textverarbeitungsprogramme für Computer.

Übs. *Quer durch das große Nichts* von J. Laederach (1982).

1975 Ernest Callenbach:

a E Ecotopia

The Notebooks and Reports of William Weston

R.

Der Journalist Weston besucht Ecotopia im am. Nordwesten, der 1980 aus den Vereinigten Staaten von Amerika ausgetreten war, und findet dort: Arbeiterselbstverwaltung, dezentrale Vernetzung, saubere Energieversorgung, sanfte Technologien, rituelle Aggressionsabfuhr in Spielen, Gleichberechtigung der Frauen usw. Über eine Bewußtseinskrise (Wiedergeburt) findet W. zu Marissa Brightcloud und der neuen Welt. Die Utopie enthält zahllose konkrete Vorschläge zu alternativen Technologien und sozialen Beziehungen.

Populärer Erfolg. Fortsetzung in *Ecotopia Emerging* (1981). Übs. *Ökotopia* von U. Clemeur und R. Merker (1978).

1975 John Ashbery:

aL Self-Portrait in a Convex Mirror

35 Gedichte, z. T. vorher in *The New Yorker, Poetry* u. a.

In seinem 15. Gedichtband seit 1953 vereint Ashbery längere Meditationen über sich selbst (*Grand Galop,* Titelgedicht), Oden und Episteln an Freunde *(Ode to Bill, Tenth Symphony)* mit kurzen Gedichten, die versuchen, ein Bild, ein Gefühl oder eine Idee präzise festzuhalten *(Forties Flick, Fear of Death, City Afternoon)*. Thematisch dominiert das Problem der künstlerischen Wahrnehmung und deren adäquater Wiedergabe. Das Titelgedicht meditiert anhand von Parmigianinos (1503–40) manieristischem Selbstportrait über den Zusammenhang von Widerspiegelung (Konvex-Spiegel), Abbildung (Gemälde), Realität (Selbst) und Traum (des Bildbetrachters). Ästhetische Wahrnehmung ist immer von vorgefertigten Sehweisen *(De Imagine Mundi)* oder dem Vergessen *(Mixed Feelings)* bedroht. Sie muß deshalb privat *(The One Thing That Can Save America)* und offen *(Tenth Symphony)* sein.
Prosanahe Sprechweisen in rhythmisch freien Versen, die sich oft zu frei variierenden reimlosen Strophen zusammenschließen. Überraschende Mischung von Abstrakta und visuell-konkretem Detail, von gehobenem Ton und Umgangssprache. Abwendung von der hermetisch-privaten Sprechhaltung früherer Slgg.

Pulitzer-Preis. Übs. *Selbstportrait im konvexen Spiegel* von Ch. Cooper und J. Sartorius (1980).

1975 Adrienne Rich:

aL Poems

Selected and New, 1950–1974

144 Gedichte. Entst. 1950–74 und z. T. in früheren Slgg. veröffentlicht.

Dominantes Thema ist die Selbstbestimmung als Frau. Die Slg. dokumentiert Richs persönliche, poetische Entwicklung in drei Phasen: 1950 bis 1958. Analyse der Aufspaltung des weiblichen Selbst in Öffentliches und Privates, in äußere Anpassung oder Verweigerung und innere Rebellion *(Aunt Jennifer's Tigers, The Insomniacs)*. Parabeln, Wir-Sprechhaltung, geschlossene Vers- und Strophenformen herrschen vor. 1958–68. Protest gegen Unterdrückung der Frau und Neubestimmung der eigenen Sexualität *(Snapshots of a Daughter-in-Law, Two Songs)*. Ich-Sprecher mit Du-Adressaten, Sprünge in Satzbau, Vers und Bilderfolge. 1968–74.Denunzierung des »nackten und unverschämten Versagens patriarchalischer Politik und patriarchalischer Zivilisation« aus einem gestärkten und feministischen Selbstvertrauen heraus *(Tear Gas, When We Dead Awaken; Diving into the Wreck, From an Old House in America)*. Frühe Einflüsse von W. H. Auden, D. Thomas, R. Frost.

1976 Howard Brenton:

eD Weapons of Happiness

Dr., 2, Auff. Juli National Theatre, London, Auftragsarbeit für das National Theatre.

London, Gegenwart. Eine Kartoffelchips-Fabrik ist von der Schließung bedroht. Die (meist jugendlichen) Arbeiter organisieren einen Protest, mißtrauen aber dem offiziellen Gewerkschaftsvertreter. Nach einer nächtlichen Zechtour kommt es zur Besetzung der Fabrik. Einer der älteren Arbeiter, Josef Frank, tschechischer Emigrant, distanziert sich zuerst von dem Arbeitskampf, redet aber nach der Besetzung den jungen Arbeitern zu, anderswo einen Neuanfang zu machen. Der Schluß zeigt diese im ländlichen Wales, unsicher, ob sie bleiben oder nach Manchester ziehen sollen. Rückblickend nehmen sie Frank als Ratgeber ernst.
Thematisiert werden die Spannungen zw. verschiedenen sozialistischen Strategien (Titel): dogmatisch-autoritär (Stalinisten), pragmatisch-reformerisch (Gewerkschaftsvertreter), vital-anarchisch (junge Arbeiter). Im Zentrum steht Frank nach dem gleichnamigen Vorbild eines 1952 im Prager Schauprozeß liquidierten Kommunisten; das Verhältnis Frank – Arbeiter steht für erwünschte Verbindung von hist. Erfahrung des Kommunismus und blindem Elan neuer revolutionärer Impulse. Dramaturgische Spannung zw. verschiedenen Realitätsebenen: Gegenwartsgeschehen (z.T. realistische Darstellung, Umgangssprache, z.T. komische Verzerrung wie im Happening der Fabrikbesetzung), dokumentarische Szenen (der hist. Josef Frank 1952, russischer Einmarsch in Prag 1968) und Symbolszenen (Christus und der Großinquisitor, Londoner Planetarium, durchgehende Lichtsymbolik). Weiterentwicklung der Thematik von Brentons *Magnificence* (1973), dort schon der Titel als polit. Motto: »Ergreift die Waffen des Glücks.«

1976 The San Francisco Mime Troup:

aD False Promises

Nos Engañaron

Dr., 3, Auff. 4. 7. Dolores Park, San Francisco. Kollektive Produktion aufgrund einer Skriptvorlage von Joan Holden. Das Stück basiert auf Recherchen über den Kuba-Krieg und die Geschichte der Western Federation of Miners.

USA, Puerto Rico, 1896–99. Die Wahl McKinleys zum Präsidenten und die rassistische Einschränkung des Wahlrechts im Süden – ein Schwarzer namens Washington Jefferson wird abgewiesen – sowie die Kriege der USA um Kuba, Puerto Rico und die Philippinen bilden den Hintergrund für die Arbeitskämpfe der Bergarbeiter in Copper City, Col., bei denen sich die Solidarität zw. Mexikanern und U.S.-Amerikanern, zw. Frauen und Männern bewähren muß. Der Streik endet durch einen Verrat.
Das Stück zur 200-Jahr-Feier der USA (Uraufführung am Unabhängigkeitstag) prangert die falschen Versprechungen der Unabhängigkeitserklärung an: statt Gleichheit und Freiheit aller Inselimperialismus und Unterdrückung von Arbeitern, Minoritäten und Frauen im eigenen Lande.

Als Straßentheater konzipiert und aufgeführt, verwendet das Stück Elemente aus der Commedia dell'Arte, dem Vaudeville und dem Musical. Typisierung der Figuren als gesellschaftliche Kräfte. Hdlg. der Kollektive ohne Heldin oder Helden. Song-Einlagen auf Engl. und Spanisch.

Buchausg. 1980.

1976 David Edgar:

eD Destiny

Dr., 3, Auff. 22. 9. The Other Place, Stratford-upon-Avon.

I. »Taddley« bei Birmingham. Die nach der Unabhängigkeit Indiens (1947) mit Rassenvorurteilen heimgekehrten Soldaten Turner und Rolfe finden ein heruntergekommenes England vor. T. verliert seinen Antiquitätenladen an einen skrupellosen Makler, R. seine Kandidatur für die Tories an den gemäßigten Crosby. II. T.s einstiger Diener Khera erfährt als Einwanderer in einer Gießerei die Diskriminierung der »Asiaten« und organisiert einen Streik, während T. in einer neofaschistischen Partei aktiv wird, die sich zum Sprecher der unteren Mittelklasse macht, um gegen Kapitalismus und Kommunismus, Einwanderung und Sittenverfall anzugehen. III. Auch R., dessen Sohn dem Nordirland-Konflikt zum Opfer gefallen ist, stößt zu der Partei. Im Kampf gegen die streikenden Asiaten kommt es zum ersten Zusammenstoß. Die Faschisten sehen ihre Stunde gekommen. T. muß erkennen, daß R. den Trust vertritt, der sein Geschäft vereinnahmt hatte.
Edgars sozial engagierter Realismus richtet sich hier auf die zeitgeschichtliche Problematik Englands nach dem Verlust des Weltreichs und angesichts der Verschlechterung der sozioökonomischen Lage während der Nachkriegszeit: am Aufkommen einer faschistischen Bewegung und den Reaktionen diverser sozialer Gruppen demonstriert er unterschiedliche polit. Motivationen und vereinende Sündenbock-Projektionen anhand eines »Mosaiks« von Repräsentanten der gesellschaftlichen Gruppen. Differenzierte Porträts der Labour- bzw. Tory-Anhänger. Vorherrschen realistischer Szenen und Dialoge unter Einschluß dokumentarischen Materials (Reden von Nehru, Hitler). Einbeziehung poetisch stilisierter Heimkehrer-Monologe, Nazi- und Tory-Motti, Kipling-Zitate. Bemühung um ein breitenwirksames, aktuell sozialkritisches Theater. Einfluß von B. Brecht.

Fernsehbearbeitung (1978). Hörfunkbearbeitung (1979).

1976 Marge Piercy:

aE Woman at the Edge of Time

R.

New York, Gegenwart, und Mattapoisett, Mass., im Jahre 2137. Consuelo (»Connie«) Ramos flieht aus dem unmenschlichen Alltag einer Nervenheilanstalt in die Zukunft: eine ökologische Gemeinde in Massachusetts, wo zw. Frauen und Männern, Kindern und Erwachsenen, Natur und

Menschen ein gleichberechtigtes Zusammenleben existiert. Luciente, ihre Kontaktperson in der Zukunft, führt sie in die neue Gesellschaft ein und macht ihr klar, daß diese auch von C.s Verhalten in der Anstalt abhängt. Als C. dort für Experimente mit Kopfoperationen ausgesucht wird und ihre Fluchtversuche aus der Anstalt scheitern, vergiftet sie die Leiter des Experiments.
Utopischer R., der durch die Zeitreise Gegenwart und Zukunft durchgängig miteinander kontrastiert und aus der Perspektive einer Chicana Lernprozesse über eine bessere Welt schrittweise vermittelt: Kerngruppen statt Familie, Co-Mütter statt Mutter, Brüter statt Schwangerschaft, Gruppentherapie statt Gerichtsverfahren usw. Trotz aller Probleme (Tod, Zwist, Krieg) erweist sich die neue Welt als eine, für die zu kämpfen es sich lohnt. Realistische Schreibweise und feministische Sicht.

Übs. *Die Frau am Abgrund der Zeit* von N. Werner und H. Zidek (1986). Weitere feministische Utopien der 70er Jahre sind u.a. Joanna Russ, *The Female Man* (1975), Ursula LeGuin, *The Dispossessed* (1974), Marion Zimmer Bradley, *The Shattered Chain* (1976), Suzy McKee Charnas, *Motherlines* (1979).

1976 Alice Walker:

aE Meridian

R., 3.

Georgia in den 60er und 70er Jahren. »Meridian«. Die junge Schwarze Meridian wird durch die Bürgerrechtsbewegung polit. bewußt und aktiv. »Truman Held«. Während M. durch eine Abtreibung kränkelnd an ihrer Bürgerrechtstätigkeit festhält, heiratet ihr ehemaliger Geliebter Truman Held Lynne, eine weiße Frau, und gibt seinen Kampf auf. »Ending«. T. scheitert in seiner Ehe, M. tröstet ihn, hat aber neuen Halt in sich selbst gefunden.
Teilweise autobiogr. R. über die Konflikte zw. Weiß und Schwarz sowie Mann und Frau in der am. Bürgerrechtsbewegung der 60er Jahre. Die doppelte Diskriminierung als Frau und Schwarze führt bei M. zu einer anderen Politisierung und spirituellen Einsicht als bei T. und teilweise zu Solidarität zw. Lynne und M. Fragmentarisierte gleichnishafte Erzählstruktur voller Rückblenden und Zeitsprünge (der Baum aus der Sklavenzeit, die heilige Schlange der Cherokees usw.). Vorwiegend weibliche Perspektive, bei der Außen- und Innensicht von M. wechseln. »Meridian« heißt Höhepunkt, Mittag, Süden u.a. mehr und geht auf ein Motiv bei J. Toomer (Thema des ganzheitlichen Menschen) zurück.

Übs. *Meridian* von Th. Lundquist (1984).

1976 Walter Abish:

aE How German Is It

R.

»Brumholdstein«, Bundesrepublik, Gegenwart. Als der Schriftsteller Ulrich (von) Hargenau in seine Heimatstadt zurückkehrt, sieht er sich zu-

nehmend mit der nationalen und seiner eigenen Vergangenheit konfrontiert: Brumholdstein ist auf den Resten des ehemaligen NS-Arbeitslagers Durst erbaut, U.s philosophischer Lehrer Brumhold, der sich bei jedem metaphysischen Problem die Frage stellt, »Wie deutsch ist es?«, hat eine Nazi-Vergangenheit, seine Familie, seine Beteiligung an einer anarchistischen Gruppe, die Pünktlichkeit der deutschen Züge, die Vorliebe der Deutschen für Sauberkeit und schwarze Lederjacken, alles dies hat seine Vorläufer in der kollektiv verdrängten Vergangenheit der Bundesrepublik. Unter ärztlicher Hypnose erhebt sich U.s Arm schließlich zum Hitlergruß.
Satirisch-experimenteller R., der in der Wahrheitssuche seines Helden die eigenen und fremden Stereotypen über die Deutschen nach 1945 zu einer scheinbar realistischen Sicht (»haargenauer« Photorealismus) kombiniert: das »typisch Deutsche« bleibt in einer unbehaglichen Zwischenstellung zw. Grauen und Gelächter. Zurückführung dieser Sehweise bis in sprachliche Klischees und die Verantwortung von Schriftstellern und Philosophen für diese Klischees: Brumhold ist ein satirisches Porträt von M. Heidegger. Mechanisch-zerlegende Erzählweise (Katechismus, Selbstaufrufe) mit Aufbrechung der realistischen Erzählkonventionen.

Übs. *Wie deutsch es ist* von R. Herms (1982).

1976 Raymond Federman:

aE Take It or Leave It
an exaggerated second-hand tale to be read aloud either standing or sitting

R. Einzelnes in *Partisan Review, Chicago Review* etc.

North Carolina und New York, 1951. Vor seinem Einsatz in Korea nimmt sich der junge G. I. Raymond Federman 30 Tage Urlaub zu einer Reise in den am. Westen. Er landet statt dessen unsanft mit seinem Fallschirm bei einer erzwungenen Übung und bricht beide Beine. Wie die immer wieder erträumte Entdeckung des am. Westens wird auch die zu erzählende Geschichte durch immer neue Digressionen, Reflexionen, Erinnerungen, Gefühlsausbrüche und Zuhörerbeschimpfungen des Erzählers unterbrochen und letztlich verhindert. Durch dessen Narzißmus werden fast sämtliche realistische Erzählverfahren grotesk und wortschwallartig dekonstruiert und *ad absurdum* geführt. Einfluß des französischen Poststrukturalismus, bes. P. Sollers.

Übs. *Alles oder nichts* von P. Torberg (1986).

1976 Maxine Hong Kingston:

aE The Woman Warrior
Memoirs of a Girlhood Among Ghosts

R.

Erinnerungen von Maxine an die eigene Kindheit und Jugend im chinesischen Einwanderermilieu des kleinstädtischen Kalifornien wechseln mit

Frauenporträts aus dem weiteren Familienkreis sowie der chinesischen Mythenüberlieferung. Hauptproblem der Identitätsfindung der doppelt diskriminierten chinesischen Frau. Orientierungsfiguren: in China die sozial geächtete nonkonforme Frau (»No Name Woman«), die legendäre Schwertkämpferin als Familienrächerin (»White Tigers«); in USA die zw. chinesischem Erbe und am. Gegenwart widersprüchlich vermittelnde Mutter (»Shaman«), die vom Kulturschock zerrüttete Immigrantin (»At the Western Palace«); schließlich das Leitbild der entwurzelten chinesischen Künstlerin, die sich unterschiedlichen Welten gleichermaßen mitteilen kann (»A Song for a Barbarian Reed Pipe«).
Entlarvung stereotyper Rollenmuster in China wie Amerika und Postulat eines eigenständig gemischten chinesisch-am. Bewußtseins. Formal Verbindung von Realismus (autobiogr. Erfahrung, exemplarische Familienchronik, hist. Dokumentation) und Phantastik (imaginative Ausmalung der verhüllten Vergangenheit, stilisierte Verarbeitung der minoritätenspezifischen Folklore anekdotischer bis mythopoetischer »talk-stories«). Dosiertes Sprachkolorit, teils verfremdender Art (Schlüsselwort *ghost*).

Das komplementäre Folgebuch *China Men* (1980) präsentiert die männliche Seite der chinesisch-am. Minoritätenerfahrung und behandelt grundsätzlicher sowie hist. weiter ausgreifend die Immigrationsproblematik: von den Vorväterschicksalen aus der Pionierzeit des 19. Jh.s bis zum Bruder im Vietnam-Krieg bleibt das Ziel die Beanspruchung Amerikas (»claiming the Gold Mountain«). Übs. *Die Schwertkämpferin* von G. Stege (1982).

1976 David Storey:

eE Saville

R., 5.

Bergarbeitersiedlung im ländlichen Yorkshire, 1940–50er Jahre. Im Rahmen einer Familienchronik wird die Entwicklung von Colin Saville geschildert: komplexe Vaterfigur, Umwelt (Ortsatmosphäre, Nachbarstypen), Konflikte einer künstlerisch sensiblen Adoleszenz, Tätigkeit als Lehrer, Beziehung zu einer älteren Frau stehen im Zentrum. Offener Schluß des Aufbruchs aus dieser bedrückend verfestigten Welt in die größere Freiheit verheißende Metropole. Authentische Milieunachzeichnung aufgrund autobiogr. Erfahrung und im Gefolge von D. H. Lawrence. Breite Darstellung in vorwiegend dialogischem Erzählen. Storey ist bes. auch als sozialkritischer Dramatiker hervorgetreten.

Booker-Preis.

1976 Paul Scott:

eE The Raj Quartet

R.-Tetralogie.

Ausgehend vom Fall der Vergewaltigung der Engländerin Daphne Manners und der von dem diabolisch-korrupten Briten Ronald Merrick manipulierten Verurteilung ihres unschuldigen indischen Freundes Hari Kumar entwerfen die Rr. *The Jewel in the Crown* (1966), *The Day of the Scorpion* (1968), *The Towers of Silence* (1971) und *A Division of the Spoils* (1975) ein differenziertes Panorama Nordindiens während der letzten Jahre der Kolonialherrschaft (»raj«). Eine Vielzahl weiterer Figuren verkörpert die unterschiedlichsten Standpunkte im Verhältnis zw. Engländern und Indern wie auch typische Konflikte innerhalb der Gruppen. Der Wechsel der Schauplätze bezieht die verschiedensten Milieus auf beiden Seiten ein. Die sozialen, ökonomischen und kulturellen Verhältnisse werden mit innenpolit. (Unruhen) wie außenpolit. Vorgängen (2. Weltkrieg) verknüpft. Liberale Auseinandersetzung mit dem britischen Kolonialismus in Indien und skeptische Beurteilung der Annäherungsmöglichkeiten im Gefolge von →E. M. Forster, erweitert um die Warte des Übergangs zur Unabhängigkeit. Fortwährend relativierende und neue Aspekte erschließende Multiperspektive in der Art von →L. Durrell. Breite Darstellung in flexibel konventionellem Stil.

Übs. *Das Reich der Sahibs* von M. Ohl u. a. (1985–88). Sehr erfolgreiche Fernsehserie *The Jewel in the Crown* (London, 1984) eine Verfilmung der ganzen Tetralogie.

1977 David Mamet:

aD American Buffalo

Dr., 2, Auff. 16.2. Ethel Barrymore Theatre. New York.

Chicago, Don's Gebrauchtwarenladen. I. Donny Dubrow, sein junger Gehilfe Bobby und ein Freund namens Walter Cole, genannt »Teach«, unterhalten sich im Laden über das gestrige Kartenspiel, eine für 90 Dollar verkaufte alte 5 Cent-Münze mit einem Buffalo-Aufdruck und planen einen Einbruch bei dem Käufer der Münze. T. überredet Don, B. nicht teilnehmen zu lassen. II. Spät abends warten Don und T. vergeblich auf Fletch, der bei dem Einbruch mitmachen soll. B., der den beiden vorher eine weitere Münze zum Kauf angeboten hatte, taucht wieder auf und berichtet, Fletch sei zusammengeschlagen worden und im Krankenhaus. Erregt schlägt T. B. nieder, Don stellt sich auf B.s Seite und gegen T. Beide zusammen bringen den verletzten B. ebenfalls ins Krankenhaus. Tragikomische Parabel vom Scheitern des am. Traumes von Geld und Erfolg, unterlegt mit den psychologischen Folgen dieses Scheiterns bei den Hauptfiguren: Aggression, Rivalität und latente Homosexualität. Die Sprachlosigkeit (Fluchwörter, Füllsel, Klischees) der Figuren verhindert ein Verständnis ihrer Situation und hält sie in ihrer Routine gefangen. Einsilbige Dialoge, die den Handlungsverlauf eher verdecken als erschließen. Einfluß von H. Pinter.

1977 Toni Morrison:

aE Song of Solomon

R.

1931–63, Michigan, Pennsylvania und Virginia. Ein altes Lied west-afrikanischen Ursprungs (Titel) und eine Schatzsuche führen Macon Dead

III, genannt Milkman, über Pennsylvania nach Shalimar, Va., wo er statt des gesuchten Schatzes sich selbst, die Ursprünge seiner Familie und seiner Kultur entdeckt. Mentor seiner Suche ist M.s Tante Pilate, deren Enkelin Hagar sich aus Liebeskummer über M. das Leben nimmt.
Der R. kontrastiert die sterile Welt der urbanisierten schwarzen Mittelklasse des Nordens mit der lebendigen Gemeinschaft und Kultur ländlicher Afro-Amerikaner im Süden. Die verschiedenen Frauenfiguren des R.s illustrieren problematisch gewordene Geschlechterbeziehungen über mehrere Generationen. Doppelgängerthematik (Guitar), Namenssymbolik. Mischung von realistischen und mythischen Elementen (Motiv des Fliegens, Odysseus-Parallelen). Eingelegte Erzählungen anderer Figuren ergänzen und korrigieren die dominierende Perspektive M.s.

Übs. *Solomons Lied* von A. Praesent (1979).

1977 Robert Coover:

a E The Public Burning

R., 4 mit Intermezzi, Pro- und Epilog.

17.–19. 6. 1953. Die hist. Vorgänge um die Hinrichtung von Ethel und Julius Rosenberg, die der Atomspionage angeklagt wurden, entwickelt der R. zu einem grotesken kollektiven Ritual, in dem Uncle Sam, Eisenhower und Nixon als Vertreter des Kalten Krieges mit Vertretern des Gesetzes wie dem Obersten Richter William O. Douglas und einem Teil der Öffentlichkeit konfrontiert werden. Phantastik und Historie durchdringen sich ebenso wie Satire und Tr., Gegenwart und Vergangenheit, Puritanismus und Fernsehen, Verfassung und Watergate. Scharfe Abrechnung mit der Rhetorik des Amerikanischen Traums.

Übs. *Die öffentliche Verbrennung* von einer Arbeitsgruppe (1983).

1977 Michael Herr:

a Dispatches

Depeschen aus Vietnam, zuerst in *Esquire*.

Der Korrespondent Herr beschreibt einerseits seine traumatischen Eindrücke und verschiedene Formen der (Nicht-)Verarbeitung (*Breathing In*), das Leiden und Sterben der Soldaten, ihre Abgebrühtheit (*Khe San*) und die zweifelhafte Rolle der Reporter als Parasiten des Grauens (*Colleagues*). Die Beschreibungsversuche thematisieren immer wieder die Unzulänglichkeit realistischer Konventionen und die Lügen offizieller Propaganda angesichts der Unmenschlichkeit des Krieges. Fragmentarische Nahaufnahmen mischen sich mit Reflexionen über Empfindung und Wahrnehmung.

Übs. *An die Hölle verraten* von B. Schwarz (1987).

1977 Philip Caputo:

aE A Rumor of War

Autobiogr. Bericht, 3.

I. »The Splendid Little War«. P. Caputo meldet sich freiwillig zu den Marines, erhält eine Offiziersausbildung und 1965 einen Zug, der vor Danang (Vietnam) stationiert ist. Erste Schußwechsel mit den Vietkong wecken Mordlust in den 19jährigen Rekruten. II. »The Officer in Charge of the Dead«. C. wird ins Hauptquartier versetzt und muß dort die Totenlisten führen. Ab 1966 steigen die am. Verluste und die psychische Belastung. III. »In Death's Grey Land«. Aus Langeweile, Angst vor dem Wahnsinn und Haß läßt sich C. an die Front versetzen, macht mehrere Angriffe auf Vietkong-Dörfer mit, läßt dort 2 vietnamesische Zivilisten ermorden und kommt vor ein Kriegsgericht. Er und seine Gruppe werden freigesprochen. »Epilogue«. Über die letzten Minuten in Saigon vor der Evakuierung und die endgültige am. Niederlage (1975).
Ein Versuch, die Ambivalenz des subjektiven Kriegserlebnisses zw. erregender Feuertaufe, Initiation und brutalisierender Entmenschlichung ohne Beschönigung zu erfassen. Gleichzeitig in den 3 Phasen/Teilen der Verlust der am. Ideale (Kennedy, Heldentum, Mission der USA) und Unschuld. Titel (Matthäus 24.6) gibt dem Ganzen apokalyptische Züge. Detailliert realistische Nachzeichnung der Schauplätze, Hdlgg. (meist gefährliche Patrouillen) und Emotionen. Resignative Grundhaltung zum Krieg: jeder muß die Erfahrung wieder neu machen. Der Bericht hat mehr als die zahlreichen Vietnam-Rr. einen bleibenden Eindruck auf das am. Publikum gemacht und sein Bild vom Vietnam-Krieg geprägt.

1977 Leslie Marmon Silko:

aE Ceremony

R.

Laguna-Reservat bei Albuquerque, N.M., nach dem 2. Weltkrieg. Der Laguna-Indianer Tayo ist durch das Kriegserlebnis traumatisiert und seinem Stamm entfremdet. Erst wiederholte Zeremonien, zuletzt beim alten Betonie in Gallup, und die Liebe zu Ts'eh erlauben ihm, Vergangenheit und Gegenwart zu verbinden: die Traditionen seines Volkes wiederaufzunehmen und sich dem Problem, das die Uranvorkommen in dem Reservat für die Lagunas bedeuten, zu stellen.
Das Thema der Bewahrung und Erneuerung indianischer Traditionen wird formal durch den Wechsel von indianischen Mythen und Liedern mit modernen psychologisierend-realistischen Erzählweisen wiedergegeben. Zeremonie als uralter Stammesbrauch und moderne Psychotherapie zugleich. Komplexe Spiegelung verschiedener Erzähl- und Handlungsebenen. Reiche Tier- und Pflanzensymbolik. Mit →S. Momaday begründet Silko die neue indianische Erzählliteratur.

Übs. *Gestohlenes Land wird ihre Herzen fressen* von A. M. Brock (1981).

1977 **Ngugi wa Thiong'o:**
E **Petals of Blood**
R., 4.

I. »Illmorog«, Kenia, Gegenwart. Der Schulleiter Murina, der Straßenhändler Abdulla, der Gewerkschaftsführer Karega und die Bordellbesitzerin Wanja werden wegen eines Mordfalls verhaftet und müssen ihr Leben rekonstruieren (Rahmenhdlg.). Die 4 sind nach persönlichen Enttäuschungen in den Ort gekommen, um im Zuge der nationalen Unabhängigkeit (1963) ein neues Leben zu beginnen. II. Das von einer Dürre heimgesuchte Dorf entsendet eine Delegation in die Hauptstadt, die jedoch erst nach tumultartiger Überwindung von Widerständen staatliche Unterstützung erreicht. III. Das Dorf erlebt eine geruhsame Phase, in der sich die zwischenmenschlichen Beziehungen entwickeln, bes. die Liebe zw. K. und W. und die Eifersucht M.s. IV. Die Anbindung an das Straßennetz verschafft dem Ort den wirtschaftlichen, touristischen Aufschwung, führt jedoch zur Enteignung der Bewohner, die nun für die Unternehmer arbeiten. W. empfängt von A. ein Kind und ersticht den Brauerei-Boss, der sie einst verführt und zum Kindesmord getrieben hatte. Der sektiererisch gegen W. gewandte M. steckt ihr Bordell in Brand, in dem noch 2 weitere Bosse umkommen.
Zu der bereits in *Grain of Wheat* (1967) entwickelten Problematik der Überfremdung bodenständiger Traditionen durch europäische Zivilisationserscheinungen und der Zersplitterung des Landes (Stammesinteressen, Generationenkonflikte, Klassengegensätze) tritt hier bes. die Desillusionierung über den Neokolonialismus der neuen Nation, der eine systemerhaltende schwarze Bourgeoisie an die Stelle der Kolonialmacht rückt. Die Einzelschicksale illustrieren dies: M.s zwiespältige Entwicklung spiegelt seine presbyterianische Erziehung; W. erfährt die doppelte Benachteiligung als Frau und Unterprivilegierte; A. verkörpert ein trotziges Durchhaltevermögen; K. wird – im Sinne des Autors – zum Vertreter einer Veränderung des Gesellschaftssystems. Ausweitungen stellen das Geschehen in einen kolonialhist. und panafrikanischen Kontext. Die Vorgeschichten der Hauptfiguren werden sukzessive zu einem Mosaik zusammengefügt. Das Rahmenschema des Detektiv-R.s. verbindet sich mit dem Suchemotiv der Angeklagten. Variable Erzählsituation: personale/auktoriale Er-Erzählung, Ich-Erzählung und (kollektive) Wir-Erzählung wechseln. Realistische Milieubeschreibung und evokative Symbolik (bes. Naturbilder). Vielfalt der Zitate und Anspielungen (Titel nach D. Walcotts Gedicht *The Swamp*). Verbindung von didaktischer Aufklärung, satirischer Entlarvung und solidarischem Appell. Einflüsse: K. Marx, F. Fanon, E. Zola, J. Conrad, D. H. Lawrence.

Übs. *Verbrannte Blüten* von S. Köhler (1982). Letztes Buch des Autors auf Englisch, der aus Opposition gegen die Kolonialsprache und zur Erreichung eines breiteren einheimischen Publikums seitdem auf Gikuyu schreibt: vgl. die einflußreiche Schrift *Decolonizing the Mind* (1986), die zur Entkolonialisierung des Bewußtseins in Afrika den Verzicht auf die engl. Sprache fordert.

1978 David Hare:

eD Plenty

Dr., 12 Szenen. Auff. 7. 4. Lyttleton Theatre, London.

Susan, die 1943/44 in Frankreich mit mutigem Idealismus gegen die Deutschen spioniert hat und dabei dem Landsmann »Lazar« begegnet ist, erlebt 1947–62 in London eine Enttäuschung nach der anderen: der Weggenosse Tony stirbt; sie lebt mit der freizügigen Künstlerin Alice zusammen und bleibt beruflich (Werbetexterin) und privat (Wunsch nach unehelichem Kind) frustriert; die Ehe mit dem Diplomaten Black gibt der zunehmend Neurotischen keinen Halt; schließlich lebt sie bedürfnislos und unstet allein und trifft L. wieder, der unter seiner sozialen Anpassung leidet – die Erwartungen beider an die Nachkriegszeit haben sich nicht erfüllt.
Die allmähliche Desillusionierung und der Persönlichkeitszerfall einer Frau mit guten Anlagen wird in den Zusammenhang eines Zeitpanoramas gerückt: Aufbruchstimmung des wieder erstehenden Europas eher im Wachstum des Wohlstands und der Lockerung des Lebensstils genutzt als im Wandel der Gesellschaft, die von Konsum-Materialismus, Gefühlsarmut, Verlogenheit und Machtstreben gekennzeichnet bleibt (leitmotivische Titelironie des »Überflusses«). Dem selbstzerstörerischen Lebensweg S.s steht die Umorientierung A.s von der Bohème zur Sozialarbeit gegenüber. Lockere, achronologische Folge vignettenhafter Szenen, die meist mit zeittypischen Radiosendungen einsetzen. Realismus der Szenen bis zum phantasmagorischen Schluß. Differenzierung der Figurentypen nach ihrer Sprache. Stationen-Dr. im Gefolge von B. Brecht.

Zusammen mit *Knuckle* (1973) und *Licking Hitler* (1978) als *History Plays* (1984). Übs. *In Hülle und Fülle* von P. Bäcker (1978).

1978 Sam Shepard:

aD Buried Child

Dr., 3, Auff. 27. 6. Magic Theatre, San Francisco.

Farm in Illinois. I. Der alternde Farmer Dodge und seine Frau Halie leben mit ihren behinderten Söhnen Tilden und Bradley zusammen. Ein 3. Sohn, Ansel, ist tot. II. T.s Sohn Vince und seine Freundin Shelly kommen unerwartet zu Besuch und werden in die Machtkämpfe in der Familie verwickelt. T. erzählt Shelly, D. habe ein Baby ermordet und vergraben. III. Halie will Ansel ein Denkmal setzen und wird Zeuge, wie D. Shelly den Mord an Halies unehelichem Baby gesteht. D. stirbt und überläßt die Farm Vince. T. erscheint mit dem Kadaver des Babys, das er wieder ausgegraben hat und zu Halie bringt.
Familien-Dr., das mit dem Motiv des verlorenen Sohnes in vielfacher Variation spielt (T., Bradley, Ansel, Vince, Baby). Weniger eine realistische Tr. als ein Spiel mit den analytischen Konventionen des am. Dr.s in der Nachfolge von Ibsen: Lebenslüge, Geschlechterkampf, Generationenkonflikte werden mit Anklängen an Stücke um verlorene Söhne von

E. O'Neill, A. Miller, E. Albee u. a. versehen. Absurde Zuspitzung der Konflikte und Enthüllungen bis ins Groteske (Holzbein, Fruchtbarkeitssymbolik, Erkennung usw.). Rituelle Interaktionen, die auch das verschüttete Kind in den Erwachsenen wieder freilegen. Melodramatisch übersteigerte Sprache. Shepard setzt seine in *Curse of the Starving Class* (1978) begonnene Dekonstruktion des bürgerlichen Familiendr.s fort.

Pulitzer-Preis. Übs. *Vergrabenes Kind* von J. van Dyck und J. Drew Lucas (1977).

1978 Adrienne Rich:

a L The Dream of a Common Language
Poems 1974–1977

40 Gedichte in 3 Teilen. Einzelnes in *Amazon Quarterly, Chrysalis, College English* u. a.

»Power«. 8 Gedichte über die Kraft von Frauen, die sie aus sich selbst oder aus der Schwesterlichkeit mit anderen Frauen ziehen. In *Origins and History of Consciousness* bestimmt die Poetin den wahren Kern der Dichtung als »den Trieb zu verbinden, den Traum einer gemeinsamen Sprache«. »Twenty-One Love Poems«. Zärtliche, leidenschaftliche und nachdenkliche Liebesgedichte, die eine weibliche Paarbeziehung in eine problematische städtische Umwelt stellen. »Not Somewhere Else, But Here«. Texte, die Krankheit und Tod, aber auch Mutterschaft und Freundschaft zw. Frauen realistisch thematisieren. Die Slg. beschließt eine »Transcendental Etude«, eine Meditation über das poetische Ich. Poesie als eine Quelle weiblicher Stärke und Solidarität, die allerdings das Erfinden einer nicht-sexistischen Sprache voraussetzt, einer Sprache, die Emotionalität mit schlichter und direkter Benennung verbindet. Prosanahe Sprechweise mit Symbolen aus alltäglicher, meist städtischer Lebensweise. Feministisches Engagement.

Übs. *Der Traum einer gemeinsamen Sprache: Gedichte; 1974–1977* von V. Stefan und G. Meixner (1982).

1978 John Cheever:

a E The Stories

61 Kurzgeschichten. Entst. 1947–75, erschienen in *The New Yorker* und früheren Slgg.

Diese für Leserschaft und Stil der urbanen Zeitschrift *The New Yorker* typischen Kurzgeschichten drehen sich meist um Personen, oft Ehepaare, der oberen Mittelschicht, die in der Umgebung von New York wohnen und deren respektable Fassade durch Statusverlust *(Torch Song),* Ehebruch *(The Bus to St. James)* oder durch einen plötzlichen Moment der Wahrheit *(A Vision of the World, The Swimmer)* zusammenbricht und die dahinter liegenden Kompromisse und Gewohnheiten bloßlegt. Im Mittelpunkt stehen entfremdete persönliche Beziehungen zw. Ehepaaren, Eltern und Kindern, Nachbarn, die sich und ihre Illusionen durch Dialoge,

Gesten und Verhalten enthüllen. Anekdotische beiläufige Erzählweise. Ironisch-überlegener Erzähler, der derselben Gesellschaftsschicht wie seine Figuren angehört und bei aller satirischen Distanz häufig mit ihnen sympathisiert. Ironische Reverenzen an H. James (z. B. *The Bella Lingua* oder *Another Story*) verweisen auf die Tradition der »novel of manners«, der dieser Typ Kurzgeschichte viel verdankt. Einfluß von J. O'Hara.

Pulitzer-Preis. Bestseller.

1978 John Irving:

aE The World According to Garp

R.

Neu-England. Die Lebensgeschichte des R.-Schriftstellers T. S. Garp (Schulzeit, Wien, Ehe mit Helen, Freundschaft mit Roberta Muldoon, schließlich Tod durch das Attentat einer Leserin), bes. seine literarische Karriere: 2 Rr., Blockierung beim Schreiben, Entwicklung einer persönlichen Weltanschauung (Titel). Grotesk-komische Szenen um Sex, Gewalt, Ringen und einen Bären. Bildungs-R. Witzig anekdotischer Stil. Einfluß von K. Vonnegut.

Großer populärer Erfolg. Übs. *Garp und wie er die Welt sah* von J. Abel (1982).

1978 Susan Sontag:

aE I, etcetera

8 Geschichten. Einzelnes in *The New Yorker, Partisan Review* u. a.

Zentrales Thema: Selbstverlust und Selbsterforschung. Vaterbindung und eine Reise nach China, der Freitod einer Freundin, das sexuelle Erwachen einer Hausfrau, Gespräche beim Psychiater, Doppelgänger-Begegnungen oder eine Europa-Reise sind die Anlässe. Experimentelle Erzählformen von Parabel, Katalog bis zu geschlechtsneutralen Erzählerrollen bei skeptischer Auflösung von Hdlg. oder Sprache (*Unguided Tours, Debriefing*).

Übs. *Ich, etc.* von M. Frisch und H. M. Ledig-Rowohlt (1979).

1978 Iris Murdoch:

eE The Sea, the Sea

R.

Wales, Gegenwart. Der Theaterregisseur Charles Arrowby zieht sich als Pensionär in ein Haus an der See zurück, doch die erhoffte Beschaulichkeit wird durch Wiederbegegnungen gestört, bes. mit der verheirateten Jugendliebe Hartley, die er erneut vergeblich umwirbt. Ch. macht einen Lernprozeß durch, der ihn den »Zauber« der Menschenmanipulation und des Selbstbetrugs widerrufen läßt.

Typisch bleibt für Murdoch die Bevorzugung der Liebesgeschichte mit philosophischem Anspruch (spirituelle neben erotischer Neigung, Erkenntnis- und Existenzprobleme, moralische Konflikte) um Intellektuelle und Künstler der kritisch beleuchteten zeitgenössischen engl. Gesellschaft sowie die Verbindung von Ernst und Komik, Realismus (Alltagsdetails, Anleihen beim *thriller*) und Symbolik (Ambivalenz des P. Valéry entliehenen Titels, Analogien zu W. Shakespeares *The Tempest*). Ich-Erzählung des selbstkritischen Memoirenschreibers Ch. (Problem von Kunst und Leben).

Booker-Preis. Übs. *Das Meer, das Meer* von M. Hervás und K. Stromberg (1981).

1978 Ian McEwan:

eE In Between the Sheets

7 Kurzgeschichten.

Die Titelgeschichte beschreibt die Situation eines Mannes, der von seiner fremdgehenden Frau wegen der vertanen Zeit »im Bett« verachtet wird, zw. sexuellen Träumen und der (eingebildeten?) Entdeckung einer lesbischen Beziehung seiner pubertären Tochter. Andere Geschichten präsentieren den Racheakt zweier Frauen, die den Mann, von dem sie beide geschlechtskrank wurden, kastrieren *(Pornography)*; die widernatürliche Beziehung zw. einer erfolglosen Romanautorin und ihrem redegewandten Affen *(Reflections of a Kept Ape)*; die Begegnungen eines lethargischen Engländers mit einer masochistischen Feministin, einem liberalen Narzißten und einem für »God, Guts, Guns« eintretenden Patrioten in Los Angeles *(Psychopolis)*.
McEwans Geschichten behandeln durchweg sexuelle Perversionen und andere Abnormitäten im Kontext von Alltagssituationen mit grotesk-komischer Konsequenz (Haupteffekt: das »Umkippen des Komischen ins Widerliche«). Spannungsvolle Verbindung von ungeheuerlichem Sujet und sachlich-präziser Beschreibung, realistischem Szenenentwurf und phantastischer Perspektive. Satirische und parodistische Züge.

1978 Charles Tomlinson:

eL Selected Poems 1951–1974

Auswahl von Gedichten aus 8 früheren Slgg. sowie Übss. von F. Tjutschew, A. Machado und C. Vallejo.

Wiederkehrende Themen sind die Wechselbezüge von Mensch und Umwelt, Sehen und Denken; Kunst, Musik und Literatur; Geschichtlichkeit und Transzendenz. Der Bogen spannt sich von den kunstvollen Beschreibungen und programmatischen Kontemplationen in *The Necklace* (1955) und *Seeing is Believing* (1960) über Reisebilder in *A Peopled Landscape* (1963) und *American Scenes* (1966) zu neueren Slgg. wie *The Way of a World* (1969) und *Written on Water* (1972), die dialektisch die eigene Position reflektieren und zu entgrenzen trachten. Tomlinson vertritt eine »phänomenologische Dichtung« im Bemühen um die wirksame Vermittlung von Realitätseindrücken mit Hilfe symbolistischer Techniken (Synästhesien, Einblendungseffekte, Klangmalerei). Das Formenrepertoire reicht von regelmäßigen, reimlosen Strophen bis zum Prosagedicht. Einflüsse: französischer Symbolismus, M. Moore, W. Stevens.

Übs. *Ausgewählte Gedichte* von J. Utz (1982). *Collected Poems* (1985), erweiterte Ausg. (1987).

1978 Louis Zukofsky:

aL »A«

24 Teile. Entst. seit 1928.

1.–12. (→»A 1–12«, 1959) Die Grundlagen dieser eigenwilligen Autobiogr. sind Shakespeare und Bach als Modelle einer Poesie zw. Sprache und Musik, Marx und Spinoza als die eines materialistischen Weltverständnisses. Kontrapunktik in Musik und Literatur (Gegen- und Neben-Hdlg. bei Shakespeare) entsprechen sich wie Dialektik in Geschichte und Philosophie. 13.–24. Wechsel zw. Musik und Sprache: von Partita (13) über Coronal (17) bis hin zur 5aktigen Kom. *Rudens* nach Plautus (23) und einem mehrstimmigen kontrapunktischen Maskenspiel (24). Das Ganze zugleich Biographie der Familie (Frau Celia, Sohn Paul) und kritisches Zeitbild der am. Gesellschaft von 1928 bis 1974: Große Depression, Faschismus und Nationalsozialismus, Korea- und Vietnam-Krieg, Ermordung von J. F. Kennedy u. a. Dialektik und Kontrapunktik bis in Laut, Vers, Sprachregister und komplexe Bedeutungsspiele. Zitate, Elliptik und Leitmotive (z. B. »horse«). Zugleich ein kritisches Gegenstück zu E. Pounds →*The Cantos* (1964) und deren z. T. offen faschistische und antisemitische Züge. Einfluß von W. C. Williams und den Objektivisten.

1979 Caryl Churchill:

eD Cloud Nine

Dr., 2, Auff. 14. 2. durch Joint Stock Company am Dartington College of Arts. Entst. aufgrund eines Workshop mit der Truppe über »Sexual Politics«.

I. Kolonial-Afrika, späteres 19. Jh. Während Unruhen der Eingeborenen von den Briten niedergeschlagen werden, kommt es im Haus des Verwaltungsbeamten Clive zu einer Reihe sexueller Verirrungen: C.s Ehebruch mit einer Nachbarin, Päderastie des Entdeckers Harry mit C.s Sohn Edward und dem angepaßten schwarzen Diener, lesbische Neigung der Gouvernante zu C.s Frau Betty. II. London, Gegenwart. E., dessen Schwester Victoria und beider Mutter B. (jeweils 25 Jahre älter) beginnen sich freier zu entwickeln: V. und B. machen sich gegenüber ihren Männern selbständig, E. verbindet sich nach einer homosexuellen Partnerschaft mit einer lesbischen Frau und deren Kind.
Bloßstellung des Zusammenhangs von kolonialer und sexueller Unterdrückung, viktorianischer Doppelmoral, männlicher/weiblicher Rollenfixierung und Andeutung eines Emanzipationsprozesses, der von den unterdrückten Gruppen in Gang gesetzt wird (vgl. optimistischen Titel-Song). Bes. Theatereffekt des Einsatzes eines Schauspielers/einer Schau-

spielerin für B. in I/II und des umgekehrten Wechsels bei E., Darstellung des Schwarzen durch weißen Schauspieler usw. Übergang von strenger zu lockerer Struktur und hist. Wandel der Sprechweisen im Aktwechsel.

Rev. Ausg. (1983).

1979 Nadine Gordimer:

E Burger's Daughter

R., 3.

I. Johannesburg, 1962–75. Die Krankengymnastin Rosa Burger hat beide Eltern verloren, die wegen kommunistischer Umtriebe ins Gefängnis kamen und dort gestorben sind. R. versucht sich von der polit. Vergangenheit der Familie zu lösen, um etwas privates Glück zu erlangen, wird aber erneut involviert. II. Sie kann sich nach Europa absetzen, erlebt die heitere Atmosphäre der Riviera und die Liebesbeziehung zu dem liberalen Lehrer Bernard. Doch die Londoner Wiederbegegnung mit dem schwarzen Adoptiv-Bruder Baasie, der zum verbitterten Vertreter eines rassischen Separatismus – auch gegenüber weißen Klassenkämpfern – geworden ist, macht ihr endgültig klar, daß sie sich ihrer Verantwortung gegenüber Südafrika nicht entziehen kann. III. Nach der Rückkehr arbeitet sie aus Mitgefühl und ohne Parteiideologie wieder in ihrem Beruf und betreut verkrüppelte Kinder der Soweto-Unruhen (1976). Bei einer weiteren Verhaftungswelle kommt sie wegen ihrer Kontakte zu Schwarzen ins Gefängnis.
Subtile sozialpsychologische Studie einer sensiblen Frau, die als »Tochter ihres Vaters« (Leitmotiv) im Apartheid-Staat keinen Spielraum zur Persönlichkeitsentfaltung findet, in der gewonnenen Distanz diese Rolle aber freiwillig übernimmt. Die Entscheidung für die humane Solidarität mit den Apartheidsopfern und die Konsequenz eigenen Leids beruht auf einem Bewußtwerdungsprozeß in der Begegnung mit diversen Orientierungsfiguren und im Rückblick auf die Geschichte des Landes. Trotz dramatischer Umstände Vorherrschen der inneren Hdlg. Wechsel zw. R.s Ich-Erzählung (mit verschiedenen Ansprechpartnern) und meist neutraler Erzählung in der 3. Person. Verbindung von Realismus (Milieuwiedergabe, Sprechweisen) und Symbolik (Namen, Rahmenmotiv des Gefängnisses, Schlüsselszene des Schwarzen mit Eselskarren). Tendenz zur paradoxen Formulierung für die Widersprüche des Landes.

Das Buch wurde zunächst von der Zensur verboten, dann aber zur Veröffentlichung freigegeben. Übs. *Burgers Tochter* von M. Carroux (1981).

1979 Seamus Heaney:

eL Field Work

26 Gedichte und eine Sonettsequenz.

Der mehrdeutige Titel (Feldarbeit, -forschung, -befestigung) bringt die »Verwicklung der Imagination mit der Landschaft« zum Ausdruck. Zen-

traler Bezug ist meist die ländliche Umwelt Irlands (der Norden der Kindheit, die Wicklower Zuflucht der Gegenwart, Bauern und Fischer), der engere Familien- und Freundeskreis, der Hintergrund der ir. Unruhen, einschließlich der hist. Dimension. Durch räumlich-zeitliche Weitungen wird die Szene z.T. bis ins Kosmische und Prähistorische einer kargen Elementarlandschaft entgrenzt. Zugleich wird das eigene Sprechen und Dichten in Boden-Metaphern (Pflügen, Ausgrabung) als vielschichtiger Erkundungsprozeß versinnbildlicht. Elegien *(Casualty, In Memoriam Francis Ledwidge)*, komplexe mehrteilige Gedichte *(Triptych, Glanmore Sonnets,* Titelgedicht) und Gedichte mit Tier- oder Jahreszeit-Motiven *(The Badgers, Harvest Bow)* herrschen vor.
Klangvolle, vieldeutig verdichtete Texte wechseln mit einfacheren Texten in verhalten kolloquialen Sprechweisen. Freiverse in ausgeprägter Strophik (z.B. Bildeinheit). Prägnante visuelle Details, elliptisch bis dunkle Passagen, subtile nicht-ironische Relativierungen. Vorliebe für Komposita und rhythmische Wortwiederholungen. Einflüsse: G.M. Hopkins, W.B. Yeats, Ted Hughes. Heaney führt die in *North* (1975) begonnene Suche nach einer der eigenen Region angemessenen archaischen Symbolik fort.

Selected Poems: 1965–1975 (1980). Übs. *Ausgewählte Gedichte* von H. Beesel (1984).

1979 Craig Raine:

eL A Martian Sends a Postcard Home

24 Gedichte.

Das Titelgedicht entwirft aus der Sicht eines Marsmenschen Eindrücke von ganz alltäglichen Vorgängen auf der Erde. Auch in anderen Gedichten versucht Raine, allgemein menschliche Erfahrungen (Liebe, Tod, Hoffnung, Verzweiflung) in Verbindung mit gewöhnlichen Orten und Gegenständen, oft unter Verarbeitung autobiogr. Materials, durch Verfremdungseffekte zu umschreiben: absonderliche Perspektiven, verblüffende Metaphern und bizarre Vergleiche, irritierende Kategorienwechsel, scheinlogische und sprachspielerische Assoziationen zeigen – oft auf witzige Weise – das Vertraute in überraschend neuem Licht (z.B. »time is tied to a wrist / or kept in a box«). Von den Metaphysicals, T. S. Eliot und J. Joyce beeinflußt, hat Raine seinerseits schulebildend gewirkt: weitere »Martians« sind Ch. Reid in England und →P. Muldoon in Irland.

1979 Norman Mailer:

aE The Executioner's Song

R.2. Entst. seit 1976 mit Hilfe anderer und anhand von Interviews nach einem Kriminalfall konzipiert.

Utah, 1975–1977. »Western Voices«. Gary Gilmore kommt auf Bewährung zu seinem Onkel, zieht mit einer jungen Frau zusammen und ermordet kurz darauf kaltblütig zwei Männer, um an Kleingeld zu kommen. Er wird zum Tode verurteilt. »Eastern Voices«. G. lehnt Revision und Begnadigung ab und besteht auf seiner Hinrichtung trotz des Engagements von Bürgerrechtsgruppen, Presse und des teilnehmenden Interesses einer breiten Öffentlichkeit. Er wird erschossen. Wie in Th. Dreisers →*An American Tragedy* (1925) wird der Kriminalfall zu einer vielstimmig arrangierten Dokumentierung (Zwischentitel) der am. Gesellschaft und ihrer Mitverantwortung für die drei Tode: G. ist Opfer und Täter zugleich. Von der Familie bis zur Presse, von der Schule bis zum Gefängnis werden die Gegensatzpaare von Liebe/Haß und Freundlichkeit/Grausamkeit an G. wie an seiner Umgebung thematisiert. Breite stilistische Orchestrierung (unter Benutzung der Dokumente) verschiedener Schreib- und Sprechweisen: Erzählende Passagen wechseln mit Briefen, Interviews, Zeitungsausschnitten, Gedichten, juristischen Dokumenten etc. Versuch, die naturalistische Erzähltradition zu erneuern.

Pulitzer-Preis. Übs. *Gnadenlos. Das Lied vom Henker* von E. Walker und L. Strassl (1979).

1979 Kurt Vonnegut:

aE Jailbird

R.

New York, 1977. Seine Freilassung aus dem Gefängnis, in das er wegen seiner Verwicklung in die Watergate-Affäre Präsident Nixons gekommen war, ermöglicht Walter F. Starbuck ein Überdenken seiner Vergangenheit: sein Engagement für den Arbeiteranwalt »Kenneth Whistler« (= Powers Hapgood) in den 30er Jahren, seine Liebe zu Ruth, Übersetzerin beim Nürnberger Prozeß 1946, sein erster Kontakt mit Nixon, seine Aussagen gegen ehemalige kommunistische Freunde während des Kalten Krieges usw. St. stößt in New York auf die kommunistische Jugendfreundin Kathleen O'Looney, die als Bettlerin verkleidet in Wirklichkeit eine der größten Firmen der USA kontrolliert. Bei ihrem Tod überläßt sie heimlich St. die Kontrolle, die ihn erneut ins Gefängnis bringt.
Sts. Doppelrolle als Verräter und Sündenbock für andere wird satirisch in einen polit. Zusammenhang gestellt, der von dem fiktiven Cuyahoga-Massaker (1894) an Arbeitern über den Sacco-Vanzetti-Justizmord (1927) bis hin zu Watergate (1974) reicht. Verrat in allen Spielarten wird zum beherrschenden Thema. Fragmentarische Erzählweise mit vielen Zeitsprüngen und Verweisen auf frühere Rr. von Vonnegut.

Übs. *Galgenvogel* von K. Hoffer (1980).

1979 Philip Roth:

aE The Ghost Writer

R., 4.

Der junge Schriftsteller Nathan Zuckerman besucht ein von ihm verehrtes Vorbild, Emanuel Isidore Lonoff, in den Berkshire-Bergen Neu-Eng-

lands, um dessen Förderung zu erlangen. Nach langen Gesprächen über jüdisch-am. Literatur dringt Z. unwillentlich in L.s Privatleben (zw. seiner eifersüchtigen Frau Hope und der Verehrerin Amy Bellette, die sich L. zuliebe für Anne Frank hält) ein und macht daraus Notizen für diesen R., der wiederum fatal einer Geschichte von H. James – *The Middle Years* – ähnelt, die Z. in L.s Schreibzimmer gefunden hat . . .
Realistischer Künstler-R., der seine eigenen Konventionen durch ständige Vermischung von Literatur und Leben in Frage stellt: Amy und Z. verhalten sich wie fiktive Figuren ihres verehrten Meisters L., dessen Werk ähnelt wieder verblüffend dem Isaac Babels und H. James' usw. Gleichzeitig eine ödipal strukturierte Auseinandersetzung mit der jüdisch-am. R.-Tradition. Ironisch-naiver Ich-Erzähler bei z. T. grotesker Situationskomik.

Fortsetzungen in *Zuckerman Unbound* (1981) und (als Trilogie) *Zuckerman Bound* (1985). Übs. *Der Ghostwriter* von W. Peterich u. a. (1986).

1979 John Barth:

a E Letters

R., 7 Teile mit 88 Briefen.

Maryland, März-Sept. 1969. Der Autor John Barth korrespondiert mit Lady Amherst und fünf R.-Figuren aus seinen früheren Werken, um sie zur Mitarbeit an seinem neuen R. zu bewegen. A. beichtet ihm eine literarische Liebschaft mit Ambrose Mensch, der sich durch Wiederholung von einer früheren 7stufigen Beziehung befreien will . . .
Der Titel verweist in seiner Dreideutigkeit auf Thema und Bauprinzip des R.s: Briefe/Buchstaben/Literatur. Der Brief-R. wiederholt in seinen 7 Teilen die 7 Buchstaben des Titels, in den 88 Briefen die 88 Buchstaben des langen Untertitels: »An old epistolary novel by seven fictitious drolls & dreamers each of which imagines himself factual«. Das Spiel mit Realität und Fiktion in mehrfacher Schachtelung (Fiktion in der Fiktion), als Wiederholung von Leben in Literatur, von Literatur in Literatur und gleichzeitig als Befreiung von der Literatur in der Liebe. Zentral wie bereits bes. in →*Chimera* (1972) das Bild des Zyklus in der Wiederholung und Wiederverwendung (»re-cycling«). Virtuos in Erzählweise und Stilwechsel. Einfluß des französischen Poststrukturalismus und von Textverarbeitungsprogrammen moderner Computer.

1979–83 Doris Lessing:

e E Canopus in Argos: Archives

Folge von 5 Rr.

Die Serie vom Typ der philosophischen Science Fiction schildert die jahrtausendelange Evolution des Lebens auf der Erde und die Degeneration der menschlichen Gesellschaften aus verfremdenden Weltraum-Perspek-

tiven. *Re: Colonized Planet 5: Shikasta* (1979) entwirft die Zukunftsaussichten eines von Katastrophen heimgesuchten Planeten (Völkermord, Hungersnot, Umweltzerstörung) aus der Sicht eines Sachverständigen des moralisch überlegenen Planetenreichs Canopus für die Angelegenheiten der Erd-Kolonie (Shikasta). *The Marriages Between Zones Three, Four and Five* (1980) demonstriert in Legendenform den dialektischen Gegensatz zw. einem Sensualität und Intuition kultivierenden Matriarchat und einem martialisch, hierarchisch geprägten Patriarchat. *The Sirian Experiments* (1981) betrachtet die Menschheitsgeschichte aus der bornierten Sicht des technologisch ausgerichteten Kolonialreichs Sirius. *The Making of the Representative for Planet 8* (1982) zeigt den Überlebenskampf eines sterbenden Planeten, der Repräsentanten eines alle verbindenden Bewußtseins braucht. *Documents Relating to the Sentimental Agents in the Volyen Empire* (1983) bildet den Abschluß der Reihe.
Lessing projiziert ihr Thema von der desintegrativen, destruktiven Tendenz des Menschen und der Notwendigkeit eines ganzheitlichen, schöpferischen Kollektivbewußtseins in universale Dimensionen. Die Kosmologie vom Kampf zw. Gut (Canopus als Utopie) und Böse (der parasitäre Planet Shamat) dient der moralischen Durchleuchtung von Kolonialismus, Sexismus, Industrialismus usw. und deren Verfestigung im Gruppen- bzw. Massenbewußtsein. Eigenwillige Verarbeitung christlich-abendländischer Mythentradition (Bibel, C. G. Jung) und mystischer Vorstellungen östlicher Überlieferung (Sufismus).

Opern nach dem 2. R. von P. Barker (1985) und nach dem 4. R. von Ph. Glass (1988). Gesamt-Übs. *Canopus im Argos* von M. Ohl, H. Sartorius und H. Pfetsch (1987).

1980 Sam Shepard:

aD True West

Dr., 2, Auff. 10. 7. Magic Theatre, San Francisco.

Vorort, östlich von Los Angeles an der Grenze zur Wüste. I. Die Brüder Austin und Lee quartieren sich im Hause ihrer abwesenden Mutter ein: A., um fern seiner Familie ein Filmskript zu schreiben, L., um seinem einsamen Leben in der Wüste zu entgehen. L. versucht, A. zu beherrschen und mit ihm zu konkurrieren. II. L. erreicht, daß seine Idee eines »wahren Westerns« statt A.s Skript angenommen wird, und zwingt A., das neue Skript zu schreiben. Als die Mutter zurückkommt, findet sie das Haus verwahrlost und ihre Söhne im offenen Streit: A. will in die Wüste gehen, L. will ihn nicht mitnehmen.
Shepard spielt ironisch mit der alten Grundstruktur des Westerns von der Grenze zw. Zivilisation (A.) und Wildheit (L.), zw. Stadt und Wüste, wobei die klassische Ambivalenz des Westerns im allmählichen Rollentausch der beiden Brüder zum Ausdruck kommt: L. wird zivilisierter, A. wilder, beide gehören unauflöslich zusammen. Rituell absurde Dialogspiele mit hintergründiger Bedrohung durch Gewalt. Einfluß von H. Pinter.

1980 Brian Friel:

eD Translations

Dr., 3, Auff. 23. 9. durch die Field Day Theatre Company (von Friel mitbegründet) in der Guildhall, Derry, Nordirland.

I. »Ballybeg«, Irland, 1833. In der behelfsmäßigen »Heckenschule« des trinkfreudigen Hugh lernen die Dorfbewohner neben Grundkenntnissen auch klassische Sprachen. Die tüchtige Maire will Englisch lernen, da sie auf H.s Sohn Manus nicht länger warten und nach Amerika auswandern möchte. H.s Sohn Owen kehrt nach Jahren in Dublin als Dolmetscher der britischen Armee zurück, die das Land neu vermißt und die ir. durch engl. Ortsnamen ersetzt, nicht ohne den Widerstand der ir. sprechenden Ansässigen. II. Anders als der engl. Offizier Lancey fühlt sich der Rekrut Yolland von Land und Leuten angezogen. Er und Maire verlieben sich trotz der Sprachschwierigkeiten. III. Manus, der eifersüchtig das Paar aufgestöbert hat, verschwindet. Der vermißte Y. (Rebellenopfer?) wird unter Androhung massiver Vergeltungsschläge gegen die Bevölkerung von der Armee gesucht, deren Lager in Flammen aufgeht.
Friel exemplifiziert den Konflikt zw. engl. Repression und ir. Eigenständigkeitswillen am hist. Fall der Verdrängung der einheimischen Sprache durch Anglisierungsmaßnahmen, die nach der Einbeziehung Irlands in das Vereinigte Königreich (1800) eingeleitet wurden. Demonstration des prekären Zusammenhangs von Sprache (Denken, Kulturtradition) und Politik (Beherrschung, Manipulation). Differenzierte Gegenüberstellung ir./engl. Typen: H. als verbaler Patriot, O. als ambivalenter Vermittler, Kontrast Y./Lancey. Problematisierung der Kommunikationsmöglichkeiten. Tr. um Kulturimperialismus und provinziellen Widerstand; Annäherungsansätze einzelner (Liebespaar), doch Eskalation beidseitiger Gewalt, bis in die Gegenwart symptomatisch.

Buchausg. 1981.

1980 William Golding:

eE Rites of Passage

R.

Auf einer Schiffsreise von England nach Australien im frühen 19. Jh. macht der junge Aristokrat Edmund Talbot, ein Mann von Welt, in der Begegnung mit Passagieren und Besatzung eine Reihe von Erfahrungen, in deren Mittelpunkt der glaubensstarke, aber weltfremde Pfarrer Colley rückt. Mit seinen Bekehrungsversuchen fordert dieser den Spott der Mannschaft heraus: er wird das Opfer einer Äquatortaufe, deren Schockwirkung er mit Alkohol bekämpft, was den Enthemmten zur *fellatio* mit einem Matrosen verleitet. Die verstörende Scham über die zum Vorschein gekommene Homosexualität und das Bewußtsein seiner abgründigen Sündhaftigkeit treiben C. in den Tod.
Zentral der Erfahrungsprozeß T.s, der C. nicht ernst nimmt und erst am

Schluß dessen Menschlichkeit zw. Glaubensstärke und Triebverstrickung erkennt, ohne daraus für sich selbst und seine Weltanschauung Konsequenzen zu ziehen (vgl. Titelsymbolik des Initiationsritus; das Schiff als mikrokosmischer Weltausschnitt). Golding entwickelt hier sein wiederkehrendes Thema der existentiell-moralischen Orientierung des Menschen gegenüber der Transzendenz. Tagebuchform der detailrealistischen Ich-Erzählung T.s, die mit eingefügten Aufzeichnungen C.s kontrastiert. Parodistische Nachzeichnung zeittypischer Schreibweisen. Begrenztheit von T.s Sicht als subtil zur Ergänzung auffordernde indirekte Darstellungsform.

1. Teil einer Trilogie mit den Folgebänden *Close Quarters* (1987) und *Fire Down Below* (1989), die T.s Schiffsreise fortsetzen. Übs. *Äquatortaufe* von H. Schlüter (1983).

1980 **Anthony Burgess:**

eE **Earthly Powers**

R.

Der engl. Autor Kenneth Toomey aus katholisch-provinziellem Zuhause wird aufgrund seiner Homosexualität zum Außenseiter der Londoner Gesellschaft. Eine skandalöse Affäre vertreibt ihn während des 1. Weltkrieges ans Mittelmeer, wo er die italienischen Brüder Domenico (Komponist) und Carlo Campanati (Priester) kennenlernt. In den 20er Jahren ist T. in Paris. Er bereist Malakka (Ost-West-Gegensätze) und kommt über Australien in die USA (Broadway, Hollywood). Er erlebt Berlin und Österreich während der Nazizeit (scheiternde Fluchthilfe). Der am. Schwarze Ralph wird sein Liebhaber und Sekretär. Als Prominenter der Nachkriegszeit lebt T. in Tanger. C. wird Papst, stirbt aber kurz darauf. T. übersiedelt mit R.s Nachfolger nach Malta (Rahmenhdlg.). Seinen Lebensabend verbringt er im Südengland der Gegenwart.
Die fiktive Autobiogr. vermittelt das Selbstporträt eines Künstlers aus der Retrospektive des alten Mannes: durchgängige Bezüge zu Leben und Werk (z. T. in Auszügen und Paraphrasen) mit selbstironischer Kommentierung der Mittelmäßigkeit und des Publikumserfolgs, Einbeziehung einer Vielzahl zeitgenössischer Autoren in Auftritten (J. Joyce, W. Lewis), Anspielungen (H. James, S. Maugham), verschlüsselten Porträts (»Dawn Wignall« = J. Betjeman), fiktive Lebens- und Werkbeschreibung (»Jakob Strehler«). Episches Zeitgemälde des 20. Jh.s mit der Evokation rasch wechselnder internationaler Schauplätze und Dekaden-Atmosphäre. Wiederkehrende Problematisierung einer von Gut und Böse geprägten Welt, der Gegensätze zw. Außenseitertum und Konformismus, des Wechsels liberaler und autoritärer Systeme und des Wertewandels, entwickelt in der Auseinandersetzung mit den Vertretern der »irdischen Mächte« (Titel) in Politik, Kirche und Kultur. Verbindung von ernsthafter Erörterung (Gespräche mit C.) und übermütigem Humor (Gesellschaftssatire). Virtuose Parodie (Sprach- und Literaturmoden). Spiel mit diversen Fiktionalisierungsgraden innerhalb der realistischen Erzähltradition.

Übs. *Der Fürst der Phantasie* von W. Krege (1984).

1980 Roy Fisher:

eL Poems 1955–1980

93 Gedichte.

Slg. von frühen objektivistischen Gedichten wie der Gedichtsequenz *City* (1961) über experimentelle Texte, die teils als »Übungen des Verwandelns« eine Ausgangsidee schrittweise auf etwas Neues hin modifizieren *(Metamorphoses)* oder eine Slg. von Zeitungsausschnitten zu einer »narrativen Collage« montieren *(Stopped Frames and Set Pieces)*, zu den ironisch knappen Texten der 70er Jahre, die die Sprachspiele wieder in beschreibende oder erzählende Zusammenhänge bringen *(The Trace, Diversions)*. Weiter imitierende Verarbeitung anderer Texte *(Paraphrases, Five Pilgrims in the Prologue to the Canterbury Tales)* und an andere Lyriker gerichtete Texte. Reimloser Freivers, oft in Paaren angeordnet. Auch einzelne Prosagedichte. Konkrete am Gegenstand orientierte Sprache.

Erweiterte Ausg. *Poems 1955–1987* (1988).

1980 Tom Phillips:

e A Humument

A Treated Victorian Novel

Graphisch bearbeiteter Text. Entst. 1966–70. Einzeln erschienen 1970–73.

Experimenteller Text, der den trivialen viktorianischen R. *A Human Document* (1892) von W. H. Mallock als materielle Vorlage für Zerlegung, Übermalung, Collage usw. wählt. Die Übertragung modernistischer Techniken aus der darstellenden Kunst auf den R.-Text ergibt reizvolle sprachliche und nichtsprachliche Bedeutungsvarianten, die Autor und Leser neu für sich erstellen. Vielfältige Bearbeitungsformen nach meist stochastischen Verfahren (Zufallsprinzip).

Phillips hat den Text auch zu Gemälden, einem Ballett und einer experimentellen Oper (*Irma,* 1973) verarbeitet. Rev. Ausg. (1987) mit völliger Neufassung eines Siebtels des Buchs. Weitere Ausgg. sollen die Aktualisierung fortsetzen, bis das gesamte Buch erneuert ist.

1980 John K. Toole:

aE A Confederacy of Dunces

R., 13. Zu Lebzeiten unveröffentlicht, entst. vor 1969.

New Orleans. Der katholische Ignatius J. Reilly, der die Reformation für den Beginn der modernen Dekadenz der Welt hält, macht sich auf Drängen seiner Mutter Irene auf Arbeitssuche. Nach einer kurzen Anstellung bei Levy Pants verdient er sich sein Geld als Würstchenverkäufer in den Straßen von New Orleans, wo er gegen Sünde, Homosexuelle und moderne Kunst wettert. Seine Verwicklung in einen Pornographie-Ring führt zum Bruch mit der Mutter. R. flieht mit einer radikalen Freundin nach New York.

Groteske Komödie mit satirischen Zügen um den donquichottischen Idealisten Ignatius und die »konföderierten Dummköpfe« des Südens, die ihn in ihre Machenschaften verstricken: die Mutter und der anti-kommunistische Claude Robichaux, der tölpelhafte Polizist Angelo Mancuso, Roberta A. Lee, Barbesitzerin und Pornoproduzentin, das Unternehmerehepaar Levy usw. Einfluß von J. Purdy.

Pulitzer-Preis. Übs. *Ignaz oder die Verschwörung der Idioten* von P. Marginter (1982).

1980 Eudora Welty:

aE Collected Stories

41 Kurzgeschichten.

Die Slg. vereint die früheren Bände *A Curtain of Green and Other Stories* (1941), *The Wide Net and Other Stories* (1943), *The Golden Apples* (1949), *The Bride of the Innisfallen and Other Stories* (1955) und 2 ungesammelte Geschichten. Weltys Entwicklung von eher satirisch-grotesken Erzählweisen *(Petrified Man, A Visit of Charity)* über mythologisch-allegorische Reisen und Tableaus um den Natchez Trace, einen alten Indianerpfad *(A Worn Path, A Still Moment),* oder Gespenstergeschichten *(The Purple Hat)* zu den zusammenhängenden, vermischt mythologisch-realistischen Erzählungen in *The Golden Apples* um diverse Familien durch mehrere Generationen im fiktiven »Morgana«, Miss., die deutlich den Einfluß von W. Faulkner zeigen. Zentrales Thema bleiben der Süden, die Liebe und der Tod. Hauptfiguren sind alte vereinsamte Menschen, meist Frauen, dem Tode nahe und ihren Erinnerungen und Phantasien verhaftet. Psychologischer Realismus in Dialogen und Erzählweisen und symbolisch indirekte Darstellungsweise wechseln einander ab.

Teilübss. Einzelnes in *Ein Wohltätigkeitsbesuch* von S. Schaup (1983) und *Der purpurrote Hut* von K. Hutten (1986).

1980 Marge Piercy:

aE Braided Lives

R.

Ann Arbor, 1953–57. An Studium, Männerbeziehungen und polit. Aktivitäten von Donna und Jill Stuart (Erzählerin), deren Biographien miteinander verflochten werden, zeichnet der R. die Situation von 2 Frauen während des Kalten Krieges: Schwierigkeiten der individuellen Emanzipation, zugleich weibliche Solidarität gegen eine von Männern beherrschte Gesellschaft (Vergewaltigung, Abtreibung, Ehe, Schriftstellerei). D. stirbt verheiratet an einem Abtreibungsversuch, J. wird Dichterin. Autobiogr. Züge. Realistisch-sozialkritische Schreibweise.

1980 **Studs Terkel:**

a **American Dreams**

Lost and Found

100 Interviewtexte, 2. Aufgenommen zw. 1963 und 1980.

Terkel interviewt Bürger aus fast allen Teilen und Gruppen der USA zum »Amerikanischen Traum« und ihren Erfahrungen damit. Soziale Mobilität, die Hoffnungen der Einwanderer, ländliche und städtische Varianten des Traums, öffentliche und private, sowie die Hoffnungen der jungen Generation kommen zur Sprache. Weniger Wahrheitsfindung, Konsens oder statistische Repräsentivität sind beabsichtigt als eine kollektive musikalische Improvisation über ein zentrales Thema der Mythologie und Ideologie in den USA, das sich von den agrarischen Siedlerträumen von dem Garten Eden oder der Stadt in der Wildnis im 17. Jh. zu den eher industriellen Varianten des individuellen Aufstiegs vom Angestellten zum Unternehmer des 19. Jh.s entwickelt. Diese Varianten werden bei Terkels Informanten um neuere Vorstellungen von individueller Selbstverwirklichung durch Konsum (20. Jh.) ergänzt. Das Verfahren einer mündlichen Geschichtsbewältigung des Alltags im Kollektiv (»oral history«) wird von Terkel auch in anderen Büchern dieser Art verfolgt, von *Division Street: America* (1966) mit Bewohnern einer Chicagoer Straße bis zu *The Great Divide:* America in the Eighties (1988) mit Betroffenen der Reagan-Ära jeweils als Zeitzeugen.

Übs. *Amerikanische Träume* von A. Hamburger und W. Heuss (1981).

1981 **Harold Pinter:**

eD **Family Voices**

Hörspiel. Erstsendung 21. 1. B.B.C., London.

Die monologischen Stimmen eines jungen Mannes und seiner Mutter beschäftigen sich miteinander: der Sohn erzählt – erst selbstrechtfertigend, dann zunehmend verunsichert – vom Leben in der Stadt bei der neuen »Familie« der Vermieter, während die verlassene Mutter von wehmütigen Erinnerungen zu bitteren Anklagen übergeht. Schließlich meldet sich die Stimme des verstorbenen Vaters zu Wort, der beiden viel zu sagen hat, ohne es je zum Ausdruck bringen zu können.
Typisches Verfahren der graduellen Andeutung von Heim und Familie bedrohenden Konflikten, Ängsten und Verirrungen in einer mitteilungsarmen, doch enthüllenden Sprache, die im Medium des Hörfunks bes. konzentriert zur Geltung kommt (Doppeldeutigkeiten, Umschreibungen, Klischeeparodie, Verschweigen, Tonlagenwechsel usw.).

Übs. *Familienstimmen* von H. M. Ledig-Rowohlt (1982).

1981 Salman Rushdie:

E Midnight's Children

R, 3.

I. Der europäisierte Arzt Aziz heiratet 1915 in Kaschmir die streng muslimische Naseem und läßt sich in Agra nieder. Die Tochter Amina geht als Frau des Maklers Ahmed Sinai nach Bombay, wo sie in der Stunde 0 der Unabhängigkeit (15. 8. 47) Saleem gebiert (= unehelicher Mischling einer Straßenunterhaltersfrau und eines heimkehrenden Briten, mit dem tatsächlichen Sohn Shiva vertauscht). S. wird als Erstgeborener der Neuen Nation gefeiert. II. S. wächst als häßlicher Knabe mit der Wundergabe auf, telepathisch landesweit Stimmen empfangen zu können, zumal die der anderen »Mitternachtskinder«, die er in einer Konferenzschaltung die Zukunft Indiens debattieren läßt. Wiederholt ist sein Privatleben mit öffentlichen Ereignissen verwickelt: regionaler Amtssprachenstreit, Putsch in Karatschi, Verlust der Familie und des Gedächtnisses im Indisch-Pakistanischen Krieg (1963). III. Im pakistanischen Bürgerkrieg gerät S. als Nasen-Wunder eines Spürhundetrupps in den atavistischen Traumwald der Sundarbans, wo er wieder zu sich kommt. In Dacca schließt er sich einer kommunistischen Gauklergruppe an, die nach Delhi zurückkehrt. Er heiratet die von Shiva geschwängerte Parvati-the-Witch, die den Sohn Aadam gebiert. Mit dem von Indira Gandhi 1975 verhängten Notstand fallen die Gaukler der Slumsanierung und S. der Zwangssterilisation zum Opfer. Wieder in Bombay, lebt er mit der Fabrikarbeiterin Padma zusammen, verfaßt – dem Ende nahe – seine Lebensgeschichte und trägt sie ihr vor.

Anhand der Familienchronik und Lebensgeschichte gibt Rushdie ein prall realistisches wie fabulös phantastisches Panorama des Subkontinents vor und nach der Unabhängigkeit. Titelmotiv als Zentralsymbol: die neue Generation der Vielvölker-Demokratie kann in der konfliktreichen Heterogenität der Sprachen, Religionen, Rassen, Klassen usw. den Traum von der nationalen Erneuerung nicht erfüllen. Im Maße der Fehlentwicklung Pakistans und später Indiens Zunahme grotesk-apokalyptischer Züge. S. vertritt gegen Shiva (Inbegriff der Ambivalenz von Prokreation und Destruktion) das Prinzip der Überwindung von Gegensätzen. Bunte Vielfalt eigenwilliger Typen und komischer Situationen in den unterschiedlichsten, wenngleich vorwiegend städtischen Milieus. Durchgängige Satire (z. B. Motivik des Sehens/Gesehenwerdens im »purdah«-Kodex, Pakistans Selbstverständnis als »Land der Reinen«). Parodistische Tendenzen (Inversion der Scheherazade im Rahmengeschehen, Wechselbalg-Effekt der populären Bombay Movies bzw. Doppelgängermotiv der R.-Tradition). Spiel mit der Divergenz engl. und indischer Realitätsauffassung und entsprechende Erzählweise. Ironische Korrespondenzenobsession. Selbstreflexive Ich-Erzählung S.s im Wettlauf mit dem eigenen Verfall. Virtuose Sprache: Nachzeichnung bes. Sprechweisen, Evokation atmosphärischer Momente, sprachspielerische Pointen usw. Einflüsse der engl. Satire von J. Swift bis Ch. Dickens wie der indischen Tradition mündlicher Volkserzähler. In der spezifischen Kombination von aktueller Wirklichkeitsnähe und durch das Indien-Thema motivierter Phantastik Nähe zur Richtung des »magischen Realismus«.

Booker-Preis. *Shame* (1983) ist ein Pakistan-R., der die Satire auf zeitgenössische Politiker mit einer schaurig gesteigerten Phantastik ins Zentrum rückt. Übs. *Mitternachtskinder* von K. Graf (1983). Rushdies Fernsehfilm *The Enigma of Midnight* (London, 1988) dokumentiert das Indien 40 Jahre nach der Unabhängigkeit.

1981 Martin Amis:

eE Other People

A Mystery Story

R., 3.

I. London, Gegenwart. Eine Frau mit Gedächtnisverlust kommt aus dem Krankenhaus und muß sich völlig neu orientieren. Als »Mary« schließt sie sich einer Alkoholikerin an. II. In deren zerrütteter Arbeiterfamilie wird M. Zeuge eines brutalen Raubüberfalls. Der Polizist Prince nimmt sich ihrer an. Sie lebt in einem Heim, bei Hausbesetzern und in einer Wohngemeinschaft, hat Versagertypen als Liebhaber und stößt auf der Suche nach ihrer Vergangenheit auf die in ein mysteriöses Gewaltverbrechen mit Mr. Wrong verwickelte Amy Hide aus gutbürgerlichem Zuhause, der sie zunehmend gleicht. III. Als verjüngte »Amy« lebt sie mit P. in einer Vorstadtidylle, die durch das Auftauchen von W. gestört wird. Konfrontiert mit W., kehrt A. in ihre Kindheit zurück. Im Epilog tritt der bislang nur kommentierende Erzähler in die Geschichte ein und lauert wie P. der Heldin auf.
Im Rahmen einer Detektivgeschichte präsentiert Amis eine mysterienartige Erzählung (Doppelsinn von »mystery«) über das heutige Leben zw. Angst und Wahnsinn in einer von Gier, Gewalt, Perversion, Verzweiflung und Flucht gekennzeichneten Welt. Identitätsproblem anhand des Doppelgängermotivs und des Leitmotivs der Anpassung an die »anderen«. Anamnese als Symptom der Zeit. Andeutung der zwangsläufigen Regression von M.s Unschuld zu A.s verdorbenem Leben. Verwischung von Realität und Traum. Verfremdungseffekte: M.s Erkundungsprozeß, der von Alltagsbeobachtungen bis zu weltanschaulichen Zusammenhängen (Geld und Zeit) reicht und den Gegebenheiten der Umwelt frappierende Aspekte abgewinnt. Stilistisch Vorliebe für parodistische Züge, pointenreiche Formulierungen, Sprachspiele.

1981 Alasdair Gray:

eE Lanark

A Life in Four Books

R., 4. Entst. seit den 1950er Jahren. Vorabdruck einzelner Kapp. in Zss. (1970–79).

III. »Unthank«, 1956. In trister Umwelt stößt der Einzelgänger Lanark auf den Kreis um Sludden und nähert sich Rima an. Er zieht sich eine

»Drachenhaut« zu, sucht Zuflucht im Erdinneren, wo ein Institut Kranke in Energiespender verwandelt. In der Rolle des Arztes kann er einen Drachen erlösen, der sich als R. entpuppt. Prolog: Ein »Orakel« verheißt L. Auskunft über seine Vergangenheit: I.–II. Glasgow, 1940–50er Jahre. Duncan Thaw wächst zum introvertierten Außenseiter heran (Pubertätsnöte, künstlerische Frühreife, Schwanken zw. Pessimismus und Tagträumen) und bleibt auch während des Malerei-Studiums isoliert (zumal gegenüber der jungfräulichen Marjorie); sein unorthodoxes Wandgemälde stößt auf Ablehnung. In verzweifelter Psychose scheint er eine Frau und sich selbst umzubringen. IV. L. und R. kommen durch eine raum-zeitlich verzerrte Zone zurück nach Unthank, das weiter verkommen ist. R. zieht mit L.s Sohn Alexander zu dem neuen Machthaber Sludden, der L. zur Weltkonferenz nach Provan schickt. Epilog: L. erörtert mit dem »Autor« das Konzept des R.s. L. kehrt ergebnislos in das nun apokalyptische Unthank zurück.
Der Kern eines realistischen Künstler-R.s im Gefolge von D. H. Lawrence und J. Joyce (Werdegang eines jungen Mannes in Leben und Kunst in verständnisloser Umwelt) wird von einer diskontinuierlichen Anti-Utopie eingerahmt, die in der Art von A. Huxley und G. Orwell ein Schreckbild der selbstzerstörerischen Industriegesellschaft entwirft. Regionale (Kalvinismus, Provinzialismus) und globale Aspekte (Umweltverschmutzung, Imperialismus der Multis). Scheitern des Künstlers Thaw wie des Systemgegners L. mit jeweils traumatischem Ende. Die Verknüpfung der R.-Hälften bleibt offen: Aufeinanderfolge von Leben und Tod/Nebeneinander diverser Bewußtseinsebenen. Archetypische Symbolik (L.s Suche nach Licht, Abstieg in die Unterwelt). Komische Relativierungen. Spiel mit der Verschränkung von Realität und Fiktion, Autor und Werk, Erzähl-Konventionen. Einbeziehung optischer Effekte (Illustrationen, Typographie). Plagiat-Index zur Entschlüsselung von Anspielungen auf Dante, W. Blake, Th. Hobbes, viktorianische Kinderbücher, S. Freud, C. G. Jung, J. Cary u. a.

1982 Robert Wilson:

aD The Golden Windows

Dr., 3, Auff. 29. 4. Münchener Kammerspiele

Ein Gazevorhang mit der goldgestickten Aufschrift »Die goldenen Fenster« gibt den Blick frei auf ein Haus, das während der 3 Akte »Early Evening«, »Midnight« und »Early Morning« auf der Bühne von rechts nach links wandert, in verschiedenen Beleuchtungen erscheint, umgeben von 2 Männern und 2 Frauen in wechselnden Konstellationen und räumlichen Anordnungen und geheimnisvollen Stimmen und Hintergrundgeräuschen (vom Band). Dazu äußern die 4 Figuren unzusammenhängende Texte über Liebe und Tod, Banales und Katastrophen. Im Mittelteil zerreißt ein Erdbeben die Bühne. Dekonstruktion des Sprech-Dr.s und seine radikale Reduzierung auf die raum-zeitlichen Beziehungen seiner Figuren und wenige Requisiten (Seil, Bank, Mond). Thematisiert wird die perspektivische Wahrnehmung der Zuschauer selbst und ihrer Versuche, dramatische Zusammenhänge zw. Figuren, Bild und Ton, Szenen und Akten herzustellen. Die Offenheit der Interpretation als Provokation des Zuschauers zu frischem Sehen gedacht. Traumartige Suggestivität des multimedialen und bes. visuellen Gesamteindrucks. Der Titel entstammt einer Märchen-Slg., spielt aber auch auf den Goldenen Schnitt an, der vielen Bühnenbildern zugrunde liegt. Wilson ist mit R. Foreman ein Hauptvertreter des postmodernen am. Dr.s experimenteller Ausrichtung.

1982 Bruce Chatwin:

e E Songlines

Prosatext.

In einer Mischung aus Reisetagebuch, anthropologischem Essay und fiktionalisierter Erzählung mit Dialog und Zitatmontage berichtet Chatwin von einem Australienaufenthalt: Begegnung mit bodenständigen Typen, Durchquerung des öden Landesinneren, Auseinandersetzung mit dem traditionellen Denken der Ureinwohner. Entwirft gegenüber der Vorstellung von der naturgegebenen Aggressivität des Menschen ein durch Friedfertigkeit, Zusammenarbeit und Kreativität geprägtes Bild des ursprünglichen Menschen. Der Titel bezieht sich auf die Vernetzung von Orten, die im Leben der Ureinwohner feste territoriale Bindungen schaffen (Heirat, Handel, Jagd, Tanz, Gesang). Eklektizistische Einbeziehung von Ideen (von Buddha bis M. Heidegger). In einer Reihe ähnlicher Bücher bezeugt Chatwin seinen charakteristischen Spürsinn für das Ungewöhnliche.

1982 Sam Shepard:

a E Motel Chronicles

69 Prosatexte und Gedichte.

Texas und Kalifornien zw. August 1978 und Mai 1982. Nicht-chronologisch angeordnete Notizen, Erinnerungen, Erzählungen und Gedichte, in der 1. und 3. Person geschrieben, ergeben eine Chronik rastloser Reisen, oft in Motels verbrachter Nächte und wechselnder Stimmungen. Die unzusammenhängenden Fragmente finden möglicherweise ihre Erklärung in dem Verlust einer geliebten Frau nach einer Gehirnoperation. Vergangenheit und Gegenwart fügen sich nicht zusammen, die Entfremdung des Protagonisten, seine Ängste und Obsessionen bleiben rätselhaft. Lakonische, distanzierte Sprechhaltung, die Betroffenheit verbergen soll. Tagebuchartige Einträge wechseln mit Kurzgeschichten offener Deutbarkeit.

Übs. *Motel-Blues* von U. Gnade und W. Winkler (1986). Vorlage zum Film *Paris-Texas* von W. Wenders (1986).

1982 Galway Kinnell:

aL Selected Poems

50 Gedichte.

Die Slg. zeigt seit seinen frühen Gedichtbänden Kinnells beharrliches Festhalten an den Themen Gewalt und Tod, Wildnis und Zivilisation, dargestellt anhand der genauen Beschreibung von Dingen, Tieren und Pflanzen: *The Avenue Bearing the Initial of Christ into the New World, The Bear, The Porcupine, Flower Herding on Mount Monadnock.* Entwicklung von traditionellen Versmaßen und Strophen zu freien Versen und prosanahen Sprechweisen. Zentrale Symbole: Feuer und Dunkelheit. Realistisch-naturalistische Schreibweise. Einfluß von W. Whitman.

Pulitzer-Preis.

1982 Alurista:

aL Return

Poems Collected and New

157 Gedichte.

Seit *Floricanto en Aztlán* (1971) bemüht sich Alurista in seinen Gedichten um den Aufbau einer poetischen Mythologie um Aztlán, das sagenhafte Heimatland der Chicanos. Er mischt Amerikanisch, Mexikanisch und Nahuatl, bezieht Symbole aus der Religion der Azteken ein und übernimmt eine ethnopoetische Rolle als Schamane für die Chicano-Gemeinden in den USA. Die Lyrik ist stark in den Gemeinde-Ritualen, den Floricanto (»Blumen und Gesang«)-Festivals verankert, und weitgehend für den mündlichen Vortrag bestimmt. Der Bd. vereint die Slg. *nationchild plumaroja* (1969–72) mit der neuen Slg. *dawn's eye* (1979–81). Breite Variation der Versformen, jedoch meist Freivers. Einflüsse von A. Ginsberg.

1983 David Mamet:

aD Glengarry Glen Ross

Dr., 2, Auff. 21. 9. The Cottesloe Theatre, London.

Florida. I. In einem chinesischen Restaurant kämpfen vier Angestellte eines Maklerbüros um neue Aufträge und Kunden: Levene bittet seinen Vorgesetzten um eine neue Chance und läßt sich von diesem um Prozente erpressen, Moss erpreßt seinen Kollegen Aaronson, die Kundenkartei zu stehlen, um damit zur Konkurrenz überzugehen, und Roma stürzt sich auf ein neues Opfer. II. Am nächsten Morgen herrscht Chaos im Büro: alle Angestellten werden wegen des Einbruches von einem Detektiv verhört, Romas Kunde will sein Geld zurück trotz aller Finten des Verkäufers, und Levene verrät sich unwillentlich als der eigentliche Anstifter des Einbruchs.

Wie A. Miller in →*Death of a Salesman* (1949) zeichnet Mamet hier das

Ende des am. Yankee als gerissenen Verkäufer in einem gnadenlosen Konkurrenzkampf aller Angestellten gegen alle (die Chefs treten niemals auf). Hinter den schnoddrigen und obszön-aggressiven Phrasen der Verkäufer, die in ebenso phrasenhafte Herzlichkeit umschlagen, wenn ein Kunde naht, werden die Ängste, Abhängigkeiten und Hilflosigkeiten dieser reinen Männerwelt sichtbar. Extrem realistische und schnelle Dialogführung (teilweise mit Gleichzeitigkeit des Sprechens).

Pulitzer-Preis. US-Auff. 6. 2. 1984 Arts Institute, Chicago.

1983 Alice Walker:

aE The Color Purple

R.

USA seit 1910. Die beiden Schwestern Celie und Nettie wachsen in Georgia bei einem brutalen Stiefvater auf, der C. vergewaltigt, die gemeinsamen Kinder fortgibt und sie schließlich an Albert, der gerade eine Liebschaft mit der Bluessängerin Shug Avery beendet hat, verheiratet. N. entkommt den Nachstellungen ihres Stiefvaters und geht mit Samuel, dessen Frau und C.s Kindern nach Afrika, um die Olinkas zu missionieren. C. befreit sich mit Hilfe von Shug, die sie liebt, von Alberts Unterdrückung, geht mit ihr nach Memphis und macht sich selbständig. N. heiratet Samuel nach dessen Verwitwung und kehrt bei Ausbruch des 2. Weltkrieges zurück. C. kann ihre Kinder und Schwester nach jahrzehntelanger Trennung in die Arme schließen.
Brief-R. über die Bewußtwerdung und Emanzipation zweier schwarzer Frauen, die durch ihre harten Lebenserfahrungen gestärkt und nicht gebrochen werden: C. lernt, gegen die männliche Vorherrschaft und das brutalisierende Farmleben ihren Traum (die Farbe Lila) festzuhalten und durchzusetzen, N. lernt den Zusammenhang zw. ihrer Missionarstätigkeit und der Ausbeutung von afrikanischen Stämmen zu durchschauen. Großes Netz von Familienbeziehungen, in denen bes. die Solidarität zw. Frauen eine große Rolle spielt. C. als Haupterzählerin schreibt im schwarzen Amerikanisch der gesprochenen Sprache, voller Expressivität, Präzision und suggestiver Kraft. N. nähert sich in ihren Afrika-Briefen weißer Literatursprache an.

Pulitzer-Preis. Übs. *Die Farbe Lila* von H. Pfetsch (1984). Film von St. Spielberg (1986).

1983 Raymond Carver:

aE Cathedral

12 Erzählungen. Einzelnes in *The Atlantic, Esquire, The North American Review* u. a.

Durch einen abrupten Wandel werden die Figuren dieser Geschichten aus ihrer alltäglichen Routine gerissen: der Verlust einer Wohnung *(Chef's House)*, Arbeitslosigkeit *(Preservation, Vitamins, The Bridle)*, der Verlust eines Kindes *(A Small, Good Thing)* oder der Ehefrau *(Careful, Fever)*

decken die Sinnlosigkeit eines oft entfremdeten Lebens, das seine Zuflucht in Alkohol, Drogen oder Krankheit nimmt, auf. In der Titelgeschichte versucht ein Junge, einem Blinden eine Kathedrale im Fernsehen zu erklären.
Mit minimalen Darstellungsmitteln zeichnet Carver ein Milieu der »kleinen Leute« und ihrer hilflosen Leiden. Lakonische, parataktische Erzählweise in kurzen Sätzen, die den Leser dazu zwingt, die Sinnzusammenhänge selbst herzustellen. Teils parallel spiegelnde Nebenhdlg. Minuziös realistische Details. Einfluß von E. Hemingway.

Übs. *Kathedrale* von K. Hoffer (1985).

1983 Ron Silliman:

aL ABC

3 Texte. Beginn eines längeren geplanten Werkes *The Alphabet.*

»Albany«. Fragmentarische Sätze, durcheinander gemischt, über Familie, Politik, Verbrechen, Kultur. »Blue«. Sätze aus realistischen Erzählzusammenhängen, die trotz gewisser Wiederholungen keinen Kontext mehr ergeben. »Carbon«. 7 Teile voller Wortspiele und Zitate über das Schreiben und Erzählen. Sprachspiel mit verschiedenen Schreibkonventionen (autobiogr. Text, realistischer R., literaturkritischer Essay), die um das zentrale Problem der literarischen Abbildung von Wirklichkeit kreisen. Die Ablösung vom Gegenstand erlaubt eine Hinwendung auf die problematische Anordnung von Sätzen in Paragraphen und auf die innere Struktur von Sätzen. Einfluß von G. Stein.

Fortsetzung *Paradise* (1985).

1983 Buchi Emecheta:

E Adah's Story

R., 2, ursprünglich getrennt als *Second Class Citizen* (1974) und *In the Ditch* (1972) veröffentlicht.

Realistische Geschichte einer jungen Nigerianerin, die erwartungsvoll nach London kommt, eine Reihe von Enttäuschungen erlebt (Rassendiskriminierung, rücksichtsloser Ehemann, Wohlfahrtssystem) und sich mit ihren Kindern allein durchschlagen muß. Verarbeitung autobiogr. Züge. Knappes Erzählen in der 3. Person. Einfacher Stil.

Übs. *Die Geschichte der Adah* von Ch. Steffen (1987).

1983 Fay Weldon:

eE The Life and Loves of a She-Devil

R.

USA, Gegenwart. Die unförmige Ruth haßt Mary Fisher, die attraktive Geliebte ihres Mannes Bobbo, eines erfolgreichen Steuerberaters. R. ent-

schließt sich, die »Teufelin« zu spielen, als die B. sie hinstellt, um sie zu verlassen. R. überantwortet B. die Kinder, läßt das Haus niederbrennen und taucht unter. In einer Reihe raffinierter Manipulationen unter wechselnden Pseudonymen gelingt es ihr, das gemeinsame Leben von B. und der populären Autorin M. F. zu zerstören, während sie gleichzeitig diverse ungewöhnliche Liebhaber hat und sich in komplizierten kosmetischen Operationen auf M. F.s Aussehen hin verändern läßt. Nach M. F.s Tod tritt sie an deren Stelle und hält B. in sklavischer Abhängigkeit.
Farcenhafte feministische Parabel: Projektion einer Befreiung der Frau aus den Zwängen der Ehe- und Mutterschaftsrolle und Befriedigung von Rachegelüsten, Gewinnsucht, Machtstreben und Liebesbedürfnis im Versuch, die Umwelt mit ihren Waffen zu schlagen. Realistische Gesellschaftssatire (Alltagsbeobachtungen) mit parodistischen Zügen (»Litanei der Guten Frau«, Rollenverkehrung, Anspielung auf Frauen-R.-Schemata) am Rande der Phantastik. Wechsel von R.s Ich- und multiperspektivischer Er-Erzählung. Vorzugsweise präsentisches Erzählen in Kurzabschnitten und lakonisch pointiertem Stil.

Fernsehserie von Ph. Saville (London, 1986). Übs. *Die Teufelin* von W. Waldhoff (1987).

1983 **Graham Swift:**

eE **Waterland**

R.

Die Fens in Ostengland, Gegenwart. Der Geschichtslehrer Tom Crick erzählt – vor der unfreiwilligen Pensionierung – seiner erstmals interessierten Klasse Geschichten aus seinem Leben, dem seiner Familie und dem Wandel der Region seit dem 18. Jh. Er erstellt ein Beziehungsgeflecht zw. der Privatsphäre des Individuums (Verirrung der ein Kind entführenden Frau, eigene Zwänge und Schuldgefühle, abnorme, gewalttätige Verhaltensweisen der Vorfahren), der – auch überregionalen – Entwicklung (von der Französischen Revolution bis zum möglichen Weltuntergang), der durch eine eigentümliche Landschaft geprägten Umwelt (amphibische Ambivalenz des Titelmotivs: Landgewinnung/-überflutung; natürlicher Fluß/Kanalisierung usw.) und universalen Gegebenheiten (Zyklik von Leben und Tod). Vielseitige Thematisierung von Vergangenheit und Gegenwart, Aufbau und Zerstörung, Natur und Zivilisation, Realität und Fiktion. Mottohafter Schlüsselbegriff »historia«: 1. Erkundung, 2. Geschichte, 3. Erzählung. T.s Erzählung als tastende Befragung der Vergangenheit, die auch die persönliche Gegenwart bestimmt und zur eigenen Neuorientierung führt sowie der jüngeren Generation ein anschauliches Bild solcher Zusammenhänge vermittelt.

Übs. *Wasserland* von F. Reiter (1984).

1983 **Peter Porter:**

eL **Collected Poems**

Slg. von 5 Gedichtbänden von *Once Bitten, Twice Bitten* (1961) bis *English Subtitles* (1981).

Die Slg. zeigt Porters Entwicklung von frühen Satiren im kolloquialen Ton, bes. auf das »Swinging London« *(Made in Heaven, Fair Go for Anglo-Saxons),* zu späten Gedichten über Liebe, Tod und Kunst in anspielungsreicher Komplexität *(The Lying Art, An Exequy, The Delegate, English Subtitles)*. Typische weitere Themen: die australische Herkunft *(Sydney Cove, 1788)* und die europäische Wahlheimat mit ihrer Tradition *(On First Looking Into Chapman's Hesiod)*. Vielfalt der Formen: Lied, Ode, Verserzählung, dramatischer Monolog, Sonett, Epigramm, Übertragung (vgl. *After Martial*), diverse Metren oder klangvolle Freiverse. Neigung zur pointierten Sentenz. Einfluß von W. H. Auden.

1984 **Arthur Kopit:**

aD **End of the World**

Dr., 3, Auff. 28.3. Kennedy Center, Washington, D. C.

I. »The Commission«. Detektiv und Stückeschreiber Michael Trent erhält von Philip Stone den Auftrag, ein Dr. über den nuklearen Holocaust zu schreiben. II. »The Investigation«. Bei seinen Voruntersuchungen in Washington, D. C., findet T. deprimierende Einzelheiten über das nuklear-strategische Denken in Regierungskreisen heraus. III. Er entdeckt, daß niemand an Abschreckung glaubt, aber alle aus Neugier, was wohl passieren könnte, weitermachen.
Hintergründige Farce im Stile von *The Maltese Falcon,* einem Kriminal-R. von D. Hammett und der entsprechenden Verfilmung mit H. Bogart, über die wahnwitzige Entfremdung von Nuklearstrategen, die phantastisch anmutende Irrealität ihrer Vorstellung und das Versagen der Literatur vor ihnen. Faust-Parallele. Einfluß der Friedensbewegung.

1984 **Angela Carter:**

eE **Nights at the Circus**

R., 3.

I. London, 1899. Fevvers schildert dem am. Reporter Walser ihren Lebensweg: als Findelkind im Bordell emanzipatorischer Frauen von Lizzie aufgezogen, wachsen ihr Flügel, die sie zum Schaustellungsstück machen (Monstrositätenkabinett, Okkult-Ritual eines Aristokraten) und eine Karriere beim Zirkus eröffnen. II. Eine Tournee bringt F. und L. nach Petersburg. W. hat sich als Clown angeschlossen, erlebt die spielerische Freiheit und Gewalttätigkeit der Zirkuswelt und verliebt sich in F., die einem verführerischen Großherzog entkommt. III. In Sibirien wird der

Zirkus durch Anarchisten entführt und dezimiert. F. und L. schlagen sich in der Wildnis durch. W. gerät mit Gedächtnisverlust in die Obhut eines asiatischen Schamanen und findet schließlich, erfahrener geworden, zu F., die zu seiner Verwunderung *intacta* ist.
Carter wendet ihre seit den 60er Jahren variierte Mischung von sozialkritischem Realismus und traumatisch-mythischer Phantastik hier auf eine hist. Situation an: F. versinnbildlicht mit dem Rätsel ihrer echten/vorgetäuschten Flügel an der Schwelle zum 20. Jh. den Entfaltungsspielraum der neuen Frau, der Zirkus die begrenzte Herrschaft des Menschen über Empirie und Rationalität. Komplementäres Identitätsproblem von F. und W. Der Bloßlegung psychopathologischer Verhaltensmuster steht die Veranschaulichung individueller Überlebensfähigkeit und solidarischer Interessengemeinschaft gegenüber. Vorliebe für paradoxe Motivkomplexe (Bordell – Akademie, Norm – Abnormität im Zirkus). Wechselnde Gewichtung von Realität (bes. II) und Irrealität (bes. III). Alternierende Erzählstränge um F./W. und lockere Verknüpfung mit Emanzipationsutopie (Rebellion und Autonomie verbannter Mörderinnen) in III.

Übs. *Nächte im Zirkus* von J. Kolka (1986).

1984 Anita Brookner:

eE Hotel du Lac

R.

Edith Hope, Autorin romantisierender Romane, zieht sich von London in ein Hotel am Genfer See zurück. Sie läßt ihre einseitige Affäre mit dem verheirateten David Revue passieren und kommt einem Hotelgast, Philip Neville, näher. Sie entschließt sich zur Ehe mit ihm, muß aber feststellen, daß er kaum mehr als ein Abenteuer sucht. Sie kehrt heim in die alte Einsamkeit.
Wie so oft entwirft Brookner ein subtiles Porträt der alleinstehenden Frau mittleren Alters mit ihren Sehnsüchten und Enttäuschungen, wiederkehrenden Kompromissen und Bemühungen um die Bewahrung der Selbstachtung. Konventionelle knappe Erzählweise im dezenten Stil mit prägnanten Details. Innensicht durch Monoperspektive und nicht abgesandte Briefe an D.

Booker-Preis. Übs. von D. Winkler (1986).

1984 Julian Barnes:

eE Flaubert's Parrot

R.

Der Erzähler ist ein älterer Arzt, der sich passioniert der Erforschung von G. Flauberts Leben und Werk widmet, wobei ein Papagei im Besitz des Romanciers während der Entstehungszeit von *Un coeur simple* eine zentrale Rolle spielt. Die Nachforschungen verschränken sich mit der Verarbeitung der eigenen Vergangenheit (Parallelität der untreuen Frau usw.). Charakteristisch für Barnes ist die Thematisierung obsessiver Verhaltensweisen. Motiv der Wahrheitssuche mit komplexen Ironien. Eigenwillige Vermischung von Ernst und Komik, erzählerischer und essayistischer Prosa.

Übs. *Flauberts Papagei* von M. Walter (1987).

1984 **Anita Desai:**

E **In Custody**

R.

Nordindien, Gegenwart. Der College-Dozent Deven wird durch die Begegnung mit dem verehrten Urdu-Dichter Nur in Delhi aus seinem mittelmäßigen, provinziellen Dasein gerissen, muß aber erkennen, daß dieser ein alter Mann mit vulgären Schwächen ist, der ihn auf groteske, demütigende Weise in sein Leben und den Kreis seiner parasitären Anhänger verwickelt. Nur mühsam findet er aus der Resignation zu einem neuen Selbstverständnis, das ihn die ambivalente Obhut von Nur und seinem Werk übernehmen läßt.
Doppelporträt eines Dichters einer vom Aussterben bedrohten Literatursprache und eines Literaten, der die Apathie des Versagers zu überwinden versucht, in einer bedrückenden Umwelt, die kaum Entwicklungsspielraum läßt. Kontrastierung von Traum und Wirklichkeit, Leben und Kunst. Situationskomik ironischer Verkehrungen und katastrophaler Kettenreaktionen. Konventionelle realistische Erzählweise mit atmosphärischen Momenten und stilistischer Prägnanz.

Übs. *Die Hüter der wahren Freundschaft* von U. Roy-Seiffert (1987). Film von J. Ivory (1988).

1984 **Seamus Heaney:**

eL **Station Island**

Gedichte, 3.

Den Kern der Slg. bildet die Titel-Sequenz, in der das Ich während eines Pilgeraufenthalts am Lough Derg (Irland) »alter egos« begegnet: Geistern, wie dem Opfer terroristischer Gewalt, einem Priester, J. Joyce als Mentor usw. Versinnbildlichung eines Projektionsprozesses, in dem der Autor mit sich ins reine zu kommen versucht. Auch in anderen Gedichten treten die Bekenntnishaftigkeit, intellektuelle und moralische Selbstkritik sowie die stärkere Gewichtung religiöser Fragen hervor. Die sprachliche Komplexität führt zu schwer faßbaren Texten, die sich z.T. gegenseitig erhellen. »Sweeney Redivivus« ist als eine Reihe von Gedichten für die Stimme von Sweeney eingerichtet, entst. aus der Arbeit an der gleichzeitigen Übs. *Sweeney Astray* des mittelalterlichen ir. Werks *Buile Suibhne* über einen verrückten König, der – zum Vogelmenschen geworden – als Ausgestoßener das Land durchwandert.

1984 **Andrew Motion:**

eL **Dangerous Play**

Poems 1974–1984

Slg. von 27 Gedichten, 2 Sequenzen und autobiogr. Prosafolge. 7 Teile.

Als jüngerer Vertreter der »engl. Linie« in der Lyrik – unter dem Einfluß von E. Thomas und Ph. Larkin – konzentriert sich Motion auf die unterschwellige Beziehung zw. dem Ich und seiner Umgebung (Herkunftsregion, bereiste Orte), privatem und öffentlichem Leben (Sequenz *Independence* über die Entwicklung eines aus dem spätkolonialen Indien heimgekehrten Briten). Durchweg verhaltener Ton und Bemühung um einfache Sprache. Neigung zum dramatischen Monolog. Freie Handhabung des Verses.

1984 **Jayne Anne Phillips:**

aE **Machine Dreams**

R.

»Bellington« (= Buckhannon), W. V., 1923–72. Nach schweren Jahren der Wirtschaftsdepression und dem 2. Weltkrieg, in dem Mitch Hampson auf Neuguinea dient, lernen sich Jean und Mitch auf einer Veteranenparty kennen und heiraten. Während ihre beiden Kinder Danner und Billy in der Kleinstadt aufwachsen, entfremden sich M. und J. voneinander. In den 60er Jahren machen D. und B. ihre ersten sexuellen Erfahrungen und beginnen ein Studium. 1969 wird B. eingezogen. Trotz aller Bitten von D. entzieht er sich nicht und wird 1970 nach einem Hubschraubereinsatz in Vietnam vermißt.

Die »Maschinenträume« des Fahrens und Fliegens von B. und M. führen beide in Kriege, die letztlich die Familie zerstören. Die Frauen (J. und D.) sind bodenständiger und um liebevolle Kontakte bemüht. Autos, Maschinen und Flugzeuge beherrschen jedoch einen Großteil des Lebens aller. Zw. den 4 Hauptfiguren wechselnde Erzählerrolle (persönlicher Bericht, Briefe) und Erzählerstandpunkte (Wechsel von 1. und 3. Person). Breites soziales Panorama einer Kleinstadt im Süden und ihrer Rituale (Neujahr, Parade, Unabhängigkeitstag usw.), in dem sich Erinnerung, Traum und biogr. Rekonstruktion mischen (Stimmenvielfalt über die 4 Hauptfiguren hinaus durch Dialoge und Kommentierungen). Im Hintergrund die militärischen Verwicklungen der USA (Weltkrieg, Korea, Kuba, Vietnam) und ihre Auswirkungen auf »Bellington«. Hauptsymbole: Flugzeug, Pferd, Schuhe. Einfluß von W. Faulkner und T. Capote.

Übs. *Maschinenträume* von K. Graf (1985).

1984 **Thomas Pynchon:**

aE **Slow Learner**

5 Kurzgeschichten. Entst. 1958–64.

Frühe Kurzgeschichten, die z. T. Übungen für den R. →*V.* (1963) darstellen. *Lowlands* führt die Figur Pig Bodine ein, *Entropy* allegorisiert den 2. thermodynamischen Satz, *Under the Rose,* ein Pastiche engl. Spionage-Rr., geht überarbeitet in *V.* ein. *The Secret Integration* thematisiert weißen Rassismus und schwarzes Leid. In der Einleitung reflektiert Pynchon kritisch seinen Lernprozeß als Schriftsteller, die Einflüsse der Beat-Generation, die teilweise sexistischen Züge seines Frühwerkes.

1984 **Jane Cooper:**

aL **Scaffolding**

New and Selected Poems

62 Gedichte, z. T. aus früheren Slgg. (1969, 1979). Entst. 1947–83.

In chronologischer Anordnung von den frühen Familiengedichten über die zentrale Sequenz *March* (1967) bis hin zu den späteren Texten in *The Flashboat* (1975–83) wechseln Liebes- und (Anti-)Kriegs-Gedichte miteinander und erhellen sich gegenseitig: die Verpflichtung den Kindern gegenüber *(For a Boy Born in Wartime),* das beginnende Frühjahr und der Krieg in Vietnam *(March),* Rosa Luxemburgs liebevolle »Fäden« aus der Gefängniszelle (1917) zu allen Lebewesen draußen *(Threads).* Weiter ökologische und feministische Gedichte. In dem längeren autobiogr. In *Nothing Has Been Used in the Manufacture of this Poetry That Could Have Been Used in the Manufacture of Bread* (1974) legt Cooper Rechenschaft aus feministischer Sicht über ihre poetische Entwicklung ab. Knappe präzise Bilder. Früher Einfluß von W. H. Auden, später auch von W. C. Williams.

1984 **Louise Erdrich:**

aE **Love Medicine**

R., 14 Segmente. Einzelnes in *Atlantic Monthly, Kenyon Review, North American Review* u. a.

North Dakota, 1934–84. Die verwickelten Liebesbeziehungen dreier Generationen der Chippewa-Familie Kashpaw mit den Lamartines (Nector zw. Marie und Lulu, June zw. Gordon und Gerry, Albertine und Henry Lamartine Jr.) entrollen ein hist. Panorama zw. Anpassung und Widerstand angesichts der das Reservat umgebenden und zerstörenden weißen Kultur: Klosterschule, Polizei, Bars. Es sind vor allem die Frauen, die aus ihren Erfahrungen lernen und ihre gefährdeten Männer (Alkohol, Vietnam, Polizei), das Land und die indianischen Traditionen zu bewahren suchen. Lipsha Morrissey, der sich durch sein Bemühen um einen Liebeszauber (Titel) als der wahre Erbe der indianischen Kultur erweist, verhilft

seinem Vater, dem Aktivisten Gerry Nanapush, zur Flucht vor der Polizei.
Fragmentarische Erzählstruktur mit symbolischen Querverweisen (Wasser, Auto, Gänse) und allmählicher Enthüllung der wahren Familienbeziehungen und Loyalitäten. Innerhalb des Rahmens (Gegenwart) chronologisch angeordnete Episoden. Multiperspektivisch-ironische Erzählweise, die den Konflikt und die multikulturelle Durchdringung weißer und indianischer Werte zum Ausdruck bringt. Einfluß von W. Faulkner.

Übs. *Liebeszauber* von H. Pfetsch (1986). 1. Teil einer geplanten Sequenz von 4 Rr. mit den Folgebänden *The Beet Queen* (1986), *Trades* (1988).

1985 Howard Brenton/David Hare:

eD Pravda

A Fleet Street Comedy

Kom., 2, Auff. 2.5. National Theatre, London.

I. England, Gegenwart. Der Südafrikaner Lambert Le Roux baut durch den Aufkauf von Zeitungen sein Presseimperium aus. Die betroffenen Journalisten werden entlassen oder neu eingewiesen. II. Andrew May hat als Chefredakteur bei L. R. Karriere gemacht. Auf Drängen seiner linksliberalen Frau will er einen Kernenergie-Skandal aufdecken, gerät unter polit. Druck und wird von L. R. fallen gelassen. Mit anderen Opfern L. R.s spürt M. dessen dubioser Vergangenheit nach, fällt aber auf eine lancierte Ente herein. Er resigniert und übernimmt erneut einen Posten bei L. R.
Realistische bis groteske Bloßstellung akuter Probleme des engl. Pressewesens: Primat der Wirtschaftlichkeit, polit. Gängelung, Nachrichtenmanipulation, sensationeller statt »investigativer« Journalismus usw. Im Gegensatz zu seiner idealistischen Frau fügt M. sich der zynischen Souveränität L. R.s: in einem Alltag voller Lügen braucht es die Presse mit der Wahrheit (= Pravda) nicht genau zu nehmen, und in England kämpft man nicht, weil man nicht weiß wofür. Durchgängig hektische Atmosphäre der Zeitungsbetriebe.

1985 Lanford Wilson:

aD Talley & Son

Dr., 2, Auff. 2.7., Little Theatre, Saratoga. Frühere Fassung (1980).

Lebanon, Mo., Unabhängigkeitstag 1944. I. Das Familientreffen führt die Kinder und Enkel des Patriarchen Calvin Talley, Besitzer der Kleiderfabrik Talley & Son, auf ihrem Familiensitz zusammen. Die Nachricht vom Tod des Enkels Timmy im Pazifik trifft ein. II. Streitereien um die Kontrolle der Fabrik und um Sohn Eldons uneheliche Tochter mit der Waschfrau brechen aus.
Zerfall einer Familie an ihren zahlreichen Spannungen zw. und innerhalb

der Generationen. Konventionen des realistischen Familien-Dr. s. Kontrastierende Handlungsführung. Einfluß von L. Hellman und T. Williams.

Mit *5th of July* (1978), *Talley's Folly* (1979), das ebenfalls am 4. Juli 1944 spielt, u. a. Teil einer 5teiligen Serie über die Familie Talley.

1985 William Gaddis:

aE Carpenter's Gothic

R., 7.

Hudson-Tal, N. Y. In einem gemieteten Haus der Holzgotik-Bauweise wird Liz Booth abwechselnd von ihrem Hippie-Bruder Billy, ihrem hektischen Mann Paul und dem Vermieter McCandles heimgesucht. P. betreibt eine Werbekampagne für eine missionseifrige Medienkirche der Neuen Rechten, McCandles hat für den CIA Bodenschürfungen in Afrika betrieben, Liz und ihr Bruder warten auf ihre Erbschaft. Allmählich enthüllt sich, daß die 3 Hdlgg. durch die Firma von Liz' Vater, die die Mission für ihre Schürfrechte nutzt, verbunden sind. Liz und ihr Bruder fallen den Machenschaften zum Opfer, P. tröstet sich mit einer reichen Freundin von Liz.

In der Art einer gotischen Romanze, in der Liz die empfindsame Heldin, ihre Umgebung die Geister und das Schauerschloß spielen, satirisiert Gaddis wie in →*JR* (1975) die Kommerzialisierung und die Entfremdung des Alltagslebens durch einen alles verwertenden Kapitalismus. Bes. eine Satire auf die scheinheiligen Fernsehkirchen der Neuen Rechten und die Reagan-Zeit. Hektische Dialoge und Betriebsamkeit (Telefon und Briefkasten als Quälgeister) mit komplexer, ein Mosaik zusammenfügender Motivstruktur. Virtuose Wechsel in Sprech- und Schreibweisen. Groteske Situationskomik um Ordnung/Chaos voll schwarzen Humors.

Übs. *Der Erlöser* von K. Modick und M. Hielscher (1988).

1985 Don DeLillo:

aE White Noise

R., 3.

»Blacksmith« im Mittelwesten. I. Jack Gladney, Leiter der Hitler-Studien am lokalen College, sorgt sich um seine Familie. Babette und die halbwüchsigen Kinder haben Angst vor dem Tod und der Vergiftung durch die Umwelt. II. Eine entweichende Giftgaswolke zwingt »Blacksmith« zur fluchtartigen Evakuierung. III. Zurückgekehrt entdeckt J., daß B. wegen ihrer Angstzustände sich zu einem Drogenexperiment bereit erklärt hat und ein Verhältnis mit Willie Mink, dem Leiter des Experiments, eingegangen ist. Er schießt Mink nieder.

Das »weiße Geräusch« (Titel) ist der allgegenwärtige Tod, der von einer außer Kontrolle geratenen Warenkultur ausgeht (Umweltverschmutzung, Medikamente, Essen, Fernsehen, Radio). Reflexionen des Ich-Erzählers J. darüber im Supermarkt mit seinem Kollegen Murray Siskind. Erzählweise des schwarzen Humors, die Randzonen der Realitätserfahrung aufspürt. Ironische Unterlegung des Orestie-Mythos.

Übs. *Weißes Rauschen* von H. Pfetsch (1987).

1985 John Ashbery:

aL Selected Poems

139 Gedichte aus früheren Slgg.

Diese Auswahl zeigt Ashberys Entwicklung von den frühen experimentellen Texten aus *Some Trees* (1960) und *The Tennis Court Oath* (1962), in denen eine scheinbar einfache prosanahe Sprechweise semantisch oder syntaktisch so zerlegt und aufgebrochen wird, daß nur noch gelegentlich und eher flüchtig sich ein Sinn des Ganzen einstellt, über →*Three Poems* (1965) und →*Self-Portrait in a Convex Mirror* (1968) bis hin zu den späteren Bänden *Shadow Train* (1981) und *A Wave* (1984), in denen die Selbstreflexionen und Sprachexperimente sich wieder weitgehend sinnvollen Erfahrungskontexten einfügen.
Durchgehend arbeitet Ashbery seit seinen ersten Gedichten an der Veränderung der Realitätserfahrung des poetischen Ichs und damit an der für ihn zentralen Frage der Wahrnehmung, die es aus vorgefaßten, meist sprachlich gesteuerten Rastern zu befreien gilt. Durchgehend auch der intime Gesprächston, der gelegentlich durch surreal anmutende Wortcollagen unterbrochen wird. Die Verunsicherung des Lesers ist auch eine Befreiung von konventionell vorgegebenem Sinn.

1985 Louise Glück:

aL The Triumph of Achilles

26 Gedichte. Einzelnes in *The New Yorker, The New Republic, Pequod.*

I. Gedichte über den Tod: Achilles' Trauer über den Verlust von Patroklus (Titelgedicht), den Tod des eigenen Vaters *(Metamorphosis),* den Tod der Schönheit *(Hyacinth).* II. Eheliches Liebesglück *(The Embrace, Marathon).* III. Verschiedenes: Legenden, Parabeln, Übss. usw. Versuch eines klaren, direkten, dabei unsentimentalen Aussprechens von Emotionen bei gleichzeitiger Universalisierung des Privaten durch mythologische Anspielungen und klassische Parallelen. Klangvolle, frei variierende Verse. Einfluß der am. »Confessional Poets«.

1985 Amy Clampitt:

aL What the Light was Like

40 Gedichte. Einzelnes in *Antaeus, Grand Street, The New Yorker* u.a.

Neuenglands Küste, die Grenze zw. Land und Wasser bilden das verbindende Thema dieser Naturgedichte in 5 Teilen: »The Shore«, »The Hinterland«, »Voyages to John Keats«, »The Metropolis«, »Written in

Water«. Auch die Verbindung von J. Keats mit H. Crane im biographischen Mittelteil dreht sich um beider poetisches Verhältnis zum Meer. Präzise detaillierte Naturbeschreibungen mischen sich mit literarischen Reminiszenzen von Homer bis zu E. Pound, von Sappho bis zu W. C. Williams. Strenger architektonischer Aufbau der Slg. Hart gefügte, konsonantenreiche Verse mit stauenden rhythmischen Effekten. Traditionelle Formen (Blankvers, Elegie) im Wechsel mit modernem Freivers. Einfluß von R. Frost.

1985 **Keri Hulme:**

E **The Bone People**

R., 4. Entst. 1966–78 aus einer Kurzgeschichte.

I.–II. Südinsel Neuseelands, Gegenwart. Kerewin Holmes, eine eigenwillig-autarke Frau mit Maori-Vorfahren, lebt als erfolglose Malerin in einem entlegenen Küstenort und freundet sich mit dem unberechenbaren 7jährigen Simon an, dem stummen Überlebenden eines Schiffbruchs. S. s Ziehvater, der Maori-Mischling Joe Gillayley, behandelt ihn abwechselnd mit Zuneigung und Brutalität. III.–IV. Nach einer bes. schweren Mißhandlung kommen der taub gebliebene S. ins Heim und J. ins Gefängnis. J. findet zu seinen Maori-Wurzeln zurück, und die drei vereinen sich zu einer neuen, offenen Zukunft.
Unter Verarbeitung autobiogr. Materials schildert Hulme die emotionalen Regungen einer verwickelten Dreierbeziehung von Einzelgängern in einer harten Umwelt. Problem der Identitätsfindung und der Harmonie mit dem »Geist« des Landes (Maori-Vorfahren = Titel). Sondierung von Veränderungsmöglichkeiten in der Gegenüberstellung von archaischer und moderner Welt. Präzise Evokation des lokalen Alltags (Fischfang, Kneipe, Landschaft, Maori-Bräuche). Erzählung vorwiegend präsentisch und aus der Sicht K. s. Auflockerung der Linearstruktur durch Segmentierung des Textes, lyrische Einlagen, typographische Effekte. Variabler Stil von slanghafter Rede bis zu mystifizierender Reflexion. Tendenz zu sprachspielerischen und -magischen Wendungen. Durchsetzung mit Maori-Vokabular (mit Glossar).

Booker-Preis. Übs. *Unter dem Tagmond* von J. A. Frank (1987).

1985 **Geoffrey Hill:**

eL **Collected Poems**

Slg. von dem Bd. *For the Unfallen* (1959) bis zu dem Langgedicht *The Mystery of the Charity of Charles Peguy* (1983).

Frühe Gedichte über die Überlebenden menschlicher Greuel problematisieren die Ungewißheiten von Liebe und Tod, Glauben und Leiden (*Genesis)* und das Verhältnis des Menschen zur Macht *(Funeral Music, September Song)*. Kontemplative Tendenz, monologische Sprechweise und elegischer Grundton bleiben ebenso charakteristisch wie ein äußerst komprimierter Stil (»harte« Wendungen, Anspielungsreichtum, Mehrdeutigkeit) und die Nähe zu musikalischen Formen. *Mercian Hymns* (1971) ist eine Sequenz rhythmischer Prosagedichte, die am typisch hist. Gegenstand das Verhalten im öffentlichen und privaten Leben vergleichen. *Tenebrae* (1978) zeigt die Rückkehr zu strengeren Gedichtformen. Einflüsse: Metaphysicals, T. S. Eliot.

1986 Dennis Potter:

eD The Singing Detective

Fernsehspiel: 6teilige Serie. Erstsendung Nov.–Dez. BBC, London.

London, 1986. Der Krimi-Autor Philip Marlow liegt mit einem psychosomatischen Hautleiden im Krankenhaus. Die Gegenwart (Haßliebe zu Nicola, Krankenhausbetrieb) verschränkt sich in seinem Bewußtsein mit Erinnerungen an sein Kindheitstrauma (Ehebruch der Mutter) aus den 40er Jahren und der fortgesponnenen Hdlg. seines 1945 spielenden R.s *The Singing Detective* mit namensgleichem Helden. Während seine körperliche Genesung Fortschritte macht, vermischen sich für ihn mit zunehmender Paranoia Fiktion und Realität bis zur Konfusion.
Bizarre Tragikom. um den verbitterten M. mit psychologischen (Obsession: Sexualität und Gewalt) und sozialkritischen Akzenten (die Verhältnisse unter Thatcher). Verbindung der in England beliebten Krankenhausfarce (Infantilisierung der Patienten) mit populären Thriller-Motiven (nach Art der Chandler-Verfilmungen). Ständiges Alternieren der Schauplätze, Zeitstufen und Realitätsebenen sowie Identitätswechsel von Einzelfiguren unter virtuosem Einsatz von Überblendungseffekten. Film- und Medien-Parodie. Kombination krass realistischer und grotesk übertreibender Züge. Zeitkolorit durch Einspielung von Schlagern. Spielerische Verquickung von Leben und Kunst und vielseitige Handhabung der Sprache (Kalauer, Akzente usw.). Serien-Struktur: Zuspitzung auf Schlußeffekt je Folge. Potter ist ein führender Vertreter des anspruchsvollen Fernsehspiels.

1986 Ana Castillo:

aE The Mixquiahuala Letter

R.

USA und Mexiko, Gegenwart. In der Reihe von Briefen an ihre künstlerische Freundin Alicia berichtet und rekapituliert die Lyrikerin Teresa Episoden aus ihrem Leben: San Francisco, Mexico City, Acapulco, New York bringen Männer- und Frauenbeziehungen, eine Abtreibung, eine Trennung, eine Geburt usw. Je nach Reihenfolge der Briefe bei der Lektüre, für die die Autorin 3 alternative Vorschläge – eine konformistische, eine zynische, eine donquichottische Lesart – macht, ergeben sich verschiedene Zusammenhänge der Hdlg. für die Episoden.

Auf der Suche nach Aztlán, dem mythischen Heimatland der Chicanas/os (Míxquiahuala ist ein mexikanisches Dorf mit toltekischen Ruinen) finden die beiden Frauen es überall, wo Chicanas/os leben. Zugleich ein feministischer R., der die Geschlechterrollen von Männern und Frauen und die Körperlichkeit als unterdrückt/befreit thematisiert. Ich-Erzählerin, die durchweg realistisch ihre Erfahrungen und Gefühle beschreibt.

1986 **Ron Silliman** (Hg.):

aL **In the American Tree**

Diese Anthologie stellt neuere Lyriker wie Charles Bernstein, Robert Grenier, Bernadette Mayer vor, die in Zeitschriften wie *This, Hills, Roof, L-A-N-G-U-A-G-E* etc. veröffentlichen und einen Bruch mit der Freivers und Sprechrhythmus verbindenden Poetik von E. Pound bis zu Ch. Olson vollziehen. Sie stellen die Beziehung Schreiben/Lesen und die Sprache selbst, um ihren Bezug auf die Realität beraubt, in den Vordergrund. Die programmatischen Manifeste in Teil II fordern eine referenzfreie, selbstreflexive Sprachpoesie, die Sprache als Instrument (Silliman), Ware (B. Watten), Prozeß (Grenier) oder Multi-Diskurs (Bernstein) versteht. Postmoderne Dichtergeneration. Einfluß von J. Ashbery und G. Stein.

1986 **Jim Crace:**

eE **Continent**

7 Kurzprosatexte.

Die locker verknüpften Erzähltexte entwerfen das Bild eines imaginären 7. Kontinents, von dem sie jeweils einen Lebensbereich mit Detailpräzision beschreiben: Methoden der Landwirtschaft, fragwürdige polit. Systeme, sexuelle Verhaltensweisen usw. Parallelen zur Abhängigkeit der 3. Welt von den Industrienationen. Komplex befremdliche wie plausible Parabeln in der Art von J. L. Borges.

1986 **Derek Walcott:**

L **Collected Poems**
1948–1984

Slg. von der frühen Auswahl *Green Night* (1962) bis zur Sequenz *Midsummer* (1984).

Die Gedichte behandeln mit zunehmender Komplexität das Thema der Isolation anhand wiederkehrender Motive wie der See(fahrt), des Schiffbruchs, Inseldaseins und Exils, des (paradiesischen) Gartens, teils in Anlehnung an spezifische Modelle der engl. Literatur *(Crusoe's Island* in *The Castaway)* oder im Rückgriff auf die christlich-klassische Tradition *(Adam's Song* in *Sea Grapes),* teils im direkteren Bezug auf die lokale Landesnatur und Zeitgeschichte der heimischen Karibik (Titelgedicht in

The Star-Apple Kingdom). Daneben gibt es Bestandsaufnahmen persönlicher Erfahrungen (Sequenz *Another Life*). Evokationsreiche Eindrücke von karibischen Landschaften und Milieus wechseln mit internationalen Reiseimpressionen (bes. USA, England, Mittelmeerländer). Durchgängige Auseinandersetzung mit dem europäischen, afrikanischen sowie indischen Erbe (persönlicher Zwiespalt, soziale Konflikte). Walcott bemüht sich um die Begründung einer eigenständig karibischen Dichtung im überwiegend urbanen Idiom, das die Überlieferung angloam. Literatur und karibischer Besonderheiten verbinden soll. Neben E. K. Brathwaite, der stärker sein afrikanisches Erbe und folkloristische Traditionen betont, ist er der bedeutendste und weltweit bekannteste Lyriker dieser Großregion. In Drr. wie *Dream of Monkey Mountain* (1970) gibt er Elementen einer mündlichen Bodenständigkeit mehr Raum.

Teilübs. *Das Königreich des Sternapfels* von K. Martens (1989).

1987 Athol Fugard:
D Selected Plays

4 Drr. Hg. D. Walder. Urauff. oder rasch folgende Erstauff. in Südafrika jeweils auf Experimentierbühnen.

Enthalten sind durchweg »Port Elisabeth Plays« (wiederkehrender südafrikanischer Schauplatz): *Blood Knot* (1985; Überarbeitung von *The Blood Knot,* 1961) konkretisiert an 2 unterschiedlich »farbigen« Mischlingsbrüdern gegensätzliche Verhaltensweisen und spannungsvolle Abhängigkeiten der beiden, die das rassistische System der Umwelt widerspiegeln und das triste Dasein einer absurden Welt offenbaren. *Hello and Goodbye* (1965, rev. 1970) führt in der Wiederbegegnung von Bruder und Schwester gegensätzliche Haltungen im Armenmilieu der Buren vor Augen. *Boesman and Lena* (1969, rev. 1970) demonstriert die Reibereien eines obdachlosen Farbigen-Paars miteinander, das trotz aller Erniedrigungen überlebt. *›Master Harold‹ . . . and the Boys* (1982) zeigt einen weißen Schuljungen im vertraulichen Umgang mit 2 schwarzen Dienern, dessen unterschwelliger Rassismus in einer Reflexhdlg. hervorbricht.
Fugards »theatre of defiance« lehnt sich gegen die menschliche Gleichgültigkeit auf, wobei existentielle Akzente (früher Einfluß S. Becketts) mit polit. Implikationen (Apartheid-Kritik) einhergehen. Typisches Grundkonzept: Konzentration auf wenige Figuren (oft Familienmitglieder) in randständigen Milieus; Auswirkung der rassistischen Gesellschaft auf die Privatsphäre; Zurücktreten der äußeren Hdlg. gegenüber dem inneren Geschehen; aussparend beredter Einsatz von Dialog und Bühnenbild. Vorwiegend realistisches Verfahren mit zunehmend symbolischen Zügen.

Engl. Fernsehbearbeitungen. Übs. von *The Blood Knot: Mit Haut und Haar* von W. Czaschke und F. Heigert (1974).

1987 Peter Brook:

eD The Mahabharata

Dr., 3 Teile. Engl. Fassung der französischen Bearbeitung des Sanskrit-Epos durch Jean Claude Carrier (1985) für Brooks internationale Theatergruppe. Auff. Aug. in einem Bootshaus, Zürich.

Rahmen: der Erzähler Vyasa diktiert dem elefantenköpfigen Gott Ganesha das Epos über den Krieg zw. 2 Herrschergeschlechtern im vorzeitlichen Indien. I. »The Game of Dice«. Die Koexistenz zw. den halbgöttlichen Pandavas und den blutsverwandten Kauravas wandelt sich durch die Schuldverstrickung von Generationen zum eskalierenden Konflikt. Beim Würfelspiel verliert der Pandava-König – vom Gegner geprellt – alles. II. »Exile in the Forest«. Die Pandavas werden in die Wildnis verbannt, wo sie sich für die Wiederherstellung der verfallenden sozialen Ordnung rüsten. III. »The War«. Unter Arjuna und mit Hilfe des Avatars Krishna wird das Schicksal eines Krieges erfüllt, der durch den Einsatz des Zerstörergottes Shiva 18 Mio. Tote fordert und die ganze Erde bedroht, aber zur Überwindung der Kauravas führt. Epilog: Relativierung des Geschehens von transzendenter Warte.
Mythopoetische Parabel aus archaischer Zeit mit aktueller Problematik (einschließlich einer apokalyptischen Wunderwaffe): Kriegsgründe, Reaktionsverkettung, Individualversagen, kollektive Zwanghaftigkeit; komplexe Verflechtung von Gut und Böse; Ursache-Wirkung-Prinzip in universaler Vorbestimmung (»dharma«) und die Negierung von Dualitäten bis zur Auflösung der Realität-Illusion-Dichotomie nach indischer Denktradition. 9stündige Trilogie im Gefolge des epischen Theaters (demonstrative Episodenfolge, Rollenverfremdung) mit Vielzahl typisierter Figuren, tragischen wie komischen Grundsituationen, phantastischen Vorkommnissen und magisch evokativen Momenten der einfach stilisierten Sprache und sparsamen Bühnenmittel. Höhepunkt von Brooks Bemühen um ein »urtümliches« und »heiliges« Theater.

1987 Paul Auster:

aE In the Country of Last Things

R. Einzelnes in *The Paris Review*.

In einer Stadt der »letzten Dinge« in vager Zukunft sucht Anna Blume nach ihrem Bruder William. Der Tod ist allgegenwärtig: Mord-Clubs durchziehen die Stadt, überfüllte Euthanasie-Kliniken, Selbstmord-Jogger, Fäkalisten etc. Apokalyptische Endzeitstimmung einer total entfremdeten Welt. Als Tagebuch und Bericht A.s verfaßt. Einfluß von J. G. Ballard.

1987 Toni Morrison:

aE Beloved

R. Angeregt durch einen hist. Vorfall.

Cincinnati, 1873. 3 Generationen schwarzer Frauen, Großmutter Baby Suggs, Tochter Sethe und Enkelin Denver, leben schlecht und recht mit dem Geist von S.s. ermordeter Tochter »Dearly Beloved« (1855–57) zusammen und versuchen, die daraus entstehenden Probleme zu lösen. Der hist. R. dramatisiert den Übergang von der Sklaverei zur Emanzipation und dessen Auswirkung auf die neue Rolle der Frau. Realistische Behandlung der Gespenstergeschichte.

1987 Gloria Anzaldúa:

a Borderlands/La Frontera

The New Mestiza

Textcollage aus Prosastücken und Gedichten. Einzelnes in *Conditions Six, Labyris, IKON*.

Grenzgebiet im am. Südwesten. I. »Atravesando Fronteras/Crossing Borders« umreißt das mythische Heimatland der Cochise (Vorfahren der Azteken), das durch die Grenze zw. USA und Mexiko zerschnitten wird und zugleich im Bild der Schlange die grenzüberschreitende, zw. beiden Kulturen angesiedelte Identität der Chicanos/as hervorbringt. II. »Un Agitado Viento/Ehécatl, The Wind«. Momente aus dem harten Arbeitsleben der Chicanos und der doppelten Ausbeutung der Chicanas als Minderheitenangehörige und Frauen, aber auch Momente des Glücks lesbischer Liebe.

Hist., mythologische und autobiogr. Prosatexte (I) kontrastieren mit dramatischen oder lyrischen Gedichten (II) und machen zugleich die widersprüchliche Einheit des äußeren und inneren Grenzlands (Titel) deutlich. Proklamierung einer bewußten Zwischenstellung (Mestizin, Lesbierin, Wanderin) und polit. Vereinigung mit anderen nordam. Minoritäten. Grenzüberschreitung auch in der Sprache (Zweisprachigkeit) und den literarischen Genres.

1987 Jayne Anne Phillips:

aE Fast Lanes

7 Kurzgeschichten. Einzelnes in *Esquire, Rolling Stone* u. a.

Neben 2 Geschichten aus dem Umkreis von →*Machine Dreams* (1984) über Danners Liebe zu ihrem Bruder Billy (*Blue Moon*) und die Liebe von Bess für ihren Bruder Warwick *(Bess)* weitere Geschichten über den jungen Punker Mickey, der in einem furiosen Monolog sein Leben rekapituliert *(How Mickey Made It)*, eine Mutter, die ihre Ehe aufkündigt, als ihr Mann der gemeinsamen Tochter Angela einen Diamantring zum 16. Geburtstag schenkt *(Something That Happened)*, und vor allem über

Thurmans und Kates lange und schwierige Heimfahrt zu ihren Eltern im Süden (Titelgeschichte). Gestörte Familienbeziehungen, Entwurzelung und die Suche nach einem Halt durchziehen alle Geschichten. Meist charakterisierende Ich-Erzählungen mit entsprechend stilistischer Variation. Oft aus erinnernder Sicht.

1987 Joseph McElroy:

aE Women and Men

R.

In den parallel verlaufenden Lebenswegen des Journalisten James Mayn aus Windrow, N. J., und Grace Kimball, Feministin, die in New York eine erotische Selbsterfahrungsgruppe namens Body-Self Workshop leitet, geraten Geschlechterrollen und Subjektivität heillos ins Fließen. Beide sind geschieden und entwickeln komplizierte Verhältnisse zu Müttern, Liebespartnern (G. ist bisexuell) und ihren Kindern. Indianische Vorfahren und Legenden spielen ebenfalls in die Gegenwart mit hinein. G.s und J.s Leben berühren sich durch weitere Paare, die das Thema der problematisch gewordenen Geschlechterbeziehungen spiegeln und differenzieren. Zusätzliche Schwierigkeiten entstehen durch den Erzählerdiskurs, der in durchgehender Kommentierung jede lineare Hdlg. durchbricht, Identitäten verschwimmen läßt und sich in einem die Leser einschließenden »wir« den Figuren nähert und ihnen wieder ausweicht. Postmoderner R. antirealistischer Art.

1987 Ian McEwan:

eE The Child in Time

R.

England, nahe Zukunft. Der Kinderbuchautor Stephen Lewis und seine Frau verlieren durch eine Entführung ihr Töchterchen und machen eine schmerzvolle Phase durch, die sie auseinandertreibt. Erst mit der Zeit finden sie wieder zu einer versöhnlichen Einstellung. St.s Reflexionen bringen ihn zugleich zu einem flexibleren Verständnis von Geschichte und Vergänglichkeit. Den Hintergrund bildet ein (vom Thatcherismus geprägtes) autoritäres polit. Regime. McEwan gibt hier seinem Erzählwerk eine explizit sozialkritische Dimension und präsentiert die Situation der Figuren auf einfühlsame Weise.

Übs. *Ein Kind zur Zeit* von O. Bayer (1987).

1987 Tony Harrison:

eL Selected Poems

Erweiterte Ausg. der Slg. von 1984. Auswahl aus den Slgg. *The Loiners* (1970) bis *v.* (1985).

Das programmatische Gedicht *On Not Being Milton* entwickelt lakonisch das Bewußtsein von der Herkunft aus der unterdrückten und sprachlich

bevormundeten Arbeiterklasse Nord-Englands. Entsprechend wird die Selbstzuordnung in der polarisierten Gesellschaft zum Ausdruck gebracht: *Them and [uz]*. Viele Gedichte evozieren die einheimische Region und Orte der 3. Welt (vgl. die autobiogr. Retrospektive *Newcastle is Peru)*. Die 54 Gedichte des seit 1978 entstehenden Zyklus *The School of Eloquence* thematisieren, meist in erweiterter Sonettform, die Erinnerung an die Eltern, Aspekte der Geschichte, Sprache und Kultur und deren Bedrohung. Das lange Gedicht *v.* setzt sich angesichts der Graffiti auf dem Friedhof von Leeds mit Protesthaltungen auseinander, die in aktuellen Problemen ihre Erklärung finden (Arbeitslosigkeit, Klassengegensätze, Minoritätendiskriminierung usw.).
Virtuose Verwendung einer Vielfalt von Gedichtformen vom Epigramm bis zur Sequenz und metrischer Schemata (Reim, Blankvers, Freivers) sowie diverser Sprachregister vom Fremdsprachenzitat bis zu Dialekt und Slang. Vorliebe für sprachspielerische Pointen und metaphorische Effekte nach Art der »metaphysicals«. Teilweise demonstrative Abweichung von glatter Perfektion durch unstimmige Bilder oder durchbrochene Rhythmen.
Harrison, der Hauptvertreter der Arbeiterklasse unter den engl. Lyrikern, ist zugleich mit Übss. und Bearbeitungen von Vers-Drr. hervorgetreten wie der ins viktorianische Indien verlegten *Phaedra Britannica* (1975) nach Racine oder dem biblischen Zyklus *The Mysteries* (1985) nach den spätmittelalterlichen engl. Mysterienspielen.

1987 **Paul Muldoon:**

eL **Meeting the British**

22 Gedichte, 1 Sequenz, 1 Prosatext. Teilweise bereits in *The Wishbone* (1984) erschienen. Einzelnes vorab in diversen Zeitschriften.

Persönliche Erinnerungen, elementare Erlebnisse und Alltagserfahrungen *(My Grandfather's Wake, The Soap-Pig)*, Bilder der ir. Umwelt *(Bechbrechta)* und Eindrücke des Aufenthalts in den USA (hist. Reminiszenz des Titelgedichts) bilden wiederkehrende Motive, oft in eigenwillig ironischer Verschränkung. Typischer Abschluß der Slg. mit langem Gedicht in internationalem Figuren-Ensemble: Monolog-Sequenz namhafter Künstler in einem New Yorker Haus 1940 *(7, Middagh Street)*.
Die problematisierende Thematik von Gegenwart und Vergangenheit, Identität und Suche, Wahrnehmung und Sprache wird mit übermütiger Experimentierfreude entwickelt: Vorliebe für ungewöhnliche Metaphern, überraschende Verdrehungen, surreale Vermischungen und wortspielerischen Witz. Der prosanahe Vers gekennzeichnet durch klangmagische Effekte, Sprecheinheiten, flexible Abschnittbildung. Muldoon ist der Hauptvertreter der jüngeren Generation der »Ulster Poets«.

1988 John Updike:

aE S.

R.

In ihren Briefen an Ehemann Charles, ihre Mutter, Tochter Pearl, eine Freundin und ihren Bankier enthüllt Sarah Worth ihre anfängliche Begeisterung und plötzliche Enttäuschung von einer Yoga-Sekte, deren Guru sich als ein gewisser Art Steinmetz aus Watertown in Neu-England entpuppt. Satire auf den kommerziellen Sektenkult der 70er Jahre. Ironische Parallelen zu N. Hawthornes →*The Scarlet Letter* (1850).

Übs. von H. Adler (1989).

1988 Raymond Carver:

aE Elephant and Other Stories

7 Geschichten. Einzelnes in *The New Yorker, Esquire.*

Umzug und beginnender Wahnsinn der Mutter *(Boxes),* Arbeitslosigkeit und Verschuldung des Bruders (Titelgeschichte), Wiederbegegnung mit der betrogenen Ehefrau *(Intimacies),* der Tod Tschechows *(Errand):* Carver bleibt seinen Themen von Verlust und Entfremdung sowie seiner persönlichen Erzählweise minimaler Andeutungen auch in seinen späten Erzählungen treu.

1988 Lynne Alexander:

aE Resonating Bodies

R., 2, mit einem Zwischenspiel.

Kontrapunktisch angelegte Serie von Erzählungen und Ansprachen, wechselnd zw. dem Konzertvirtuosen Nicholas Jordan und seiner *viola da gamba,* liebevoll Rose genannt, über N. s Nachfolgerin und Konkurrentin Lucy während eines Konzertes in Versailles. Musikalisch thematisierte und durchgeführte Komposition. »Meister« und Instrument sind sich gegenseitig erotischer Klangkörper. Reiche sprachliche Modulation der einzelnen Passagen.

1988 Harold Brodkey:

aE Stories in an Almost Classical Mode

34 Erzählungen. Entst. seit 1967. Einzelnes in *American Review* u. a.

Neben frühen Geschichten (*The Abundant Dreamer, Bookkeeping)* vor allem Fragmente aus dem lang angesagten und unveröffentlichten R. *Party of Animals:* über den Reifungs- und Sozialisationsprozeß des Erzählers Wiley Silenowicz aus St. Louis, Mo., seine Adoption mit 2 Jahren *(A Story in an Almost Classical Mode),* seine Kindheit *(Play),* seine sexuellen *(Innocence)* und religiösen Erfahrungen *(Angel).* Extrem vielschichtiger

Detailrealismus und experimentelle Zeitdehnung von einzelnen Abschnitten der Hdlg. Teilweise autobiogr. Rekonstruktion mit psychorealistischen Zügen. Einfluß von M. Proust.

1988 Peter Redgrove:

eL The Moon Disposes
Poems 1954–1987

105 Gedichte und 1 Sequenz: Auswahl aus den Slgg. *The Collector* (1959) bis *The Mudlark Poems & Grand Buveur* (1986).

Ausgehend von Naturbeobachtungen und persönlichen Erfahrungen bemüht sich Redgrove um die Befreiung von zivilisationsbedingten Sehweisen und Wertvorstellungen, indem er eine alle Lebewesen verbindende Ganzheitlichkeit, zumal ein durch Eros und Instinkt bestimmtes Verhalten ins Zentrum rückt. Dominanz sinnlicher Eindrücke und visionärer Einblicke. Archetypische Leitsymbolik (Elemente, Erdmutter, Spiralformen). Meist prosanahe Verse mit betonter Bildhaftigkeit und Klangfülle bei flexibler Abschnittbildung. Verwendung mythischer Sprecherrollen. Verbindung von naturwissenschaftlichen und symbolisch-mystischen Ansätzen: vgl. die Schrift *The Black Goddess and the Sixth Sense* (1987). Einflüsse von W. Blake, J. W. Goethe, C. G. Jung.

1988 Frank Moorhouse:

E Forty-Seventeen

Sequenz von 19 Kurzprosa-Texten.

Locker zusammenhängende, teils stark segmentierte Erzähltexte in der 3. Person um einen australischen UN-Delegierten und seine Freundin (er wird 40, sie ist 17: vgl. Titel), seine ebenfalls jüngere Freundin Belle, die als dekadente »Dirne« posiert, die Ur-Großmutter, die in Katoomba ein freizügiges Etablissement betrieben hat, Aufenthalte im Ausland usw. Soziale Norm und Außenseitertum, Kontinuität und Entwicklung im Einzelleben und der Generationenfolge, Identitätsfindung und Rollenmuster und bes. die australischen Antipoden im Verhältnis zu Europa und USA sind wiederkehrende Themen. *Buenaventura Durruti's Funeral* über am. Dichter, einen spanischen Anarchisten und eigene Sex-Touren durchs Land führt die meisten Motive ein und gibt mit der »Disziplin der Undiszipliniertheit« stichwortartig einen Rahmen. *From a Bush Log Book 1* ist typisch für das parodistische Spiel mit australischer Stereotypik, *Libido and Life Lessons* für die Stiltendenz zur katalogartigen Partikularisierung. Lakonischer Grundton. Anspielungen auf die aktuelle Kulturszene. Moorhouse ist ein Hauptvertreter der sich international öffnenden 60er Generation australischer Autoren, wie auch die Vorliebe für die »diskontinuierliche Erzählung« zeigt.

1988 **Peter Carey:**
E **Oscar and Lucinda**
R.

England, Australien, 1856–66. 1.–60. Der exzentrische engl. Pfarrer Oscar Hopkins, ein leidenschaftlicher Spieler, und die eigenwillige australische Erbin Lucinda Leplastrier, die eine Glashütte übernommen hat, lernen sich auf der Überfahrt nach Sidney kennen. 61.–91. Ihre Liebesbeziehung führt zu persönlichen Mißverständnissen (vermeintlicher Rivale, Sündenbewußtsein O.s) und sozialer Ächtung (O.s Amtsenthebung). Sie entwickeln die verrückte Idee, eine Kirche aus Glas – zerlegt – in einen anderen Landesteil zu bringen und dort zu errichten. Sie setzt ihren Besitz aufs Spiel, der dem Land und seinen Eingeborenen abgetrotzt worden war; er will sich durch den pünktlichen Transport ihrer würdig erweisen. 92.–110. Die Expedition unter dem brutalen Landvermesser Jeffris (Niedermetzelung Eingeborener) wird dem nur unter Drogen überlebenden O. zunehmend zum Alptraum. Er erschlägt J., schwängert eine ihn betreuende Witwe und geht mit der Glaskirche im Zielhafen unter. L. wird Sozialarbeiterin.
Ich-Erzählung von O.s Urenkel: Form der ausgemalten Familienchronik, weitgehend zw. den Titelhelden alternierende Erzählstränge. Entwurf eines vom australischen Selbstverständnis abweichenden Geschichtsbildes durch Konzentration auf Außenseiter mit spielerischer Phantasie und introspektiver Sensibilität, die zugleich Unterschiede zw. England, Dekadenz und Zwanghaftigkeit (O.) und Australien, Fortschritt und Freiheit (L.) sowie Rollenverkehrungen von Mann und Frau offenbaren. Tragikomische Hauptfiguren. Satirische Beleuchtung der Gesellschaft unter kolonial- und missionsgeschichtlichen Bedingungen. Spiel des Zufalls als Vergangenheit und Gegenwart verbindendes Moment. Realistisches Erzählen (mit direktem/indirektem Bezug auf hist. Persönlichkeiten: G. Eliot/E. Gosse) und Annäherung an realitätsferne Bizarrerie. Chronologisches Fortschreiten mit Zeitsprüngen und fokusartigen Kurzkapp. Symbolik: vieldeutige Glasobjekte, Wasser(getier), Wettspiele. Parodie von Erzählkonventionen in der Tradition von M. Cervantes und L. Sterne bis J. Barth und J. Fowles.

Booker-Preis.

1988 **Salman Rushdie:**
E **The Satanic Verses**
R., 9.

England und Indien, Gegenwart (verschränkt mit Vergangenheit). Aus einem über dem engl. Kanal explodierenden Jumbo fallen die Inder Gibreel Farishta, unbekümmerter Frauenheld und Superstar religiöser Bombay Movies, und Saladin Chamcha, introvertierter Anglophile und stimmenimitatorischer Sprecher bei den engl. Medien, vom Himmel und über-

leben wundersam gewandelt: G. als Erzengel, S. als monströser Teufel. Während G. schizophren London zu »säubern« versucht, wird S. im Getto von »Brickhall« ein Opfer der rassistischen Gesellschaft unter »Maggie Torture«. Der Kampf der beiden Widersacher treibt G. in den Tod, S. beginnt ein neues Leben. Verknüpft mit dieser Hdlg. sind traumartig eingelegte Geschichten über den Propheten Mahound, der in der arabischen Sand-Stadt Jahilia eine Religion der »Unterwerfung« gründet und dabei die Eingebung engelhafter bzw. satanischer Verse erhält; über einen fanatischen Imam, der aus dem engl. Exil die verwestlichte Herrscherin Ayesha in »Desh« stürzt und ablöst; über das visionäre Bauernmädchen Ayesha, das sein indisches Dorf auf einem Pilgermarsch im Zeichen von Wundern nach Mekka zu führen sucht.
Rushdie setzt sich hier mit der konfliktreichen Situation der asiatischen Einwanderer in England, dem Wahrheitsanspruch und der Gut-Böse-Schematisierung des orthodoxen Islam und darüber hinausgehenden Fragen existentieller, sozialer und psychologischer Bedeutung auseinander, wobei ein Standpunkt säkularer Skepsis, hist. Differenzierung und toleranter Humanität sowie ein mit vielseitiger Ironie entwickelter Sinn für Ambivalenzen erkennbar wird. Dies gilt auch für den Erzählvorgang selber: die Eröffnungsformel arabischer Erzähler »It was so. It was not so.« ist eine leitmotivische Devise. Vielfalt der Typen, Milieus und Episoden bei häufigen Zeitsprüngen und Schauplatzwechseln, Verquickung von Realismus (authentisches Detail, aktuelle Bezüge) und einfallsreicher Phantastik (märchenhaftes Fabulieren, groteske Satirisierung). Dichtes Beziehungsgeflecht von Motiven, Bildern, Namen- und Wortspielen. Virtuosität der Sprache: parodistischer Erzähler, variationsreiche Figurenrede. Schlüsselbegriff der »Metamorphose« für Thematik (Identitätsproblem) wie Technik (Überblendung Traum – Wirklichkeit).

Das Werk erregte international Aufsehen: militante Proteste von großen Teilen der islamischen Welt wegen »blasphemischer« Betroffenheit: Bücherverbrennungen in Bradford (England), blutige Unruhen in Bombay (Indien) und Islamabad (Pakistan) mit Toten, Todesurteil gegen Autor (3 Mio. £ Kopfgeld) und »Helfershelfer« bei der Publikation durch Chomeini (Iran), Ermordung gemäßigter Muslim-Führer in Brüssel, Bombenanschläge auf Buchhandlungen in USA und England, Verbot des Buches und teilweise Verlagsbann bes. in islamischen Ländern. Die fanatische Kampagne zwang den Autor zum Untertauchen und erschwerte die Verbreitung und Übs. des Buches auch in europäischen Ländern, die zum Teil gleichzeitig die diplomatischen Beziehungen zum Iran abbrachen. Tariq Alis und Howard Brentons Dr. *Iranian Nights* (1989) behandelt die literarischen, religiösen und polit. Aspekte des Falls.

1988 Wole Soyinka:

L Mandela's Earth and Other Poems

Slg. in 4 Teilen.

Gedichte über Südafrika (Widerstand der Mandelas gegen die Apartheid, die Opfer von Soweto), die weltwirtschaftliche Ausbeutung Afrikas, kritische Eindrücke einer USA-Reise, privatere oder weltanschaulich Stellung beziehende Gedichte bilden die Schwerpunkte. Eintreten für das Selbstbestimmungsrecht Schwarzafrikas. Problematisierung außerafrikanischer Betrachtungsweisen und neokolonialer Abhängigkeitsverhältnisse. Vorliebe für provokative Metaphorik. Diverse Formen vom gereimten Zweizeiler bis zur Freivers-Sequenz.

1988 Margaret Atwood:

E Cat's Eye

R., 15.

Toronto, Gegenwart. Die erfolgreiche Malerin Elaine Risley kehrt aus Vancouver zu einer Retrospektive ihres – bes. in Feministinnenkreisen geschätzten – Werks in die gewandelte Heimatstadt zurück und findet sich auf Schritt und Tritt mit halb verdrängten Erinnerungen an die Kindheit und Jugend konfrontiert (unkonventionelle Familie, Männer späterer Liebesbeziehungen, widersprüchliche Freundin Cordelia). Atwood vermittelt aus persönlicher Erfahrung ein fiktionales Bild eines Grausamkeiten nicht aussparenden und subtil wiedergegebenen Jungmädchendaseins und der Ambivalenz der sich verändernden Frauenrolle seit den 50er Jahren. Realistische Ich-Erzählung mit Zeitsprüngen, doch durchweg in präsentischer Unmittelbarkeit. Prägnanter Stil.

1989 James Kelman:

eE A Disaffection

R.

Glasgow, Gegenwart. Eine Woche im Leben des 29jährigen Gesamtschul-Lehrers Patrick Doyle zeigt die Symptome einer sich kritisch zuspitzenden »Unzufriedenheit«: berufliche Enttäuschung in der Abhängigkeit von institutionellen Zwängen, sexuelle Frustration in der verhaltenen Beziehung zu seiner Kollegin Alison, soziale Verbitterung gegenüber einem repressiven System, existentielle Nöte im Bewußtsein der Daseinsleere und paranoide Ängste in der fortwährenden Selbstanalyse lassen nur tagträumerische Vorstellungen und zaghafte Ansätze einer Veränderung des eigenen Lebens zu.
Realistische Darstellung, bes. in der Nachzeichnung des Mietskasernen-Milieus und der Wiedergabe lokaler Sprechweisen. Perspektivisches Erzählen in der Technik des fragmentarischen inneren Monologs. Verbindung von Gesellschaftssatire und psychologischem Porträt.

1. Zum Hintergrund

Encyclopaedia Britannica. Rev. ed. 32 vols. Chicago 1985.
Bestes enzyklopädisches Nachschlagewerk, zumal zum angelsächsischen Bereich (mit am. Schwerpunkt).

Neville Williams: *Chronology of the Modern World.* 1763–1965. Rev. ed. Harmondsworth 1975. Pb.*
Hist. und kulturgeschichtliche Annalen.

Edward Royle: *Modern Britain.* A Social History 1750–1985. London 1988.

John Stevenson: *British Society 1914–45.* Harmondsworth 1984. Pb.

Arthur Marvick: *British Society Since 1945.* Harmondsworth 1982. Pb.
Sozialgeschichtliche Überblicke.

The Twentieth Century Mind. History, Ideas, and Literature in Britain. Ed. C. B. Cox and A. E. Dyson. 3 vols. London 1972. Pb.

John M. Blum et al.: *The National Experience.* A History of the United States. 6th ed. New York 1985. Pb.

Oscar Theodore Barck and Nelson Manfred Blake: *Since 1900.* A History of the United States in Our Time. 5th ed. New York 1974.
Jeweils Einbeziehung der soziokulturellen Entwicklung.

Helmut Riege: *Nordamerika.* 2 Bde. München 1978.
Landeskunde.

The United States. A Companion to American Studies. Ed. Dennis Welland. London 1974. Pb.
Schwerpunkte auf Geschichte und Literatur.

F. S. L. Lyons: *Culture and Anarchy in Ireland 1890–1939.* Oxford 1979. Pb.
Soziokulturelle Entwicklung.

Dennis Judd and Peter Slinn: *The Evolution of the Modern Commonwealth 1902–80.* London 1982. Pb.
Knappe Einführung.

2. Literarische Nachschlagewerke

Lexikon der Weltliteratur. Hg. Gero von Wilpert. Bd. I: Biographisch-bibliographisches Handwörterbuch nach Autoren und anonymen Werken. 3. Aufl. Stuttgart 1988. Bd. II: Hauptwerke der Weltliteratur in Charakteristiken und Kurzinterpretationen. 2. Aufl. Stuttgart 1980.
Bd. II konzentriert auf Interpretation, unter Ausklammerung des »Inhalts«.

Literatur Brockhaus. Hg. Werner Habicht, Wolf-Dieter Lange und die Brockhaus-Redaktion. 3 Bde. Mannheim 1988.
Sachbegriffe, Autoren, Nationalliteraturen.

* Pb. = Paperback

P. J. Smallwood: *A Concise Chronology of English Literature.* Beckenham, Kent, 1988.
Annalistische Synopse literarischer und hist. Daten 1375–1975.

Richard M. Ludwig and Clifford Nault: *Annals of American Literature 1602–1983.* Oxford 1987.
Synopse literarischer und hist. Jahresdaten.

Hauptwerke der englischen Literatur. Einzeldarstellungen und Interpretationen. Hg. Manfred Pfister. München 1975. Pb.

Hauptwerke der amerikanischen Literatur. Einzeldarstellungen und Interpretationen. Hg. Gertrud von Baruch. München 1975. Pb.
Jeweils kurze hist. Überblicke und Werkanalysen (bei weit gefaßtem Literaturbegriff, wenngleich wenig Lyrik) = Auszüge aus dem umfassendsten Lexikon der Weltliteratur:

Kindlers Literatur Lexikon. 12 Bde. München 1965–72. Pb. (1974).
In stark erweiterter Neubearbeitung als:

Kindlers Neues Literatur Lexikon. Hg. Walter Jens. 20 Bde. München 1988– .

The Penguin Companion to Literature. Vol. I. Ed. David Daiches. Vol. III. Ed. Malcolm Bradbury et al. Harmondsworth 1971. Pb.
Autoren: I. Großbritannien; III. Amerika.

The Oxford Companion to English Literature. New ed. Margaret Drabble. Oxford 1985.
Bewährtes Standardwerk: Autoren, Werke nach Inhalt, Stichwörter mit Schwerpunkt auf engl. Literatur.

The Cambridge Guide to Literature in English. Ed. Ian Ousby. Cambridge 1988.
Ähnliche Anlage wie das Oxforder Kompendium, doch Erfassung des gesamten englischsprachigen Schrifttums und breitere Aktualität.

James D. Hart: *The Oxford Companion to American Literature.* 5th ed. New York 1983.
Zuverlässiges Standardwerk: Autoren, Werke nach Inhalt, Stichwörter.

The Cambridge Handbook of American Literature. Ed. Jack Salzman. Cambridge 1986.
Knappe Erfassung von Autoren, Werken, Stichworten.

A. C. Ward: *Longman Companion to Twentieth Century Literature.* 3rd ed. London 1981.
Autoren, Werke nach Inhalt, Stichworte bes. der engl. Literatur.

Guide to Twentieth Century Literature in English. Ed. Harry Blamires. London 1983. Pb.
Engl., ir. und Commonwealth-Autoren.

Twentieth-Century American Literature. Ed. Harold Bloom. 7 vols. New York 1985.
Breiter Überblick über Einzelautoren.

Dictionary of Literary Biography. Ed. Matthew Bruccoli et al. Detroit 1978– (bisher 77 Bde.)
Umfassendes Autorenlexikon vorwiegend zum 20. Jh. Schwerpunkte: am. und engl. Literatur nach Gattungen und Perioden, bes. informativ zur Gegenwart. Jahresbde. 1980 ff. (1981–) mit Ergänzungen und aktuellen Berichten.

Contemporary Dramatists. Ed. D. L. Kirkpatrick. 4th ed. Chicago 1988.

Contemporary Poets. Ed. James Vinson and D. L. Kirkpatrick. 4th ed. New York 1985.

Contemporary Novelists. Ed. James Vinson and D. L. Kirkpatrick. 4th ed. New York 1986.
Breite Auswahl englischsprachiger Autoren: Kurzcharakteristiken, Bibliographien.

Myron Matlaw: *Modern World Drama*. An Encyclopedia. London 1972.
Autoren, detaillierte Werkanalysen, Stichwort-Überblicke.

Karl Malkoff: *Crowell's Handbook of Contemporary American Poetry*. New York 1973.
Hauptrichtungen und etwa 100 Autoren in Kurzcharakteristiken.

3. Literaturgeschichten

Walter F. Schirmer: *Geschichte der englischen und amerikanischen Literatur von den Anfängen bis zur Gegenwart*. Hg. Arno Esch. 6. Aufl. Tübingen 1983. Pb.
Neubearbeitung der umfassendsten deutschsprachigen Geschichte beider Literaturen.

Martin S. Day: *History of English Literature*. From 1837 to the Present. Garden City, N. Y., 1964. Pb.

Martin S. Day: *History of American Literature*. From 1910 to the Present. Garden City, N. Y., 1971. Pb.
Teile der durchgängig detailliertesten engl. und am. Literaturgeschichte in Pb.

[*Sphere*] *History of Literature in the English Language*.
Vol. VII. *The Twentieth Century*. Ed. Bernard Bergonzi. London 1970. Pb.
Vol. IX. *American Literature Since 1900*. Ed. Marcus Cunliffe. Rev. ed. London 1987.
Perioden, Bewegungen, Hauptautoren, Hintergrund: engl. und am. Literatur.

The New Pelican Guide to English Literature. Ed. Boris Ford.
Vol. VII. From James to Eliot. Harmondsworth 1983. Pb.
Vol. VIII. The Present. Harmondsworth 1983. Pb.
Vol. IX. American Literature. Harmondsworth 1988. Pb.
Einbeziehung des sozialen Hintergrunds, Überblick, Hauptautoren und -werke. Neubearbeitung eines umfassenden Standardwerks.

Ewald Standop und Edgar Mertner: *Englische Literaturgeschichte*. 4. Aufl. Heidelberg 1983. Pb.
Konzentration auf bedeutendere Autoren und Werke.

Peter Conrad: *The Everyman History of English Literature*. London 1985. Pb.

Rudolf Haas: *Amerikanische Literaturgeschichte*. 2 Bde. Heidelberg 1973–74. Pb.
Jeweils ansprechende Darstellung mit exemplarischen Interpretationen.

Literary History of the United States. Ed. Robert E. Spiller, Willard Thorp et al. 2 vols. 4th ed. New York 1974.
Älteres Standardwerk: umfassendste am. Literaturgeschichte. Vol. II = Bibliographie.

Columbia Literary History of the United States. Ed. Emory Elliott. New York 1988.
Neues umfassendes Standardwerk.

Richard Fallis: *The Irish Renaissance*. An Introduction to Anglo-Irish Literature. Syracuse, N. Y., 1977. Pb.

Seamus Deane: *A Short History of Irish Literature*. London 1986. Pb.

2 informative hist. Überblicke, Schwerpunkte auf dem 20. Jh.

4. Diachrone und synchrone Gattungsüberblicke

The Revels History of Drama in English. Vol. VII. Hugh Hunt et al.: 1880 to the Present. London 1978. Pb. Vol. VIII. Travis Bogard et al.: American Drama. London 1978. Pb.

Gattungsgeschichte im Kontext von Theater und Gesellschaft.

Der englische Roman. Vom Mittelalter zur Moderne. Hg. Franz K. Stanzel. 2 Bde. Düsseldorf 1969.

Das englische Drama. Vom Mittelalter bis zur Gegenwart. Hg. Dieter Mehl. 2 Bde. Düsseldorf 1970.

Die englische Lyrik. Von der Renaissance bis zur Gegenwart. Hg. Karl Heinz Göller. 2 Bde. Düsseldorf 1969.

Die englische Kurzgeschichte. Hg. Karl H. Göller und Gerhard Hoffmann. Düsseldorf 1973. Pb.

Jeweils Hauptwerke in Einzelanalysen.

Epochen der englischen Lyrik. Hg. Karl Heinz Göller. Düsseldorf 1970.

Das englische Drama. Hg. Josefa Nünning. Darmstadt 1973.

Überblicke nach Perioden.

Der amerikanische Roman. Von den Anfängen bis zur Gegenwart. Hg. Hans-Joachim Lang. Düsseldorf 1972. Pb.

Die amerikanische Kurzgeschichte. Hg. Karl Heinz Göller und Gerhard Hoffmann. Düsseldorf 1972. Pb.

Die amerikanische Lyrik. Von der Kolonialzeit bis zur Gegenwart. Hg. Klaus Lubbers. Düsseldorf 1974. Pb.

Das amerikanische Drama. Hg. Paul Goetsch. Düsseldorf 1974. Pb.

Jeweils Hauptwerke in Einzelanalysen.

Der amerikanische Roman im 19. und 20. Jahrhundert. Hg. Edgar Lohner. Berlin 1974.

Hauptsächlich Einzelinterpretationen.

Günter Ahrends: *Die amerikanische Kurzgeschichte*. Theorie und Entwicklung. Stuttgart 1980. Pb.

Roy Harvey Pearce: *The Continuity of American Poetry*. Princeton 1961. Pb.

Gattungsgeschichtliches Standardwerk.

Walter J. Meserve: *An Outline of American Drama*. Totowa N. J. 1965. Pb.

Amerikanische Lyrik. Perspektiven und Interpretationen. Hg. Rudolf Haas. Berlin 1987.

Theater und Drama in Amerika. Aspekte und Interpretationen. Hg. Edgar Lohner und Rudolf Haas. Berlin 1978.

Slg. von Aufsätzen und Einzelinterpretationen.

James D. Hart: *The Popular Book.* A History of America's Literary Taste. New York 1950. Pb.

Walter Allen: *Tradition and Dream.* A Critical Survey of British and American Fiction from the 1920s to the Present Day. London 1964. Pb.

M. L. Rosenthal: *The Modern Poets.* A Critical Introduction. New York 1960. Pb.

Die engl. und am. Lyrik von Hopkins und Hardy bis in die 50er Jahre.

M. L. Rosenthal: *The New Poets.* American and British Poetry Since World War II. New York 1967. Pb.

Modern Poetry. Essays in Criticism. Ed. John Hollander. Oxford 1968. Pb.

Engl. und am. Lyrik des 20. Jh.

Der Kriminalroman. Zur Theorie und Geschichte einer Gattung. Hg. Jochen Vogt. 2 Bde. München 1971. Pb.

Robert Scholes and Eric S. Rabkin: *Science Fiction.* New York 1977.

Hist. Überblick, Typologie, Einzelinterpretationen.

5. Zur englischen Literatur im 20. Jahrhundert

William York Tindall: *Forces in Modern British Literature.* 1885–1956. New York 1956. Pb.

G. S. Fraser: *The Modern Writer and His World.* Rev. ed. London 1964. Pb.

Die engl. Literatur von 1890 bis in die 50er Jahre.

Englische Dichter der Moderne. Ihr Leben und Werk. Hg. Rudolf Sühnel und Dieter Riesner. Berlin 1971.

38 Autoren in Einzeldarstellungen.

Englische Literatur von Oscar Wilde bis Samuel Beckett. Interpretationen. Bd. IX. Hg. Willi Erzgräber. Frankfurt 1970. Pb.

Aufsatzslg.

David Daiches: *The Present Age.* After 1920. Introductions to English Literature. Vol. V. rpt. London 1969.

Überblick und ausführliches Werkeverzeichnis nach Gattungen.

J. I. M. Stewart: *Eight Modern Writers.* The Oxford History of English Literature. Vol. XII. Oxford 1963. Pb. (1973).

Hardy, James, Shaw, Conrad, Kipling, Yeats, Joyce, D. H. Lawrence.

Christopher Gillie: *Movements in English Literature 1900–1940.* Cambridge 1975. Pb.

Valentine Cunningham: *British Writers of the Thirties.* Oxford 1988.

Umfassender Dekadenüberblick.

Douglas Hewitt: *English Fiction in the Early Modern Period.* 1890–1940. London 1988. Pb.

Clare Hanson: *Short Stories and Short Fiction, 1880–1980.* London 1985.

Engl. Kurzprosa.

Robert Fricker: *Der moderne englische Roman.* 2. Aufl. Göttingen 1966. Pb.

Modern British Fiction. Ed. Mark Schorer. Oxford 1961. Pb.

Aufsätze zu Hardy bis Woolf.

Der moderne englische Roman. Interpretationen. Hg. Horst Oppel. 2. Aufl. Berlin 1971.

17 Rr. in Einzelanalysen.

Robert Fricker: *Das moderne englische Drama.* 2. Aufl. Göttingen 1974. Pb.

Das moderne englische Drama. Interpretationen. Hg. Horst Oppel. 3. Aufl. Berlin 1976. Pb.

19 Drr. in Einzelanalysen.

Katherine J. Worth: *Revolutions in Modern English Drama.* London 1973.

Von Eliot bis Bond.

Englische Literatur der Gegenwart in Einzeldarstellungen. Hg. Horst W. Drescher. Stuttgart 1970.

30 Autoren mit Hauptwerken der Jahre 1945–70.

Frederick R. Karl: *A Reader's Guide to the Contemporary English Novel.* Rev. ed. London 1972. Pb.

Behandelt die Zeit 1930–70.

Randall Stevenson: *The British Novel Since the Thirties.* Batsford 1986. Pb.

Knapper aktueller Überblick.

Der englische Roman der Gegenwart. Hg. Rüdiger Imhof und Annegret Maack. Tübingen 1987. Pb.

12 Hauptautoren.

Essays on the Contemporary British Novel. Ed. Hedwig Bock and Albert Wertheim. München 1986. Pb.

15 Hauptautoren.

John Russell Taylor: *Anger and After.* A Guide to the New British Drama. Rev. ed. London 1969. Pb.

Das engl. Dr. 1956–68.

Modern British Dramatists. A Collection of Critical Essays. Ed. J. R. Brown. Englewood Cliffs, N. J., 1968. Pb.

Das engl. Dr. der 50er und 60er Jahre.

Essays on Contemporary British Drama. Ed. Hedwig Bock and Albert Wertheim. München 1981. Pb.

11 Autoren.

Das englische Drama der Gegenwart. Interpretationen. Hg. Horst Oppel. Berlin 1976. Pb.

15 Einzelanalysen.

Englisches Drama von Beckett bis Bond. Hg. Heinrich Plett. München 1982. Pb.

Überblicke und Werkanalysen zum engl. Dr. 1956–80.

Günter Klotz: *Britische Dramatiker der Gegenwart.* Berlin 1982. Pb.

Marxistische Darstellung.

John Bull: *New British Political Dramatists*. London 1984. Pb.
Das polit. Dr. seit den 70er Jahren.
Das englische Hörspiel. Hg. Horst Prießnitz. Düsseldorf 1977.
25 Einzelanalysen.
British Television Drama. Ed. George W. Brandt. Cambridge 1981.
Überblick, 8 Autoren.
Die moderne englische Lyrik. Interpretationen. Hg. Horst Oppel. Berlin 1967.
27 Gedichte in Einzelanalysen.
Michael Schmidt: *An Introduction to Fifty Modern British Poets*. London 1979. Pb.
Anthony Thwaite: *Poetry Today*. A Critical Guide to British Poetry 1960–1984. London 1985. Pb.
Moderne englische Lyrik. Interpretation und Dokumentation. Hg. Elke Platz-Waury. Heidelberg 1978. Pb.
Zeitgenössische Lyrik in Einzelanalysen.
Malcolm Bradbury: *The Social Context of Modern English Literature*. Oxford 1971. Pb.

6. Zur amerikanischen Literatur im 20. Jahrhundert

Willard Thorp: *American Writing in the Twentieth Century*. Cambridge, Mass. 1960.
Heinrich Straumann: *American Literature in the Twentieth Century*. 3rd ed. rev. New York 1965. Pb.
2 ältere Einführungen.
Michael Spindler: *American Literature and Social Change*. William Dean Howells to Arthur Miller. London 1983.
Sozialistische Analyse.
A Time of Harvest. American Literature 1910–1960. Ed. Robert Spiller. New York 1962.
Knapper Überblick in Einzelbeiträgen.
Amerikanische Literatur im 20. Jahrhundert. American Literature in the 20th Century. Hg. Alfred Weber und Dietmar Haack. Göttingen 1971. Pb.
Amerikanisches Drama und Theater im 20. Jahrhundert. American Drama and Theatre in the 20th Century. Hg. Alfred Weber und Siegfried Neuweiler. Göttingen 1975. Pb.
2 Slgg. deutscher und engl. Beiträge.
C. W. E. Bigsby: *A Critical Introduction to Twentieth-Century American Drama*. 3 vols. Cambridge 1982–85. Pb.
Gründlichste Darstellung: Strömungen, Gruppen, Hauptautoren.
Jürgen Schäfer: *Geschichte des amerikanischen Dramas im 20. Jahrhundert*. Stuttgart 1982. Pb.
Konzentrierter Überblick.

Brian Lee: *American Fiction 1865–1940*. London 1987. Pb.

Alfred Kazin: *On Native Grounds*. An Interpretation of Modern American Prose Literature, 2nd ed. New York 1966. Pb.

Standard-Überblick.

Miles Donald: *The American Novel in the Twentieth Century*. New York 1978.

Frederick J. Hoffman: *The Modern Novel in America*. 1900–1950. Rev. ed. Chicago 1964. Pb.

Joseph Warren Beach: *American Fiction*. 1920–1940. Rpt. New York 1972. Pb.

Ihab Hassan: *Contemporary American Literature 1945–1972*. An Introduction. New York 1973. Pb.

Knapper Überblick: Gattungen, Tendenzen, Hauptautoren.

Amerikanische Literatur der Gegenwart in Einzeldarstellungen. Hg. Martin Christadler. Stuttgart 1973.

30 Autoren der Zeit 1945–1970.

Die amerikanische Literatur der Gegenwart. Aspekte und Tendenzen. Hg. Hans Bungert. Stuttgart 1977. Pb.

Aufsatzslg.

Harvard Guide to Contemporary American Writing. Ed. Daniel Hoffman. Cambridge, Mass., 1979.

Soziokultureller Hintergrund, Gattungen, Autorengruppen.

Tony Tanner: *City of Words*. American Fiction 1950–1970. London 1971. Pb.

Frederick Karl: *American Fictions 1940–1980*. New York 1983.

Die beiden informationsreichsten Überblicke zur Erzählprosa.

Amerikanische Erzählliteratur 1950–1970. Hg. Frieder Busch und Renate Schmidt von Bardeleben. München 1975. Pb.

13 Rr. und 4 Kurzgeschichten in Einzelanalysen.

Der amerikanische Roman der Gegenwart. Hg. Gerhard Hoffmann. 3 Bde. München 1988. Pb.

Überblicke und Hauptautoren, bes. nach Postmoderne-Theorie.

Essays on the Contemporary American Novel. Ed. Hedwig Bock and Albert Wertheim. München 1986. Pb.

17 Autoren, 3 allgemeinere Beiträge.

The American Short Story 1900–1945. Ed. Philip Stevick. Boston 1984.

The American Short Story 1945–1980. Ed. Gordon Weaver. Boston 1983.

William Peden: *The American Short Story*. Continuity and Change 1940–1975. Boston 1975.

Die amerikanische Short Story der Gegenwart. Interpretationen. Hg. Peter Freese. Berlin 1976.

Überblick und 32 Kurzgeschichten in Einzelanalysen.

Das amerikanische Drama der Gegenwart. Hg. Herbert Grabes. Kronberg 1976. Pb.

15 Drr. in Einzelanalysen.

Eberhard Brüning, Klaus Köhler und Bernhard Scheller: *Studien zum amerikanischen Drama nach dem Zweiten Weltkrieg*. Berlin 1977.
Marxistischer Überblick.

Essays on Contemporary American Drama. Ed. Hedwig Bock and Albert Wertheim. München 1981. Pb.
12 Autoren, 3 Gruppen.

Jerome Mazzaro: *Postmodern American Poetry*. Urbana 1980.

Larzer Ziff: *The American 1890's*. Life and Times of a Lost Generation. New York 1967. Pb.

Walter Lord: *The Good Years*. From 1900 to the First World War. New York 1960.

Frederick J. Hoffman: *The Twenties*. American Writing in the Postwar Decade. Rev. ed. New York 1965. Pb.

Harvey Swados: *The American Writer and the Great Depression*. Indianapolis 1966.

The Forties. Fiction, Poetry, Drama. Ed. Warren French. Deland, Fla., 1969.

The Fifties. Fiction, Poetry, Drama. Ed. Warren French. Deland, Fla., 1970.

The Sixties. Ed. Gerald Howard. New York 1981. Pb.
Dekadenüberblicke.

Alice Payne Hackett: *80 Years of Best Sellers*. 1895–1975. New York 1977.

Malcolm Cowley: *The Literary Situation*. New York 1958. Pb.
Autorensoziologie.

7. *Zur Commonwealth-Literatur*

Bruce King: *The New English Literatures*. Cultural Nationalism in a Changing World. London 1981. Pb.
Systematische Einführung.

Commonwealth-Literatur. Hg. Jürgen Schäfer. Düsseldorf 1981. Pb.
Überblick nach Großregionen.

Essays on Contemporary Post-Colonial Fiction. Ed. Hedwig Bock and Albert Wertheim. München 1986. Pb.
22 Hauptautoren.

The Oxford Companion to Australian Literature. Ed. William H. Wide et al. Melbourne 1985.

The Oxford History of Australian Literature. Ed. Leonie Kramer. Oxford 1981.

The Oxford Companion to Canadian Literature. Ed. William Toye. Toronto 1983.

W. H. New: *A History of Canadian Literature*. London 1988. Pb.
Die jeweils informationsreichsten Nachschlagewerke und umfassendsten neueren Literaturgeschichten.

West Indian Literature. Ed. Bruce King. London 1979. Pb.

Entwicklungsphasen.

A New Reader's Guide to African Literature. Ed. Hans M. Zell et al. London 1983.

Handbuch zur schwarzafrikanischen Literatur: Länder, Autoren, Werke.

African Writers on African Writing. Ed. G. D. Killam. London 1973.

Autoren über die (das weiße Südafrika einschließende) Literatur.

M. K. Naik: *A History of Indian English Literature*. New Delhi 1982.

Bester Überblick über die indoengl. Literatur.

Joseph und Johanna Jones: *New Zealand Fiction*. Boston 1983.

Einführung.

John Steinbeck im dtv

Früchte des Zorns
Roman
dtv 10474

Autobus auf Seitenwegen
Roman
dtv 10475

Geld bringt Geld
Roman
dtv 10505

Die wilde Flamme
Novelle
dtv 10521

Der rote Pony
und andere Erzählungen
dtv 10613

Die Straße der Ölsardinen
Roman
dtv 10625

Das Tal des Himmels
Roman
dtv 10675

Die Perle
Roman
dtv 10690

Der Mond ging unter
Roman
dtv 10702

Tagebuch eines Romans
dtv 10717

Stürmische Ernte
Roman
dtv 10734

Tortilla Flat
Roman
dtv 10764

Wonniger Donnerstag
Roman
dtv 10776

Eine Handvoll Gold
Roman
dtv 10786

Von Mäusen und Menschen
Roman
dtv 10797

Jenseits von Eden
Roman
dtv 10810

Laßt uns König spielen
Ein fabriziertes Märchen
dtv 10845

Logbuch des Lebens
Im Golf von Kalifornien
Mit einer Vita von Ed Ricketts
dtv 10865

Meine Reise mit Charley
Auf der Suche nach Amerika
dtv 10879

Der fremde Gott
Roman
dtv 10909

Die gute alte und die
bessere neue Zeit
Erzählungen
dtv 10921

dtv klassik

Literatur · Philosophie · Wissenschaft

Englische und Amerikanische Literatur

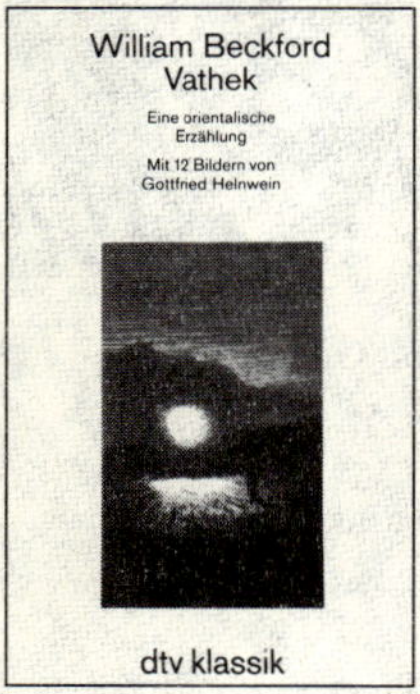

WILLIAM BECKFORD
Vathek
Eine orientalische Erzählung
Mit 11 Bildern von Gottfried Helnwein
Aus dem Engl. neu übertr. u. mit einem Nachwort von Wolfram Benda
dtv 2203

JOHN CLELAND
Fanny Hill
(Memoirs of a Woman of Pleasure)
Herausgegeben mit einem Nachwort versehen von Peter Wagner
dtv 2212

EDGAR ALLAN POE
Detektivgeschichten
dtv 2059

Faszination des Grauens
dtv 2095

Die Maske des Roten Todes
dtv 2127

WILLIAM SHAKESPEARE
Die Sonette
englisch und deutsch
In der ›Umdichtung‹ von Stefan George
dtv 2209

ADAM SMITH
Der Wohlstand der Nationen
Übers. u. hrsg. von Horst Claus Rechtenwald
dtv 2208

MARK TWAIN
Durch Dick und Dünn
dtv 2102

OSCAR WILDE
Das Bildnis des Dorian Gray
dtv 2083